International Investment Law: A Chinese Perspective

国际投资法：中国视角

王贵国／著　　吴灏文／译

法律出版社
LAW PRESS · CHINA
北京

著作权合同登记号
图字：01-2021-7164

目录

第一章

国际投资与法律

全球化是当今世界的主要发展趋势,不可阻挡。全球化正在影响每个人的生活,它的影响力遍布世界的每个角落。全球化的一个重要特征是加强贸易和投资等跨境经济交流。过往可就资本输入国和输出国,或外国直接投资(Foreign Direct Investment,FDI)语境下东道国和母国作出区分。然而,如今由于全球化,发达国家和发展中国家都吸收、输出外国直接投资。政治、经济、法律制度及历史和文化的差异不再是外国直接投资的障碍。事实上,不同国家对外国直接投资的依赖程度可能不同,即使不是在很大程度上依赖外国直接投资,几乎所有国家的经济发展都与外国直接投资的流入密切相关。通常情况下,外国直接投资对政府亦有所影响。

在全球化的大背景下,科学技术特别是信息技术的迅速发展,外国直接投资的来源已变得非常多样化。此前,国际投资的主体多为跨国公司。如今,中小型企业和个人都是常见的国际投资者。

尽管发展步伐不总一致,跨境投资与规范外国直接投资的法律制度一直在不断发展。当然,任何制度都不是完美的,均需要不断完善。此道理亦适用于管理外国直接投资的国家和国际法律制度。

第一节　国际投资简史

投资形式的种类多样。从地域的角度可将投资分为国内投资和国际投资,从性质的角度可将投资分为外国直接投资和外国间接投资。传统上,外国直接投资主要指控制有关企业的股份,如一个国家的国民投资于另一个国家建立的公司,并对其进行有效控制。外国投资者对公司管理和决策的有效控制也被视为直接投资。[1] 但是,对于“有效”控制存在不同的看法。例如,在美国,这意味着投资者必须拥有至少10%的总股份,否则不认为是有效控制。在一些国家,有效控制的最低份额要求为5%,但在其他国家则为50%。[2] 间接投资亦有不同形式,包括贷款延期、提供管理服务、技术许可、设备销售和现场指导等。

国际投资的历史至少可追溯到资本主义的初始阶段。基于特定历史和政治背景,东印度公司和哈德逊湾公司等[3]作为早期的外国投资工具,发挥了多种作用,如进行收购以获得廉价的劳动力和原材料,而另一些则旨在布局潜在市场。

现代国际投资主要出现于第二次世界大战(以下简称“二战”)之后,特别是在许多前欧洲殖民地实现独立之后。粗略地说,国际投资可分为四个阶段。第一阶段为20世纪50年代以前的时期,当时国际投资主要存在于西方发达经济体,特别是从美国至欧洲和加拿大。而欧洲国家为从战争中恢复,不得不聚焦于国内经济重建而非对外投资上。当时大多数国际投资者是美国和英国的跨国公司(Transnational Corporations,TNCs),主要投资于海外石油企业和原料开采项目。

由于两个重要的区域经济集团,即欧洲共同市场(European Community)和欧洲自由贸易联盟(European Free Trade Association),分别于1958年和1960年建立,因此,第二阶段为20世纪50年代后期到70年代初。这两个区域组织显著扩大了区域市场,吸引了大量外国投资。此外,一些西欧国家还有日本放宽了对外国投资的国内限制,这进一步刺激了国际投资。例如,1961年,西德废除了外国投资对德国钢铁业的限制,而日本在1967年左右开始放开对外投资。总体来说,在此期间,世界外国投资大多为美国和英国对外投资,两者占世界外国投资总额的比例为50%和16%。[4]

第三阶段为20世纪70年代初至90年代中期。在此阶段,日本和西欧经济发

---

[1] 20世纪60年代对于外国直接投资的定义,参见International Monetary Fund,“*International Monetary Fund” Balance of Payments Yearbook*,国际货币基金组织,华盛顿,1964年第16卷,第10页。

[2] 关于外国直接投资的定义,参见世界银行数据平台,http://data.worldbank.org/indicator/BX.KLT.DINV.CD.WD。亦可参见Organisation for Economic Cooperation and Development,OECD Benchmark Definition of Foreign Direct Investment,第4版,OECD(2008年),特别是第3章,“Main Concepts and Definitions of Foreign Direct Investment”,第39~57页,http://www.oecd.org/investmentstatisticsandanalysis/40193734.pdf。

[3] 参见Andreas F. Lowenfield,*Internatl onal Private Investment*,Matthew Bender,纽约(1982年),第1页。

[4] 参见Stefan Robock and Kenneth Simmonds,*International Business and Multinational Enterprises*,Richard D. Irwin,Inc.,Homewood,伊利诺伊(1983年),第2页。

展迅猛,甚至足以与美国分庭抗礼。因此,美国在世界经济中的影响力相对减弱,主要体现在其全球投资份额的减少以及日本和西欧国家对美国的外国直接投资的增加。这与美国采用浮动汇率制度时放弃美元兑换黄金的义务密切相关,之后导致美元国际价值大幅贬值。这种贬值使外国投资者能够以较低的成本收购美国企业,并在美国境内生产产品,这比出口至美国更划算。美国和英国的投资总量分别下降至世界总量的 40% 和 12% ,而外国资本流入这两个国家的总量几乎翻了一番。日本和西德同期的外国投资流量分别增加了 5 倍和 4 倍。[5]

一般而言,在 20 世纪 70 年代后期之前,国际投资主要在发达国家之间进行。世界投资总额的 3/4 于发达国家之间进行,而 1/4 是由发达国家投至发展中国家。[6] 就发达国家而言,加拿大一直是外国投资的理想东道国。虽然其国内生产总值(Gross Domestic Product,GDP)仅占世界总量的 2% ,但却吸引了外国投资总额的 14% 。与此同时,随着对外投资的减少,美国吸收了越来越多的外国直接投资。英国和其他西欧国家也成为重要的外国直接投资东道国。相较而言,日本则是东道国中外国直接投资最少的发达国家,主要是因为其国内政策不鼓励外国直接投资,任何计划进入日本市场的外国投资者都必须采取合资企业或技术转让的形式。

20 世纪 70 年代后期,外国直接投资的另一个特点是与地理和历史密切相关。地理位置相邻的国家(如美国和加拿大或西欧国家)之间的投资非常活跃。来自英国和法国等国家的投资者倾向于投资那些与其本国有历史联系的国家,如前英国殖民地或英联邦国家和前法国殖民地。发达国家主要向石油出口国和避税天堂这类发展中国家投资,这些国家共吸收了全球外国直接投资总额的 1/4。所谓的避税天堂是那些通过低税率吸引外国直接投资的国家或地区,包括巴西、墨西哥、阿根廷、秘鲁、特立尼达和多巴哥、印度、马来西亚、新加坡、中国香港和菲律宾等,大约 60% 的外国直接投资流向这些地区。

20 世纪 70 年代初到 90 年代中期,国际投资的另一个特点是发达国家、发展中国家都在广泛地进行投资。一方面,这反映了国际社会的经济相互依赖程度愈发提高;另一方面,发展中国家在接受外国投资的同时,在保护国家主权方面已变得更加成熟。与此同时,世界经济相互依存度的提高使得包括中国在内的社会主义国家意识到国际合作对于发展国内经济是必要的。20 世纪 80 年代以后,市场经

〔5〕 参见同上,第 28 页。
〔6〕 参见同上。

济的对外投资总额达到每年5000亿美元。虽然东欧国家没有公布其外国投资额的统计数据,但截至1976年,其已在其他国家建立了700多家制造和贸易公司,其外国投资总额应相当可观。[7] 在此期间,作为东道国的发达国家和发展中国家也在其他国家投资。如1980年,科威特投资局收购取得大众汽车公司在巴西的子公司10%的股份,德国企业奔驰公司和科尔夫(Korf – Stahl)钢铁公司分别获得14%和25%的股份。[8] 其他发展中国家和地区,包括巴西、中国香港、印度、墨西哥、菲律宾和韩国,也在海外投资。

第四阶段是20世纪90年代中期至今。这一阶段国际社会的特点是广泛的经济一体化。当然,经济一体化可归因于许多因素,包括以影响许多传统观念和习俗的信息技术为标志的技术革命。世界贸易组织(World Trade Organization,WTO)和区域组织的建立,以及《能源宪章条约》(Energy Charter Treaty,ECT)等条约的缔结,都使得技术发展带来的国际经济交易和交流的变化合法化、制度化和国际化。国家边界不再是投资的重大障碍,传统的国家主权概念面临新情况。

这一时期,全球外国直接投资大幅增加。1996 ~ 2000年,全球外国直接投资流入迅速增加,于2000年达到1413亿美元。2000年的外国直接投资流入量比1980年高出20倍。1980 ~ 2000年,外国直接投资流入量的年均增长率比世界GDP(以当时美元价值为基准)高出近16%。[9] 经过3年的萎缩,外国直接投资在2004年开始复苏,该年比2003年增加了22%,达到8017亿美元。2005年,全球外国直接投资流入增加至9548亿美元,比2004年增加19%。[10] 根据联合国贸易和发展会议(United Nations Conference on Trade and Development,UNCTAD)的数据,2011年全球外国直接投资流入总额增加至1510亿美元,但随后在2012年下降了185亿至1350亿美元;其还预测,2013年外国直接投资项目的总投资额将不会高于1450亿美元,而2014年和2015年这一数字将分别增加到1600亿美元和1800亿美元。[11]

---

〔7〕 参见 United Nations, *Transnational Corporations in World Development*, UN, 纽约(1978年),第53页。

〔8〕 参见 *The Wall Street Journal*(1980年6月6日)。

〔9〕 参见 Laza Kekic and Karl P. Sauvant, eds., *World Investment Prospects to* 2010: *Boom or Backlash*?, The Economist Intelligence Unit Ltd, 伦敦(2006年),第22页。

〔10〕 参见 Laza Kekic and Karl P. Sauvant, eds., *World Investment Prospects to* 2010: *Boom or Backlash*?, The Economist Intelligence Unit Ltd, 伦敦(2006年),第19页,表格1。

〔11〕 更多信息参见 UNCTAD, *World Investment Report* 2013, *Global Value Chains: Investment and Trade for Development*, United Nations, 纽约和日内瓦(2013年),第9页,https://www.unctad.org/en/PublicationsLibrary/wir2013_en.pdf。

发达国家仍然是全球外国直接投资的主要来源和目的地。但值得注意的是，流入发展中国家的投资额已大幅提升。2006 年,90% 以上的外国直接投资流向发达国家,且发达国家 90% 以上的跨境并购是由其他发达国家的企业进行的。[12] 2012 年,流向发展中国家的投资额首次超过发达国家,占外国直接投资总额的 52%,而流向发达国家的仅占 42%。[13] 除 1990 ~ 1991 年、1998 年和 2002 ~ 2003 年外,发展中国家和转型经济体的外国直接投资流出量稳步增加。这些国家和地区(不包括离岸金融中心)的资本外流从 1985 年的 40 亿美元增加到 2010 年的 4620 亿美元的峰值,占世界总量的 32%。[14] 1990 年,只有 6 个发展中国家和转型经济体的对外直接投资存量超过 50 亿美元;但截至 2011 年,49 个发展中国家和转型经济体的对外直接投资存量超过了这一数字,其中 24 个经济体的外国直接投资存量超过 100 亿美元。[15] 南南合作(South – South Cooperation)的外国直接投资在过去 13 年(1999 ~ 2012 年)中迅速增加。发展中国家和转型经济体的外国直接投资从 1985 年的 20 亿美元增加到 2004 年的 600 亿美元,多为区域内投资。[16] 2011 年,联合国贸发会议(UNCTAD)指出,发展中国家对外直接投资由转型经济体转向采掘业,且额度持续增大,金砖四国(BRICS,即巴西、俄罗斯、印度和中国)外国直接投资项目的 65% 投资于发展中国家和转型经济体。[17] 根据中国商务部公布的统计数据,2013 年,中国资本外流与流入总量非常接近。[18]

跨国兼并和收购是导致 1999 ~ 2001 年和 2004 ~ 2005 年外国直接投资急剧增加的主要原因。跨国并购的价值在 2004 年上升了 88%,达到 7160 亿美元;交易数量增加了 20%,达到 6134 亿美元。[19] 2002 ~ 2005 年,发达国家跨国并购的价值占

---

〔12〕 参见 UNCTAD, *World Investment Report 2006*, United Nations, 纽约和日内瓦(2006 年),第 87 页, https://www.unctad.org/en/docs/wir2006_en.pdf。

〔13〕 参见 UNCTAD, *World Investment Report* 2013, *Global Value Chains: Investment and Trade for Development*, United Nations, 纽约和日内瓦(2013 年),第 9 页,https://www.unctad.org/en/PublicationsLibrary/wir2013_en.pdf。

〔14〕 参见 United Nations Conference on Trade and Development, *World Investment Report* 2012: *Towards a New Generation of Investment Policies*, United Nations, 纽约和日内瓦(2012 年),第 xiv 页和附录表格 1,https://www.unctad – docs.org/files/UNCTAD – WIR2012 – Full – en.pdf。2011 年,来自发展中国家和转型中经济体的外国直接投资额略微下降至 4570 亿美元,仍占到全球总额的 27%。参见同上。

〔15〕 参见同上,附录表格 I.2。

〔16〕 参见前引〔12〕,第 21 页。

〔17〕 参见前引〔14〕,第 5 页。

〔18〕 相关细节参见 https://news.sohu.com/20140116/n393633748.shtml。

〔19〕 参见前引〔12〕,第 1 页。

世界总量的3/4。[20] 然而,2005年,来自西欧,特别是法国的公司取代了美国公司,占据投资者头位。[21] 尽管全球并购的价值在2003年、2009年以及2012年多次出现萎缩,但自2002年以来新兴市场的并购数量持续增长。[22] 2010年共有5405项跨境并购,总价值达到3380亿美元。在这些发达国家中,跨国公司开展的占3644项,价值为2160亿美元。[23]

上文概述的外国直接投资的发展可能归因于许多因素,其中WTO的建立和信息技术的进步是关键。此外,更多国家不断开放市场,知识经济在国内生产中日益增加的重要性、外国投资规定的逐步自由化,以及国际外国投资法律制度的逐步发展也是外国直接投资实质性增长和变化的重要原因。

第二节 国内法对投资的影响

随着经济全球化的不断加强,外国投资成为每个国家国内经济的重要组成部分,现在很难区分一个国家是投资母国还是东道国。与此同时,国家法律也或多或少对国际投资产生影响。总的来说,关于外国投资的国家法律、政策和法规可以分为限制性或鼓励性措施,东道国可通过这些措施直接要求外国投资者改变投资方式,或改变其重要的经济要素,从而据此引导外国投资。一般而言,在决定是否进行新的投资或扩大其业务范围时,无论是国内还是国外的企业都会平衡利弊,并比较基于策略变化带来预期利润的变化。因此,如果东道国在采取相应措施时考虑到企业的潜在利润和风险,至少在理论上会影响国内企业和外国投资者的决策。通常,以下因素可降低成本并提高生产效率:(1)降低资本、劳动力、技术、能源等成本;(2)通过调整关税和进口配额,减少贸易壁垒和限制其他公司的投资来降低其他成本;和/或(3)通过向公司提供补贴、减税或免税来增加实际的税后收入。

在投资风险方面,东道国可通过确保原材料供应、稳定市场价格、提供风险担

---

〔20〕 参见前引〔9〕,表格4,第23页。

〔21〕 参见同上,第22页。

〔22〕 相较于之前的路径,当前的外国直接投资流向新兴市场的方式多为并购,而非绿地投资。参见同上,第23页。

〔23〕 参见 *World Investment Report* 2011: *Non - Equity Modes of International Production and Development*, United Nations, 纽约和日内瓦(2011年), 附录表格 I.3 和 I.4, https://www.unctad - docs.org/UNCTAD - WIR2011 - Full - en.pdf。

保或限制其他公司投资同行业来影响市场形势,降低投资风险。东道国采取限制性或鼓励性措施的程度或者在从哪个方面采取措施,取决于其实际情况以及其他政治和经济因素。

在这个全球化的时代,虽然每个国家都鼓励外国直接投资,但没有一个国家对此采取完全自由放任的政策,都保留监督甚至在必要时终止外国投资的权力。最常见的监管措施包括审查外国投资项目或计划,以确保外国投资者的真实意图及其拟开展的投资与国内经济发展的总体目标和战略的一致性。大多数发展中国家的法律都有这样的规定。一些发达国家,如澳大利亚和加拿大,也规定了审查外国投资项目或计划的程序和权限。例如,《加拿大外国投资审查法》有非常具体的审查标准,拉丁美洲的一些国家也建立了有关外国投资审查的综合制度。

为防止国内经济受到外国企业的控制,许多国家限制国内企业(特别是规模较大的企业)与外国投资者的合并和收购。美国、日本、加拿大、澳大利亚等发达国家,以及包括中国在内的一些发展中国家已经建立了审查此类合并和收购计划的制度。

对外国投资开放的经济活动也有限制。也许由于东道国的特殊经济利益,或基于某个经济部门对其经济的重要性或其他原因,大多数国家对可接受外国投资的经济活动施加限制,一般包括设施的建设和生产、国防物资、交通、通讯、公共设施、银行、保险,以及如报纸、广播电台和电视广播设施等公共媒体相关事务。〔24〕

尽管投资已经成为每个国家经济发展的重要因素,但由于某种原因,一些国家仍然对国内企业占股比有所要求,至少在某些行业是这样。例如,中国加入 WTO 时,为维持其对基础电信行业外国投资者的限制,声明“允许服务供应商建立合资增值电信企业……合资企业中外商投资占比不得超过 30%”〔25〕。此后,按既定计划,此类合资企业的外资最高占股比获准增加,但不得超过总拥有权的 49%。〔26〕我国《外商投资电信企业管理规定》还规定:“外商投资电信企业提供基础电信业务(不包括无线电寻呼)的比例最终不得超过 49%。外商投资电信企业提供增值

---

〔24〕 最近各国放宽了对外资银行和保险公司的限制。20 世纪 80 年代以来,以美国为首的发达国家大力提倡放宽对包括银行和保险在内的服务业外商投资的限制。这项要求最终借由建立世界贸易组织和签订《服务贸易总协定》(General Agreement on Trade in Services, GATS)来实现。

〔25〕 参见 World Trade Organization, Protocol on the Accession of the People's Republic of China, 附录 9, 安排 CLII - 中华人民共和国第二部分 - 服务, 基础电信服务, 2001 年 11 月 10 日通过。

〔26〕 参见同上。

电信业务(包括基础电信业务中的无线电寻呼)的外国投资比例最终不得超过50%。"[27]

设立这些限制是为了确保敏感行业的控制权掌握在当地企业手中。与其他行业相关的类似措施可能有助于提高国内企业能力,建立以本地企业为主导的经济,以及通过共同管理和共同所有权获得相对先进的工业技术和管理技能。

当然,要求国内企业参与外商投资企业也存在一些不利因素。出于财务或技术考量,在国际市场上处于领先地位的外国企业可能不愿意与国内公司合作,对外国股权的限制可能会产生负面影响。关于外商投资企业的所有权,根据我国《中外合资经营企业法》规定,外方占股比应不少于25%。虽然这可能会鼓励外国大中型企业来华投资,但也可能对小企业或个人投资者产生负面影响,甚至会阻碍他们在中国的投资。除法律和政策限制外,外国投资收入、汇款管制和东道国政府支付服务费限制等规定也可能影响外国投资。

东道国的汇率制度直接影响外国投资结构和关联行业。若本国货币被高估,一方面,外国投资者购买进口产品实际上将由东道国政府补贴;另一方面,将对以该货币计价的出口征收无形的附加税。在此情况下,外国投资者最有可能为了东道国政府提供的补贴而尽可能地增加进口但减少出口,并将其收入作为利润由东道国直接汇出。

显然,为"高估"本国货币而设立的东道国汇率将直接导致进口增加和出口减少。此外,由于大多数外国投资者非常了解这一经济事实,并在这方面制定了一套综合战略和措施,东道国将不得不花费大量的人力和财力来弥补这一缺陷。外国投资者,特别是跨国公司,当然可以轻松转移其资产和资本。

为吸引外国投资,许多国家特别是发展中国家,通过国家法律和行政措施,为外国投资者提供优惠待遇。事实上,鼓励外国投资最重要的因素是东道国的政治和经济状况,即所谓的投资环境。这包括人口、市场偏好和文化等"自然"因素,以及税收制度、劳动力市场、外国入境条件和外国投资者活动限制等"非自然"因素。当然,在考虑某个要素或措施是否对外国投资者产生积极或消极影响时,必须综合全面、从全球的角度对其进行分析。东道国的投资环境是否有利,需要与其他国家的投资环境进行比较才能确定。在这个全球化的时代,大多数外国投资者都拥有独立信息分析和决策系统的跨国公司,可根据世界任何地方的变化情况调整其投

---

[27] 《外商投资电信企业管理规定》第6条,2001年12月11日通过,2008年第一次修订,2016年第二次修订。

资策略。

经验表明，由于不同的政策和措施对不同经济部门和行业的外国投资的具体影响不同，必须仔细考虑并付诸实践。例如，为了吸引外国投资，一些东道国向外国投资者提供优惠贷款，其直接影响是鼓励外国企业尽可能向东道国政府借款。在优惠政府贷款的支持下，外国企业可能愿意投资于高风险领域。即使实际业务运营的投资回报可能低于其他情况，但由于优惠贷款的支持，所赚取的总利润可能不会减少。在此情况下，国内企业将处于劣势，无法与以优惠贷款享受补贴的外商投资企业竞争。此时，东道国的经济将不可避免地严重依赖外商投资企业，因此整体经济发展可能会受到影响。

为鼓励外国投资，东道国采取的另一项常见措施是减税或免税。虽然这可能会增加外国企业的收入，但他们获得的实际收益可能取决于其本国的税收制度。在某些情况下，东道国提供的税收优惠可能在投资者转移资本回本国方面发挥作用。若未妥善处理，东道国提供的捐赠和补贴也可能导致类似的结果。考虑到投资者本国的税收制度，许多东道国，尤其是发展中国家，在减税或免税时，更加重视外商投资企业的本地再投资。

尽管东道国政府采取的所有鼓励性或限制性措施都是为了达到一般目的，但在某些情况下，某些措施可能会相互冲突。例如，优惠税率或免税可用以促进外国投资流入。同时，为了促进外商投资项目的运营，东道国可能需要国内有关方参与项目。这有助于外商投资企业了解东道国法律、政治制度和文化。然而，这两项措施并不协调。由于需要国内有关方参与，在考虑和计算预期利润时，外商投资企业必须考虑合作中的潜在困难和所需费用。一般而言，外商投资企业可通过转让定价将其实际收入转移到海外分支机构，以回避东道国的外汇管制或税收政策。但是，若涉及国内方参与，国内合作伙伴可能会反对转移可能涉及经济损失的实际收入。从这个意义上讲，优惠税收可能与国内方参与的要求相冲突。东道国政府提供的设想的优惠待遇与外国投资者的实际关切之间始终存在差异。

根据世界银行（World Bank）的一项研究，减税或免税是东道国鼓励外国投资的主要措施，其次是国民待遇。然而，对于外国投资者而言，他们的主要担忧包括是否可以制定和实施长期投资计划，他们的资本和收入是否可以从东道国自由汇出以及是否享受国民待遇（National Treatment，NT）。严格来说，东道国的促进政策和措施与外国投资者的需求之间不可能不存在冲突。但是，为了吸引外国投资，东道国必须尽最大努力减少这种冲突。

国际投资不仅受东道国的法律和政策的约束，也受外国投资者本国的法律和政策的约束,包括外汇管理、股权和证券投资法、贷款延期法规、税收制度和反垄断法等。此外,为从事外国投资的企业提供政治风险保障、投资保险、与外国政府签订的协议或安排的解释和公布,以及商业交易相关的其他相关规定,在企业的外国投资决策中扮演重要角色。

外汇管制现主要为发展中国家所采用。除美国外,大多数发达国家在"二战"后也对外汇流量实行严格限制。当时,美国还沿用了美国企业对外国投资的国内金融政策限制。例如,美国商务部外国直接投资办公室严格限制美国企业在发展中国家以优惠条件延长外国投资贷款。那些从事外国投资的公司必须利用海外利润进行任何再投资。该政策还促使美国公司诉诸欧洲金融市场以获得欧洲货币贷款。该政策的目的是解决美国当时存在的国际收支问题。

由于类似的严重国际收支问题,英国还对国内企业的外国直接投资和战后为此目的提供的贷款实行严格限制。除出口信贷外,外国投资贷款未获得英国政府的批准。后来,随着国际收支状况的改善,限制性措施逐步被废除。但是,除了政府的直接限制外,从事外国投资的企业也面临汇率风险。东道国对当地货币的贬值和升值也会间接影响外国投资。"二战"后,美元的升值推动了美国企业的对外投资。同样,20 世纪 80 年代,日元的升值也鼓励日本企业到国外投资,以降低生产成本并维持其在海外市场的份额。

政府鼓励和限制外国投资也反映在中央银行对其他机构的监督上。所有国家的中央银行,包括美国、日本、中国和欧洲国家的中央银行,都对商业银行和其他金融机构进行有效监管,即使某些措施或政策可以非正式地实施。一般而言,大多数措施是为鼓励国内企业的外国投资而制定的,但有些措施也可能是限制性的。例如,根据美国法规,联邦储备银行(Federal Reserve Bank)的成员银行或任何其他商业银行不得在任何国内或国外公司进行股权或证券投资,也不得向个体借款人提供超过其总资本的 10% 的贷款。[28] 香港《银行业条例》规定,银行不得将超过总资本的 25% 借给任何公司或个人。很明显,这些本地银行法律法规对当地企业的外商投资活动产生了重大影响。

如上所述,投资者本国的税收制度对外国投资具有重要意义。它可以抵消东道国提供的任何税收优惠,从而抑制外国投资。当然,母国也可能会改变其税收制度以促进外国投资。如果从事外国投资的当地企业向东道国缴纳的税款获其本国承认,即支付给东道国的税款可以从本国应缴税款中扣除,或者可以延期缴纳所得

〔28〕 参见 United States Code, Title 12 Section 84 (A) (1) [12 U.S.C. § 84 (A) (1)]。

税,企业肯定愿意在海外投资。这种安排不仅使外国投资者不用立即支付本国所得税,且还降低了风险。

反垄断法和投资者本国的其他类似法律也对国际投资产生重大影响。目前,许多国家法律不仅适用于国内行为,也适用于其他国家的行为。例如,美国反托拉斯法适用于所有国内活动以及在海外开展但对美国市场有影响的活动。[29] 由于国内反垄断法也适用于海外行为,且美国企业常基于法律标准的含糊而难以确定是否违反规定这一情况,因此,他们往往不愿进行外国投资。例如,两家已开展对外投资的美国公司共同建立新的企业。根据美国反垄断法的规定,若新成立的公司的生产和分销涉及与美国市场的竞争,那么投资可能是非法的。如果从事外国投资的公司对国内原材料和市场具有主导权,那么将某项活动视为垄断就更容易了。企业之间的合作安排或总代理理协议也可能涉及投资者所在国或产品出口国的反垄断法。

由于社会情况、经济和法律制度不同,一些国家限制国内企业在国际投资和贸易中向某些国家出口特定产品或技术,特别是高科技贸易。其中一些限制是出于战略安全考虑,另一些则是履行国际条约义务的结果,后者通常为核材料和核技术出口限制。发达国家采取的一些出口限制不仅适用于国内公司,也适用于其在第三国的子公司。无论限制技术和设备出口的原因是什么,这些政策将成为国际投资的障碍。

有时候,企业在国外投资生产将在其本国国内市场销售的产品。他们将考虑到本国的海关系统、关税税率和其他进口相关费用以及通关程序等。一些母国鼓励国内企业进口原材料或半成品,以缓解国内供应的短缺。为了保护国内产业免受与国外廉价产品的竞争,母国通常不会鼓励在国外投资的公司将其成品进口到国内市场上销售。为实现这一目的,除了关税配额和与进口限制直接相关的其他措施外,母国还可采取与进口间接相关的政策和措施。政府机构应主要购买国产产品的要求就是一个例子。WTO《政府采购协定》的缔结对签署国政府及其机构的采购进行了规范,对相关国家和地区的投资环境产生了间接影响。

当然,母国也可以通过优惠措施鼓励在海外投资的企业进口产品或原材料。例如,一些发达国家向发展中国家的进口提供普惠制(Generalized System of Pref-

---

〔29〕 例如,《谢尔曼反垄断法》(1980)第六部分规定其不适用于外国商贸,除非:(1)该行为可合理预见有以下直接、实质影响作用于:(a)不与外国进行贸易或交易贸易或商业,或与外国进口贸易或进口贸易,或(b)与外国的出口贸易,在美国从事此类贸易或商业活动的人;和(2)除本节外,根据本标题第1~7节的规定,此影响产生了诉求。

erence，GSP），减少或取消某些产品的进口关税。此种优惠待遇也适用于进口国企业的外国投资所生产的成品或半成品。母国还可以通过出口信贷担保来鼓励或抑制外国投资。为减少国内企业与国内市场竞争有关的外国投资，本国可拒绝为此类投资提供政府优惠贷款或风险保险。

大多数国内证券交易法律法规要求上市公司（外资公司大多是上市公司）向政府和公众披露其资产负债表和其他关键业务信息。在这方面，美国法律规定是最全面和具体的。[30] 一些国家的流通票据相关法律法规还要求在海外投资的公司向政府和公众披露与外国合作伙伴或企业签订的合同或其他安排。此种要求可能违反企业与其外国合作伙伴或东道国政府之间的保密协议。此外，在获得银团贷款等贷款时，境外投资企业可能需要向债权人提供资产负债表并披露其财务状况。投资者基于保密条款向债权人提供商业信息应不会有任何困难。然而，由于所在国的法律或其他原因，东道国的一些公司无法提供更详细的信息。

为了促进国内企业的外国投资，一些母国与东道国签订了双边协议，为其国内投资者提供政治风险担保和其他担保。美国进出口银行、美国海外私人投资公司和英国出口信用担保部门是提供此类担保的典型政府机构。政府担保政治风险的直接影响是，减少或消除海外投资公司的此类风险。在政治风险较大的情况下，政府担保使海外投资企业能够获得更多无法通过其他方式获得的优惠贷款。

政府机构提供政治风险保险很重要，因为投资者通常不知道相关投资项目与在母国的情况的差异以及任何可能的文化差异等具体情况。政治风险保险可以增强他们的信心，从而扩大外国投资。此外，母国提供的低息贷款或贷款担保等财政激励措施也在促进外国投资方面发挥了重要作用。

除经济法律法规外，母国的刑法对外国投资也有重要影响。例如，1977 年，美国通过了《海外反腐败法》，指出任何直接或间接贿赂外国政府官员的人都可能犯下非法行为。尽管这种行为在许多国家都是非法的，但是本国的相关法律也可就此给予惩罚。该法还禁止美国公司从账簿中删除任何资产或伪造账户，以掩盖与腐败活动有关的费用。这一规定对促进外国投资具有重要意义。在实践中，东道国仅惩罚那些被贿赂的人而非贿赂他们的人。本国的相关法律可更有效地打击贿赂。如果所有母国都制定了类似于美国的法律，或采取国际行动，如缔结一项打击经济犯罪的国际公约，那么国际投资将有更好、更高水平的公平的竞争环境。在这

〔30〕 在这方面，最重要的美国法律包括 1933 年的《证券法》和 1934 年的《证券交易法》，以及随后的修正案。

方面,经济合作与发展组织(Organization for Economic Cooperation and Development,OECD)成员缔结的《经合组织关于打击国际商业交易中行贿外国公职人员行为的公约》于1999年2月15日生效。目前,已有44个国家正式批准加入该公约。该公约旨在加强缔约方之间的合作,并要求采用适当和有效的国内法来打击国际商业活动中的贿赂。

母国关于环境保护、安全和其他问题的法律也可能影响外国投资。他们可能会排除进口海外公司生产的产品。原材料或半成品可能由于不符合进口政府要求的标准而无法进口。在提供贷款时,一些金融机构和母国银行要求有关项目不会对东道国的生态平衡产生不利影响。一些国家的进出口银行也审查和监督投资项目,以确保自然环境不会受到污染。尽管这些法律法规对国际投资的影响不是很明显,但对于在海外投资的公司决策的影响不容忽视。

在21世纪的前一二十年,经济全球化进一步加强了国际社会的相互依存。高科技,特别是信息技术的发展,改变了这种相互依存关系的本质。易言之,技术要素在跨国贸易和投资方面的作用均有显著增加。在这种情况下,如何保护外国投资者的知识产权已成为一个关键问题。可以说,在信息时代,东道国对知识产权的法律保护更加重视,国际投资环境也在发生变化。

第三节　国际法律制度

国际投资涉及资金、技术、设备、劳动力和其他因素的跨国流动。因此,它不可避免地受到母国和东道国的法律的约束。在这个高度全球化的时代,如何吸引外资已成为各国的重要课题。为创造更好的外国投资环境,与其他国家竞争有限的外国资本和技术,个别国家几乎尝试了所有手段,其中签订双边投资保护条约被认为是最有效的。国际投资已全面扩大,个别国家已将外国投资并购作为发展国内经济的重要手段。双边投资条约的签订表明了一个国家鼓励外国投资的愿望。随着此类条约数量的增加,其内容在过去几十年中也发生了显著变化。例如,到了20世纪末,中国才同意在其双边投资条约中引入投资者与国家的仲裁。

国际投资涉及广泛的业务活动,从资本投入、设备和技术的进出口、关税和其他税收、知识产权保护,到企业注册和运营、企业兼并和收购、产品质量标准、劳动力待遇、环境保护和争端解决等,这些商业活动受国际投资法律制度约束。

然而,就国际法律制度而言,其与国际贸易和国际金融的情况不同,没有国际组织或单一的多边机构全面协调或管理跨国投资条约。关于国际投资的国际准则分散在主要国际组织的若干个别条约中,如 WTO《与贸易有关的投资措施协定》(Agreement on Trade-Related Investment Measures,TRIMS)、其他国际组织的决议或准则和双边投资条约等。这些多边和双边文件构成国际投资法的主要内容。

冷战结束以来,尤其是 20 世纪 90 年代以后,国际投资法得到了极大的丰富。随着全球化的发展,为吸引更多的外国投资,一些国家不得不就其主权作出让步。例如,1991 年,对外国直接投资非常警惕的安第斯条约签署国撤回了严格限制外国投资的第 24 号决议。世界银行还于 1992 年通过了《外国直接投资待遇指南》(以下简称《指南》)。[31] 虽然《指南》是由专家起草的,没有法律约束力,但确实对国际社会产生了重大影响。《指南》是国际组织态度转变的特征,国际组织的重点已从外国投资者和跨国公司的责任转变为规范东道国对外国投资者的待遇,包括国有化或征收补偿标准。此外,《指南》旨在逐步发展国际投资规范,而不仅仅是总结国际社会的一般投资做法。[32]

《指南》承认一国在其领土内国有化财产的权利,包括外国人的财产。然而,它还主张国有化或征用以及具有类似效果的措施应与相关的法律程序保持一致,并是为了公共利益真诚地进行,不得有任何基于国籍的歧视,以及应给予原业主"全面、有效、及时"的赔偿。[33] 这实际上附加了国有化的四个先决条件。如果一个国家未能完全满足其中任何一个,则国有化财产的原所有者可以声称该国有化行为违反了国际法。但是,一些先决条件,如公共利益,很难客观界定。

关于国有化的补偿标准,《指南》完全赞同发达国家所坚持但为发展中国家所反对的三项原则,即"充分、有效和迅速"地赔偿。此外,他们甚至专门提供了计算和评估国有化财产价值的方法和标准。

1994 年签署的 ECT 也对国际投资产生了深远的影响。条约的谈判始于苏联解体。西欧发达国家希望与新独立的东欧和中亚国家就能源开采和贸易达成协议。[34]谈判最初是在欧盟和东欧国家之间进行的。由于担心欧盟将主导开采东欧

---

〔31〕 指南全文参见 I. F. I. Shihata, *Legal Treatment of Foreign Investment*: *The World Bank Guidelines*, Martinus Nijhoff, 多德雷赫特和波士顿(1993 年)。

〔32〕 在联合国于 1992 年暂停关于《跨国公司行为守则》的谈判后,《指南》的地位和作用变得更加重要。有关《指南》的背景和重要性的更多信息见上述文件。

〔33〕 参见《指南》第 6 部分。

〔34〕 这实际上是《哈瓦那宪章》制度的延续,该制度最初由美国和欧洲发达国家在"二战"后提出,以作为该制度的核心。苏联解体和其成员国的独立使这一目标得以实现。

国家的大量能源并控制全球能源市场，美国积极参与谈判，加拿大、澳大利亚和日本亦随之加入。[35]

ECT包括与能源有关的国际投资和贸易的重要条款。例如，签署方承诺提高其国家法律的透明度，并承诺在任何能源投资谈判中向外国投资者提供非歧视性待遇和最惠国待遇。进入东道国后，外资应享受最惠国待遇、国民待遇和公平公正待遇。同时，对被征收的外国投资者给予全额赔偿。[36] 事实上，ECT中最值得注意的条款是其强制性争端解决机制。根据第26条的规定，任何个人投资者都可以在未经东道国特别同意的情况下将其与东道国的争议提交国际仲裁。易言之，ECT的签署者不得对国际仲裁的强制性条款作出保留。这在国际条约和经济往来的实践中是前所未有的。[37]

WTO对国际投资也有相当大的影响，TRIMS最为相关，其目的是"促进世界贸易的扩大和逐步自由化，促进跨国界的投资，以促进所有贸易伙伴，特别是发展中国家成员的经济增长，同时确保自由竞争"。在实施过程中，应考虑"发展中国家成员，特别是最不发达国家成员国的特定贸易、发展和财政需求"[38]。因此，该协议旨在协调WTO成员的投资法律和政策，以确保投资措施的实施不会扭曲和限制贸易。例如，任何投资措施都不得与国民待遇或《关税与贸易总协定》(General Agreement on Tariffs and Trade，GATT)的数量限制要求不一致。[39] 该协议还列出了一份说明性清单，阐明WTO禁止采取何种措施。

另一项对国际投资有直接影响的WTO协定是GATS，该协议涵盖服务产品的除生产阶段外的几乎所有方面。此外，服务供应有时很难与投资区分开来。银行、保险公司、金融机构和运输代理机构等的成立不仅属于服务贸易范围，亦具投资性质。考虑到WTO对国民待遇和透明度的要求以及强制性争端解决机制，不可否

---

〔35〕 ECT历史和影响，参见T. W. Wälde, "Introductory Note to The European Energy Charter Conference, Final Act, Energy Charter Treaty, Decision and Energy Protocol on Energy Efficiency and Related Environmental Aspects", *International Law Materials*，第33卷(1995年)，第360~367页。

〔36〕 "全面、有效、迅速"的赔偿代表了发达国家倡导的国有化赔偿标准。

〔37〕 截至2014年年初，ECT已有53个成员，其中大多数是欧洲国家。包括中国和美国在内的另外24个国家，世界银行、世界贸易组织和东南亚国家联盟等10个国际组织，以及巴勒斯坦国家权力机构都具有观察员地位。参见"Members and Observers" on the Energy Charter Treaty website, http://www.encharter.org/index.php? id=61。

〔38〕 TRIMS前言。

〔39〕 TRIMS第2条。

认的是,GATS 对外国直接投资具有重大影响。[40]

另一个与外国直接投资直接相关的国际组织是世界知识产权组织(World Intellectual Property Organization,WIPO)。当代国际投资的一个特点是高科技元素,需要更有效的保护。WIPO 和 WTO 包含与知识产权相关条款的协议构成了国际层面的安全网。这些国际规范不仅在国际一级发挥作用,而且对国家法律的制定和执行产生直接影响。

除多边条约和规范外,许多国家缔结的关于避免双重征税和防止逃税的双边投资促进和保护条约、协定也是管制外国直接投资的国际规范的重要组成部分。根据 2800 多个现有双边投资协定的规定,大多数投资者与国家之间的争端得以解决。

第四节 当代国际投资法的特点

在过去的二十几年中,国际投资法很可能是发展最快的法律之一,其一些特征已经演变,由此区分当代与过往的国际投资法。这些特征主要反映在解决争端的过程中,特别是在国际投资争端解决中心(International Center for Settlement of Investment Disputes,ICSID)设立的仲裁庭的裁决中。ICSID 是依据 1965 年《关于解决国家和他国国民之间投资争端公约》(以下简称《ICSID 公约》)成立的,在解决投资者与国家之间的争端方面发挥了不可替代的作用,并已成为解决投资争端的最重要机构。许多自由贸易协定(Free Trade Agreements,FTAs),如 ECT 和《北美自由贸易协定》(North American Free Trade Agreement,NAFTA)以及双边投资协定,都包含了允许投资者将其与东道国的争议提交给 ICSID 的条款。甚至对于没有加入 ICSID 公约的国家来说,情况亦类似,争议各方可以求助于 ICSID 的附加“便利”。随着国家主权观念的相对弱化,越来越多的国家接受了《ICSID 仲裁规则》。截至 2013 年 11 月 1 日,《ICSID 公约》共有 158 个成员国[41];截至 2014 年 2 月初,根据《ICSID 公约》共有 461 件案子在册,其中 278 件已完成,还有 183 件待

---

[40] WTO 关于产品质量、卫生标准、检疫标准、环境保护和知识产权等的规则也与外国直接投资密切相关。

[41] 参见 ICSID 官网,https://icsid.worldbank.org/ICSID/FrontServlet?requestType=ICSIDDocRH&actionVal=ContractingStates&ReqFrom=Main,访问时间 2012 年 6 月 12 日。

决定。[42] 2004 年年中～2013 年年底，ICSID 还根据《UNCTAD 仲裁规则》受理了 67 件投资者与国家之间的争端。还有其他仲裁机构参与解决投资争端，包括国际商会（International Chamber of Commerce，ICC）、斯德哥尔摩商会仲裁院（Arbitration Institute of Stockholm Chamber of Commerce，SCC）和常设仲裁法院（Permanent Court of Arbitration，PCA）。其中一些机构有自己的仲裁规则，而其他机构如常设仲裁法院，则采用《UNCTAD 仲裁规则》。

一、条约与国家法律的交叉适用

现行国际投资法的一个特点是，几乎所有事项都受条约和东道国当地法律的约束，有时甚至受本国法律的约束。因此，为了确定外国投资者的权利和东道国违反其义务的行为，在解决投资者与国家间争端时，仲裁庭不可避免地要解释国际协定和国家法律。对此，《维也纳条约法公约》（Vienna Convention on the Law of Treaties，VCLT）为当事方普遍所接受，反映了条约解释的习惯规则起着重要作用。[43] VCLT 第 31 条第 3 款规定，在解释条约时，"在此应与……背景一起考虑：适用于当事方关系的任何有关的国际法规则"。在这方面，国际法规则包括国际习惯法和生效的国际条约。根据这一规则，国际投资法的许多内容，例如公平和公正待遇，取决于它们在国际法中的一般用法。此外，多边和双边投资条约通常为投资者制定适格要求，有些甚至规定必须按照东道国的国内法进行合格投资。投资者是否为缔约方的国民（法人或自然人）以及有关投资是否符合东道国的国内法，应根据投资者所在国的法律和东道国法律决定。因此，整个国际投资法、国际法和相关的国内法是投资法综合体系不可或缺的组成部分。

法兰克福机场公司诉菲律宾案[44]为一典型案例。根据德国和菲律宾的双边投资协定规定，"投资"包括"任何缔约国的相关法律和法规都承认"和"根据其宪法、法律和法规"的任何种类的资产。[45] 通过秘密股东协议，原告法兰克福机场公司有意回避菲律宾反虚假法，该法对外国股东和公用事业行业的管理实施限制。仲裁庭认为，相关行为可以是事实上的投资，也可以是法律上的投资，但只有后者

---

〔42〕 ICSID 案件列表，https://icsid.worldbank.org/ICSID/FrontServlet?requestType = CasesRH&actionVal = ListCases。

〔43〕 2001 年联合国大会第 56 届会议通过的《国家对国际不法行为的责任条款草案》（以下简称 ILC 条款）一直被用来确定一项行为是否可归因于东道国政府。

〔44〕 参见法兰克福机场公司诉菲律宾案，ICSID 案件号 ARB/03/25，Award，2007 年 8 月 16 日。

〔45〕 参见德国和菲律宾的双边投资协定第 1(1)条，https://www.unctad.org/sections/dite/iia/docs/bits/germany_philippines.pdf。

才能获得双边投资条约的保护。由于旨在规避东道国反虚假法的秘密股东协议的存在,法兰克福机场公司无法声称其“依法”进行投资,且被告方的官员无法获悉相关违规情况,原告方亦未表示被告方的高级官员随后放弃了法律要求和佐证法兰克福机场公司的投资。由于没有“依法投资”,投资无法得到双边投资条约规定的保护。[46] 仲裁庭非常重视善意原则,且适用了 VCLT 第 26 条,其中规定“每个有效的条约对其当事方具有约束力,他们必须本着诚意履行”。易言之,基于诚信原则,双边投资协定的缔约方只有义务保护合法投资,而非任何欺诈投资。[47] 类似地,仲裁庭在 *Inceysa Vallisoletana S. L.* 诉萨尔瓦多案[48]中还认为,萨尔瓦多和西班牙的双边投资协定对 ICSID 管辖权的同意不应有效扩展到以欺诈手段进行的投资,这与东道国的国内法不一致。

事实上,多边和双边投资条约的许多条款是相似或相同的,通常是根据少数主要投资条约起草的,并相应进行一些小的修订。因此,它们在立法对象、立法技术和一般原则等方面具有内在的一致性。在解释条约条款时,仲裁庭常提及其他有关条约或示范条约。在安然(*Enron*)诉阿根廷案中,仲裁庭指出:“除非当事方根据国际法表达不同的意图,否则双方就不同当事方之间的另一条约的内容所作的双边条约的解释通常是相同的。《维也纳条约法公约》第 31 条也存在类似的逻辑,因为解释条约时常考虑到同一条约缔约方之间的后续协议或惯例。在这种情况下,没有证据表明阿根廷和美国双边条约缔约方的意图可能与援引的其他投资条约所表达的意图不同。”[49]

在西门子(*Siemens*)诉阿根廷案中,关于被告的观点,即“争端解决条款背离了德国的标准双边投资条约,且是特别协商而成的条款,因而应与其他条款区分开来”,仲裁庭认为:“谈判的最终结果是商定的文本,每个条款的法律意义不受谈判路径的艰巨程度的影响。在解释条约时,仲裁庭认为当事方明确表示有意促进投资并创造有利于它们的条件。”[50]

因此,缔约国之间的其他条约或其自己的示范条约可以构成解释投资条约的

---

〔46〕 参见前引〔44〕,第 401 段。

〔47〕 当然,诚信原则也是国际法的一般原则。VCLT 第 26 条规定了这一原则,体现了习惯国际法。

〔48〕 参见 *Inceysa Vallisoletana S. L.* 诉萨尔瓦多案(以下简称“*Inceysa* 案”),ICSID 案件号 ARB/03/26, Decision on Jurisdiction, 2006 年 8 月 2 日。

〔49〕 参见 *Enron Corporation and Ponderosa Assets LP* 诉阿根廷案(以下简称“*Enron* 案”),ICSID 案件号 ARB/01/3, Decision on Jurisdiction, 2004 年 1 月 14 日,第 47 段。

〔50〕 *Siemens A. G* 诉阿根廷案(以下简称“*Siemens* 案”),ICSID 案件号 ARB/02/8, Decision on Jurisdiction, 2004 年 8 月 3 日,第 106 段。

有效支撑。鉴于基本条约中没有明确规定，其他相关条约或示范条约的某些条款可用于证明基本条约某些措辞的目的和含义，以及条约缔约方实施过程中的趋势。

二、先前决定的先决效应

国际投资中的一个现象是，负责解决投资者与国家之间争端的仲裁庭主动解释双边投资协定、自由贸易协定以及东道国和母国的国内法，从而形成众多国际投资法的判例。从理论上讲，仲裁庭的裁决只对特定争议案件的当事人有约束力。然而，在实践中，之前作出的裁决，诸如欧洲人权法院（European Court of Human Rights，ECHR）的判决以及 WTO 专家组和上诉机构的报告，常被争议当事方和仲裁庭裁决时援引。

由于先前的裁决对后续争议不具约束力，因此，普通法的遵循先例原则不适用于国际投资仲裁，这为每个仲裁庭所普遍承认。然而，在实践中，几乎所有人都毫无例外地援引过往裁决的论证，甚至坚持先前仲裁庭的法律解释。在 *AES* 公司诉阿根廷案中，仲裁庭就过往案件的价值和地位表示："ICSID 仲裁庭作出的每项决定或裁决仅对本决定或裁决解决的争议各方具有约束力。到目前为止，一般国际法中没有先例规则；解决一个'公约'缔约国与另一个缔约国国民间争端的 ICSID 体系中也没有任何具体内容。"〔51〕

同时，它还指出："根据 ICSID 的实践，每个仲裁庭仍有权，且可采取不同方案解决同一问题；但是，处理相同或非常类似问题的裁决可能至少表明针对某些实际利益的考量的共同点；本仲裁庭可考虑，以便将自己的立场与其之前的仲裁庭已确立的立场进行比较，若其与一个或多个仲裁庭就某一特定法律观点表达过相同意见，则可自由适用同样的解决方案。"〔52〕

在 *Saipem* 诉孟加拉国案中，仲裁庭认为，为了"和谐发展投资法"，应"遵循先例"。它指出："仲裁庭认为它不受先前决定的约束。与此同时，它认为必须适当考虑国际仲裁庭早前的决定。它认为，若有令人信服的相反理由，它有责任采用在一系列一类案件中确立的解决方案。它还认为，根据特定条约和实际案件的具体情况，它有责任寻求促进投资法的和谐发展，从而满足国家和社区的合理期望，回

---

〔51〕 *AES* 公司诉阿根廷案，ICSID 案件号 ARB/02/17，Decision on Jurisdiction，2005 年 4 月 26 日，第 23 段，https://ita. law. uvic. ca/documents/AES – Argentina – Jurisdiction_000. pdf。

〔52〕 参见同上，第 30 段。

应投资者对法治确定性的关切。”[53]

然而，在 *SGS* 诉菲律宾案中，仲裁庭表示，根据《ICSID 公约》第 53 条第 1 款规定，裁决仅对当事双方具有约束力。它进一步指出：“……虽然根据 ICSID 制度组成的不同仲裁庭一般应追求行动一致，但最终必须由每个仲裁庭根据适用的法律行使其权限，而适用的法律基于每个 BIT 和被诉国的情况不尽相同。国际仲裁庭不分层次，即使有，也没有充分理由让第一个仲裁庭及时为所有后来的仲裁庭解决问题。”[54]

在 *Impregilo* 诉阿根廷案中，*Impregilo* 特设撤销委员会甚至考虑过：“仲裁庭有权并经常引用其他决定来推导或支持其自己的推理，并引用其他仲裁庭的裁决，这当然是一种有效的推理形式。”[55]

事实上，此种解释在普通法法院的判决中并不罕见。在偏离遵守先例原则的情况下，法院几乎总是试图阐述其所处理的案件与先例就事实或适用法律存在的差异，以证明自己判断的正当性。普通法实践的实际倾向似乎已成为国际投资法的另一个特征。

三、强调前言

VCLT 第 31 条第 1 款规定：“解释条约时，应结合条约背景、其宗旨和目的给予的一般含义，本着善意解释。”这已成为国际仲裁庭解释条约遵守的“金律”。然而，在许多情况下，仲裁庭过分强调条约的目标，而未充分考虑到缔约方的意图。因此，这些法庭往往未能适当考虑条约的实质性规定，而是侧重于相关双边投资条约的序言，这导致对东道国施加了不必要的义务。

在 *Noble Ventures* 诉罗马尼亚案中，仲裁庭承认其解释只是在条约的“目标和宗旨”方面是合理的。[56] 类似地，在 *Tokios Tokelės* 诉乌克兰案中，基于相关条约的目标和宗旨，该案仲裁庭指出，“外国投资者”实际上是乌克兰国民，是有权获得

---

[53] *Saipem* 诉孟加拉国案（以下简称“*Saipem* 案”），ICSID 案件号 ARB/05/07，Decision on Jurisdiction and Recommendation on Provisional Measures，2007 年 3 月 21 日，第 67 段（脚注省略）。

[54] *SGS Société Générale de Surveillance S. A.* 诉菲律宾案（以下简称“*SGS* 诉菲律宾案”），ICSID 案件号 ARB/02/6，Decision of the Tribunal on Objections to Jurisdiction，2004 年 1 月 29 日，第 97 段。

[55] *Impregilo S. p. A.* 诉阿根廷案（以下简称“*Impregilo* 案”），ICSID 案件号 ARB/07/17，Decision on Annulment，2014 年 1 月 24 日，第 156 段。

[56] 参见 *Noble Ventures, Inc.* 诉罗马尼亚案（以下简称“*Noble Ventures* 案”），ICSID 案件号 ARB/01/11，Award，2005 年 10 月 12 日，第 52 段。

双边投资协定保护的，这将鼓励投资流入乌克兰。[57] 在 *Tza Yap Shum* 诉秘鲁案中[58]，仲裁庭表示，它“应”结合条约背景、目标和宗旨给予条款的含义，善意解释双边投资条约的条款。[59] 但它未能适当考虑到双边投资条约第 8 条第 3 款的清晰和平实的措辞，并指出：“根据双边投资条约的序言的措辞，可以推测，有权提交某些争议至 ICSID 仲裁的目的是明晰某些利益而促进投资。若缔约方确有意将仲裁程序中第 4 条所列的重要问题排除在仲裁程序之外，尽管对这种机制是否可能有助于吸引外国投资持怀疑态度，但是仲裁庭就会这样决定。”[60]

仲裁庭所作的是以自己关于吸引外国投资所需的假设取代缔约方的协议。这样的解释对促进国际投资法没有帮助，会削弱双边投资协定缔约方对国际投资争端解决机制的信心和信任。事实上，当事人故意限制 ICSID 管辖权以确定征收补偿金额，仲裁庭不得通过假设或猜测缔约方的意图来扩大其管辖范围，甚至通过指定“需要确定与所谓的征收有关的其他重要事项”。问题在于，这是缔约方同意授权仲裁庭作出决定，而非仲裁庭认为对其作出决定具有相关性或重要性。[61]

诚然，外国投资者认为国际仲裁是一个重要的争端解决机制，甚至优于去东道国法院参与诉讼。然而，仲裁庭可能不会像在 *Tza Yap Shum* 案中那样，忽视双边投资条约中明确规定的条款，且根据自己的愿望重新构建争端解决机制。双边投资协定和自由贸易协定应根据 VCLT 进行解释，特别是其中的第 31、32 条，它们反映了条约解释的习惯规则。除非仲裁庭和其他争端解决机构正确严格地遵守规则和原则，否则很可能会产生许多不理想的决定和裁决，这对于像中国这样的国家来说非常重要。

当然，明确双边投资协定的目标和目的的文本的存在很重要。然而，过分强调双边投资条约的目标和宗旨将削弱实质性条款的相应功效。与双边投资条约的目标和宗旨有关的文本的重要性在于，当关于实质性问题的条款不明确时，该文本可助力理解有关问题。

此外，在为外国投资者提供保护和促进外国投资的前提下，缔约方应可自由施

---

〔57〕 参见 *Tokios Tokelės* 诉乌克兰案（以下简称“*Tokios Tokelė s* 案”），ICSID 案件号 ARB/02/18，Decision on Jurisdiction，2004 年 4 月 29 日。

〔58〕 参见 *Tza Yap Shum* 诉秘鲁案（以下简称“*Tza Yap Shum* 案”），ICSID 案件号 ARB/07/6，Procedural Order，2009 年 7 月 21 日。

〔59〕 参见同上，第 153 段。

〔60〕 参见同上。

〔61〕 如本书第二章所要讨论的，不能说废除申请的扩散与此类仲裁决定无关。关于 ICSID 机制下的废止理由，见《ICSID 公约》第 52(1)(b)条。

加任何他们认为对外国投资者权利的合适的限制。任何不尊重缔约方自由的仲裁庭实际上都可能歪曲其意图，包括条约目的和宗旨包含的那些意图。在 *Plama* 诉保加利亚案中，仲裁庭似乎在国际仲裁实践中就此趋势作出评论，指出“过分强调条约的‘目标和宗旨’将鼓励解释的目的论方法，以一些更极端的形式，甚至会否认各方意图的相关性”[62]。

在实践中，不仅双边投资条约的宗旨和目的对解释争议各方的权利和义务具有重要意义，多边条约中的类似规定也很重要。例如，在 *Malaysian Historical Salvors Sdn Bhd* 诉马来西亚案[63]中，仲裁庭表示，要确定关于救回 1817 年沉没的英国船只的货物合同是否为合格投资，仲裁庭需对一系列先例进行分析。它发现，在 *Salini* 诉摩洛哥案之后，国际仲裁庭采用了两种方法[64]，即“典型特征方法”和“管辖方式”。根据其制定的管辖办法，该案仲裁庭逐一分析了合同条款，并得出以下结论：“与 *Salini* 案的建筑合同不同，该建筑在完工后将成为一个有利于摩洛哥经济并服务于摩洛哥公共利益的基础设施，仲裁庭认为（现在）的合同没有以实质性方式服务马来西亚公共利益或马来西亚经济，即从 ICSID 法理的角度看，即做出很大贡献。”[65]

没有条约规定“有利于地方经济发展”是认定交易为投资的先决条件。该案仲裁庭的做法主要基于《ICSID 公约》序言中关于条约目标和宗旨的规定：“考虑到为发展经济而需要的国际合作……”有关合同对当地没有显著贡献，仲裁庭即不认为这是《ICSID 公约》第 25 条意义上的投资。因此，法庭认为它对争议没有管辖权。这里的问题是，仲裁庭未能解决合同是否属于马来西亚和英国双边投资协定所涵盖的投资，而只是根据《ICSID 公约》的序言得出结论。因此，原告在“法庭明显超出其权力”的基础上发起了 ICSID 废止程序，该裁决在特设委员会组成两年后被取消。[66]

---

[62] 参见 *Plama Consortium Ltd.* 诉保加利亚案（以下简称“*Plama* 案”），ICSID 案件号 ARB/03/24，Decision on Jurisdiction，2005 年 2 月 8 日，第 193 段。除第 31 条外，仲裁庭还提及 VCLT 第 32 条规定的补充解释规则。亦可见“*Noble Ventures* 案”，第 50 段。

[63] 参见 *Malaysian Historical Salvors SDN BHD* 诉马来西亚案（以下简称“*MHS* 案”），ICSID 案件号 ARB/05/10，Award，2007 年 5 月 17 日，https://icsid.worldbank.org/ICSID/FrontServlet?requestType=CasesRH&actionVal=showDoc&docId=DC654_En&caseId=C247。

[64] 参见 *Salini Costruttori S. P. A. and Italstrade S. P. A.* 诉摩洛哥案（以下简称“*Salini* 案”），ICSID 案件号 ARB/00/4。

[65] 参见 *MHS* 案，第 131 段。

[66] 参见 *MHS* 案，ICSID 案件号 ARB/05/10，Decision on the Application for Annulment，2009 年 4 月 16 日。

委员会遇到的问题是，马来西亚和英国的双边投资协定以广义的方式界定了“投资”一词，依此，合同肯定属于投资。然后，因为有关交易与《ICSID 公约》的序言不一致，它必须解决的是争议各方申请设立的仲裁庭是否有权，还是应拒绝对案件行使管辖权的问题。委员会认为，“投资”一词不等同于“出售”的这一事实构成 ICSID 管辖权的“外部限制”，而其内涵应由提交 ICSID 仲裁的案件的争议当事方确定。[67] 委员会还注意到，若严格适用 *Salini* 诉摩洛哥案件中提出的四个要素，即除非所有这些要素都得到满足，否则 ICSID 不具有管辖权，这将排除 ICSID 管辖的一些投资争议。若相关双边投资协定或争议的各方同意通过 ICSID 解决争端，这将不是一个理想的结果。因此，委员会认为 ICSID 应该与时俱进：“如果世界上非常多的双边投资协定就‘投资’的规定相较于 *Salini* 测试更广泛，且若这构成任何类型的国际共识，那么很难理解为什么要更加狭隘地理解《ICSID 公约》。”[68]

委员会的大多数成员作出撤销决定。成员沙哈布登（Shahabuddeen）法官发表了反对意见，认为《ICSID 公约》下的“投资”一词必须有其外部限制，即它必须在《ICSID 公约》序言第一句的基础上促进地方经济发展。[69] 他认为，“考虑到需要国际合作促进经济发展”的措辞证明，促进地方经济发展是合格投资的先决条件，如果不这样做，交易不可能是《 ICSID 公约》涵盖的投资。Shahabuddeen 法官甚至根据 ICSID 是在国际复兴开发银行的支持下成立的事实佐证他的结论。

从上述案例中可以明显看出，尽管条约的序言和目的在解释其实质性条款方面具有重要意义，但过分强调其作用可能会导致不良后果。例如，无论其序言中所载的条约的宗旨和目的的措辞如何，缔约方是否不可能制定与条约部分不同的实质性条款？有时候，由于反映条约目标和序言的条款的措辞可能过于宽泛，缔约方可以选择在具体和实质性条款中设定限制。此外，所有条约都是经过数月或数年谈判后缔结的。谈判期间出现的任何政治事件或经济问题都可能导致缔约方在条约中引入不同的条款。事实上，一旦缔约方就某些条款达成一致，例如序言或目标，为了避免再次出现之前谈判中出现的任何困难，他们可能倾向于在其他条款中制定必要的条款，即实质性或具体条款。这可能导致条约或合同明显不一致，特别是序言和实质性条款之间。不幸的是，一直作为国际投资法专家的仲裁员们缺乏政府间谈判经验，再加上争端各方无法提供双边投资条约的筹备工作情况，导致仲

---

〔67〕 参见同上，第 72 段。

〔68〕 参见同上，第 79 段。

〔69〕 参见 *M H S* 案，ICSID 案件号 ARB/05/10，the Dissenting Opinion of Judge Shahabuddeen，2009 年 2 月 19 日。

裁庭过于重视国际法原则而没有充分考虑条约中实质性条款的真正含义。

四、判例法的形成

无论先前的仲裁裁决是否具有先例的实际效力,很明显所有争议当事方和仲裁庭经常援引先前的裁决,无论在何处和由谁作出。与 WTO 做法类似,即专家组提到其他专家组和上诉机构的报告,而上诉机构则引用自己的报告,投资仲裁庭引用国家和国际法院的判决[70]也是一种常见现象。国际投资仲裁庭援引 WTO 专家小组和上诉机构报告的案子屡见不鲜。各个领域的不同仲裁庭、仲裁机构和争端解决机构之间交叉引用和引用先前的裁决和报告,这实际上导致了一系列国际投资判例法的出现。国际投资判例法的出现和发展是历史的必然要求。

国际投资判例法的出现对国际投资法的发展产生了重大影响。第一,由此逐渐形成了相对一致的解释规则。新规则源自 VCLT 中编纂的基本原则。第二,一些一般的法律原则,如善意、有约必守和新法应当适用于将来而非溯及既往,在国际上得到广泛认可,且为越来越多的国际仲裁庭所采用。第三,国际法进一步本地化。关于合格投资和投资者、公平公正待遇、充分保护和安全的国际投资条约的具体规定,以及关于间接和逐步征收以及征收补偿标准的具体规定,逐步为国内法律所吸收。

科学和技术的发展有助于制定国际投资判例法。20 世纪 50 年代以来,通信和信息技术的发展和广泛普及,特别是互联网的快速发展,大大提高了信息传输的效率。材料分析、调查、证据收集和听证所需的时间缩短了。最终判决和仲裁裁决的公布可首次在国际社会中得以广泛传播。

先进的通信和信息技术使律师和仲裁员能够轻松获取以前的判决,并找到有用的内容,以支持他们在仲裁中的观点。代表争议方的律师的最佳策略之一是引用其他仲裁庭作出的裁决来证明他们的主张是正当的。事实上,所有争议方都无一例外地引用先例以试图说服法庭处理他们的案件。仲裁庭也倾向于引用以前的裁决,以避免由于未在裁决中给予足够的论证而受到批评。因此,先例得到越来越广泛的传播和引用,于当前国际投资体制中发挥着越来越重要的作用。

根据争议方的选择,传统的仲裁是在不公开裁决的情况下秘密进行的。然而,

---

〔70〕 例如,*Tecnicas Medioambientales Tecmed S. A.* 诉墨西哥案(以下简称"*Tecmed* 案"),ICSID 案件号 ARB(AF)/002,仲裁庭援引欧洲人权法院在讨论征收是否应基于公共利益时作出的判决的第 22 段。

在国际投资领域，特别是投资者与国家间的争端解决，必须有相当高的透明度。一方面，这是因为现在政府的行为受到高度审查，需要提高透明度。因此，政府参与仲裁，仲裁结果及其行为的合法性都与其即将举行的选举结果有关。另一方面，争议各方将一些裁决提交国内法院复审或执行，基本要求即是公布所有文件，包括可能存在争议的仲裁裁决。[71] 正是在这种背景下，ICSID 明确承诺公布其所有仲裁裁决，这反过来促使区域组织和特设仲裁庭也公布其裁决，例如，根据 NAFTA 作出的裁决。所有这些裁决都可以在一些开放的论坛上广泛和及时地得到讨论，例如在互联网上，评论员互相影响。与此同时，这种公开给仲裁员带来了巨大压力，因为每个人都希望他/她的决定得到广泛支持，或者至少不会受到挑战。实现这一目标的最安全的方法是遵循其他仲裁庭的先例和做法，这样做即使出现问题，也不会是孤军奋战。

在一个极小的圈子里，这个领域的学者和专家的想法相互影响。他们坚信经济发展取决于国际合作，包括国际投资，有利的投资环境对吸引外资至关重要。在根据 VCLT 第 31 条解释双边投资条约时，仲裁员将具体义务与关于条约目的的广泛条款联系起来即为证明。当然，他们将得出关于东道国应该如何为外国投资者提供服务、应该如何为外国投资者提供稳定和可预测的投资环境的结论。这种解释方法本身没问题，但是，若没有在外国投资者的权利和义务与东道国的权利和义务之间取得平衡，有时扩大解释，即使目前没有这种情况，最终也可能鼓励滥用或不当行使外国投资者的权利。

在投资者与国家间的争端中，外国投资者作为与主权国家签订合同并在东道国投资的人，总是试图给公众一种印象，即不管它实际上有多么强大，它总处于弱势。同情弱者是人的本性，仲裁员也是如此。在这种情绪的驱使下，仲裁庭可能倾向于遵循投资者的逻辑，并得出东道国违反其条约义务的结论。

那些在经济发达和政府高效的发达国家接受过教育的法律专家和学者往往缺乏对许多东道国文化的认识和理解。这些国家通常不会以这些仲裁员眼中的自然和简单的方式行事。但是，东道国政府遇到的问题的复杂程度可能远远超出任何仲裁员的认知范围。东道国的文化也可能与仲裁员熟悉的文化大不相同。因此，

---

〔71〕 根据《ICSID 仲裁规则》，对于缔约国与另一缔约国国民之间的争议，对仲裁裁决不满意的争议方可以申请设立特设委员会作出最终裁决。如果争议当事方之一不是 ICSID 缔约国或缔约国国民，则应根据 ICSID 附加便利规则解决争议，并且裁决不受 ICSID 撤销程序的约束。但是，争议当事方可以诉诸国内法院寻求补救。如在 *Metalclad Corporation* 诉墨西哥案[ICSID 案件号 ARB(AB)/97/1]中作为败诉方的墨西哥诉诸英属哥伦比亚高级法院，要求撤销决定。

仲裁员或不理解有关东道国的作为或不作为。所有这些都可能间接影响仲裁庭的决策。基于发展中国家普遍存在某些情况,代表东道国政府的当地律师通常在国际社会中享有很高的声誉。

尽管上述国际投资仲裁裁决存在明显缺陷,但随着案件数量的增加,其影响力不断增加。国际社会不可避免地面临如何应对国际投资判例法的形成的挑战。

不言而喻,国际投资法的新特征并不仅限于上述内容,其他领域也有新的发展。稍后讨论的最惠国待遇条款(Most Favored Nation Clause,MFN 条款)的适用范围即是一个这样的例子。

综上所述,国际投资受多种因素的影响,经历了不同的发展阶段。20 世纪 90 年代以前,它主要集中在自然资源开发和制造业,且主要在发达国家之间进行。随着科学技术特别是信息技术的发展,经济全球化已成为当前世界发展的主流。在此背景下,国际投资的广度、深度和模式都取得了长足的进展。虽然发达国家仍然是最重要的东道国,但发展中国家也取得了重大成就,不仅吸引外国投资(数量和质量方面),而且在国外进行投资。尽管缺乏协调跨国投资的国际组织,但一些多边条约、自由贸易协定和双边投资条约构成了一个全面的规则网络,鼓励、规范国际投资。此外,常设和临时仲裁庭的决定和裁决也是保证包括外国投资者在内的各方行使条约权利和履行义务的最重要因素。上述的结合使得国际投资法具备其以前没有的约束力。这一发展也使得对国际投资法的研究比以往任何时候都更加有趣和重要。

第二章

外商直接投资控制系统

投资总是伴随着商业和非商业风险。国际投资的跨国性质进一步增加了投资者的风险。文化和商业环境的差异,东道国政治、军事或经济形势的变化,甚至自然灾害的发生都可能给外国投资者带来特殊风险。为增强投资者的信心,国际社会建立了各种控制机制。其中一些是由母国单方面设立的,以鼓励其国内企业进行海外投资;另一些是通过母国和东道国之间的双边条约建立的;还有一些则是通过多边协议建立的。无论是单边机制、双边机制或多边机制,这些控制机制都旨在处理非商业风险。

就这些控制机制的职能而言,其中一些提供保险以涵盖政治和非商业风险,一些为促进和保护外国直接投资的措施,还有一些用于解决投资者与国家之间的纠纷。本章将首先考察一些发达国家单方面建立的国内投资保险制度和多边保险机制——多边投资担保机构(Multilateral Investment Guarantee Agency,MIGA)。此后,本章将讨论双边投资保护机制,侧重于中国签订的双边投资协议和自由贸易协定。最后一节将专门讨论解决投资者与国家间争端的制度。由于后续章节将讨论与仲裁机制有关的各种国际投资问题,本章的重点仅在于讨论 ICSID 撤销程序。

第一节　外商投资保险制度

外国直接投资的保险制度的发展与双边投资条约的签署密切相关。最重要的外国投资保险制度是发达国家单方面倡议制定的。20 世纪 80 年代后期,世界银行努力建立一个多边机制,以鼓励资本从发达国家流向发展中国家,最终形成了多边投资担保机构。

一、国家保险制度

为了促进海外私人投资,许多发达国家试图通过建立国内投资担保体系来保护自己的投资者。各国采取的主权豁免行为都是海外私人投资保护制度的一部分。此外,西方发达国家还设立了负责促进海外投资的机构,为在国外投资的国民和公司提供各种设施和援助以及各种形式的保险。美国海外私人投资公司(Overseas Private Investment Corporation,OPIC)就是这方面的典型例子。

基于1961年《对外援助法》,OPIC于1969年成立,[1]其主要目的是为在发展中国家投资的美国国民或公司提供政治风险保险。[2] OPIC提供的投资保险可以追溯到"二战"后的马歇尔计划(The Marshall Plan)。为了鼓励私营企业在欧洲国家投资,以及战争期间受损经济的复苏,美国政府向私人投资者保证,他们在欧洲国家获得的投资回报可以直接兑换成美元。[3] 这种货币兑换保证的依据是1948年的《美国经济合作法》。[4] 经过多次修订,这部法律扩大了适用范围,使美国政府提供的担保从货币兑换延伸到了与征收、战争、起义和革命相关的风险。除货币兑换担保外,这些担保仅适用于美国公民在发展中国家的投资。根据对西方发达国家的传统的理解,对发展中国家投资存在较高的政治风险,尤其是国有化、征用、战争或革命可能直接影响投资者利益。

1961年,美国通过了《对外援助法》,并成立国际开发署(United States Agency for International Development,USAID),负责监督和实施美国的对外援助和私人投资。1969年,美国国会(Congress of the United States)修改了此法,正式成立OPIC并作为一个独立机构。OPIC被授权向私营企业、个人和投资机构提供贷款,其提供的担保的保险费是其主要资金来源。作为一个独立的政府机构,OPIC的授权和活动的具体时段由法律规定,可通过美国国会的授权延长。自OPIC成立以来,美国会不断延长此时期,扩大保险范围,符合条件的东道国数量不断增加。[5]

OPIC为私营企业提供保险服务的基本指导原则是保险条款应符合保险业务的风险管理原则。为了降低风险,它还与其他保险公司合作提供单独的保险和再保险。与一般保险公司不同,OPIC优先考虑弱小企业,特别是在欠发达国家和地区的私人投资,而前提条件是投资符合东道国和地区经济发展的需要并有助于提

---

〔1〕 参见 Foreign Assistance Act of 1961 (Public Law 87 - 195), 22 USC 2191(1976), https://www.opic.gov/sites/default/files/statute1.pdf。

〔2〕 OPIC为在发展中国家和转型经济体的美国国民和企业的投资提供贷款担保和贷款。

〔3〕 因为欧洲国家的货币当时不能自由兑换,所以这种货币兑换担保是必要的和有吸引力的。直到20世纪50年代末,发达的西欧国家才开始采用可自由兑换的货币体系。

〔4〕 参见62 Stat. 137。

〔5〕 参见 Overseas Private Investment Corporation Reauthorization Act of 2011 (H. R. 2762), https://www.gpo.gov/fdsys/pkg/BILLS - 112hr2762ih/pdf/BILLS - 112hr2762ih.pdf。

高当地社会和经济生活水平。

在提供担保时，OPIC 考虑到相关国家或地区允许国内外私营企业存在的程度，以及该国政府允许私营企业充分发展的条件、能力和意愿。此外，它鼓励竞争并协助美国政府解决国际收支问题。基于这些一般原则，OPIC 侧重于人均收入低于 984 美元（1986 年的美元价值）的欠发达国家和地区的投资，并限制在人均收入等于或高于 4269 美元（1986 年的美元价值）的国家和地区的投资活动。[6]

可以获得 OPIC 保险的人包括美国国民、公司、合伙企业或在美国注册的其他商业实体，以及在海外注册的法人（若其 95% 的股份由美国国民或企业持有）。如果合格的自然人或法人与不合格的投资者合作投资项目，合格投资者只能为整体投资中自己的部分申请 OPIC 保险。在大多数情况下，OPIC 提供投资保险的外国或地区已与其达成协议，东道国承诺投资保护并向 OPIC 授予代位权。

在实践中，OPIC 仅为新投资项目提供担保，但这可能包括现有投资项目的扩展、现代化、技术改进和发展。投资者必须在实际投资前向 OPIC 注册，以便 OPIC 可以与他们就保险可能出现的任何问题进行谈判并获得投资者的承诺。投资者在申请保险时必须提供有关保险项目的具体信息，包括项目对美国经济和就业的影响[7]，对东道国经济发展的影响，当地资本和原材料的使用，建设所需的时间，项目对当地环境的影响，及其对人权的遵守，包括工人的权利。[8]

OPIC 的一个特点是鼓励兼具传统和相对新颖的投资方法，包括通过提供资金、材料或服务进行投资，达成协议，合资或转让特许经营权，甚至产品共享以降低风险。此外，相关投资项目必须有东道国政府或当地企业的参与，OPIC 认为这种安排比直接股权投资更安全，不太可能被东道国征用。

OPIC 要求投资者承担至少 10% 的风险，这意味着只有最多 90% 的投资可以投保。OPIC 提供的保险涵盖直接资本投资、合同权利或投资者在质押协议中享有的权利。投保人的投资回报也是可保险的。因此，对于股权投资，OPIC 发行的保险承诺通常相当于初始投资的 270%：90% 代表原始投资，180% 代表未来收益。[9]

---

〔6〕 参见 Foreign Assistance Act of 1961 (Public Law 87 - 195), 22 USC 2191(1976)，第 231 节。

〔7〕 投资项目将导致美国失业或将活跃的业务从美国的低迷地区转移到海外地区，这些投资项目无法获 OPIC 支持。

〔8〕 参见 OPIC 政策，https://www.opic.gov/doing - business - us/OPIC - policies。亦可参见“Finance Eligibility Checklist”，https://www.opic.gov/doing - business - us/applicant - screener/finance - eligibility - checklist。

〔9〕 参见 Extent of Coverage，https://www.opic.gov/what - we - offer/political - risk - insurance/extent - of - coverage。

OPIC 提供的最长保险期限为 20 年。一般而言,OPIC 提供保险以涵盖三类风险:货币不可兑换、国有化或征用、政治暴力(包括恐怖主义)。此外,它还提供多种保险产品,其覆盖范围可满足特殊投资保险需求以及折扣率的投资,且设置小型企业的简化审批流程。

货币无法兑现的风险,是指由于东道国的歧视性政策,东道国政府拒绝改变本币变为可兑换外币,美国投资者可能不得不以相对不太有利或较低的汇率将当地货币兑换成美元,甚至遭受损失。作为 OPIC 提供的主要保险类型之一,这包括投资的本金和回报。

OPIC 保险主要涉及政治风险,包括国有化和征收风险。根据《海外私人投资公司法》的规定,征收是指取消有关合同,拒绝承认其效力,或者损害投资者享有的合同权利,前提是东道国的相关行为对于投保项目的持续运作具有严重的负面影响,且并非投资者的过错或违法行为的结果。一般而言,OPIC 与投资者签订的保险合同常列出可能被视为征收的东道国的行为。

投资者根据保险合同获得赔偿的权利主要取决于他是否实际上被剥夺了使用和管理相关投资项目的权利。一旦 OPIC 确认其基于合同义务需为投资者遭受的损失支付赔偿,赔偿金额将根据初始投资和征收前的投资回报计算。付款后,OPIC将取代投资者的位置并通过代位求偿承担他/她的所有权利。投资者有义务与 OPIC 合作,要求东道国赔偿。如果东道国支付的任何补偿金超过 OPIC 向投资者支付的补偿金,则投资者有权获得盈余。

OPIC 签署的保险合同一般规定,当投保人意识到他/她的投资存在被征收风险时,应通知 OPIC。在征收后一年内,投资者有义务采取合理行动,防止或抵制东道国政府的活动。若有征收,私人投资者应首先与东道国政府协商和谈判。虽然这种谈判是在东道国政府和投资者之间进行的,但后者实际上是在 OPIC 的指导下,包括在可接受的赔偿条件等方面。

政治暴力造成的投资损失并不常见。对于此种情况,OPIC 针对以下情形提供保险:宣战或未宣布的战争风险;国家或国际部队的敌对行动;革命、叛乱和内乱;恐怖主义和破坏。它已建立一般规则以确定其中一个是否已经发生。例如,在决定战争或起义是否已经发生的因素中,行动者的有组织性是最重要的,要求这些活动是由具有某种政治目的的组织系统地进行的。根据传统的理解,OPIC 针对战争造成的损失提供的保险中的战争是指东道国与另一国家之间的直接武装冲突或对抗,无论是否已经正式宣战。尽管美国法院在一些案件中试图区分“革命”和“起义”,但 OPIC 认为这两者都是东道国政府遇到的来自有组织的内部反对派的挑战。因此，为了在这类保险下得到补偿，投资者必须证明东道国的反对派力量是有组织的且策划推翻现行政权，并建立新政权。此外，投资者必须证明他们遭受的损失是由有组织力量的成员或直接行动造成的。

2003 年 7 月，OPIC 开始提供“独立的恐怖主义保险，以支持国际反恐战争，并进一步保护美国海外企业。此前，涉及恐怖主义仅在 OPIC 更广泛的政治暴力保险范畴中提供”〔10〕。它提供保护，防止不构成国家或国际武装部队的个人或团体的且以实现政治目标为主要目的的暴力行为。保险范围包括防止使用化学、生物、放射性或其他大规模毁灭性武器。OPIC 提供长达十年的涉及恐怖主义的保险，可用于投资和投资回报。〔11〕

显然，OPIC 的存在已被证明有助于美国国民和企业进行外国投资，并有助于美国资本的跨境流动。它受到私人投资者和东道国的欢迎。当然，OPIC 也遇到了保险业务中常见的一些问题。例如，虽然与投资者签订的保险合同有详细明确的规定，但当损失确实发生时，可能会产生相关法律问题或事实的争议，一方可将争议提交国际仲裁。〔12〕

二、多边保险制度

MIGA 是根据 1985 年世界银行年会通过的《建立多边投资担保机构公约》（以下简称《MIGA 公约》）成立的，并于 1985 年 10 月开放供签署。该公约于 1988 年生效，截至 2013 年年底，MIGA 有 180 个成员，其中 25 个是发达国家，155 个是发展中国家。〔13〕

多边投资担保机构的目的是鼓励成员国之间的国际投资，特别是对发展中国家的生产性投资，“补充国际复兴开发银行、国际金融公司和其他国际发展金融机构的活动”〔14〕。为实现上述目标，机构应：“（a）提供担保，包括共同保险和再保险，以防止来自其他成员国在一成员国投资的非商业风险；（b）开展适当的补充活

---

〔10〕 参见 OPIC 产品系列（2005 年 5 月），第 1 页，https://www. opic. gov/sites/default/files/docs/hl05insurance - terrorism. pdf。

〔11〕 显然，由于 OPIC 的存在网站上已不再提及，该计划已经停止，类似的保险只能再次在更广泛的政治暴力保险范围内提供。

〔12〕 关于涉及 OPIC 和相关仲裁的案件，参见陈安等，*Five Well - known International Investment Disputes*, Lujiang Press，厦门（1986 年，中文）。

〔13〕 参见 MIGA 网站，https://www. miga. org/whoweare/index. cfm? stid = 1789。

〔14〕 《MIGA 公约》，第 2 条，https://treaties. un. org/doc/Publication/UNTS/Volume% 201508/volume - 1508 - I - 26012 - English. pdf。

动,以促进发展中成员国之间的投资流动;(c)行使为促进其目标而必要或可取的其他附带权力。"[15]

总之,MIGA 的工作包括对非商业投资风险的投资担保和投资相关的咨询。它有义务根据担保合同向担保持有人支付赔偿金,并有权获得投资者的代位权,使其能够向东道国索赔。

根据《MIGA 公约》第 14 条的规定,多边投资担保机构只能保证在发展中成员国境内进行的投资。第 12 条 a 款进一步规定了,MIGA 担保的投资含股权,包括非股权投资,如有关企业股权持有人所作出或担保的中期或长期贷款。根据第 12 条 b 款的规定,经董事会特别多数批准,合格投资的范围可以扩展到任何其他中期或长期投资形式。

一般而言,股权投资是指收购具有法人资格的公司或其他经济实体的股份。若投资者有权从相关公司获得利润或参与清算过程中相关权益的分配,则应视为构成股权。即使关联公司尚未注册为独立法人,但投资者对其部分经营资产拥有一定的所有权,有关投资也应被视为股权投资。此外,股权持有人向公司提供的中期或长期贷款以及在特定情况下提供的贷款担保也应被视为直接投资。这里的"特定情况",是指偿还主要或完全取决于有关项目的利润或产品销售的贷款,或贷款人有权转让债权人优先股或有关公司普通股的权利。[16]

非股权直接投资可能包括投资者在不投资现金或材料或投资回报取决于相关企业或项目成功的情况下获得企业股票的情况,即如果项目失败,投资者将无法取回他/她的投资。根据《MIGA 运行规则》第 1.05 条的规定,非股权直接投资包括:(1)生产共享合同;(2)利润分享合同;(3)管理合同;(4)商标、专有技术、特许经营和技术援助合同;(5)专利许可协议;(6)交钥匙合同;(7)经营租赁协议,至少 3 年;(8)次级债权证;(9)其他形式的非股权直接投资,其中回报取决于业绩;和(10)用于贷款的担保和其他证券。

在 MIGA 的担保申请注册之后,只有新的投资开始了,方可享受担保。此类投资可能包括为实现现有投资而进行的投资,以及为协助东道国经济调整而进行的投资,例如接收其国有股份。

根据《MIGA 公约》第 13 条的规定,如果存在以下情况,则任何自然人或法人

---

〔15〕《MIGA 公约》,第 2 条,https://treaties. un. org/doc/Publication/UNTS/Volume% 201508/volume - 1508 - I - 26012 - English. pdf。

〔16〕关于何为股权投资项目的更多细节,参见《MIGA 运行规则》第 1.02 ~ 1.04 条,https://www. miga. org/documents/Operations - Regulations. pdf。

都有资格获得 MIGA 保证:(1)该自然人是东道国以外的其他成员的国民;(2)该法人是在东道国以外的成员中成立且为其主要营业地点;(3)该法人以商业方式经营。

毋庸置疑,MIGA 的成立主要是为法人投资者,特别是大型企业投资者提供担保。因此,公司或企业有资格获得 MIGA 担保非常重要。目前,不同的国内法对同一类型的经济实体有不同的规定。例如,根据德国和瑞士法律,合伙企业具有法人资格;而根据其他国家国内法的相关规定,情况并非如此。为了解决上述问题,《MIGA 运行规则》规定,没有法人资格的合伙企业应被视为非法人团体和分支机构,如此,即不符合担保条件。[17] 但是,这些经济实体的所有者可以自行申请投资担保。具有法人资格的合伙企业或其他经济组织可直接向 MIGA 申请担保。与西方国家的传统海外投资担保原则一致,投资者只可以就部分投资而非整个项目申请 MIGA 担保。

除法人资格外,确定自然人的国籍和法人的国籍或主要营业地点也非常重要。由于 MIGA 承诺促进跨国投资,申请担保的自然人或法人通常不应具有东道国的国籍。但是,申请人必须具有东道国以外的成员国的国籍或主要营业地。《MIGA 公约》的这一规定避免了确定跨国公司国籍争议的棘手问题,并扩大了 MIGA 提供的担保范围。根据《MIGA 公约》规定,在投资者和东道国的共同申请下,如果董事会以特别多数批准,作为东道国国民的自然人或在东道国注册成立的法人也可能有资格获得 MIGA 担保,只要所投入的资本为从东道国境外转移而来即可。[18]

法人投资者的所有权也是国际投资担保和保险的重要问题。在西方国家的传统做法中,海外投资保险公司通常不向非私营企业或非私人拥有的投资者提供担保和保险。但是,《MIGA 运行规则》第 1.17 条和第 1.18 条在这方面的规定更为灵活,根据这些规则,投资者的所有权应分析受益者非记录所有权来确定。如果股权由股票经纪人或银行所持有,该股票经纪人或银行的客户应被视为所有者。根据《MIGA 运行规则》的规定,公司的注册所有人应被视为实际受益人和所有者;而对于由一个以上的人拥有的公司,其所有者应被视为不具有东道国国籍的自然人或法人。

此外,法人投资者可能为私人或 MIGA 成员国拥有。[19] 这使得在第三国建立

---

〔17〕 参见《MIGA 运行规则》第 1.14 条。

〔18〕 参见《MIGA 公约》第 13 条 c 款。

〔19〕 参见《MIGA 运行规则》第 1.14、1.18 条。

的投资中介机构或合资企业能够获得 MIGA 担保,这在当前的投资实践中很常见。当计划在国外投资时,为了分散或降低风险,许多投资者将首先在东道国以外的第三国建立公司,其中部分或大部分股份由当地政府或政府组织所有。由于政府参与,西方国家的国内投资保险机构通常不会为这类组织的投资提供担保或保险。但是,《MIGA 公约》中的上述规定鼓励投资者通过各种方式进行投资。

1. MIGA 的会员资格和表决权

成为 MIGA 成员的先决条件是世界银行的成员。机构成员分为发达国家和发展中国家,前一类包括澳大利亚、奥地利、比利时、加拿大、捷克共和国、丹麦、芬兰、法国、德国、希腊、冰岛、爱尔兰、意大利、日本、卢森堡、荷兰、新西兰、挪威、葡萄牙、斯洛文尼亚、西班牙、瑞典、瑞士、英国和美国;后者包括来自亚洲、非洲、东欧、中东和拉丁美洲的 155 个国家。[20]

MIGA 的法定资本存量为 10 亿特别提款权(SDR 1,000,000,000),分为 100,000 股,每股面值 10,000 特别提款权。每位会员必须认购不少于 50 股。[21] 每个成员认购的股本数量在《MIGA 公约》附表 A 中列出。若有新成员加入,即需要额外的股份,理事会有权以特别多数投票确定增加 MIGA 的总股份。

对于认购股份,每个成员有义务以现金支付 10% 的股份,另外 10% 以不可转让、无息的期票或类似义务的形式支付。当基于履行其义务涉及这笔资金时,剩下的 80% 应由 MIGA 回购。认购应以可自由使用的货币支付,但发展中国家的付款可以用本国货币支付,最高金额等于其认购额的现金部分的 25% 。

MIGA 采用世界银行的加权投票系统。每个成员国对其持有的每股股票拥有 177 张基本票数和一张认购票。根据《MIGA 公约》的规定,两类成员,即发达国家和发展中国家的总票数应大致相等。[22] 如果任何会员未能履行公约规定的义务,MIGA 董事会可以暂停其会员资格,但其仍需履行义务。

2. MIGA 的特征

MIGA 的主要特点之一,也是其任务之一,是促进对发展中国家的投资,包括从发达国家到发展中国家的投资流动以及发展中国家之间的投资流动。这一目标通过发展中国家和发达国家共同建立的多边投资保障机制可得到最大限度的实现。大多数发达国家目前设立了国家机构,为国内企业提供担保,使其免受海外投

〔20〕 关于发达国家和发展中国家的具体分类,参见《MIGA 公约》表格 A。

〔21〕 《MIGA 公约》第 5 条规定,"成员对股本的所有付款义务应根据特别提款权在 1981 年 1 月 1 日至 1985 年 6 月 30 日期间的美元平均价值结算。此价值为 1.082 美元"。

〔22〕 参见《MIGA 公约》第 39 条。

资的风险。然而，除了印度等少数国家外，发展中国家尚未设立类似的国家机构为国内投资者提供风险担保，这实际上导致了发展中国家投资者在与发达国家竞争中处于劣势地位。MIGA 的目标之一是为发展中国家和发达国家的投资者提供公平的竞争环境，以促进发展中国家的投资合作。为实现这一目标，《MIGA 公约》明确规定，在确定要投保的项目时，董事会应适当考虑相应成员的股份，并对源自发展中国家的投资以更宽松的要求。[23] 在整个业务活动中，机构应特别注意促进发展中成员国之间投资的重要性。

只有东道国事先批准，MIGA 才能提供投资风险担保。根据需要和国内情况，东道国可以延长或减少要投保的投资范围，或限制所涵盖的风险范围。

目前，大多数海外投资风险担保机构的目标是刺激国内经济发展，如增加出口，促进东道国经济发展并非其首位目标。然而，MIGA 明确将促进东道国的经济发展作为其首要目标，并作为提供担保的重要标准。《MIGA 公约》第 12 条明确规定，MIGA 应确定投资的经济合理性，对东道国发展的贡献，投资与宣布的发展目标和东道国优先事项的一致性，投资是否符合东道国的法律法规。相关投资能否在东道国享有公平、公正的待遇和法律保护，也是提供担保要考虑的重要因素。事实上，上述两项标准是相互补充的。前者意味着 MIGA 应将相关项目的贡献作为东道国经济发展的一部分，作为提供担保的评估标准之一；而后者则试图将担保项目的风险降至最低。一般而言，符合东道国发展目标和法律规定的投资项目将面临较少的非商业风险。

项目的经济稳定与否主要取决于投资者所采用的技术是否符合项目的要求和可行性，是否有足够的资金，以及项目能否产生足够的利润以支付费用和股息。一个项目对东道国经济发展贡献的大小主要取决于它助力东道国增加出口能力和国内生产的能力的大小。一般而言，以下因素都可能构成影响项目这两个方面的标准：就业率、技术转让、供应原料、出口能力、经济发展的多样性、社会福利、财政收入和外汇收入等。在考虑投资项目对东道国经济发展的贡献时，应考虑替代方案，以评估是否可以通过其他方式或措施实现同一目标，然后将两个措施或两个项目进行比较，以明晰哪一个在经济上更合理。

3. 风险担保

MIGA 提供的此类担保包括：货币不可兑换和转让限制；征收和类似措施；违

---

〔23〕 参见《MIGA 公约》第 2、23 条。

反合约；战争和内乱；不履行主权财务义务；国有企业不履行财务义务。[24] 虽然这些投资风险几乎全部由各国的海外投资保险机构承担，但对于货币风险的定义和东道国违约风险仍存在分歧，以及就这些非经济风险是不是投资者可能因其自身行为或未能采取行动而遭受的损失而有资格获得担保存在分歧。MIGA 已就上述问题作出明确规定。

例如，投资者无法将其投资回报、相关破产企业的清算资产和其他收入自由转换为可自由使用的货币，或根据法律将相关收入转出东道国，这些应被视为货币转移风险。东道国的行为，例如明确限制货币兑换和转移的法律、法规或行政命令，以及对口政府机构在协助投资者货币兑换和转移方面采取长期拖延等方式被动地限制货币兑换和转移，可能会导致货币转移风险。[25]

此外，MIGA 还为投资者将东道国货币兑换成其他货币而遭受的潜在汇率歧视提供担保。这种担保主要应对东道国采取的各种汇率制度，以限制或阻止投资者将投资收益转移到国外，即使用歧视性或不利的汇率进行货币转移。但是，若东道国有多种汇率制度和关于每种货币转移的具体规定，除非这些规定得不到遵守，否则投资者将无权获得 MIGA 的赔偿。

对于征收和类似措施的投资风险，MIGA 担保具有以下特征：它们包括东道国进行的官方征收或类似措施以及间接或逐步征收。间接或逐步征收意味着，尽管东道国采取的措施不构成对投资者资产的直接征收，但鉴于其对投资者的潜在总体影响，东道国采取的一系列行动将与征收具有相同的效果。因此，每一项行动都应被视为构成征收。一般而言，间接征收包括增加所得税、提高关税、最低工资标准、员工培训和其他强制性规定。但是，在确认间接征收发生之前，投资者必须证明东道国采取的行动导致相关企业的严重损失或使其持续的盈利操作无法进行。[26]

有关 MIGA 适用范围的这些规定标志着国际投资担保的重大进展。它们一方面确保外国投资者的利益，另一方面专门规定了无法担保和补偿投资风险、损失的情况。同时，还规定东道国政府为调节其领土内的经济活动而通常采取的一般

---

〔24〕 参见《MIGA 公约》第 11 条；MIGA2013 年报，第 60 页，表格 1，https://www.miga.org/resources/index.cfm?aid=3554。

〔25〕 根据《MIGA 运行规则》第 1.24 条的规定，被动限制是指东道国的交易所当局未在投资者申请转换或/和转让之日起 90 天内对转换或/和转让采取行动。

〔26〕 参见《MIGA 运行规则》第 1.29 ~ 1.41 条。

适用措施不应被视为征收或类似措施。[27]

MIGA 就东道国违约风险的担保是国际投资保险业务的一项创新。就东道国政府违反合同可能造成的损失提供担保和补偿，增强了投资者的信心。东道国可能违反合同，无论是作为主权国家还是普通商业伙伴。相关合同包括自然资源勘探合同、税收协议、专利权、基础设施以及东道国政府或政府机构与外国投资者签订的有关原材料供应的合同。在某种程度上，就东道国违反合同的担保包括涉及程序相关事宜，包括投资者是否可向独立于东道国行政部门的司法管辖区或法庭提交任何争议，以及判决或裁决可否在合理的时间内达成，是否可以在合理的时间内执行对投资者的判决或裁决。[28]

关于战争和内乱的风险保障，根据《MIGA 运行规则》第 1.50 条的规定，界定此类风险并不要求东道国是该事件的一方或该事件必须在该领土内发生。这项规定是目前国际保险制度的一项突破，将促进国际投资。如果在东道国附近的国家发生军事冲突，其位置与投资项目非常接近，以致影响项目的正常运作或对其造成直接损害，那么将符合战争和内乱风险投保的要求，投资者有权获得 MIGA 的赔偿。此外，对于严重依赖国际航运或陆运（如投资内陆国家）的投资项目，如果军事冲突或内乱严重扰乱运输或交通枢纽，相关投资项目的运作遇到困难甚至因此不能继续，投资者可要求 MIGA 赔偿因此遭受的任何损失。

MIGA 还为政府或国有企业未能履行无条件金融支付义务或兑现担保的风险提供担保。与违约保险不同，这些类型的保险不需要最终仲裁裁决或法院判决作为支付索赔的先决条件。然而，此类的基本条件是在运行的项目必须基于 MIGA 的要求适格，国有企业未能履行其义务引发的风险仅在 2013 财政年被涵盖。[29]

MIGA 担保的另一个特点是，若非商业风险或损失归因于投资者，MIGA 将无义务支付赔偿金。[30] 这反映了多年来，在联合国和其他国际组织中，发展中国家为建立稳定国际投资的努力，特别是迫使跨国公司投资者严格遵守东道国法律的努力。

投资风险评估取决于有关项目的具体情况，而不是东道国的经济和政治情

---

〔27〕 参见《MIGA 公约》第 11(a)(ii) 条。

〔28〕 根据《MIGA 运行规则》第 1.44(iii) 条的规定，若有利于投资者的裁决自其作出之日起 90 天内未执行，则相关投资者的合法权益应视为已减值。

〔29〕 参见 MIGA 2013 财报，第 60 页表格 1 和第 2 页。

〔30〕 参见《MIGA 公约》第 11 条(c)款。

况。[31] 因此,即使是经济发展缓慢或投资环境相对较差的东道国的项目也有资格获得担保。这显然有利于负债沉重的发展中国家或正处于经济调整的国家吸收外国投资。

4. 投资咨询

MIGA 不仅为在发展中国家投资的项目提供担保,而且还作为国际投资的中介和推动者,肩负保证投资东道国和母国之间以及投资者之间信息沟通准确的责任。基于 MIGA 的特殊地位,特别是与世界银行的密切联系,它很了解母国的情况以及东道国的情况,包括其投资政策、行政机构和投资环境,并了解政府和私人投资者的需求和要求。因此,MIGA 在改善东道国投资环境和协助外国投资者及其母国与东道国进行有效协调上有优势。因此,《MIGA 公约》第 23 条规定:"MIGA 应开展研究和活动以促进投资流动,并传播有关发展中成员国投资机会的信息,以期改善外国投资流向这些国家的环境。基于成员要求,MIGA 可提供技术咨询和协助,以改善该成员国境内的投资条件。"

通过开展投资调查和研究,MIGA 能够为投资者提供有关海外投资机会的信息,评估成员国的投资环境甚至相关项目的可行性,并根据实际研究结果决定是否提供风险担保。若无足够可靠的投资信息,其很难作出正确的投资担保决策。实践表明,MIGA 的能力和效力都很可观。它收集的研究数据可能是成员国制定投资政策和法律以及私人投资者进行有效外国投资的基础。MIGA 提供的政策咨询可通过鼓励成员国签订投资保护协议,与成员国讨论投资政策和法律环境,以及在理事会内就国际投资进行广泛对话和磋商来实现。这可有助于投资东道国了解其国内投资环境和政策的缺陷以及为改进需要采取的法律措施。在作出上述政策决定后,技术援助发挥着重要作用。MIGA 可通过这种技术援助向成员国提供详细和具体的计划和措施,以实施新的和更好的投资法。

5. 与包括世界银行在内的国际组织的关系

MIGA 拥有完整的法人资格和独立资产,但它与世界银行、国际金融公司(International Finance Corporation, IFC)和 ICSID 保持密切联系。MIGA 也可使用这些机构的设施和人员。[32] 同时,在保密的前提下,MIGA 与世界银行、国际金融公司和 ICSID 交换信息,以促进国际投资。上述规定是为了协调这些机构的投资政策,避免重复工作,以有效利用有限的资源。例如,世界银行和国际金融公司努

---

〔31〕 参见《MIGA 运行规则》第 3.05 条。

〔32〕 参见《MIGA 运行规则》第Ⅲ部分和第 7 条第 8 款。

力实施的发展计划和政策获得 MIGA 的支持，这意味着这些机构鼓励国际资本流动和国际投资的政策应相互一致。

MIGA 与 ICSID 之间的关系不仅体现在它们的互补作用上，也体现在争端解决程序中。根据《MIGA 公约》的规定，MIGA 有权获得私人投资者的代位权。若 MIGA 与东道国就代位权发生争议，双方应首先尝试通过谈判和协商解决。若无法达成协议，他们可提交争议进行调解或仲裁，并应适用 ICSID 调解或仲裁规则。[33]

原则上，MIGA 鼓励通过灵活的、非司法的和非诉讼的方式解决投资争议。如果任何成员国拒绝接受 ICSID 调解或仲裁规则，其可以与 MIGA 达成另一项争议解决安排，但该安排必须由理事会[34]的特别多数通过，且必须在 MIGA 决定为在该国的投资提供担保前作出。

《MIGA 公约》得到许多国家批准并在通过后不久即生效，这一事实证明，MIGA的建立符合国际社会的需要，反映了各国改善国内和国际整体投资环境的愿望。实践表明，它的建立对促进国际投资的全面发展有很大帮助，特别是在促进发达国家向发展中国家的国际资本流动方面。

MIGA 对成员国的国家投资、发展和整体经济环境的影响主要体现在以下几个方面。首先，通过签署和批准《MIGA 公约》，各国对外国投资者的非商业风险表达其态度，即与外国投资者合作的善意，这无疑有利于改善投资环境。其次，MIGA的研究使政府和成员国的企业能够获得有关国际投资的材料和信息，包括其他国家采取和将要采取的政策和措施，这样他们不仅可以了解其他国家的投资环境，还可以改善自身环境。最后，通过参与 MIGA，各国可以及时获得技术援助，并就如何吸引外资进行持续磋商。

6. 新发展

在 2011 财政年度，MIGA 理事会批准了对《MIGA 公约》的重大修改，这是自 1988 年以来对公约的第一次修订。最重要的变化是允许 MIGA 为项目债务投保，即使不能投保部分股权投资。以前，当股权投资者没有资格或没有兴趣购买保险时，MIGA 不得不拒绝为项目风险的贷方提供担保，特别是这使得 MIGA 可向公共部门的未交易股权的受益人提供贷款。修正案还将 MIGA 的政治风险保险适用范围扩展至获得现有投资的新外国投资者。之前，尽管拥有一个新的私营部门运

---

〔33〕 关于争端解决，参见《MIGA 公约》第四章和附件Ⅱ。
〔34〕 参见《MIGA 公约》第 57 条和附件Ⅱ。

营商可能会带来发展的好处,但它无权提供此类保险。[35]

MIGA 报告称,有证据表明成员方对业务范围的扩大有强烈需求,且有一些正在审查的预期交易有资格获得 MIGA 批准,即使不涵盖相关的股权投资,MIGA 现在可为贷方提供担保。长期以来,MIGA 认为这是它在努力拓展业务时面临的最严重的限制因素。它进一步指出,其权限的扩大恰逢其时,因为"在金融危机之后,私人(政治风险保险)行业变得更加保守,对多边供应商的需求也相应增长",特别是某些对发展具有重要意义的投资,如基础设施项目。[36]

自 1990 年开始运作以来,MIGA 已经支持了 727 个项目,并已批准了 1143 项担保,总额达 300 亿美元。[37] 在 2013 财政年度,MIGA 表示它已提供了创纪录的 28 亿美元新担保,并持续了 6 年的增长期。它确定了以下四个优先工作事项:(1)对世界上最贫穷国家的投资;(2)南南投资;(3)对受冲突影响国家的投资[38];和(4)复杂项目,即涉及项目融资、结构融资或其他多源交易的项目,以及涉及具有挑战性的环境和社会考虑因素的项目,包括基础设施部门和采掘业项目。[39]

由于所有这些原因,MIGA 的工作得到了大多数发达国家和发展中国家的广泛支持。当然,其决策程序及透明度问题以及发达国家过于强大的影响仍有待解决。随着发展中国家在国际社会中的实力进一步增强,以及各国之间的相互依赖,MIGA 的活动可能会进一步促进国际投资的发展。

第二节 双边保护体系

除了投资者所在国或东道国单方面提供的保险外,不同国家之间签署的双边投资协定可能是国际投资保护制度中最重要的部分。国家非常重视改善投资环境和通过这种方式增强投资者的信心。由于现有国家的国内情况和环境差别很大,双边投资条约中确立的原则和标准不尽相同。

作为最大和最活跃的投资母国,美国在保护海外投资者方面发挥了主导作用。

---

〔35〕 参见 MIGA,*FY12 - 14 Strategy: Achieving Value - Driven Volume*(2011 年),第 17 ~ 18 页,https://www.miga.org/documents/MIGA_FY12 - 14_Strategy.pdf。

〔36〕 参见同上,第 38 ~ 39 页。

〔37〕 参见前引〔24〕,第 2 页。

〔38〕 2013 年 6 月,MIGA 启动了一个关于受冲突影响和脆弱国家的基金,以增加对这一优先领域的支持。参见同上,第 14 页。

〔39〕 参见同上。

美国与其他国家缔结友好、商业和航海条约的历史悠久[40],不仅为有关缔约国在航行和贸易方面提供系统保障,而且还规定了保护国民或一国公司在另一个国家的投资利益的标准。缔结此类条约的最初目的是促进缔约国之间的贸易和海运联系。随着美国海外投资的不断增加,尤其是"二战"后,这种条约开始以保护美国海外投资为主要目的。

基于已有基础,美国贸易代表办公室(Office of the United States Trade Representative,USTR)于1982年1月11日宣布采用双边投资协定。根据双边投资协定范本,美国政府于该年晚些时候首次签署两个与埃及和巴拿马的双边投资协定。根据与这两个国家的谈判,美国进一步修订了1982年的双边投资协定范本。1983年1月21日,美国贸易代表办公室公布了美国政府与另一个国家关于投资鼓励和保护的新型和修订版的双边投资协定。经过多次修订后,目前最新公布的范本是2012年版。[41]

作为外商直接投资最重要的母国和东道国之一,中国的实践符合这方面的趋势。1978年,中国通过鼓励外资和技术流入,改革国内经济,开始走向现代化。[42]在短短的35年里,中国已成为外国直接投资最活跃和最大的发展中东道国[43],这是经济改革和对外开放的结果。2008年4月,中国与新西兰签订了自由贸易协定,这是与发达国家缔结的第一个自由贸易协定[44],还与韩国和日本[45]签订了

---

[40] 对美国与其他国家签署的《友好、商业和航海条约》进行系统分析,参见 Herman Walker, Jr., "Modern Treaties of Friendship, Commerce and Navigation", 42 *Minn. L. Rev.* 805, 1958年;同上, "Treaties for the Encouragement and Protection of Foreign Investment: Present United States Practice", 5 *Am. J. Comp. L.* 229, 1956年;Robert R. Wilson, "Access - to - Court Provisions in U. S. Commercial Treaties", 47 *Am. J. Int'l L.* 20, 1953年。

[41] 参见美国国务院,"Model Bilateral Investment Treaty",情况说明书,2012年4月20日,https://www.state.gov/r/pa/prs/ps/2012/04/188199.htm。2012年版双边投资协定范本,https://www.ustr.gov/sites/default/files/ BIT text for ACIEP Meeting.pdf。

[42] 党的十一届三中全会开启了改革开改和社会主义现代化建设新时期。更详细讨论,参见 Guiguo Wang, *Wang's Business Law of China* (4th ed.), Butterworths,2003年,第5~11页。

[43] 根据UNCTAD的数据,2013年全球外国直接投资流入量增加了11%,估计为1.46万亿美元;2013年流入中国的资金估计为1270亿美元,中国由此再次成为全球第二大外国直接投资接收国,与美国的差额缩小至320亿美元。参见UNCTAD, *Global Investment Trends Monitor*, No. 15, 2014年1月28日,第1~6页,https://unctad.org/en/PublicationsLibrary/webdiaeia2014d1_en.pdf。

[44] 中国和新西兰开始进行可行性研究以达成自由贸易协定。两国于2008年4月7日签署了自由贸易协定。参见《中华人民共和国政府与新西兰政府自由贸易协定》(以下简称2008《中新自贸协定》, http://chinafta.govt.nz/1 - The - agreement/2 - Text - of - the - agreement/0 - downloads/NZ - ChinaFTA - Agreement - text.pdf。

[45] 中国、韩国和日本于2012年5月12日签署了《中华人民共和国政府、日本国政府及大韩民国政府关于促进、便利及保护投资的协定》(以下简称2012《中、日、韩协定》)。协议的翻译,参见 http://www.meti.go.jp/english/press/2012/pdf/0513_01a.pdf。

三边投资协议,而且还开始与其最重要的贸易伙伴——美国就签署双边投资协定开展谈判。[46]

中国在努力吸引外资过程中面临的一个非常重要的问题是外国投资者的待遇,特别是关于外国投资是否可能被征用的问题。若是,是否会支付赔偿以及这种补偿的标准是什么?包括评估外国投资资产的方法。[47] 这些问题的产生是因为中国政府在1949年成立后曾将国内外私营企业国有化。[48] 此外,基于中国在联合国的地位,其始终遵循发展中国家的政策,解决南南问题和南北问题。[49]

起初,中国政府试图通过制定国内法来缓解外国投资者对征收的担忧。[50] 例如,《中外合资经营企业法》第2条第3款规定:"国家对合营企业不实行国有化和

---

〔46〕 在2013年7月初举行的第五次美中战略与经济对话闭幕时,两国宣布将开始就双边投资协定进行谈判,以规范双边投资。这是中国首次同意就包括投资和行业各个阶段的双边投资协定进行谈判。更多细节参见 Betsy Bourassa, "U. S. and China Breakthrough Announcement on the Bilateral Investment Treaty Negotiations", 2013年7月15日, https://www.treasury.gov/connect/blog/Pages/U.S.-and-China-Breakthrough-Announcement-.aspx。一旦美中双边投资协定完成,它将对中国的投资法律和制度产生重大影响,因为投资者和其他国家的投资可能要求美国投资者通过在中国的其他双边机构中运用最惠国条款获得同样的待遇。有关此问题的讨论,请参阅本书第七章相对待遇标准。

〔47〕 这些对外国投资者来说仍然是最重要的问题,尽管征收的形式和规模随着时间的推移而发生变化。公开国有化或征用不再是主要问题,但监管机构已成为当代世界关注的问题。这与 ICSID 有关阿根廷、墨西哥等的仲裁有关。

〔48〕 更多关于中国政治经济情况的讨论,尤其是关于征收的,参见 George N. Ecklund, "Protracted Expropriation of Private Business in Communist China", 36 *Pacific Affairs*, 第238~249页, 1963年。

〔49〕 在1974年联合国大会第六届特别会议上,当时的中华人民共和国副总理邓小平阐述了三个世界的理论,并强调了建立新的国际经济秩序的必要性。关于三个世界的基础和组成,参见 Zhang Guoxin, "On Deng Xiaoping and the Theory of the Three Worlds", http://gxgc.ahlib.com/datalib/qikan/2005/2005_06/qikan.2005-03-10.8820460920。在恢复联合国席位后,中华人民共和国加入77国集团,后称"77国集团和中国"。中国赞同1974年《国家经济权利和义务宪章》、1990年《国际经济合作宣言》,特别是振兴经济增长和发展中国家发展等方面所表达的发展中国家的观点,并促成了其通过。"77国集团和中国"1992年6月在里约举行的联合国环境与发展会议的筹备工作中开始了正式的关系,他们共同提出了一份立场文件。此后,这种合作模式被称为"77国集团和中国"。最近,77国集团与中国合作的例子包括:(1)将共同但有区别的责任原则纳入《联合国气候变化框架公约》(United Nations Framework Convention on Climate Change, UNFCC)、《里约宣言》和《21世纪议程》;(2)2012年第三届里约联合国可持续发展大会;以及(3)中国参加77国集团年度部长级会议。细节参见 http://www.dailypost.vu/content/g-77-and-china-symbol-solidarity-among-developing-countries。

〔50〕 一些学者认为,对征收等宏观政治风险的关注误解了后毛泽东时代的中国,且这作为其改革承诺的一部分,中国对其获取外国资产的理论权利及随之而来的法律影响关注较少,而是关注吸引外国投资的能力。参见 David L. Weller, "The Bureaucratic Heavy Hand in China: Legal Means for Foreign Investors to Challenge Agency Action", 98 *Columbia Law Review* 1238, 1998年。

征收；在特殊情况下，根据社会公共利益的需要，对合营企业可以依照法律程序实行征收，并给予相应的补偿。”[51] 但是应当指出，当中国在 44 年前启动国内改革开放政策时，对外国投资征收的关注与 21 世纪此方面的关注点有很大不同。[52] 即使考虑到这一点，中国的法律规定也无法缓解外国投资者的担忧，因为在当时，世界其他国家和中国彼此不了解。例如，《中外合资经营企业法》采用了西方国家已普遍接受的基于公共目的的征收，然而，中国学者仍在争论国有化是否属于一种主权行使，若是，那应该是怎样的补偿标准？[53] 关于赔偿标准，中国采取了发展中国家的观点，即“适当的补偿”，这更像提出问题而不是解决问题。[54]

除了与征收有关的问题外，关于外国投资，中国法律还需克服其他障碍，包括中国法律作为外国投资合同的管辖法[55]，尽管缔约方之间的投资争议可以在中

---

〔51〕 同时，根据《外资企业法》第 5 条的规定，国家不得将外资企业国有化或征用。但是，在特殊情况下，同一条款规定在公共利益需要的情况下，可以通过法定程序征收外资企业，并给予适当补偿。根据《大陆石油资源开发中外合作条例》第 5 条的规定，国家不得侵占参与合作开采大陆石油资源的外国企业的投资和收入。特殊情况下，国家可以根据公共利益的需要，基于与外国企业有关的合同征收部分或全部石油。

〔52〕 目前，国际社会越来越重视逐步征用或间接征收。因此，汇率、汇回政策的变化、税收、价格、劳工、进出口法律、某些类型公司的外国控制比等法律的通过和修订都可能导致涉及逐步征收争议的产生。如果其条款对有关外国投资者不利，则重新谈判的合同也有被间接征收的可能性。关于与中国相关的更多此类事项，参见 Pat K. Chew, “Political Risks and U. S. Investment in China: Chimera of Protection and Predictability?”. 34 *Va. J. Int'l L.* 615, 1994 年；Timothy A. Steinert, “If the BIT Fits: The Proposed Bilateral Investment Treaty between the United States and the People's Republic of China”, 2 *J. Chinese L.* 451, 1988 年。即使是中国学者亦承认在中国间接征收是可能的，参见 Zeng Huaqun, *WTO and the Development of Foreign Investment Law of China*, Xiamen University Press, 2006 年，第 290 页。

〔53〕 参见 Wang Xuan, “Permanent Sovereignty of States toward Natural Resources”, *Chinese Yearbook of International Law*, Chinese Society for International Law, 1982 年，第 99 ~ 114 页；Mei Ruao, “Legal Protection of International Investment”, *Chinese Yearbook of International Law*, Chinese Society for International Law, 1982 年，第 115 ~ 144 页；Ni Zhengyu, “Theory and Practice of State Immunity”, *Chinese Yearbook of International Law*, Chinese Society for International Law, 1983 年，第 3 ~ 30 页；Chen Tiqiang, “State Sovereign Immunity and International Law”, *Chinese Yearbook of International Law*, Chinese Society for International Law, 1983 年，第 31 ~ 53 页。

〔54〕 值得注意的是，在 *CME Czech Republic B.* V. 诉捷克案（以下简称“*CME* 案”）的独立意见中，一份 2003 年颁布的国际贸易法委员会（United Nations Commission on International Trade Law, UNCITRAL）裁决指出，伊恩·布朗利（Ian Brownlie）教授建议依据 1974 年联合国大会关于“适当”补偿的决议作为评估捷克共和国的责任的标准。参见 *CME Czech Republic B. V.* 诉捷克案, Separate Opinion on the Issues at the Quantum Phase of: CME v. Czech Republic by Ian Brownlie, C. B. E, Q. C., 2003 年 3 月 13 日, https://italaw.com/sites/default/files/case-documents/ita0181.pdf。

〔55〕 《中外合资经营企业法》第 2 条第 2 款规定：“合营企业的一切活动应遵守中华人民共和国法律、法规的规定。”

国境内外解决、[56]但中国法律未就投资者与国家仲裁的权利作出规定。[57]

当然,中国政府所做的事情还是受到了外国投资者的欢迎,他们同时期望中国采取更多旨在保护他们利益的措施。[58] 例如,《中外合资经营企业法》仅提到对国有化的补偿,但没有明晰合资企业的相关权益。此外,其未详细说明除合资企业外的哪种投资形式将被视为外国直接投资,并由此在国有化时有权获得同等待遇。[59]

除非这些问题得到解答,否则上述中国的框架性法律对外国投资者几乎没用。[60]解决问题的基础即是中国保护外国直接投资的国际机制的形成。

中国在建立应对外国直接投资的国际机制方面迈出的第一步是缔结双边投资条约。[61] 与中国签订第一批双边投资协定的国家包括德国(1983 年)[62]、法国(1984 年)[63]和挪威(1984 年)[64]。

所有这些双边投资条约的内容相对简单。例如,《中挪双边投资协定》只包含

---

[56] 《中外合资经营企业法》第 16 条第 1 款规定:"合营各方发生纠纷,董事会不能协商解决时,由中国仲裁机构进行调解或仲裁,也可由合营各方协议在其它仲裁机构仲裁。"

[57] 在承认外国投资者可以利用传统补救办法对当地法院诉讼和外交保护等方面的限制后,世界银行于 1961 年开始建立一个解决投资者与国家间争端的特殊机制。1965 年,执行董事世界银行通过了《ICSID 公约》,该公约于 1966 年交存 20 份批准书后生效。关于公约更多信息,参见 P. F. Sutherland, "The World Bank Convention on the Settlement of Investment Disputes", 28 *International and Comparative Law Quarterly*,第 367 ~ 400 页,1979 年。

[58] 参见 Stanley Lubman, "Looking for Law in China", 20 *Colum. J. Asian L.* 1, 2006 年;Jerome Alan Cohen and Stuart J. Valentine, "Foreign Direct Investment in the People's Republic of China: Progress, Problems and Proposals", 1 *Journal of Chinese Law* 161, 1987 年。

[59] 根据我国《宪法》,我国在外国人财产征收和国内私有财产征收的保护方面存在差异。参见 Yasheng Huang, "One Country, Two Systems: Foreign – Invested Enterprises and Domestic Firms in China", 14 *China Econ. Rev.* 404, 2003 年。

[60] 20 世纪 80 年代和 90 年代的中国实践是,当全国人民代表大会通过法律时,国务院将颁布实施条款,国务院各主管部门也可颁布详细规则。即便如此,与美国和其他发达国家相比,当年通过的中国法律相当简短。中国立法实践的细节参见 Guiguo Wang, *Wang's Business Law of China* (4th ed.)。

[61] 当时,来自美国和其他地方的律师和学者经常就外国投资问题向中国政府提供建议,尽管这些建议是非正式的。中国政府也派官员作为访问学者到国外学习。中国商务部的前身对外贸易经济合作部的法律和条约司至少有三位负责人在美国留学。这种交流极大地帮助了中国了解外国投资者的需求。因此,利用双边投资条约作为促进外国投资的手段对中国政府来说并非不可考虑。

[62] 《中华人民共和国和德意志联邦共和国关于促进和相互保护投资的协定》(以下简称《中德双边投资协定》)(1983)。

[63] 《中华人民共和国政府和法兰西共和国政府关于相互鼓励和保护投资的协定》(1984), https://www.unctad.org/sections/dite/iia/docs/bits/france_china_fr.pdf。

[64] 《中华人民共和国政府与挪威王国政府关于相互保护投资的协定》(1984)(以下简称《中挪双边投资协定》), https://www.unctad.org/sections/dite/iia/docs/bits/china_norway.pdf。

九个条款，概述了双方促进双边投资的愿望，以及投资和投资者等一些概念。它强调在征收和遣返投资的情况中的代位权。协定规定了最惠国待遇而非国民待遇。

中国就外国投资条约积攒一定经验且更熟悉国际惯例之后作出改进。一个例子是 1986 年签订的《中英双边投资协定》[65]中采用了赫尔征收补偿公式。与之前的投资条约相比，该协定的总体内容也更加详细。

在上述法律和双边投资协定的帮助下，20 世纪 80 年代中国在吸引外资方面收效良好。[66] 1992 年，中国领导人邓小平南方谈话，倡导进一步改革。此后，中国政府正式宣布将逐步建立具有中国特色的市场经济，引发另一拨外资流入。[67]

这些新修订的双边投资协定代表了中国目前在国际投资法上的立场。它们构成了中国参与推动发展的新一代双边投资条约。这些双边投资条约中的重大变化涉及投资和投资者的定义、外国投资的处理、征用、补偿和争端解决，特别是投资者和国家间的仲裁。

中国加入的自由贸易协定对外国投资也很重要。中国是逐步参与自由贸易协定的，中国第一个自由贸易协定是 2001 年 11 月与东盟签订的。[68] 一年后，双方签署了一份框架协议，明晰分阶段制订自由贸易协定计划。[69] 双方同意实施有关货物贸易的早期收获协议，以及将于 2005 年 7 月前建立的争端解决机制，而服务贸易完成谈判的目标时间则是 2007 年 1 月，并于 2007 年 7 月实施。[70] 早期收获协议的目的是到 2010 年，六个原始东盟成员建立一个完整的自由贸易协定，并于

---

〔65〕《中华人民共和国政府和大不列颠及北爱尔兰联合王国政府关于促进和相互保护投资协定》（以下简称《中英双边投资协定》），https://www.unctad.org/sections/dite/iia/docs/bits/uk_china.pdf。中英两国于 1984 年签署了一项有关香港问题的联合声明，中国将于 1997 年恢复对香港行使主权，中国同意在此后维持香港的资本主义制度 50 年不变。这被中国视为友好行动。因此，可以理解的是，中国准备在其与英国的双边投资协定中作出比在与其他国家的双边投资条约中更多的让步。

〔66〕20 世纪 80 年代，中国签署了 19 项双边投资协定，成为吸引外国投资的目的地。

〔67〕1982 年《宪法》第 15 条第 1 款规定："国家在社会主义公有制的基础上实行计划经济。通过经济规划和市场调节的辅助作用，确保国民经济的比例协调增长。"1993 年《宪法修正案》将"计划经济"改为"社会主义市场经济"。

〔68〕应马来西亚政府的邀请，时任中国外交部部长钱其琛出席了 1991 年第二十四届东盟部长级会议，启动了双边对话。随后，中国应东盟常委的邀请参加了第二十五届东盟部长级会议。1996 年，中国成为第二十九届东盟部长级会议的正式对话成员。时任国务院总理朱镕基在 2001 年 11 月 6 日的中国—东盟首脑会议上提出构建中国与东盟之间自由贸易协定。

〔69〕《中华人民共和国与东南亚国家联盟全面经济合作框架协议》于 2002 年 11 月 4 日在金边签署，并于 2003 年 7 月 1 日生效。框架协议载有 16 条条款规定缔约方之间的合作的原则，并形成实施的时间表。

〔70〕协议第 6 条规定了早期收获方案。

2015 年向另外四个成员开放。[71] 投资是整个中国—东盟自由贸易协定的一部分。

中国与新西兰签署的贸易协定是最全面的自由贸易协定,以《中巴自贸协定》为基础。[72] 总的来说,就双边投资而言,中国与巴基斯坦的自由贸易协定远不如与新西兰的自由贸易协定全面。两个自由贸易协定都旨在建立促进跨境直接投资的机制。[73]《中新自贸协定》的目标之一是"大幅增加投资机会"。[74]与此同时,《中巴自贸协定》要求各方"鼓励对方投资者在自己境内投资"。[75]但是,《中巴自贸协定》要求"按照(各方)的法律法规"进行投资才有资格获得保护,而《中新自贸协定》则没有这样的要求。

除了专门讨论投资问题的第十一章外,《中新自贸协定》还强调"为……投资创造新的机会"[76]。这旨在回应自贸协定的目标,要求缔约方采取具体行动。这些行动包括政策对话和信息交流、向商人提供援助和设施等。[77] 履行这一义务需要缔约方采取积极和具体的行动,包括政府机构、企业集团和行业协会之间的合作、信息交流和参与投资市场。[78]

《中新自贸协定》的另一个显著特点是强调中小企业的特殊利益。这反映了双边关系的经济和商业现实:新西兰市场的规模对中小型中国企业更具吸引力;此外,大多数中国企业实体规模相对较小。因此,促进这些企业的投资符合中国和新西兰的利益。[79]

在与一些国家谈判达成新的双边投资协定的同时,中国自 2002 年以来一直积

---

〔71〕 作为其目标,框架协议希望通过逐步放松贸易和其他障碍来加强经济、贸易和投资合作。为实现这一目的,第 2 条和第 3 条为东盟成员与中国逐步融入自由贸易协定提供了时间表。

〔72〕《中华人民共和国政府与巴基斯坦伊斯兰共和国政府自由贸易协定》(以下简称《中巴自贸协定》)于 2006 年 11 月 24 日签订,http://fta. mofcom. gov. cn/pakistan/xieyi/fta_xieyi_en. pdf。

〔73〕 为了促进双边投资,《中新自贸协定》要求成立投资委员会,而《中巴自贸协定》则没有这样的安排。这种安排上的差异表明,《中新双边投资协定》发挥了更重要的作用。参见《中华人民共和国政府与新西兰政府自由贸易协定》,第 150 条。

〔74〕 参见同上。第 2 条规定:与投资有关的其他目标包括"促进自由贸易区公平竞争的条件","规定知识产权的保护和执法"和"消除……服务贸易壁垒"。

〔75〕 参见《中华人民共和国与东南亚国家联盟全面经济合作框架协议》,第 47 条。

〔76〕 参见《中新自贸协定》,第 173(b)条。

〔77〕 参见同上,第 175. 2 条。《中巴自贸协定》没有类似的规定。这反映了中国在建立一个可能无法掌握的综合机制方面的谨慎态度。

〔78〕 参见同上,第 176. 2(a) (c)条。

〔79〕 第 14 章关于合作的大多数规定与中小企业有关。这些规定要求缔约方采取政府措施,促进两国中小企业之间的合作。

极参与修改其现行双边投资协定。[80] 与中国在20世纪80年代和90年代签署的双边投资协定相比,新一代双边投资条约反映了许多方面的新发展。

与其他国家签订的投资协议一样,中国签署的当代双边投资协定和自由贸易协定都包含有关投资者与国家间仲裁的规定。中国于1993年2月6日成为ICSID公约缔约国。[81] 然而,这被认为是中国确保保护外国投资人的一小步,因为其作出保留,即"只会考虑就征收或国有化所产生的赔偿纠纷提交ICSID管辖"。[82] 此后,中国加快新的双边投资协定谈判和修改现有双边投资协定的进程。最近重新谈判的双边投资协定包括中国—德国双边投资协定(2003年12月)[83]、中国—芬兰双边投资协定(2004年11月)[84]、中国—西班牙双边投资协定(2005年11月)[85]和中国—葡萄牙双边投资协定(2005年12月)[86]。

中国早期双边投资协定中的争端解决机制常排除了ICSID的管辖权。即使允许ICSID管辖权的双边投资协定,可能提交国际仲裁的争议也仅限于涉及征收和

---

〔80〕 2002年以来,中国与以下国家缔结了数十项新的或经过重新谈判的双边投资协定,包括但不限于科特迪瓦(2002年)、波斯尼亚和黑塞哥维那(2002年)、特立尼达多巴哥(2002年)、吉布提(2003年)、德国(2003年)、圭亚那(2003年)、贝宁(2004年)、芬兰(2004年)、拉脱维亚(2004年)、瑞典(2004年)、突尼斯(2004年)、乌干达(2004年)、比利时与卢森堡(2005年)、捷克共和国(2005年)、赤道几内亚 (2005年)、几内亚(2005年)、朝鲜(2005年)、马达加斯加(2005年)、葡萄牙(2005年)、西班牙(2005年)、瓦努阿图(2006年)、印度(2006年)、俄罗斯(2006年)、哥斯达黎加(2007年)、古巴(2007年)、法国(2007年)、罗马尼亚(2007年)、塞舌尔(2007年)、斯洛伐克(2007年)、韩国(2007年)、哥伦比亚(2008年)、马里(2009年)、马耳他(2009年)、瑞士(2009年)、乍得(2010年)和利比亚(2010年)。参见商务部官网《中吉关于鼓励促进和相互保护投资协定》(2003),http://dj. mofcom. gov. cn/article/zxhz/201507/20150701038558. shtml。

〔81〕 中国于1990年2月9日签署了《ICSID公约》,并于1993年1月7日交存了批准书,它于1993年2月6日成为会员国。关于中国的保留,参见ICSID官方文件ICSID 8 - D。

〔82〕 一些人视中国提出的保留为不愿意加入国际仲裁。参见Mark A. Cymrot,"Investment Disputes with China", *Dispute Res. J.*, Aug - Oct 2006, https://findarticles. com/p/ articles/mi_qa3923/is_200608/ai_n16779631。

〔83〕《中德促进双边投资协定》于2003年12月1日签署,于2005年11月11日生效,https://www. unctad. org/sections/dite/iia/docs/bits/china_germany. pdf。

〔84〕《中华人民共和国政府与芬兰共和国政府关于鼓励和相互保护投资协定》(以下简称《中芬双边投资协定》)于2004年11月15日签署,于2006年11月15日生效,https://www. unctad. org/sections/dite/iia/docs/bits/china_finland. pdf。

〔85〕《中华人民共和国与西班牙王国关于鼓励和相互保护投资的协定》(以下简称《中国西班牙双边投资协定》)于2005年11月14日签署,于2008年7月1日生效,https://www. unctad. org/sections/dite/iia/docs/bits/spain_china_sp. pdf(西班牙语)。

〔86〕《中华人民共和国与葡萄牙共和国关于促进和相互保护投资的协定》于2005年12月9日签署,于2008年7月26日生效,https://www. unctad. org/sections/dite/iia/docs/bits/china_portugal_por. pdf(葡语)。

补偿范围的争议。[87] 但近年来实践中发生了巨大变化。1998 年，中国与巴巴多斯签订了双边投资协定，允许外国投资者与东道国间的争端首先通过友好协商解决，若无法在合理时间内解决，由投资者自行决定，也可以提交给 ICSID 进行仲裁。[88] 在中国加入的最新双边投资协定中也可以找到类似的规定。这些双边投资协定不排除 ICSID 对以下重要问题的管辖权：东道国资本或基于东道国控制或拥有的实体进行的投资拒绝给予外国投资者利益，东道国采取审慎的财务监督措施和重大安全例外等。[89] 中国双边投资协定实践中的这种变化与近年来越来越多的中国企业开始在海外投资有很大关系。[90] 中国不再只是外国投资中最大的发展中东道国，也是重要的资本输出国。为了保护自己的海外投资自然人和法人，中国有必要接受投资者和国家间仲裁作为国际投资法的规范。

《中巴自贸协定》和《中新自贸协定》也规定了投资者与国家间仲裁。两个自贸协定都规定友好谈判是提交国际仲裁的先决条件，国际仲裁期限为 6 个月。[91] 此后，有关投资者可决定通过其他方式提交争议。根据《中巴自贸协定》的规定，替代方式包括将争议提交给东道国国内主管法院和提交 ICSID 进行仲裁；一旦选

---

〔87〕 例如，1994 年《中华人民共和国政府和冰岛共和国政府关于促进和相互保护投资协定》第 9(3)条规定："如涉及征收补偿款额的争议，在诉诸本条第一款的程序后六个月内仍未能解决，可应任何一方的要求，将争议提交'解决投资争端国际中心'或专设仲裁庭。缔约一方的投资者和缔约另一方有关其他事宜的争议，经当事双方同意，可提交专设仲裁庭。如有关的投资者诉诸了本条第二款所规定的程序，本款规定不应适用。"1988 年《中华人民共和国政府与澳大利亚政府相互鼓励和保护投资协定》第 12(2)条规定："如争议在争议一方书面通知另一方争议事宜之日起三个月内未能解决，任何一方可采取用下列方式：(一)依照接受投资缔约一方的法律，向其有管辖权的司法或行政部门提出诉讼；(二)双方同意的或第八条下的有关补偿额的争议，可提交依本协定附件一组成的仲裁庭解决。"

〔88〕 《中华人民共和国政府与巴巴多斯政府关于鼓励和相互保护投资协定》，第 8 条。协议于 1998 年 7 月 20 日签署，于 1999 年 10 月 1 日生效，http://www.asianlii.org/cn/legis/cen/laws/ abtgotprocat-gobctearpoi1447/。

〔89〕 例如，2003 年《中德双边投资协定》第 9 条规定："投资者与缔约一方争议解决　一、缔约一方与缔约另一方投资者之间就投资产生的任何争议，应尽可能由争议双方当事人友好解决。二、如争议自其被争议一方提出之日六个月内，未能解决，应缔约另一方的投资者的请求，可以将争议提交仲裁。三、争议应依据 1965 年 3 月 18 日《解决国家和他国国民之间投资争端公约》提交仲裁，除非争议双方同意依据《联合国国际贸易法委员会仲裁规则》或其他仲裁规则设立专设仲裁庭。四、专设仲裁庭作出的任何裁决都应是终局的，具有约束力。依据上述公约的程序所作出的裁决应是具有约束力的且只受公约规定的上诉或补救措施的影响。裁决应根据国内法执行。"

〔90〕 直到 2012 年，中国的外国直接投资流出量在 2006 年已增加到 840 亿美元，其对外直接投资存量已达到 5090 亿美元。这种海外扩张的一部分涉及对其他发展中和转型经济体的大量投资。参见 UNCTAD，前引〔43〕，第 6、218 页。

〔91〕 参见《中新自贸协定》第 152、153 条，参见前引〔44〕；《中巴自贸协定》第 55(1)和(2)条，参见前引〔72〕。

择了当地法院，就不能向 ICSID 提交相同的争议进行仲裁。[92]《中新自贸协定》亦授权投资者向 ICSID 提交争议以进行仲裁。同时，投资者可以适用 ICSID 调解或贸易法委员会仲裁程序。[93] 在进行国际仲裁之前，当事方必须满足提前 3 个月通知的条件。此规定旨在使东道国有机会要求有关投资者必须通过东道国法律和条例中已规定的行政审查程序。[94] 无论如何，行政审查程序不得超过 3 个月。

东道国总是欢迎投资者向当地法院提交争议，而投资者在大多数情况下更喜欢国际仲裁。根据《中新自贸协定》，投资者在将争议提交给东道国当地法院后，若最终判决达成之前将其案件从国内法院撤回，则可以决定诉诸国际仲裁。[95] 这种安排与《中巴自贸协定》的安排形成鲜明对比。

《中新自贸协定》也有关于仲裁程序的详细规则，这些规则具有修改缔约方国内法和 ICSID 仲裁规则的效力。[96] 其中一项是，提交争议的期限为 3 年，自“争议投资者意识到或应合理地了解东道国违反义务”，造成损失或对投资者或其投资造成损害起算。[97]

仲裁庭的管辖权受到质疑，且基于没有法律依据对仲裁提出异议，这已成为国际仲裁中的常见策略。根据《ICSID 公约》，ICSID 管辖的先决条件是该争议具有法律性质，即“中心的管辖权应延伸至缔约国和另一缔约国国民之间由投资直接产生的任何法律争议”[98]。在实践中，关于何为法律争议的解释宽泛。在 *Saipem* 案[99]中，孟加拉国认为，上述条款所指的存在法律争端是以“存在诉讼因由”为前提的，且由于其与原告的争议涉及国际商会颁发的仲裁裁决，不构成法律纠纷。[100]

---

[92] 参见同上，《中巴自贸协定》第 55(2)条。

[93] 参见前引[44]，《中新自贸协定》第 153(2)条。

[94] 参见同上。

[95] 参见同上，第 153(3)条。

[96] 《中新自贸协定》第 153(4)条明确规定，自贸协定关于争端解决的规定优先于 ICSID 和 UNCITRAL 的仲裁和调解程序适用。

[97] 参见同上，第 154(1)条。

[98] 《ICSID 公约》第 25(1)条。

[99] 参见 *Saipem* 案，ICSID 案件号 ARB/05/07，Decision on Jurisdiction and Recommendation on Provisional Measures，2007 年 3 月 21 日，https://www.italaw.com/sites/default/files/case-documents/ita0733.pdf。

[100] 孟加拉国与意大利的双边投资协定第 1 条第 1 款将“投资”定义为“任何类型的财产投资”，包括“对资金的抵免或任何具有与投资相关的经济价值的认捐或服务的权利”。

然而，仲裁庭认为争议符合要求，因“它涉及对法律权利或义务的不同意见”[101]。此事的基本原则是：“……国际商会的裁决具有的权利不是由该裁决产生的，而是由合同产生的。国际商会的裁决明晰双方在原始合同下的权利和义务。因此，对于裁决本身是否构成投资这一问题，基于双边投资条约第1(1)(c)条的规定，作为基础的合同构成了投资。”[102]

中国对此的回应是什么？《中新自贸协定》要求拟提出管辖权异议的缔约国必须在仲裁庭组成后30日内提交其意见书。[103] 仲裁庭必须首先就这些异议问题作出决定，并且必须让各方有合理的机会提出意见和看法。[104] 对于自贸协定的解释，争议涉及的缔约国可要求仲裁庭寻求双方的联合解释。联合解释必须在60日内达成，对仲裁庭具有约束力。若未形成联合解释，仲裁庭应自行决定该问题。[105] 这看起来是一种妥协的安排：一方面，它要求缔约国立即采取行动；另一方面，自贸协定缔约方可给予联合解释。中国始终持这样的立场，即参与立法的人应该最清楚地了解其规定的含义。

随着仲裁中政府责任的增加，《中新自贸协定》允许投资争端的缔约国公布与仲裁有关的所有文件，提交仲裁庭时专门指定为机密信息的文件除外。[106]

仲裁庭的裁决是终局裁决，可为以下形式：(1)金钱赔偿加利息；或(2)归还财产，在这种情况下，缔约国可选择支付经济赔偿金以代替归还。[107] 虽然成本和费用可能包含在裁决中，但不得裁定惩罚性赔偿。[108] 此外，“争议方不可在所有适用的审查程序完成之前寻求执行最终裁决”[109]。

---

〔101〕 参见前引〔99〕，第94段。显然，*Saipem* 案仲裁庭受到世界银行执行董事关于公约的报告的影响，该报告指出，如果存在涉及确定一方当事人的合法权利或其范围的争议，则存在法律纠纷。参见 *Report of the Executive Directors on the Convention on the Settlement of Investment Disputes Between States and Nationals of Other States*，世界银行，1965年3月18日，第26段，https://www.worldbank.org/icsid/basicdoc/partB-section05.htm#03。

〔102〕 参见同上，*Saipem* 案，第127段。仲裁庭认为，“根据ICSID第25条，投资的概念必须理解为涵盖运作的所有要素，即不仅是国际商会仲裁，而且还包括合同、建筑本身和保留金”；参见同上，第114段。

〔103〕 参见前引〔44〕，《中新自贸协定》第154(2)条。

〔104〕 参见同上，第154(3)条。在作出决定时，仲裁庭必须考虑索赔或异议是无意义还是明显没有法律依据。

〔105〕 参见同上，第155条。

〔106〕 参见同上，第157条。

〔107〕 参见同上，第158(1)条。

〔108〕 参见同上，第158(3)条。

〔109〕 参见同上，第158(5)条。

第三节　ICSID 争端解决机制

投资争端解决与商业纠纷解决不同。前者涉及外国投资者和东道国，而后者通常以私人实体作为争议方。投资争端—投资者—国家争端当然可以通过东道国的国内法院解决。可以理解，若外国投资者可以自由选择，其不会将与东道国的争议提交给当地法院。作为替代方案，大多数（如果不是全部）现代双边投资条约规定由其他机构进行投资者和国家间的仲裁，其他机构可以像商业仲裁一样遵循其自己的仲裁规则或采用 UNCITRAL 仲裁规则。目前，双边投资协定和自由贸易协定的投资章节通常规定，投资者与国家间的争端应提交 ICSID、常设仲裁法院、其他仲裁机构或临时仲裁庭。在这些机构中，ICSID 是最受欢迎的机构。

关于仲裁程序的规则，如仲裁机构（如 ICSID）有自己的规定，争议一旦提交，将依该机构的规则和程序解决。而如果通过临时仲裁庭或 PCA 进行仲裁，将遵循 UNCITRAL 的规则。与商业仲裁一样，当事人意思自治是所有投资者与国家仲裁的关键。除非所有争议方就仲裁机构和仲裁规则达成共识，否则任何仲裁庭都不得行使管辖权。就仲裁规则而言，尽管它们在各种机构中表现多样化，但它们的共同之处多于存在的差异，差异通常与程序有关。在这种情况下，本部分仅讨论 ICSID 机制，主要基于两个原因：第一，《ICSID 仲裁规则》与其他机构的仲裁规则相似或至少没有太大差别；第二，ICSID 机制中有一项其他规则所没有的撤销程序。

一、ICSID 仲裁机制

ICSID 基于《ICSID 公约》设立[110]，以行政理事会为管理机构。[111] ICSID 的建立是基于对"经济发展的国际合作的必要性和国内私人投资的作用"的认识以及"不时出现缔约国和其他缔约国国民之间出现与投资有关的争端的可能性"[112]。

关于争端解决，中心设有一个调解员小组和一个仲裁员小组，其成员由公约缔约国指定。若有争议提交至 ICSID，仲裁庭将由独任仲裁员或任何奇数的仲裁员

---

[110] 在世界银行的主持下制定的公约于 1966 年 10 月 14 日生效。截至 2021 年 9 月 3 日，共有 164 个公约缔约方和其他签署方。详情请见公约缔约国和其他签署国名单，https://icsid. worldbank. org/sites/default/files/documents/2021_Sep. ICSID. ENG. pdf。

[111] 关于行政理事会的职权，参见《ICSID 公约》第 6 条。

[112] 《ICSID 公约》序言。行政理事会通过的条例和细则作为《ICSID 公约》的补充。

组成。[113] 若争议各方无法就仲裁员的任命人数或方法达成一致,仲裁庭应由三名仲裁员组成,每方任命一名仲裁员,并由当事方协议共同任命首席仲裁员。[114] 如果任何一方未能指定仲裁员,或者当事方未能在仲裁请求登记后 90 天内就任命第三名仲裁员达成协议,则 ICSID 主席应从小组成员中任命仲裁员补缺。[115] 然而,争议方可任命任何人担任仲裁员。作为一般规则,绝大多数仲裁员与争议方的国籍不同。在实践中,这种情况从未发生过,因为在每个争议方任命各自仲裁员后,第三位仲裁员几乎总是第三国的国民。

仲裁庭是基于其自身权限和能力的"法官",因此可自行确定其管辖权。[116] 仲裁庭必须按照当事方同意的法律规则进行仲裁,若无此种协议,则必须遵守"争端缔约国的法律……以及可能适用的国际法规则"[117]。无论如何,仲裁庭不可以"沉默或默示法律"为由认定"不合理"。[118]

与商事仲裁一样,于 ICSID 进行投资者和国家间仲裁需基于争议双方的同意。一般而言,双边投资协定和自由贸易协定是缔约国同意争议的依据来源,而投资者的同意则可通过其仲裁的请求得以确认。[119] 关于"同意"的最近和有争议的问题与最惠国条款的解释将于本书后面章节讨论。

虽然 ICSID 仲裁庭相当于行使自身权限的法官,但其管辖权需符合《ICSID 公约》第 25 条的规定,即仲裁庭的管辖权仅限于"直接源于投资,在缔约方……和另一缔约国国民之间的法律纠纷"。在实践中,被告东道国经常援引这一规定来质疑法庭的管辖权。这些挑战包括从合格投资和投资者的确定到争端是否"直接"来自合格投资。[120] 管辖权问题可能进一步复杂化,缔约国可将某些类别的争议排除在 ICSID 公约的适用范围之外。[121]

ICSID 机制的另一个独特而重要的特征是其撤销机制。

二、ICSID 机制下的撤销程序

ICSID 机制下的投资者和国家间仲裁,一方面反映了仲裁的终局性,要求缔约

[113] 参见《ICSID 公约》第 37(2)(a)条。
[114] 参见《ICSID 公约》第 37(2)(b)条。
[115] 参见《ICSID 公约》第 38 条。
[116] 参见《ICSID 公约》第 41 条。
[117] 参见《ICSID 公约》第 42(1)条。
[118] 参见《ICSID 公约》第 42(2)条。
[119] 对此的讨论见本书涉及"同意"的章节。
[120] 这些事项将于后面章节详细讨论。
[121] 参见《ICSID 公约》第 25(4)条。

方承认和执行仲裁裁决〔122〕;另一方面,它为解决投资仲裁法庭的错误提供了补救措施——撤销程序。《ICSID 公约》第 52(1)条规定:任何一方均可基于以下一个或多个理由向秘书长书面提出申请要求撤销裁决:(a)仲裁庭的组成不合适;(b)仲裁庭明显超出其权限;(c)仲裁庭成员存在贪污情况;(d)严重背离基本的程序规则;或(e)该裁决未能说明其所依据的理由。

撤销程序代表了 ICSID 仲裁机制与商事仲裁机制的折中。〔123〕在商事仲裁中,许多国家的法律授权其国内法院可撤销仲裁裁决。〔124〕基于这种性质,ICSID 裁决撤销机制仅用于特殊情况。

1. 撤销中的一般问题

与 ICSID 撤销程序相关的最重要的问题是如何区分撤销和上诉。首先,ICSID 下的撤销程序不是上诉程序。因此,成功申请撤销只会导致原始裁决无效。易言之,临时撤销委员会可以部分或全部取消裁决,但不得修改或以其自己的决定取代裁决。而在实践中很难确定:"一方面,他们不应因为与 ICSID 同为仲裁员而团结一致从而坚持裁决。另一方面,他们也应该小心,不要使人觉得他们比作出他们在审查的裁决的仲裁员更好。"〔125〕

从第一次撤销决定开始,所有临时委员会几乎毫无例外地强调了将撤销与上诉区分开来的重要性,并承认其职能有限。例如,在 *Klöckner* Ⅰ 案中,临时委员会明确表示:"显而易见的是,在没有间接地就仲裁裁决中心提出上诉的情况,'司法审判中的错误'本身不能作为撤销的理由,而不间接地重新提出对仲裁裁决的上诉,而且根据公约第 52 条,临时委员会,结合常设仲裁院在 *Orinoco* 案中的判断,没有'义务……就案件审判的好坏发表意见,判决是否必须撤销'。"〔126〕

然而,实际上,临时委员会的行为往往超出了《ICSID 公约》规定的限制。讽刺的是,*Klöckner* Ⅰ 案中临时委员会因重新审查案件案情而受到严厉批评,因为他们

---

〔122〕 参见《ICSID 公约》第 53 ~ 54 条。

〔123〕 参见 Hans Van Houtte, "Article 52 of the Washington Convention: A Brief Introduction", in Emmanuel Gaillard and Yas Banifatemi, eds., *Annulment of ICSID Awards*, Juris Publishing, Inc., 2004 年,第 14 页;另见 ICSID, *Documents Concerning the Origin and the Formulation of the Convention*, Vol. Ⅱ, 1969 年,第 849 ~ 850 页。

〔124〕 然而,这种做法并非没有限制,1958 年《关于承认和执行外国仲裁裁决公约》(《纽约公约》)不允许其缔约方撤销其他缔约方作出的仲裁裁决。

〔125〕 参见前引〔123〕,第 14 页。

〔126〕 *Klöckner Industrie - Anlagen GmbH* 诉喀麦隆案(以下简称"*Klöckner* Ⅰ"案), ICSID 案件号 ARB/81/2, Decision on Annulment, 1985 年 5 月 3 日,第 61 段(原文标注重点)。

已经超越了《ICSID 公约》规定的权限。[127] 在这方面,*Klöckner I* 案中临时委员会决定中经常引用:"简言之,虽然该裁决包含对基于不履行义务的例外条件的一些论证,但可能会存在理由是否足够或'足够相关'。对此没有必要回答,关于基于不履行的例外的效力,该裁决未阐述法律依据,亦未就民法规则做出说明(援引与该裁决引用的一般原则相当的学术意见和判例法),以证明其结论的合理性。实际上,如果仲裁庭认为例外非契约合同是法国法律规定的灭失义务的基础,那么一切都会发生。以裁决自身的引用为基础,(其)结论不一定符合,也不符合(撤销)委员会对这一法律领域的理解。"[128]

很明显,*Klöckner I* 案临时委员会实际上正在评估原仲裁庭给出的实质性理由或原裁决的依据。裁决被撤销的理由似乎是由于临时委员会不同意仲裁庭在其裁决中给出的理由。这说明对于其作为上诉机构而非撤销委员会的批评基本上是正确的。[129] 与此同时,作为第一个 ICSID 撤销委员会,*Klöckner* 案的临时委员会正开拓新领域,且若非不可原谅,其错误是可以理解的。

事实上,另一项作为第一批 ICSID 撤销决定的一部分的 *Amco Asia* 诉印度尼西亚案[130]的撤销决定亦被批评。[131] 与 *Klöckner I* 案临时委员会一样,*Amco I* 案临时委员会被认为通过审查案件的案情干预了原仲裁庭的事务。

在第二批 ICSID 撤销决定中,包括 *MINE* 案[132]、*Klöckner II* 案和 *Amco II* 案[133]

---

〔127〕 参见 Jason Clapham, "Finality of Investor – State Arbitral Awards: Has the Tide Turned and Is There a Need for Reform?", 26 *Journal of International Arbitration* 437, 2009 年,第 454 ~ 456 页; W. Michael Reisman, "The Breakdown of the Control Mechanism in ICSID Arbitration", 1989 年, *Duke Law Journal* 739,第 755 ~ 781 页。

〔128〕 参见前引〔126〕,第 171 段(原文标注重点)。

〔129〕 参见 George R. Deaume, "The Finality of Arbitration Involving States: Recent Developments", 5 *International Arbitration* 21, 1989 年,第 32 页; Mark B. Feldman, "The Annulment Proceedings and the Finality of ICSID Arbitral Awards", 2 *ICSID Rev. – Foreign Inv. L. J.* 85, 1987 年;Jan Paulsson, "ICSID's Achievements and Prospects", 6 *ICSID Rev. —Foreign Inv. L. J.* 380, 1991 年,第 388 页等;Reisman, 见前引〔127〕。

〔130〕 参见 *Amco Asia Corp.* 诉印度尼西亚案,ICSID 案件号 ARB/81/1, Decision on Annulment, 1986 年 5 月 16 日,1 *ICSID Rep.* 509, 1993。

〔131〕 Christoph Schreuer, "Three Generations of ICSID Annulment Proceedings", in Gaillard and Banifatemi (eds.), 见前引〔123〕, 第 17 ~ 19 页, https://www.google.com.hk/?gws_rd=cr&ei=_Xg9Uq2yLoq9iAeg_oFQ#q=Christoph+Schreuer%2C+Three+Generations+of+ICSID+Annulment+Proceedings%2C+in+ANNULMENT+OF+ICSID+AWARDS+17。

〔132〕 参见 *Maritime International Nominees Establishment (MINE)* 诉几内亚案(以下简称"*MINE* 案"),ICSID 案件号 ARB/84/4, Decision on Annulment, 1989 年 12 月 22 日,第 5.05 段。

〔133〕 *Klöckner II* 案和 *Amco II* 案的决定未公开。

中的撤销决定,临时撤销委员对原仲裁庭裁决的干预已较少。第三批的决定以 *Wena Hotels* 案[134]和 *Vivendi* 案[135]的决定为代表,其中临时撤销委员会也被认为已正确履行其职能。[136] 然而,只有在临时撤销委员会作出决定时,这一结论才可能是正确的。易言之,那些临时撤销委员会并未撤销原裁决。如果临时撤销委员会以开展审查的方式履行职责,显然有几个委员会以这样或那样的方式干涉案件的实质性问题。例如,《ICSID 公约》第 52(1)(e)条,即未阐述理由,*Wena Hotels* 案的临时委员会表示:"若裁决不符合仲裁庭提出的理由的最低要求,则不一定需要重新提交给新的仲裁庭。如果临时委员会基于其在争端中获悉的情况作出如此结论,根据它在争议中得到的知识,支持仲裁庭结论的理由可由临时委员会自行解释。"[137]

尽管这段话只是附带的言论,但其显示了 *Wena Hotels* 案临时委员会准备推进工作的程度。若临时撤销委员会可"解释"仲裁庭的理由,则不再是撤销而是上诉。

事实上,*Wena Hotels* 案临时委员会的态度并不罕见,这也是一些评论认为的趋势,即临时委员会超越其权限的一个原因。朔伊尔(Schreuer)指出:"部分原因在于撤销请求的扩大性。在很大程度上,这是因为对撤销理由的广泛解释以及一些临时委员会倾向于扩大理解其职能。"[138] 事实上,一些 ICSID 临时撤销委员会承担的广泛作用也部分原因,目前败诉方经常启动撤销程序,从而至少延迟裁决的执行,甚至足够幸运以推翻裁决。[139] 随着越来越多的法律顾问熟悉 ICSID 仲裁,越来越多的创造性技术得以采用,其中一个即是试图扩大撤销的理由。因此,即使是

---

[134] 参见 *Wena Hotels Limited* 诉埃及案(以下简称"*Wena Hotels* 案"),ICSID 案件号 ARB/98/4,Decision on Annulment,2002 年 2 月 5 日,第 57 段。

[135] 参见 *Compañia de Aguas del Aconquija S. A. and Vivendi Universal S. A.* (*formerly Compagnie Générale des Eaux*)诉阿根廷案,ICSID 案件号 ARB/97/3,Decision on Annulment,2002 年 7 月 3 日("*Vivendi I* 案,Annulment Decision"),第 65 段。

[136] 关于三批 ICSID 临时撤销委员会的决定的讨论,参见 Walid Ben Hamida,"Two Nebulous ICSID Features:The Notion of Investment and the Scope of Annulment Control:Ad Hoc Committee's Decision in Patrick Mitchell v. Democratic Republic of Congo",24 *J. Int'l Arb.* 287,2007 年,第 301 页;Van Houtte,见前引〔123〕,第 11 ~ 16 页;前引〔131〕。

[137] 参见前引〔134〕,第 83 段。

[138] Christoph Schreuer,"From ICSID Annulment to Appeal:Half Way Down the Slippery Slope",*The Law and Practice of International Courts and Tribunals* 10,Martinus Nijhoff,2011 年,第 213 页。Schreuer 指出,"2010 年,ICSID 临时委员会作出八项撤销决定。其中四项决定导致相关裁决被撤销,而有四个案例的裁决保留"。参见同上。

[139] 根据 ICSID 的一份报告,截至 2013 年 6 月,共收到、注册 47 份撤销申请,其中 14 份已停止申请,13 份被全部或部分支持,20 份被拒绝。参见 ICSID,*The ICSID Caseload - Statistics* (*Issue 2013 - 2*),第 17 页。

被动的方式,临时撤销委员会也必须扩大其职能。另一种方法是尽可能多地提出撤销的理由[140],尽管请求撤销方提出的最常见理由就三种:明显超出权力、严重背离基本的程序规则和未能陈述理由。

临时委员会进行撤销程序的方式未有统一的做法。一些委员会遵循《ICSID公约》第52(1)条的规定,而一些委员会则不采用这种方法。例如,在*Fraport*案[141]的撤销程序中,原告法兰克福机构提出三项撤销理由,即明显超出权限、严重背离基本程序规则和未能阐述理由。[142] 临时委员会分析了申请人提出的所有理由。事实上,即使在它发现仲裁庭严重背离基本程序规则且由此导致整体裁决被撤销之后[143],它仍继续分析是否必须说明理由。在*Impregilo*案[144]中,原告阿根廷以五个理由提出申诉,即:(1)仲裁明显超出权限;(2)明显超出实质限制;(3)废除了公平标准的规范性内容;(4)未能说明裁决所依据的理由,未能基于阿根廷面临的特殊情况于权限内决定抗辩,未能澄清其含义;以及(5)赔偿。对于这每一方面,阿根廷均认为超出权限,严重偏离基本的程序规则及未能说明理由等。尽管原告如此组织申诉,但临时撤销委员会决定按《ICSID公约》第52(1)条自行开展分析。[145]

*Sempra*诉阿根廷案临时委员会持截然不同的看法。在它看来,"一旦临时委员会得出结论认为……有一个例子……足以撤销该裁决,临时委员会即结束审查……没有必要考虑是否有其他理由导致撤销,无论是对于同一或其他事项"[146]。

*Sempra*案临时委员会给出的理由是,一旦裁决全部被撤销,它即失去既判力,因此任何进一步的审查都没有必要。此做法符合司法/仲裁的经济原则,应予以支持。毕竟,临时撤销委员会的进一步审查将直接影响各方所花费的时间和金钱。

---

[140] 对此, Schreuer表示:"在*Rumeli*案和*Helnan*案中,撤销申请都是基于裁决的四个方面。在*Sempra*案中,临时委员会注意到,阿根廷提出了'一系列问题',从阿根廷的角度,已提出了一个或多个足以完全撤销该裁决的理由。*Enron*的申请列出了该裁决的更多方面,阿根廷认为这个方面应被撤销,而非可以合理计算的。……在*Sempra*案中,申请提及了四个理由,即更加证明仲裁庭构成不当。*Vivendi II*案的申请最初援引了所有五个理由……"参见前引[138],第214页(脚注忽略)。

[141] 参见*Fraport*诉菲律宾案(以下简称"*Fraport*案"), ICSID案件号ARB/03/25, Decision on Annulment, 2010年12月23日。

[142] 参见同上,第32段。

[143] 参见同上,第247段。

[144] 参见*Impregilo*案,ICSID案件号ARB/07/17, Decision on Annulment, 2014年1月24日。

[145] 参见同上,第114段。

[146] 参见*Sempra*诉阿根廷案(以下简称"*Sempra*案"), ICSID案件号ARB/02/16, Decision on Annulment, 2010年6月29日,第78段。

除上述方法外，亦有一些撤销决定不是基于《ICSID 公约》第 52(1)条作出的。一个例子是最近的 *Malicorp* 诉埃及案[147]，其中临时委员会首先审查了严重背离基本程序规则的指控，之后再审查没有阐述理由和超出权限。最复杂的可能是 *Vivendi Ⅱ*[148]案中的撤销决定。由于案件是第二次提交给临时撤销委员会，委员会"脱离轨道"审查了第一个仲裁庭、第一个临时委员会和第二个仲裁庭的决定的各个方面。因此，这不太具参考性。采取类似模式的另一个撤销决定是 *Enron* 案[149]。尽管没有规定要求临时撤销委员会在其分析中必须采用某种方法，但重要的是他们必须明确回应原告声称的每一项撤销理由。

无论如何，在上面讨论的所有问题中，最重要的问题仍然是撤销和上诉之间的区别。正如 *Amco Ⅱ* 案临时委员会所说，"临时委员会有责任抵制纠正错误决定或取消不公正裁决的诱惑。"[150]然而，实际上，临时撤销委员会越来越不能抵制作为上诉机构运作的诱惑。在本书完成之前出现的最新撤销决定，即 *Impregilo* 案，很可能是一个例外，临时撤销委员会一再声明，因为它不是上诉机构，所以它无法废除原仲裁。[151]

2. 仲裁庭组成不当

未适当地组成仲裁庭这一理由不常作为撤销裁决的依据。在 *Vivendi Ⅱ* 案中，阿根廷就仲裁员之一——加布里埃尔·考夫曼－科勒教授的公正性提出质疑，因为她同时担任 Vivendi 单一最大股东 UBS 的董事会成员。[152] 临时委员会认为这是一个"最严重的问题"，但认为"Gabrielle Kaufmann－Kohler 教授行使独立判断……在这种情况下没有受到影响"[153]。显然，本案临时委员会的决定是基于其判断没有"明显的结果差异"，因此"拒绝原告依据裁决获益是不公平的"[154]。

---

[147] 参见 *Malicorp Limited* 诉埃及案(以下简称"*Malicorp* 案")，ICSID 案件号 ARB/08/18, Decision on the Application for Annulment, 2013 年 7 月 3 日。

[148] 参见 *Vivendi* 诉阿根廷Ⅱ案(以下简称"*Vivendi Ⅱ* 案")，ICSID 案件号 ARB/97/3, Decision on Annulment, 2010 年 8 月 10 日。

[149] 参见 *Enron* 案，ICSID 案件号 ARB/01/3, Decision on Annulment, 2010 年 7 月 30 日。

[150] 参见 *Amco* 诉印度尼西亚案, Resubmitted Case: Decision on Annulment, 1992 年 12 月 3 日，第 1.18 段。摘自 Schreuer, 前引〔138〕，第 213 页。

[151] 关于仲裁庭是否应将 MFN 条款适用于解决争端程序，临时撤销委员会首先指出，如果有条约规定该事项且仲裁庭未能适用这些规定，则有理由撤销裁决。由于情况并非如此，临时撤销委员会裁定它"无权决定仲裁庭是否应适用双边投资条约第 3.1 条，以确立其审查争议案情的管辖权"。参见前引〔144〕，第 136、137 和 141 段。

[152] 参见前引〔148〕，第 20～21 段。

[153] 参见同上，第 238 段。

[154] 参见同上，第 240 段。

这个决定至少有两个值得考虑的问题。首先,本案的临时撤销委员会给人的印象是,裁决的结果在其决定组织仲裁庭的适当性方面发挥了作用,这不应是一个考虑因素。基于裁决结果是否会有不同这一思路,委员会明确表示若裁决结果不同,仲裁庭的组成将被认为是不恰当的。这表明委员会对该案件的实质性问题进行了审议。一旦委员会干涉裁决结果,它就越过了界限,并进入了上诉事项的范围。其次,仲裁员的实际职能也不应该是一个问题,因为它涉及仲裁程序的实质内容。事实上,本案委员会在作出决定时还考虑了案件的长度,[155]至少可以说这也是不相关和非常没必要的。

在 *Azurix* 案[156]中,阿根廷基于仲裁庭组成不当要求撤销仲裁裁决,其主席安德烈斯·里戈·苏雷达"陷入各种利益冲突,由此对他的公正性产生合理怀疑"[157]。阿根廷提及的所谓的冲突,即 Rigo Sureda 被代理人 Azurix 参与另一个投资者与国家间争端的律师事务所聘用为顾问,且其中 Azurix 还任命了一名后来担任 Azurix 案和阿根廷的案件的法律顾问。阿根廷声称 Rigo Sureda 未透露他可能处于的冲突,且由于这些冲突,严重背离了一项基本的程序规则。[158] 应指出的是,在仲裁期间,阿根廷要求仲裁庭根据《ICSID 公约》第 57 条取消 Rigo Sureda 的资格,但被仲裁庭驳回。

Azurix 案的临时委员会将第 52(1)(a)条,即仲裁庭未正确构成,作为与程序有关的撤销理由,并表示其认为仲裁员的资格和取消仲裁员资格的建议应遵循《ICSID 公约》第 52(1)(a)条以外的规定的既定程序。因此,委员会认为,若根据《ICSID 公约》第 58 条和《ICSID 仲裁规则》第 9 条规定的程序"拒绝取消仲裁员资格的提议","这不能说仲裁庭不是根据第 57 条第一句适当组成的"。[159] 区分第 52 条和其他与取消仲裁员资格有关的条款非常重要,否则第 52 条将有助于为挑战仲裁庭成员创造新的机会。事实上,本案临时委员会还裁定,即使在提交仲裁裁决后某一方可获得或知道新证据的情况下,该当事方也应根据第 51 条要求修改裁决。在这种情况下,临时撤销委员会将审查是否根据仲裁裁决的修订程序作出决定,以及这些决定是否由法定机构作出。[160] 因此,它拒绝了原告基于一名仲裁员

---

[155] 参见同上,第 241 段。

[156] 参见 *Azurix Corp.* 诉阿根廷案(以下简称"*Azurix* 案"),ICSID 案件号 ARB/01/12, Decision on the Application for Annulment, 2009 年 9 月 1 日。

[157] 参见同上,第 249 段。

[158] 参见同上,第 252 ~ 253 段。

[159] 参见同上,第 280 段。

[160] 参见同上,第 281 段。

存在利益冲突这一情况申请撤销裁决的要求。

显然,*Azurix* 案的临时委员会采用了相当谨慎和正确的方法。它将职能限于审查是否遵守既定程序,而非是否正确遵循这些程序。这种方法使撤销程序保持在其既定限度内。与此同时,应指出的是,若 *Vivendi Ⅱ* 案的临时委员会采取同样的做法,它就不会撤销该裁决。这两个案件的主要区别在于,*Azurix* 案的临时委员会在遵循程序的情况下正确地拒绝审查仲裁庭的决定,而 *Vivendi Ⅱ* 案临时委员会实际上进行了实质性审查。尽管形成了最终结果,但 *Vivendi Ⅱ* 案临时委员会的行为更像一项上诉程序,而不是撤销程序。所有临时撤销委员会都应避免出现这种行为。

3. 明显超过权限

超出权限的情况常被作为撤销的理由。一个重要的问题是"明显"一词的定义。〔161〕临时委员会将该词解释为"显而易见"或"易于识别"。例如,*Wena Hotels* 案临时委员会认为"明显"一词必须是不言而喻的而非基于精心解释方能体现,当后者发生时,超出权限不再明显。〔162〕类似地,*CDC Group pl.* 诉塞舌尔案临时委员会表示:"即使仲裁庭超出权限,此种情况亦必须明显,从而以撤销作为可行补救措施。"〔163〕此外,该案临时委员会认为:"若仲裁庭的越权行为可'这样或那样'理解,那么在某种程度上'并不明显'。"〔164〕这当然绝不是问题的终结。

即使对于"明显"一词,也有不同的理解。例如,在 *Lucchetti* 案中,临时委员会认为"在涉及管辖权问题时,'明显'一词也应给予高度重视"〔165〕。此外,它指出,一个临时撤销委员会"不承担确定一种解释是否比另一种解释更好,或确实哪种解释可被认为是'最好的解释'的责任",且只关心"仲裁庭从其前提到其结论的过

---

〔161〕"明显"一词未出现在《ICSID 公约》初稿中,是在第一稿中首次添加的,据说是基于德国的坚持,德国担心若无限定词,仲裁裁决可能会受到干扰的风险。参见 Christoph H. Schreuer, et al., *The ICSID Convention: A Commentary*, 2nd ed., Cambridge University Press, 2001 年,第 938 页。

〔162〕参见前引〔134〕,第 25 段。

〔163〕*CDC Group plc* 诉塞舌尔案(以下简称"*CDC* 案"),ICSID 案件号 ARB/02/14, Decision on the Application for Annulment, 2005 年 6 月 29 日, IIC 48 (2005),第 41 段。*Lucchetti* 案委员会表示,"此外,撤销请求不是上诉,这意味着不应对仲裁庭的裁决进行全面审查";且"在管辖权问题上也应当重视'明显'一词"。参见 *Empresas Lucchetti, S. A. and Lucchetti Peru, S. A.* 诉秘鲁案(以下简称"*Lucchetti* 案"),ICSID 案件号 ARB/03/4(又称 *Industria Nacional de Alimentos, A. S. and Indalsa Perú S. A.* 诉秘鲁案), Decision on Annulment, 2007 年 9 月 5 日,第 101 段。

〔164〕参见同上,*CDC* 案,第 41 段。

〔165〕参见前引〔163〕,第 101 段。

程”[166]。其随后决定，“仲裁庭采纳的对第2条的解释显然是站得住脚的”，尽管“还可有其他的解释”[167]。显然，本案临时委员会严格遵守撤销工作的界限。基于此，无论撤销程序的结果如何，只要仲裁庭在其权力范围内行使管辖权时，例如对相关条约进行“合理”的解释，ICSID 临时撤销委员会就不应干涉仲裁庭的决定。这种做法与 *Vivendi* Ⅰ 案临时委员会的做法不同。

在考虑可能存在明显超出权限的情况时，*Vivendi* Ⅰ 案临时委员会更注重仲裁庭决定的结果，而非程序本身。它认为，“未行使管辖权显然能够对结果产生影响”[168]，即会出现明显超出权限。然而，为了确定是否可能因确定管辖权的错误而产生差异，临时撤销委员会必须深入讨论有争议事实的实质内容，其事实上起到了上诉机构的作用，这应予以避免。最后，本案临时委员会决定：委员会的结论是，仲裁庭超出了第52条第1款 b 项赋予的权力，即关于对 *Tucumán* 案的申诉具有管辖权一事，未能对这些申诉作出裁决。根据双边投资条约第8(2)条规定，鉴于该决定对原告及其周边情况的明确和严重影响，委员会只能得出结论，即“超出权限是显而易见的”[169]。

Hussein Nuaman Soufraki 诉阿联酋案临时委员会采取了另一种方法。它首先表示“‘明显’一词是一个强烈而有力的术语，体现显而易见”[170]，它随后得出结论：“明显超出权限意味着越权应在字面上显而易见且实质上是严重的。”[171]不幸的是，本案临时委员会没有进一步解释它提出的测试将如何起作用。例如，字面上体现明显以撤销裁决的要求是什么？这与 *Repsol* 案的临时委员会的调查结果是否有所不同，即“仅仅通过阅读裁决，即使在对其内容进行详细审查之前，超出权限就是‘显而易见’吗”[172]？

同时，在研究越权是否“非常严重”时，临时撤销委员会是否应对所涉及的事

---

〔166〕 参见同上，第112页。

〔167〕 参见同上。

〔168〕 参见前引〔136〕，第86段。考虑到该决定的“明确和严重影响”以及“周围环境”，临时委员会认为有必要将拒绝管辖权定性为“明显”错误。在考虑阿根廷关于法庭在该案件中超出其管辖权的论点时，*CMS* 诉阿根廷案临时委员会似乎采取了同样的做法。参见 *CMS* 诉阿根廷案（以下简称“*CMS* 案”），ICSID 案件号 ARB/01/08，Decision on Annulment，2007年9月25日。

〔169〕 参见同上，*Vivendi* Ⅰ 案，第115段。

〔170〕 *Hussein Nuaman Soufraki* 诉阿联酋案（以下简称“*Soufraki* 案”），ICSID 案件号 ARB/02/7，Decision on the Application for Annulment，2007年6月5日，第39段。

〔171〕 参见同上，第40段。

〔172〕 *Repsol YPF Ecuador S. A. v Empresa Estatal Petróleos del Ecuador* (*Petroecuador*)，ICSID 案件号 ARB/01/10，Decision on Annulment，2007年1月8日，第36段（原文标注）。

实进行实质审查?在某种程度上,*Soufraki* 案临时委员会进一步复杂化了已然多样化的观点,这些观点可能符合“明显”的要求,而不是解决任何问题。然而,*Malicorp* 案临时委员会赞同 *Soufraki* 案委员会的撤销决定,认为它理解“‘明显’意味着既显著又严重”,且“不相信这两个术语在严重程度上是不一致的,实质性影响也是明确而明显的”[173]。但是,*Malicorp* 案临时委员会未对该案的仲裁庭裁决进行实质性审查。

除了“明显”一词的定义之外,可能构成越权的因素同样重要。对此,ICSID 临时撤销委员会达成了协议。这一问题现在已很好解决,如仲裁庭所行使本没有的司法管辖权和/或拒绝或未能行使应当行使的管辖权,都被视为超出权限。*Malicorp* 案的临时委员会明确表示,赞同 *Vivendi I* 案临时委员会的决定:“当法庭超出其管辖范围时,就会发生最严重的越权……如果仲裁庭‘行使根据相关协议或条约和《ICSID 公约》’未赋予其的管辖权,而且如果它没有行使其根据这些文件拥有的管辖权,则可能出现这种情况。”[174]

Malicorp 案临时委员会亦表示:“因为这并不属于仲裁庭的权力,即拒绝裁决符合第 25 条的所有司法管辖要求的争议或部分争议。”[175] 在实践中,如果出现超出管辖范围,这可能是由于仲裁庭未能适用适当的法律或“未经当事人同意而行事的行为”[176]。未行使管辖权的行为可能还涉及合适法律的适用,因此,仲裁庭可能会发现自己对争议缺乏管辖权。在这两种情况下,都存在一个问题,即如何界定适当的法律,如条约或国家法律的法律体系,或仅仅是条约或国家法律的规定。具体而言,问题在于裁决是否基于仲裁庭错误地适用法律而被撤销。

有评论认为,允许撤销委员会推翻不正确的法律适用,违背了仲裁裁决的终局性,且《ICSID 公约》的起草人特别拒绝这样的观点。[177] 易言之,即使法律适用本身可能不正确,撤销委员会也必须尊重仲裁庭适用法律的裁决。一些撤销委员会在理论上同意这一原则,且同时提出一个条件,即这种不正确的适用或误用不得

---

[173] 参见前引[147],第 56 段。

[174] 参见同上,第 47 段。引用 *Vivendi I* 部分,见前引[135],第 86 段。

[175] 同上,第 47 段。引用 Schreuer 部分,见前引[161],第 947 页。

[176] ICSID,“Background Paper on Annulment for the Administrative Council of ICSID”, 2012 年 8 月 10 日,第 94 段,https://www.icsid.worldbank.org/ICSID/FrontServlet? requestType = ICSIDNewsLettersRH&actionVal = ShowDocument&DocId = DCEVENTS11;亦可见 Gaëtan Verhoosel,“Annulment and Enforcement Review of Treaty Awards: to ICSID or Not to ICSID”, 23 *ICSID Review* 119, 2008 年,第 119 ~ 154 页。

[177] 参见 Antonio Parra, *The History of ICSID*, 牛津大学出版社,美国,2012 年,第 87 页。

“具有客观上构成不有效适用的性质或程度(不论仲裁庭的实际或推定的意图)”[178]。对此,*Soufraki* 案临时委员会指出:“若不符基于《ICSID 公约》规定的适用于仲裁的实质法律,则必须考虑到仲裁庭超出其权力范围。基于 ICSID 判例,普遍认为,未适用合适法律构成了越权。适用法律的相关条款是缔约方同意仲裁的构成要素,并构成仲裁庭法定责任的一部分。”[179]

Soufraki 案临时委员会还指出:“ICSID 临时委员会通常非常明确……必须区分未适用适当法律而导致撤销与不是作为撤销理由的适用法律时的错误。”[180] 不幸的是,实践并不支持该委员会所得出的这样一个积极的结论。正如一位评论员所说:“不适用适当法律与其适当法律的错误适用之间的区别正在逐渐消失。”[181]

例如,在 *Duke Energy International peru Investment No. 1 ltd.* 诉秘鲁案中,临时委员会明确考虑了法律适用于适当法律体系的情况,而不仅仅是一条特定的法律规定,并表示:“仲裁庭有义务遵守《ICSID 公约》第 42(1)条,特别是‘缔约国的法律’,即涉及该法律的全部内容,例如,仲裁庭可决定其是相关的和适用之前的事项,而不是它的任何特定部分。”[182]

相比之下,*MHS* 案[183]的临时委员会做法截然不同。在该案中,独任仲裁员认定原告的活动不符合 Salini 测试下对于“投资”的要求。[184] 由于仲裁庭采用并行的方法确定其管辖权,且基于 Salini 测试明确不存在“投资”,它在未考虑双边投资协定中“投资”的定义的情况下即拒绝管辖。临时委员会首先将该案件的问题确定为:“《ICSID 公约》第 25(1)条和 BIT 第 1 条中‘投资’一词的含义的确定……因为其是当事方同意 ICSID 行使管辖权的基础。”[185] 其随后表示,双边投资协定关于投资者与国家间仲裁的规定一般不被接受“可以借由对《ICSID 公约》中未定义的术语的限制性定义来无效化”[186]。

最后,*MHS* 案临时委员会的大多数成员完全同意撤销该裁决。大多数人这样

---

〔178〕 参见前引〔150〕,第 7.19 段。

〔179〕 参见前引〔170〕,第 45 段。

〔180〕 参见同上,第 85 段。

〔181〕 参见前引〔138〕,第 217 页。

〔182〕 *Duke Energy International Peru Investments No.* 1 *Ltd.* 诉秘鲁案(以下简称“*Duke Energy* 案”),Decision on Annulment, 2011 年 3 月 1 日,第 212 段。(原文标注重点)

〔183〕 参见 *MHS* 案, ICSID 案件号 ARB/05/10, Decision on Annulment, 2009 年 4 月 16 日。

〔184〕 *Salini* 测试用于分析是否存在投资,将于本书“界定投资”章节讨论。该测试基于以下案件的关于管辖权的决定:*Salini* 案, ICSID 案件号 ARB/00/4, Decision on Jurisdiction, 2001 年 7 月 23 日。

〔185〕 参见前引〔183〕,第 58 段。

〔186〕 参见同上,第 62 段。

做的理由包括:(1)仲裁庭"没有考虑和适用"双边投资条约中规定的"投资"一词,并将其解释限于《ICSID 公约》规定的投资标准;(2)仲裁庭通过对标准的分析,"将其提升至司法条件";(3)仲裁庭没有考虑到 ICSID 公约的工作。[187] 显然,该案临时委员会将适当的法律作为"适当的规则",是一种扩大适用。它甚至模糊了法律的误用和适用错误法律之间的区别。临时委员会就《ICSID 公约》的工作的有关分析就是一个例子。VCLT 并不要求仲裁庭考虑条约解释中的每一种情况。基于此,委员会更像上诉机构而非撤销委员会。

然而,*Sempra* 案临时委员会沿用了 *MHS* 案中临时委员会的这种做法。在 *Sempra* 案中,仲裁阶段的关键问题是美国和阿根廷双边投资协定第 11 条关于处理紧急情况所需措施,以及国际法委员会第 25 条关于国家责任条款中"危急情况"的条款之间的关系。仲裁庭认为,ILC 条款反映了习惯国际法,因此,双边投资条约第 11 条不可与习惯国际法分割且需据此适用。因为仲裁庭认为其不符合 ILC 条款规定的"必要性"要求,所以没有必要审查是否符合双边投资条约第 11 条的要求。[188]

本案临时委员会发现:"只有在双边投资条约第 11 条尚未排除责任的情况下,国家紧急情况是否可作为免除国家责任的理由将成为一个问题。作为一般规则,条约将优先于习惯国际法。"[189] 由于仲裁庭认为"主要的法律"是 ILC 条款第 25 条而非双边投资条约第 11 条,因此,在本案临时委员会看来,其在确定和适用适当法律方面犯了"根本性错误"[190]。因此,临时委员会认为,仲裁庭未能根据适用的法律规范进行审查而超出其权限,该裁决被撤销。[191]

与 *MHS* 案不同的是,对于仲裁庭被发现无法确定和适用相关双边投资条约中关于"投资"定义的规则,*Sempra* 案的仲裁庭确实正确地确定和适用了法律和规则,即双边投资协定第 11 条和国际法委员会第 25 条。然而,根据本案临时委员会的意见,仲裁庭未能正确地适用规则,即与临时委员会认为的双边投资条约第 11 条和双边投资协定条款第 25 条之间正确关系有不同理解。显然,在这种情况下,委员会未能将法律的误用与适用错误法律区分开来,这在 ICSID 机制下也是不允

---

〔187〕 参见同上,第 80 段。

〔188〕 参见 *Sempra* 案, ICSID 案件号 ARB/02/16, Award, 2007 年 9 月 28 日,第 376、388 段。

〔189〕 参见前引〔146〕,第 176 段。

〔190〕 参见同上,第 208 段。*Sempra* 案临时委员会表示:"仲裁庭实际上认为,第 11 条的实质性标准根本无法找到适用的习惯国际法规则——如国际法委员会条款所阐明的那样——在不法行为的情况下不会导致免除,且第 25 条'胜过'第 11 条为强制性法律规范适用提供支撑。"参见同上。

〔191〕 参见同上,第 208～209 段。

许的。[192]

事实上,即使在 *Sempra* 案仲裁决定形成之前,*CMS* 案临时委员会的撤销决定[193]也已公布。因此,毫无疑问,*Sempra* 案临时委员会已经或应该知道还有其他观点。在 *CMS* 案中,仲裁庭对条约条款和相关双边投资条约的关系,即双边投资协定第 11 条和 ILC 条款第 25 条之间的关系,也采取了类似立场。该案临时委员会认为"第 11 条和第 25 条实质上有所不同",且"在这一点上,仲裁庭明显犯了法律错误"[194]。然而,委员会表示,尽管仲裁庭适用双边投资条约第 11 条有一定缺陷,但已经适用了,因此没有明显越权。[195] 在对仲裁庭的错误进行了广泛分析之后,委员会指出:"根据《ICSID 公约》第 52 条,(本委员会)仅有有限的管辖权。在这种情况下,委员会不能简单地以自己对法律的看法和对仲裁庭的事实的理解来取代仲裁庭的工作。尽管该裁决确实有错误和缺点,但最终仲裁庭适用了条约第 11 条,虽然有一定模糊和缺陷,但毕竟还是适用了。因此,其没有明显越权。"[196]

CMS 案撤销决定的重要性在于界定撤销和上诉的区别。尽管临时委员会严厉批评了仲裁庭的裁决,但由于仲裁庭已确定并适用了正确的法律,因此它并没有撤销该裁决。遗憾的是,一些 ICSID 临时撤销委员会不采用这种做法,而是选择不区分错误适用和未能适用适当的法律。

Enron 案即为一例。在审查仲裁庭关于公正和公平待遇的决定时,临时委员会表示:"……仲裁庭裁定违反双边投资条约第 2 条第 2 款 a 项中的公正和公平待遇条款令人满意,根据一般国际法条约的解释原则解释该条款,且将其应用于发现的案件事实。基于此,仲裁庭适用了适当的法律,无论它是否正确。"[197]

关于仲裁庭对保护伞条款的处理,本案临时委员会亦表示认可。[198] 本案问题的关键在于阿根廷在经济危机期间采取的措施是不是应对局势的"唯一途径",考虑到阿根廷已申请以紧急性进行抗辩。

虽然对仲裁庭对案件事实的查明和适用相关法律表示认可,*Enron* 案临时委员会认为仲裁庭"就经济问题适用了专家意见"而未能适用习惯国际法,临时委员

---

[192] 事实上,*Sempra* 案临时委员会甚至公开表示:"作为一般性命题,其不希望完全排除法律明显错误的情况,在特殊情况下,性质如此严重以至于构成明显越权的可能性。"同上,第 164 段。

[193] 参见前引[168]。本决定于 2007 年 9 月 25 日作出,即在 *Sempra* 案仲裁作出的 3 天前。

[194] 参见同上,第 130 段。

[195] 参见同上,第 128 ~ 136 段。

[196] 参见同上,第 136 段。

[197] 参见前引[149],第 314 段。

[198] 参见同上,第 344 段。

会认为"未适用适当法律"[199]。具体而言,本案临时委员会指出:"该裁决明确表明仲裁庭接受了专家证据……表明了是阿根廷自己的政策'失误'加剧了经济危机,仲裁庭据此直接断定阿根廷采取的措施'导致了紧急情况'。"[200]

基于此,临时委员会认为,仲裁庭"实际上并未适用 ILC 条款第 25(2)(b)条"[201],因为仅是经济学家认为国家政策应对经济危机做出贡献的观点本身并不应被视为法律结论。临时委员会详细说明了仲裁庭应如何进行推理。[202] 显然,本案临时委员会不满意的是仲裁庭的解释,特别是仲裁庭依赖经济学家的专家证据这一点。然而,这些问题无疑属于法律中错误的范畴,如果可以证明,这些错误不能作为 ICSID 临时撤销委员会撤销裁决的依据,也不能通过将任何内容等同于未适用适当的法律来撤销裁决。[203] 因此,毫无疑问,*Enron* 案临时委员会误解了《ICSID公约》第 52(1)(b)条的规定。

4. 严重背离基本程序规则

作为撤销的理由,根据定义,严重偏离基本程序规则涉及仲裁庭必须遵循的程序。例如,听取的权利为绝大多数国家所认可,这也是争议当事人在仲裁中的程序权利。在援引这一理由时,必须确定的问题是,仲裁庭违反规则这一情况是否严重;对于构成基本程序规则的内容,*Fraport* 案中的临时委员会认为,这一术语"旨在表示可以恰当地构成'一般法律原则'的程序规则,只要这些规则涉及国际仲裁程序"[204]。

MINE 案临时委员会就可能构成严重背离一事表示:"为了构成撤销的理由,背离'基本的程序规则'必须是严重的。委员会认为,这确定了定量和定性的标准:背离必须是实质性的,且剥夺当事方根据规则所享受的利益或保护。"[205]

在 *Wena Hotels* 案中,临时委员会将"基本"一词解释为"作为国际法问题应受尊重的一套最低程序标准"[206]。据此,临时委员会进一步得出结论:"为了达到'严重'背离基本的程序规则的程度,仲裁庭违反这一规则得到的结果和信息必然

---

[199] 参见同上,第 377 段。

[200] 参见同上,第 392 段。

[201] 参见同上,第 393 段。

[202] 参见同上。

[203] 在 *Enron* 案中,临时委员会表示:"当事方在仲裁庭之前提出的论点中似乎没有明确指出,并就 ILC 条款第 25(2)(b)条中'导致紧急情况'的说法的法律定义问题提出质疑。但是,委员会再次认为,仲裁庭仍需适用适当的法律。"参见同上,第 392 段。

[204] 参见前引〔141〕,第 186~187 段。

[205] 参见前引〔132〕,第 5.05 段。

[206] 参见前引〔133〕,第 57 段。

与遵守规则所得大不相同。”[207]

本案中设立的标准为 *Continental Casualty Company* 诉阿根廷案（以下简称 *Continental Casualty* 案）的临时委员会所采纳，其还引用了 *MINE* 案中临时委员会的决定，即要构成严重背离，必须造成截然不同的结果，或者必须“剥夺该规则旨在提供给当事方的利益或保护”[208]。就此问题临时委员会的一个共同特点是，都强调结果以试图确定严重性。因此，即使存在背离的情况，只要结果差距不很大，也不能被视为“严重”。

上面讨论的临时委员会的决定的相应影响是，并非《ICSID 公约》的每个程序规则都是基本的，亦并非每次背离或违反都可能是严重的。[209] 例如，*Azurix* 案临时委员会认为“这不是严重偏离基本的程序规则，以至于仲裁庭拒绝考虑它认为不相关的问题，而是仅仅因为其中一方认为它很重要”[210]。*Continental Casualty* 案的临时委员会还指出：“没有基本的程序规则要求仲裁庭明确考虑一方支持其对某一特定问题的立场所提出的每一个论点或问题。”[211]

仲裁实践表明，被聆听的权利被一致视为一项基本的程序规则。在 *Wena Hotels* 案的撤销程序中，申请方埃及声称未被给予机会阐述复利问题。[212] 临时委员会注意到，该记录显示，Wena Hotels 曾多次要求以适当的利率确认利息，并邀请申请人回复其主张和论点。根据记录，委员会得出结论认为，“双方必须意识到”复合利益可能被认为是“适当”利益的可能性。[213]

Vivendi Ⅰ 案的临时委员会面临一项申诉，即申请人没有机会就决定性观点提出意见，委员会表示申请人“有充分的机会考虑并就此问题提出书面和口头意见书。听证会本身是精心进行的，以使各方能够提出自己的观点。仲裁庭对问题的分析显然是基于各方提出的材料，并未超出范围”[214]。临时委员会因此认定仲裁

---

[207] 参见同上，第 58 段。

[208] *Continental Casualty Company* 诉阿根廷案（以下简称“*Continental Casualty* 案”），ICSID 案件号 ARB/03/9，Decision on the Application for Partial Annulment (by both Parties)，2011 年 9 月 16 日，第 96 段，摘自 *MINE* 案，见前引〔132〕，第 5.05 段。

[209] 例子见前引〔156〕，第 50 段；前引〔149〕，第 70 段；*MINE* 案，同上，第 5.06 段；以及 *MTD Equity Sdn. Bhd. and MTD Chile S. A.* 诉智利案（以下简称“*MTD* 案”），ICSID 案件号 ARB/01/7，撤销决定，2007 年 5 月 21 日，第 49 段。

[210] 参见同上，第 244 段。

[211] 参见前引〔208〕，第 97 段（原文标注）。

[212] 参见前引〔134〕，第 66 段。

[213] 参见同上，第 69 段。

[214] 参见前引〔135〕，第 85 段。

庭没有背离任何基本程序规则。

Fraport 撤销案亦涉及确定严重违反基本程序规则的情况。争议的一个问题是,仲裁庭是否未给原告机会对被告提交给菲律宾检察官的文件作出评论,而后者随后决定了仲裁庭裁决适用的国内法已失效。这严重背离了基本的程序规则。本案临时委员会决定,仲裁庭禁止当事方提交进一步的意见书,而继续进行审议,并"继续于裁决中广泛利用检察官调查中提出的文件"[215]。此外,仲裁庭还推断,检察官意识到秘密股东协议未提交给他的这一情况可能对其关于原告未犯刑事罪的决定产生了影响。[216] 在这种情况下,仲裁庭拒绝接受当事方提交的其他材料,本案临时委员会认为"与仲裁庭允许双方陈述案情的基本义务不相符"[217]。因此,在本案临时委员会看来,允许一方展示案件情况是一项基本的程序规则。接下来的问题就是仲裁庭是否严重偏离这一规则。

上述案件的临时委员会认为,仲裁庭未能根据新资料,接受提交的新材料在性质上是恶劣的。[218] 同样显而易见的是,新材料的大小(1900 页)以及检察官的决定涉及对国内法的解释这一事实都在临时委员会的决定中发挥了作用。[219]

关于对基本程序规则的严重背离,*Malicorp* 案是本书完成前最近的撤销案件之一。Malicorp Limited 是一家在埃及投资的英国公司,埃及民航局签订"建设—运营—转让"合同,主要针对 Ras Sudr 国际机场的建设、管理、运营和转让等。争议源于该合同的终止。本案仲裁庭裁定支持被告。Malicorp 公司随后要求撤销该裁决,理由是严重背离基本的程序规则。[220] Malicorp 公司特别指出,仲裁庭允许被告人提交其 PowerPoint 幻灯片的硬拷贝,但不接受原告的档案格式文件,从而违反了抗辩原则。[221]

上述案件的临时委员会虽然承认遵守适当程序至关重要,但表示,若要在此基础上撤销裁决,背离必须严重。[222] 它认为,背离是否严重取决于它是否违反"确保全面和公平听证所需的基本规则"[223]。

---

〔215〕 参见前引〔141〕,第 224 段。
〔216〕 参见同上,第 225 ~ 230 段。
〔217〕 参见同上,第 230 段。
〔218〕 参见同上,第 235 段。
〔219〕 参见同上,第 236 ~ 246 段。
〔220〕 参见前引〔147〕,第 22 段。
〔221〕 参见同上,第 23 段。
〔222〕 参见同上,第 28 段。
〔223〕 参见同上,第 30 段。

Malicorp 案临时委员会认为,抗辩原则是一种程序规则,确保当事方在对抗程序中的平等,这与“有权知悉密切相关”[224]。易言之,临时委员会认可此为一个基本的程序规则,剩下的问题即是仲裁庭是否违反了该规则。对此,委员会认为:“聆讯中使用的幻灯片或视觉辅助工具的印刷版本常被提交仲裁庭以便于参考,只要它们只包含记录中已有的信息。没有理由相信这些印刷本会对仲裁庭造成不当影响,或在初步陈述的影响之外产生任何具有说服力的影响。”[225]

另一方面,原告的档案数量庞大。本案临时委员会认为:“仲裁庭有自由裁量权认可……(幻灯片)……同时拒绝受理……(原告的)档案。”[226]因此,临时委员会并不认为仲裁庭严重背离基本的程序规则。

除了有权发表意见外,还有一些原告就仲裁庭处理案件方式提出质疑。例如,在 *Klöckner Ⅰ* 案中,原告质疑仲裁庭未就案件作严格审理。[227] 理由是裁决和反对意见完全相反。临时委员会并不支持这种说法,并指出少数仲裁员和仲裁庭的大多数“在同一时限内”起草了他们的草案,因此他们无法相互借鉴彼此的草案。[228]原告还表示,仲裁庭多数人缺乏公正性,多次对原告使用严厉的言论。对此,临时委员会认为:“措辞和重复只是充分体现了仲裁庭对这种合作的义务和法律关系中相互披露的想法反映了较高道德观念。”[229]不言而喻,原告面临的挑战是严肃的。但是,除非有证据证明,否则临时撤销委员会不可能支持。

同样,在 *Enron* 案中,原告辩称,仲裁庭承认延迟提交专家证据违反了争议各方在第一次仲裁时达成的协议中的当事人意思自治。由于当事人意思自治或同意是仲裁的先决条件,因此涉嫌违反协议的行为被提升到严重偏离基本程序规则的高度。临时委员会认为,当事人意思自治原则确实是一项基本的程序规则。[230] 然而,它并不同意每一次偏离当事人意思自治原则都是严重的。[231] 最后,临时委员会认为,仲裁庭接受专家证据并未违反协议,因为它是在协议规定的特殊情况下进行的。[232] 可以想象,若临时委员会没有考虑证据是在特殊情况下被接受的,那么

---

〔224〕 参见同上,第 36 段。
〔225〕 参见同上,第 96 段。
〔226〕 参见同上,第 99 段。
〔227〕 参见前引〔126〕,第 84 ~86 段。
〔228〕 参见同上,第 86 段。
〔229〕 参见同上,第 98 段。
〔230〕 参见前引〔149〕,第 195 段。
〔231〕 参见同上,第 197 段。
〔232〕 参见同上,第 196 段。

考虑到当事人意思自治原则的性质,这种背离可能被认为是“严重的”。

上述例子说明在严重背离基本程序规则的情况下,裁决将很容易遭受质疑。这是因为很难准确确定哪些规则可能被视为“基本”,及何种偏离在实践中可能被视为“严重”。可以预见的是,败诉方可能会以偏离基本规则为由挑战一个可以被仲裁庭忽视或不当处理的微不足道的事情。此外,正如朔伊尔所说:“几乎任何程序规则都可以某种程度上追溯到可能被描述为基本的或另一个更广泛的原则。”[233] 在这种情况下,即使在初始阶段显然不重要的规则也可能扩展为根本性、重要性的规则。这已成为所有仲裁庭面临的挑战。

5. 未能阐述理由

作为撤销依据的未说明理由可能指理由的完全缺失。《ICSID 公约》第 48(3)条要求投资仲裁庭处理当事方提出的每一个问题,并说明裁决的依据。除了这一要求之外,未有与理由相关的详细标准,因此留待各仲裁庭自行把握。在当今时代,陈述理由或合理的决定是司法和仲裁程序的基本要求和预期。[234] 《ICSID 公约》的发展历史表明,创始成员投票决定不允许争议方放弃仲裁裁决中关于理由的要求。[235] 在实践中,ICSID 临时撤销委员会得出结论,放弃陈述理由的要求不会阻止一方寻求撤销有关裁决。[236]

尽管裁决中有一项关于理由的要求,但《ICSID 公约》第 52(e)条并未将“未说明理由”与其他理由相提并论。这引发了几个问题。首先,未阐明理由的范围是什么?比如,是否包括裁决中理由的不充分和理由的相互矛盾?其次,由于《ICSID 公约》第 48(3)条规定仲裁庭必须处理当事方提出的每一个问题,未能处理每一个问题是属于权力过剩、未说明理由或任何其他撤销理由?无论如何,最重要的问题是投资仲裁庭如何解释这些规定。

在实践中,仲裁庭将陈述理由作为最低标准。易言之,只要裁决中有理由,即满足要求。在 *MINE* 案中,临时委员会就此作了说明:“在委员会看来,只要裁决能够让人们了解仲裁庭如何从 A 点进入 B 点并最终得出结论就可以,即使它犯了事

---

〔233〕 参见前引〔138〕,第 221 页。

〔234〕 关于此事项更多的讨论,参见前引〔161〕,第 996 页。

〔235〕 通过 28 票对 3 票,允许争议各方放弃合理裁决的要求的提议被驳回。参见 ICSID, *History of the ICSID Convention*: *Documents Concerning the Origin and the Formulation of the Convention on the Settlement of Investment Disputes between States and Nationals of Other States*, 华盛顿,第 II 卷,第 816 页。

〔236〕 例如,*MINE* 案临时委员会表示:“对仲裁协议中的要求的放弃不会因此禁止一方因无法裁定而阐述理由。”参见前引〔132〕,第 5.10 段。

实或法律适用的错误。若是相互矛盾等原因则不满足这个最低要求。”[237]

Wena Hotels 案的临时委员会明确采纳了 *MINE* 案的原则,该委员会补充认为:“第 52 条第 1 款 e 项的撤销理由不允许对存疑裁决进行任何审查。临时委员会将重新考虑仲裁裁决的依据是否合适,是否有说服力。”[238] 在本案临时委员会看来,将未能说明理由作为撤销的理由,是“根据仲裁庭的责任,确定并让双方知道,导致仲裁庭作出裁决的事实和法律前提”[239]。因此,无论作出何种决定,一旦给出决定的依据,就应认为仲裁庭已履行其职责,不能对其提出质疑。然而,一些 ICSID 临时撤销委员会已将未能陈述理由作为避免仲裁裁决任意性的保证。[240]

如前所述,与其他理由不同,《ICSID 公约》未就理由缺失列出任何限定词。这种疏忽导致了一个问题,即不充分的理由是否构成撤销的理由。由早期的 ICSID 临时撤销委员会的决定来看,委员会对于仲裁庭裁决中提出的理由不充分似乎没有犹豫。例如,在 *Klöckner Ⅰ* 案中,临时委员会发现仲裁庭未讨论“《民法典》第 1641 条及以下各条规定的卖方保证条件,亦未涉及交钥匙合同第 9 条关于设备保修的规定,特别是第 9 条第 2 款规定的保修期”[241]。在其看来,这些事项是执行互惠合同的条件。本案临时委员会遭到如此严厉批评的原因之一是它起到了上诉机构的作用。如果临时撤销委员会遵守其权力的限制,原始裁决中的理由不充分将根本不是一个问题。

然而,在实践中,临时撤销委员会很容易超出权限。即使在得到批准的决定中,即 *Wena Hotels* 裁决撤销决定,尽管临时委员会没有撤销该裁决,其甚至审查了仲裁庭给出的理由充分与否。例如,委员会表示:“由于 Wena 和 ERC 在租约下的各自义务不明确,因此足以理解仲裁庭在这方面的决定的依据。”[242] 关于确定费率的问题,本案临时委员会的行为也好像在重构裁决的基础。这种做法不仅不符合《ICSID 公约》规定的临时撤销委员会的职能,而且还有使撤销机制与上诉机制同步的风险。

人们普遍认为,相互矛盾的原因可能会相互抵消。因此,若裁决有相互矛盾的理由,则应视为没有给出理由,即成为撤销裁决的理由。*Klöckner Ⅰ* 案的临时委员

---

〔237〕 参见同上,第 5.09 段。

〔238〕 参见前引〔134〕,第 79 段。

〔239〕 参见同上。

〔240〕 对此,*Fraport* 案临时委员会表示:“作出合理裁决的义务,即仲裁庭保证未以任意方式作出决定。”参见前引〔141〕,第 250 段。

〔241〕 参见前引〔126〕,第 162 段。

〔242〕 参见前引〔134〕,第 86 段。

会首先证实了这一点,表示:“对于‘矛盾的原因’,原则上恰当的做法是将其置于‘未说明理由’的范畴内。原因很简单,两个真正相互矛盾的原因相互抵消。”[243]与此同时,本案临时委员会并未认为语言含糊不清会使相关原因相互矛盾。[244] 实际上,在实践中,仲裁庭有责任在作出结论之前考虑双方的论点和各种可能性。在这种情况下,除非存在明显的矛盾,否则临时撤销委员会应谨慎对待裁决中给出的理由是否相互矛盾的问题。对此,*Vivendi I* 案的临时委员会明确指出:“仲裁庭必须经常努力平衡相互冲突的考虑因素,而临时委员会应注意不要在仲裁庭的理由中真正表达的内容中紧扣矛盾,而只是对已有矛盾的考量。”[245] 易言之,除非矛盾是真实的,否则临时撤销委员会不应排除彼此矛盾的理由。在这方面,*CDC* 案的临时委员会建议以与解释法律相同的方式解释仲裁裁决。[246]

Malicorp 案临时委员会还提醒谨慎对待裁决的理由是矛盾的。它表示“必须坚持一项裁决,除非逻辑是如此矛盾,以至于‘还不如没有理由’”[247]。本案临时委员会还强调,由于相互矛盾的原因,未能说明原因,申请方有“高负担”来证明裁决分析的不同部分如何相互矛盾。[248] 由于本案裁决撤销的决定是这方面的最新情况,它至少在一定程度上表明 ICSID 临时撤销委员会基于相互矛盾的原因谨慎撤销仲裁裁决。这是可以理解的。因为在原因不充分的情况下,为了确定仲裁庭分析的不同部分相互矛盾,临时撤销委员会必须重构仲裁庭的理由。如此,存在模糊撤销和上诉机制之间区别的危险。毕竟,缺乏理由与缺乏充分理由或缺乏不相互矛盾的理由并不相同。

总之,外国直接投资的发展从发达国家建立的单边保险机制中获益匪浅。MIGA的建立通过提供担保改善了国际投资的环境。[249] 在过去的 60 年中,国际投资法最重要的现象是双边投资条约的缔结,为投资者与国家间的争议提供了直接的仲裁平台。基于这种安排,外国投资者一直积极地将与东道国的争端提交给国际仲裁,ICSID 为最常用的机构。

---

[243] 参见前引〔126〕,第 116 段(原文标注)。

[244] 参见同上,第 123 段。

[245] 参见前引〔135〕,第 65 段。

[246] *CDC* 案临时委员会表示:“在制定裁决方面,如在制定法规和法律文书时的一般情况,必须尽可能以一种保障协调的方式解决有争议的语言。”参见前引〔164〕,第 81 段。

[247] 参见前引〔147〕,第 45 段。

[248] 参见同上,第 42 段。

[249] 在 2013 财政年度,MIGA 为发展中成员国的项目提供了 28 亿美元的投资担保,其中 15 亿美元用于新业务。参见前引〔24〕。

终局性仍然是投资者与国家间仲裁的重要特征。同时,确保仲裁裁决的正确性同样重要,因为若无纠正仲裁裁决错误的补救机制,仲裁制度无法维系。因此,撤销程序是对投资仲裁的终局性和纠正仲裁庭错误的上诉机制的中和。正如在任何系统中经常出现的情况一样,ICSID 撤销机制存在固有风险,其中之一是临时撤销委员会承担上诉机构的职能。对此,早期的 ICSID 撤销决定显示了临时撤销委员会的态度;而在最近的案例中,委员会显然已经认识到区分撤销与上诉的重要性。*Impregilo* 案临时撤销委员会即为一例。

人们不难发现,ICSID 临时撤销委员会在运作方式上给人的感觉是一个上诉机构。例如,在 *Vivendi II* 案中,核心问题在于,仲裁员未能披露其相关金融机构中其董事职位是否构成了撤销的理由。临时委员会虽未认定此为撤销的理由[250],但却转而引用仲裁员的道德规范。[251] 同样,在 *Fraport* 案中,临时委员会批评仲裁庭根据菲律宾国家法律解释相关双边投资条约,并指出仲裁庭的条约解释方法不符合 VCLT。[252] 人们可能想知道一个临时撤销委员会作出如此指导是否合适,仿佛它优于仲裁庭,或至少表现出是这样的。[253]

临时撤销委员会决定的不一致性是 ICSID 机制的另一个固有风险。由于所有临时撤销委员会都是由具有不同背景、文化、法律和其他方面,以及对法律和执法有不同认知的个人组成的,因此无法确保甚至预期其决策的一致性。由于撤销决定经常被争议各方以及仲裁庭和其他临时撤销委员会公布和引用,因此谨慎地说,这些决定会具有先例效力。[254]

国际社会愈发关注上述问题。有人建议改进机制,包括:设立上诉机构,使 WTO 上诉机构成为投资争端的上诉机构;提出安全方面的要求,以阻止可能滥用 ICSID 撤销机制等。[255] 但是,当前并无可立即采用的解决方案。希望随着越来越多的人,特别是那些参与决策的人,意识到这些问题,就改进该制度在世界范围内达成一致。

---

〔250〕 参见前引〔148〕,第 239 段。

〔251〕 参见同上,第 218 ~ 232 段。

〔252〕 参见前引〔141〕,第 98、99、107 段。

〔253〕 此受到学者和实务人员的批评。例子参见前引〔138〕,第 224 页。

〔254〕 例如,*Impregilo* 案的临时撤销委员会认为,一个仲裁庭——一个临时撤销委员会类似——有权在其自己的论据中引用其他仲裁庭以前的决定。参见前引〔144〕,第 156 段。

〔255〕 关于此事项更多的讨论,参见本书第十一章。

第三章

界定外国投资者

外国投资者是国际投资和国际投资法的主要参与者。双边投资条约就外国投资提供的所有优惠待遇、补助和保护最终使其所有者、参与者,即外国投资者受益。所有与投资有关的争议解决机制都不可避免地涉及外国投资者。因此,确定哪些和哪类投资者有资格作为受双边投资条约和多边投资保护计划保护的外国投资者是至关重要的。

当代双边投资协定和自由贸易协定的投资章节通常在原则上确定涵盖哪些自然人和法人,但不明晰详细要求。在这种情况下,可能难以确定自然人是不是合格投资者,特别是如果他/她拥有双重或多重国籍。确定法人的国籍可能更为复杂。今天的大多数投资都是以公司或其他法人实体形式开展的。过去,由于缺乏先进的通信技术和运输技术,在国外运营公司并不是一个简单的过程,跨境转移资金亦是如此。随着全球化的深入和科学技术的进步,特别是通信和信息技术以及互联网创新,尽管一些国家仍有对资本流动的限制,但现在在国外建立实体和资本跨境移动是一个非常简单的过程。

因此,全球化背景下的商业环境为界定外国投资者提出了新的问题。例如,如果一个国家的国民建立海外公司然后使用外国公司作为在其本国投资的工具,这项投资是“外国投资”且外国实体是“外国投资者”吗?东道国通常要求以某种形式进行外国投资,如当地成立外国合资企业或当地设立子公司。这些合资企业和子公司是根据东道国关于法人的法律建立的。这些“本地实体”应该被视为外国投资者吗?此外,如果一个人,无论是自然人还是法人,仅拥有在外国投资的实体的少数股权,且当大股东和实体本身未采取行动保护其投资时,少数股东是否有权诉诸外国投资者适用的国际投资保护机制?

所有这些问题都涉及仲裁庭的管辖权或职能。除非一个人被认为是合格的外国投资者,否则主管仲裁庭最终可能对争议没有管辖权,也就不能提供任何保护。因此,为了明确是否有管辖权,为了原告、被告的利益,仲裁庭需“揭开”公司面纱。

仲裁庭管辖权也可能受到用尽当地救济原则和利益拒绝等规定的影响。

本章将首先讨论与投资者适格有关的一般性问题,随后将关注间接投资者和少数股东等具体问题,揭开公司面纱的必要性,以及通过分析仲裁根据国际法规则作出的仲裁裁决的利益拒绝。最后一部分是关于中国在这一领域的实践。相较而言,尽管中国是发展中国家中最大的接受外国直接投资的国家和快速增长的资本输出国,但其作为被告参与国际投资仲裁并不多见,因此,讨论仅限于中国的条约实践。

第一节　管辖权问题中的投资者适格

投资者是国际投资保护的主体。为确定合格投资者,不仅必须参考双边公约,有时还必须参考多边公约。[1] 1982 年,在涉及美国和日本《日美友好通商航海条约》的解释的 *Sumitomo* 案中,美国最高法院(Supreme Court of the United States)裁定其日本母公司根据美国法律在美国注册成立的子公司是一家美国公司而不是一家日本公司,因此无法受益于条约。[2] 然而,这种方法不再是双边投资条约下的一般做法。甚至《美国双边投资协定范本》也明确规定了由一个缔约方的法人控制的子公司,并在另一个缔约方中构成和经营作为合格的"投资者",与其母公司享有相同的权利。[3] 如果此条款适用于 *Sumitomo* 案,则日本子公司不会被视为美国公司,因此日本有权受益于条约。

对于自然人和法人,确定其国籍是仲裁庭在投资争端中明确管辖权的先决条件。传统上,国际法允许主权国家行使外交保护,条件是有关个人与其国籍之间存在真正的联系。[4] 然而,当代双边投资条约并未包含有关于国籍的真正联系的测

---

〔1〕 例如,如果双边投资条约授权原告将其与东道国的争议提交给 ICSID 进行仲裁,因为 ICSID 法庭的管辖权仅限于根据《ICSID 公约》第 25 条进行投资而直接产生的法律问题,仲裁庭需要考虑第 25 条规定的"投资"范围与双边投资条约相同。

〔2〕 参见 *Sumitomo Shoji America, Inc. v. Avagliano* 案, 457 U. S. 176,1982 年,https://www. leagle. com/xmlResult. aspx? xmldoc = 1982633457US176_1622. xml&docbase = CSLWAR1 – 1950 – 1985。

〔3〕 2004《美国 BIT 范本》第 1 条,www. state. gov/documents/organization/117601. pdf。

〔4〕 例子参见 the *Nottebohm Case* (*Liechtenstein* 诉危地马拉案), ICJ, Judgement, 1953 年 11 月 18 日, 和 Judgement, 1955 年 4 月 6 日,*ICJ Reports*, 1955,https://www. icj – cij. org/docket/files/18/2674. pdf; 和 *Barcelona Traction, Light and Power Company, Limited* (*Belgium* 诉西班牙案),ICJ, Judgement,1964 年 7 月 24 日和 Judgement,1970 年 2 月 5 日,*ICJ Reports*,1970 年,第 3 ~ 357 页。

试的规定。投资法的判例也反对适用测试。[5] *Micula* 诉罗马尼亚案[6]即为一例,案中的被告怀疑原告的国籍。关于 *Nottebohm* 案中要求以存在真正联系确定原告国籍的适用,仲裁庭认为:"真实联系测试在 ICSID 程序中可以发挥的作用几乎没有。《ICSID 公约》只要求原告证明其是'缔约国'的国民。"[7]这似乎已成为投资仲裁庭采取的标准做法,正如 Schreuer 所说:"……即使在涉及双重国籍的双边投资条约案件中,仲裁庭也不适用有效或主要国籍的学说。因此,至少就双边投资条约下的仲裁而言,*Nottebohm* 案的做法已经被搁置,真实联系原则将无法回应有关国家国籍相关的法律中界定国籍的条约。"[8]

在实践中,仲裁庭确定国籍时很少公开质疑真正联系原则。就自然人而言,仲裁庭更愿意依赖相关条约的规定,不管是双边或多边,以确定国籍。[9] *Champion Trading Company* 案[10]即是一个很好的例子。

该案的被告认为,出生时获得美国和埃及国籍的三名个人原告由于其埃及国民的身份而无法援引该公约。[11] 非公司的原告则认为,根据国际规则,国籍要求国民与有关国家之间建立真正有效的联系,且由于他们与埃及没有真正有效的联系,因此不应将其视为埃及国民。[12] 仲裁庭援引了国际法院(International Court of Justice,ICJ)1955 年 4 月 6 日在 *Nottebohm* 案中作出的具有里程碑意义的决定:"根据国家的实践、仲裁和司法判决以及专家的意见,国籍是一种法律纽带,其基础是关于关联的社会事实、一种存在、利益和情感的真正联系,以及存在相互的权利和义务。可以说,关于此事实的法律层面的表达是直接由法律或当局行为赋予个

---

〔5〕 例子参见 *Waguih Elie George Siag and Clorinda Vecchi* 诉埃及案,ICSID 案件号 ARB/05/15,Decision on Jurisdiction,2007 年 4 月 11 日;*Hussein Nuaman Soufraki* 诉阿联酋案,ICSID 案件号 ARB/02/7, Award, 2004 年 7 月 7 日。

〔6〕 参见 *Ioan Micula, Viorel Micula, S. C. European Food S. A., S. Starmill S. R. L. and S. C. Multipack S. R. L.* 诉罗马尼亚案, ICSID 案件号 ARB/05/20, Decision on Jurisdiction and Admissibility, 2008 年 9 月 24 日。

〔7〕 参见同上,第 100 段。

〔8〕 Christoph Schreuer, "Nationality of Investors: Legitimate Restrictions vs. Business Interests", *ICSID Review - Foreign Investment Law Journal*, Vol. 24, Issue 2, 2009 年,第 522 页。

〔9〕 关于作为投资者的自然人国籍的讨论,参见 Organization for Economic Cooperation and Development, *International Investment Law: Understanding Concepts and Tracking Innovations* 10, 2008 年。

〔10〕 参见 *Champion Trading Company, Ameritrade International, Inc., James T. Wahba, John B. Wahba, Timothy T. Wahba* 诉埃及案(*Champion Trading*), ICSID 案件号 ARB/02/9, Decision on Jurisdiction, 2003 年 10 月 21 日。

〔11〕 参见同上,第 3.2 段。

〔12〕 参见同上,第 3.3 段。

人,实际上是与赋予国籍的国家有更密切的联系,而非其他任何国家。如果存在个人与国家关系的司法条款的转化,使其具备该国国籍,源自一国授予的权利,只有该国有权提供保护。"〔13〕

然而,仲裁庭选择参考 *Iran - United States* 案中就有关诉求作出的决定〔14〕,即这一原则也"包含了一个重要的保留,即真正有效的国籍确实相关,'除非明确说明例外'"。其随后得出结论,即存在如此明显的例外。〔15〕 所提到的例外是《ICSID 公约》第 25 条第 2 款 a 项的规定,其中排除了双重国籍国民面对东道国时根据公约援引得到保护。仲裁庭认为它对原告的诉求没有管辖权,但在合理的情况下,仲裁庭并未排除在类似情况下行使管辖权的可能性。*Champion Trading Company* 案仲裁庭是否赞成废除有效联系原则尚未明晰。但是,在本案中,考虑到《ICSID 公约》的外部限制,考虑国籍问题是合理的。

Soufraki 案〔16〕是另一起涉及国籍问题的案件。该案的原告 Soufraki 先生与迪拜港口和海关部签订特许合同,开发、维护和运营哈姆瑞亚港及其周边地区,为期 30 年。2002 年 5 月,原告以意大利和阿拉伯联合酋长国间的双边投资协定为基础向 ICSID 提出仲裁请求。被告对仲裁庭的管辖权提出质疑,理由是原告没有意大利的有效国籍,因此不是另一个 ICSID 缔约方的国民。原告出示了两本意大利护照和五张由意大利当局签发的证明其意大利国籍的证明。审查后发现,根据意大利法律,原告在 1991 年获得加拿大国籍时,自动和自发地失去了意大利国籍。因此,仲裁庭认为意大利当局的证书是在不知道 Soufraki 先生不再是意大利国民的情况下发布的,因此这些文件不能作为参考。〔17〕 同样显而易见的是,原告本可恢复他的意大利国籍,但他未进行尝试。仲裁庭最终裁定,其无权审理此案。〔18〕

值得注意的是,本案仲裁庭的观点(可以说是后记部分),即"Soufraki 先生若通过在意大利注册成立的公司与阿拉伯联合酋长国签订合同,而非以个人身份签订合同,则不会出现管辖权问题。但是,仲裁庭只能依据原本和发现的事实"〔19〕。

---

〔13〕 参见前引〔4〕,第 23 页。

〔14〕 于美国伊朗索赔仲裁法庭决定,案件号 A/18,1984 年 4 月 6 日(5 Iran - U. S. C. T. R. -251)。

〔15〕 参见前引〔10〕,第 3.4.1 段。

〔16〕 参见 *Soufraki* 案, ICSID 案件号 ARB/02/7, Award, 2004 年 7 月。得出裁决后,原告提起诉讼以撤销该裁决。临时委员会于 2007 年 6 月 5 日决定驳回 Soufraki 的撤销请求;参见 *Soufraki* 案, ICSID 案件号 ARB/02/7, Decision of the ad hoc Committee on the Application for Annulment of Mr. Soufraki, 2007 年 6 月 5 日,第 139 段。

〔17〕 参见同上,裁决第 66 ~ 68 段。

〔18〕 参见同上,第 86(a)段。

〔19〕 参见同上,第 83 段。

Champion Trading Company 案和 *Soufraki* 案的区别在于，在前一案件中，作为自然人的原告确实具有埃及国籍；而在后一案件中，原告已经丧失意大利国籍，他没有采取任何措施来恢复它。在这两个案件中，两个仲裁庭都依据被告的正式法律来确定投资者的国籍。若一个人持有东道国的国籍，例如作为具有双重国籍的人，《ICSID 公约》第 25(2)(a)条将被援引。这些和其他仲裁决定清楚地表明，国籍的确定仍然是国内法的问题。《ICSID 公约》的效果是排除国民对其本国提起仲裁的可能性。

但是，在确定法人国籍方面，情况并不像自然人投资者那样明确。法人的国籍可以由其注册地或公司所在地决定，具体取决于国内法和相关双边投资条约的规定。[20] 就多边条约而言，根据《ICSID 公约》第 25 条的规定，仲裁庭的管辖权仅限于"缔约国……与另一缔约国的国民之间"的争端，其中当事方"以书面形式同意"将争议提交给 ICSID 仲裁。[21] 另一缔约国的国民可以是自然人或法人。如果自然人在提交争议时拥有缔约国的国籍，ICSID 将不会登记争议。[22] 但是，对于法人而言，规则略有不同。一般而言，法人具有组织或登记的国家的"国籍"。[23] 在实践中，如前所述，大多数国际投资争端发生在东道国与在东道国境内以某种法律形式开展业务的外国投资者之间。因此，ICSID 采取了相当实用的方法。如果争议的有缔约国国籍的法人受外国资本控制，因此双方都承认应当作为缔约国另一方国民的待遇，则 ICSID 将对该案件行使管辖权。[24]

提交给 ICSID 仲裁的第一个案件——*Holiday Inns* 诉摩洛哥案对该条款进行

---

〔20〕 在实践中，双边投资协定中提到了公司注册地和公司所在地，采用任一种测试都有优点和缺点。关于此事的讨论，参见 UNCTAD，"Scope and Definition"，*UNCTAD Series on Issues in International Investment Agreements II*，2011 年，第 80 ~ 84 页。

〔21〕 参见《ICSID 公约》第 25(1)条。

〔22〕 参见《ICSID 公约》第 25(2)条。

〔23〕 参见 Georges R. Delaume，"ICSID Arbitration and the Courts"，*American Journal of International Law*，Vol. 77，1983 年，第 795 ~ 796 页，见 794 页。

〔24〕 参见《ICSID 公约》第 25(2)(b)条规定："……在争端双方同意将争端交付调停或仲裁之日，具有作为争端一方的国家以外的某一缔约国国籍的任何法人，以及在上述日期具有作为争端一方的缔约国国籍的任何法人，而该法人因受外国控制，双方同意为了本公约的目的，应看作另一缔约国国民。"

了测试。[25] 原告是在瑞士注册的 Holiday Inns S. A. 公司和美国公司 Occidental Petroleum Corporation。ICSID 于 1971 年 12 月 22 日对该案件进行了登记。当事各方后来达成了和解协议。根据当事方的联合请求,提出了一项程序令,要求在 1978 年 10 月 17 日终止该案件。然而,仲裁庭表达的意见对追溯投资者和国家间投资仲裁的历史,特别是 ICSID 仲裁,仍具有重要意义。

本案的有关事实如下。1966 年,为了促进旅游业,特别是酒店业的发展,摩洛哥政府请 Occidental 石油公司在该领域引进一流的美国业务,将其经验、组织和专门知识用于改善摩洛哥酒店业的服务质量。Occidental 石油公司因此邀请美国公司 Holiday Inn of America 的代表访问摩洛哥。Holiday Inn 和摩洛哥政府都认为摩洛哥的酒店业很有前景,因此于 1966 年 12 月 6 日签署了一项基本协议,在摩洛哥建立四家 Holiday Inn 酒店。

摩洛哥政府、Occidental 石油公司和 Holiday Inn of America 公司成立了一家合资企业,负责建造和管理四家 Holiday Inn 酒店。摩洛哥政府向 Occidental 石油公司和 Holiday Inn of America 公司提供数千万美元的抵押贷款用于建设,并承诺合资企业将在关税减免、奖金和外汇等领域享受优惠待遇。Occidental 石油公司和 Holiday Inn of America 公司承诺建造五星级酒店并进行经营。他们还承诺,建设成本不会超过合资企业确定的金额,若对此证明不可行,他们将承担任何超额费用。[26]

与许多外国投资者一样,出于避税和其他考虑,Occidental 石油公司成立了一家全资子公司,即摩洛哥 Occidental 酒店,作为合资企业的合作伙伴。此外,瑞士格拉鲁斯 Holiday Inns S. A. 由 Holiday Inn of America 公司成立,以参与合资项目。摩洛哥政府对此知悉,且未对此提出任何异议。事实上,基本协议允许双方将其合同义务和权利转让给其子公司或附属公司。在基本协议签订之日,Occidental 石油公司和 Holiday Inn of America 公司也签署了担保函,他们分别承诺"承担担保人的所有责任,以保证所有承诺和责任,真实和完全履行已经或将要签订的基本协定

---

〔25〕 参见 *Holiday Inns S. A. and Others* 诉摩洛哥案, ICSID 案件号 ARB/72/1。案件在 ICSID 登记 6 年后,争议各方达成了友好协议,并经联合请求撤回了案件。因此,ICSID 的档案中没有记录,尽管仲裁庭在撤回案件之前特别就管辖权和同意权作出了八项决定。据作者了解,对案件的最全面的叙述和分析可以在一篇文章中找到,参见 Pierre Lalive, "The First 'World Bank' Arbitration (*Holiday Inns* 诉摩洛哥案)—Some Legal Problems", 51 *BYBIL* 123, 1980 年, http://bybil.oxfordjournals.org。本案例的事实陈述可以从拉利韦(Lalive)的文章中引用或总结。

〔26〕 参见同上,第 125 ~ 127 页。

签署方的所有义务"[27]。这里应指出的是,Occidental 石油公司和 Holiday Inn of America 公司是基本协定的签署方。当时尚未建立摩洛哥 Occidental 石油公司和 Holiday Inns S. A. 酒店。根据基本协议第 14 条的规定,合同产生的争议应提交给 ICSID。

基本协定生效后不久,东道国政府与外国投资者之间就出现了文化、政治和其他问题上的分歧。最重要的差异涉及两个问题。首先,为了获得建设酒店的政府贷款,Holiday Inn of America 公司必须建立另外四家公司,但在申请建造酒店的土地时,需要将每家公司 49% 的股份直接或间接转让给摩洛哥政府。其次,根据双方签署的协议,建设者可以从专门的政府机构管理的特别账户中提取资金,即政府贷款。然而,政府机构总是推迟这种付款,并最终直接拒绝支付任何款项。这些明显差异的背后是该项目得到了前旅游部长的批准,而新的旅游部长认为政府在协议中处于不利地位,并不赞成该项目。因此,他单方面重新解释了它。最后,Occidental 石油公司和 Holiday Inn S. A. 公司于 1971 年 12 月 22 日将争议提交 ICSID 仲裁。仲裁庭要解决的问题之一是其管辖权。

仲裁庭的管辖权有待明确,因为在六个原告中,有五个在摩洛哥登记。从法律上讲,这些公司不是来自"另一个缔约国"的国民,因此,被告摩洛哥政府认为仲裁庭对争议没有管辖权。总之,摩洛哥的论点是基于《ICSID 公约》第 25(2)(b)条,即原告不是另一缔约方的国民,且没有协议将他们视为外国国民。第 25(2)条规定:"(b)在争端双方同意将争端交付调停或仲裁之日,具有作为争端一方的国家以外的某一缔约国国籍的任何法人,以及在上述日期具有作为争端一方的缔约国国籍的任何法人,而该法人因受外国控制,双方同意基于本公约的目的,应看作另一缔约国国民。"

Lalive 对此表示,上述条款"本身就是一种相对大胆的背离国际法传统原则的做法,根据这一原则,一个国家不能被其本国国民起诉"[28]。由于这个问题对投资东道国来说非常重要,"必须决定这个问题是'必须表达这种协议还是暗示'"[29]。对此,Lalive 认为:"…… 为了法律的确定性,如果公约的起草者希望明确表示同意,他们会在案文中这样说。因此,根据合同法的一般原则,未明晰或明确资格可能导致人们认为,同意或协议可以是明示的或默示的,除非另有要求。另一方

〔27〕 参见同上,第 128 页。
〔28〕 参见同上,第 140 页。
〔29〕 参见同上,第 139 页(省略注释)。

面……国家就其本国国民进行国际裁决表示同意是一种具有影响力和重要的行为,应明确表达。"[30]

最后,在一项与 Lalive 表达同样观点的裁决中,仲裁庭裁定国内国民,即在摩洛哥设立的 Holiday Inns 公司,不能成为 ICSID 仲裁程序的当事方。与此同时,仲裁庭指出:"……在判断 1966 年 12 月 5 日协议及其他相关协议为目前的仲裁相关方摩洛哥政府和作为缔约方的公司确立的所需承担的义务的履行情况时,可能需要考虑摩洛哥 Holiday Inns 公司的情况。"[31]

该决定的依据是,将东道国的法人视为"外国投资者"是《ICSID 公约》中的一项例外条款,除非所有相关情况都排除了这种必要性,否则需要当事方明确同意,在这种情况下,这显然是不适用的。

然而,本案仲裁庭的调查结果只能作为投资仲裁的历史事件,并不能对当代投资法以任何启示,即使是在 30 年内决定的。在这短短的时间内,国际投资法发生了翻天覆地的变化。因为受外国控制,当代双边投资协定一般将本地注册的实体视为外国投资者。[32] 因此,在现代双边投资协定下,像 Holiday Inns 这样的公司不太可能不被视为外国投资者。然而,在实践中,还存在其他类型的问题。Ceskoslovenska Obchodni Banka,A. S(CSOB)诉斯洛伐克案[33]即为一例。

在这个案件中,原告 *CSOB* 是根据捷克共和国法律组建的商业银行,其成立源于捷克斯洛伐克解体。为了将 CSOB 私有化,同时负责捷克和斯洛伐克共和国的外汇事务的斯洛伐克共和国财政部和 CSOB 于 1993 年 12 月 19 日达成了关于"Ceskoslovenska Obchodni Banka,AS 金融合并的基本原则的协议(合并协议)"。根据合并协议,将在每个共和国设立一个收集公司,接受不良贷款组合的转让,有义务向 CSOB 支付此类应收款项面值的应收款项。作为再融资的一种手段,CSOB 向两家收款公司提供了应收账款名义金额的贷款。为了确保 CSOB 能够收回所有不良应收款,斯洛伐克共和国保证向 CSOB 支付根据其法律设立的斯洛伐克收款

---

〔30〕 参见同上(原文标注重点)。

〔31〕 参见同上,第 142 段。

〔32〕 关于此事项的讨论,参见 Giorgio Sacerdoti, "The Concept of Foreign Investment and the Definition of the Investor in Recent BITs", *Recueil des cours*, *Collected Courses*, Tome/Volume 269, 1997 年, The Hague Academy of International Law,第二章。对于投资者的定义,萨切特蒂(Sacerdoti)教授研究了许多条约条款并作了说明。

〔33〕 参见 *Ceskoslovenska Obchodni Banka*, *A. S.* (*CSOB*)诉斯洛伐克案(以下简称"*CSOB* 案"), ICSID 案件号 ARB/97/4, Decision on Jurisdiction, 1999 年 5 月 24 日。在作出此决定后,仲裁庭于 2000 年 12 月发布第二份决定,并于 2004 年 12 月 29 日发布裁决。ICSID 并未公开裁决的基础,然而可见于 https://www. italaw. com/cases/238。

公司的任何金额的无法收取应有的款项。

该争议源于合并协议的履行。原告称,被告未能支付保证金额,违反了协议规定的义务。被告对仲裁庭的管辖权提出异议。其中一个反对意见是,根据《ICSID公约》第 25 条的规定,CSOB 是捷克共和国的代理人,因此不是"另一个缔约国的国民"。事实上,CSOB 由捷克共和国(65%)和斯洛伐克共和国(24%)共同拥有。仲裁庭首先提到"公约"制定者之一 Broches 表示:"为了公约的目的,混合经济公司或政府所有的公司不应被取消作为'另一缔约国的国民'的资格,除非其是政府的代理人,或事实上正在履行政府职能。"[34] 在仲裁庭看来,国家所有权这一事实本身不会影响 CSOB 作为法人的地位,一个捷克共和国的"国民",因为"仅凭此类所有权或控制权不会使基于此类相关测试的公司丧失作为另一缔约国国民向中心提交争议的原告资格"[35]。控制问题应不影响作为另一缔约国国民的涉及股东不是东道国的国民的实体的资格。否则,如将在别处讨论(见第四章)的,控制可能成为仲裁庭的司法管辖权问题。然而,在 *CSOB* 案中,少数股东之一是东道国本身,这使得本案与其他案件区别开来。

被告认为,原告"在其存在期间"基本上"履行了政府职能",因此是政府的代理人。[36] 仲裁庭承认,在其存在的大部分时间里,原告"代表国家采取行动,促进或执行国家希望支持的国际银行交易和外国商业活动"[37]。然而,与此同时,它指出"重点必须放在这些活动的性质上,而不是它们的目的"[38]。基于此,即使执行某项活动或交易是为了执行国家政策,只要该交易具有商业性质,原告就不应被取消根据《ICSID 公约》第 25 条规定具备的另一国国民的资格。仲裁庭认为,原告可以利用政府的政策和优先权来履行其商业职能。由于合并协议被视为商业交易,仲裁庭得出结论,认为被告对其管辖权的质疑已经失败。[39] 该决定的重要意义在于,仍然有许多外国投资者具有实施国家政策和开展业务的双重功能。强调具体交易的性质,即 *CSOB* 案仲裁庭的做法,符合当代有关国家豁免的

---

〔34〕 *CSOB* 案, Decision of Jurisdiction, 参见同上,第 17 段。援引 A. Broches, *The Convention on the Settlement of Investment Disputes between States and Nationals of Other States*, 135 *Hague Recueil des Cours* 331, 1972 年,第 354~355 页。

〔35〕 参见同上,第 18 段。

〔36〕 参见同上,第 19 段。

〔37〕 参见同上,第 20 段。

〔38〕 参见同上(加注重点)。

〔39〕 参见同上,第 27 段。

国际法。[40]

Vacuum Salt Products Ltd. 诉加纳案[41]从另一个角度分析了国籍的问题。原告在加纳注册成立,其大部分股份由东道国国民持有。仲裁庭在该案中认为,第25条第2款b项在"外国控制"[42]的基础上对ICSID管辖权设定了客观限制。因此,对超出上述条款规定的限制的任何内容都不能有管辖权。[43] 尽管当事方之间达成了将原告视为外国国民的协议,但情况确实如此。仲裁庭认为,希腊国民持有20%的股份并不等于外国控制。[44]

可将本案与 *Aguas del Tunari S. A.* 诉玻利维亚案[45]的决定进行比较,其中仲裁庭详细分析了可能直接或间接构成控制的内容。在这种情况下,原告即荷兰国民实际控制的玻利维亚公司的问题是有争议的,玻利维亚以此为由质疑仲裁庭的管辖权。玻利维亚声称荷兰控股公司只是空壳公司,最终所有者是美国公司。但是,仲裁庭认为荷兰公司实际控制了玻利维亚原告,且没有必要再进一步揭开公司的面纱。[46] 本案仲裁庭未详细说明依据什么可能会或可能不会揭开公司面纱。与其他一些ICSID仲裁庭一样,它的确多多少少具备管辖的基础。通过这样做,它再次证明了评估揭开公司面纱问题的重要性。

第二节 揭开外国投资者的公司面纱

自然人是最终的外国投资者,可以通过各种方式进入东道国。他们可以通过在母国自行建立公司,甚至通过在第三国设立子公司,作为自然人投资东道国。关于投入的资本和技术,在某些领域,东道国可要求投资采取合资企业或其他公司机构的形式,即外国投资以东道国法人的形式进行。外国投资形式的多样性说明了确定外国投资者国籍的重要性。如前所述,ICSID仅处理缔约国与另一缔约国国

---

〔40〕 更多相关讨论见本书第十章。

〔41〕 参见 *Vacuum Salt Products Ltd.* 诉加纳案, ICSID 案件号 ARB/92/1, Award, 1994年2月16日; 9 *ICSID Review - Foreign Investment Law Journal* 72, 1994年。

〔42〕 参见同上,第36段。

〔43〕 参见同上。

〔44〕 参见同上,第53段。

〔45〕 参见 *Aguas del Tunari, S. A.* 诉玻利维亚案, ICSID 案件号 ARB/02/3, Decision on Jurisdiction, 2005年10月21日。

〔46〕 参见同上,第206~232段。

民之间的争议。但是,《ICSID 公约》没有明确规定确定投资者国籍的标准。面对具体案件,仲裁庭必须采用不同的技术解决双方的分歧。

在很大程度上,外国投资者可以在条约保护[47]和国内优惠待遇的基础上,包括减税和免税,选择在一个方便的管辖区内建立一个商业实体。事实上,东道国国民也可能作为投资者在外国设立子公司并将其用作投资本国的投资工具。由于某种原因,问题在于揭开外国投资者公司的面纱是否应该在仲裁庭程序开始前提出。然而,仲裁庭在这个问题上作出的决定往往不能令人满意。*Tokios Tokelės* 案[48]是最早涉及该问题的案件之一。

案件的事实如下。Tokios Tokelės 是一家根据立陶宛法律注册的公司。它于 1994 年根据乌克兰法律成立了一家全资子公司 Taki Spravy,从事"乌克兰及境外的广告、出版、印刷及相关活动"[49]。最初的投资包括办公室家具、印刷设备以及办公设施的建造和维修。它还将利润再投资于 Taki Spravy。原告表示,由于出版了一本有利于乌克兰主要反对派政治家尤利娅·季莫申科的书,其投资受到乌克兰政府的"一系列不合理和不合理的行为",包括:(1)众多侵略性地以执行国家税收检查为幌子的调查;(2)国内法院未经证实的诉讼;(3)将 Taki Spravy 的资产置于行政拘捕之下;(4)不合理扣押财务凭证和其他凭证;和(5)Taki Spravy 从事非法活动的错误指控。[50] 通过这些行为,原告表示乌克兰政府违反了乌克兰和立陶宛双边投资协定规定的义务。

被告对 ICSID 仲裁庭的管辖权提出质疑,理由是原告不是《ICSID 公约》意义上的另一缔约方立陶宛的法人。无可争议的是,原告 99% 的股份由乌克兰国民拥有,他们也控制了 2/3 的管理层。[51] 由于被告的论据要求仲裁庭揭开原告公司面纱,即揭露出案件的真正投资者,仲裁庭通过引用《ICSID 公约》创始人之一布罗切斯(Broches)的观点进行分析,第 25 条第 2 款 b 项的效果不是界定公司国籍,而是:"……表示在中心主持下经当事方同意,可将争议提交调解或仲裁的外部限制。因此,各方应尽可能宽容地就'国籍'的含义以及与基于合理标准的关于国籍的任

〔47〕 例如,荷兰签订的双边投资协定被认为提供了广泛的保护,因此,外国投资者可能会受到这种有利条款的吸引,并决定在该国设立实体。参见 Roos van Os and Roeline Knottnerus, *Dutch Bilateral Investment Treaties: A Gateway to "Treaty Shopping" for Investment Protection by Multinational Companies*, SOMO, Amsterdam,2011 年 10 月。

〔48〕 参见 *Tokios Tokelės* 案, ICSID 案件号 ARB/02/18, Decision on Jurisdiction, 2004 年 4 月 29 日。

〔49〕 参见同上,第 2 段。

〔50〕 参见同上,第 3 段。

〔51〕 参见同上,第 21 段。

何调解或仲裁条款达成一致。"[52]

仲裁庭还提到 Schreuer 的意见,即《ICSID 公约》的缔约方在确定公司国籍方面应享有广泛的自由裁量权:"……'国家立法或规定 ICSID 管辖权的条约中的公司国籍的定义将决定确定是否符合第 25 条第 2 款 b 项的国籍要求',和'任何合理确定国家立法或条约中包含的法人国籍是否应被 ICSID 委员会或仲裁庭接受'。"[53]

关于立陶宛法人"投资者",根据《乌克兰 - 立陶宛双边投资协定》第 1(2)条的规定,它们包括"根据其法律和法规在立陶宛共和国境内设立的任何实体",相关术语在许多双边投资协定中很常见。此外,双边投资条约第 1 条第 2 款 c 项中规定,任何缔约一方的法人都可以是"根据任何第三国法律设立的任何直接或间接受其控制的实体或组织。该缔约方的国民或在该缔约方境内拥有其所在地的实体;据了解,控制需要在所有权中占很大比例"。根据这些规定,Tokios Tokelės 将属于立陶宛法人的范畴。问题是它的公司面纱是否应该被揭开。

仲裁庭认为,在这种情况下,不应采用控制测试界定"投资者",因为双边投资条约的目标和宗旨是"加强经济合作以实现两国的共同利益"和"为一国在另一国境内的投资者创造和维持有利的投资条件"[54]。然而,这引出了真正的问题。如果为了鼓励投资,不应该考虑资金来源,那么在任何投资都可能有助于实现双边投资协定的目标和宗旨的情况下,为什么还要考虑谁是实际控制的投资者?显然,为了克服这种不确定性,*Tokios Telelės* 案仲裁庭即使不具备这种不确定性,也会从 *SGS* 诉菲律宾案的仲裁裁决中得出推论,其中仲裁庭也对投资保护作出了广泛的解释。[55]

Tokios Telelės 案的仲裁庭还从 *Amco* 案中寻找依据,其中仲裁庭指出,《ICSID 公约》中的国籍的概念是"基于法人成立的地点和社会地位所适用的法律确定的"[56]。*Amco Asia* 案的仲裁庭表示,这一规则的唯一例外是在该法人受"外国控

〔52〕 参见同上,第 25 段。援引 Aron Broches, "The Convention on the Settlement of Investment Disputes between States and Nationals of Other States", 136 *Recueil des Cours* 331, 1972 - Ⅱ,第 361 页。

〔53〕 参见同上,第 26 段。援引 Christoph H. Schreuer, *The ICSID Convention: A Commentary*, 2001 年,第 286 页。

〔54〕 参见同上,第 31 ~ 32 段。

〔55〕 参见 *SGS* 诉菲律宾案, Decision on Jurisdiction, 案件号 ARB/02/6, 2004 年 1 月 29 日。仲裁庭在该决定第 116 段指出,由于双边投资条约的序言是"创造和维持有利条件",为解决任何不确定因素,解释应有利于投资。

〔56〕 参见 *Amco Asia* 案,Decision on Jurisdiction, 案件号 ARB/81/1, 1983 年 9 月 25 日, 1 *ICSID Reports* 389,第 396 页。

制”时确定东道国法人的国籍,但在确定外国控制人的国籍方面的规则上没有例外。[57]

为支持其结论,*Tokios Tokelės* 案的仲裁庭还援引了国际法院在 *Barcelona Traction* 案[58]中的裁决:“在这种情况下,国际法院(ICJ)表示,解除面纱的过程,作为一项通过国内法自行确立的例外制度,同样可以发挥类似的在国际法中的作用。”法院特别指出:“在国内法中已经就揭开面纱积累丰富实践,例如,以防止滥用法人资格,在某些欺诈或渎职案件中,保护债权人或购买者等第三人,或防止逃避法律要求或义务。”[59]

Tokios Telelės 案仲裁庭似乎非常重视 Tokios Telelės 在乌克兰和立陶宛双边投资协定生效之前已经运作了 6 年这一事实,且“记录中没有证据表明原告未以其法定国籍开展任何不正当目的的活动”[60]。由于 Tokios Teselės 的股东没有为通过 ICSID 对其本国政府提起仲裁程序而设立外国公司,因此,在这种情况下否认有管辖权是不公平的。

Tokios Telelės 案仲裁庭决定不揭开原告的面纱,受到持异议的仲裁庭主席普洛斯珀 · 威尔(Prosper Weil)教授的批评,因为“基于《ICSID 公约》和系统的目标及宗旨,假设明确界定在公约序言部分和执行董事会报告中”[61]。在 Weil 看来,仲裁庭的解释与 VCLT 第 31 条不一致,“条约的解释……应按照在其背景下并根据其目标和宗旨赋予其条款的普通含义”,国际法院一再就条约解释问题上当代习惯国际法的地位作出阐述。[62] 反对意见强烈指出:“无须争辩,实际上无可争议的是,《ICSID 公约》的目标和宗旨,以及其中规定的程序不是用于解决一国与本国国民之间的投资争端。这只是公约所管辖的国际投资。也就是说,投资意

---

〔57〕 参见同上。

〔58〕 参见 *Barcelona Traction*, *Light and Power Co.*, *Ltd.* (比利时诉西班牙案)(以下简称“*Barcelona Traction* 案”), I. C. J. 3, 1970 年 2 月 5 日。更多关于 *Barcelona Traction* 案对国际投资法的影响,参见 F. A. Mann, “The Protection of Shareholders' Interests in the Light of the Barcelona Traction Case”, *Am. J. Int'l L.* ,第 67 卷, 1973 年,第 259 ~ 274 页。

〔59〕 参见前引〔48〕,第 54 段。援引 *Barcelona Traction* 案, 同上,第 58 段(由 *Tokios Tokelės* 案仲裁庭加注重点)。

〔60〕 参见同上,第 56 段。

〔61〕 参见 *Tokios Tokelės* 案, Decision on Jurisdiction, Prosper Weil, 反对意见第 6 段。《执行主任关于公约的报告》指出,《ICSID 公约》“旨在促进解决国家与外国投资者之间的争端”,“刺激更多的私人国际资本流入这些希望吸引它的国家”。参见“Report of the Executive Directors on the Convention of the Settlement of Investment Disputes between States and Nationals of Other States”(以下简称“Report of the Executive Directors”), Doc. ICSID/2, 1 *ICSID Reports* 23, 1993 年,第 9 段。

〔62〕 参见同上,第 19 段。

味着跨境资本流动。这似乎来自公约本身,特别是其序言中提到的'私人国际投资的作用',当然还有第 25 条。这也出现在上文引用的执行董事报告的段落中。"〔63〕

不出所料,Weil 也得到了 Schreuer 的支持,他表示:"正如其标题所表明的那样,公约的基本构想是规定国家与外国投资者之间的争端解决……一国与本国国民之间的争端由该国的国内法院解决……公约旨在促进解决国家与其他国家国民之间的投资争端。它不适用于国家与本国国民之间的争端。后一种争端将通过国内程序解决,特别是在国内法院之前。"〔64〕

说实话,*Tokios Telelės* 案仲裁庭确实没有明确的标准来确定是否有必要或在什么特殊情况下揭开公司的面纱。《ICSID 公约》的目的是解决缔约国与外国国民之间的争端。问题是在什么阶段,根据什么标准揭开公司的面纱。实际上可以说,仲裁庭采取措施来揭开外国投资者的公司面纱并不符合 VCLT 第 31 条,因为它超出了条约规定的明确含义,除非涉案相关的双边投资协定另有规定。

无论如何,*Tokios Tokelės* 案的决定引发了许多讨论和批评。例如,有人说:"虽然是以外国和他们自己的国家的形式,但是允许国家投资者之间的纠纷在 ICSID 仲裁庭之前解决,这不仅危及 ICSID 系统并打开了司法混乱的大门,而且还损害了声誉,无益于涉及外国投资的国际法的发展。"〔65〕

关于这方面的判例,还有其他一些案例支持或反对 *Tokios Telelės* 案仲裁庭的意见。在其他案件中,仲裁庭强调了依赖有关条约条款的重要性。例如,在 *Rompetrol* 诉罗马尼亚案〔66〕中,一位罗马尼亚公民(占比 80%)和美国国有(占比 20%)合作成立的控股公司在瑞士注册成立,其又是根据荷兰法律组建的公司的全额股东,即 Rompetrol Group N. V. 。荷兰公司拥有罗马尼亚公司 Rompetrol SA 51% 的股份。被告声称,尽管原告的正式国籍符合双边投资条约的要求〔67〕,但仲裁庭应适用实际控制测试。易言之,被告坚持认为,原告的实际控制权掌握在罗马尼亚国民手中。因此,被告认为,仲裁庭对争议不能行使管辖权。仲裁庭认为,根

---

〔63〕 参见同上。

〔64〕 参见同上,第 19 段。援引 Schreuer,见前引〔53〕,第 158 页,第 165 段以及第 290 页,第 496 段。

〔65〕 Omar E. Garcia – Bolivar, "Protected Investments and Protected Investors: The Outer Limits of ICSID's Reach", *Trade*, *Law and Development*, Vol. II, No. 1, 2010 年,第 167 页。

〔66〕 参见 *The Rompetrol Group N. V.* 诉罗马尼亚案, ICSID 案件号 ARB/06/3, Decision on Jurisdiction, 2008 年 4 月 18 日。

〔67〕 荷兰和罗马尼亚双边投资协定包含广泛的投资者定义,根据该定义,第 1(b)(ii)条规定投资者一词:"应包括任何缔约方:…… ii. 根据该缔约方的法律成立的法人。"

据双边投资条约应适用法人国籍的测试。在这种情况下,仲裁庭没有必要揭开法人面纱,揭示国籍与公司之间的实际控制或有效联系。[68]

Saluka 诉捷克案[69]是另一个相关案件,即仲裁庭通过提及双边投资条约的规定,拒绝揭开原告的公司面纱,该公司在荷兰注册成立,但由日本投资者拥有。被告以 Saluka 仅仅是一家空壳公司为由挑战仲裁庭的管辖权。仲裁庭认为,在荷兰注册就足以确定原告的国籍。[70] 然而,仲裁庭对于这一说法表示认可,即被告和原告之间没有真正联系,"实际上根据被告的法律,一家由另一家公司控制的空壳公司并未组成"[71]。尽管可能存在"滥用仲裁程序"和"滥用税收协定","与存在许多共通弊端的广受批评的'挑选法院'"[72],仲裁庭认为,指导其行使职能的主要因素"是现在有关条约缔约方同意建立仲裁庭管辖权的条款"[73]。由于条约缔约方选择"将有资格的'投资者'限制为满足第 1 条所列定义的投资者",他们随之表示:"……除了他们自己同意的以外,实际上不能将投资人的定义强加给当事方。达成共识的定义只要求原告,即投资者应根据(在本案中)荷兰的法律组成,且仲裁庭不能增加当事方本身可以增加但他们忽略的其他要求。"[74]

ADC 诉匈牙利案亦坚持将公认标准作为法人国籍的决定性因素。[75] 在该案中,原告是在塞浦路斯注册成立的公司,由加拿大实体控制。基于确定国籍的习惯国际法,匈牙利要求进行"真实联系"测试[76],仲裁庭揭开原告的公司面纱。但是,仲裁庭认为必须适用双边投资条约的条款,且没有要求在其中建立真正的联系。[77] 因此,它认为:"没有必要考虑习惯法国籍原则,正如 *Barcelona Traction* 案所反映的那样,无论如何都无不同。在任何一种情况下,公司成立时都会停止案件

---

〔68〕 参见前引〔66〕,第 3、78 段。

〔69〕 参见 *Saluka Investments BV* 诉捷克案(以下简称"*Saluka* 案")(UNCITRAL), Partial Award, 2006 年 3 月 17 日。

〔70〕 参见同上,第 229、241 段。

〔71〕 参见同上,第 240 段。

〔72〕 参见同上。

〔73〕 参见同上,第 241 段。

〔74〕 参见同上。*Petrobart* 案的仲裁庭采取类似做法。参见 Petrobart Limited 诉吉尔吉斯斯坦案(以下简称"*Petrobart* 案"), 仲裁号 126/2003, Arbitration Institute of the Stockholm Chamber of Commerce, Award,2005 年 3 月 29 日, https://www.ita.law.uvic.ca。

〔75〕 参见 *ADC Affiliate Ltd. and ADC &ADMC Mgmt. Ltd.* 诉匈牙利案(以下简称"*ADC* 案"),ICSID 案件号 ARB/03/16, Award, 2006 年 10 月 2 日,第 334 ~ 341、350、357 ~ 359 段。

〔76〕 参见同上,第 336 段。

〔77〕 参见同上,第 357、359 段。

问询,若非塞浦路斯人,公司资本的来源是什么和哪国国民控制是无关紧要的。"[78]

同样,在 *Rumeli* 诉哈萨克斯坦案中,仲裁庭同样面临着原告仅仅是空壳公司的情况。仲裁庭认为:"双边投资条约未就其为一家空壳公司的法律事实提供在公司范围外分析的基础,即它将成为一家空壳公司,且未在其被纳入另一个缔约国的公司时就从适用范围内排除这些公司。"[79]

TSA Spectrum de Argentina S. A. 诉阿根廷案[80]仲裁庭采取了不同的方法。现将案件的事实简述如下。Thales Spectrum de Argentina SA – TSA – 是一家在阿根廷注册成立的公司,该公司是 TSI Spectrum International N. V. (TSI)的全资子公司。[81] TSI 和阿根廷共和国国家电信委员会(Comsión Nacional De Comanicaciones,CNC)于 1997 年 6 月 11 日签订了特许权合同,TSA 将向 CNC 提供无线电频谱管理、监测和控制服务,而 CNC 则必须建立一个统一的数据库。

2004 年 1 月 26 日,CNC 公司基于某些原因宣布特许合同终止,尤其是 TSA 在提供综合信息系统方面违反了合同,并且不适当地"自肥"。[82] 因此,2004 年 3 月 25 日,TSA 写信给 CNC,要求进行友好协商,以扭转 CNC 先前的决定。CNC 于 2004 年 5 月 14 日拒绝了 TSA 的请求。[83] 7 个月后,TSA 致函阿根廷总统,称"由于超过 30 天未得到交通部长明确答复,根据阿根廷法律,TSA 的要求应被视为被拒绝。10 天后,即 2004 年 12 月 20 日,TSA 向 ICSID 提出仲裁请求。[84]

原告 TSA 与被告阿根廷政府之间的争议之一是原告是否符合《ICSID 公约》第 25(2)(b)条规定的荷兰法人资格。TSA 声称其是 TSI 的全资子公司,该公司根据荷兰法律成立,并在荷兰注册。因此,根据荷兰和阿根廷双边投资协定和《ICSID 公约》第 25(2)(b)条,它应被视为外国投资者。易言之,根据缔约方双边投资协定,且由于其总资本由荷兰的法人 TSI 持有,它应被视为外国投资者。[85] 然而,被告对原告的观点提出质疑,指出 TSI"由阿根廷国民 Jorge Justo Neuss 先生

---

〔78〕 参见同上,第 357 段。

〔79〕 *Rumeli Telekom a. s. and Telsim Mobil Telekomikasyon Hizmetleri a. s.* 诉哈萨克斯坦案, ICSID 案件号 ARB/05/16, Award, 2008 年 7 月 29 日,第 326 段。

〔80〕 参见 *TSA Spectrum de Argentina S. A.* 诉阿根廷案(以下简称"*TSA* 案"), ICSID 案件号 ARB/05/5, 2008 年 12 月 19 日。

〔81〕 参见同上,第 1 段。

〔82〕 参见同上,第 9 段。

〔83〕 参见同上,第 11 段。

〔84〕 参见同上,第 23 段。

〔85〕 参见同上,第 158 段。

控制,他直接或间接持有其大部分股份,从 51% 开始,随着时间的推移越来越多”〔86〕。仲裁庭面临的问题是,在这种情况下,是否应该揭开 TSI 的公司面纱。

仲裁庭首先认为,ICSID 法庭对该案件是否具有管辖权不取决于有关双边投资条约。它认为,管辖权问题只能取决于《ICSID 公约》第 25(2)(b)条的条件是否得到满足。〔87〕 其随后决定,为了适用第 25 条第 2 款 b 项的第二部分,有必要揭开 TSI 的公司面纱,且开展此项工作的相关时间是双方同意将争议提交仲裁的时间。由于 TSA 于 2004 年 12 月 10 日致函阿根廷总统,告知他有意进行仲裁,这即是双方同意仲裁的日期。〔88〕 根据现有证据,仲裁庭得出结论:“无论对阿根廷和荷兰的双边投资条约有何解释,包括双边投资条约议定书,基于《ICSID 公约》第 25(2)(b)条的目的,都不能因缺乏‘外国控制权’而视 TSA 为荷兰国民。”〔89〕

基于仲裁庭可获得的资料和证据而得出的唯一结论是,在同意之日及以前,TSA 的最终所有人是阿根廷公民 Jorge Justo Neuss 先生。因此,无论对阿根廷和荷兰之间的双边投资协定作出何种解释,包括双边投资条约议定书,基于《ICSID 公约》第 25(2)(b)条的目的,都不能由于缺乏“外国控制”视 TSA 为荷兰国民,因此仲裁庭缺乏审查 TSA 诉求的管辖权。

应指出的是,*TSA* 案仲裁庭在作出决定时,提到了 *Vacuum Salt Products Ltd.* 诉加纳案仲裁庭所表达的意见:“……当事人同意将原告视为外国国民的协议由于‘外国控制’而并无管辖权。第 25 条第 2 款 b 项中提及‘外国控制’必然会设定一个客观的公约限制,超出该限制,ICSID 的管辖权就不存在,因此无论他们多么虔诚地希望这样做,各方都无权援引相同的内容。”〔90〕

当然,*TSA* 案仲裁庭在 *Tokios Tokelés* 案和 *Rompetrol Group N. V.* 诉罗马尼亚案中都采用了“基于即使东道国国民控制外国公司的情况下的严格的建构主义解释”〔91〕。特别是,有评论指出,这种解释性做法尚未被普遍接受,甚至被“*Tokios Telelės* 案仲裁庭持异议的主席”批评。〔92〕 *TSA* 案仲裁庭认为,第 25 条第 2 款 b 项的第 2 段的案文允许在外国控制案件中揭开公司面纱。其理由是,为了适用第 25 条第 2 款 b 项的第 2 段,“必须客观地证明这种外国控制的存在和实质性,以

〔86〕 参见同上,第 159 段。
〔87〕 参见同上,第 156 段。
〔88〕 参见同上,第 160 段。
〔89〕 参见同上,第 162 段。
〔90〕 参见前引〔41〕,第 36 段。
〔91〕 参见前引〔80〕,第 146 段。
〔92〕 参见同上。

便……明确 ICSID 管辖权"[93]。对外国控制的审查不应仅仅停留在公司面纱的第一层。为了"客观地识别外国控制的真实来源",仲裁庭认为应该采用"同样的标准"来揭开公司的第二层面纱。[94]

在 *TSA* 案中,原告通过援引 *Tokios Tokelės* 案的决定,要求仲裁庭忽视 TSI 股东的国籍。然而,仲裁庭表示,尽管 *Tokios Telelės* 案仲裁庭已经讨论了揭开公司面纱的问题,但它不允许这样做,因为它认为这是基于 *Barcelona Traction* 案的情况,与 *Tokios Tokelės* 案无关。然而,*TSA* 案仲裁庭指出:"(*Tokios Tokelės*)案与现在案件不同,因为没有表面上企图隐瞒公司的真正控制人,以利用荷兰控股股东在阿根廷公司中可能拥有的权利。或者,应采用 Weil 教授在其异议中提出的意见。根据这些评论,只有真正的外国投资才能受到 ICSID 机制的保护。"[95]

TSA 案仲裁庭进一步认为,《ICSID 公约》第 25(2)(b)条是公约基本原则的一个重要例外,即它应仅适用于不同国籍的当事方之间的争端,而不应适用于国家和自己国内的投资者。[96] 这一例外的关键或其应用的先决条件是"外国控制",这有理由扩大《ICSID 公约》的范围。为支持这一论点,仲裁庭援引 *Vacuum Salt* 案的说明,即"在第 25 条第 2 款 b 项中提及'外国控制'必然会为公约设定一个客观的限额,超出该限制,ICSID 的管辖权就不存在"[97]。

TSA 案仲裁庭采用的方法强调了《ICSID 公约》第 25(2)(b)条的宗旨和目标。基于此,它必须放弃对多边投资协定条款的含义作出简单解释。在其分析中,TSA 案的仲裁庭将第 25 条第 2 款 b 项分为两部分。它认为,第一部分"使用关于国籍的正式的法律标准,而第二部分使用物质或客观标准,以'外国控制'的标准揭开公司的面纱,并分析国籍背后的情况"[98]。它认为,一旦《ICSID 公约》的缔约方同意使用第二部分,它们就受到该条款规定的限制的约束,并且不能扩展 ICSID 的管辖限制。这种观点与布罗切斯(Broches)的观点一致,Broches 认为控制测试的目的是扩大中心的管辖范围:"最后的条款有令人信服的理由。东道国通常要求外国投资者通过依东道国法律组建的公司在其境内开展业务。若我们承认,正如公约所暗示的那样,这使得公司在技术上成为东道国的国民,那么很明显,中心对一个

[93] 参见同上,第 147 段。
[94] 参见同上。
[95] 参见同上,第 118 段。
[96] 参见同上,第 139 段。
[97] 参见同上,援引 *Vacuum Salt* 诉加纳案, 前引[41],第 36 段。
[98] 参见同上,第 140 段。

缔约国及其本国国民之间的争议不具有管辖权的一般原则需要例外。如果对在当地注册的外资公司没有例外,那么大量重要的外国投资部门将超出公约的范围。"[99]

事实上,为避免或防止可能的ICSID机制滥用,根据其目标解释第25(2)(b)条并不比采用严格的建设性解释更成为问题,问题是一致的。在实践中,仲裁庭在采用解释的手段方面表现出广泛的自由裁量权,却未给出有说服力的理由。例如,在*SOABI*诉塞内加尔案[100]中,原告是一家在塞内加尔注册成立的公司,但由比利时国民拥有的巴拿马公司控制。被告不认为仲裁庭有管辖权,理由是巴拿马不是《ICSID公约》的缔约方,因此坚持认为原告不能诉诸ICSID仲裁来解决他们的争端。仲裁庭指出,《ICSID公约》第25条第2款b项的目的是通过在东道国注册的实体促进外国投资。根据其掌握的情况,仲裁庭认为,比利时的国民而不是巴拿马公司对原告形成有效控制,因此对该案件拥有管辖权。

*Champion Trading*案还涉及确定投资者的国籍,包括自然人和法人。关于其对法人投资者国籍的决定,仲裁庭强调了根据VCLT第31条善意解释条约相关条款普通含义的重要性。因此,仲裁庭认为,由于埃及和美国双边投资协定和《ICSID公约》都没有"任何将双重国民排除在缔约国另一方公司的股东之外",因此认定其对原告公司的诉求有管辖权。[101] 不幸的是,仲裁庭没有对公司国籍进行任何分析。显而易见,两家公司在美国的合并使他们具有该国的国籍是理所当然的,并且没有必要进一步探讨具有双重国籍的个人对这些公司的持股是否会产生任何影响关于他们的公司国籍。因此,仲裁庭采用了注册地作为决定公司国籍的决定性因素,即与*Tokios Telelės*案仲裁庭和其他人采取的做法相同。

在*Yukos Universal*诉俄罗斯案[102]中,仲裁庭被要求揭开原告即Yukos Universal的公司面纱,该公司根据英国马恩岛法律注册成立,并且是尤科斯石油公司(Yukos Oil)的大股东。尤科斯石油公司是俄罗斯最大的石油公司之一,由俄罗斯和外国业主共同拥有。2003年,俄罗斯开始调查尤科斯石油公司的运作,该公司被指控贪污、逃税、洗钱、伪造和欺诈,导致公司一些重要官员亦因此被监禁。[103]

---

〔99〕 Broches,第25段,第358~359页。

〔100〕 参见*Société Ouest – Africaine des Bétons Industriels* (*SOABI*)诉塞内加尔案,ICSID案件号ARB/82/1, Decision on Jurisdiction, 2 *ICSID Reports* 182 – 183, 1984年8月1日。

〔101〕 参见前引〔10〕,第3.4.2段。

〔102〕 参见*Yukos Universal Limited* (*Isle of Man*)诉俄罗斯案,PCA案件号No. AA 227, Interim Award on Jurisdiction and Admissibility, 2009年11月30日。

〔103〕 参见同上,第49段。

显然出于俄罗斯局势的担心,其余大部分尤科斯石油公司官员逃离该国。2006年,尤科斯石油公司破产。作为大股东,Yukos Universal向海牙常设仲裁法院提请仲裁,指控俄罗斯违反了其在ECT下的义务。

被告通过维持Yukos Universal公司的所有权结构而取消其从ECT中获益的资格来质疑仲裁庭的管辖权。具体而言,虽然原告持有Yukos Oil公司超过5000万股股份(占总股份的2.25%)这一点未受到质疑,但被告认为Yukos Universal公司由GML全资拥有,并入直布罗陀,而GML则拥有许多信托公司的受益人,包括俄罗斯国民和Yukos Oil公司的前高级管理人员(占GML股份的59.5%)。[104] 被告认为,信托的受托人只是名义上的所有者,GML所有权的经济利益始终与"俄罗斯寡头"保持一致。[105]

仲裁庭首先指出,原告是在马恩岛成立的;在接受该条约的义务时,英国已将ECT的适用范围扩大到马恩岛;原告在根据ECT第26条提出申诉时已成立并存在。[106] 仲裁庭随后表示,"表面看",ECT第1(7)(a)(ii)条仅要求原告公司按照缔约方的法律正式组织开展业务。[107] 在这种情况下,"为了符合ECT第1条第7款规定的受保护投资者的资格,公司只需要根据缔约方的法律进行组织"[108]。*Yukos Universal*案的仲裁庭,就像*Saluka*案[109]那样,根据解释条约的国际规则作出决定,认为它"必然会解释ECT的条款,包括第1条第7款,不是因为它们可能已被写入,而是实际上已写"[110]。它进一步指出:"……当适用的条约只是要求按照缔约方的法律开展业务时,不需要研究公司或其他组织如何运作的国际法的一般原则。以下国际法原则在条约解释中具有无可置疑的重要性,即不允许仲裁庭在条约中提出新的额外要求,无论这些要求有多么的好或恰当。"[111]

*Yukos Universal*案的仲裁庭所采取的做法和国际原则并无问题。仲裁庭应通过阅读有关条约规定的明确含义来处理摆在其面前的争端。在这方面,仲裁庭的决定符合适用的国际法。例如,在*Acquisition of Polish Nationality*案的咨询意见中,"为获得波兰国籍规定一个附加条件,即条约中没有规定的条件……等同于不

---

〔104〕 参见同上,第463、483段。

〔105〕 参见同上,第483段。

〔106〕 参见同上,第404段。

〔107〕 参见同上,第411段。

〔108〕 参见同上。

〔109〕 参见前引〔69〕。

〔110〕 参见前引〔102〕,第413段。

〔111〕 参见同上,第415段。

是解释条约，而是重建它"[112]。

与确定投资者国籍有关的判例表明，大多数仲裁庭已准备好依赖双边投资条约的规定，并不赞成揭开公司的面纱。值得注意的是，在这种情况下已可以确认管辖权，而无须进一步确认。与此同时，只要管辖权受到质疑，就可以在确定管辖权的范围内揭开公司面纱。这种现象不知是否巧合。由于大多数双边投资条约规定缔约另一方的投资者是根据缔约方法律设立的实体，因此在确定公司实体的国籍时使用注册地作为决定性因素并无任何错误。这种方法也符合 VCLT 第 31 条的规定。尽管在某些情况下，这可能导致滥用税收协定和滥用仲裁程序的情况，但这不应成为仲裁庭背离公认的条约解释规则的基础。辛克莱（Sinclair）亦提出了一个理论问题："……双边投资条约网，加上《ICSID 公约》，是否完全背离了传统的外交保护规则，取而代之的是一个法律框架，在这个框架内，他们的管辖权规则属于全面和专属的管辖规则，排除一般国际法规则。"[113]

他进一步指出，在直接仲裁的背景下取代外交保护："国籍的关系的重要性似乎已经减少，流于形式……然而，在订立投资条约时，各国通常会采取行动，希望为缔约国之间更大的投资流动创造有利条件，共同希望这将增加他们和国民的繁荣。这些目标表明，根据保护条约，投资者为在和国家的交涉中获得保护，需要更具实质而不仅仅是纸面上的国籍。"[114]

与此同时，其他人认为"各国很清楚他们可以选择划定国籍。此外，关于这些不同选择的后果已有一定的深入讨论和辩论"[115]。因此，他们认为，依靠条约规定来确定投资者的国籍是没有问题的。无论如何，如果仲裁庭在表面上没有对其管辖权的支持或支持不足的情况下准备揭开公司的面纱，这是不可接受的，且一旦根据投资者的控制与否明确有无管辖权，若无则停止进一步揭开公司的面纱。

---

[112] *Acquisition of Polish Nationality*, Advisory Opinion (1923), PCIJ ser. B, No. 7，第 20 页。

[113] Anthony C. Sinclair, "Nationality of Individual Investors in ICSID Arbitration", *International Arbitration Law Review*, 2004 年, 7(6)，第 191 ~ 195 页，第 194 页。

[114] 参见同上。

[115] 例子参见 Paul M. Blyschak, "Yukos Universal v. Russia: Shell Companies and Treaty Shopping in International Energy Disputes", *Rich. J. Global L. & Bus.*，第 10 卷, 2010 - 2011，第 179 ~ 210 页、第 199 页。

第三节 间接投资者和少数股东的出庭资格

对外国投资者的界定还涉及少数股东和间接投资的出庭资格,外国投资者通过建立或参与现有公司而不持有该实体的多数股份在东道国进行投资。在大多数情况下,双边投资协定关于外国投资和投资者的规定足以覆盖这些投资者。然而,在实践中,被告国经常质疑将间接投资视为合格投资,将少数投资者视为合格投资者。[116] 在这种情况下,被告国总是争辩说投资者没有出庭资格。

《ICSID 公约》第 25 条规定使这一事项变得更加复杂,该条款界定了根据该公约设立的仲裁庭的管辖权。在实践中,一些案例涉及对上述规定的解释,特别是第 25 条第 2 款 b 项的第一句,即是否包括间接投资者,若"是",则少数股东是否有资格作为股东。第 25 条第 2 款 b 项第二句中提及"外国控制",问题在于这种"外国控制"的构成。另一个问题是,根据东道国法律设立的实体是由不止一个人(外国投资者)控制的,无论"外国控制"的状态是否受到影响。

可以说,*CMS* 案[117]是第一起涉及少数股东诉讼标准的 ICSID 案件,该案件随后提交国际投资仲裁庭审理。原告 CMS 天然气输送公司(CMS)是一家在美国注册成立的实体,在 1989 年阿根廷私有化国有公司期间,从阿根廷政府购买了运输公司(adora de Gas del Norte,TGN,一家阿根廷企业)25% 的股份。1992 年,TGN 获得了天然气运输许可证。之后,CMS 又购买了 4.42% 的员工股票计划,从而使其在 TGN 的占股比达到 29.42%。[118] 为应对阿根廷 1990 年代末的经济和金融危机,阿根廷政府于 1999 年年底采取了各种措施影响天然气公司。原告就这些措施向 ICSID 提起仲裁,声称其业务受到不利影响,被告违反了保护其在 TGN 的投资的保证。被告以原告缺乏诉讼资格为由质疑仲裁庭的管辖权。

被告明确指出 TGN 是被许可人,而原告只是 TGN 的少数股东。被告进一步辩称,只有 TGN 可以要求因阿根廷措施而遭受的任何损害,但 TGN 是一家阿根廷

---

〔116〕 关于讨论与仲裁中股东地位有关的国家惯例以及国际法规则在这方面的演变,参见 Patrick Dumberry, "The Legal Standing of Shareholders Before Arbitral Tribunals: Has Any Rule of Customary International Law Crystallised?", *Michigan State Journal of International Law*, Issue 18,第 3 卷,2010 年,第 353 ~ 374 页。

〔117〕 参见 *CMS* 案,ICSID 案件号 ARB/01/08, Decision of the Tribunal on Objections to Jurisdiction, 2003 年 7 月 17 日。

〔118〕 参见同上,第 18 ~ 19 段。

公司，不是阿根廷和美国双边投资协定下的外国投资者。因此，在被告看来，原告所主张的是间接损害赔偿〔119〕，不应允许在 ICSID 仲裁庭之前对案件进行仲裁，因为“这意味着股东的立场与公司的不同”〔120〕。

原告的论点是，其“没有要求任何与 TGN 有关的权利，而是要求与其在 TGN 中投资有关的权利”〔121〕。原告认为，由于其参与了 TGN，是双边投资条约下的投资者，其投资有权根据条约得到保护。因此，原告有出庭资格。〔122〕

由于 *CMS* 案是少数股东作为外国投资者的问题的早期案例，因此仲裁庭在表达其意见时非常谨慎。它首先从国际法的角度分析了这个问题，并认为国际法院的裁决与对 *Barcelona Traction* 案〔123〕的判决无直接关系。与此同时，法庭将 *Elettronica Sicula* 案〔124〕的判决视为国际法院接受“国籍国保护公司股东的证据，尽管受影响的公司依据被告国家的法律具公司法人人格”〔125〕。仲裁庭随后得出结论，在当代国际法中，外交保护作为保护个人权利的剩余机制得以保留，而《ICSID 公约》在保护外国投资者方面作为现行安排。*Iran – United States* 案仲裁庭的决定以及联合国赔偿委员会的规则和决定都被作为支持上述立场的进一步例子。最后，*CMS* 案仲裁庭同意被告的意见，即所有上述案件中的决定都是特别法，是特定条约安排的结果。尽管如此，仲裁庭指出：“在这方面特别法是如此普遍，现在它可以考虑一般规则，当然是在外国投资方面和越来越多地涉及其他事项。”〔126〕

由于国际法只能阐明保护股东作为投资者的一般方法，因此 *CMS* 案仲裁庭转向《ICSID 公约》。尽管公约第 25 条未能界定“投资者”或“投资”，但仲裁庭指出：“确实没有要求投资必须由控股公司的股东或拥有其大部分股份的股东来进行。众所周知，根据股权的分配方式，控股股东实际上可以拥有的股份少于大部分股份。第 25 条第 2 款 b 项对缔约国另一方国籍国公司对待外国控制的提法，正是为

---

〔119〕 参见同上，第 36 段。

〔120〕 参见同上，第 37 段。

〔121〕 参见同上，第 39 段。

〔122〕 参见同上，第 43 段。

〔123〕 参见前引〔58〕。在该案中，一家加拿大公司的比利时股东因政府对西班牙的措施而遭受损失。摆在国际法院面前的问题是，根据习惯国际法，比利时是否可以对其国民/股东行使外交保护。虽然国际法院否认了比利时的诉讼地位，但它没有宣布股东是否根据国际法拥有其公司的独立权利。参见同上，第 90 段。

〔124〕 参见 *Case Concerning the Elettronica Sicula S. p. A.* （*ELSI*）（美国诉意大利案），Judgment，1989 年 7 月 20 日，*ICJ Reports*，1989 年，第 15 页。

〔125〕 参见前引〔117〕，第 44 段。

〔126〕 参见同上，第 48 段。

了促进当事方之间的协议,以免公司人格干扰保护与投资相关的实际利益。”[127]

仲裁庭随后得出结论,根据《ICSID 公约》的条款,它未被限制行使管辖权。然而,关于“投资”和“投资者”的具体含义,仲裁庭随后审查了阿根廷和美国双边投资协定的有关规定,其中第 1 条第(1)款规定投资包括“公司或股份的股份,或公司的其他权益或其资产的权益”。由于“投资”一词的定义非常广泛,任何以股权投资的人,无论是自然人还是法人,都有资格成为双边投资协定下的“投资者”。此外,还有其他仲裁庭的决定支持广泛定义投资和投资者,因此 *CMS* 案仲裁庭不难得出结论,之前的争议直接源于原告的投资,且无任何障碍依据双边投资条约行使管辖权。仲裁庭认为,根据双边投资条约的具体规定,原告具有诉讼资格,“为确立管辖权,受保护投资者是不是特许协议的一方与东道国的许可协议无必然关联”[128]。*CMS* 案仲裁庭进一步表示,股权的来源在是否构成投资方面没有区别,而双边投资条约关注的是保护外国投资者的权利。[129]

作为涉及少数股东作为外国投资者的案件的第一个决定,*CMS* 案仲裁庭的决定非常重要。在当代投资实践中,许多外国投资者可能不会选择或能够成为大股东。除非少数股东的利益得到保护,否则国际投资保护机制将面临重大漏洞。例如,如果外国少数股东对根据东道国法律注册成立的公司进行投资而后者违反了其在双边投资协定下的义务,但当地公司出于某种原因拒绝或未对东道国采取行动,除非少数股东被确认为合格的外国投资者,否则它可能无法通过除地方法院以外的任何程序诉诸保护,大多数外国投资者认为不能提供足够的保护。*Gami* 诉墨西哥案[130]恰恰涉及这种情况。

在 *Gami* 案中,原告 Gami Investments Inc. 是一家美国投资公司,且由另一家名为 Great American Management and Investments Inc.(GAMI)的美国公司全资拥有。GAMI 拥有 Grupo Azucarero Mexico SA de CV(GAM)14.18% 的股份,这是一家墨西哥控股公司,其他股东是墨西哥人。[131]

在 20 世纪 80 年代末和 1990 年代初私有化计划的背景下,GAM 通过收购墨西哥政府的糖厂,到 1997 年拥有 5 家糖厂。[132] 2001 年,它是墨西哥第四大糖生产

---

[127] 参见同上,第 51 段。

[128] 参见同上,第 65、68 段。

[129] 参见同上,第 69 段。

[130] 参见 *Gami Investments Inc.* 诉墨西哥案(以下简称“*Gami* 案”),NAFTA 第十一章框架下,根据《UNCITRAL 仲裁规则》,最终裁决,2004 年 11 月 15 日。

[131] 参见同上,第 1 段。

[132] 参见同上,第 12 段。

商。从1999年开始,制糖业经历了一场危机,其结果是GAM于2000年5月9日申请暂缓付款。这一司法程序旨在允许重组GAM的债务并避免破产。[133] 随后,墨西哥政府于2001年9月3日颁布法令,正式征收22家糖厂,其中包括GAM拥有的5家糖厂。[134]

然后,在启动墨西哥相关行政法院审理后,GAM通过保护诉讼程序对5个工厂中的3个工厂的征收法和征收法令的合宪性提出质疑。2004年2月9日,仲裁庭第一巡回行政案件合议庭提出了一项有利于GAM的宪法保障修正案,认为征收法令是非法的,因此对3个工厂的征收无效。[135]

原告主张的并非其持股受到墨西哥政府措施的不利影响。相反,原告的主张具衍生性,与其因为墨西哥政府的措施而导致持股价值的减少有关。由于原告与被告之间没有合同,这些主张是基于原告是NAFTA第1105条规定的投资者这一事实。

关于管辖权,有两个问题,即:(1)原告是不是合格投资者,即使它只持有GAM的14.18%股权;及(2)作为少数股东,原告是否可以在大多数股东决定不对政府措施采取任何行动的情况下单独提出主张。

关于第一个问题,问题的核心是"对GAM产生不利影响的政府行为或疏忽是否可能被视为违反北美自由贸易协定,因为它们导致GAMI在GAM中的股权价值降低"[136]。原告表示,NAFTA第1110条并未规定需持有多数股权才有资格成为投资者。[137] 它还提到了其他仲裁庭在这个问题上的调查结果,包括*AIG*诉伊朗案[138]和*Liamco*诉利比亚案[139]。

*Gami*案仲裁庭首先审查了有关该问题的国际惯例,包括*ELSI*案[140]的国际法院判决,其中认为意大利公司实体的美国股东在寻求让意大利对涉嫌违反条约的

---

[133] 参见同上,第16段。

[134] 参见同上,第17段。

[135] 参见同上,第18~20段。

[136] 参见同上,第27段。

[137] 参见同上,第28段。

[138] 参见4 Iran – US Claims Tribunal Reports 96(1983),原告持有的35%的权益并获得赔偿金。

[139] 参见20 ILM 1(1977),其中原告就三项石油特许权的25.5%权益获得国有化补偿。

[140] 参见ICJ Reports 15(1989)。

行为承担责任时有权享有国际管辖权[141],和 *Vivendi* 案的撤销委员会的决定[142]。仲裁庭随后表示,如果原告是 GAM 100% 的股东,则可以在 NAFTA 下寻求对涉嫌违反条约的行为寻求救济,而无须向墨西哥法院寻求救济。[143] 因此,它只是少数股东这一事实不应影响其向国际仲裁庭寻求救济的权利。仲裁庭认为,东道国是否采取任何直接影响原告股权的措施并不具有决定性作用,问题在于"违反《北美自由贸易协定》是否与导致对特定投资的损失或损害具有足够的直接性"[144]。

关于 GAM 的大多数股东决定诉诸墨西哥法院寻求补救的事实,仲裁庭指出:"持有其他 85.82% 股份的所有者可能出于他们自己的原因选择不让 GAM 在墨西哥法院寻求救济。(他们可能只是失败者,或者他们可能与政府和平结束关系,并放弃任何投诉以换取利益)这不会导致 GAMI 解散。"[145]

仲裁庭的推理是基于这样一个事实,即国际条约往往要求各国给予外国投资者比本国公民更优惠的待遇。与此同时,公民可享有许多其他外国投资者无法获得的权利。[146] 在本案中,就原告而言,GAM 的墨西哥股东做了什么或没做过什么都是无关紧要的。事实上,本案仲裁庭认为:"他们(GAM 的墨西哥股东)可能会对不法征收造成的附带损失提出投诉,尽管这种损失情况已经发生逆转。他们可能对由于受到质疑的两个工厂的征收行为没有受到补偿不满意。他们可能对墨西哥司法机构接受此类投诉感到乐观或担忧。但这是他们的问题可以获得解决的方式。他们作为墨西哥国民,根据 NAFTA 第十一章规定是没有资格的。然而,GAMI 有权因非法征收而向北美自由贸易协定仲裁庭寻求国际救济。"[147]

普遍认为,国际仲裁庭的管辖权不应受到国家法院处理同一问题的影响。这两个机构根据不同的权力行使其管辖权,并适用不同的规则。这一点在 *Gami* 案仲裁庭就外国投资者和东道国公民可能给予的不同待遇方面提出的意见中非常明显。如果采用相同的原则以类比,人们会发现 *Tokios Teselės* 案件中的反对意见是令人信服的。实际上是错误且不合逻辑的,即虽然外国投资者在条约下的权利被

---

〔141〕 参见前引〔130〕,第 30 段。

〔142〕 参见同上,第 32 段。根据决定,*Gami* 案仲裁庭援引以下内容:"不能认为 CGE 从特许权合同订立之日起就没有对 CAA 进行'投资',或者说它不是对其自身股权的'投资',无论它是否全面控制 CAA。无论其投资范围如何,它都有权就被指控构成违约的行为援引 BIT ……"(原文标注重点)

〔143〕 参见前引〔130〕,第 37 段。

〔144〕 参见同上,第 33 段。

〔145〕 参见同上,第 37 段。

〔146〕 就此,*Gami* 案仲裁庭引用 *Hopkins* 案的决定[US – Mexican Claims Commission, IV *UNRIAA* 41,第 47 页(1926 年)];同上,第 38 段。

〔147〕 参见同上。

认为与东道国国民的权利根本不同,但国民可能被视为外国投资者只是因为他们在外国中建立了一个实体,及通过这些国家转出资金然后再回到同一个国家。因此,在东道国的国民被指控持有在东道国投资的外国投资者的股份的情况下,可能需要揭开公司的面纱。

在 *Sempra* 案[148]中,原告表示,被告采取的措施改变了为外国投资者设立的一般监管框架,严重影响了对两家天然气分销公司的投资。该案中的原告参与了阿根廷天然气工业的大规模私有化计划,并拥有 Sodigas Sur S. A. (以下简称 Sodigas Sur)和 Sodigas Pampeana S. A. (以下简称 Sodigas Pampeana)43.39% 的股权。两家公司的剩余股份由另一家外国公司 Camuzzi 拥有。两家天然气分配被许可方的阿根廷公司,即 Sodigas Sur 和 Sodigas Pampeana 分别持有 Camuzzi Gas del Sur SA(以下简称 CGS)90% 的股份和 Camuzzi Gas Pampeana SA(以下简称 CGP)86.09% 的股份、天然气分配。[149]

被告提出一个问题,即为什么"Sempra 没有作为一家阿根廷公司主张,大概是因为 Sodigas,如果它认为事实上它控制了那家公司"[150]。被告的论点的基础是,如果允许外国投资者作为股东提出申诉,《ICSID 公约》第 25 条第 2 款第二句的效力将被削减,因此该条的两句话存在矛盾。[151] 然而,仲裁庭认为"没有这种矛盾",因为"在各种投资公司诉诸仲裁的情况下,基于各种公司安排和控制结构,有些人可以作为股东,其他人作为争议当事国的公司"[152]。因此,仲裁庭的结论是,根据第 25 条第 2 款 b 项的第二句,投资者有权向 ICSID 提起仲裁。它甚至认为没有必要解决外国控制如何行使的问题。[153] 关于一个以上的外国投资者是否可以合并其持有以建立控制权的问题,仲裁庭的观点是,如果外国投资者进行初步和后续投

---

[148] 参见 *Sempra* 案, ICSID 案件号 ARB/02/16, Decision on Objection to Jurisdiction, 2005 年 5 月 11 日。

[149] 参见同上,第 19 段。

[150] 参见同上,第 43 段。

[151] 《ICSID 公约》第 25(2)条规定:"'另一缔约国国民'系指:(a)在双方同意将争端交付调停或仲裁之日以及在根据第 28 条第 3 款或第 36 条第 3 款将请求予以登记之日,具有作为争端一方的国家以外的某一缔约国国籍的任何自然人,但不包括在上述任一日期也具有作为争端一方的缔约国国籍的任何人;(b)在争端双方同意将争端交付调停或仲裁之日,具有作为争端一方的国家以外的某一缔约国国籍的任何法人,以及在上述日期具有作为争端一方的缔约国国籍的任何法人,而该法人因受外国控制,双方同意为了本公约的目的,应看作另一缔约国国民。"

[152] 参见前引〔148〕,第 44 段。仲裁庭亦援引 *Lucchetti* 案, ICSID 案件号 ARB/03/4 (亦有 *Industria Nacional de Alimentos, A. S. and Indalsa Perú S. A.* 诉秘鲁案), Award, 2005 年 2 月 7 日), 其中 Empresas Lucchetti, S. A. 作为一个外国投资者,Lucchetti Peru 作为一家秘书企业;参见同上。

[153] 参见同上,第 46 段。

资,形成联合行动,“那么可以推测他们可被视为一个整体,即使它们具有不同的国籍并受到不同条约的保护”[154]。在这种情况下,所有外国投资者必须有权以这种或那种方式根据相关条约进行仲裁。当然,这种控制不能与当地或国家投资者共同行使。

该案的第二个问题是,原告所称的损失是否因为是间接的而不应受到保护。出现这个问题的原因是,原告与被告之间没有直接的合同关系以及被告对被许可人的担保和承诺。仲裁庭没有发现这种情况有任何问题,因为原告的投资是在阿根廷公司进行的,资金通过这些公司转给被许可人。因此,即使投资确实是间接投资,也不应对双边投资条约下的保护效果产生不利影响。仲裁庭指出:“就此而言,如果要达成任何不同的结论,就会剥夺条约的任何效力,因为它的签署的确切意图是结合它们的具体形式保证私有化进程中的投资。”[155]

应指出的是,*Gami* 案仲裁庭在审理原告据称在该案中遭受的损失时说:“东道国没有明确干涉股份所有权这一事实并非具有决定性。问题在于违反《北美自由贸易协定》是否足以直接导致特定投资的损失或损害。GAM 能否佐证此种偏见是一个需要考虑的问题。这方面的不确定性不是行使管辖权的障碍。”[156] 这是 *Sempra* 案仲裁庭可以参考的先例,因为在两个案件中,原告要求赔偿其间接投资所遭受的损失。除非可以证实所称的损失是由于东道国的措施造成的,否则不能给予赔偿。事实上,这项测试甚至适用于评估直接投资所遭受的损失。

本案面临的第三个问题是原告的诉讼资格。被告对仲裁庭的管辖权提出质疑,理由是申请人作为少数股东“不控制被许可方”,因此没有遭受直接损失,即使遭受任何损失,也只能是间接损失和衍生损失。[157] 实际上,被告的论点是基于原告只是一个与其没有直接合同关系的股东这一事实。仲裁庭首先认定双边投资条约对投资的定义如此广泛,以至于其保护范围将扩大到原告。为了支持这一结论,它引用了 *Enron* 案仲裁庭的决定:“仲裁庭必须据此得出结论,根据双边投资条约

---

[154] 参见同上,第 54 段。

[155] 仲裁庭有关讨论细节,见上,第 69 段。

[156] 参见同上,第 75 段。援引 *Gami* 案,参见前引[130],第 33 段。这一立场也得到了 *Enron* 案仲裁庭的支持,其中仲裁庭认为该事项与同意仲裁有关,并认为:“如果同意投资者和投资,可以合理地得出结论,这种投资者提出的主张可以根据条约受理。如果同意不能被视为延伸到另一个投资者或投资,那么这些其他权利主张应被视为不可受理,因为它只与受影响的公司有远程连接,且超出保护该投资的法律体系的范围。”参见 *Enron* 案, ICSID 案件号 ARB/01/3, Decision on Jurisdiction, 2004 年 1 月 14 日,第 52 段。

[157] 参见前引[148],第 90 段。

的规定的广泛性,其是可以接受的,在声称侵犯其在该条约下的权利时,投资者主张的不是从大多数或控制受影响公司的投资者的角度。"[158] 因此,*Sempra* 案仲裁庭采用了相同的方法,即认定原告受到阿根廷和美国双边投资协定的保护。

对于违反合同是否构成违反双边投资协定的问题,本案仲裁庭认为某些违反行为纯属合同性质,而其他行为仅仅是违反条约的行为。仲裁庭认为,更为常见的是"起源于违反合同义务,同时构成违反条约保障"的案件。[159] 因此,仲裁庭驳回了被告的反对意见[160],并认为它对案件具有管辖权。

应该指出,临时撤销委员会取消了 *Sempra* 案仲裁庭的裁决,但同时维持了该仲裁庭关于管辖权的决定。在这方面,临时撤销委员会表示:"与 *Barcelona Traction* 案件中的情况不同,持股人可以根据双边投资协定提出主张,仅仅是因为这种双边投资条约将这些权利扩展到其中所定义的'投资者',这是习惯国际法下不存在的权利。"[161]

临时委员会认为该争议涉及两个不同的问题。第一个问题是,原告是否有权根据双边投资条约和《ICSID 公约》就其对其部分和间接拥有的公司的投资中的损害提出主张。第二个问题是,被告是否有行为或不作为,对两家当地公司造成了任何损害,从而对原告造成了损害。临时委员会表示,"第一个问题是管辖权问题,而第二个问题涉及争端的基础"[162]。因此,虽然临时委员会取消了 *Sempra* 案仲裁庭的裁决,但它维持了仲裁庭关于双边投资条约和《ICSID 公约》下的少数股东权利的调查结果。这进一步说明了在投资仲裁实践中对少数股东的诉讼地位的支持程度。

Impregilo 案仲裁庭的裁决进一步证明了国际仲裁在保护少数股东和间接投资者方面的地位。[163] 在这种情况下,原告即 Impregilo 是一个在阿根廷获得水和污水处理服务特许权的财团中的一方。该财团在东道国注册了公司 AGBA,并与阿根廷签订了特许权合同。[164] 仲裁是根据阿根廷和意大利双边投资协定第 1 条

---

[158] 参见前引[156],第 49 段。

[159] 参见前引[148],第 95 段(省略脚注)。

[160] *Sempra* 案的被告还以其他理由质疑仲裁庭的管辖权,包括正在进行的许可证重新谈判、投资者的地位缺乏证据以及争议已提交给国家法庭。

[161] *Sempra* 案, ICSID 案件号 ARB/02/16 (Annulment Proceeding), Decision on the Argentine Republic's Request for Annulment of the Award, 2010 年 6 月 29 日,第 103 段。

[162] 参见同上,第 104 段。

[163] 参见 *Impregilo* 案, ICSID 案件号 ARB/07/17,2011 年 6 月 21 日。

[164] 参见同上,第 137 段。

第1款b项发起的。仲裁庭面临的一个问题是,作为直接投资者的股东的Impregilo是否有资格成为外国投资者。[165] 仲裁庭以简约的方式处理了这个问题,因为其认为“有实质性判例法表明主张,如Impregilo提出的,适用且享有双边投资条约下的保护”[166]。就此案,仲裁庭毫不犹豫地行使管辖权,理由是Impregilo是受阿根廷和意大利双边投资协定保护的投资者。

被告国经常争辩说,如果股东根据适用的双边投资条约独立寻求救济,而股东也可以通过当地程序提出索赔,则可能会出现双重赔偿。此时,对被告国不公平,可能出现投资者的不公正致富。然而,应指出的是,*Impregilo*案仲裁庭认为案件中双重赔偿的危险是理论上的。它表示:“这似乎很明显,即如果在国内层面给予AGBA赔偿,这将影响Impregilo在双边投资协定下可以提出的主张;反过来,Impregilo在国际层面给予的任何赔偿都会影响AGBA在提交阿根廷法院之前提出的主张。”[167] 但它没有详细说明国际仲裁庭如何与当地法院或东道国的其他机构协调,以避免双重赔偿。

事实上,在评估Impregilo自称所遭受的损害赔偿时,仲裁庭认为“如果阿根廷共和国违反公平公正的待遇标准,那么AGBA以及Impregilo会处于什么情况无法确定”[168]。然而,它发现阿根廷在某种程度上对特许权的负面发展做出了贡献,尽管它不相信AGBA的业务在任何情况下都会成功。[169] 在这种情况下,可以肯定的是,如果AGBA采取当地补救措施,它将不会获得任何损害赔偿。因此,这不存在双重赔偿的危险,因为无论如何都不会有任何补偿。也许这就是仲裁庭认为这个纯粹是理论上的问题的原因。如果仲裁庭进一步阐述这一点,它本可以为投资法的发展作出更多的贡献。

虽然不同的投资仲裁法庭可能会就损害赔偿的评估采取不同的立场,从而确定赔偿,但已经确定,根据公约和大多数(如果不是全部)双边投资条约的规定,根据东道国法律组建的公司的少数股东的外国投资者是《ICSID公约》下的合格投资者。在许多仲裁庭和ICSID临时委员会的决定中都可以看到这种观点。例如,*CMS*案临时委员会表示:“委员会注意到,就股东权益而言,双边投资协定中没有任何内容表明资本投资者必须拥有公司管理的大部分股份或控制权。少数股东的

---

[165] 参见同上,第138段。
[166] 参见同上,第140段。
[167] 参见同上,第139段。
[168] 参见同上,第371段。
[169] 参见同上,第374~378段。

投资由定义的实际语言涵盖，ICSID 仲裁庭在类似案件中也承认这一点。"〔170〕诚然，没有双边投资协定要求外国投资者必须拥有东道国公司的多数股权才能被视为外国投资者。〔171〕此事也在 *El Paso* 案中得到确认，其中决定股东权利的是其股权，对这些权利的任何主张不受持有的股份数量或少数量的影响。〔172〕如果东道国要求外国投资者必须使用某些工具进行投资〔173〕，保护股东利益，包括少数股东的利益，不仅是公平的，而且也是最重要的。因为在这种情况下，本地实体在外国进行投资的，即使根据《ICSID 公约》第 25 条第 2 款 b 项的规定可因外国控制而被视为合格投资者，也可拒绝对其本国政府采取行动。投资仲裁的实践表明，向包括少数股东在内的股东提供保护已获得普遍承认〔174〕，尽管有一些仲裁庭认为股东保护的可行性是基于特别法，正如 *CMS* 案临时委员会所说的那样。〔175〕

从理论上讲，毫无疑问，所有股东都应得到平等对待，不应仅仅因为该人持有少量股份或是间接股东而给予不同对待。然而，在实践中，问题可能不那么简单。

---

〔170〕参见 *CMS* 案，ICSID 案件号 ARB/01/8，Decision of the *ad hoc* Committee on the Application for Annulment，2007 年 9 月 25 日，第 73 段。

〔171〕在这方面，国家法律可能要求外国投资者在当地实体中持有最低限度的股权。例如，中国《中外合资经营企业法》(2001 年)规定，外国投资者在此类企业中必须进行的最低投资额为注册资本总额的 25%。参见 Guiguo Wang，*Wang's Business Law of China*，第 4 版，LexisNexis，2003 年，第 8 章。

〔172〕*El Paso* 案仲裁庭对公司所在国家可能采取的行动与股东所在国可能采取的行动进行了区分。它指出："人们普遍认为，只要公司的母国能够在国际层面上提出申诉，通过外交保护，股东所在国家就不能侵犯公司的任何权利，或只有在股东权利因公司本身消失而成为对东道国的直接权利时才能这样做。"参见 *El Paso Energy International Company* 诉阿根廷案(以下简称"*El Paso* 案")，ICSID 案件号 ARB/03/15，Award，2011 年 10 月 31 日，第 207 段。

〔173〕例如，根据中国法律规定，外国投资只能以中外合资企业、中外合营企业和外商独资企业的形式进行，所有这些实体必须是中国法人。细节见前引〔171〕。

〔174〕除 *Goetz* 案外，还有以下案件原告持有本地公司的大部分股份，均倾向于保护少数股份股东。*Lanco International*，*Inc.* 诉阿根廷案，ICSID 案件号 ARB/97/6，Preliminary Decision on Jurisdiction，1998 年 12 月 8 日，第 10 段；*Antoine Goetz and Others* 诉布隆迪案，ICSID 案件号 ARB/95/3，Award，1999 年 2 月 10 日，第 89 段；*Emilio Agustin Maffezini* 诉西班牙案，ICSID 案件号 ARB/97/7，Decision on Jurisdiction，2000 年 1 月 25 日，第 65～70 页；*Alex Genin and others* 诉爱沙尼亚案，ICSID 案件号 ARB/99/2，Award，2001 年 6 月 25 日，第 324 段；*Azurix* 案，ICSID 案件号 ARB/01/12，Decision on Jurisdiction，2003 年 12 月 8 日；*LG&E Energy Corp.*，*LG&E Capital Corp. and LG&E International Inc.* 诉阿根廷案(以下简称"*LG&E* 案")，ICSID 案件号 ARB/02/1，Decision on Objections to Jurisdiction，2004 年 4 月 30 日，第 89 段；*Enron* 案，ICSID 案件号 ARB/01/3，Decision on Jurisdiction (Ancillary Claim)，2004 年 8 月 2 日，第 28～32 段；*Siemens* 案，ICSID 案件号 ARB/02/8，Decision on Jurisdiction，2004 年 8 月 3 日，第 136～144 段；*Pan American LLC and BP America Production Company* 诉阿根廷案，joined ICSID 案件号 ARB/03/13，ARB/04/8，Decision on Preliminary Objections，2006 年 7 月 27 日，第 209～222 段。

〔175〕参见前引〔117〕，第 69 段。

在 *Enron* 案中,仲裁庭认为,原告间接拥有阿根廷公司 35.263% 的股份,有资格获得双边投资条约的保护。与此同时,其表示:“虽然投资者可以根据条约的规定基于自己的权利提出要求,但确实需要设立一个临界点,超出该临界点,则不允许主张,因为他们只能与受影响的公司建立远程连接”。[176] 这个案子的仲裁庭的关注并非毫无根据,可以从这方面考虑到后来的事态发展。

Abaclat 案[177]在这方面具启示性。该案件的争议源于阿根廷于 2001 年 12 月 21 日宣布的拖欠非阿根廷和阿根廷债权人超过 1000 亿美元的外债债务以及重组其主权债务的声明。随后,八家主要的意大利银行,作为阿根廷债券的承销商,根据意大利法律成立了阿根廷任务执行组(Task Force Argentina,TFA)。在其成员银行的资助下,TFA 将“代表意大利债券持有人的利益与阿根廷达成谈判解决方案”[178]。那些希望由 TFA 代表的债券持有人必须与 TFA 签署授权书。2005 年 1 月 14 日,阿根廷启动了 2005 年要约交换工作,根据该要约,债券持有人可以交换阿根廷在 2001 年暂停支付的某些债券,用于阿根廷将发行的新债务。新债券将提供相同的本金,但利率低于不良债务,本金减少但利率更高,或者其他债券期权之间的本金和利率下降。本案原告是意大利债券持有人,他们不接受阿根廷债务交换要约。

由于与阿根廷的谈判未能成功,TFA 决定根据意大利和阿根廷双边投资协定通过 ICSID 启动仲裁程序。为了获得债券持有人的批准,除其他事项外,TFA 要求他们签署新的授权,如果他们参与了授权,他们不能同时参与其他法律行为,这意味着他们无法同时起诉 TFA 的成员银行。2010 年 4 月,在 ICSID 仲裁程序于 2006 年开始之后,阿根廷又发起了另一项债务交换要约,旨在“重组和取消以 2005 年前合格证券为代表的阿根廷的违约债务,以防止阿根廷面临任何相关主张,包括任何行政程序、诉讼或仲裁请求,以及就考虑发行新证券以及在某些情况下现金支付的招标合格证券终止针对阿根廷的法律诉讼”[179]。大量债券持有人接受了这一债务交换要约,从而原告的人数从 180,000 人减少到 60,000 人。

《ICSID 公约》及意大利和阿根廷双边投资协定都没有包含与“大量索赔”有关的具体规定。仲裁庭首先根据《ICSID 公约》第 25 条第 2 款 b 项审议了另一缔

[176] 参见前引[156],第 52 段。

[177] 参见 *Abaclat and Others* 诉阿根廷案(以下简称“*Abaclat* 案”),ICSID 案件号 ARB/07/5,Decision on Jurisdiction and Admissibility,2011 年 8 月 4 日。

[178] 参见同上,第 66 段。

[179] 参见同上,第 92 段。

约国"合格"投资者的客观要求,随后得出结论,合格投资者可由缔约方确定。[180] 对此,与许多其他投资协定一样,意大利和阿根廷双边投资协定仅将投资者的定义一般性地规定为"缔约一方的任何个人或公司在另一缔约方的领土上已经作出、准备或承诺作出投资或承诺进行投资"。但是,附加议定书对该定义进行了补充。议定书规定:"a)每一缔约方的个人,在进行投资时,在投资所在的缔约方内,其住所的住所期限超过两年,不得受益于本协定。b)投资者的住所将根据投资所在地的缔约方的法律、法规和规定确定。"

因此,为了使原告能够得到双边投资条约的保护,他们必须首先拥有意大利国籍。就法人而言,它必须是"根据意大利法律成立的实体,其在意大利境内设有办事处,并获认可"[181]。仲裁庭指出:"《ICSID 公约》没有界定法人的概念,特别是没有明确要求非自然投资者具有特定的法律人格。因此,尽管对这个问题存在争议,但仲裁庭认为《ICSID 公约》没有明确的'是或否'答案,因此,关于非自然投资者的法律人格的具体要求,最终取决于相关双边投资条约关于人格的范围和非自然人投资者根据适用于该投资者的法律获得受双边投资条约保护的投资所需的法律能力,以及就该投资以其自己的名义起诉或被起诉。"[182]

仲裁庭认为,关于根据双边投资条约和《ICSID 公约》进行资格审查的法律能力的基础,为"以自己的名义提起诉讼的法定权利,且其组成人员都具有必要的国籍"[183]。

在 *Abaclat* 案中,原告提出了集体或大规模索赔,意大利和阿根廷双边投资协定以及《ICSID 公约》都未涉及这一问题。面对阿根廷基于此对其管辖权的质疑,仲裁庭认为,大规模索赔源于投资的性质,并且"将这种'合格的默示'解释为明确禁止集体诉讼将违背双边投资条约的目的和 ICSID 的精神"[184]。它进一步指出:"假设仲裁庭对若干个人原告的主张拥有管辖权,很难想象在原告人数超过一定门槛的情况下,仲裁庭为何以及如何放松行使管辖权的要求。"[185] 然而,与此同时,仲裁庭普遍认为需要对与程序和程序有关的规则进行某些调整。

那么,进行大规模索赔的仲裁需要哪些普适规则?在 *Abaclat* 案仲裁庭看

---

〔180〕 参见同上,第 281 段。
〔181〕 参见同上,第 413 段。
〔182〕 参见同上,第 417 段(脚注省略)。
〔183〕 参见同上。
〔184〕 参见同上,第 519 段。
〔185〕 参见同上,第 490 段。

来,“……需要实施允许简化证据材料验证的机制,而这种简化可能涉及文件审查的深度(如接受身份证件的扫描件而不是原件),或证据文件的数量要检查,对文件的选择过程(随机选择样本而不是对每份文件进行连续检查)”[186]。

最后,问题仍然是如何确保各方在程序上和实质上都“公平”。例如,虽然随机选择样本可能是案例的实际解决方案,但应采取哪些措施以确保信息的准确性?*Abaclat* 案提出的问题是偶然性的,但国际社会必须面对这些问题。一个问题是,私营公司的单一股份持有人是否可以启动国际投资仲裁程序。问题在于 ICSID 和许多双边投资条约下的机制是否适用于此类仲裁请求。在这种情况下,缔约方与这些机制的目标有关的意图不再相关联。另一个问题是,如果允许一组股份持有人(如 *Abaclat* 案)通过 ICSID 提出大规模索赔,那么如何确保每个原告的信息的准确性。这一问题具有重要意义:尽管每个原告都像 *Abaclat* 案的原告一样,承诺不在国家法院提出类似的要求,除非每个原告的详细资料都能得到确认,否则可能难以防止通过仲裁和其他通过国家法院导致的双重索赔。[187] 此外,如果投资者是远程性间接的类别,这是否有影响?易言之,如果一个实体是直接投资者,且投资者和股东之间隔着几层架构,那么投资者是否有资格诉诸仲裁?

毋庸置疑,诉讼资格是国际投资法中的一个重要问题。随着先进的信息和通信技术的发展以及日常投资工具的多样化和不断创新,普通个人有了投资机会。许多此类投资者成分不太复杂,需要更多保护,包括投资者与国家的仲裁。问题是现有机制能否处理像 *Abaclat* 案件中的纠纷。另一个问题涉及此类案件的程序。目前,没有双边投资协定或自由贸易协定或多边文本包含具体规定。然而,面对摆在面前的问题,仲裁庭必须制定程序,至少是相对不那么令人不满意的程序。从国际投资的长远利益出发,国际社会必须采取措施处理与诉讼资格有关的这些问题以及一些其他问题。

---

〔186〕 参见同上,第 531 段。

〔187〕 关于组合投资者的双边投资协定仲裁的权利,有人表示担心除非实施系统性改革,否则“系统的关键部分可能会瓦解”。参见 Joseph D' Agostino,“Rescuing International Investment Arbitration: Introducing Derivative Actions, Class Actions, and Compulsory Joinder”, *Virginia Law Review*, Vol. 98, 2012 年,第 177 ~ 229 页。

第四节 利 益 拒 绝

“利益拒绝”是某些条约安排中的一项重要规定。它也与揭开公司面纱的概念密切相关。为了防止搭便车者利用保护条约,一些条约明确规定不得对某些个人和实体群体给予保护。[188] 这方面的例子可见于 ECT、美国—多米尼加—中美洲自由贸易协定(U. S. – Dominican Republic – Central America Free Trade Agreement,DR – CAFTA)。它们包含允许其缔约方不将这些条约的权利和利益扩展到某些实体的规定。例如,ECT 第 17 条规定:

“每一缔约方保留拒绝本部分优势的权利:(1)法律实体,如果第三国的公民或国民拥有或控制该实体,并且该实体在其组织的缔约方区域内没有实质性的商业活动……”

DR – CAFTA 第 10.12.2 条还允许其缔约方“拒绝(DR – CAFTA 第十章)其缔约方给另一方投资者的利益,如该企业的投资在任何缔约方境内没有实质性的商业活动,除拒绝方和非缔约方或被拒绝方的人拥有或控制企业外”。

上述规定的共同特征是对于“实质性商业活动”的要求。关于“控制”的要求,ECT 允许缔约方拒绝该条约对东道国国民的利益,而 DR – CAFTA 则指“拒绝方”的人。从理论上讲,这些条约对非缔约方没有任何影响。然而,由于判例法和来自不同条约和仲裁庭的裁决的交叉引用是当代国际投资法的一个显著特征,与 ECT 和 DR – CAFTA 条款有关的做法可以为确定“重大商业活动”的构成和其他投资仲裁背景下的合格投资者提供指导,或至少是例子。

Pac Rim Cayman LLC 诉萨尔瓦多案[189]是第一起 DR – CAFTA 涉及拒绝利益条款的案件。案件原告是 Pac Rim Cayman 公司,是一家根据美国内华达州法律成立的法人,但由环太平洋矿业公司(一家根据加拿大法律成立的法人)全资拥有。原告代表自己和代表其子公司提出了几项针对被告的主张,这些公司是根据被告

---

〔188〕 关于利益拒绝条款的形式的讨论,参见 Rachel Thorn and Jennifer Doucleff, “Disregarding the Corporate Veil and Denial of Benefits Clauses: Testing Treaty Language and the Concept of ‘Investor’”, in Michael Waibel et al., eds., *The Backlash against Investment Arbitration*, Wolters Kluwer, 2010 年,第 1 部分第 1 章。

〔189〕 参见 *Pac Rim Cayman LLC* 诉萨尔瓦多案(以下简称“*Pac Rim* 案”), ICSID 案件号 ARB/09/12, Decision on the Respondent's Jurisdictional Objections, 2012 年 6 月 1 日。

国内法律成立的法人,且于位于被告北部的矿区享有某些权利。被告辩称,原告在美国没有“重大商业活动”,且由加拿大人——非 DR - CAFTA 缔约方所拥有和控制。[190] 因此,它质疑仲裁庭的管辖权,理由是其根据 DR - CAFTA 第 10.12.2 条有权拒绝向原告提供利益。

该案仲裁庭表示,根据 DR - CAFTA 的目标和宗旨,必须满足两个条件才能援引利益拒绝条款。它们是原告在其注册地国家没有实质性的商业活动,并且原告由非 DR - CAFTA 缔约方的人拥有或控制。[191] 仲裁庭还考虑了被告是否应该选择利益拒绝的时间,如有,被告在该案中是否满足。

无可争议的是,原告是有一部分业务在美国开展的公司集团。问题是集团的业务活动能否满足“大量商业活动”的要求。仲裁庭强调,“DR - CAFTA 第 10.12.2条不涉及一组公司的集体活动,而是涉及‘企业’本身的活动”,即原告。[192] 基于被告本身没有雇员,没有办公场所,没有银行账户,没有董事会,没有有形财产的证明,没有进行任何勘探活动,也没有在美国纳税[193],仲裁庭认为原告“在美国不曾有,也不会有实质性的活动”[194]。这种控制是合理的,因为在一组公司中,每个成员都有独立的法人资格。然而,如果原告的母公司已经在美国注册并且已经提起仲裁,而非原告本身,那么结果将会有所不同。在这种情况下,母公司作为间接投资者,有权主张自己的权利。

在投资实践中,通常情况是投资者可能是控股公司。如果 *Pac Rim* 案仲裁庭的裁决获得普遍适用,那么控股公司可能会因未进行大量商业活动而面临被取消投资者资格的风险。然而,*Pac Rim* 案仲裁庭确实通过区分一般控股公司,即一家拥有其子公司全部或几乎所有股份的公司,与本案中原告的情况,以解决这一问题。在其看来,控股公司的商业目的是“拥有其集团公司的股份,并为控股公司的控制、税收和风险管理带来附加好处”[195]。仲裁庭随后表示控股公司通常有“董事会、董事会会议记录、持续的实体存在和银行账户”[196]。由于原告未能证明其具有上述任何特征,因此传统的“控股公司”概念无法在本案中发挥作用。

本案的另一个问题是,原告是由其母公司 Pacific Rim 全资拥有和控制的,这

---

[190] 参见同上,第 4.7 段。
[191] 参见同上,第 4.61 段。
[192] 参见同上,第 4.66 段。
[193] 参见同上,第 4.68 段。
[194] 参见同上,第 4.78 段。
[195] 参见同上,第 4.72 段。
[196] 参见同上。

是一家根据加拿大法律组建的公司，而加拿大不是 DR - CAFTA 的缔约方。然而，原告称，加拿大公司的大部分股份是由"（居住）或至少在美国拥有邮政地址的自然人和法人"[197]持有的。仲裁庭认为，由于"仅仅基于美国邮政地址无法满足美国公民身份或永久效忠美国的要求"[198]，因此不能依赖这些证据证明加拿大母公司的股东国籍。最后，仲裁庭认为，被告人已经满足了利益拒绝的第二个条件，即原告"由非 DR - CAFTA 缔约方的人拥有或控制"。

仲裁庭还审议了萨尔瓦多决定行使利益决绝的及时性。由于 DR - CAFTA 没有规定行使该权利的最后期限，因此仲裁庭判断被告按时完成。但是，它指出，根据不同的仲裁规则，结论可能会有所不同。易言之，如果适用的仲裁规则对利益拒绝有特定的时间限制，而当事方以此为依据质疑仲裁庭对投资争议的管辖权，则必须在规定的截止日期之前提出。在本案中，仲裁庭认为，根据《ICSID 仲裁规则》第 41 条的规定，任何反对管辖权的行为，包括通过援引利益拒绝条款质疑管辖权的，"应尽早作出"和"不迟于在提交反诉状据时确定的时限"，被告及时提出了问题。[199] 这一决定很重要，因为大多数双边投资条约和其他条约没有规定被告国对管辖权提出异议的确切期限。

Plama 案[200]是另一个关于利益拒绝的案件，但在本案中，问题源自 ECT 条款。这里有两个问题，即 ECT 第 17 条（管辖权问题）的适用范围和适用时间。原告表示，被告根据第 17（1）条否认其在 ECT 第三部分下的优势，这是对管辖权的变相反对，实质上是对理由的辩护。[201] 如果遵循原告的推理，结果即是被告对仲裁的同意不应受到利益拒绝的影响。被告回复称："第 17 条不是保留条款。相反，第 17 条是实质性条款，规定、限制或缩小缔约方第三部分义务的范围。"[202]此外，被告认为没有必要事先通知其行使权利。因为根据第 17 条，其是自行实施的。[203] 因此，一旦满足利益拒绝的条件，投资者就不应该有任何合理的期望，即东道国将受到 ECT 第三部分规定的义务的约束。然而，原告认为，除非切实否认，否则他有权享受基于 ECT 第三部分的权利。[204]

---

〔197〕 参见同上，第 4.80 段。

〔198〕 参见同上，第 4.81 段。

〔199〕 参见同上，第 4.92 段。

〔200〕 参见 *Plama* 案，ICSID 案件号 ARB/03/24［ECT］，Decision on Jurisdiction，2005 年 2 月 8 日。

〔201〕 参见同上，第 41 段。

〔202〕 参见同上，第 64 段。被告承认的条件是满足 ECT 的所有要求。

〔203〕 参见同上，第 84 段。

〔204〕 参见同上，第 91 段。

仲裁庭认为,根据 ECT 第 17 条的规定,缔约国只能否认第三部分的好处,条件是该实体由来自非 ECT 缔约方的第三国的人拥有或控制,且没有在其成立的国家进行大量的商业活动,即所谓的两方面分析。[205] 由于关于争议解决的第 26 条属于 ECT 第五部分,不适用于管辖权问题。[206] 仲裁庭认为,第 17 条标题为"在某些情况下不适用第三部分",指的是"ECT 第三部分赋予投资者的实质性优势"[207],而第 26 条规定了"覆盖投资者索赔的程序性补救办法";而且,在第三部分中,该投资者所享有的基于 ECT 的实质性优势并非物质或法律上的一部分。[208] 因此,仲裁庭认为该语言是明确的。ECT 第 26 条作为一种补救措施,解决"广泛、复杂和极具争议性的争议",例如"公民身份、国籍、所有权、控制权以及商业活动的范围和地点"[209]。

关于 ECT 第 17 条的实施,仲裁庭在审议了双方的意见后指出,"权利的存在不同于行使该权利"[210]。它认为该条款的语言不仅毫不含糊,而且"符合 ECT 各缔约国在不同双边投资条约下的不同国家惯例:其中某些条款对在没有重大业务的国家注册的法人实体采用宽松的处理方法(如荷兰)和某些采用更严格的方法(如美国)"[211]。作为一项多边条约,ECT 第 17 条是通过其宽松的条款来适应这种不同国家的实践活动。

由于国家惯例不同,仲裁庭认为,在利益拒绝之前,必须告知投资者一国决定这样做。为此,仲裁庭寻求 NAFTA 第 1113(2)条的支持,该条款还规定了利益拒绝的权利,并要求事先通知和协商。它指出,虽然这两份文件的措辞"实质上不同",但 NAFTA 第 1113(2)条将支持仲裁庭解释为"作为一个实际问题并非不合理"[212]。这种解释再次非常有利于投资者。如果 NAFTA 和 ECT 条款不同,根据 VCLT 第 31 条的规定,它们的解释当然应该不同。仲裁庭认为,为了执行关于利益拒绝的规定,有关缔约方必须事先宣布其有意这样做的意图,[213] 其确实可以在

---

[205] 参见同上,第 143 段。
[206] 参见同上,第 147 段。
[207] 参见同上。
[208] 参见同上,第 148 段。
[209] 参见同上,第 149 段。
[210] 参见同上,第 155 段。
[211] 参见同上。
[212] 参见同上,第 157 段。
[213] 仲裁庭表示:"他的行使必然与宣传或其他通知有关,以便投资者及其顾问合理使用。为此目的,缔约国官方公报中的一般性声明就足够了,或缔约国一方投资或其他法律的法定规定,甚至与特定投资者或投资者类别交换信件。"参见同上。

一般公告中作出此类通知以满足要求。但是正如 *Plama* 案仲裁庭所声称的那样，外国投资者可能在实践中不会被告知。最重要的是，仲裁庭所做的是为 ECT 第 17 条增加程序要求，即事先通知。

Plama 案仲裁庭还讨论了 ECT 第 17 条规定的任何利益拒绝是否应被视为具有追溯或预期效果。它认为该条第一款和第二款都提出了预期效果。为此，除了该条的案文外[214]，它还强调条约第 2 条规定的目标和宗旨是"建立……一个法律框架，以促进能源领域长期合作。……根据宪章的目标和原则"[215]。它认为，为了建立长期合作，应事先通知假定的外国投资者是否有权享有某些益处。

本案仲裁庭还面临着确定原告是否在其注册国家进行"重大商业活动"的问题。原告承认，它在注册地——塞浦路斯没有实质性的商业活动。然而，原告认为其母公司在那里有大量的商业活动。与 *Pac Rim* 案仲裁庭观点一样，本案仲裁庭裁定："由于相关但不同的法律实体 Plama Holding Limited（PHL）开展的业务活动，这种缺失（缺乏实质性商业活动）无法被认可，即使 PHL 拥有或控制原告。"[216] 最后，仲裁庭决定对案件行使管辖权，同时留下被告是否有权否认原告根据第三部分在案情上决定的权利的问题。[217]

应指出的是，*Plama* 案仲裁庭关于管辖权的结论与 *Pac Rim* 案仲裁庭的结论不同。[218] 这主要是因为个别词汇的不同，即 ECT 第 17 条第 1 款中的"部分"和 DR－CAFTA 第 10.12 条中的"章节"。这两个条约有类似的结构，而差异如下：在 ECT 中，关于争议解决和利益拒绝的规定出现在宪章的不同"部分"，而关于利益拒绝的规定则在"第三部分"；在 DR－CAFTA 中，尽管在"章节"的不同"节"，关于争议解决和利益拒绝的规定出现在同一章——第十章中。有人指出，文本中这

---

〔214〕 参见同上，第 159 段。

〔215〕 参见同上，第 161 段（原文加注重点）。

〔216〕 参见同上，第 169 段。

〔217〕 在举证责任方面，仲裁庭表示"案情依据的举证责任与管辖权问题的大不相同"。参见同上，第 167 段。

〔218〕 Sinclair 认为，*Plama* 案决定具有实际后果，即"第 17 条可以为东道国提供经由邮箱公司提出的主张的良好辩护，但国家必须在投资之前行使其权利"。参见 A. C. Sinclair，"Investment Protection for 'Mailbox Companies' under the 1994 Energy Charter Treaty"，*Transnational Dispute Management*，第 2 卷，第 5 篇，2005 年 11 月，第 1～6 页，第 6 页。关于 ECT 中利益拒绝的条款的讨论，参见 Loukas A. Mistelis and Crina Mihaela Baltag，"Denial of Benefits and Article 17 of the Energy Charter Treaty"，*Penn. State Law Review*，Spring 2009 年，第 113 卷，第 1301 页；Elvira R. Gadelshina，"Burden of Proof Under the 'Denial－of－Benefits' Clause of the Energy Charter Treaty：*Actori Incumbit Onus Probandi?*"，*Journal of International Arbitration*，第 29 卷，No. 3，2012 年，第 269～284 页。

种“小”的差异在效果上产生了如此大的差异。然而,条约规定必须得到善意的解释。当然,有人可能会认为,如果 ECT 的第 17 条第 1 款改为“条约”而不是“部分”,则 *Plama* 案仲裁庭可能就此问题与 *Pac Rim* 案仲裁庭作出类似裁决;或者将第 10.12 条改为“节”而不是“章”,*Pac Rim* 案仲裁庭可能与 *Plama* 案仲裁庭作出一样裁决。

LLC AMTO 诉乌克兰案(以下简称“*AMTO* 案”)是涉及对 ECT 第 17 条的解释的另一个案例。在该案中,除了质疑原告的控制权和所有权之外,被告还认为,由于 ECT 第 26 条仅涉及违反义务,其适用范围应不包括对规定了缔约方的权利的第 17 条的解释。它认为,由于缺乏属事理由,仲裁庭没有管辖权。[219] 在得出结论,即认为被告在这种情况下不能行使第 17 条规定的权利以剥夺原告享受 ECT 第三部分的益处时[220],仲裁庭解释说,被告的论点是第 17 条不受仲裁,因为它只处理了有“权利”,而不是有“术语基础”的“义务”。[221] 然而,它继续指出:“关于义务的争议包括与义务存在有关的争议,实际上,这是国际仲裁中权限/能力原则的实质。国家可以主张‘权利’、‘权力’、‘原则’、‘特权’或‘豁免权’来否认,废除或规避义务,但法律陈述的反对并未将其从原告存在和违反义务中剥离出来。”[222]

易言之,虽然 ECT 第 17 条涉及缔约方的权利,但行使这些权利必须符合其义务。事实上,在依法管辖的每一个体系中,权利的行使必须服从某些条件。因此,ECT 第 17 条不能超出 ECT 第 26 条规定的仲裁范围。

在分析中,*AMTO* 案仲裁庭采用了 *Plama* 案仲裁庭提出的两条路办法。[223] 关于原告是否满足实质性商业活动要求的问题,原告证明其已支付居民所得税、内部增值税和企业活动风险国家费用,并已在拉脱维亚支付了强制性社会保险金,且聘请了两名全职员工。根据这些事实,仲裁庭认为原告在该处有大量的商业活动。[224] 它在这个问题上的推理是,ECT 下的“实质性”一词意味着“实质,而不仅仅是形式”。它并不意味着“大”,而商业活动的质非量是一个决定性的问题。[225]

---

〔219〕 参见 *AMTO* 案, Arbitration Institute of The Stockholm Chamber of Commerce, Arbitration No. 080/2005, Final Award, 2008 年 3 月 26 日,章节 26(h)。被告亦批评 *Plama* 案仲裁庭关于 ECT 第 17 条的决定。

〔220〕 参见同上,第 70 段。

〔221〕 参见同上,第 60 段。

〔222〕 参见同上。

〔223〕 参见同上,第 62 段。

〔224〕 参见同上,第 68 ~ 69 段。

〔225〕 参见同上,第 69 段。

考虑到 ECT 和欧洲能源宪章会议的最终法案均未定义"实质性"一词,*AMTO* 案仲裁庭的裁决有助于形成对第 17 条的一致解释。作为其他条约,包括 DR - CAFTA 和一些中国已经加入的双边投资条约(后面将讨论),包含类似的规定,像 *AMTO* 案这样的仲裁决定也可能对这些条约的解释产生溢出效应。

Petrobart 案[226]亦涉及利益拒绝的问题,但仲裁庭在审查有关问题方面做得不好。在该案中,原告 Petrobart 是一家在直布罗陀注册的公司,但它与直布罗陀的关系仅限于此。[227] 原告的公司编号甚至说明它是一个直布罗陀非本地公司,即在直布罗陀注册但由非居民拥有、管理和控制的法人实体。除了直布罗陀交付利润外,只要它在直布罗陀没有经营业务,这样的实体不受直布罗陀当地公司税的限制。[228]

原告的论点是,它由 Pemed 有限公司管理,该公司在英国注册,总部设在伦敦,负责处理 Petrobart 的许多战略和行政事务。[229] 被告坚称,英国尚未代表直布罗陀批准 ECT,因此,直布罗陀不是 ECT 的缔约方。[230]

关于吉尔吉斯斯坦共和国的两名雇员,原告认为,Josif Todorovski 先生是英国和马其顿的国民,而 Ratko Zatazelo 先生是塞尔维亚国民,也曾在法国拥有永久居留权。[231] 此外,原告称,被告歪曲了条约第 17 条的范围,并对其进行了过多的解读。[232]

仲裁庭在裁决书中表示,它"重视 Petrobart 本身提供的有关 Petrobart 的信息,仲裁庭认为,Petrobart 是由英国外的公民或国家公民拥有或控制的公司和 Petrobart 在英国没有实质性业务相矛盾"[233]。显然,仲裁庭认为原告的母公司在伦敦的业务活动就好像 Petrobart 的那些业务。这一决定与 *Pac Rim* 案和 *Plama* 案仲裁庭所采取的立场不同。然而,它偏离其他仲裁决定的理由并不充分。在整个讨论过程中,仲裁庭接受 Petrobart 是一家在直布罗陀组织的公司,因此在审查 ECT 是否适用于直布罗陀方面有些费力。此外,仲裁庭似乎只是简单地接受了 Petrobart 关于这些事实的说法,没有任何支持证据,同时不接受吉尔吉斯共和国的

---

[226] 参见 *Petrobart* 案, SCC Arbitration 案件号 126/2003, Arbitral Award,2005 年 3 月 29 日。

[227] 参见同上,章节 VII. 2. C(a), 前 3 段。

[228] 参见同上。

[229] 参见同上,章节 VII. 3. B,第 4 ~7 段。

[230] 参见同上,章节 VII. 2. C(a), 最后两段。

[231] 参见同上,章节 VII. 3. B, 5 段。

[232] 参见同上。

[233] 参见同上,章节 VIII. 3,最后一段。

证词,事实上拒绝了被告看似合理的要求,即仲裁庭要求提供可能澄清了 Petrobart 的所有权的文件。[234] 仲裁庭犯下如此严重的错误确实非常不幸。人们只能希望这种问题不会在国际投资仲裁中频繁发生。

Generation Ukraine 案[235]特别涉及对乌克兰和美国双边投资条约第 1 条第 2 款的解释,其中提道:"如果任何第三国的国民控制该公司,且在另一方的公司存在的情况下,否认方与之没有保持正常的经济关系,另一方或由第三国国民控制的公司在该公司注册地内没有实质性的商业活动,则每一方保留拒绝向任何公司提供本条约优势的权利。"

原告为一美国公司,其投资了办公楼建设项目。被告根据双边投资条约第 1 条第 2 款对仲裁庭的管辖权提出质疑。[236] 仲裁庭首先指出,被告有责任"确定'第三国控制'的事实依据以及其他情况"。这要求并不奇怪,因为在国际仲裁实践中,无论谁提出索赔都有责任证明。仲裁庭随后指出:"被告仍需花大力气证明美国国民(拉卡先生)明确具有控制权,其拥有 Generation Ukraine 100% 的股份。"[237] 最后,仲裁庭根据双边投资条约中存在利益拒绝的理由,驳回了被告对管辖权的异议。应指出的是,*Generation Ukraine* 案仲裁庭明确将被告的管辖权异议视为"可受理性异议"。因此,本决定与 *Pac Rim* 案仲裁庭的立场不同,但与 *Plama* 案的决定一致。

诚然,关于利益拒绝的一个重要问题是,它是管辖权问题还是可受理性问题。两者的区别在于,如果是管辖权问题,在确定被告有权否认申请人的利益时,主管仲裁庭必须放弃管辖权;但如果是可受理性问题,仲裁庭应继续进行仲裁程序,并将被告的证据置于利益拒绝案情理由的分析中。非常遗憾的是,在解释其他条约条款时,仲裁时间在适用利益拒绝条款方面并不一致。由于并非所有双边投资协定都包含利益拒绝的规定,仲裁庭在解释本条款时的不一致并未引起对最惠国条款的一些解释的强烈抗议。[238] 然而,这不应成为条款构造不一致的理由。投资仲裁从业人员和国际投资法学者应鼓励并事实上确保仲裁庭在解释利益拒绝条款时

---

[234] 参见同上,章节 V,第 4 ~ 5 段。

[235] 参见 *Generation Ukraine, Inc.* 诉乌克兰案, ICSID 案件号 ARB/00/9, Arbitral Award, 2003 年 9 月 16 日。

[236] 参见同上,第 15.7 段。

[237] 参见同上,第 15.9 段。显然,争议各方的表现并没有给仲裁庭留下深刻的印象,因为他们都没有提出太多有用的分析,只是"简单地断言相互竞争的语义点而不调查任何一种方法对法律或政策的影响"。参见同上,第 15.3 段。

[238] 关于国际仲裁庭在解释最惠国条款方面不一致的讨论,见本书第七章。

认真考虑当事人的意图。仲裁庭应认为他们有义务陈述其决定的理由，尽管有些仲裁规则与《ICSID 仲裁规则》不同，不需要基于合理分析的决定。在仲裁庭陈述合理决定的情况下，特别是在以前仲裁庭作出相互矛盾的裁决的情况下，应被视为法治的基本原则。否则，对这一或任何条约规定的矛盾解释的影响必然会变得更加严重。

第五节　中国关于投资者的实践

中国关于投资者的定义的条约实践也经历了不断演变的过程。在这方面，《中挪双边投资协定》是中国签署的首批此类协定之一，具有代表性。根据双边投资协定，投资者是另一方的国民，其进一步将“国民”定义为具有中国或挪威国籍的自然人，以及作为任何一方的法人的“公司”。[239] 在批准《中挪双边投资协定》时，中国没有公司法，[240]“公司”的概念尚不清楚。为便于双方适应情况，双边投资协定规定，就中国而言，公司是在中国注册并有地址的经济机构。就挪威而言，公司是挪威境内的司法人员和独资经营者，或企业和协会，无论其合伙人、成员或成员的责任是否有限，无论其活动是否利益取向。[241] 一个缔约方对另一方的国民和公司给予保护。[242]

1986 年《中英双边投资协定》[243]也是早期的中国双边投资协定之一，其中第 1 条规定，“国民”是指具有中国国籍的自然人和根据现行法律获得英国国民身份并具有英国居留权或英国政府负责对外关系的任何领土的自然人。对于受条约保护的法人，中英双边投资协定和传统的美国友谊、商业和航海条约中的定义相同，使用成立或注册地点来确定企业的国籍。2004 年《美国双边投资协定》范本规定，“缔约方企业”不仅必须根据缔约方之一的法律组建或成立，还必须在那里开展业

---

[239] 参见 1984 年《中挪双边投资协定》第 3 ~4 条。

[240] 在 1993 年《公司法》颁布之前，根据其所有权采用不同的规制企业的中国法。1979 年通过《合资经营企业法》，1988 年颁布了《全民工业企业法》。

[241] 参见 1984 年《中挪双边投资协定》第 1 条第 4 款。

[242] 理论上，国民待遇适用于中国和挪威投资者。当时没有中国企业在挪威投资，这项规定的好处是单边的。自 1983 年以来，挪威公司一直在中国投资。他们投资的主要部门是邮电、电子、机械、运输、轻工、农业和环境保护。大多数投资项目位于东部沿海城市。参见 http://www. bergen - chamber. no/publish_files/Wikborg_Rein_China_Summit. pdf。

[243] 《中英双边投资协定》（包括交换说明），参见 *Chinese Economic News*, Supplementary Issue No. 4, 1986 年 7 月 14 日，https://www. unctad. org/sections/dite/iia/docs/bits/uk_china. pdf。

务活动。[244] 它还规定,如果由第三国国民或东道国控制,则缔约方有权拒绝保护在另一缔约方登记的企业的投资。[245] 该条款的目的是授权缔约方在第三国国民控制或与另一缔约方缺乏重要联系的情况下拒绝条约保护。

中国缔结的一些老一代双边投资协定也包括一项“控制”标准,进一步扩大了其覆盖范围。例如,1985 年《中华人民共和国政府和科威特政府关于促进和保护投资协定》第 1 条第 4 款规定:“如果缔约一国的自然人或法人在第三国领土内设立的某法人中拥有利益,该法人在缔约另一国投资时,应被视为缔约一国的法人,但本条款只有在该第三国无权或放弃对上述法人的保护时,方能适用。”

新一代中外双边投资协定扩大了投资者的定义。采用了两种方法:一种是用特定的术语来定义各个国家的投资者;另一种是规定投资者的一般定义。除了 2003 年《中德双边投资协定》和 2005 年中国与葡萄牙签订的双边投资协定等少数双边投资协定外,近年来中国签署的大多数双边投资协定采取了第二种方式。自然人作为投资者,为了避免国籍冲突,2003 年《中德双边投资协定》明确规定,自然人的国籍应由其国内法确定,中国和德国法律均不承认双重国籍。

对于其他投资者而言,2003 年《中德双边投资协定》适用于在中国设立的所有类型的“经济实体”,无论是否为了利润,其是否为有限公司,只要在中国注册成立均可适用。易言之,中国的法人投资者的国籍是由注册地和经营地址的双重标准所决定的,而合格的德国法人投资者只需要在德国拥有经营地址。但是,使用“经营地址”来确定法人的国籍可能会引起争议,因为该词可能指的是管理中心所在地或经营中心所在地。如果公司在中国成立但在中国设有管理中心并在德国设有运营中心,那么它应该被视为中国国民还是德国国民?根据中国国内法,它是一家中国公司。[246] 然而,根据 2003 年《中德双边投资协定》的规定,它可能有资格同时是中国投资者和德国投资者。相比之下,2004 年《中芬双边投资协定》[247] 的相关

---

〔244〕 参见前引〔15〕,第 1 条。

〔245〕 参见同上,第 17 条。

〔246〕 《公司法》(2005 年)第 2 条规定:“本法所称公司是指依照本法在中国境内设立的有限责任公司和股份有限公司。”第 10 条规定“公司以其主要办事机构所在地为住所。”根据原《民法通则》第 39 条:“法人以它的主要办事机构所在地为住所。”《最高人民法院关于实施中华人民共和国民法通则(试行)若干问题的意见》第 184 条规定:“外国法人以其注册登记地国家的法律为其本国法,法人的民事行为能力依其本国确定。”

〔247〕 《中芬双边投资协定》于 2004 年 11 月 15 日签署。

规定更加准确,采用双重标准的登记地和所在地来确定缔约双方的合格投资者。[248]

根据包含投资章节的《中新自贸协定》规定,法人投资者包括“根据缔约方法律组建或成立的子公司,以及位于缔约方领土内并在那里从事实质性业务的子公司”[249]。对上述规定的简单解读意味着,如果一方的实体在另一方的领土内设立企业(子公司),则该子公司可能无权享受条约保护,除非它从事实质性的商业活动。基于此,该条款与2004年美国模式双边投资协定和前面讨论的乌克兰和美国双边投资协定非常一致。对于另一方境内设立子公司的实体的态度明确,但对于在另一缔约方中组成或成立实体的自然人没有类似要求。这种情况在第149条(利益拒绝)中提及,其中b款允许缔约方拒绝给予另一方的投资者,当该投资是由拒绝方的人控制或拥有的企业进行的,或企业在另一方境内没有实质性的业务活动。“人”显然涵盖了法人和自然人。[250] 这些规定的实质是防止诸如 *Tokios Telelės* 案[251]中所见的情况,其中决定控制测试不适用于确定外国投资者的国籍。

事实上,中国关于投资者的情况比条约实践的情况更为复杂。中国法律规定,中国香港特别行政区、澳门特别行政区和台湾地区的投资者参照《外商投资法》的规定享受优惠待遇,即使这三个地区都是中国的一部分。正如关于中国和新西兰签署的自由贸易协定讨论的那样,中国政府担心其国民在外国设立实体,即成为双边投资协定或自由贸易协定的一方。然而,有很多中国内地的公司已经在香港特别行政区和澳门特别行政区投资。他们利用设在中国香港特别行政区和澳门特别行政区的这些公司回内地投资,在内地他们被视为“外资”。因此,中国的政策存在一些不一致。为了鼓励相互投资,中国大陆和中国台湾地区在2012年签署了一

[248] 根据2004年《中华人民共和国政府和芬兰共和国政府关于鼓励和相互保护投资协定》第1(2)条的规定,“‘投资者’一词,系指:(一)根据缔约任何一方的法律,是缔约任何一方国民的自然人;(二)任何法律实体,包括根据缔约任何一方的法律和法规设立或组建且住所在该缔约一方境内的公司、商行、协会、合伙及其他组织,不论其是否营利和其是否承担有限责任”。

[249] 参见《中新自贸协定》第135条。自然人投资者包括在其中一方拥有永久居留身份的人。由于中国尚未制定任何赋予外国人永久居留权的法律或法规、自贸协定规定,在中国通过此类法律后,这些规定将适用。根据《中巴自贸协定》第46(3)条的规定,“投资者”包括:“(a)根据该缔约方法律拥有任何一方国籍的自然人;(b)法律实体,包括公司、协会、合伙企业及其他组织,根据任何一方的法律和法规成立或组成,并在该方拥有经营场地。”

[250] 由于“利益拒绝”适用于整个投资章节所涵盖的事项,所有问题,包括争议解决、外国投资者和投资都可能受到影响。

[251] 更多关于 *Tokios Tokelės* 案的讨论,见本章第四节。

项投资协议,这也将对跨境投资者产生影响。其界定“投资者”为:“……对另一方进行投资的缔约方的自然人或企业:(1)‘缔约方的自然人’是指持有该缔约方身份证明文件的自然人;(2)‘一方企业’是指在该缔约方的法律和法规规定的缔约方内的实体,包括公司、信托、独资企业、合伙企业或其他组织;(3)根据第三方法律及法规组成但由本段第(1)或(2)项所述由投资者拥有或控制的任何实体,被视为一方的企业。”

第六节 总 结

在当代全球化的世界中,通常的做法是投资者以最大化潜在利益的方式组织投资。其中一种方法是在外国建立公司,特别是在一个在国内法和条约方面提供更好保护的国家。凭借目前的信息和通信技术,极大地降低了跨境资金转移的成本并增加了跨境资金转移的能力,滥用税收协定在投资界不再令人惊讶。正如 Scheuer 评论的那样:“对于一国投资者而言,在被认为提供有利监管和法律环境的管辖区内建立新实体,结合投资条约的适用性,既不违法也不会不合适。建立公司以便从国内法和条约中获益既不是不道德的,也不是非法的,是国际经济关系中的标准做法。国籍规划已成为如税收规划似的勤奋管理的标准特征。”[252]

当然,谨慎的投资计划没有错,以便最大限度地发挥双边投资协定和其他工具的利益。然而,就像其他事项一样,这亦有限制。*Banro* 诉刚果案[253]提供了一个令人信服的例子。

原告是一家加拿大公司,与刚果民主共和国签订了投资合同,根据该合同,如有争议,可提交 ICSID 仲裁。当发生争议时,在许多情况下,人们意识到加拿大不是《ICSID 公约》的缔约方,因此 ICSID 无法解决争议。显然,为了解决管辖权的缺陷,原告将其投资转移到了其美国子公司。由于美国是《ICSID 公约》的缔约方,美国子公司将被视为另一缔约国国民。面对被告对其管辖权的质疑,仲裁庭适用了“任何人不得向他人转让超过本人所有之权利”的原则,并认为它对案件没有管辖权。该案件与 *Phoenix* 诉捷克案[254]类似,其中原告采用类似路径,但仲裁庭以缺

---

〔252〕 参见前引〔8〕。

〔253〕 参见 *Banro American Resources, Inc. and Societe Aurifere du Kivu et du Maniema S. A. R. L.* 诉刚果案, ICSID 案件号 ARB/98/7, Award, 2000 年 9 月 1 日。

〔254〕 参见 *Phoenix Action Ltd.* 诉捷克案, ICSID 案件号 ARB/06/5, Award, 2009 年 4 月 15 日。

乏合格投资为由拒绝管辖。在这个案子中,原告所作的都被视为滥用仲裁,拒绝给他们国际保护是合理的,否则就是荒谬的。

如果东道国意识到投资者缺乏资格,情况会有所不同。根据不容反悔原则,东道国不能随后认定投资者不适格。对此,*Autopista* 诉委内瑞拉案[255]是一相关案件。本案中的东道国知道当地子公司的控股公司不是来自 ICSID 缔约方,且随后将当地子公司的多数股份转让给在一缔约方注册成立的控股公司。根据这些事实,仲裁庭认为,如果被告知道情况并已同意,则不能质疑仲裁庭的管辖权。[256]

无须多言,在确定投资者方面的问题和困难不仅限于上面讨论的那些。至少可以说,相对简单的法人建立程序和少数股东在海外投资的事实使问题更加复杂。正如 Legum 所指出的那样:"外国资本具有高度可替代性的现实以及投资者和投资定义的广度共同有效地将 BIT 的双边义务转变为东道国必须考虑的可能适用于所有投资者的义务。"[257]在实践中,现在东道国为了吸引外国投资,可能承担比以往更多的义务,负责解决投资者与国家之间争端的法庭和其他机构应确保对东道国的公平待遇。

但是,条约规定不能跟上投资实践的多样化发展。因此,许多未解决的问题留待仲裁庭处理。与投资法的其他领域一样,仲裁庭的表现并不令人满意,特别是因为有太多相互矛盾的决定。一些此类的决定显然是由于仲裁庭出于有利于投资者或获得管辖权而解释相关条款。例如,关于揭开公司的面纱,趋势似乎是仲裁庭准备这样做,以确保其管辖权。通常用于实现同一目标的另一种技术是没有证据支持的情况下依赖条款的宗旨和目标,显然没有简单的解决方案。然而,投资界必然会对这种情况作出反应。2008 年《中新自贸协定》的规定显然比许多其他双边投资协定中的规定更加准确和清晰。因此,我们将继续经历可能与期望不一致甚至相互矛盾的仲裁决定,同时有利于起草更好和更明确的与投资者决心有关的条约规定。如果参与解释条约的人准备善意和公正地适用 VCLT 的规定,国际社会将对投资仲裁更有信心。

---

〔255〕 参见 *Autopista Concesionada de Venezuela*, *C. A.* 诉委内瑞拉案, ICSID 案件号 ARB/00/5, Decision on Jurisdiction, 2001 年 9 月 27 日。

〔256〕 参见同上,第 117 ~ 122 段。

〔257〕 参见 Barton Legum, "Defining Investment and Investor: Who is Entitled to Claim?", *Arbitration International*,第 22 卷,第 4 篇,第 525 页。

第四章

界定外国投资

界定投资是国际投资法的一项重要内容,因为只有合格的投资才能得到保护。传统上,定义投资采用基于资产或基于企业的方法。简言之,基于资产的定义强调外国投资者的财产权益和权利,而基于企业的定义则侧重于外国投资者参与和控制在东道国建立的实体。[1] 当代双边投资协定和自由贸易协定的共同点是基于资产和基于企业的定义的组合,通过列举性清单规定可能构成投资的内容。然而,没有双边投资协定或自由贸易协定包含合格投资的详尽清单。因此,需要就特定交易是否有资格作为受保护投资进行解释。

当争议各方诉诸其仲裁机制时,基于诸如《ICSID 公约》等多边条约的规定,这种情况更加复杂。根据《ICSID 公约》第 25 条的规定,ICSID 的管辖权"应延伸至由投资直接产生的任何法律纠纷",但不会进一步明晰何为投资。[2] 《ICISID 示范条款》就此指出:"当事人同意向中心提交争议当然意味着他们认为这是由投资引起的。如果当事方希望加强推定,他们可以在同意协议中明确说明这一点。"[3]

---

〔1〕 每个定义都有优点。关于以资产为基础和以企业为基础的投资的定义的讨论,参见 UNCTAD, "Scope and Definition", UNCTAD Series on Issues in International Investment II, 2011 年,第 21 ~ 27 页。同上,第 22 页。UNCTAD 认为:"在协议涉及入境前处理和入境后处理的情况下,基于企业的方法很有用,因为进入和建立的行为必须通过一个特定的实体而不是仅通过转移来实现,如商品和/或服务等资产。……采用基于企业的方法的条约通常明确允许外国投资者不仅代表自己而且代表其企业主张权利。"

〔2〕 正如后面将要讨论的那样,《ICSID 公约》的谈判历史反映出缔约方故意选择不定义"投资"一词。但是,学者和仲裁庭之间没有就为何这样做达成共识。有些人认为,这是因为缔约方未能就此问题达成协议,而另一些人则认为没有必要对该术语进行定义。前一种观点的典型表述参见 Christoph H. Schreuer, *The ICSID Convention: A Commentary*, Cambridge University Press, Cambridge, UK, 2001 年,第 121 ~ 125 页, 特别是第 124 页。后一种方法的例子,参见 Julian Davis Mortenson, "The Meaning of 'Investment': ICSID's Travaux and the Domain of International Investment Law", 51 *Harvard International Law Journal* 257, 2010 年。

〔3〕 参见 *ICSID Model Clauses*, II. A, "Stipulation that Transaction Constitutes an Investment", https://icsid. worldbank. org/ICSID/StaticFiles/model – clauses – en/8. htm#a。

一些专家明确支持这种做法。[4] 盖拉德(Gaillard)也表达了这样的观点,即在由投资保护协议引发的案件中,"除了原告对作为主张的基础的投资需满足条约所定义的投资必要条件外,《ICSID 公约》下的投资的概念不应引发特殊困难"[5]。

但是,《ICSID 示范条款》还指出,当事人没有"无限制"的自由裁量权将交易定义为"投资"。因此,在实践中,一些仲裁庭认为,在 ICSID 进行仲裁的争议,相关交易必须满足适用的双边投资协定和《ICSID 公约》关于投资的要求。有些甚至试图弄清楚投资应该具备什么元素才得到保护。无论如何,由于确定合格投资对于确定东道国的义务至关重要,因此被告往往以有关交易不是合格投资为由质疑仲裁庭的管辖权。

本章将关注各国的条约惯例和仲裁庭在确定投资方面的仲裁惯例。第一部分将探讨学术界和仲裁庭(特别是 ICSID 仲裁庭)在试图确定投资定义时的实践。第二部分将研究《ICSID 公约》术语在确定可提交 ICSID 仲裁的投资方面所发挥的特殊作用。第三部分将讨论双边和多边协定以及东道国有关条约保护合格投资的法律的具体规定,包括条约保护违反国家法律的投资的影响。第四部分将探讨仲裁实践将商事仲裁裁决作为投资的利弊。最后一部分讨论了中国条约实践及其对合格投资定义的影响。

第一节　寻找投资的定义

对于任何受益于国际保护的投资,它必须适用于相关条约,当代多体现为双边投资协定或自由贸易协定中包含的投资定义。现代双边投资协定和自由贸易协定的一个显著特点是它们都包含广泛的投资定义,例如"各种资产"和"各种经济利益"。例如,2003 年《阿塞拜疆—芬兰双边投资协定》第 1 条关于投资定义的规定:"'投资'一词是指一缔约方的投资者在另一缔约方领土内根据另一方的法律法规

---

〔4〕 例子见 Georges R. Delaume, "ICSID Arbitration and the Courts", *American Journal of International Law*,第 77 卷, 1983 年,第 795 ~ 796 页; Christoph Schreuer, "Commentary on the ICSID Convention", *ICSID Review – Foreign Investment Law Journal*, Vol. 11, 1996 年, 第 318 ~ 492 页,第 373 页,第 124 段。

〔5〕 参见 Emmanuel Gaillard, "Identify or Define? Reflections on the Evolution of the Concept of Investment in ICISD Practice", Chapter 22 in Christina Binder et al. , eds. , *International Investment Law for the21st Century: Essays in Honour of Christoph Schreuer*, 牛津大学出版社, Oxford UK, 2009 年,第 403 ~ 416 页。

在境内建立或取得的各种资产……”其随后提供一份列举性的投资清单,包括动产和不动产、股份、所有权或对货币或权利的要求等。2003 年《博茨瓦纳和加纳双边投资协定》将投资定义为“每类资产”,随后举例说明可能被视为投资的资产。

当代双边投资协定的趋势是扩大“投资”的范围。然而,与此同时,随着持续强调直接投资,间接投资被排除在某些条约的保护资格之外。一个例子是 2000 年欧洲自由贸易协会(European Free Trade Association,EFTA)和墨西哥自由贸易协定〔6〕,其中第 45 条规定:“就本节而言,根据缔约方的法律和法规进行的投资是指直接投资,即为建立持久经济关系的投资,特别是例如可能对其管理行使有效影响的投资。”

1998 年东南亚国家联盟(Association of Southeast Asian Nations,AFTA,以下简称东盟)投资区框架协定〔7〕也排除了间接投资。〔8〕 本协议已被《东盟全面投资协定》取代〔9〕,而该协议不排除间接投资。这代表了国际社会在界定投资范围方面更加宽松的趋势。

还有双边投资条约需要考虑“风险”和其他因素以确定投资。例如,根据 2004 年美国双边投资协定范本规定,为了获得投资资格,资产必须具有某些投资特征,“包括资本或其他资源的承诺、收益或利润的预期等特征,或自担风险”。另一个例子是 2007 年文莱和日本经济合作协议,〔10〕该协议规定“如果资产缺乏投资特征,那么无论其可能采取何种形式,资产不是投资。投资的特征包括资本承诺、收益或利润的预期,或自担风险”〔11〕。2008 年卢旺达和美国双边投资协定〔12〕也将预期获得或自担风险作为确定投资的因素。

除上述问题外,双边投资协定和自由贸易协定有时就再投资是否应构成投资,

〔6〕 欧洲自由贸易联盟国家与墨西哥合众国之间的自由贸易协定文本,https://www. efta. int/ ~/ media/Documents/legal – texts/free – trade – relations/mexico/EFTA – Mexico% 20Free% 20Trade% 20Agreement. pdf。

〔7〕 协议本文可参见 http://www. jus. uio. no/english/services/library/treaties/09/9 – 02/asean_investment_agreement. xml。

〔8〕 协定第 2 条规定:“本协定应涵盖除下列以外的所有直接投资;a. 一个组合投资;和 b. 与其他东盟协议所涵盖的投资有关的事项,例如‘东盟服务框架协议’。”

〔9〕 协议文本可见于 https://www. unescap. org/tid/projects/tisiln – investagreement. pdf。

〔10〕 2007 年文莱和日本经济合作协议全文,http://www. mofa. go. jp/region/asia – paci/brunei/epa0706/agreement. pdf。

〔11〕 文莱和日本经济合作协议第 56 条规定:“‘投资’是指投资者直接或间接拥有或控制的各种资产。”但该条的注释 10 规定了基于协议被视为“投资”的要求,这些因素必须存在。

〔12〕 2008 年卢旺达和美国双边投资协定全文,https://www. ustr. gov/sites/default/files/uploads/agreements/bit/asset_upload_file743_14523. pdf。

投资形式的变化是否会使相关交易丧失投资资格，或者投资是否“在缔约方境内”进行等作出规定。

随着全球化的不断深入，外国投资的形式日益多样化。几年前由于资本流动的限制或缺乏有效手段不可能进行的某些交易现在可由私人进行。*Abaclat* 案〔13〕就是一个典型案例，其中阿根廷在国际上发行了政府债券，债券持有人没有直接将这些资金转移到该国。本案仲裁庭认为，投资的地点不是问题，因为其明确投资是按照阿根廷法律进行的。即使银行以不符合适用的阿根廷法律的方式在二级市场上出售相同债券，这也是明确的。〔14〕 显然，仲裁庭重视被告政府对收益的使用。易言之，通过发行债券产生的资金确实到达了阿根廷的领土，尽管债券持有人本身可能没有为此目的进入该国。通过采用基于资产的方法，仲裁庭明确投资是在被告的领土上进行的。这一结论很重要，因为投资有时无法进行，或者无法在东道国境内进行活动。通过适用 *Abaclat* 案仲裁庭确立的原则，这种投资应被视为在东道国境内进行。〔15〕

ICSID 的管辖权因缺乏合格投资而受到质疑的第一个案件是 *Fedax N. V.* 诉委内瑞拉案。〔16〕 该案涉及委内瑞拉未能支付原告持有的已由委内瑞拉共和国签发的 6 张期票，为兑现其根据 1988 年与委内瑞拉 Industrias Metalurgicas Van Dam CA 签订的合同提供服务的债务。原告通过背书获得了期票。

双方就期票是否为荷兰和委内瑞拉双边投资协定和《ICSID 公约》下的合格投资持不同意见。被告辩称政府发行的期票不是投资，因为原告通过委内瑞拉公司的背书获得了票据。〔17〕 这一论点的基础是，被告认为根据《ICSID 公约》不存在直接投资。〔18〕 仲裁庭首先审查了《ICSID 公约》第 25 条第 1 款中“投资”一词的含

---

〔13〕 本书第三章“投资者”对本案的基本事实进行了讨论。关于案件文本，参见 *Abaclat and Others* 诉阿根廷案，ICSID 案件号 ARB/07/5，Decision on Jurisdiction and Admissibility，2011 年 8 月 4 日。

〔14〕 参见同上，第 385 段。

〔15〕 例如，在 *SGS* 诉菲律宾案和 *SGS* 诉巴基斯坦案中，仲裁庭都极力寻找确定原告服务构成在东道国的投资。细节见 *SGS Société Générale de Surveillance S. A.* 诉巴基斯坦案（以下简称“*SGS* 诉巴勒斯坦案”），ICSID 案件号 ARB/01/13，Decision on Objections to Jurisdiction，2003 年 8 月 6 日，尤其是第 133 ~ 140 段；*SGS* 诉菲律宾案，ICSID 案件号 ARB/02/6 Decision on Objections to Jurisdiction，2004 年 1 月 29 日，特别是第 99 ~ 112 段。

〔16〕 见 *Fedax N. V.* 诉委内瑞拉案（以下简称“*Fedax* 案”），ICSID 案件号 ARB/96/3，Decision of the Tribunal on Objections to Jurisdiction，1997 年 7 月 11 日，37 *ILM* 1378（1998），5 *ICSID Rep.* 186（2002）。

〔17〕 参见同上，第 25 段。

〔18〕 参见同上，第 24 段。

义,并得出结论,由于难以就投资定义达成共识,该事项必须得到当事方的同意。[19] 在这种情况下,其决定采用广泛的方法解释第25(1)条,指出:"第25条第1款的文本规定,'中心的管辖权应延伸至由投资直接引起的任何法律纠纷'。显然,'直接'一词在本条中涉及'争议'而非'投资。因此,只要争议直接来自此类交易,对非直接投资也存在管辖权。这种解释也符合'投资'一词必须根据公约的谈判历史产生的广泛影响。"[20]

*Fedax*案的仲裁庭还试图将《ICSID公约》第25条第1款的要求与《MIGA公约》的要求区分开来。它认为ICSID和MIGA是两个不同的系统。虽然《MIGA公约》下的投资仅限于直接投资[21],但仲裁庭指出:"…… 基于情况需求,ICSID可能涵盖不直接的投资。即便如此,MIGA的覆盖范围可能最终扩展到'任何其他中期或长期投资形式',包括与投资有关的贷款,这也是扩大《MIGA公约》范围的替代方案,并在此方面内缩小了与《ICSID公约》的差异。"[22]

由于*Fedax*案涉及期票,仲裁庭还以学者对此事的评论没有对管辖权造成障碍为由,支持其立场。它特别引用了乔治·德劳姆(Georges R. Delaume)的话,即尽管存在新的投资类型:"……特别是那些与服务供应有关的问题有时处于适当投资和商业交易之间,这将超出ICSID的范围……贷款,或者更确切地说是一定期限的贷款,而不是快速完成的商业金融设施已被纳入(ICSID)'投资'概念……(见)公约第一稿草案。"[23]

在得出结论认为必须采取广泛的方法解释《ICSID公约》时,*Fedax*案仲裁庭指出,缔约国没有根据《ICSID公约》第25(4)条作出任何限制投资范围的声明,这意味着他们已经接受了广泛的解释。但是,仲裁庭认为,对于有资格在ICSID进行仲裁的投资,它不仅必须符合ICSID公约下的投资定义,而且还必须符合适用的双

---

〔19〕 参见同上,第21段。

〔20〕 参见同上,第24段。

〔21〕 参见《MIGA公约》第1.02条,1988年修订,*ICSID Review - Foreign Investment Law Journal*,第3卷,1988年,第360页,http://www.miga.org/documents/Operations - Regulations.pdf; Carolyn B. Lamm and Abby Cohen Smutny, "The Implementation of ICSID Arbitration Agreements", *ICSID Review - Foreign Investment Law Journal*,第11卷,1996年,64,第80页。

〔22〕 参见前引〔16〕,第27段(脚注省略)。

〔23〕 参见同上,第23段,援引Georges R. Delaume:"ICSID and the Transnational Financial Community", *ICSID Review - Foreign Investment Law Journal*,第1卷,1986年,第237~256页,第239~240页。关于*Fedax*案中作为投资的期票问题的进一步讨论,参见C. Chatterjee,"Investment - related Promissory Notes are Investments under the ICSID Convention: *Fedax N. V. v. The Republic of Venezuela*", *The Journal of World Investment*,第3卷,第1篇,2002年,第147~159页。

边投资协定的投资定义(所谓的双管试验)。[24] 因此,它继续考虑期票是不是荷兰和委内瑞拉双边投资协定下的投资,其中规定"'投资'一词应包括各种资产,尤其是但不仅仅是……"且不对直接投资和间接投资进行区分,与委内瑞拉的建议相反。仲裁庭的结论是:"(基础)交易的性质不涉及任何内容,即提供服务以换取期票,这会阻止其获得公约和协定规定的投资资格。"[25]

然而,*Fedax* 案的问题不在于基础交易是否有资格作为投资,而是随后对东道国持有人的票据能否满足受保护投资的要求。关于这个问题,*Fedax* 案仲裁庭首先采纳了原告的论点,即这类票据具有"自己的法律地位,与基础交易分开且独立"[26]。其随后采用 Christoph Schreuer 最初提出的五项投资标准,即一定的期限、一定的利润和回报规律、自担风险、实质性承诺以及对东道国发展的重要性[27],并得出结论,认可其符合"投资的基本特征"[28]。

作为第一个涉及难以确定"投资"资格作为管辖权条件的案例,*Fedax* 案的决定具有几个显著特征。首先,决定认为《ICSID 公约》第 25 条第 1 款中的"投资"一词应作出广泛的解释。后来许多仲裁庭亦采用了这种方法,因为它符合公约的谈判历史,这表明在就定义投资进行了多次尝试之后,没有达成共识。布罗切斯(Broches)证实了这一点,他指出"在谈判过程中,对'投资'的几个定义均进行了考虑,但均表示拒绝"[29]。由于这些困难,该事项需得到当事方的同意。作为一项政策问题,执行主任的报告指出:"鉴于当事方同意的基本要求,以及缔约国如果愿意考虑提交中心[第 25(4)条],可以提前知道他们愿意亦或不会提出的争议类别的机制,并未试图界定'投资'一词。"[30]

换句话说,由缔约方决定可能构成投资的内容以及可能从 ICSID 仲裁中排除哪些类型的争议。在这种情况下,"争议必须由'投资'产生的要求可以合并到管

---

〔24〕 *Fedax* 案仲裁庭在决定期票满足《ICSID 公约》关于投资的规定的要求后表示,"但是,他的结论必须在当事方的具体同意和其他规制此事的规定的背景下进行审查。"参见同上,*Fedax* 案,第 29 段。

〔25〕 参见同上,第 38 段。

〔26〕 参见同上,第 39 段。

〔27〕 参见前引〔2〕,第 372 页,第 122 段。

〔28〕 参见前引〔16〕,第 43 段。

〔29〕 A. Broches, "The Convention on The Settlement of Investment Disputes: Some Observations on Jurisdiction", *Columbia Journal of Transnational Law*, Vol. 5, 1966 年,第 268 页。Broches 担任世界银行总法律顾问长达 20 年,直到 1979 年退休,并被认为是于 1967 年成立的 ICSID 的创始人。

〔30〕 "Report of the Executive Directors on the Convention of the Settlement of Investment Disputes between States and Nationals of Other States"(以下简称"Report of the Executive Directors"), Doc. ICSID/2, 1 *ICSID Reports*, 1993 年,第 27 段。

辖权同意的要求中。可以预见，尽管不是强制的，但是双方同意争议是一种‘投资争议’将在中心管辖权的任何决定中得到极大的重视”[31]。仍然存在的问题是：如果缔约方可自由定义什么交易可能构成投资，为什么 *Fedax* 案仲裁庭必须确定基础交易，即背书期票是否构成《ICSID 公约》下的投资？

Fedax 案的第二个显著特征是引入了用于确定投资的双管试验。正如后面将要讨论的，这对随后的 ICSID 仲裁实践产生了重大影响。

Fedax 案的第三个显著特征是仲裁庭使用 Schreuer 建议的投资标准，以支持其根据荷兰和委内瑞拉双边投资协定将有争议的期票视为“投资”的决定。这是仲裁庭第一次认为投资必须满足某些要求才能受到《ICSID 公约》的保护。然而，后来的仲裁庭一直提到 Salini 测试而不是 Fedax 测试等要求。无论如何，这表明学者和仲裁员都认为，《ICSID 公约》的投资定义必须有一些限制，尽管需要广泛解释。

在 *Salini* 案[32]中，原告是一家意大利公司，通过竞争性招标获得摩洛哥公路建设合同。摩洛哥缔约方是摩洛哥国家公路 Société Nationale des Autoroutes du Maroc（以下简称 ADM），代表摩洛哥政府公开国际招标。建设项目延期，ADM 声称延误构成违反合同，而原告认为延误是由于外部原因造成的，而不是因为没有遵守合同。无论如何，ADM 并未向原告全额付款。随后，Salini 向 ICSID 提交了针对摩洛哥的仲裁请求。

仲裁庭遇到的问题之一是被告对其管辖权的质疑，理由是公路建设项目不是《ICSID 公约》第 25 条第 1 款意义上的合格投资。因此，原告的交易是否构成合格投资成为 ICSID 行使管辖权的先决条件。

仲裁庭承认，《ICSID 公约》不包含投资定义，缔约方无意提供定义，执行董事报告已对此作出了确认。[33] 但是，它指出，《ICSID 公约》的投资定义的缺失不应被解释为淡化了缔约方商定的必须是基于“公约”的“与投资直接相关”产生争议的要求。*Salini* 案仲裁庭认为，“必须尊重投资作为中心管辖权的客观条件的要求”[34]。

Salini 案是《ICSID 公约》历史上第一次认为某些标准，即贡献、一定时间的表

---

〔31〕 参见前引〔29〕。

〔32〕 参见 *Salini* 案，ICSID 案件号 ARB/00/4，Decision on Jurisdiction，2001 年 7 月 23 日。

〔33〕 参见同上，第 51 段。

〔34〕 参见同上，第 52 段。仲裁庭在分析中援引匿名法律学者的著作，特别包括 Emmanuel Gaillard，“Commentary on the *Fedax* Award”，*Journal du Droit International*，1999 年，第 298 页及以前。

现以及参与交易的风险(Salini 测试),可作为客观确定《ICSID 公约》第25(1)条意义上的合格投资的要素。*Salini* 案仲裁庭没有完全采用 *Fedax* 案的投资标准。相反,它指出“几乎没有提出公约第 25 条意义上的投资概念”〔35〕,显然包括 *Fedax* 案。〔36〕

尽管两项决定存在分歧,*Salini* 案仲裁庭认为“对东道国经济发展的投资作为附加条件”〔37〕——*Fedax* 案和 *Salini* 案提出的“投资”的客观构成要素几乎是相同的。然而,*Salini* 案仲裁庭还指出,其测试中包含的各种要素是相互依存的。例如,投资者可能承担的风险取决于交易的承诺金额及其持续时间。因此,在仲裁庭看来,“即使为了推理,也要对这些各种标准进行全球评估”,且在案件中对其进行单独分析。〔38〕 在这个和其他方面,*Salini* 案仲裁庭谨慎地在其决定中明确了如何进行分析并说明其结论的原因,后来的仲裁庭和法律学者称此标准为 Salini 测试。〔39〕

随后许多 ICSID 仲裁庭在决定相关项目是否为合格投资时采用了 Salini 测试。尽管如此,他们在确定投资时如何应用或拒绝应用 Salini 标准也表现出显著的差异。Gaillard 对 2008 年之前的 ICSID 案件进行了深思熟虑的分析,确定了两种主要方法:“直观”方法,根据这种方法,“助力‘识别’投资的‘特征’实际上可能因案例而异”;以及“演绎”方法,根据该方法,“存在投资的真实定义,且这种定义保护构成要素或标准”〔40〕。

在这方面,Gaillard 引用 *CSOB* 案作为“在 ICSID 判例法中应用直观方法的第

---

〔35〕 参见前引〔32〕,第 52 段。

〔36〕 在前面讨论过的 *Fedax* 案中,仲裁庭使用 Schreuer 标准来确定有争议期票是否可以被视为相关双边投资条约意义而非《ICSID 公约》意义下的投资。

〔37〕 参见前引〔32〕,第 52 段。

〔38〕 参见同上。

〔39〕 *Salini* 案仲裁庭还认为,基于简单销售合同的仲裁请求已被 ICSID 秘书长拒绝登记。关于此事的细节,参见 I. F. I. Shihata and A. R. Parra, “The Experience of the International Centrefor Settlement of Investment Disputes”, *ICSID Review - Foreign Investment Law Journal*,第 14 卷,第 2 篇, 1999 年,第 308 页。

〔40〕 参见前引〔5〕,第 407 页。与此类似,在 *Mortenson* 案中,参见前引〔2〕,第 269 ~ 273 页,他采取“尊重的方法”,其表示“对东道国关于保护哪类经济活动的事前决定非常尊重”;以及“限制性方法”,即“更严格地审视特定经济活动或资产是否构成‘投资’”。*MHS* 案中的独任仲裁员, ICSID 案件号 ARB/05/10, 2007 年 5 月 17 日(以下简称“*MHS* 案, Award”),第 70 段,同样确定了他所谓的“典型特征方法”和“管辖方法”。

一个明显例子"[41]。案件的相关事实如下。前捷克斯洛伐克解体为捷克共和国和斯洛伐克共和国的两个国家后,两个国家作为所有者创建商业银行 CSOB。为了通过减少其不良应收款来改善 CSOB 的财务状况,将在每个共和国设立一家收款公司。就斯洛伐克共和国而言,CSOB 将其应收款转让给该国的收款公司。就融资而言,CSOB 向斯洛伐克收款公司提供的贷款相当于不良应收款项的名义金额。由于其运营成本、贷款本金和由此产生的利息总额远远超过其可能收取的金额,斯洛伐克共和国保证由 CSOB 提供的贷款的收款公司款项。由于斯洛伐克共和国未履行此担保,争议由此发生。

CSOB 通过 ICSID 开始仲裁程序,声称斯洛伐克共和国未能履行与 CSOB 签订的协议中的承诺,其中(斯洛伐克)承诺为财务管理公司的任何损失提供赔偿。被告认为,CSOB 提供的贷款不是对其的投资。仲裁庭认为,投资"往往是一项相当复杂的行动,由各种相互关联的交易组成,其中每个要素都是独立的,在所有情况下都不具备投资资格"[42]。但是,为了确定 CSOB 的贷款是否可以构成投资,仲裁庭首先审查了双边投资条约下的投资定义,并得出结论:"虽然在(BIT 下的投资)清单中没有明确提到贷款,但条款范围之广泛覆盖'资产'和'货币应收款或债权',明确包括由另一缔约方的国民向斯洛伐克实体提供的贷款。"[43]

仲裁庭还指出:"就反对关于《ICSID 公约》规定的投资概念必须具有广泛的含义一事的结论是,交易不仅仅因为法律上它是一种贷款,即不是一种投资。如果在某些情况下贷款可能会对国家的经济发展做出重大贡献,那就是。"[44]

还有其他一些案件,仲裁庭认为没有必要制定某些标准来界定可能构成《ICSID 公约》第 25(1)条规定的投资的标准。例如,在 *Biwater* 诉坦桑尼亚案[45]中,原告是坦桑尼亚的供水和污水处理服务运营商。双边投资协定将投资归类为"各种资产"。被告接受与原告的交易属于双边投资协定投资的广义定义,但同时认为该项目"亏损严重",即一个经济上不合理的企业,但可能导致其他有利可图

---

〔41〕 参见同上。援引 *CSOB* 案, ICSID 案件号 ARB/97/4, Decision on Jurisdiction, 1999 年 5 月 24 日。本决定发布后,仲裁庭于 2000 年 12 月 1 日发布了第二项关于管辖权的决定,并于 2004 年 12 月 29 日发布了该案裁决。该案件的裁决未由 ICSID 公布,但是可以在国际条约仲裁(ita)的网站上找到,参见 http://www.italaw.com/cases/238。

〔42〕 参见同上,Decision on Jurisdiction,第 72 段。

〔43〕 参见同上,第 77 段。

〔44〕 参见同上,第 76 段。

〔45〕 参见 *Biwater Gauff* (*Tanzania*) *Limited* 诉坦桑尼亚案(以下简称"*Biwater* 案"),ICSID 案件号 ARB/05/22, Award, 2008 年 7 月 24 日。

的机会,[46]因此,它不能被视为《ICSID 公约》第 25 条规定的投资,也不符合“风险”和“实质性承诺”的标准。[47]

仲裁庭指出,五项投资标准由 *Fedax* 案仲裁庭提出,并在 *Salini* 案中重申。但是,它认为“在任何情况下都没有死板的或过于严格的五个 Salini 标准”[48]。它进一步指出:“如果……该决定中确定的投资的‘典型特征’构成了固定且不灵活的测试,并且假定除非五个标准得到满足,否则交易被排除在 ICSID 公约之外,那么 Salini 测试本身就存在问题。”[49]

在 *Biwater* 案仲裁庭看来,在《ICSID 公约》框架下,将 Salini 测试作为“固定且不灵活”的测试对国际投资法的制定可能弊大于利。[50] 在某些情况下,这样做会使缔约方的意图与双边投资条约中表达的意图相矛盾,甚至在达成协议以扩大概念时达成国际社会对投资定义的共识。[51]

该案仲裁庭所说的可能有些道理。仲裁庭未提及的一个重要问题是条约解释原则。假设其对《ICSID 公约》第 25 条的解释,即对投资的定义持开放态度是正确的,无论世界上是否就该问题达成共识,都应该对该条的解释方式产生影响。无论如何,《ICSID 公约》的准备工作文件只表明缔约方选择不给予“投资”定义。这并不意味着不应有标准来确定交易是否构成投资。该案并不是唯一不同意 Salini 标准,还有其他支持客观标准方法来定义“投资”的案例。[52]

MHS 案[53]临时委员会的大多数成员也批评在《ICSID 公约》范围内使用特定标准来界定投资。它在这方面的立场主要基于公约起草者的意图,特别是准备工作文件所表明的意思。它指出:“公约起草人似乎认为,使用‘投资’一词不包括简单的销售,也不包括中心管辖区的短暂商业交易。通过建立标准或标志来进一步解释‘投资’的司法或仲裁含义可能会或可能不会被认为是合理的,但《ICSID 公约》的起草人的意图,如准备工作显示的那样,提供这些标准(更少,条件)很少得

---

[46] 参见同上,第 288 段。

[47] 参见同上。

[48] 参见同上,第 312 段。

[49] 参见同上,第 314 段(原文标注重点)。

[50] 参见同上。

[51] 参见同上。

[52] 例如在 *Rompetrol* 诉罗马尼亚案中,仲裁庭指出:“但在更深层次上,仲裁庭不相信条约解释规则中有任何理由可以证明《ICSID 公约》对双边投资条约的解释具有压倒一切的效果。”参见 *Rompetrol* 诉罗马尼亚案, ICSID 案件号 ARB/06/3, Decision on Jurisdiction, 2008 年 4 月 18 日,第 107 段。

[53] 参见 *MHS* 案, ICSID 案件号 ARB/05/10, Annulment Decision, 2009 年 4 月 16 日(以下简称“*MHS* 案”,撤销决定)。

到支持。……因此,公约的筹备工作以及执行主任的报告表明:(a)故意没有通过第25条第1款中的'投资'定义;(b)拒绝投资价值的最低限额;(c)拒绝无限期投资或不少于五年的要求;(d)所采用的关键准则是各方共同观点。"〔54〕

另一个拒绝将Salini测试用作决定投资的ICSID仲裁庭是*Alpha Projekt holding*诉乌克兰案〔55〕仲裁庭。对此,它依靠"一些仲裁庭和临时委员会"的支持,这些仲裁庭和临时委员会将Salini要素视为不具约束力、非排他性的方法来识别(而非定义)符合《ICSID公约》的投资。〔56〕其进一步表示:"……一些仲裁庭强制和累积地应用(如果缺少一个特征,主张的投资将被排除在ICSID管辖范围之外)的所谓的Salini测试的要素,未出现于《ICSID公约》第25(1)条。在以这种方式应用这些标准时,尽管公约的起草人和签署方决定不应该有'投资',但这些仲裁庭仍试图基于《ICSID公约》适用'投资'的普遍定义。本仲裁庭不会采用这种做法,除了《ICSID公约》第25(1)条和UABIT(乌克兰和奥地利双边投资协定)所表达的要求之外,不会施加额外的要求。"〔57〕

*Abaclat*案〔58〕仲裁庭同样拒绝适用Salini测试。该案仲裁庭在这方面的推理特别值得注意:"如果原告的捐款未通过Salini测试,那么这些捐款,适用本次测试的人认为其根据《ICSID公约》第25条不符合认定为投资的条件,这反过来又意味着原告的捐款不会得到基于《ICSID公约》的程序保护。仲裁庭认为,这样的结果将与《ICSID公约》的目标相矛盾,即旨在鼓励私人投资,同时为缔约方提供工具,以进一步确定他们希望促进何种投资。由于考虑到阿根廷和意大利明确同意保护这类捐款所产生的价值,这将是没有意义的。易言之,从价值的角度来看,会有一项阿根廷和意大利想要保护并提交给ICSID仲裁的投资,但它无法得到任何保护,因为从贡献的角度来看,其确实不符合投资的某些标准。考虑到这些标准从未被列入《ICSID公约》,虽然存在争议且仲裁庭以不同的方式和程度适用这些标准,但

---

〔54〕参见同上,第69、71段。

〔55〕参见*Alpha Projekt holding GmbH*诉乌克兰案,ICSID案件号ARB/07/16,Award,2010年11月8日。

〔56〕参见同上,第313段。脚注提及以下案件仲裁庭:*Biwater*案,见前引〔45〕;*MCI Power Group, LC and New Turbine, Inc.*诉厄瓜多尔案,ICSID案件号ARB/03/6,Award,2007年7月31日;*RSM Production Corp.*诉格林纳达案,ICSID案件号ARB/05/14,Award,2009年3月13日;*CSOB*案,Decision on Jurisdiction,见前引〔41〕;及*MHS*案,撤销决定,见前引〔53〕。

〔57〕参见同上,第311段。脚注省略,尽管其中一个标记了试图根据《ICSID公约》适用普遍定义的投资仲裁庭,包括*Joy Mining*案,见后引〔63〕;Victor Pey Casado案,见后引〔79〕;和*Patrick Mitchell*案,见后引〔140〕。

〔58〕参见前引〔13〕。

仲裁庭认为没有任何理由遵循和复制 Salini 测试。Salini 测试可能有助于进一步阐述贡献可能或应该具有的特征。但是,它们不应助力制定一项限制,既不是公约本身也不是特定双边投资条约缔约方打算制造的限制。[59]

一些 ICSID 仲裁实践虽然接受对"投资"一词的广泛解释是恰当的,但仍然有一种倾向,即不应该在没有任何限制的情况下对其进行过宽泛的解释。例如,在 *PSEG* 诉土耳其案[60]中,原告美国公司 PSEG 与土耳其签订了建设—运营—转让合同,并成立了项目公司 Konya Ilgin Elektrik。另一家美国公司北美煤炭公司(North American Coal Corporation,NACC)可选择收购项目公司的所有权。由于争议源于合同的履行,PSEG、Konya Ilgin Elektrik 和 NACC 要求提交 ICSID 仲裁。NACC 声称土耳其政府的行动削弱了其选择权的价值。仲裁庭指出,《ICSID 公约》及美国和土耳其双边投资协定都没有规定这样一种选择是否构成投资。仲裁庭认为,尽管当代投资条约包含了广泛的投资定义,但"它们可以合理地被包含于投资的范围是有限的"[61]。其认为 NACC 享有的选择权不应被视为投资。但是,它承认"与本案情况的不同可能导致不同的结论"[62]。

另外,ICSID 有一定判例,即仲裁庭依据的某些"标准"作为"客观"衡量一项特定交易是否可被视为"投资"的措施。其中之一就是 *Joy Mining Machinery* 诉埃及案[63]。在该案中,存在争议的一个问题是埃及政府未履行的向原告支付的担保是否构成投资。仲裁庭首先审查了这些担保是否可被视为根据英国和埃及双边投资协定进行的投资。尽管其中包含了广泛的投资定义,但仲裁庭认为,将有关担保解释为投资"实际上远远超出了投资的概念,即使这个和其他条约通常都有广泛的定义"[64]。其扩大了这一点并表示:"即使要求退还的主张和相关担保具有财务价值,也不能将投资重新定性为本质上涉及或有责任的争议投资。"[65]

人们可以预期,仲裁庭在确定既不存在相关双边投资条约意义上的"投资"也

---

〔59〕 参见同上,第 364 段。

〔60〕 参见 *PSEG Global Inc. and Konya Ilgin Elektrik Üretim ve Ticaret Limited Sirketi* 诉土耳其案, ICSID 案件号 ARB/02/5, Decision on Jurisdiction, 2004 年 6 月 4 日,https://icsid. worldbank. org/ICSID/FrontServlet? requestType = CasesRH&actionVal = showDoc&docId = DC631_En&caseId = C212。

〔61〕 参见同上,第 189 段。

〔62〕 参见同上。

〔63〕 参见 *Joy Mining Machinery Limited* 诉埃及案(以下简称"*Joy Mining* 案"), ICSID 案件号 ARB/03/11, Award on Jurisdiction,2004 年 8 月 6 日,https://icsid. worldbank. org/ICSID/FrontServlet? requestType = CasesRH&actionVal = showDoc&docId = DC647_En&caseId = C229。

〔64〕 参见同上,第 45 段。

〔65〕 参见同上,第 47 段。

不存在“投资争端”时，将会在此时拒绝对该案件行使管辖权。然而，在一个典型的“司法不经济”案件中，仲裁庭继续审查这些保证是否可以被视为《ICSID 公约》第 25(1)条规定的“投资”。仲裁庭认为，受《ICSID 公约》保护的投资应具有以下要素：一定期限；定期的利润和回报；风险因素；实质性承诺；并应对东道国的发展做出重大贡献。[66] 然而，它得出的结论不是参考“Salini 测试”，而是基于对以前 ICSID 的一些决定的分析（其中 Salini 只有一个），并援引 Schreuer 的观点。[67] 在这种情况下，仲裁庭认为，Joy Mining Machinery 与埃及政府之间的交易仅仅是一项商业合同，不符合上述要求，因此不被视为投资。无论多么复杂，国际商业合同都不能自动转变为国际投资。否则，贸易和投资以及国际商事仲裁和国际投资仲裁将会被混淆。[68]

Jan de Nul 诉埃及案[69]涉及原告与埃及国家实体苏伊士运河管理局之间的合同，合同内容在苏伊士运河进行的疏浚工程。为了确定这是否包含“投资”，仲裁庭采用了 Salini 测试的四个标准：“(i)捐款；(ii)项目实施的特定期限；(iii)业务风险共担；以及(iv)对东道国发展的贡献。”[70] 对此，仲裁庭指出：“被告唯一质疑的问题似乎是，该行动的持续时间是否足以满足作为投资的条件。在回答仲裁庭在管辖权听证会上提出的具体问题时，双方均表示，如果一项行动至少持续两年，则可将其定性为投资。”[71]

在这种情况下，很明显，所有当事方，即原告和被告，以及法庭都认为适用 Salini 标准是适当的（并且足够）来确定是否存在投资。

后来的判例坚持采用限制性或演绎性的方法来确定投资，这表明了一种趋势，

---

〔66〕 参见同上，第 53 段。

〔67〕 参见同上，第 51、53 段。关于此事，除 *Salini* 案外，仲裁庭还参考了以下案件：*Alcoa Minerals of Jamaica* 诉牙买加案，ICSID 案件号 ARB/74/2，Decision on Jurisdiction and Competence，1975 年 7 月 6 日；*Amco Asia Corporation et al.* 诉印度尼西亚案，ICSID 案件号 ARB/81/1，Decision on Jurisdiction，1983 年 9 月 25 日；*Fedax* 案，见前引〔16〕；*CSOB* 案，Decision on Jurisdiction，见前引〔41〕；*Atlantic Triton Company Limited* 诉几内亚案，ICSID 案件号 ARB/84/1，Award，1986 年 4 月 21 日；*SGS* 诉菲律宾案，*SGS* 诉巴基斯坦案，均见前引〔15〕。

〔68〕 参见同上，第 54～62 段，尤其是 58 段。

〔69〕 参见 *Jan de Nul N. V. and Dredging International N. V.* 诉埃及案（以下简称“*Jan de Nul* 案”），Decision on Jurisdiction，ICSID 案件号 ARB/04/13，2006 年 6 月 16 日。

〔70〕 参见同上，第 91 段。

〔71〕 参见同上，第 93 段。

即将投资定义的基本标准限制为三个:贡献、持续时间和风险。[72] 这是一种得到Gaillard认可的方法,其表示,它"避免了将投资概念降低到主观测试的风险,并且基于《ICSID公约》使'投资'的要求变得多余"[73]。因此,在他看来,"这种方法最为忠实回应《ICSID公约》的起草人的文本和意图"[74]。

采用这种方法的第一批仲裁庭之一有 *L. E. S. I. – DIPENTA* 诉阿尔及利亚案[75]仲裁庭。这起案件的争议涉及建造一座为阿尔及尔市提供饮用水的大坝的合同。许多问题导致了建设项目过程中的长期延误,且在合同签订8年后,合同最终被取消。经过另外两年的谈判,原告要求基于延误和合同取消赔偿其损失,且在ICSID申请仲裁。被告认为ICSID没有管辖权,理由是"争议不符合1965年《ICSID公约》第25.1条要求的条件以使其在ICSID的管辖范围内",即不会直接出现一项"投资"。[76] 在确定投资时,本案仲裁庭裁定:"看来,与公约的目标一致,为了被视为该条款含义范围内的投资,合同应符合以下三个条件:a)缔约方在东道国作出了贡献;b)有一定的期限;和c)贡献者承担了一些风险。"[77]在此基础上,仲裁庭明确"向仲裁庭提出的争议直接源于公约意义上的投资"[78]。

Victor Pey Casado 诉智利案[79]是一个相当复杂的案件,是由皮诺切特政府于1973年关闭和没收智利报纸的资产而引起的。在解决其对该案件的管辖权面临的众多挑战时,仲裁庭承诺需根据《ICSID公约》第25条确定Sr. Pey Casado收购报纸所有者的公司是否可视为投资。[80] 在进行分析时,仲裁庭首先指出"对

---

〔72〕 然而,此种趋势可见于 *Patrick Mitchell* 诉刚果案(以下简称"*Patrick Mitchell* 案")临时决定,ICSID案件号ARB/99/7,2006年11月1日;及 *MHS* 案,原仲裁裁决,见前引〔40〕。这两种情况于本章的其他地方讨论。

〔73〕 Emmanuel Gaillard, "'Biwater', Classic Investment Bases: Input, Risk, Duration", *New York Law Journal*, Vol. 240, No. 126, 2008年12月31日。

〔74〕 参见同上。

〔75〕 参见 *Consortium Groupement L. E. S. I. – DIPENTA* 诉阿尔及利亚案, ICSID案件号ARB/03/8, Award, 2005年1月10日。

〔76〕 参见同上,第I.48(i)段。

〔77〕 参见同上,第II.13(iv)段。

〔78〕 参见同上,第II.15段。

〔79〕 参见 *Victor Pey Casado and President Allende Foundation* 诉智利案, ICSID案件号ARB/98/2, Award, 2008年5月8日。

〔80〕 参见同上,第179段。

ICSID 判例的研究表明,《ICSID 公约》对投资概念的解释至少有两个"[81],其中一个说的是"确定一些'特征'的内容,若有这些'特征',则可以得出投资存在的结论"[82],另一个认为存在"取决于具体标准的满足程度的真实的投资的定义"[83]。在后一种方法中,它注意到一些仲裁庭依赖四个 Salini 标准;而另一些仲裁庭则认为,只要能够同时出现三个要素,就存在投资:在东道国作出一定期限的贡献和承担一定程度的风险程度。[84]

本案仲裁庭显然选择后一种方法,其表示:"对此,该仲裁庭认为存在《ICSID 公约》意义上的投资定义,并不足以表明投资的某些习惯性'特征'的出现是为了满足 ICSID 行使管辖权的客观条件。这种解释将剥夺《ICSID 公约》第 25 条的某些条款的任何含义,这与解释公约条款从而赋予它们有效的含义的要求不相符……根据本仲裁庭的规定,该定义只包括三个要素。"[85]

其随后表示这三个要素是"存在贡献,这一贡献将持续一定时间的事实,以及

---

〔81〕 参见同上,第 231 段[由作者翻译,原文为:"... el studio de la jurisprudencia CIADI pone de manifiesto que existen al menos dos interpretaciones del concepto de inversión de acuerdo al Convenio CIADI"(西班牙语);"L'examen de la jurisprudence CIRDI fait cependant apparaître qu'il existe au moins deux conceptions de la notion d'investissement au sens de la Convention CIRDI."(法语)]。

〔82〕 参见同上[由作者翻译,原文为"La primera de ellas se limita a identificar un cierto número de '*características*' que permitirían concluir la existencia de una inversión."(西班牙语);"La première se contente d'identifier un certain nombre de «*caractéristiques*» qui permettraient de conclure à l'existence d'un investissement."(法语)]。

〔83〕 参见同上[由作者翻译,原文为:"...una verdadera definición de inversión que supone que se satisfagan criterios específicos"(西班牙语);"...une véritable définition de l'investissement qui suppose la satisfaction de critères spécifiques"(法语)]。

〔84〕 参见同上。西班牙语版本似乎总是("siempre")组合这些元素形成投资。

〔85〕 参见同上,第 232 段。[由作者翻译,原文为:"Este Tribunal considera, por su parte, que sí existe una definición de inversión de acuerdo al Convenio CIADI y que no basta con señalar la presencia de algunas de las '*características*' habituales de una inversion para satisfacer esta condición objetiva de la competencia del Centro. Una interpretación de este tipo significaría privar de sentido alguno a ciertos términos del artículo 25 del Convenio CIADI, lo cual no sería compatible con la exigencia de interpretar los términos del Convenio confiriéndoles un efecto útil … Según el Tribunal, dicha definición comprende sólo tres elementos."(西班牙语);"Le présent Tribunal estime pour sa part qu'il existe bien une définition de l'investissement au sens de la Convention CIRDI et qu'il ne suffit pas de relever la présence de certaines des «*caractéristiques*》 habituelles d'un investissement pour que cette condition objective de la compétence du Centre soit satisfaite. Une telle interprétation reviendrait à priver de toute signification certains des termes de l'article 25 de la Convention CIRDI, ce qui ne serait pas compatible avec l'exigence d'interpréter les termes de la Convention en leur donnant un effet utile … Selon le Tribunal, cette définition ne comprend en revanche que trois éléments."(法语)]。

它将涉及某种风险，无论是谁造成的”[86]。

在最近的 *Fakes* 诉土耳其案[87]中，原告 Saba Fakes 先生具有荷兰和约旦双重国籍，声称其与土耳其的 Telsim 公司签订了收购手机公司股份的合同。争议源自土耳其当局接管并随后出售 Telsim 持有的资产。关于原告是否进行了投资的问题，仲裁庭指出，原告“从未预料到（他也没想到）支付超过最初 3800 美元的任何款项”[88]，因此没有进行任何投资。仲裁庭分析，交易中没有涉及任何贡献、持续一定时间或风险。最重要的是，交易各方从未打算将任何权利转让给原告，且没有实际的权利转让。[89] 在这种情况下，仲裁庭确认 ICSID 公约第 25 条规定了投资的客观定义。然而，与刚才讨论的案例一样，它将贡献、某个持续时间和风险因素作为这种客观测试的基本因素。

最近另一个 ICSID 仲裁庭快速驳回了一起案件，即 *Global Resource* 诉乌克兰案。该争议源于销售合同，因此，根据《ICSID 公约》“明显没有法律依据”[90]。基于此，它指出，“对于 ICSID 仲裁庭基于第 25 条第 1 款的目的而必须为投资确定的标准的识别和各自的重要性，现有的判例没有采取统一的方法”[91]。

从理论上讲，任何仲裁决定都没有先例效应。然而，在实践中，正如前几章所讨论的那样，后来的仲裁庭总是考虑其他仲裁庭早先的决定。通过这种非正式程序，仲裁决定总是会对其他人产生影响。[92] 同样显而易见的是，ICSID 仲裁庭的决定甚至超出了该制度原有的影响。例如，在一个由常设仲裁法院根据《UNCITRAL 仲裁规则》裁定的案件，即 *Romak* 诉乌兹别克斯坦案[93]有关双边投资条约第 1 条规定了，投资包括“各种资产”。本案仲裁庭认定原告没有投资，因为其权

---

〔86〕 参见同上，第 233 段［由作者翻译，原文如下：la existencia de un aporte, el hecho de que dicho aporte implica una cierta duración en el tiempo y el hecho de que dicho aporte comporta ciertos riesgos para quien lo efectúa”（西班牙语）；“l'existence d'un apport, le fait que cet apport porte sur une certaine durée et qu'il comporte, pour celui qui le fait, certains risques”（法语）］。

〔87〕 参见 *Mr. Saba Fakes* 诉土耳其案，ICSID 案件号 ARB/07/20，Award，2010 年 7 月 14 日。

〔88〕 参见同上，第 140 段。

〔89〕 参见同上，第 136、147 段。

〔90〕 *Global Trading Resource Corp. and Globex International, Inc.* 诉乌克兰案，ICSID 案件号 ARB/09/11，Award，2010 年 12 月 1 日，第 56～58 段。

〔91〕 参见同上，第 55 段。

〔92〕 关于 ICSID 仲裁中先例的作用，参见 Jeffery P. Commission，“Precedent in Investment Treaty Arbitration：*A Citation Analysis of a Developing Jurisprudence*”，*Journal of International Arbitration* 24（2），2007 年，第 129～158 页；August Reinisch，“The Role of Precedent in ICSID Arbitration”，*Austrian Arbitration Yearbook*，2008 年，第 495～510 页。

〔93〕 参见 *Romak S. A* 诉乌兹别克斯坦案，PCA 案件号 AA280，Award，2009 年 11 月 26 日。

利体现且源自销售合同。它认为:“双边投资条约下的‘投资’一词具有固有的含义(无论投资者是诉诸ICSID还是联合国国际贸易法委员会的仲裁程序),都需要做出一段时间的贡献且涉及一些风险”[94]。仲裁庭表示,通过对其他仲裁庭采用的推理(见上文,第198~204段)进一步分析,该分析始终将贡献、期限和风险作为“投资”的标志。[95]

本案仲裁庭面临的问题是,将原告的所有权转让给被告是否属于投资。它首先分析,投资可以通过“现金、实物或劳动力”的形式。[96] 尽管如此,它认为仅仅转让货物所有权以换取全额付款并不是一种贡献。[97] 为了满足投资的定义,仲裁庭认为5个月的交付时间也不是交易的重要期限。关于风险,仲裁庭指出“经济活动带来一定程度的风险”[98],但并非所有风险都与投资有关,因为其中一些风险是纯粹的商业风险,如不履行合同。仲裁庭认为,交易的目的在确定什么构成投资风险方面起着重要作用。为此,它认为应该考虑“整个经济交易”[99]。根据仲裁庭的说法,对于投资风险,“即使所有相关的交易对手履行其合同义务,投资者也不能确定他的投资回报,也可能不知道他最终将支出的金额”[100]。应指出的是,在任何其他情况下,仲裁庭都没有对投资标准的这三个要素中的每一个进行如此详细的分析。本案仲裁庭对这方面的判例的贡献应得到赞赏。[101]

最后,作为非ICSID仲裁,*AMTO*诉乌克兰案[102]对于如何在该制度之外确定合格投资也具有指导意义。该案中的原告是一家在拉脱维亚拥有法定地址的有限责任公司,主要作为投资公司。1999年年底,原告寻求对乌克兰核能工业的投资,并决定购买EYUM-10的股份,EYUM-10是EYUM集团第10号安装部门的合

---

〔94〕 参见同上,第207段(原文标注重点)。

〔95〕 参见同上。仲裁庭在引用部分提及的仲裁庭均为ICSDI仲裁庭:*Salini*案,前引〔32〕;*Consortium Groupement LESI - Dipenta*诉阿尔及利亚案,ICSID案件号ARB/03/8,Award,2005年1月10日;*Victor Pey Casado*案,前引〔78〕。

〔96〕 参见同上,*Romak*诉乌兹别克斯坦案,第214段。

〔97〕 参见同上,第222段。

〔98〕 参见同上,第229段。

〔99〕 参见同上,第211段。

〔100〕 参见同上,第230段。

〔101〕 关于*Romak*案裁决的进一步讨论和其对国际投资仲裁的重要性,参见Julien Burda,“A New Step Towards a Single and Common Definition of an Investment? - Comments on the Romak versus Uzbekistan Decision”,*The Journal of World Investment & Trade*,第11卷,第6篇,2010年,第1085~1101页。

〔102〕 参见*Limited Liability Company AMTO*诉乌克兰案(以下简称“*AMTO*案”),SCC仲裁号080/2005,Final Award,2008年3月26日。

法承继者,该部门参与了 Zaporozhskaya AES(以下简称 ZAES)核电站的建设。EYUM-10 成为 ZAES 的服务供应商。截至 2003 年 3 月,原告在 EYUM-10 的总持股量为 204,165 股,占总股本的 67.2%。[103]

该案件的一个问题是,被告声称仲裁庭对此争议没有管辖权,因为原告在 EYUM-10 中的股份并不构成 ECT 下的合格投资。[104] 在这种情况下,由于仲裁由斯德哥尔摩商会仲裁院(Arbitration Institute of the Stockholm Chamber of Commerce,SCC 仲裁院)根据 ECT 进行管理,仲裁庭界定"投资"的限于该条约所载的定义。

ECT 第 1(6)条将"投资"定义为:"……由投资者直接或间接拥有或控制的各种资产,包括:(a)有形和无形、动产和不动产、财产,以及租赁、抵押、留置权和抵押等任何财产权;(b)公司或商业企业,或公司或企业的股份、股票或其他形式的股权,以及公司或企业的债券和其他债务……(f)法律或合同赋予的任何权利,或凭借依法授予的任何许可证和许可证,从事能源部门的任何经济活动。资产投资形式的变化不影响其作为投资的性质,'投资'一词包括所有投资,无论是在本条约对缔约方生效之日或之后存在的投资。投资者进行投资以及投资所在区域内的缔约方(以下简称生效日期),条件是本条约仅适用于生效日期后影响投资的事项。'投资'是指与能源部门的经济活动相关的任何投资,以及缔约方在其所在地区指定为'宪章效率项目'并因此通知秘书处的投资或投资类别。"[105]

一方面,被告认为,原告的股权与能源部门的经济活动无关,因此不符合 ECT 的投资条件。[106] 另一方面,原告称,EYUM-10 提供并仍在为乌克兰的核工业提供合格的建筑和维护服务。易言之,由于 EYUM-10 的业务与能源部门有关,因此原告持有的股份也与能源有关,这将使这种持股资格成为 ECT 下的投资。

在分析中,本案仲裁庭认为,股权构成"原告拥有基于第 1 条第 6 款第 1 部分的定义的一种资产,特别是形成'股份……公司或企业的股份'……"[107] 它指出,

---

[103] 参见同上,第 15~24 段。

[104] 关于能源宪章涉及投资条款的简要、透彻的讨论,参见 Emmanuel Gaillard, "Investments and Investors Covered by the Energy Charter Treaty",第 2 章 in Clarisse Ribeiro, ed., *Investment Arbitration and the Energy Charter Treaty*, JurisNet, 2006 年,第 54~73 段, 尤其是 58~66 页;及 ICSID 仲裁庭和其他机构对于这些条款解释的研究,参见 Anna Turinov, "'Investment' in Energy Charter Treaty Arbitration: Uncertain Jurisdiction", *Journal of International Arbitration*,第 26 卷,第 1 篇, 2009 年,第 1~23 页。

[105] ECT 全文见 https://www.encharter.org/fileadmin/user_upload/document.EN.pdf。

[106] 参见前引[102],第 26 段。

[107] 参见同上,第 42 段。

“相关活动……必须与能源有关，而不需要满足能源部门经济活动第 1 条第 5 款的定义”[108]。为对争议适用前述测试，仲裁庭进一步指出：“在本案例中，ZAES / Energoatom 从事能源部门的经济活动，因为其活动涉及能源材料和产品的生产，即电能。EYUM – 10 提供与电能生产直接相关的技术服务，即安装、维修和升级。它在很长一段时间内通过多份合同提供这些服务。…… EYUM – 10 与 ZAES 在提供与能源生产直接相关的服务方面的紧密联系意味着 AMTO 在 EYUM – 10 中的持股是‘与能源部门经济活动相关的投资’。”[109] 因此，仲裁庭认定原告在 EYUM – 10 中的股权是 ECT 覆盖的投资。

正如对投资判例的审查所作出的说明那样，投资的定义至关重要，因为它对于根据东道国和双边投资条约的国内法以及根据多边条约等处理和《ICSID 公约》保护可能的投资至关重要。这个问题的法理依据与许多其他事项有关，但并不统一，也不源自国际法学家的著作。表面上看，大多数讨论围绕着《ICSID 公约》第 25 条，因为它没有就“投资”一词给出定义；而相比之下，大多数双边投资条约进一步详细说明了投资这一术语，如涵盖“各种资产”等。

与此同时，据称，“（《ICSID 公约》）第 1 节的目的不是要确定实际使用中心设施的情况，而是指出其中的外部限制。如果双方同意，中心将行使管辖权”[110]。如果《ICSID 公约》的第 1 部分是“表明 ICSID 管辖范围的外部限制”，则必须有一些标准来规范哪些是公约涵盖的投资，哪些不是。如果投资的定义完全取决于缔约方的同意，那么“外部限制”将变得毫无意义。人们可能会问另一个问题：“投资”一词是否有任何客观含义？或者是否需要对其进行任何解释？例如，当各国谈判订立保护外国投资的条约时，它们必须对“投资”一词有共同的理解。即使该术语被进一步定义为“各种资产”，是否需要一些其他条件？此处仅举几例，如风险、持续时间或遵守国内法？问题是很少有仲裁庭真正分析或关注“投资”一词本身的客观含义。

即使在学者中，也没有达成坚定的共识。然而，在这方面具有指导意义的是 Schreuer 的观点，Schreuer 是 Salini 测试的“父亲”，他在 1996 年首次提出这些标准的时候表示：“这些特征不应该被理解为对管辖权的要求，但仅仅是作为公约下投

---

〔108〕 参见同上。

〔109〕 参见同上，第 43 段。

〔110〕 ICSID, *History of the ICSID Convention: Documents Concerning the Origin and the Formulation of the Convention on the Settlement of Investment Disputes between States and Nationals of Other States*, ICSID, 华盛顿, ICSID, Volume II – 1, 第 566 页。

资的典型特征。"[111]他此后表示:"从一个典型特征的描述性清单到一套强制性法律要求的实践发展是不幸的。第一批的评论不能成为这一发展过程中的的权威。"[112]

令人遗憾的是,投资仲裁庭对于什么构成投资观点并不一致。这也不足为奇,因为投资仲裁庭的成员具有不同的文化背景,具备来自不同司法管辖区的法律知识,并不一定有共同的实践经验。尽管有这些不同之处,但至少有些仲裁庭未能充分注意缔约方的意图,这是造成这种不幸事态的重要原因。例如,很难假装没有确定投资的客观标准。在缔结双边投资协定或自由贸易协定时,缔约方必须决定在双边机制下应保护哪些类型的交易。对此,Salini 测试是合理的。

第二节 ICSID 仲裁中合格投资的双管测试及对经济发展的贡献

未能有效形成被普遍接受的投资的定义或概念,这一情况极大地促成了另一场辩论,即交易是否必须符合有关双边投资条约中包含的投资定义以及任何可归因于《ICSID 公约》的定义,即所谓的双管试验。正如将要看到的那样,支持双管试验的人通常援引 Schreuer 的 Salini 试验(无论是原始形式还是各种精简或扩展的),以及《ICSID 公约》第 25(1)条规定的"投资"的客观定义的要求。其他人倾向于引用世界银行前任总法律顾问 Broches 的观点,并强调计划缺乏公约中"投资"的定义,以及随后对该概念进行广泛,甚至开放式解释的必要性。在这种情况下,重点缔约国就合同、双边投资条约、自由贸易协定和其他协议中的表述达成一致意见。然而,Schreuer 和 Broches 都确认在《ICSID 公约》的谈判中就投资的定义进行了讨论,且各方最终决定公约中不包含投资定义。

用于确定投资资格的双管或双重测试仅发生在 ICSID 仲裁中。根据《ICSID 公约》第 25 条的规定,"直接由投资引起的法律纠纷"是 ICSID 仲裁庭行使管辖权的基础。那些支持双管测试的人认为,ICSID 仲裁庭的管辖权取决于对《ICSID 公

---

〔111〕 参见前引〔2〕,第 122 段(原文中"jurisdictional requirements"和"typical characteristics"为斜体,中文对应为"管辖权的要求"和"典型特征"。)。

〔112〕 参见 Christoph Schreuer, Loretta Maintoppi, August Reinisch and Anthony Sinclair, *The ICSID Convention: A Commentary* (2nd ed.), Cambridge University Press, 英国剑桥, 2009 年,第 25 条,第 171 ~ 174 段。

约》和有关双边投资条约对于投资的要求的满足程度。未能满足其中任何一项测试将意味着仲裁庭无权审理此案。自从最初由 *Fedax* 案仲裁庭提出以来,双管测试已经应用于 ICSID 仲裁,尽管仲裁庭的实践已经证明其在这方面的严谨性和/或对于资格方面的考量存在很大差异。

CSOB 案〔113〕是一个有关双管测试的重要案例。值得注意的是,在作出决定时,*CSOB* 案仲裁庭就确定投资的双管测试作了全面的陈述。它认为根据《ICSID 公约》第 25(1)条界定的"投资"是一个客观概念。因此,缔约方就构成投资的内容达成的协议对于确定仲裁庭在该条下是否有管辖权并不是"决定性的"。它说,争议各方"可能就投资的更准确或限制性定义达成一致",从而表明他们接受 ICSID 管辖权的限制。易言之,争议当事人理解的投资概念可能比第 25(1)条规定的投资的客观概念要窄,但可能也不比后者宽;即他们不得向 ICSID 提交与该条款所理解的无关投资的争议。

在决定管辖权问题时,*CSOB* 案仲裁庭声称"必须采用双管测试",根据该测验,必须采取以下两个步骤:"争议是否来自公约中规定的投资,若是,在提及双边投资条约时,争议是否与双方同意 ICSID 仲裁所界定的投资有关。"〔114〕应指出的是,一方面,仲裁庭同意公约的起草者决定将这一事项,即什么可能形成投资的问题留给缔约方;另一方面,它更倾向于在决定是否行使管辖权时采取双管测试。

Phoenix 案〔115〕仲裁庭亦采用双管测试来确定合格投资,并以类似于 *CSOB* 案仲裁庭的方式实施。其认为:"……双边投资条约是两个缔约国之间的双边安排,不能与 ICSID 公约的定义相矛盾。换句话说,他们可以确认 ICSID 概念或限制它,但他们无法为了有权利而诉诸 ICSID 扩展它。双边投资条约中包含的定义基于两国商定的试验,不能撇开《ICSID 公约》的定义,这是一项多边协议。只要它符合 ICSID 的概念,双边投资协定的定义是可以接受的,超出则不行。"〔116〕

一方面,在 *CSOB* 案和 *Phoenix* 案提出的双管测试方法的基础上,人们几乎可以设想 ICSID 仲裁庭制定维恩图来确定 *Phoenix* 案仲裁庭界定的"两个定义的交叉点"〔117〕。另一方面,最近解决这一问题的一些 ICSID 仲裁庭采用了一种更为宽

---

〔113〕 参见前引〔41〕。

〔114〕 参见同上,第 68 段。

〔115〕 参见 *Phoenix Action*, *Ltd.* 诉捷克案(以下简称"*Phoenix* 案"), ICSID 案件号 ARB/06/5, Award, 2009 年 4 月 15 日。

〔116〕 参见同上,第 96 段。

〔117〕 参见同上,第 74 段。

松(有时候复杂程度相仿)的方法。第一个提出这一方法的是 *Malicorp* 案仲裁庭。[118]

2000 年 11 月,英国企业 Malicorp 与埃及政府签订了特许权合同,用于 Ras Sudr国际机场的建设、管理、运营和转让。不到一年后,合同被埃及政府终止。2004 年,由于当事方未能就取消合同的损失达成协议,Malicorp 向开罗国际商业仲裁区域中心(The Cairo Regional Centre for International Commercial Arbitration, CRCICA)申请仲裁。2006 年,CRCICA 仲裁庭发布了仲裁裁决,驳回了 Malicorp 因合同终止造成的损失索赔,但命令埃及政府偿还 Malicorp 的费用、发票和员工的工资。在接下来的 4 年里,Malicorp 未能以法国埃及的资产为执行对象。在此期间,它还根据英国和埃及双边投资协定条款申请 ICSID 仲裁。

虽然必须指出的是,任何一方都没有提出仲裁,但是 *Malicorp* 案仲裁庭处理的问题之一是仲裁的争议是否"直接源自投资"[119]。对此,仲裁庭指出,"为了可以受理基于违反条约形成的仲裁程序,争议所涉及的投资必须通过双重检验(也称为'双锁孔方法'或'双管测试')"[120]。仲裁庭认为,英国和埃及双边投资协定中"投资"的定义"并没有太多地强调该行动所作出的贡献,即其权利和产生的资产"[121]。但是,由于《ICSID 公约》第 25 条第 1 款没有定义,尽管有几个仲裁庭提出了定义,但 *Malicorp* 案仲裁庭认为"这样的标准根本不是绝对的,且必须视为尝试确定概念"[122]。其认为,英国和埃及双边投资协定中包含的投资的定义和《ICSID 公约》的定义从不同角度看待"投资",因此,它们不一定重叠。在这种情况下,本案仲裁庭认为必须从双边投资条约和《ICSID 公约》的目标中理解投资概念,即通过向其提供法律保护来促进投资。仲裁庭表示:"这两方面是互补的。必须有'正面的'经济贡献,正如'投资'这个词的词源所证实的那样,但这种贡献必须'被动地'产生这些工具旨在保护的经济资产。"[123]某种程度上,这个结论可能是确定"投资"的最平衡的方法。本案仲裁庭采取的方法不仅适用于双管测试,而且适用于一般投资的确定。然而,它关于双边投资协定和《ICSID 公约》的投资定义中没有重叠的立场是不能令人信服的。毕竟,一般而言,双边投资协定和《ICSID 公约》

---

〔118〕 参见 *Malicorp Limited* 诉埃及案, ICSID 案件号 ARB/08/18, Award, 7,2011 年 2 月 7 日。

〔119〕 参见同上,第 106 段。

〔120〕 参见同上,第 107 段(注释省略)。

〔121〕 参见同上,第 108 段。

〔122〕 参见同上,第 109 段。

〔123〕 参见同上,第 110 段(原文"active""invest""passively"为斜体,对应中文"正面的""投资""被动地")。

的创建是为了促进或鼓励外国投资,而它们的职能各不相同。

Abaclat 案[124]仲裁庭还注意到,一些 ICSID 仲裁庭采用了"双管"测试,即投资必须满足相关双边投资协定和《ICSID 公约》的要求。然而,*Malicorp* 案的裁决同样认为"(投资)有两个不同的方面:(i)构成投资的贡献;以及(ii)来自该贡献的权利和价值"[125];此外,由多个仲裁庭解释的双边投资条约和《ICSID 公约》对两个方面的处理方式有所不同。[126] 它认为,在双管测试下,"双边投资条约中提供的投资的定义侧重于要保护的内容,即投资产生的成果和价值,而关于《ICSID 公约》第 25 条的一般定义侧重于贡献,这些贡献构成了投资并创造了成果和价值"[127]。《ICSID 公约》关于"贡献"和双边投资条约关于"成果和价值"的两种观点被认为是"互补的"。[128] 最后,为了满足 ICSID 管辖权的属性,没有必要"一个定义,即双边投资条约中两个缔约方提供的定义,必须符合另一个定义,即源于《ICSID 公约》精神的定义。更确切地说,关键投资必须符合这两个概念,因为每一个都侧重投资的另一个方面"[129]。

上述仲裁庭试图以"互补"的方式协调《ICSID 公约》和双边投资协定/自由贸易协定的条款。他们还尝试通过复杂的分析来解决这个问题,这种分析远远超出了在快速考虑下将"标准"应用于"投资"的简单方法。然而值得注意的是,*Malicorp* 案和 *Abaclat* 案仲裁庭的主席是同一人。其他仲裁庭对界定"投资"的标准存在很大分歧,特别是关于对东道国经济发展的贡献是否应成为合格投资要求的问题,这是确定投资的标准中最具争议性的问题之一。

"对东道国经济发展的贡献"这一标准的重要性在于,在双管测试中,除非确定投资有助于东道国的发展,否则一些 ICSID 仲裁庭认为它没有资格获得保护,主管仲裁庭无权审理此案。与此问题有关的争议来自《ICSID 公约》的序言,相关内

〔124〕 参见前引〔13〕。
〔125〕 参见同上,第 346 段。
〔126〕 参见同上,第 347 段。
〔127〕 参见同上,第 350 段。
〔128〕 参见同上,第 349 段。
〔129〕 参见同上,第 351 段。

容为:“考虑到经济发展需要国际合作,以及私人国际投资在其中的作用……”[130] 但是,没有证据表明,对经济发展的贡献构成了根据《ICSID 公约》提供保护的标准。[131] 早期,Schreuer 对公约的评论中出现了这一标准:“第五个特征(如果投资在 ICSID 的实践中可以说是典型的)是该行动对东道国发展的重要性。这不一定是一般投资的特征。但序言和执行董事报告的措辞表明,发展是公约目标和宗旨的一部分。”[132] 如前面所讨论的,*Fedax* 案和 *Salini* 案仲裁庭也考虑了这一标准,尽管这种标准有点强制性。[133] *CSOB* 案[134] 仲裁庭在这两个案件之间作出的关于管辖权的决定,率先对这一标准进行了更广泛的分析。

CSOB 案仲裁庭首先指出,《ICSID 公约》序言第一段的措辞“允许推断有助于促进缔约国经济发展的合作的国际交易可被视为一种依据公约理解的投资”[135]。其随后继续审查该案件中的争议贷款是否会为斯洛伐克共和国经济作出贡献。它认为,由于包括贷款在内的交易旨在改善 CSOB 的财务状况,而 CSOB 又将在斯洛伐克共和国开展业务,特别是在那设立子公司,且 CSOB 持有的股份不到 50%,它将有助于国家的经济发展。因此,该交易满足了《ICSID 公约》下的投资要求。[136] 仲裁庭还指出:“对于《ICSID 公约》规定的投资概念必须具有广泛的含义这一观点持反对意见的是,交易不仅仅是一种投资,仅仅因为法律上它是一种贷款。事实如此,只是因为在某些情况下,贷款可能对国家的经济发展作出重大贡献。”[137]

---

〔130〕 许多双边投资协定和自由贸易协定的序言使用类似的语言,如使用“承认基于可持续发展原则促进投资的必要性”这一短语(2012 年《中加双边投资协定》);“认识到给予这种投资的待遇协议将刺激私人资本的流动和缔约方的经济发展”(2004 年《美国双边投资协定范本》);“确信新投资和再投资的持续流入将促进和确保东盟经济的有力发展”(2008 年《东盟全面投资协定》);等等。当然,其中一些短语比其他短语更容易被应用于解释,即他们将投资对东道国经济发展的贡献作为保护标准。

〔131〕 虽然应该指出执行董事的报告,其确实发表评论说:“在向政府提交所附公约时,执行董事的目的是加强各国在经济发展事业中的伙伴关系。” 参见前引〔30〕,第 9 段。

〔132〕 参见前引〔2〕,Schreuer,第 372 ~ 373 页,第 122 段(交叉引用和脚注省略;交叉引用与前面引用的执行董事的报告相同)。

〔133〕 在 *Fedax* 案中(前引〔16〕),“对东道国发展具有重要意义”被认为是“投资的五大基本特征”之一(在段落 43;据推测,这里的意思是“《ICSID 公约》意义上的投资的基本特征”),但仲裁庭的分析只沿着一个思路:“重要的是,交易与东道国的发展之间显然存在重大关系,正如法律对发行相关金融工具所要求的那样。”参见同上。在 *Salini* 案中(前引〔32〕),仲裁庭仅指出“在阅读公约的序言时,可以将对投资东道国经济发展的贡献作为附加条件加以补充”(第 52 段),其分析为包括三个句子中的一段(第 57 段)。

〔134〕 参见前引〔41〕。

〔135〕 参见同上,第 64 段。

〔136〕 参见同上,第 78 ~ 89 段。

〔137〕 参见同上,第 76 段。

另外,*L. E. S. I. –DIPENTA* 案仲裁庭坚决反对将经济发展作为确定投资的可用标准。它认为,“投资没有必要更具体地促进东道国的经济发展,这一点很难确定,而其他三个标准(贡献、持续时间和风险)则隐含了这一点”[138]。

Patrick Mitchell 案[139]就投资对东道国经济发展的贡献的重要性进行了相当详细的分析,至少在从最终取消原始裁决的临时委员会的角度看。原告米切尔(Patrick Mitchell)是一名美国律师,曾在刚果民主共和国设立办事处。他声称,被告已经通过强制关闭公司并监禁其两名律师剥夺了他的投资,即律师事务所。被告仅以原告在刚果的活动不符合投资资格为由,质疑仲裁庭的管辖权。[140] 特别是,他坚持认为,原告的“活动不构成长期运作,也不是由资源的重大贡献实现,而且对于国家经济来说,区别它与普通的商业交易并不重要”[141]。但是,仲裁庭指出:“这些要素虽然经常出现在投资项目中,但并不是界定特定活动或交易形成投资的正式要求。只要没有适当的限制条件,这一概念同样包括,根据《ICSID 公约》,及如 BIT 所示,‘较小’的投资持续时间较短,东道国的经济受益更为有限。”[142]

在此基础上,仲裁庭裁定米切尔律师事务所是一项投资,并最终支持原告的主张。被告随后要求撤销该裁决。

临时委员会对于最初裁决的质疑的理由是仲裁庭已经越权且没有说明其结论的理由,其中一个核心问题是原告律师事务所的成立和运作构成投资。为使交易成为合格投资,被告认为对国家经济发展的贡献是“必不可少的因素”;原告只是将其视为补充条件,以证明扩大投资概念的合理性。

临时委员会首先认为,作为基本原则,《ICSID 公约》序言中提到的经济发展国际合作和国际私人投资的作用的必要性,使公约的条款,包括第 25 条得以实施。[143] 因此,它认为外国投资对经济发展的贡献“始终由 ICSID 仲裁庭在其推理中明确或隐含地加以考虑……且完全独立于各方之间的协议或相关双边条约”[144]。易言之,无论缔约方是否基于双边投资协议达成共识,为了使与另一方投

[138] 参见前引[95],第 II. 13(iv)段。

[139] 参见 *Patrick Mitchell* 案, ICSID 案件号 ARB/99/7, Award, 2004 年 2 月 4 日; Decision on Annulment, 2006 年 11 月 1 日。

[140] 参见同上,裁决,第 32 段。

[141] 参见同上,第 56 段。

[142] 参见同上。

[143] 参见前引[138],第 28 段。

[144] 参见同上,第 29 段。

资者的争议可提交 ICSID 仲裁，交易必须能够对东道国的经济发展作出贡献。[145] 在该案中，临时委员会还支持其将“对东道国经济发展的贡献”视为投资标准，因为刚果和美国双边投资协定在其序言中规定“投资将刺激私人资本的流动和双方的经济发展”[146]。

最后，仲裁庭没有说明为什么米切尔的律师事务所可以被视为投资且在案件在管辖权上越权，临时委员会撤销了原始裁决。之所以如此，主要是因为最初的仲裁庭没有像委员会所希望的那样就米切尔律师事务所对刚果民主共和国经济发展的贡献进行广泛的分析。它驳回了仲裁庭对广泛的投资解释的偏好以及对“正式要求”的拒绝，因为这一裁决“之于它认为的投资而言是不完整和模糊的：它指的是该行动的碎片化，但没有最终表明为何将其视为一项投资，即没有对‘米切尔律所’与刚果民主共和国之间的关系作出任何微小的解释”[147]。

然而，临时委员会自己的推理似乎在几个方面存在问题。委员会未定义“经济发展”，事实上，至少有一次似乎将这一概念与“国家利益”的贡献相混淆或混为一谈。[148] 它甚至混淆了对东道国经济发展的贡献的证据，即分析特定的经济交易与东道国本身的某些机构有无直接关系。[149] 平心而论，应指出的是，即使临时委员会认为对经济发展的贡献是投资的一个基本特征或“无可置疑的标准”，它也表示这种贡献不一定是“相当大的或成功的”[150]。

作为合格投资的标准，关于“对东道国经济发展的贡献”问题的最有名和最有争议的案例可能是 *MHS* 案。[151] 在该案中，原告 Malaysian Historical Salvors 私人有限公司是一家海上打捞公司，与被告签订了一份合同，特别是要求原告明晰 1817 年在索马里海岸沉没的英国船只“Diana”的位置和打捞货物。[152] 原告根据

---

[145] 在其分析中，临时委员会提到了 *Salini* 案、*Fedax* 案和 *CSOB* 案的决定。关于 *Salini* 案，委员会表示，它明确将经济发展作为一项标准。它引用了 *Fedax* 案仲裁庭的调查结果，即该案中的期票符合基本的公共利益，并且“交易与东道国的发展之间显然存在重大关系”，且 *CSOB* 案仲裁庭声称“贷款可能大幅度促进一个国家的经济发展”。然而，还应该指出的是，临时委员会也不准确地援引 Schreuer 认为“对东道国经济发展的贡献是‘投资’一词的唯一可能的客观含义”。同上，第 30、31 段，援引 Schreuer，见前引〔2〕，第 124 页。

[146] 参见同上，第 32 段。

[147] 参见同上，第 40 段。

[148] 参见同上，第 39 段。

[149] 参见同上，第 30 段。

[150] 参见同上，第 33 段。

[151] 裁决见前引〔40〕；撤销决定见前引〔53〕。

[152] 参见同上，裁决第 7 段。

合同承担的义务包括“利用其专业知识、劳动力和设备进行打捞作业、投资和支出自己的资金和其他资源,并承担打捞业务、财务和其他所有风险”[153]。在打捞作业成功后,根据合同,收回的物品将被拍卖,所得款项将根据其中指定的公式计算比例后在原告和被告之间分配。[154]

双方就最终拍卖收回物品的收益分配产生了争议,原告在吉隆坡提起仲裁程序,仲裁员驳回了其主张。原告随后在一家马来西亚法院对仲裁裁决提出质疑,据说该法院在没有审理此案的情况下驳回了申请。原告随后援引马来西亚和英国双边投资协定中的 ICSID 仲裁条款,声称它在马来西亚法院被剥夺了基本和初步的正当程序,即违反了双边投资协定。ICSID 仲裁庭独任仲裁员面临的问题是救助合同是否构成投资。

作为一个基础性问题,仲裁庭认为,原告有义务证明其交易符合《ICSID 公约》第 25 条第 1 款和双边投资条约包含的投资的定义。[155] 同时,它表示第 25 条所包含的“投资”一词应解释为“鼓励和促进跨境经济合作与发展”[156]。在审查了两个仲裁庭适用 Salini 测试以界定投资的 ICSID 案件之后,本案仲裁庭得出结论,“当局的考量权重”倾向于“要求对东道国国家经济作出重大贡献”作为确定投资存在的条件。[157]

由于仲裁庭认为原告与被告的合同不是“易于识别”的投资[158],因此它非常重视对当地经济的贡献问题。它认为,原告的合同“没有实质使马来西亚的公共利益受益,或者在 ICSID 法理衍生出的意义上有利于马来西亚经济,即贡献很大”[159]。因此,仲裁庭得出结论,就双边投资条约第 25 条第 1 款或第 1 条 a 款而言,合同并未“足以促使马来西亚的经济发展而成为‘投资’”[160]。事实上,它更进一步指出:“仲裁庭得出结论认为(原告)没有作出实质性贡献,因为基于合同向马来西亚提供的利益的性质并没有以前 ICISD 所设想的法理衍生的意义上的实质性利益。”[161] 因此,它驳回了缺乏管辖权的情况。特别引人注目的是,除简短地提及

---

[153] 参见同上,第 8 段。
[154] 参见同上,第 10 ~ 11 段。
[155] 参见同上,第 43 段。
[156] 参见同上,第 66 段。
[157] 参见同上,第 123 段。
[158] 参见同上,第 129 段。
[159] 参见同上,第 131 段。
[160] 参见同上,第 143 段。
[161] 参见同上。

外,仲裁庭在其分析中没有考虑双边投资条约关于投资定义及其对决定的影响的规定。这成为原告质疑该裁决的理由,即仲裁庭因未能行使管辖权而明显超出其权限。

临时委员会在撤销决定中出现分歧。委员会的大多数成员对该裁决中表达的观点持批评态度,特别是对作为管辖权条件的东道国发展的贡献问题。根据临时委员会的说法,原告的合同是双边投资条约下的一项投资,因为它是"一种资产"和"对资金的主张"。[162] 临时委员会撤销该裁决,因为仲裁庭没有考虑和应用双边投资条约,提高了 Salini 测试,特别是"对东道国经济发展作出贡献"的标准为有权行使管辖权,并未结合决定考虑《ICSID 公约》的准备工作,从而未定义"投资"。[163]

在分析中,临时委员会在阅读准备工作,包括 Broches 先生[164]给出的解释之后表示:"虽然《ICSID 公约》没有起草严格、客观的'投资'定义,但令人疑惑的是,个别案件的仲裁庭应该强加一个适用于所有情况和所有目的的定义。"[165]因此,它赞成采用更灵活和务实的方法来界定投资。

临时委员会中大多数委员的这一立场未得到委员会第三名成员沙哈布登(Shahabuddeen)的批准。Shahabuddeen 法官与多数人之间的主要区别在于,对东道国经济发展的贡献是否应成为"界定为一项 ICSID'投资'的条件"[166]。其在反对意见中表示:"设想有可能存在一个以牺牲东道国发展为代价有系统地赚取财富的实体。然而,很可能会与东道国发展的前景相冲突,但根据原告的论点,它不会违反条件。"[167]显然,Shahabuddeen 法官的异议说明其赞成采用双管测试,无论其如何根据双边投资协定定义投资,有争议的交易也必须符合《ICSID 公约》第 25 条的投资定义,以便利用其争端解决机制。[168] 同样,异议意见认为对东道国经济发展的"实质性"或"重大"贡献是投资的强制性要素,因此也是 ICSID 行使管辖权的一个条件。[169] 问题是为什么同一委员会的仲裁庭和学术专家在这个重要问题

---

〔162〕 参见前引〔53〕,第 60 段。

〔163〕 参见同上,第 80 段。

〔164〕 参见前引〔29〕。

〔165〕 参见前引〔53〕,第 79 段。

〔166〕 *MHS* 案, ICSID 案件号 ARB/05/10, Dissenting Opinion of Judge Shahabudeen, 2009 年 4 月 16 日,第 2 段。

〔167〕 参见同上,第 22 段。

〔168〕 参见同上,第 40 ~ 47 段,尤其是第 42 段。

〔169〕 参见同上,第 33 ~ 38 段,以及第 65 段。

上存在分歧。[170]

实际上可以发现,临时委员会倾向于原告的立场,原告认为其进行了真正的投资,但在受到冤屈时,无法诉诸任何补救办法。对此,委员会指出:“与其他一些双边投资条约不同,ICSID 的替代方案中没有提供第三方争端解决方案。因此,如果根据《ICSID 公约》发现管辖权不存在,则投资者完全没有国际追索权。”[171] 外国投资者无法获得国际补救办法,这当然是不幸的。然而,除非有其他合法理由,这不应成为 ICSID 或其他仲裁机构加强提供此类补救措施的理由。

在 *Phoenix* 案[172]中,仲裁庭提出了一个更简单的经济标准,即投资必须是为了在东道国发展经济活动而进行的一项行动。在该案中,捷克共和国对作为原告的捷克公民拥有的两家捷克公司采取行动后,该公民前往以色列,在那里成立了一家公司,并利用该公司收购他以前拥有的两家捷克公司。在投资之前,两家捷克公司的业务已经终止了一段时间。问题是原告进行的交易是否构成合格投资。

本案仲裁庭评估了合格投资的问题——在《ICSID 公约》和双边投资条约保护下的合格投资——首先是《ICSID 公约》的目标,即“鼓励和保护为促进东道国经济发展而进行的国际投资”[173]。在分析中,本案仲裁庭采用了 *Sedelmayer* 诉俄罗斯案仲裁庭的立场,即“投资是在商业活动的框架内进行的,投资原则上旨在创造进一步的经济价值”[174]。它指出,作为符合双边投资条约和《ICSID 公约》保护条件的投资,与之相关的经济活动的发展“必须是预见的或有意的,但不一定是成功的……否则,双边投资条约提供的外国投资的国际保护的目的将落空”[175]。然而,原告已经就其争议通知捷克政府,“即使在捷克共和国境内两家捷克公司的所有权登记之前,仅仅两个月”之后就申请 ICSID 仲裁。[176] 根据这些事实,并且由于原告实际上“没有在市场上进行任何经济活动”,仲裁庭得出结论认为,原告所谓的

---

〔170〕 关于此种现象的思考,参见 Nitish Monebhurrun, “The Political Use of the Economic Development Criterion in Defining Investments in International Investment Arbitration”, *Journal of International Arbitration*,第 29 卷,第 5 篇, 2012 年,第 567 ~ 580 页。

〔171〕 参见前引〔53〕,第 62 段。

〔172〕 参见前引〔116〕,第 114 段。

〔173〕 参见同上,第 87 段。这是执行董事会报告分析的结果。参见前引〔30〕,第 12 段。“一个国家遵守公约将提供额外的诱因并刺激更多的国际私人投资流入其领土,这是公约的主要目的。”(仲裁庭加注)

〔174〕 *Sedelmayer* 诉俄罗斯案,(Germany – Union of the Soviet Socialist Republics BIT), *ad hoc* arbitration-under the Stockholm Chamber of Commerce Arbitration Rules, Award, 1998 年 7 月 7 日,第 224 段。

〔175〕 参见前引〔116〕,第 133 段。

〔176〕 参见同上,第 138 段。

投资“只是一个类似家族式企业内资产的重新安排，获得原始投资者无权享有的ICSID 管辖权”[177]。值得注意的是，*Phoenix* 案仲裁庭亦明确表示，购买破产或不活跃的公司未必取消投资资格，前提是有意赚取利润。[178] 因此，它的决定即仅基于原告进行的交易不是真正的投资这一事实。[179] 因此，仲裁庭认为它基于《ICSID公约》对案件没有管辖权。[180]

遗憾的是，仲裁庭就投资定义存在分歧。上述案例表明，学者和仲裁庭之间的主要区别基本就是 *MHS* 案中多数意见和反对意见之间的差异，即 ICSID 投资是否必须对东道国的经济发展作出贡献。[181] 一方面，从东道国的角度来看，这是外国投资目的的核心。[182] 很难说任何国家都会鼓励外国投资（大多数双边投资协定的一般目的），除非有当地需求或预计会为当地经济作出贡献。另一方面，正如一些学者和仲裁庭所坚持的那样，经济发展及其任何贡献难以界定或确定[183]，而且这一概念似乎很少适用于 ICSID 仲裁之外的任何投资定义。然而，作为投资要素的“对东道国经济的贡献”可能难以确定的事实不能成为拒绝将其作为合格可保护投资标准的正当理由。在实践中，它可能不会面临看起来那么多的困难。如果投资是在东道国批准（隐含或明示）的情况下进行的，则应假定其可以为当地经济作出贡献。然后，东道国应避免争辩说，投资未能为当地经济作出贡献。问题是《ICSID 公约》的目标和宗旨，以及其序言的规定是否应该具有法律效力。根据 VCLT 第 31 条和第 32 条的规定，没有理由不承认条约序言的法律效力，包括《ICSID公约》序言的法律效力。

---

〔177〕 参见同上，第 140 段。仲裁庭进一步表示：“原告没有商业计划，没有再融资计划，没有经济目标，也没有对经济交易进行真正的估价。”

〔178〕 参见同上。

〔179〕 关于更多此方面的讨论，见本章第三节第一部分。

〔180〕 参见前引〔116〕，第 8.1 段。

〔181〕 参见前引〔79〕，在 *Victor Pey Casado* 案中，有人认为，虽然《ICSID 公约》第 25 条有关于投资的定义，但没有阐明投资的任何特征可以决定 ICSID 法庭的管辖权。这将包括对东道国经济发展的贡献。

〔182〕 UNCTAD 认为，根据《ICSID 公约》规定，有关“投资”要求对地方经济发展作出的贡献的处理方式的差异是两种不同思路的投资法分析方法的结果；一种是纯粹而简单的投资保护法；另一种是将其视为国际经济合作法，其中应考虑外国投资者和东道国的利益。参见前引〔1〕，第 65 页。

〔183〕 例如“经济发展是一个模糊的概念，不容易量化，而且受到不同观点的影响。”参见 Joseph M. Boddicker, “Whose Dictionary Rules?: Recent Challenges to the Term ‘Investment’ in ICSID Arbitration”, 25 *Am. U. Int'l L. Rev.* 1031, 2010 年，第 1054 ~ 1055 页；（注脚省略）；“……经济发展是很难界定的。”参见 *L. E. S. I. – DIPENTA* 诉阿尔及利亚案，参见前引〔95〕，第 II. 13（iv）段。

第三节　合格投资的附加标准

有些双边投资协定和自由贸易协定规定了保护投资的其他先决条件,例如投资必须根据东道国的法律进行。在实践中,仲裁庭还制定了其他标准,以确定投资是否有资格获得保护。与“对经济发展的贡献”不同,这些标准并非基于《ICSID 公约》,从而引起了巨大的争议。因此,就合格投资的界定而言,这些案件的结果并不取决于仲裁庭是否采用了双管测试,尽管在某些情况下,*Phoenix* 案仲裁庭分析了“对经济发展的贡献”和其他标准。

一、遵守法律和诚信的投资(“善意”)

与“合格投资”有关的常见问题之一是,在适用的双边投资条约或自由贸易协定包含这种要求的情况下,这种投资是否是根据东道国的法律进行的。如果双边投资协定或自由贸易协定对遵守当地法律的要求保持沉默,那么投资是否违反当地法律或国际法原则,在 ICSID 等多边机制下是否有资格获得有关双边投资条约的保护?为展示主权,发展中国家经常坚持在其双边投资条约中规定所涵盖的投资必须符合东道国的法律。正如后面将要讨论的,中国大多数第一代双边投资协定都包含这些要求。另一个例子是东部和南部非洲共同市场(Common Market for Eastern and Southern Africa, COMESA)《东南非共同市场投资协定》第 1 条第 9 款[184],规定投资是指根据东南非共同市场成员国的相关法律和法规,在其境内进行的投资。正如法理所表明的那样,这些条款的效力可能会使相关投资丧失获得双边投资条约和多边文书保护的资格。[185]

东盟国家采取了不同的方法。在其综合投资协定(2009 年)中,对于一个成员国,“涵盖的投资”一词被定义为“自本协议的制定、生效、获得或拓展之日起,对其境内任何其他成员国投资者的投资,已根据其法律、法规和国家政策予以接纳,并在适用的情况下,由成员国主管当局以书面形式特别批准”。当地法律包含单独规定的效果是强调这种要求的重要性。根据这些规定,外国投资者已假定被告知该

---

〔184〕 投资协定全文,参见 https://vi. unctad. org/files/wksp/iiawksp08/docs/wednesday/Exercise%20Materials/invagreecomesa. pdf。

〔185〕 例如,*Phoenix* 案仲裁庭表示,在考虑投资的有效性时,必须考虑“投资成立时有效的法律”。参见前引〔116〕,*Phoenix* 案,第 103 段。

要求。仲裁程序中的东道国被告可以更好地为其案件辩护。

《MIGA公约》还规定，“在保证投资方面，机构应满足以下要求：……(ii)投资符合东道国的法律法规；(iii)投资与东道国宣布的发展目标和优先事项的一致性”[186]。MIGA是一个政府间组织，主权国家为缔约方，其目的是鼓励私人资本流入发展中国家。它强调外国投资者必须遵守东道国当地法律对于投资的要求，一方面反映了发展中国家的立场，另一方面有助于其开展投资担保活动。一旦发放投资证书，就会假定投资可以促进东道国的发展。

尽管如此，但不能得出这样的结论，即要求按照当地法律进行投资是现代双边投资协定的共同趋势。一些双边投资协定和自由贸易协定，截至写作本书时，例如最近由中国签订的协定，并不包含这样的要求。

Fraport 案[187]涉及德国和菲律宾双边投资协定，根据该案，“投资”一词意味着“任何一种缔约国的法律和法规都承认”和“根据其宪法、法律和法规”的任何资产。[188] 菲律宾有一项所谓的反傀儡法，它限制了外国股东和管理层在公共企业中的作用。原告Fraport通过秘密股东协议故意规避这项法律。仲裁庭认为，存在事实意义上和法律意义上的投资，但只有后者才有权获得双边投资条约的保护。由于秘密股东协议专门用于规避菲律宾的《反傀儡法》(Anti – Dummy Law, ADL)，Fraport无法声称“依法”进行投资，也无法主张被告方的官员随后放弃了法律要求并经过验证它的投资，因为被告方官员无法知悉违规行为。由于没有“依法投资”，投资无法得到双边投资协定的保护。[189] 仲裁庭非常重视善意原则，并扩大了VCLT第26条的适用范围，该条规定“每项现行条约都对其当事方具有约束力，必须由他们本着诚意履行”[190]。易言之，基于诚信原则，双边投资协定的缔约方有义务只保护合法投资，而不是欺诈性投资。[191]

仲裁庭认为，“总之，Fraport已得到充分的建议，并充分了解ADL以及ADL

---

[186] 《MIGA公约》第12(d)条，http://www.finance.gov.lb/en – US/finance/InvestmentTaxAgreements/Documents/Multilateral%20Investments%20related%20Agreements/MIGA%20convention.PDF。

[187] 参见 *Fraport* 案，ICSID案件号ARB/03/25，Award，2007年8月16日。

[188] 参见德国和菲律宾双边投资协定，第1(1)条。

[189] 参见前引[188]，第401段。

[190] 原告后来向ICSID提请了撤销程序，临时委员会于2010年12月23日决定撤销仲裁庭裁决，理由是仲裁庭依赖“新”材料(仲裁程序期间未提交的材料)作出决定，并“严重背离各方有权发表意见的基本程序规则”。参见 *Fraport* 案，ICSID案件号ARB/03/25，Decision on the Application for Annulment，2010年12月17日，第180～247段。

[191] 当然，诚信原则也是国际法的一般原则。VCLT第16条只是明确规定并反映了习惯国际法。

与其投资结构的不一致性，然而计划最终实施秘密股东协议"〔192〕。根据外国投资者故意进行不符合当地法律的投资的事实，本案仲裁庭决定不依赖于依据条约的目的和宗旨向外国投资者提供保护的解释性技术。在其看来："同样清楚的是，各方都急于鼓励投资，这是条约的存在理由。但是，虽然条约应该根据其目的和宗旨来解释，但是假装利用其目标和目的，违反所有解释规则是违法的，本质上，是对解释人取消四项明确规定的一种推论。显然，正如这四项条款所表明的那样，双边投资条约缔约方之一的国民进行的经济交易必须符合东道国的某些法律要求才有资格作为条约意义下的投资。"〔193〕

仲裁庭因此裁定 ICSID 对争议没有管辖权，因为菲律宾同意 ICSID 仲裁的前提是，投资根据双边投资协定是有效的。

在本案中，仲裁庭拒绝行使管辖权时表示，它必须自行确定其行使管辖权针对的是否为受保护的投资。在其看来："关于定义'投资'的双边投资条约，有可能是一种经济交易，可能在事实上和财务上具有投资资格（由外国实体输入资本到另一个国家的经济中）。尽管如此，其在相关双边投资条约下设立的仲裁庭的管辖范围之外，因为在法律上它不是双边投资条约意义上的'投资'。当可能有资格作为'投资'的交易不符合要求时，如 *Empresa Lucchetti S. A. et al* 诉秘鲁案的情况；或者属于属人理由，如 *Soufraki* 案，会出现这样的情况。当交易未能符合属事理由时，也会发生这种情况，如 *Inceysa Vallisoletana, S. L.* 诉萨尔瓦多案。"〔194〕

仲裁庭最终以下列声明拒绝行使管辖权："Fraport 有意识地、故意地和隐蔽地构建其投资方式，它知道这违反了 ADL。"〔195〕

如上文详细讨论的近期的 *Fakes* 诉土耳其案〔196〕，除了贡献、期限和风险作为投资的三个关键要素外，仲裁庭还认为以下法律要求需得到满足，即遵守东道国的法律——作为当事人同意的条件且包含于双边投资协定。〔197〕与此同时，仲裁庭认为并非所有违反东道国法律的行为"都会导致投资的非法性"〔198〕。它认为，国内法

---

〔192〕 前引〔188〕，裁决第 327 段。

〔193〕 参见同上，第 340 段。*Fraport* 案仲裁庭显然对外国投资者自己提出的证据深信不疑，认为"即使我们假设适用于民法的'优势证据'检验必须在本案中让步于'超越一个合理的怀疑'的测试，因为调查依据的是菲律宾的刑事法规，这是'事实本身说明一切'的证明。所有这些都在 Fraport 自己的文件中找到的相关事实是无可争辩的"。参见同上，第 399 段。

〔194〕 参见同上，第 306 段。

〔195〕 参见同上，第 323 段。

〔196〕 参见前引〔87〕。

〔197〕 参见同上，第 121 段。

〔198〕 参见同上，第 119 段。

的要求仅涉及投资的承认；一旦投资成立，外国投资违反“与投资条例的性质无关”的其他国内法，有关东道国应采取其他措施打击这种违法行为，而不是通过宣布该投资是非法的以否认对外国投资的实质性保护。[199]

同样，一些仲裁庭在确定“合格投资”时提及了“诚信”问题。其中之一是 *Inceysa Vallisoletana S. L.* 诉萨尔瓦多案[200]仲裁庭，其认为，为了使投资从双边投资条约中受益，投资必须真诚地进行，仲裁庭认为这一点一般被认为是一般法律原则：“善意是一项至高无上的原则，它管理所有方面和内容的法律关系……萨尔瓦多同意中心的管辖权，预示着未来投资者的善意行为。”[201]因为仲裁庭认定原告从投资时起违反了诚信原则，其认为投资不是按照东道国的法律进行的，因此对案件没有管辖权。[202] 它还认为违反国家诚信原则构成违反国际公共政策的行为，并认为：“不可能承认非法行为所产生的权利的存在，因为它会违反对法律的尊重……这是国际公共政策的原则。”[203]

Plama 案[204]仲裁庭也持类似的立场，仲裁庭面临着对有关条约的默许，即受保护的投资必须符合东道国的法律。这并不妨碍它认为必须说明这种情况：“与一些双边投资条约不同，ECT（能源宪章条约）不包含要求投资符合特定法律的规定。然而，这并不意味着 ECT 提供的保护涵盖了各种投资，包括违反国内或国际法的投资……仲裁庭认为，ECT 的实质性保护不适用于不合法的投资。”[205]

在该案中，仲裁庭认为善意是保加利亚法律的原则，原告在进行投资时的欺骗行为不仅违反了东道国的法律，而且“也违背了国际公共政策的基本概念，即通过不法手段获得的合同（欺诈性失实陈述）不应由仲裁庭执行”[206]。

在 *Phoenix* 案中，仲裁庭提出了这些额外标准，以确定交易是否构成合格投资：（1）根据东道国法律投资的资产；（2）善意投资的资产。[207] 前面讨论过，本案的事实背景促使仲裁庭提出了这些额外的标准。由于《ICSID 公约》的目的是鼓励私人国际投资或外国投资，本案仲裁庭认为“国内投资不能提交 ICSID 仲裁，这仅

---

〔199〕 参见同上。

〔200〕 参见 *Inceysa* 案，ICSID 案件号 ARB/03/26，Award，2006 年 8 月 2 日。

〔201〕 参见同上，第 230 段。

〔202〕 参见同上，第 243 段。

〔203〕 参见同上，第 249 段。

〔204〕 参见 *Plama* 案，ICSID 案件号 ARB/03/24（Energy Charter Treaty），Award，2008 年 8 月 27 日。

〔205〕 参见同上，第 138 ~ 139 段。

〔206〕 参见同上，第 143 ~ 144 段。

〔207〕 参见前引〔116〕，*Phoenix* 案，第 114 段。

适用于国际投资,以及由国民签署的 ICSID 条款不能通过转让给外国投资者而转变为有效的 ICSID 条款"[208]。与此同时,*Phoenix* 案仲裁庭认为,如果进行交易"仅以利用"文书中所载权利为目的,则不符合《ICSID 公约》和双边投资协定规定的保护条件。

应该指出的是,原告进行的交易并未违反捷克共和国的任何法律。仲裁庭裁决的依据是,原告所做违反了善意原则。在这方面,它认为 *Phoenix* 案与 *Tokios Tesėlės* 案有所区别。[209]

Phoenix 案仲裁庭在分析善意原则的适用情况时强调,ICSID 公约和有关双边投资条约必须在一般国际法的要求范围内理解,"如不溯及既往原则或诚信原则"[210]。它引用了 Pauwelyn 的观点:"处于条约关系中的国家,可以以一个、更多或理论上一般国际法的所有规则(强制法除外)签订合同,但它们不能脱离国际法体系。一旦各国相互签约,他们就会自动而且必然地在国际法体系内这样做。"[211]

这种方法首先得到了 WTO 上诉机构决定的案件的支持,亦被本案仲裁庭引用,[212]为其决定奠定了基础。本案仲裁庭很可能是投资者与国家间仲裁史上第一次,指出违反国际法基本原则的投资不会使得仲裁庭有管辖权。[213]

在本案中,仲裁庭还认为,合格投资不仅必须要遵守东道国的法律,还要遵守国际法原则。具体而言,本案仲裁庭表示:"国家不能认为可以使得违反其法律的投资诉诸 ICSID 争端解决机制。"[214]

---

〔208〕 参见同上,第 89 段。

〔209〕 参见同上,第 94 ~ 95 段。仲裁庭意识到,*Tokios Tokelės* 案仲裁庭(*Tokios Tokelės* 案, ICSID 案件号 ARB/02/18, Decision on Jurisdiction, 2004 年 4 月 29 日)不认为案中原告的表现存在滥用程序的情况。它进一步认为:"国际投资者当然可以在上游建立他们的投资(正如 Tokios Teselė s 所做的那样)……然而,另一方面,国际投资者不能调整下游以得到东道国对其投资的保护,一旦投资者认为有关行为已对其投资造成损害(正如菲尼克斯试图做的那样)。"参见同上。在本案中,它认为接受管辖权"将违反《ICSID 公约》以及双边投资条约的基本目标"。参见同上,第 144 段。

〔210〕 参见同上,第 77 段。

〔211〕 参见同上,援引 Jost Pauwelyn, "Role of Public International Law in the WTO Law", 95 *American Journal of International Law* 535, 2001 年,第 539 页。

〔212〕 参见 *United States – Standards for Reformulated and Conventional Gasoline*, WT/DS2/AB/R,上诉机构报告, 1996 年 4 月 29 日,上诉机构报告中(第 18 页)指出:"总协定不应在实践中与国际公法区别理解。"

〔213〕 参见前引〔116〕,*Phoenix* 案,第 78 段。仲裁庭指出,"ICSID 公约和双边投资条约的管辖要求不能脱离国际公法及其一般原则来理解和解释"。参见同上。

〔214〕 参见同上,第 101 段。根据 *Phoenix* 案仲裁庭的说法:"例如,如果一个国家限制外国投资进入其有关经济部门,外国投资者无视这种限制,则有关投资不能受到 ICSID / BIT 体系的保护。根据东道国的国家法律,这些是非法投资,不能通过 ICSID 仲裁程序得到保护。"

就国际法原则而言，本案仲裁庭认为"善意"是"长期以来在国际公法中得到承认的原则，其也适用于所有国家法律体系"[215]。它援引乔·达马托(D'Amato)进一步阐述了诚信原则的内容，D'Amato 表示，它要求各方"诚实公平地交往，真实地表达他们的动机和目的，并避免不公平的优势"[216]。作为一项国际法原则，善意原则是否适用于投资者与国家之间的争端？本案仲裁庭在确定该原则的适用性方面没有任何困难。在其看来："这一原则规定了国家之间的关系，也规定了那些寻求根据条约主张国际要求的人的合法权利和义务。任何人都不得滥用条约赋予的权利，更一般地说，每项法治都隐含一项不应滥用的条款。"[217]

这种情况符合较早的 *Amco Asia* 案中的决定，其中仲裁庭特别指出："……与任何其他公约一样，仲裁公约不应被限制性地解释，事实上也不应被广泛或自由地解释。它应以某种方式解释，以便找出并尊重各方的共同意愿……而且，亦是一般法律原则，任何公约，包括仲裁惯例，都应该本着诚意加以解释。也就是说，考虑到其承诺的后果，可以认为各方可以合理合法地设想。"[218]

事实上，*Phoenix* 案仲裁庭甚至认为，条约对于诚信原则的沉默不应阻止仲裁庭采用它。在这个问题上，*Salini* 案仲裁庭同意本案仲裁庭的立场，认为有责任"防止双边投资条约保护不应受到保护的投资，特别是因为它们是非法的"[219]。

上述案件的一个重要特征是，他们都采取了双重违反的做法，根据这种做法，违反国家诚信原则将构成违反国际法的行为。实质上，这种方法将诚信视为一般法律原则。*Phoenix* 案与其他涉及实施诚信原则的案件之间的区别在于，前者没有欺骗行为。原告行为是滥用国际投资争端解决制度。*Phoenix* 案仲裁庭认为自己有义务"防止滥用该制度……确保只有符合国际诚信原则并且不试图滥用该制度的投资才受到保护"[220]。

承认"诚信"是国际法的基本原则，特别是作为国家法律的一般原则，是重要的。作为投资法的基本原则，其适用范围不仅限于投资者，也适用于东道国。

---

〔215〕 参见同上，第 107 段。

〔216〕 参见同上，援引 A. D'Amato, "Good Faith", in R. Bernhardt, ed., *Encyclopedia of Public International Law*，第 7 卷，North - Holland，1984 年，Amsterdam，第 107 页。

〔217〕 参见同上。

〔218〕 参见前引〔67〕，第 14 段(标注重点)。

〔219〕 参见前引〔115〕，第 101 段。最后，实际上 *Salini* 案仲裁庭发现，原告进行的投资是依法进行的。参见前引〔32〕，Decision on Jurisdiction，第 46 段。

〔220〕 *Phoenix* 诉捷克案，同上，第 113 段。

Desert Line Projects LLC 诉也门案[221]仲裁庭证实了这一点。原告是根据阿曼苏丹国法律组建的有限责任建筑公司，它在也门建造了许多沥青路面。合同中有一个仲裁条款，以允许原告和被告通过此种方式解决争议。仲裁庭作出裁决后，双方之间仍存在关于款项的争议，导致原告与被告签订了和解协议。

在根据和解协议收到付款后，原告通过辩称和解协议是在胁迫下订立的来质疑其有效性。被告表示，根据 1998 年阿曼和也门双边投资协定第 1 条的要求，原告"根据其法律和法规进行的且获颁投资证书的投资并未被东道国接受"。根据被告的说法，其从未发出过这样的证明，原告也未提供任何证据来反驳这一论点。

但是，仲裁庭认为，"被告并未满足仲裁庭的要求，即原告进行的投资要么与也门法律或法规不一致，要么未能被被告接受"[222]。关于没有根据双边投资条约签发证书的问题，仲裁庭必须决定该要求是否符合"仅仅是形式主义或实质目标"[223]。它认为，如果要求仅仅是一种形式，它将构成"一个人为陷阱，剥夺双边投资条约对投资者旨在提供的保护"[224]。仲裁庭继续说，"它会冒犯最基本的诚信观念，并且会是对国家元首的侮辱"，他会首先欢迎外国投资，然后会说根据双边投资协定没有任何好处。[225] 因此，被告不得在诚信原则的基础上对投资的有效性提出异议。

虽然诚信可能以不同的语言和不同的方法表达，但它作为国际投资法原则已得到普遍承认。[226] 这对于维持投资保护机制非常重要，因为东道国可以通过单方面创造一种剥夺外国投资者保护的情况来滥用该制度。[227]

---

[221] *Desert Line Projects LLC* 诉也门案，ICSID 案件号 ARB/05/17，裁决，2008 年 2 月 6 日。

[222] 参见同上，第 105 段。

[223] 参见同上，第 106 段。

[224] 参见同上。

[225] 参见同上，第 119 段。

[226] *Hamester* 诉加纳案仲裁庭也认为善意是东道国承诺 ICSID 仲裁的基本原则。该仲裁庭指出："如果投资是在违反国家或国际诚信原则的情况下进行的，则不会受到保护；如通过腐败、欺诈或欺骗行为；或如果其行为本身构成对 ICSID 公约下的国际投资保护制度的滥用。如果违反东道国的法律，也不会受到保护。"参见 *Gustav F. W. Hamester GmbH & Co. KG* 诉加纳案，ICSID 案件号 ARB/07/24，Award，2010 年 6 月 8 日，第 123 段。

[227] 参见 Campbell McLachlan，Laurence Shore and Matthew Weiniger，*International Investment Arbitration：Substantive Principles*，Oxford University Press，Oxford，UK，2007 年，第 196 页。此外，*Ioannis Kardassopoulos* 案仲裁庭指出，东道国不能以"根据自己的法律自己的行为是非法的"为由阻止双边投资条约提供保护。易言之，东道国不能通过援引其自身未遵守国内法的规定来回避双边投资条约下的管辖权。参见 *Ioannis Kardassopoulos* 诉格鲁吉亚案，ICSID 案件号 ARB/05/18，Decision on Jurisdiction，2007 年 7 月 6 日，第 182 段。

中间人的参与可能使遵守国内法的问题进一步复杂化。也就是说,当外国投资者与第三方进行交易(投资)时,该第三方从事的活动不符合法律规定。*Anderson*诉哥斯达黎加案[228]就是一个很好的例子。在该案中,加拿大的137名国民根据一项计划向Villalobos兄弟拥有的货币交换公司存款,即个人和公司将向Villalobos兄弟提供资金以换取存款的高利率,以及偿还具有规定条件的本金额。然而,该业务未经哥斯达黎加政府授权。[229] 由于Villalobos兄弟被逮捕和判刑并关闭了他们的业务,原告根据附加便利程序启动了ICSID仲裁程序,声称被告违反了其国内法、国际法和哥斯达黎加与加拿大的双边投资协定,造成了他们的损失。

加拿大和哥斯达黎加双边投资协定第I(g)条将"投资"定义为"直接或间接通过第三国的企业或自然人拥有或控制的任何种类的资产",并要求它应符合东道国的法律。"货币、对货币的主张,以及根据具有财务价值的合同履行的要求"被列为投资的例子。[230] 原告辩称,他们的存款构成了双边投资条约下的投资。与此同时,被告对仲裁庭的管辖权提出了质疑,特别是主张原告的存款不是投资。

仲裁庭认为,原告必须证明他们的"存款以及与Villalobos兄弟之间产生的法律关系"是双边投资条约下的投资。[231] 不难认识到,原告的存款是双边投资协定涵盖的"资产"。然而,它强调原告对资产的所有权和控制权必须"符合哥斯达黎加的法律"[232]。这是因为,并非所有双边投资条约都包含此类要求。仲裁庭认为,加拿大和哥斯达黎加双边投资协定要求的这一事实"明确表明他们要求另一方投资者的投资的合法性及其严格遵守其法律的重要性。保证投资的合法性对任何国家的公共福利和经济福祉都是重要的,甚至是至关重要的后果"[233]。

仲裁庭进一步指出,由于Villalobos兄弟的行为违反哥斯达黎加法律,他们与原告的交易是"非法的",并未形成投资,[234]因此其支持了被告对管辖权的反对意见。

剩下的问题是,在这种情况下原告可以采取哪些补救措施。*Anderson*案仲裁

---

[228] 参见*Alasdair Ross Anderson*, *et al.*诉哥斯达黎加案, ICSID案件号ARB(AF)/07/3, Award, 2010年5月19日。

[229] 直到收到加拿大的法律援助请求,哥斯达黎加政府未能收集足够的证据以采取任何行动,这导致了对Villalobos兄弟的业务的突袭,表明他们从事未经授权的活动。参见同上,第23~24段。

[230] 参见同上,第46段。

[231] 参见同上,第47段。

[232] 参见同上,第51段。

[233] 参见同上,第53段。

[234] 参见同上,第55段。

庭似乎对原告没有太多的怜悯。它表示,谨慎的投资者必须在投资前始终进行尽职调查。在其看来,这种尽职调查的一个重要因素是进行符合法律的任何投资,并且这种"义务既不过于繁重也不会不合理"〔235〕。由于原告在进行投资时没有进行预期的尽职调查,因此必须自担风险。到目前为止,本案是唯一一个明确而具体地说明投资者有义务遵守东道国法律的案件。虽然仲裁庭没有详细说明没有遵守国内法的条约要求的外国投资者的义务,但它所使用的强有力的语言显然支持了在投资时遵守当地法律的义务的隐含原则,正如其他案件已经确定的那样。

从上面讨论的仲裁实践来看,虽然双边投资协定和自由贸易协定规定要按照东道国国家的法律进行投资,但这种要求被解释为只涉及确定投资的有效性而不是投资的定义。在某些情况下,国际法的基本原则,包括诚信的一般原则,被认为与国内法同时适用。〔236〕 国际法基本原则的重要性在于,它不仅要求外国投资者善意地进行投资,而且还要求东道国对该原则进行审查。〔237〕 因此,如果投资是基于东道国的知识或批准形成的,则不允许随后质疑投资的有效性。

二、东道国"在领土内"进行的投资

除了作为解决投资定义的第一个案例之外,*Fedax* 案〔238〕也是第一个面对投资是否"在东道国"进行的问题的案件。仲裁庭首先指出,不动产投资与主要属于金融性质的投资存在差异。它认为:"许多国际金融交易的标准特征是,所涉及的资金并未实际转移到受益人的领土,而是在其他地方使用。……当然,在当中经常使用期票。重要的问题是,提供的资金是否由信贷受益人使用,如委内瑞拉共和国的情况,以便为其各种政府需求提供资金。在本案中,委内瑞拉共和国通过期票获得

---

〔235〕 参见同上,第 58 段。

〔236〕 在最近的一个案件中,仲裁庭认为,双边投资条约中提到的东道国法律"是指国家公共当局制定的或在其授权下的法律法规,并未延伸到纯粹的合同义务"。因此,如果外国投资者违反合同义务,不会对投资的有效性产生任何影响。参见 *Vannessa Ventures Ltd.* 诉委内瑞拉案, ICSID 案件号 ARB (AF)/04/6, Award, 2013 年 1 月 16 日,第 134 ~ 135 段。

〔237〕 例如,*RDC* 诉危地马拉案(以下简称"*RDC* 案")仲裁庭确认,遵守国内法的要求仅涉及投资的合法性。在根据 DR – CAFTA 进行的第一次仲裁中,仲裁庭指出其管辖权依 DR – CAFTA 和《ICSID 公约》第 25 条行使。参见 *RDC* 案, Second Decision on Objections to Jurisdiction, 2010 年 5 月 18 日,第 111 段。关于被告的论点,即原告的投资不属于 DR – CAFTA 或《ICSID 公约》的"覆盖范围内的投资",因为其具非法性,且没有产生权利。仲裁庭对此指出,即使存在违规行为,善意原则"应该防止政府以提出违反自己的法律作为管辖权的辩护",因为它故意忽视这些缺陷并赞同投资。参见同上,第 146 段。

〔238〕 参见前引〔16〕。

了一笔在一段时间内为其财务需要投入工作的信贷,这一点没有争议。"[239]

根据本案仲裁庭的决定,在确定是否在东道国境内进行投资时,如双边投资协定和自由贸易协定中经常规定的那样,应考虑投资的性质。与此同时,最重要的是东道国是否从投资中获益。由于本案件涉及的期票受益人是委内瑞拉政府,仲裁庭相对容易得出结论。在其他情况下,情况可能不那么简单。

SGS 案[240]涉及更复杂的问题。其中一个是 SGS 诉巴基斯坦案,原告瑞士公司 SGS 与巴基斯坦签订了一项于 1995 年 1 月 1 日生效的协议(装船前检验协议),提供某些进口到该国的货物的检验服务,"以确保货物被适当分类,使巴基斯坦能够提高其海关税收收集的效率,从而为国库提供资金"[241]。该协议的有效期为 5 年,自动续期,但由巴基斯坦于 1997 年 3 月 11 日终止。[242] 尽管 SGS 确实在巴基斯坦设立了两个"联络处","以向巴基斯坦海关当局传达信息"[243],但无可争议的是,SGS 向巴基斯坦提供的所有服务均在国外提供。

本案仲裁庭在分析中并未适用双管测试,认为 PSI 协议构成了一项投资,因为它符合瑞士和巴基斯坦双边投资协定对投资的定义,包括"对货币的要求"和"公法下的一种特许",以及 SGS 根据"法律赋予的权利"和"按合同"行使权利。[244] 事实上,仲裁庭几乎没有解决实际投资"在哪里"的问题,除了注意到即使 SGS 在巴基斯坦的实际支出"相对较小…… 根据 PSI 协议,他们还涉及向巴基斯坦境内注入资金以履行 SGS 职能"[245]。最后,仲裁庭认为,PSI 协议是一项合格的投资,主要是因为它赋予 SGS 行使国家公共权力的部分权力。[246]

另一案件 *SGS* 诉菲律宾案也涉及类似情况。SGS 于 1991 年签订了一项协议,以执行某些进口监督服务,改善菲律宾的清关和控制程序。经过几次延期,SGS 和菲律宾之间的安排终于在 2000 年终止。SGS 声称,在该安排中止并且在向 ICSID 寻求仲裁时,菲律宾仍然没有支付 2.02 亿瑞士法郎的服务费。在对仲裁庭对该案件具有管辖权的其他反对意见中,菲律宾坚持认为"按照双边投资条约的

---

[239] 参见同上,第 41 段。

[240] 参见前引[15],*SGS* 诉巴基斯坦案,*SGS* 诉菲律宾案,*SGS Société Générale de Surveillance S. A.* 诉巴拉圭案, ICSID 案件号 ARB/07/29, Decision on Jurisdiction, 2010 年 2 月 12 日。

[241] 参见同上,*SGS* 诉巴基斯坦案,第 11 段。

[242] 参见同上,第 16 段。

[243] 参见同上,第 13 段。

[244] 参见同上,第 135 段。

[245] 参见同上,第 136 段。

[246] 参见同上,第 138 ~ 139 段。

要求，没有在菲律宾的投资"[247]。具体来说，其表示："仲裁庭不应因偶然和轻微的活动而分心，例如培训课程或捐赠某项设备，而应考虑'整体运作的不可分割的一部分'。在本案中，PSI 服务的交付显然是本合同的'整体运作'，且是完全在菲律宾之外进行。"[248]

在这种情况下，且参考 *SGS* 诉巴基斯坦案仲裁庭的做法之后，本案仲裁庭对此问题作出处理。首先，它指出"根据条约解释的正常原则，在被告国境外进行的投资，无论对它有何益处，都不会被双边投资条约涵盖"[249]。然而，仲裁庭认为，SGS 在菲律宾以外提供的服务"并非为了自己的利益而进行，而是为了使其能够在菲律宾的领土内提供可依据的检验证书，以便向海关输入货物，并评估和收集随后的收入"，且这些行动是通过 SGS 的马尼拉联络处组织的，该办公室是"一个庞大的办公室，雇用大量人员"[250]。因此，它认为"在菲律宾内提供了实质性和不可分割的整体服务"[251]，且"这些要素合在一起足以使服务是在菲律宾境内提供的要求得到满足。由于 SGS 提供的是一笔费用，这在 BIT 意义上相当于对菲律宾的投资"[252]。

SGS 诉巴拉圭案的情况几乎与前两个 SGS 案件相同，而且仲裁庭判定在东道国境内进行投资的理由几乎逐字逐句地重复了 *SGS* 诉菲律宾案仲裁庭的观点，其自身也注意到对前两个案件的严重依赖。[253]

在 *Abaclat* 案[254]中，除其他事项外，被告认为"投资"并非按照双边投资协定的要求在阿根廷境内进行。[255] 具体而言，在被告看来，争端中的争议债券与阿根廷之间没有"足够重要的物理和法律联系"，因为"(i)它们没有导致任何资金转移

---

〔247〕 参见前引〔15〕，第 17 段。

〔248〕 参见同上，第 58 段。

〔249〕 参见同上，第 99 段(注释省略)。

〔250〕 参见同上，第 101 段。

〔251〕 参见同上，第 102 段。

〔252〕 参见同上，第 103 段。

〔253〕 参见前引〔239〕，第 109 ~ 117 段。亦见第 102 段。对此，仲裁庭援引（于第 117 段）*Bureau Veritas, Inspection, Valuation, Assessment and Control*, (*BIVAC*) *B. V.* 诉巴拉圭案(以下简称"*BIVAC* 案")于 2009 年 5 月 29 日作出的关于管辖权的决定，ICSID 案件号 ARB/07/9，第 104 段，注意到"在 *BIVAC* 诉巴拉圭案中，仲裁庭在处理与之前仲裁庭审理的几乎相同的合同上同样'有点困难'，BIVAC 在巴拉圭境内进行了投资，以满足荷兰巴拉圭 BIT 中关于'领土'的可比性的要求"。

〔254〕 参见前引〔13〕。

〔255〕《阿根廷－意大利双边投资协定》第 1 条第 1 款规定："投资是指缔约一方的个人或公司在另一缔约方境内投资或再投资的任何许可或资产，相关行动需符合后一方法律法规的规定。"债券和私人或公共金融工具包括在说明性投资清单中。

到阿根廷境内,(ii)它们位于阿根廷境外,超出了领土管辖范围……以及(iii)这些间接持有制度意味着一个临界点,超过该临界点,则不允许提出索赔,因为它们与投资只有很远的联系"[256]。但是,仲裁庭认为,投资地点取决于所涉投资的性质:"对于纯粹金融性质的投资,相关标准应该是资金所在的地点和/或利益为谁最终使用,而不是资金支付或转移的地方"。[257]

确定合格投资是一个重要问题,取决于缔约方在当代双边投资协定和自由贸易协定中(投资章节)承诺的所有优惠待遇和保证。同意将投资争议提交国际仲裁,从东道国的角度来看,他们同意对其主权权力进行限制。那么问题在于,作为对这一行动的回报,外国投资者的投资是否必须符合东道国的法律。从法理上讲,如果双边投资协定或自由贸易协定要求遵守当地法律,毫无疑问,任何投资都必须符合东道国的法律,尽管双边投资协定或自由贸易协定对此事的沉默可能会导致不同的解释。即使明确要求遵守国内法,只要涉及投资的有效性,它只与如何"进行"投资有关。一旦投资进入东道国,后者不应拒绝或拒绝保护,除非投资是在违反法律且在其不知情或未经其同意的情况下进行。[258]

投资仲裁实践还表明,仲裁庭已准备好运用国际法的基本原则,例如善意原则。这种发展有利于国际投资法的形成。虽然当前世界各国正在争夺外国直接投资,但这一趋势将增强投资者和东道国的信心。

国际投资法的另一个特点是,缔约方几乎无一例外地承诺为另一缔约方在其领土"内"进行的投资提供国民、公正和平等等其他待遇。实践证明,对于在"in"这个词成为投资保护工具的一部分之前是否经过仔细考虑,常引发争议。面对这一问题,仲裁庭采取了切实可行的办法,强调了有关投资的特殊性和特点。从这里讨论的少数案例来看,仲裁庭似乎认为东道国已经或将要拥有的好处是一个必不可少的因素。[259] 随着全球化的深入,国家之间已经存在的相互依存关系将会增强,这将导致投资形式的多样化。科学技术的稳步发展将有助于实现这种发展,特别是在服务相关的投资领域。

---

〔256〕 参见前引〔13〕,第 341 段。

〔257〕 参见同上,第 374 段。

〔258〕 对此,参见 Anna Joubin – Bret, "Admission and Establishment in the Context of Investment Protection", in August Reinisch, ed., *Standards of Investment Protection*,牛津大学出版社,Oxford, UK, 2008 年,第 9 ~ 28 页,第 27 页。

〔259〕 更多关于投资地区重要性相关问题的进一步讨论,参见 Christina Knahr, "Investments 'In The Territory' of The Host State", in Christina Binder, et al., eds., *International Investment Law for the 21st Century: Essays in Honour of Christoph Schreuer*,牛津大学出版社,2009 年。

第四节 商事仲裁裁决与投资

投资仲裁和商事仲裁是解决纠纷的两种独特机制。商事仲裁可以处理商业交易引起的任何争议。通常情况下,相关交易是与私人方或国家的商业合同,其中可能包括买卖合同,合资合同,交钥匙合同,建筑、管理、生产、特许权、收入共享或其他类似的合同。投资仲裁旨在解决外国投资者与其投资所在国政府(东道国)之间的争端,由投资产生的且受投资者母国和东道国签署的双边投资协定保护。根据所谓的保护伞条款,有时违反合同可能构成违反双边投资条约。[260] 除特殊情况外,商业合同不被视为国际争议解决的投资。

在实践中,双边投资条约可能包括明确排除认定商业交易为投资的条款。例如,2002 年日本和新加坡的全面经济伙伴协定,第 72(a)(v)条规定,投资包括"对资金的索赔和对具有财务价值的合同的任何履约的要求",但是在该条的说明中,规定"为了本章的目的……对货币的索赔和对合同履行的要求……指的是与商业活动有关的资产,而不是属于个人性质且与任何商业活动不相关的资产"[261]。加拿大 2004 年双边投资协定范本第 1 条规定:"投资并不意味着……(X)仅仅来自……(i)一方国内或企业向另一方领土内的企业的销售商品或提供服务的商业合同的货币主张。"[262] 这样规定的好处是消除了对这方面投资定义的任何疑问。因此,仲裁庭不太可能解释它。

但是,在最近的一些投资仲裁案件中,仲裁庭一直面临商事仲裁裁决本身是否构成投资的问题。*Saipem* 案[263] 即为一例。在本案中,原告是一家在意大利注册

---

[260] 在双边投资协定中,"保护伞条款"是一项规定,即"规定东道国应承担的国际法义务,例如,'遵守它可能订立的任何义务','不断保证遵守它所承诺的承诺','遵守它所承担的任何义务',以及其他有关投资的表述"。参见 Katia Yannaca - Small, *Interpretation of the Umbrella Clause in Investment Agreements*, OECD Working Papers on International Investment, No. 2006/3, OECD, Paris, 2006 年, https://www. oecd. org/investment/internationalinvestmentagreements/37579220. pdf。

[261] 2002 年日本和新加坡全面经济伙伴协定全文, https://www. mofa. go. jp/region/asia - paci/singapore/jsepa - 1. pdf。

[262] 加拿大 2004 年双边投资协定范本, http://www. dfait - maeci. gc. ca/tna - nac/what_fipa - en. asp#structure。

[263] 参见 *Saipem* 案, ICSID 案件号 ARB/05/7, Decision on Jurisdiction, 21 March 2007(以下简称"*Saipem* 案, Decision on Jurisdiction"); Award, 2009 年 6 月 30 日(以下简称"*Saipem* 案, Award")。

成立的公司，专门从事石油和天然气管道建设，与孟加拉国国有企业 Petrobangla 达成合同，在孟加拉国东北部建造一条输送冷凝水和天然气的银行赞助的管道项目。由于当地人口和其他困难，项目竣工日期推迟一年。根据合同，Petrobangla 有权保留相当于总合同价格 5% 的金额，直至签发最终验收证书。由于保留的资金未按照上述安排支付给 Saipem，因此其根据合同通过 ICC 启动仲裁程序。

在达卡国际商事法院的仲裁中，Petrobangla 首先向孟加拉国法院提起诉讼，即国际商会仲裁院（International Chamber of Commerce，ICC）没有管辖权，该请求由孟加拉国法院批准，然后要求另一个地方法院限制 Saipem 继续进行国际商事法院的仲裁。最后，在国际商会仲裁院继续审理此案并作出有利于原告的裁决后，Petrobangla 向孟加拉国最高法院高等法院分庭提出申请，将案件搁置。孟加拉国最高法院驳回了申请搁置该裁决的请求，理由是孟加拉国法律没有形成任何裁决，因此没有什么可以操作的。[264]

随后，原告根据孟加拉国和意大利之间的双边投资协定向 ICSID 提交了仲裁请求。仲裁庭面临的第一个问题是原告是否进行了投资。在这个问题上，被告认为这无法满足 *Salini* 案件和其他案件确立的标准。首先，它认为工作的时间不到一年，即这是一项短期工作。[265] 被告的第二个反对理由是，该项目是由世界银行赞助的，因此原告无须为项目投入任何资金，只需要根据合同开展工作和履行职能；因此，不涉及风险。[266]

被告还将此案与 *SOABI* 诉塞内加尔案[267]进行了比较，该案的仲裁庭认为，根据《ICSID 公约》第 25 条的规定，承包商随着建筑项目的进展得到的支付，因此产生的争议可能不是投资纠纷。*Saipem* 案仲裁庭首先指出，孟加拉国法律中没有规定要求外国投资者自己筹集资金，而《ICSID 公约》的起草历史也表明资金的来源无关紧要。[268] 应指出的是，在大多数其他案件中，仲裁庭没有考虑东道国国内法规定的投资定义，只依据相关的双边投资条约、《ICSID 公约》和 ECT 等相关多边条约。*Saipem* 案仲裁庭也采取了这种做法，即其“不准备认为双边投资条约第 1(1)条中的‘投资’一词是根据东道国法律确定的”[269]。

---

〔264〕 参见同上，Decision on Jurisdiction，第 36 段。

〔265〕 参见同上，第 101 段。

〔266〕 参见同上，第 108 段。

〔267〕 参见 *Société Ouest Africaine des Bétons Industriels*（*SOABI*）诉塞内加尔案，ICSID 案件号 ARB/82/1，Award，1988 年 2 月 25 日，2 *ICSID Reports* 190，第 219 段。

〔268〕 参见前引〔262〕，第 106 段。

〔269〕 参见同上，第 120 段。

仲裁庭继续观察到,“孟加拉国的论点似乎更多地指……投资者因收到预付款而不会承担任何商业风险”[270]。仲裁庭不同意此论点,认为停止工程和重新谈判合同的必要性以及“提供保留金的合同机制”都是投资者固有风险的例子。[271]

仲裁庭的分析并非毫无问题。如果 Saipem 自己获得贷款来资助该项目,那么资金的来源就不会成为问题,因为那时东道国不会承担偿还这些债务的责任。如果东道国提供必要的资金并提供项目预付款,投资者将承担较小的风险(若有),并且该风险的性质与任何商业交易中涉及的风险相同。对此,仲裁庭强调,为了确定是否为根据《ICSID 公约》第 25 条进行的投资,应考虑整个行动,包括合同、建筑本身、保留金、保证和相关的国际商会仲裁院裁决等。[272] 基于对这些因素的考虑,原告的交易被认为是合格的投资。

考虑交易的总体性对于确定是否存在投资是合理的。问题在于将争端解决安排作为投资的一个因素。即使合同中规定的解决机制构成合同的一部分,也不应将其视为确定是否已进行投资的因素。争端解决机制肯定涉及各方的不确定性风险。然而,交易是否可以构成投资与此无关。事实上,如果交易符合相关双边投资协定和《ICSID 公约》第 25 条的所有要求,即使没有争端解决机制,它仍然是一项投资,应予以保护。即使由此类争端解决程序产生的决定可能“明确”当事方的权利和义务,如 *Saipem* 案仲裁庭[273] 所述的,此决定本身并非投资或其中的一部分。

对此,*Saipem* 案的被告表示:“…… BIT 对投资的定义使用‘财产’这个词,而不像其他双边投资条约那样使用‘资产’,这意味着援引孟加拉国法律。为了支持这一主张,孟加拉国提出选择‘财产’一词是因为它是孟加拉国众所周知的概念,因此对‘财产’一词必须根据其在孟加拉国法律中的普通含义加以解释。据称,这个含义‘比“资产”这个词更具体和更聚焦’。”[274]

仲裁庭坚持认为,《ICSID 公约》和双边投资条约的解释应受国际法管辖。[275] 这种解释方法与投资仲裁的做法一致,即由于这些条约是国际文书,因此必须根据国际法原则加以解释。与此同时,如果要求按照国内法进行投资,则必须根据国家法律原则解释国内法有关条款。这项工作将影响条约下的投资定义。

---

〔270〕 参见同上,第 109 段。
〔271〕 参见同上。
〔272〕 参见同上,第 110 段。
〔273〕 参见同上,第 127 段。
〔274〕 参见同上,第 81 段(注释省略)。
〔275〕 参见同上,第 78 段。

原告还认为,合同是双边投资协定中定义的投资,“国际商会仲裁院的裁决授予的权利完全属于…… BIT 中‘与投资相关的金额信贷’”[276]。被告坚持认为“这通常包括银行存款或账户上的账面债务”[277]。仲裁庭认为“确实可能也是如此。然而,就其普通含义而言,‘货币金额的信用’一词也涵盖了仲裁中授予一方支付一定金额的权利:胜诉方无疑拥有裁决规定数额的一笔款项”[278]。

事实上,即使原告在建筑项目中的工作构成投资,仍然有必要证明争议是“直接”从投资中产生的。在听证期间,被告对 ICSID 仲裁庭的管辖权提出异议,理由是该合同不是“投资”;即使是,也与孟加拉国政府无关,因为争议来自由原告提出的 Petrobangla 支付的款项。[279] 通过援引执行董事报告的表述,仲裁庭认为该争议具有法律性质,因为它涉及“‘(原告)合法权利的存在或范围’以及由于被告涉嫌违反这些合法权利而被赋予原告的救济权利的性质和程度”[280]。易言之,国际商会仲裁院裁决所体现的权利并非由该裁决创造,而是出自合同。国际商会仲裁院的裁决明确了双方在原始合同下的权利和义务。[281]

除《ICSID 公约》之外,仲裁庭的管辖权也受到孟加拉国和意大利双边投资协定的限制,其中第 9 条规定:“(1)缔约方与另一方投资者之间发生的任何争议,涉及征收、国有化、征用或类似措施的赔偿,包括与有关付款金额有关的争议,应尽可能友好解决。(2)如果此类争议无法在书面申请之日起六个月内友好解决,则有关投资者可自行决定提交争议:(a)在任何情况下,缔约方法院具有属地管辖权;(b)根据‘联合国国际贸易法委员会’(UNCITRAL)的仲裁规则,设立一个临时仲裁庭;(c)诉诸‘国际投资争端解决中心’,适用 1965 年 3 月 18 日《ICSID 公约》提供的关于‘解决其他国家的国家和国民之间的投资争端’的仲裁程序,无论何时,或一旦两个缔约方都有效加入。”

从字面上看,孟加拉国和意大利双边投资协定将 ICSID 的管辖权仅限于与征收、国有化、征用或类似措施的补偿有关的问题,包括一定数额的相关付款。这与

[276] 参见同上,第 125 段。
[277] 参见同上,第 126 段。
[278] 参见同上,第 126 段。
[279] 参见同上,第 76 段。
[280] 参见同上,第 95 段,援引 Report of the Executive Directors, 参见前引〔30〕,第 26 段。
[281] 参见同上,第 127 段。

苏联和一些东欧国家以及中国早期的做法非常相似。[282] 一些 ICSID 仲裁庭以前曾审查过这些条款，其中大多数都支持 ICSID 的管辖权。那些否认管辖权的主要是因为投资者未能根据表面证据证明管辖权是适当的。[283]

在 *Saipem* 案中，仲裁庭援引 *Impregilo* 案的裁决，即“原告所称的事实，如果得到证实，是否能够符合双边投资条约所援引的那些条款”[284]。易言之，如果原告指的争议属于双边投资条约的范围，仲裁庭应首先行使其管辖权，然后应在案情阶段审查被告是否违反协议的问题。这种做法不可避免地涉及在管辖权和案情阶段应用的不同的“证据”标准。国际投资仲裁实践表明，仲裁庭倾向于在管辖阶段采用较低的标准，而在审查被告违反协议时则更为严格。[285] 姑且不论采用不同标准背后的原因，这种做法使仲裁庭更容易具有管辖权。

在明确有管辖权后，*Saipem* 案仲裁庭继续审查被告是否违反了其与意大利的双边投资协定。原告称孟加拉国违反了双边投资条约第 5 条，其中规定：“（1）本协议所涉及的投资不受任何可能永久或暂时限制其所有权、占有权、控制权或受益权的限制的规制，除非法律明确规定并由法院作出的判决或命令或具有管辖权的仲裁庭保留。（2）缔约一方投资者的投资不得直接或间接被国有化、征收、征用或任何具有类似效力的措施处理，但基于公共目的或国家利益除外，此时应立即作出全面有效的赔偿，基于这些措施是在非歧视的基础上并符合所有法律规定和程序。”

仲裁庭表示，基于第 5 条第 2 款禁止征收的保证“只有在（i）存在征收和（ii）征

---

〔282〕 关于中国在此方面的实践，参见 Guiguo Wang，“China's Practice in International Investment Law：From Participation to Leadership in the World Economy”，in Mahnoush H. Arsanjani，Jacob Katz Cogan，Robert D. Sloane and Siegfried Wiessner，ed.，*Looking to the Future*：*Essays on International Law in Honor of W. Michael Reisman*，Martinus Nijhoff Publishers（2011），第 845～890 页。

〔283〕 参见 *Vladimir Berschader and Moïse Berschader* 诉俄罗斯案，Stockholm Chamber of Commerce（SCC），Award，2006 年 4 月 21 日；及 *Ros Invest Co UK Ltd.* 诉俄罗斯案，SCC 案件号 V079/2005，Award on Jurisdiction，2007 年 10 月 5 日。

〔284〕 参见前引〔262〕，Decision on Jurisdiction，第 84 段。关于 *Impregilo* 案，参见 *Impregilo* 案，ICSID 案件号 ARB/03/3，Decision on Jurisdiction，2005 年 4 月 22 日。至于是否确立管辖权的表面证据的标准，参见 *United Parcel Service of America*，*Inc.* 诉加拿大案，基于 NAFTA 第十一章的一个仲裁，Award on Jurisdiction，2002 年 11 月 22 日，第 33～37 段，http://www.naftaclaims.com/disputes_canada_ups.htm；*Siemens* 案，ICSID 案件号 ARB/02/8，Decision on Jurisdiction，2004 年 8 月 3 日，第 180 段；*Plama* 案，ICSID 案件号 ARB/03/24，Decision on Jurisdiction，2005 年 2 月 8 日，第 118～120、132 段；*Bayindir Insaat Turizm Ticaret Ve Sanayi A. S.* 诉巴基斯坦案，ICSID 案件号 ARB/03/29，Decision on Jurisdiction，2005 年 11 月 14 日，第 185～200 段。

〔285〕 参见同上，*Saipem* 案，Decision on Jurisdiction，第 85～86 段。

收不是基于‘公共目的’或‘国家利益’的情况下才起作用，不符合‘所有法律规定和程序’，没有得到充分补偿，或具有歧视性”[286]。被告在听证会上未表示地方法院的干预是出于公共目的或国家利益的驱使，而且常见的是没有支付赔偿。[287] 因此，仲裁庭认为应首先考虑被告是否违反了双边投资条约第5(1)条。

仲裁庭强调，被告作为1958年《纽约公约》的缔约方，有义务“承认”仲裁协议的有效性。[288] 基于此，仲裁庭认为：“……普遍承认的是，发布反仲裁禁令可能构成违反公约。……技术上讲，孟加拉国法院本身并没有以仲裁或仲裁协议为目标，而是撤销了仲裁员的权力……(这)可能视为违反《纽约公约》第2条，只要它事实上‘防止或者使寻求执行该(仲裁)协议的仲裁无效’……”[289]

因此，*Saipem* 案仲裁庭认为，由于合同双方选择在达卡进行仲裁并适用孟加拉国法律，因此被告的法院对仲裁具有监督管辖权。[290] 这些法院的责任也参照孟加拉国法律确定。根据1940年《孟加拉国仲裁法》第5节规定：“除非法院许可，否则指定仲裁员的权力是不可撤销的，除非仲裁协议中有相反的意图。”[291] 因此，在孟加拉国法院撤销国际商会仲裁院仲裁员权力的行为中似乎没有违反孟加拉国法律。但是，*Saipem* 案仲裁庭认为，“国际法中普遍承认，行使权利的目的与创造权利的目的不同的国家即涉及滥用权利”[292]。必须指出的是，*Saipem* 案是投资仲裁历史上第一个国家因其法院基于撤销商事仲裁机构而被认为滥用权力担责的案子(在本案中，孟加拉国法院面对撤销国际商会仲裁院裁决的申请，表示其认为没有任何仲裁裁决，即它拒绝承认该裁决)。

Saipem 案仲裁庭的意见似乎取决于这样一个事实，即在国际商会仲裁院的听证会上，Petrobangla 就程序提出了一些反对意见，但其中大部分被驳回。[293] Petrobangla 随后借助孟加拉国法院以“不当行为和违反当事人的程序权利”为由撤销仲

---

[286] 前引[262]，第125段。

[287] 参见同上，第126段。

[288] 参见同上，第166段。

[289] 参见同上，第167段。援引 *Salini* 案，ICC 案件号10623/AER/ACS，Award regarding the suspension of the proceedings and jurisdiction，2001年12月7日，42 *ILM* 609 (2003) and 21 *ASA Bulletin* 82 (2003)，第130～131段。

[290] 参见同上，第115段。

[291] 参见同上，第139段。

[292] 参见同上，第160段。为其声明正名，仲裁庭援引 Alexandre Kiss，“Abuse of Rights”，in Rudolf Bernhardt，ed.，*Encyclopedia of Public International Law*，North－Holland，Amsterdam，第1卷，第5页。

[293] 参见同上，第152～155段。

裁员的权力。[294] 这引发了 Saipem 的担忧,即 Petrobangla 可能与法院勾结。[295] 仲裁庭认为,孟加拉国法院"行使其监督管辖权,其结果与其所设立的初心不同,因而违反了国际公认的禁止滥用权利的原则"[296]。仲裁庭还认为,孟加拉国法院的行为构成了双边投资条约第 5 条第 2 款意义上的"具有类似效力的措施",且这种间接征收导致原告在国际商会仲裁院裁决中的利益大大减少。[297]

Saipem 案仲裁庭在得出结论时非常谨慎。可以理解的是,ICSID 仲裁庭承担的是执行商业仲裁裁决的职能,这显然不是设计《ICSID 公约》的目的。除非小心谨慎,否则商事仲裁与投资仲裁之间的界限可能会模糊不清。

在 *Saipem* 案裁决一年多后,投资仲裁界再次面临将商事仲裁裁决视为投资的要求,即 *GEA* 诉乌克兰案[298]。原告是一家根据德国法律注册成立的公司,与在乌克兰注册成立的公司签订了转换合同,该公司是前国有企业 OJSC Oriana(以下简称 Oriana)。根据合同,原告每年向 Oriana 提供 20 万吨石脑油燃料进行转换。在转换合同实施的过程中,发生了一些事件,引发了双方在原材料和成品质量以及大量"残缺"成品方面的争议。随后,双方签署了和解协议和还款协议,两者都包含争议解决机制,将国际商会仲裁院选为仲裁机构。原告对于与 Oriana 签订的两份协议的履行情况不满意,向国际商会仲裁院申请仲裁,仲裁庭于 2002 年 11 月 25 日得出了一项主要是对原告有利的裁决。[299] 此后,原告开始了尝试在乌克兰执行裁决的"长途"之旅。三年后,当所有主张被乌克兰法院驳回时,原告提交 ICSID 仲裁,指控乌克兰侵犯了其基于 1993 年德国和乌克兰双边投资协定的权利。[300]

与许多其他投资仲裁案件一样,仲裁庭面临的一个重要问题是,转换合同是否构成范围中的投资,这受到被告的质疑。仲裁庭采用了双管测试,它以摘要形式提到支持或反对双管测试的案件。然而,它认为投资本身应该具有"客观意义"。[301]

---

[294] 参见同上,第 35 段。

[295] 参见同上,第 41 段。最后,仲裁庭认为,它"对孟加拉国法院与 Petrobangla 勾结或串谋不满意"。参见同上,第 148 段。

[296] 参见同上,第 161 段。

[297] 参见同上,第 129 段。仲裁庭还指出,其关于"孟加拉国法院的干预……有资格作为接受"的决定也是基于 Petrobangla 在海外没有任何资产这一事实,因此 Saipem 无法根据《纽约公约》在其他国家寻求执行国际商会仲裁院的裁决。参见同上,第 130 段。

[298] 参见 *GEA Group Aktiengesellschaft* 诉乌克兰案(以下简称"*GEA* 案"),ICSID 案件号 ARB/08/16,Award,2011 年 3 月 31 日。

[299] 参见同上,第 62 段。

[300] 参见同上,第 7 段。

[301] 参见同上,第 141 段。

考虑到客观的意义,仲裁庭首先指出,在双边投资条约第1(1)(e)条中,投资被界定为包括“进行经济活动的权利”。然后,它将上述条款与该条的最后一句相关联,即“资产投资形式的任何变化不应影响其作为投资的性质”,并得出结论认为“投资”一词应在“更广泛的投资业务背景下解释”[302]。它认为,转换合同不仅满足了双边投资协定的要求,而且满足了《ICSID 公约》第25条的客观标准。仍有待回答的问题是这项基础交易,即双边投资协定和《ICSID 公约》所涵盖的投资,对国际商会仲裁院裁决的影响。

关于国际商会仲裁院裁决是否可被解释为范围内投资的问题,仲裁庭认为“投资”一词本身应具有客观含义。在此基础上,它表示“国际商会仲裁院裁决本身不能构成投资”,因为它是处理和解协议和还款协议所产生的权利和义务的法律工具,“两者本身都不是一项投资”[303]。它进一步指出,即使国际商会仲裁院的裁决“可以被认为直接源于转换合同或产品……裁决规定对投资产生的权利和义务的规定并不等同于裁决与投资本身”[304]。换言之,仲裁庭将国际商会仲裁院裁决及相关投资视为两项独立事宜。这一立场与之前的 *Saipem* 案和后来的 *White Industries* 案立场相反。[305] GEA 案的决定,特别是对 *Saipem* 案决定的批评,确实给国际投资法相关的人群提出了严肃的问题。

在 *Saipem* 案后不到两年、GEA 案后不到一年,临时仲裁庭委员 White 根据 UNCITRAL 的规定对 *White Industries* 案[306]作出决定,包括通过投资条约执行商事仲裁裁决。在本案中,原告是一家按照澳大利亚法律组建的公司。在20世纪70~80年代,印度对煤炭资源进行了大量开发。为此目的,它成立了一家国有独资公司,即印度煤炭公司,该公司以其子公司 Central Coalfields Limited 的名义与原告签订了合同。根据合同,原告有义务提供与煤炭生产有关的服务,包括提供设备和技术服务。该合同还包含基于其履行情况对原告的奖金和罚款的规定。

原告与印度煤炭公司之间发生争议:原告声称,它有权获得奖金,而印度煤炭

---

[302] 参见同上,第149段。关于转换合同,仲裁庭将其置于更广泛的背景下:它“不仅仅是反对货物收费——它建立了一种‘共同利益’的关系,除其他外,其中 KCH(及最终的 GEA)将协助提供物流和支付乌克兰国内货运费用,解决海关问题,并为 Oriana 工厂提供必要的材料”。参见同上。

[303] 参见同上,第161段。

[304] 参见同上,第162段。

[305] *GEA* 案仲裁庭认为,*Saipem* 案仲裁庭在一个标题下说过,国际商会仲裁院的裁决是投资的一部分,另一个标题则说其不是一项投资,然后在另一个标题下,又说没有必要决定它是不是投资的一部分。参见同上,第163段。

[306] 参见 *White Industries Australia Limited* 诉印度案, UNCITRAL(以下简称“*White Industries* 案”), Final Award, 2011年11月30日。

公司则认为它有权处以罚款。双方将争议提交国际商会仲裁院仲裁,仲裁院裁定被告向原告赔偿超过400万澳元。[307] 此后不久,印度煤炭公司向印度法院,即加尔各答高等法院提出申请撤销该裁决,该法院批准印度煤炭公司法人申请并撤回诉求。[308] 此后,在获得仲裁裁决的情况下,原告向新德里高等法院申请执行裁决。原告和印度煤炭公司在不同的印度法院间来回采取了一系列行动,但没有取得实质性成果。2010年7月27日,在其要求执行国际商会仲裁院裁决七年多后,原告以被告方印度违反澳大利亚和印度双边投资协定,提起投资仲裁。[309] 与*Saipem*案不同,*White Industries*案涉及不执行据称违反了双边投资协定的商事仲裁裁决。

*White Industries*案仲裁庭通过审查原告是否为范围内的投资者且其交易是一项范围内的投资来分析。澳大利亚和印度双边投资协定将投资定义为"货币权利或任何具有财务价值、合同或其他形式的业绩"[310]。仲裁庭认为,双管测试"规定的标准高于特定双边投资协定为简单解决是否存在'投资'的问题的标准"[311],但该测试仅适用于ICSID仲裁案件。在其看来,Salini测试亦是如此。然而,它继续分析原告的交易是否满足Salini测试的所有要素,并得出结论认为它"全面满足可能据称存在于BIT下的任何属事测试"[312]。关于国际商会仲裁院裁决与投资定义之间的关系,本案仲裁庭采纳了*Saipem*案仲裁庭的立场,认为"裁决所规定的权利构成White公司原始投资的一部分(根据合同其权利的整合),且因此受到双边投资条约投资的保护"[313]。那么剩下的问题是,不执行或延迟执行该裁决是否会构成违反双边投资条约的行为。事实上,除非被告被发现违反了双边投资协定,否则原告无法获得补救。

因为印度司法部门方面未发现存在恶意,所以仲裁庭未发现印度的法院诉讼行为违反了澳大利亚和印度双边投资协定。[314] 仲裁庭认为,印度司法程序的延迟"并不特别令人惊讶"[315],尽管它"肯定不能令人满意"[316]。与此同时,仲裁庭认

---

[307] 参见同上,第3.2.1~3.2.33段。
[308] 参见同上,第3.2.35段。
[309] 参见同上,第2.1.1段。
[310] 参见同上,第7.3.1段,援引《澳大利亚—印度双边投资协定》第1条第iii款。
[311] 参见同上,第7.4.9段。
[312] 参见同上,第7.4.19段。
[313] 参见同上,第7.6.10段。
[314] 参见同上,第10.4.23段。仲裁庭指出,印度法院的行为并不构成"特别严重的缺陷"或"令人震惊或至少令人惊讶的恶劣行为,即司法专有权"。参见同上。
[315] 参见同上,第10.4.12段。
[316] 参见同上,第10.4.22段。

为,原告"在签订合同时知道或应该知道印度的国内法院结构过于繁重"[317]。因此,原告不应期望其裁决将以特定方式或在时限内进行。[318] 然而,问题并未止步于此。

原告依据双边投资条约中的 MFN 条款(第 4.2 条),认为《印度—科威特双边投资协定》第 4 条第 5 款规定,"各缔约国应依照其适用的法律和法规,提供有效的主张索赔和执行投资权利的方式"。根据这一规定,仲裁庭表示:"在这种情况下,即使我们已经决定九年的撤销申请的诉讼程序不等于拒绝司法,但仲裁庭也不难确定印度司法系统九年多来无法处理 White 公司关于管辖权的主张,最高法院超过五年无法审理此关于司法管辖权的上诉,构成不当拖延,违反印度应当承担的义务,即提供 White 公司主张索赔和执行权利的'有效手段'。"[319]

仲裁庭随后继续详细分析该裁决是否有任何理由被拒绝承认和执行。基于"根据印度法律"而拒绝执行仲裁裁决站不住脚,[320] 其认为印度没有提供主张权利的"有效手段"[321]。同样,它没有解释提供"有效手段"的门槛是什么,也没有解释在确定一个系统是否未能提供这种"有效手段"时应考虑的周边情况。还应指出的是,根据印度法律,没有理由拒绝执行裁决,印度法官至少在这方面配合仲裁庭。人们可能想知道仲裁庭是否有资格根据印度法律作出判决。

商事仲裁裁决应被视为投资的想法,对每个人来说都是新理念。双边投资条约、自由贸易协定和诸如《ICSID 公约》等多边条约就此几乎无法提供帮助。但是,面对这个问题的仲裁庭必须作出决定。不幸的是,到目前为止,仲裁庭尚未进行详细和有说服力的分析。*Saipem* 案仲裁庭的"结晶"理论很有意思。由于双边投资条约和自由贸易协定提供了非常广泛的投资的定义,因此出现了滥用的危险,即投资争端解决机制被滥用于执行商事仲裁裁决。*GEA* 案提供了将商事仲裁裁决与投资分开的方法,即表明投资本身必须具有客观含义,这有助于保护两种争端解决制度的独特性:投资和商业。然而,各仲裁庭对此也存在分歧。

例如,在 *White Industries* 案中,仲裁庭只是将 *GEA* 案仲裁庭的意见视为附带条款,并认为它代表"不正确地背离了关于仲裁裁决待遇的发展的判例"[322]。然

---

[317] 参见同上,第 10.3.14 段。
[318] 参见同上,第 10.3.15 段。
[319] 参见同上,第 11.4.19 段。
[320] 参见同上,第 14.2.66 段。
[321] 参见同上,第 14.4.4 段。
[322] 参见同上,第 7.6.7 ~7.6.8 段。

而,当本案仲裁庭作决定时,只有两个著名的相关案例,即 *Saipem* 案和 *GEA* 案。在此基础上,它认为 *GEA* 案的决定错误背离“发展中的法理”。本案仲裁庭甚至没有认真解释其立场。[323] 它确实在脚注中承认 *Mondev* 案、*Chevron* 案和 *Frontier Petroleum Services* 案的仲裁庭的表述,即“将其调查结果描述为在原始投资中为原告的存续利益提供保护”,而不是将这些裁决归类为投资本身。[324] 这一信息实际上证实了将商事仲裁裁决视为投资难说是趋势或发展。可以说,如果没有别的考虑,仲裁庭可能会在涉及执行商事仲裁裁决的案件中主张管辖权。这种发展是否有助于促进国际投资是另一个问题。

第五节 中国条约关于确定外国投资的实践

二十多年来,中国一直是大量外国投资的输入国。一方面,它期望吸引外国投资;另一方面,它又对外国投资采取限制性措施。即使在今天,每一项外国投资都必须得到中国政府的批准才能进行。中国双边投资协定中的这一政策,反映其在确认何为投资的问题上的谨慎。现在的趋势是中国的这一政策变得越来越宽松。以 1984 年《中挪双边投资协定》为例,这是中国最早签订的投资双边协议之一。关于投资的定义,其规定:“‘投资’一词是指缔约方根据其法律和法规允许的资产,

---

[323] 虽然它注意到 GEA 案仲裁庭关于该案件中的国际商会仲裁院的裁决并不构成投资的观点是一致的,但其随后认为“GEA 案仲裁庭的结论与发展中的仲裁裁决的判例有所不同,仲裁庭基于‘投资者’在双边投资条约下进行的‘投资’引发的争议作出的裁决体现出原始投资的延续或转变”。White Industries 案仲裁庭实际上没有比 Saipem 案仲裁庭更进一步,因为它“总结该裁决下的权利构成了 White 原始投资的一部分(根据合同的其权利的结晶),因此受到双边投资条约下投资的保护”。(*White Industries* 案, Final Award,第 7.6.10. 段)此外,在其脚注 41 中,*White Industries* 案仲裁庭指出:“Mondev、Chevron 案和 Frontier Petroleum Services 案等仲裁庭不是将裁决定义为‘投资’,而是将其调查结果定性为保护现有的利益,即(投资者)继续持有原始投资。”事实上,似乎实际认为商业裁决本身就是一项投资的唯一仲裁庭是 *ATA Construction, Industrial and Trading Company* 诉约旦案, ICSID 案件号 ARB/08/2, Award,2010 年 5 月 18 日,第 115 段,仲裁庭认为:“根据 *Saipem* 案的标准衡量,本仲裁中的最终裁决将是‘整个行动’的一部分,该行动有资格作为投资。”

[324] 参见 *White Industries* 案, Final Award,第 7.6.8 段。不幸的是,与 *White Industries* 案仲裁庭第 41 号注释中的主张相反,*Frontier Petroleum Services* 案仲裁庭,一个 UNCITRAL 仲裁庭,在本案中,未对以前的斯德哥尔摩商会仲裁裁决进行分析;它只是注意到,该仲裁庭表示:“该仲裁庭认可原告于 2001 年 4 月 18 日至 2001 年 8 月 14 日向 MA 和 Davidová 支付的款项作为原始投资,这些款项转变为最终裁决中第一次担保费用的权利。”其随后表示:“通过拒绝承认和执行最终裁决,仲裁庭接受被告关于影响了原告对其原始投资的管理、使用、享受或处置的表述。”参见 *Frontier Petroleum Services Ltd.* 诉捷克案, UNCITRAL Arbitration, Final Award, 2010 年 11 月 12 日,第 231 段。

特别包括:(a)动产和不动产以及其他财产权,如抵押、质押、留置权、使用权和其他类似权利;(b)公司的股份、股票和债权证或这些公司财产的权益;(c)主张金钱或具有货币价值的合同履行;(d)版权、工业产权(如专利、商标和工业产品的外部设计)、专有技术和商誉;和(e)即法律或法律允许的合同授予的特许,包括寻找和开发自然资源的特许权。”[325]

尽管与现代双边投资协定中“投资”的定义相比中国和挪威双边投资协定中对“投资”的定义不完整,但却具有填补中国法律中某些空白的效果[326],因为在中国法律体系中,当出现冲突时,国际条约的规定优先于当地的法律规定。[327] 这恰恰是双边投资条约在中国保护外国投资法律制度发展中的应用方式。

1986 年《中英双边投资协定》就“投资”提供了比 1984 年《中挪双边投资协定》更广泛的定义。它指出“‘Investment’指的是被一缔约方接受为投资的各种资产”,且“包括在本协定生效之日存在的投资;资产投资形式的变化不会影响其作为投资的性质”[328]。

在当前的中国双边投资协定中,“投资”的定义进一步扩大。例如,2003 年《中德双边投资协定》将“投资”定义为“缔约一方投资者在另一缔约方境内直接或间接投入的各种财产”[329]。随着广泛的定义扩大到包括“间接”的投资,2003 年《中

[325] 1984 年《中挪双边投资协定》第 1.1 条,UNCTAD, Investment Instruments Online, http://www.unctadxi.org/templates/DocSearch____779.aspx。

[326] 中国的法律都未包含对外国“投资”的详细定义。总的来说,中国法律将外国投资者提供的现金、设备、技术和知识产权视为投资。但它没有界定这些投资项目产生的权利的外部限制。例如,《中外合资经营企业法》第 5 条规定:“合营企业各方可以现金、实物、工业产权等进行投资。外国合营者作为投资的技术和设备,必须确实是适合我国需要的先进技术和设备。如果有意以落后的技术和设备进行欺骗,造成损失的,应赔偿损失。中国合营者的投资可包括为合营企业经营期间提供的场地使用权。如果场地使用权未作为中国合营者投资的一部分,合营企业应向中国政府缴纳使用费。上述各项投资应在合营企业的合同和章程中加以规定,其价格(场地除外)由合营各方评议商定。”

[327] 根据中国《民法通则》(随着《民法典》的生效,《民法通则》已于 2021 年 1 月 1 日起废止)第 142 条的规定,如果中国缔结或加入的任何国际条约包含与国家法律不同的条款,则适用国际条约的规定,除非条款是中国对此作出保留的条款。根据 2017 年《民事诉讼法》第 260 条的规定,如果中华人民共和国批准或者加入的国际条约包含与本法不同的条款,则适用国际条约的规定,除非对该条款中国作出保留。

[328] 1986 年《中英双边投资协定》第 1 条第 1 款第 a 项。

[329] 2003 年《中德双边投资协定》第 1 条第 1 款。

德双边投资协定》的覆盖范围远远大于先前协议所涵盖的范围。[330] 2003 年《中德双边投资协定》还以非穷尽列举说明了应被视为投资[331]的资产,包括:"(a)动产和不动产以及抵押和认捐等其他财产权利;(b)公司的股份、债权证、股票及任何其他种类的权益;(c)要求金钱或与投资有关的经济价值的任何其他表现;(d)知识产权,特别是版权、专利和工业品外观设计、商标、商品名称、技术程序、贸易和商业秘密、专门知识和善意;(e)法律或法律允许的合约所赋予的商业特许权,包括搜寻、培育、提取或开采自然资源的特许权。"[332]

除 1983 年双边投资协定的投资定义外,目前的《中德双边投资协定》还包括股票和股票;商业秘密和商誉;以及寻找、培育、开采或开发自然资源的特许权作为投资。此外,投资采取开放式定义,即它"包括但不限于"(可以将双边投资协定的应用扩展到尚未知的程度)。[333] 为了在双方的期望范围内限制适用范围,双边投资条约议定书[334]规定,进行"投资"是为与企业建立持久经济关系,特别是那些被允许在管理中发挥有效影响的企业。议定书进一步将间接投资定义为"由一个缔约方的投资者通过投资者全部或部分拥有并在其他缔约方境内拥有经营地的公司进行的投资"。该议定书是双边投资条约的组成部分,这两项协议是同时签订的。议定书规定的限制是缔约双方的妥协;一位参与谈判的中国代表告诉笔者,"间接投资"一词对中国来说太不确定了,但德国坚持将其纳入双边投资协定。[335] 因此,

---

[330] 1983 年《中德双边投资协定》第 1(1)条:(后于 2003 年重新签署)"投资"一词系指缔约一方投资者在缔约另一方境内直接或间接投入的各种财产,包括但不限于:(1)动产,不动产及抵押、质押等其他财产权利;(2)公司的股份、债券、股票或其他形式的参股;(3)金钱请求权或其他具有经济价值的行为请求权;(4)知识产权,特别是著作权、专利和工业设计、商标、商名、工艺流程、商业秘密、专有技术和商誉;(5)法律或法律允许依合同授予的商业特许权,包括勘探、耕作、提炼或开发自然资源的特许权;作为投资的财产发生任何形式上的变化,不影响其作为投资的性质。

[331] 这与 2012 年《美国双边投资协定范本》相当,其中"投资"是指投资者直接或间接拥有或控制的具有投资特征的每项资产,包括资本或其他资源的承诺、获利或利润的预期,或风险的假设等。投资可能采取的形式包括:(1)企业;(2)股份、股票和其他形式的股权参与企业;(3)债券、其他债务工具和贷款;(4)期货、期权和其他衍生工具;(5)交钥匙工程、建设、管理、生产、特许权、收益分享和其他类似合同;(6)知识产权;(7)根据国内法授予的许可、授权、许可和类似权利;(8)其他有形或无形的动产或不动产,以及相关财产权,如租赁、抵押、留置权和质押。

[332] 2003 年《中德双边投资协定》第 1(1)条。

[333] 例如,在 *Fedax* 案中,正如我们之前所见,期票被认为是合格投资,仲裁庭得出该结论的理由之一是荷兰和委内瑞拉双边投资协定的第 1 条开放式定义了"投资",规定"投资"一词应包括各种资产,尤其是但不仅仅是……参见前引〔16〕。

[334] 中德之间的议定书和双边投资协定于同日签署。该议定书的序言指出,"在签署协议……时,经正式授权的全权代表还同意以下条款,这些条款应被视为该协定的组成部分"。

[335] 中国在国际条约制定中的做法是,不太重要的条款和具体条款,以及之后可能修改的条款,可以在单独的文件中规定,例如主协议的议定书。

虽然双边投资协定明确规定了对间接投资的保护,但议定书制定了限制措施,以缩小这些规定的适用范围。这种做法也反映了双边投资协定谈判中固有的文化敏感性。

2008 年《中新自贸协定》关于投资的定义比 2003 年《中德双边投资协定》更广泛。此外,它还包括"债券,包括政府发行的债券在内的债券、信息债券、贷款和其他形式的债以及由此衍生出的权利"和"法律或合同赋予的任何权利以及依法获得的任何许可证和许可"[336]。相比之下,2007 年《中巴自贸协定》对投资的定义几乎与 2003 年《中德双边投资协定》的定义相同。[337] 另一个值得注意的差异是,2007 年《中巴自贸协定》规定"资产投资形式的任何变化都不会影响其作为投资的性质,前提是这种变化符合法律法规的规定,且是在其投资所在的缔约方境内进行";而在 2008 年《中新自贸协定》和 2003 年《中德双边投资协定》中,"此类变更符合该缔约方的法律和法规且在其投资领土发生"的表述未出现。

中国签订的双边投资协定和自由贸易协定将可能的资产和活动列为投资,这是国际投资条约的共同惯例。因此,实际构成投资的内容在实践中需要作出解释,这通常也是争议的根源。尽管中国尚未参与投资者与国家间的仲裁,但仲裁庭作出的相关决定对于确定中国双边投资协定和自由贸易协定中的条款在实践中如何作出解释具有重要意义。

尽管其最后一个因素受到了一些人的批评,但是中国欢迎 Salini 测试的应用。[338] 某一特定投资是否有助于一个国家的经济发展可能很难确定。如前所述,中国法律要求外国投资者提供先进技术,在中国看来,这将有助于其经济发展。设想一下,若外国投资者未能提供先进技术,中国政府(地方或中央)决定暂停对外国投资者的优惠待遇,关于有关投资是否有资格获得保护的问题可能会出现。负责的仲裁庭需要决定中国当局是否在批准外国投资方面有过错;若无过错,要审查外国投资者是否有欺骗行为。任何重大投资将涉及相当长的准备、建设和运营,然

---

〔336〕 2008 年《中新自贸协定》第 135 条。自由贸易协定还规定,无息贷款和其他形式的债务应被视为投资,前提是它们已在缔约方的主管当局登记。

〔337〕 2007 年《中巴自贸协定》第 46 条对投资的定义不包括工业品外观设计。

〔338〕 例如,*L. E. S. I and ASTALDI* 诉阿尔及利亚案仲裁庭明确质疑这是不是一个有效的单独标准,并说:"Il ne paraît en revanche pas nécessaire qu'il réponde en plus spécialement à la promotion économique du pays, une condition de toute façon difficile à établir et implicitement couverte par les trois éléments retenus."["但是,(合同)似乎没有必要对该国的经济促进作出更多回应,这种情况在任何情况下都难以确定,而且其他三个标准也含蓄地涵盖了这一条件。"(作者译)]。参见 *L. E. S. I. S. p. A. and ASTALDI S. p. A.* 诉阿尔及利亚案, ICSID 案件号 ARB/05/3, Decision on Jurisdiction, 2006 年 7 月 12 日,第 72 段。

后才能获利。如果中国政府在审查有关外国投资的文件和业务计划后,批准该项目,后来由于投入的技术不够先进而决定投资者没有资格享受优惠待遇的,仲裁庭不太可能对此表示支持。[339] 因此,相关双边投资条约的规定可在保护外国投资者利益方面发挥关键作用。

中国在20世纪90年代中期之前签订的双边投资协定都要求"按照东道国的法律法规"进行投资。然而,最近缔结的一些双边投资条约并未包括这样的要求。2003年《中德双边投资协定》简单地将投资定义为"缔约一方投资者在另一缔约方境内直接或间接投资的各种资产"[340]。关于促进和保护投资的第2条规定,"每一缔约方应鼓励缔约另一方的投资者在其境内进行投资,并根据其法律和法规承认此类投资"。它随后继续提供稳定的保护和安全性。[341] 2008年《中新自贸协定》不仅要求遵循东道国法律进行外国投资,且在规定外国投资待遇的条款中也省略了这些规定。这与2007年《中巴自贸协定》形成鲜明对比,后者包含与中国第一代双边投资协定[342]和2004年《中华人民共和国政府和贝宁共和国政府关于促进和保护投资的协定》(以下简称《中国贝宁双边投资协定》)[343]类似的规定。2004年《中国贝宁双边投资协定》第1条规定:"'投资'一词系指缔约一方投资者依照缔约另一方的法律和法规在缔约另一方领土内所投入的各种财产。"然后它给出了可能构成投资的例子。

几乎没有官方理由可解释为什么在几乎同时签署的中国双边投资协定和自由贸易协定中,一些包含要求根据当地法律进行投资的规定,而一些则不包含这样的要求。那些要求按照国内法进行投资的是与发展中国家签订的,没有这些要求的是与发达国家签订的。可能是中国在这方面的政策相对宽松。因此,如果对方坚持要求外国投资符合当地法律,中国将承认这样的要求,毕竟这是中国以前的做法。

中国签订的各项协议中关于投资的条约要求的差异可能导致实践中的问题。

---

[339] 例如,在*Saipem*案中,为支持其有争议的交易是投资的立场,原告认为其"在该项目中投入了大量的技术、财物和人力资源,为孟加拉国的经济发展做出了重大贡献,承担了相当长的风险(工作阶段持续了两年半)"。参见前引[262],第100段。

[340] 2003年《中德双边投资协定》第1(1)条。

[341] 参见同上,第2(2)条。

[342] 2007年《中巴自贸协定》第46条规定:"'投资'一词是指一方投资者按照另一方的法律法规在其领土内投入的各种资产。"应指出的是,2007年《中巴自贸协定》是在2008年《中新自贸协定》之前缔结的。

[343] 2004年《中国贝宁双边投资协定》文本,https://unctad.org/sections/dite/iia/docs/bits/China_Benin.pdf。

可以说,由于2008年《中新自贸协定》是在2007年《中巴自贸协定》之后签订的,而且前者不需要"按照东道国的法律法规"进行投资,至少中国政府并没有意识到遗漏的重要性。当然,在实践中,这种疏忽可能会阻止中国(当然还有新西兰)以不符合当地法律为由主张投资不具备保护资格。如前所述,在 *Fraport* 案[344]中,"根据法律和法规"一词被解释为进行投资的条件,因此也是东道国就投资者和国家间仲裁同意的先决条件。

如果外国投资者未能充分披露或故意虚假披露法律要求的信息,那么批准程序可能有利于中国作为外国资本的接受者。例如,在 *Plama* 案[345]中,若外国投资者未能披露进行投资的实体的股东,仲裁庭认为故意隐瞒实际股东的"相当于欺诈",以诱使保加利亚当局授权将股份转让给一个对于炼油而言没有财务和管理能力的实体,这违反了保加利亚法律和国际法的规定,因此它排除了申请ECT保护。[346]

根据 *Fraport* 案仲裁庭的裁决,尽管中国法律可能要求外国投资符合某些要求,包括先进技术等,且因为在冲突情况下国际条约规定优先于国家法律,因此如2008年《中新自贸协定》的这种协议的条款可以使外国投资者避免严格遵守中国法律。中国政府在投资时仍然要求外国投资者通过审批程序,但一旦获得批准,中国政府就更难以争辩说某项投资不是按照中国法律进行的。如前所述,在双边投资协定或其他协议中产生的争议,对于按照当地法律进行投资的要求未被提及,仍可以理解为隐含的要求。但是,如果外国投资者通过审查程序且当地官员不提出任何问题,则可以推定该交易符合当地法律的要求。在这种情况下,东道国唯一可能的抗辩理由是"诚意"。然而,这种抗辩在多大程度上有效仍然是有待商榷的,因为外国投资者可能会争辩说东道国不能提出这样的辩护。总的来说,中国决定取消双边投资协定和自由贸易协定中的遵守当地法律的要求,或可表明中国谈判代表仍然认为存在这样的隐含要求。然而,实践中,在这些案件中进行抗辩可能很困难。[347]

中国在界定外国投资方面的另一个特点是,中国法律将现有外国投资的收益的再投资视为外国投资。该条款的目的是鼓励外国投资者不要将其收入带回本

---

〔344〕 参见前引〔187〕。

〔345〕 参见前引〔204〕。

〔346〕 参见同上,第135段。

〔347〕 之所以如此,是因为删除一个国家已经进入的条约中经常包含的先前纳入条件的行为可能不会被视为这样的情况,即表明它被认为是不必要或"暗示";相反,则被认为是主动删除。

国。该政策已扩展到双边投资协定。例如,在 2004 年《中芬双边投资协定》中,第 1 条第 1 款明确规定"收益再投资应享有与原投资相同的待遇"。由于外国投资在中国享有一定的优惠待遇,如限于一定时期的免税和减税,将收益再投资视为外国投资,这些资金不仅可以置于双边投资条约的保护之下,而且可以继续享受优惠待遇。没有统计数据表明这类政策在多大程度上促进了中国吸引外国投资的能力,但它确实起到了积极的作用。

第六节 结 论

与投资法的其他领域一样,判例和法学家的著作在如何界定投资方面也存在差异。法学家可能总是持有不同的观点,这实际上有助于国际投资法的发展。仲裁庭的不同和经常相互矛盾的决定对任何人都没有帮助。就投资的定义而言,最重要的问题是"投资"一词是否应具有任何客观含义。实际上,这个问题与双管测试无关,尽管常常表现为相关。在投资法的整个判例中,没有人费心去查询"投资"的简单的字典意思和相关术语,正如 WTO 上诉机构和专家组经常做的那样。最后,确定交易是否属于范围内的投资在很大程度上取决于各个小组的看法。[348]

如果使用不同的工具,结果会有所不同,即根据一种方法不被视为投资的交易依据另一种方法可能即被视为投资。*Petrobart* 案[349]即为一例。即使该案中的原告受到吉尔吉斯斯坦政府的恶劣对待,该案中的交易也还是买卖合同。原告 Petrobart Limited 是一家在直布罗陀注册的公司。1998 年 2 月 23 日,作为供应商的 Petrobart 和作为买方的吉尔吉斯国家股份公司 Kyrgyzgazmunaizat(以下简称 KGM)签订了商品供货合同,在一年里转移 20 万(200,000)公吨稳定凝析油,按月计算,每公吨天然气冷凝水支付 143.50 美元(含增值税)。价格在合同期内保持不变,并且应在货物到达目的地车站之日起 10 日内,根据 Petrobart 提出的有关每批货物的发票详情支付。[350] Petrobart 履行了合同规定的部分义务,但 KGM 仅支付

[348] 一位学者评论道:"在这种情况下,对于在特定投资者与国家之间存在争议的情况下个别仲裁庭的客观解释,是没有多边授权的。"参见 D. Krishan, "A Notion of ICSID Investment", in T. J. Grierson Weiler, ed., *Investment Treaty Arbitration and International Law*, Juris Publishing, Huntington, New York, 2008 年。然而,出于同样的原因,没有任何仲裁庭有权在不认真考虑其客观含义的情况下解释条约规定。

[349] 参见 *Petrobart* 案, SCC 仲裁号 126/2003, Arbitral Award, 2005 年 3 月 29 日。

[350] 参见同上,第 4 页,前 4 段。

了部分供应货物的货款。因此，Petrobart 向比什凯克市仲裁法院主张权利，要求对方支付剩余的货款。[351] 1998 年 12 月 25 日，比什凯克市仲裁法院作出有利于 Petrobart 的裁决，即在 1,499,143 美元的基础上加上以索姆计价的税收，1999 年 2 月 10 日，它决定 Petrobart 可对 KGM 的股票和财产申请执行。[352]

原告称，其合同应受益于 ECT 的投资保护条款。它进一步表示，主张金额的合同和比什凯克市仲裁法院的判决体现了 ECT 第 1(6)条涵盖的投资。仲裁庭首先指出，原告与被告之间的合同"不涉及在吉尔吉斯共和国的企业转移作为资本的资金或财产，而是涉及销售合同。它涉及以商定价格出售货物"[353]。那么问题是同一合同是否可以构成 ECT 涵盖的投资。[354]

仲裁庭提到了 ECT 第 1 条第 6 款 f 项，根据该条款，法律或合同赋予的任何可以从事能源部门的任何经济活动的权利，或依据法律授予的任何可以从事能源部门的任何经济活动的许可证和准入，可构成投资。关于什么可能构成经济活动的问题，根据 ECT 第 1 条第 5 款规定："涉及勘探、开采、精炼、生产、储存、陆运、输送、分配、贸易或销售能源材料和产品的任何经济活动"满足要求。根据这一定义，仲裁庭认为"Petrobart 在合同中出售的凝析油应该被视为能源材料和产品。"[355]

确实，虽然原告作为缔约方的销售合同的可能属于与能源部门有关的"经济活动"类别[356]，但还必须指出，仲裁庭采用了最广泛的解释以便得出结论，即这也是 ECT 范围内的投资。这项交易根本不是一项普通意义上的投资。这显然是处理投资定义的仲裁庭，其任务非常复杂。这或许也是 *Petrobart* 案仲裁庭在评估原告被认为遭受损害时相当保守的原因。[357]

关于双边和多边条约规定的限制，及仲裁庭在决定案件时所面临的限制，为了赢得更广泛的支持，仲裁庭在改进其决策方面仍有许多工作要做。人们常常认为，

---

〔351〕 参见同上，第 5 页，第 4 ~ 5 段；第 6 页，第 3 段。

〔352〕 参见同上，第 6 页，第 6、10 段；第 7 页，第 4 段。

〔353〕 参见同上，第 69 页，第 6 段。

〔354〕 之所以如此，是因为仲裁庭认为："虽然一般表述认为投资通常被理解为资本或财产，作为公司或商业活动的财务基础，旨在产生收入或收入，但条约中，无论是双边投资（BITs）还是多边投资（MITs），经常出现更广泛的定义以保护投资。"参见同上，第 69 页，第 7 段。

〔355〕 参见同上，第 72 页，第 5 ~ 6 段。

〔356〕 *Petrobart* 案仲裁庭指出："因此，即使不基于长期参与另一个国家的业务，对金钱的要求也包含在条约的'投资'概念中。"参见同上，第 72 页，第 3 段。

〔357〕 关于案件的具体分析，参见 Galina Zukova, "The Award in Petrobart Limited v. Kyrgyz Republic", in Guillermo Aguilar and W. Michael Reisman, ed., *The Reasons Requirement in International Investment Arbitration*", Martinus Nijhoff Publishers, 2008 年，第十一章，第 323 ~ 347 页。

在解释条约规定时需要更加忠实于当事方的意图。例如,任何国家都不会鼓励不符合其法律的投资,也不会支持那些至少在意图和理论上无法为其经济做出贡献的外国投资。与此同时,如果交易本身不是相关双边投资条约和《ICSID 公约》等多边条约涵盖的投资,则不应仅仅因为有商事仲裁裁决而将其转换为或视为投资。为了解决与投资定义有关的此类缺陷,仲裁庭和学者应认真考虑"投资"本身是否具有客观含义;若有,具体是什么。

第五章

作为管辖前提的合意

与商事仲裁一样[1],投资者与国家仲裁的一个重要特征是当事人意思自治,尤其是当事人对仲裁的同意。[2] 然而,投资仲裁的同意方式与商业仲裁的方式不同。例如,在大多数情况下,争议双方签署的协议中未表示同意。相反,东道国经常在当地法律、它们所加入的双边投资协定和自由贸易协定或 ECT、NAFTA 等多边条约中表示同意,并且每一项都被视为投资者可以接受的常设要约。在这种情况下,外国投资者不是国际协议或单方面声明的缔约方,这被称为"没有相互关系的国际仲裁"。"允许真正的原告面对真正的被告。这具有清晰和现实的巨大价值;这些美德,而非雄辩的宣言,是对法律程序充满信心的先决条件。"[3]但是,有些学者认为:"仲裁完全取决于当事人的同意,以书面论证体现合意以仲裁未来的争议,或基于合同条款中仲裁由合同产生的未来争议。争议发生后,也可以达成仲裁协议。"[4]当前的趋势是,在投资者与国家的仲裁中,相互关系不再是问题。即使那些批评上述主张的人也不得不承认实践倾向于不要求基于相互关系进行仲裁。"由一些仲裁结果看,这一观点得到认可,即使在没有合同条款表明同意对合

---

〔1〕 在商事仲裁中,争议双方的同意至关重要,因为它是仲裁庭管辖权的先决条件。关于商事仲裁背景下的同意或协议仲裁的讨论,参见 Philip D. O'Neill, Jr., *International Commercial Arbitration*, West (2012),第 1 ~ 2 章。

〔2〕 关于国家同意提交 ICSID 仲裁的历史的讨论,参见 M. D. Nolan and F. G. Sourgens, "The Interplay between State Consent to ICSID Arbitration and Denunciation of the ICSID Convention: The (Possible) Venezuela Case Study", *Transnational Dispute Management*, Vol. 4, Issue 5, 2007 年 9 月。作者主张将要约和接受理论作为国家同意仲裁的类比。

〔3〕 参见 Jan Paulsson, "Arbitration Without Privity", *ICSID Review—Foreign Investment Law Journal*, Vol. 10, No. 2 (1995 年秋季),第 256 页。根据 Paulsson 的说法,这一主张的基础是,受害的投资者通常不能控制违反合同的一方,他们是违约责任的当事方。"即使他们可以,他们的当地缔约方也可能经常因不可抗力等行为而对违约行为免责。伤害是由第三方造成的,通常是政府机构。"参见同上,第 255 页。

〔4〕 参见 M. Sornarajah, "Power and Justice in Foreign Investment Arbitration", *Journal of International Arbitration*, 14(3), 1997 年 9 月,第 126 页。

同未来产生的争议进行仲裁的情况下,仲裁庭仍然具有管辖权。那些愿意看到私人权利取得胜利的时代即将来临的人,在这些发展中看到即使在没有相互关系的情况下也可以举行外国投资仲裁的趋势的开始。"[5]

虽然在投资者与国家间的仲裁中,相互关系不是问题,但合意仍是证明有关仲裁庭有权进行仲裁必需的。然而,东道国和外国投资者可以在不同时间同意仲裁。通常情况下,东道国将首先同意,这被视为要约。投资者接受此要约,因此其自身的同意可以通过提交仲裁请求或直接通知被告国来完成。就形式而言,大多数仲裁规则没有规定可构成有效同意的内容。例如,《ICSID 公约》要求以书面形式同意仲裁。但是,它未就如何写作提出进一步的要求。因此,争议各方可以自由选择表达同意的方式。根据《ICSID 公约》规定,一旦同意仲裁,任何一方均不得单方面撤回此类同意。[6] 此外,除非另有说明,否则任何对 ICSID 仲裁的同意均应视为排除任何其他救济措施。[7] 同时,根据当地法律和双边投资协定规定,仲裁的同意可能受某些条件的限制,例如选择平台(所谓的"岔路口")或用尽当地救济措施。[8]

本章研究国际投资法中,特别是合意方面的仲裁实践,包括涉及的一般性问题、属时管辖、"岔路口"条款、用尽当地救济措施和中国对条约的实践。

第一节 同意的确定

同意是仲裁的先决条件,无论是商事仲裁还是投资者—东道国仲裁。同意决定了仲裁庭的组成和权限。因此,它是任何仲裁制度的基础。例如,《ICSID 公约》执行董事报告[9]将同意描述为"管辖权的核心基石"。对此,德洛姆(Delaume)总结说:"此类同意的范围(原文如此)由各方自行决定。在这方面,应指出,缔约国

[5] 参见同上。

[6] 参见《ICSID 公约》第 25 条第 1 款。

[7] 关于拉丁美洲实践和双边投资协定中同意条款的范本,参见 F. J. Pascual Vives, "Consent to ICSID Arbitration: Recent Conventional and Arbitral Practice", *Transnational Dispute Management*, Vol. 8, Issue 2, May 2011 年 5 月。

[8] 参见《ICSID 公约》第 26 条。

[9] 参见 *Report of the Executive Directors of the International Bank for Reconstruction and Development on the Convention on the Settlement of Investment Disputes between States and Nationals of Other States* (hereinafter, Report of the Executive Directors), International Bank for Reconstruction and Development, 1965 年 3 月 18 日。

一方仅批准《ICSID 公约》,只表达其愿意使用 ICSID 机制的意愿。因此,批准并不构成使用该机制的义务。只有在有关国家明确同意向 ICSID 仲裁提交特定争议或争议的类别之后,方产生这一义务。易言之,一国同意 ICSID 仲裁的决定属于纯政策问题,每个缔约国可自行决定在 ICSID 范围内确定其认为提交仲裁的投资争议类型。"〔10〕

确定是否存在同意涉及对有关协议和相关的仲裁规则的解释。因此,仲裁庭将根据条约规定的真实含义解释同意条款。〔11〕 *Amco Asia* 案仲裁庭就此表示:"……仲裁公约不应被限制性地解释,事实上也不应被广泛或自由地解释。它应以某种方式解释以便找出并尊重各方的共同意愿。……此外……任何公约,包括仲裁公约,都应该本着善意加以解释,也就是说考虑到可能被各方视为合理合法地设想的承诺的后果。"〔12〕

由于投资者与国家间的仲裁涉及主权国家,如果被告国以缺乏合意为由提出对管辖权的异议,则仲裁庭必须非常谨慎地对待同意的问题。关于这一点,*Mihaly* 案仲裁庭表示:"……涉及主权国家同意的国际事件的管辖权问题,在开始针对作为行使管辖权的国际公约的缔约国的任何诉讼程序时应予以特别注意。作为一个基础问题,必须自行审查基于同意的管辖权存在的问题,即缔约方无异议。更为重要的是,由于被告已对该司法管辖权提出初步反对意见,因此必须仔细审查是否存在对该司法管辖权的同意。"〔13〕

在这种情况下,正如简·保尔森(Jan Paulsson)曾指出的那样:"在一个敏感案件中,具冒险主义的仲裁员超出其管辖范围的单一事件可能足以引起强烈抵制。"〔14〕然而,实践表明,越来越多的仲裁庭更少限制行使管辖权。关于这是不是

---

〔10〕 G. R. Delaume, "ICSID Arbitration: Practical Considerations", 1 *Journal of International Arbitration* 101 (1984),第 104 ~ 105 页。援引 Christoph H. Schreuer et al. (eds.), *The ICSID Convention: A Commentary* (2nd ed.), CUP, 2009 年,第 190 页。

〔11〕 关于对同意条款的解释的一个早期案子是 *Alcoa Minerals of Jamaica, Inc.* 诉牙买加案, ICSID 案件号 ARB/74/2, Decision on Jurisdiction and Competence of Arbitral Tribunal, 1975, unpublished。关于案件的讨论,参见 John T. Schmidt, "Arbitration Under the Auspices of the International Centre for Settlement of Investment Disputes (ICSID): Implications of the Decision on Jurisdiction in Alcoa Minerals of Jamaica, Inc. v. Government of Jamaica", 17 *Harv. Int'l. L. J.* 90, 1976 年。

〔12〕 *Amco Asia* 案,Decision on Jurisdiction, 1983 年 9 月 25 日, 23 *I. L. M.* 359 (1984).

〔13〕 *Mihaly International Corporation* 诉斯里兰卡案, ICSID 案件号 ARB/00/2, Award, 2002 年 3 月 15 日,第 56 段。

〔14〕 参见 Jan Paulsson, "Arbitration Without Privity",in W. Wälde (ed.), *The Energy Charter Treaty: An East – West Gateway for Investment and Trade*, Kluwer, 1996 年,第 442 页。

由于越来越多的同意或仲裁庭越来越希望行使管辖权的问题,需要通过审查仲裁决定来回答。

在实践中,为了吸引外国投资,各国可以在其本国法律中表达其通过国际仲裁解决与外国投资者之间争端的意愿。这是对仲裁的同意。*Inceysa*〔15〕案对此作出测试,其中《萨尔瓦多投资法》第15条规定:"如果外国投资者与国家就其在萨尔瓦多的投资产生争议,投资者可将争议提交至:(a)…… ICSID,旨在通过调解和仲裁解决争议……(b)…… ICSID的附加设施;在涉及争议的外国投资者是非《ICSID公约》缔约方的国家的国民的情况下。"〔16〕

*Inceysa*案仲裁庭裁定,上述规定构成萨尔瓦多单方面同意的提议,尽管它以申请人的投资没有资格援引这些规定为由拒绝管辖。〔17〕 这种单方面承诺的优势在于它不需要双边投资条约的协助,双边投资协定的谈判往往需要时间。外国投资者的不利条件是,实质性处理的标准必须根据国家法律和习惯国际法来确定。随着越来越多的双边投资条约的生效,单方面同意仲裁不再是表达同意仲裁的主要方法。

在*Holiday Inns*案中,被告基于《ICSID公约》第25(2)(b)条进行严格解释否认存在仲裁的同意。根据第25条第2款b项的规定,"缔约方国民"是指"在当事方同意提交争议以调解或仲裁之日,具有缔约国国籍的任何法人,而非争端的缔约国"。因此,在被告看来,在同意仲裁之日,法人是否获得了东道国,即摩洛哥以外的缔约方的国籍,对于确立管辖权至关重要。这一争论的缘由是,在签订基本协议时,原告之一的Holiday Inn S. S. Glarus尚未在瑞士注册。Occidental Petroleum公司的情况是一样的,它当时还没有获得法人的地位。事实上,在签署基本协定时,瑞士和摩洛哥都不是《ICSID公约》的缔约方。然而,摩洛哥政府充分意识到,基本协定的私人当事方需要一些时间才能完成在各自管辖范围内取得法人身份的正式程序。问题是,根据国际法或《ICSID公约》,在国家成为公约缔约方之前是否可以同意仲裁。

在上述情况下,该案仲裁庭认为:"公约允许当事方将仲裁条款的生效以履行某些条件为前提,例如有关国家加入公约,或包含该协议所规定的公司。"〔18〕关于

---

〔15〕 参见*Inceysa*案,ICSID案件号*ARB/03/26*,Award,2006年8月2日。

〔16〕 参见同上,第331段。

〔17〕 参见同上,第332段。

〔18〕 援引Pierre Lalive,"The First World Bank Arbitration (Holiday Inns v. Morcco)—Some Legal Problems",51 *British Year Book of International Law* 123 (1980),第146页。

正在处理的案件,仲裁庭进一步指出:“对基本协定的唯一合理解释是,缔约方在签署协定时即表示中心管辖权的所有必要条件将得到满足,他们当时的同意将变得充分有效。”[19]仲裁庭的意见和立场既不令人意外也非不合理。在国际投资中,通常情况是各国在投资争议提交仲裁之前很久已加入双边投资协定。在一个国家与另一个国家签订双边投资协定很久之后——被认为其已经同意仲裁的时间——已有一个在另一方国家投资的实体。因此,普遍认同的是,对于投资者/原告,其同意的日期是其提交仲裁请求的日期。[20]

事实上,还有另外一个情况困扰着仲裁庭,即摩洛哥政府接受了 ICSID 基于基本协议中的管辖权,并在此后履行了同样的合同。它仅在仲裁听证会上质疑其对 ICSID 管辖权的同意。由于原告也基于摩洛哥的这种行为,根据不容反悔原则,国家的论点不能成立。然而,正如后面将要讨论的那样,原告在确立仲裁庭管辖权时并未依赖禁止反言。实际上,这并不令人惊讶,考虑到现代双边投资条约都规定了投资者与国家之间的仲裁,这代表了东道国的同意。一旦投资者提起仲裁程序,该行为将被解释为接受双边投资协定中包含的要约。在这种情况下,很难出现不容反悔原则的相关问题。[21]

CSOB 案[22]还关注是否以独特方式就仲裁表示同意的问题。在这种情况下,确定同意的困难之一是,双方未就捷克共和国与斯洛伐克共和国之间的双边投资协定的有效性达成一致,而双边投资条约的第 8 条包含 ICSID 仲裁条款。毫无疑问,原告通过提交其请求已同意 ICSID 仲裁。

但是,被告认为双边投资条约尚未生效,因为其第 12 条规定“每一方应通知另一方完成本协定生效所需的宪法手续”。因此,虽然斯洛伐克外交部于 1993 年 10

---

[19] 参见同上。

[20] Lalive 认为,这种解释符合“(ICSID)公约在投资进口国的利益与投资出口国的利益之间建立的平衡。前者一旦同意 ICSID 的管辖权,就完全排除后者的外交保护。从这个角度来看,在争议提交仲裁之日检查‘缔约国’的质量(批准的事实)是完全足够的”。参见同上,第 144 页。

[21] 关于委内瑞拉投资者—国家争端的仲裁的同意仲裁相关法律的讨论,参见 G. Lemenez de Kerdeleau, “State Consent to ICSID Arbitration: Article 22 of the Venezuelan Investment Law”, *Transnational Dispute Management*,第 4 卷, Issue 3, 2007 年 6 月。然而,如果双边或多边投资条约或国内外国投资法被废除或撤销,禁止反言可能是建立同意的理由之一。例如,*Rumeli* 案仲裁庭表示:“国际法中也很明确,国家不得通过废除授予这些权利的国内法以剥夺外国投资者取得的权利。这是善意,禁止反言和禁止前后自我矛盾原则的应用。”参见 *Rumeli Telekom AS and Telsim Mobil Telekomikasyon Hizmetleri A. S.* 诉哈萨克斯坦案, ICSID 案件号 ARB/05/16, Award, 2008 年 7 月 21 日,第 335 段。

[22] 参见 *Ceskoslovenska Obchodni Banka, A. S.* 诉斯洛伐克案, ICSID 案件号 ARB/97/4, Decision on Objections to Jurisdiction, 1999 年 5 月 24 日。

月22日在官方公报上发布了一项通知,宣布双边投资条约于1993年1月1日生效,但该部也于1997年11月20日在同一公报上发布了一份纠正通知,宣布BIT无效。仲裁庭认为,上述"语言表明当事方意识到并相互承认两个政府首脑签署双边投资条约不足以使条约生效,仍需基于各自的宪法的要求完成进一步的手续"[23]。

另一个需要考虑的因素是,双边投资条约第12条第二句规定:"条约自两个共和国分割之日起生效。"[24]仲裁庭同意被告所说,即这句话应理解为双边投资条约生效的宪法要求的一部分,并且"一旦交换了第一句所设定的通知,该条约将在分割日生效,分割是双边投资条约生效的另一个条件"[25]。之所以如此,是因为两国都知道该分割将于1993年1月1日发生。

斯洛伐克外交部的通知因其纠正通知而无效,双方未能交换通过双边投资条约的通知。至于上述通知是否可被解释为单方面声明[26],仲裁庭认为:"即使该通知被定性为斯洛伐克国家的单方面声明,仍然需要询问它是否是'国家发表声明的意图,即它应按照其条款受到约束',基于国际法中关于单方声明的原则。根据这些原则,'不能轻易推定……'单方面承担合同义务并要求'采取非常一致的行为'[27]。"[28]

在发现被告缺乏意图后,仲裁庭继续审议是否已在合并协议中表示同意,其中第7条规定"本协定应受捷克共和国法律和1992年11月23日捷克共和国与斯洛伐克共和国之间的投资促进和相互保护条约的管辖"。问题在于,上述规定是否可以解释为同意ICSID仲裁。被告认为这是一项关于适用法律的条款,因为双边投资协定从未生效,所以不应对它进行讨论。[29] 然而,谈判历史表明,合并协议一开始不包含法律条款的选择,只有"在1993年12月17日、19日签署之前,上述条款

---

[23] 参见同上,第39段。这也符合VCLT第24(1)条的规定,该条规定"条约以其可能提供的日期或以谈判国可能同意的日期为生效日期"。

[24] 参见同上,第41段。

[25] 参见同上。

[26] 参见文内脚注9,援引 *Nuclear Tests Case*(澳大利亚诉法国案),*I. C. J. Reports* 1974,第253、274页;同上,第46段。

[27] 参见文内脚注10,援引 *North Sea Continental Shelf Cases*, *I. C. J.* Reports 1969,第4、25页;同上,第46段。

[28] 参见同上,第46段。仲裁庭的审理也依赖于 Ian Brownlie, *Principles of Public International Law*, 4th ed., OUP, 1990,第638~639页;B. Cheng, *General Principles of Law as Applied by International Courts and Tribunals*, CUP, 1987年,第147页等。

[29] 参见同上,第50段。

经过修改后删除了'批准后',且将其替换为 BIT 签名日期"[30]。此外,合并协议不包含单独的争议解决条款。在仲裁庭看来,结合与设计包含争端解决条款的双边投资条约,"(不能)理解为有争议的条款旨在专门处理管辖法律问题……如果只是因为通过消除与双边投资条约批准有关的短语,当事人提及双边投资条约和其有效和无条件地表达同意仲裁"[31]。易言之,如果合并协议中仍有"批准后"这一表述,那么它将被解释为双方的同意取决于双边投资条约的生效。由于情况并非如此,仲裁庭表示"通过提及双边投资条约,当事方打算将双边投资条约第 8 条纳入'合并协定',以便将国际仲裁作为其选定的争端解决方法"[32]。

总的来说,这是一项非常谨慎的决定,仲裁庭充分考虑了被告的意图。由于合并协议中包含同意仲裁,因此外国投资者是否依据合意也存在问题。如果作出其他决定,这对外国投资者来说是不公平的。

国家对仲裁的同意也可以通过国家的单方面声明来确定。[33] 联合国国际法委员会(International Law Commission of the United Nations)2006 年《关于国家单方面行为的指导原则》第 7 条规定:"单方面声明只有在以明确和具体的条款陈述时才使制定国承担义务。如果对这种声明产生的义务范围存在疑问,则必须以限制性方式解释这些义务。在解释这些义务的内容时,应首先考虑声明的内容,以及声明的背景和情况。"[34]

在 *Pac Rim* 案[35]中,其中一个问题是《萨尔瓦多投资法》下的国际仲裁条款是否符合《ICSID 公约》第 25 条关于书面同意的要求。《萨尔瓦多投资法》第 15 条规定:"如果外国投资者与国家关于他们在萨尔瓦多的投资发生争议,投资者可将争议提交至:(a) ICSID,以根据《关于解决国家和他国国民之间投资争端公约》(《ICSID 公约》),通过调解和仲裁解决争议……"[36]

---

〔30〕 参见同上,第 52 段。

〔31〕 参见同上,第 54 段。

〔32〕 参见同上,第 55 段。

〔33〕 关于国内法同意仲裁的讨论,参见 Michele Potesta, "The Interpretation of Consent to ICSID Arbitration Contained in Domestic Investment Laws", *Arbitration International*,第 27 卷, Issue 2,第 149 ~ 169 页。

〔34〕 参见 UN International Law Commission, "Guiding Principles Applicable to Unilateral Declarations of States Capable of Creating Legal Obligations", *Report of the* 58th *Session*, UN Doc. A/61/10 (2006),第 369 页,第 377 页第 7 段,https://prawo.uni.wroc.pl/pliki/6987/pobierz。

〔35〕 参见 *Pac Rim* 案, ICSID 案件号 ARB/09/12, Decision on the Respondent's Jurisdictional Objections, 2012 年 6 月 1 日。

〔36〕 参见同上,第 5.28 段。

问题是第 15 条是否构成了被告对 ICSID 管辖权的同意。就促进外国投资的国家法律的性质而言,其中所含的同意仲裁被视为对外国投资者的保证。正如波泰斯塔(Potesta)所说:“虽然他们投资法的目标和基本结构类似于双边投资条约(BITs)或多边条约,但这些法律提出了某些特殊问题,这些问题与东道国单方面给予每个可能的外国投资者保证的事实有关。”[37] 事实上,*Pac Rim* 案中的问题并不是非常复杂。首先,执行董事的报告指出,东道国可能会在其投资促进立法中提出“将属于中心管辖范围的争议提交至中心”,投资者可以通过书面接受提议表示同意[38]。其次,投资法的法理在这个问题上非常一致。在实践中,仲裁庭和学者认为东道国的单方面声明是有待外国投资者接受的常设要约。[39] *Pac Rim* 案仲裁庭指出,根据《ICSID 公约》第 41(1)条规定,“作为其权限的法官……仲裁庭确定该权限的基础,无论是来自条约还是立法中提出的单方面要约,随后由投资者书面接受”[40]。

Pac Rim 案仲裁庭面临的另一个问题是解释《萨尔瓦多投资法》第 15 条的适用规则。在这个问题上,仲裁庭参考国际法院在土地、海洋边界[41]和渔业管辖权[42]案件中的做法,并决定应根据国际法解释单方面声明和立法[43]。在仲裁庭看来,“声明必须按照它们的立场解释,考虑到实际使用的词语并考虑到‘政府在作出声明时的意图’。这种意图可以从案文中推断出来,但也可从内容观察,及其准备的情况和宣言所要达到的目的”[44]。

在此基础上,仲裁庭随后审议了《萨尔瓦多投资法》第 15 条规定的自然和简

---

〔37〕 参见前引〔33〕,Potesta,第 150 页。他还表示:“为了达成同意协议,国家立法中的要约必须得到投资者的接受。这可以通过简单地提起仲裁程序来完成。”参见同上,第 153 页。

〔38〕 参见前引〔9〕,Report of the Executive Directors,第 24 节。

〔39〕 参见 *Mobil Corporation and Others* 诉委内瑞拉案, ICSID 案件号 ARB/07/27, Decision on Jurisdiction, 2010 年 6 月 10 日;*Cemex Caracas II Investments B. V.* 诉委内瑞拉案,ICSID 案件号 ARB/08/15, Decision on Jurisdiction, 2010 年 12 月 30 日;*Southern Pacific Properties (Middle East) Limited* 诉埃及案, ICSID 案件号 ARB/84/3, Second Decision on Jurisdiction,1988 年 4 月 14 日, 3 *ICSID Reports* 131 (1995); *Inceysa* 案, ICSID 案件号 ARB/03/26, Award, 2006 年 8 月 2 日;*Zhinvali Development Ltd.* 诉格鲁吉亚案, ICSID 案件号 ARB/00/1,Award, 2003 年 1 月 24 日;*Tradex Hellas S. A.* 诉阿尔巴尼亚案, ICSID 案件号 ARB/94/2, Decision on Jurisdiction, 1996 年 12 月 24 日。

〔40〕 参见前引〔35〕,*Pac Rim* 案,第 5.30 段。

〔41〕 参见 *Land and Maritime Boundary between Cameroon and Nigeria*, Preliminary Objections, *ICJ Reports* 1998.

〔42〕 参见 *Fisheries Jurisdiction* (西班牙诉加拿大案),*ICJ Reports* 1998.

〔43〕 参见前引〔35〕,*Pac Rim* 案,第 5.33 段。

〔44〕 参见同上,第 5.35 段(脚注省略)。

单的含义。它指出,第 15 条的措辞具有邀请外国投资者"决定是否向地方法院……或 ICSID 仲裁庭主张权利的效力"[45]。在这种情况下,萨尔瓦多的意图"清晰、不模糊",仲裁庭裁定投资法第 15 条构成被告关于 ICSID 仲裁的同意。之所以如此,是因为在仲裁庭看来,根据《ICSID 公约》,在表示同意时不需要具体或统一的措辞。[46]

Pac Rim 案仲裁庭的决定符合国际惯例,即根据国际法解释各国的单方面承诺。例如,在 *Cemex* 诉委内瑞拉案中,仲裁庭还指出:"一国同意 ICSID 管辖权的单方面行为是主权国家根据《ICSID 公约》向外国投资者发出的要约。此类要约可以纳入国内法律,也可以不纳入。但是,无论其形式如何,都必须根据《ICSID 公约》和有关国家单方面声明的国际法原则加以解释。"[47]

无须多言,采用某种方法来解释单方面声明和国家法律是一回事,这种解释是否反映了有关国家的意图是另一回事。

在 *AMTO* 案[48]中,被告声称未经同意,以此为由质疑仲裁庭的管辖权。它坚持认为"原告没有相关或适当的同意进行仲裁",因为原告没有按照 ECT 第 26(4)(a)条的要求单独提交书面同意,其中规定:"如果投资者选择提交争议解决……投资者应进一步书面同意提交争议。"它坚持认为"ECT 第 26(4)(a)条要求投资者在仲裁开始前单独向 ECT 相关缔约方提供书面同意,且提交仲裁请求是不够的"[49]。被告进一步辩称:"迟交的书面同意书无效……并且在仲裁开始后半年和近一年后批准同意本身无法解决这一缺陷。"[50]

仲裁庭认为:"仲裁请求本质上是同意仲裁,因为当事方不能在没有自己参与诉讼程序的情况下提出法律诉讼。要求法律程序是指遵循这个过程。另一方无条件请求启动仲裁意味着完成仲裁协议并确立仲裁庭的管辖权的同意。"[51]

在 *AMTO* 案中,由于原告明确要求将其与乌克兰的争议提交仲裁,对此,该仲裁庭称,"满足第 26 条第 4 款的要求,即投资者'进一步书面同意'将此争议提交

---

〔45〕 参见同上,第 5.37 段。

〔46〕 参见同上,第 5.38 段。

〔47〕 *Cemex Caracas Investments B. V. and Others* 诉委内瑞拉案, ICSID 案件号 ARB/08/15, Decision on Jurisdiction, 2010 年 12 月 30 日,第 79 段。

〔48〕 参见 *AMTO* 案, SCC 仲裁号 080/2005, Final Award, 2008 年 3 月 26 日。

〔49〕 参见同上,第 26(b)段。

〔50〕 参见同上。

〔51〕 参见同上,第 46 段。

仲裁"[52]。这是一个可预见的、不可避免的决定。首先,法律本身并未规定什么是书面同意。因此,不能声称外国投资者已被告知同意的要求。其次,在实践中,参与仲裁通常被认为是同意仲裁的表达,且不需要再建立这种同意。

在 *Generation Ukraine* 案[53]中,考虑的同意相关的问题相当罕见。在该案中,被告方乌克兰认为原告同意仲裁是有缺陷的,因为是直接传达给 ICSID 而非被告。被告的另一个论点是,它是"初步的"基于乌克兰和美国的双边投资协定接受 ICSID 仲裁。[54] 仲裁庭指出,"投资者可以通过发起仲裁程序以接受国家的仲裁提议",而无须另行通知东道国。[55] 其随后通过引用《ICSID 公约》第 VI(3)(a)条确认了这一立场,其中规定"有关国家或公司可以选择以书面形式同意通过具有约束力的仲裁,提交争议至:(i)国际投资争端解决中心"。ICSID 在这种情况下通知东道国,而东道国在收到仲裁请求后有义务通知被告。

对于被告关于初步同意的第二个论点,乌克兰的依据为乌克兰和美国双边投资协定第 3(a)(i)条,该条款规定缔约方同意加入《ICSID 公约》,并声明"只要该缔约方是(ICSID)公约的缔约方"。但是,双边投资条约第 VI(4)条规定:"各方特此同意根据国家或公司的书面同意书中指定的选择通过具有约束力的仲裁提交任何投资争议……为满足(《ICSID 公约》)的目的,此类同意,以及国家或公司的书面同意,应满足以下要求:(a)争议各方的书面同意。"

基于上述规定,*Generation Ukraine* 案仲裁庭正确地得出结论,"副词'特此'……传达了双边投资条约缔约国同意仲裁的最终结果"[56]。因此,双边投资条约中的附带条件是先决条件。仲裁庭还表示,这一立场"在 ICSID 首次仲裁 *Holiday Inns S. A.* 诉摩洛哥案中得到承认"[57]。由于乌克兰提出仲裁的先决条件早在仲裁开始之前就已得到满足,原告启动程序即表示接受了被告的要约。

Tza Yap Shum 案[58]可能是仲裁庭关于仲裁同意的解释方面最为臭名昭著的案件。原告投资人出生于中国福建省但后来成为中国香港居民,通过其在维尔京群岛注册成立的公司在秘鲁投资。他基于中国秘鲁双边投资协定向 ICSID 提交了

---

[52] 参见同上,第 47 段。

[53] 参见 *Generation Ukraine, Inc.* 诉乌克兰案, ICSID 案件号 ARB/00/9, Arbitral Award, 2003 年 12 月 16。

[54] 参见同上,第 12.1 段。

[55] 参见同上,第 12.2 段。

[56] 参见同上,第 12.5 段。

[57] 参见同上,第 12.7 段。

[58] 参见 *Tza Yap Shum* 案, ICSID 案件号 ARB/07/6, Decision on Jurisdiction, 2009 年 6 月 19 日。

关于税收留置权的争议。

到目前为止,仲裁庭裁决中的严重问题是它误解了双边投资协议中的仲裁同意范围。首先,《中华人民共和国政府和秘鲁共和国政府关于鼓励和相互保护投资协定》(以下简称《中国和秘鲁双边投资协定》)第8条内容如下:"(1)缔约一方投资方与另一缔约方之间就在另一缔约方境内投资有关的任何争议,应尽可能通过争端各方之间的谈判友好解决。(2)如果争议不能在六个月内通过谈判解决,争端的任何一方有权将该争议提交给接受管辖的缔约方的主管法院。(3)如果涉及征收补偿金额的争议在诉诸本条第1款规定的谈判后六个月内无法解决,可以应任何一缔约方的请求提交至于通过1965年3月18日在华盛顿特区签署的《关于解决国家和他国国民之间投资争端公约》设立的投资争端解决中心(ICSID)。任何缔约方投资者与另一缔约方之间的其他事项的争议,如果争议各方同意,可以向中心提交。如果有关投资者采用本条第2款规定的程序,则本款的规定不适用。"

秘鲁政府正确指出,根据双边投资条约第8条第3款规定,只有"涉及征收补偿金额"的争议才能提交国际仲裁,因此仲裁庭对税收留置权的争议没有管辖权。然而,没有根据国际法对该条款进行详细分析,仲裁庭首先表明第8条第3款反映了共产主义政权对私人资本投资的某种程度的不信任或意识形态不整合,也许还有国际仲裁庭关注的一些这些政权不熟悉和无法控制的事项的决定〔59〕。

这种说法本身极具偏见,显然具有歧视性,明显体现出仲裁庭不愿充分重视双边投资条约的规定。无论如何,它为仲裁庭随后通过扭曲的语言分析和特别有选择地考虑"背景"以扩大其在双边投资协定下的管辖权提供基础。仲裁庭对双边投资条约缔约方在双边投资条约中有效表达其意图及其对同意的限制的能力的偏见态度(以及它自己决定告知它们必须具备的含义)也在某种程度上得到了证明,驳回陈安教授和两位原始谈判代表(中国的范江红先生和秘鲁的玛丽亚德卡门维加女士)的证人陈述,以及与双方理解他们选择的条款有关的其他同期材料。

关于双边投资条约第8条第3款中允许提交"涉及征收补偿金额的争议"国际仲裁的措辞,仲裁庭确实承认"措辞似乎在寻求某些限制"〔60〕。但是,它坚持认为"这种限制的确切范围是必须确定的关键问题"〔61〕。一方面,它承认对第8(3)条的一种解释将其适用范围限制在"确定投资价值"。与此同时,它表示:"除了赔偿

〔59〕 参见同上,第145段。
〔60〕 参见同上。
〔61〕 参见同上。

金额外,这一短语还可包括与所称的征收有关的其他重要事项的确定。……出于各种原因,仲裁庭决定……最广泛的解释恰好是最合适的。"[62]简言之,尽管它承认缔约方打算将这一措辞限制在可以提交国际仲裁的争议中,但是它最终明确,这种限制必须包括对"任何……征收通常固有的问题"的争议。[63] 正如一位评论员所述:"……仲裁庭知道在 BIT 中有这样一个限制性短语的确切目的……(但它)通过采用广泛的方法而没有提供令人信服的理由而明确地无视公共政策问题。"[64]

仲裁庭作出结论的主要原因是,它坚持认为对该条的"真正解释"几乎完全取决于"涉及"一词,且其选择根据牛津英语词典界定该词。它所说的"包括"意思是"包围、包含、纠缠、包括"。它甚至更进一步说:"对这些词语的真实解释表明,在 BIT 中确立的唯一要求是争议必须'包括'确定赔偿金额,而不是争议必须限于此。"[65]对此,正如 Shen 所指出的那样,"尽管在条约解释中对《维也纳条约法公约》进行了技术性参考,但仲裁庭确实更多地依赖对'涉及'的语言解释以扩大其管辖权"[66]。

作为采用这种解释的次要原因,仲裁庭分析了第 8 条第 3 款的"内容"。然而,在此过程中,它似乎完全误读或忽略应去仔细分析直接背景,即第 8 条的其他条款。这些规定有效地建立了"岔路口"条款,这将在后面讨论。在此可以说,本案仲裁庭选择"在 BIT 的整体背景下明确第 8 条的客观含义",并像其他许多仲裁庭一样,通过援引双边投资协定的序言来确立其最重要的目标。[67] 该目标"包括增加两个缔约方之间私人投资的流动",且为此目的,应该"通过融合国际法的保护,扩大投资者内容上和形式上的权利和保护"[68]。仲裁庭根本不能接受缔约方本着善意的意图在限制国际仲裁庭管辖范围的范围内实现双边投资条约的目标,以解决基于数量和其他的投资者与东道国等都同意接受此种管辖的争端。尽管有明确的相反证据,但仲裁庭坚持认为:"如果缔约方确实有意将仲裁程序中第 4 条所列

---

〔62〕 参见同上,第 150 段。

〔63〕 参见同上,第 188 段。

〔64〕 Wei Shen, "The Good, the Bad or the Ugly? A Critique of the Decision on Jurisdiction and Competence in *Tza Yap Shum v. The Republic of Peru*", 10 *Chinese Journal of International Law* 55, 2011 年,第 74 页,第 35 段。

〔65〕 参见前引〔58〕,*Tza Yap Shum* 案,第 151 段。

〔66〕 参见前引〔65〕,Wei Shen,第 74 页,第 36 段。

〔67〕 参见前引〔58〕,*Tza Yap Shum* 案,第 187 段。

〔68〕 参见同上。

的重要问题排除在仲裁程序之外,仲裁庭就会这样做,尽管对这种机制是否可有助于吸引外国投资者存在一定怀疑。"[69]

这种解释条约的方法,显然更多地与建立管辖权有关,而不是坚持双边投资条约的缔约方的意愿。至少可以说,除了成为坏榜样,几乎不能促进国际投资法的发展。其他同样倾向于采用扩张主义管辖方法的仲裁庭可以吸取教训。

在注意到国际投资仲裁的法理的当代趋势时,或许值得注意的是,在另一个*ICSID*案件——*Renta* 4 案中[70],仲裁庭对 1991 年苏联与西班牙之间的一项条款进行了分析,该条款与上述案件的条款有着惊人的相似之处,尽管本案没针对"共产主义政权"的无端诽谤。在本案中,俄罗斯同意仲裁的问题取决于对双边投资条约第 10 条第 1 款的解释,其中规定"根据本协议第 6 条,一方与另一方投资者之间的争议涉及的赔偿的支付金额或付款方式"[71],可以提交国际仲裁。

正如 *Tza Yap Shum* 案仲裁庭处理"涉及"一词一样,*Renta* 4 案仲裁庭从根本上将其对双边投资协定第 10(1)条的解释建立在语言分析的基础上,该分析明晰了"应有"这个词的关键含义。它指出:"从第 10 条第 1 款中得出的最明确的主张是,它允许就有关第 6 条所规定的应有的赔偿数额或方法的争论进行仲裁。而一旦有人要求,困难随之而来,即谁根据第 6 条确定赔偿是否确实'应有'?"[72]

一方面,俄罗斯坚持认为,这种决定只能由俄罗斯法院或国与国之间的仲裁作出。[73] 仲裁庭认为,如果这是缔约方的意图,那么第 10 条就可以规定,但却"没有这种类型"[74]。另一方面,仲裁庭认为,第 6 条规定的义务的存在是"对任何'应当'的数额"的明显谓词,因而是第 10 条所允许的争论类型的对象。第 10 条规定的补救办法中存在的基本谓词不能被视为处于该条款下仲裁庭范围之外。[75] 更

---

〔69〕 参见同上,第 153 段。双边投资协定第 4 条规定:"1. 除非满足下列条件,否则缔约任何一方不得对缔约另一方投资者在其境内的投资进行国有化或采取类似措施(以下简称'征收'):(a)为了公共利益;(b)根据国内法律程序;(c)不加歧视;(d)做出赔偿。2. 本条第一款(d)项所述的补偿,相当于宣告征收时,可转换、可自由转让的被征收的投资价值。如无合理情况,这笔赔付不应延迟支付。"

〔70〕 参见 *Renta* 4 *SVSA et al.* 诉俄罗斯案(以下简称"*Renta* 4 案"), Award on Preliminary Objections, SCC 案件号 24/2007, 2009 年 3 月 20 日。

〔71〕 参见同上,第 5 段。

〔72〕 参见同上,第 27 段。

〔73〕 参见同上,第 58 段。

〔74〕 参见同上,第 59 段。

〔75〕 参见同上,第 31 段。

有力的解释是，它认为第10条的文本具有决定是否首先存在可予赔偿的事件的权力"[76]，且一致声称"其根据西班牙双边投资条约第10条具有相关事项的管辖权，以决定是否因本仲裁中提出的征收索赔而应予赔偿"[77]。

Abaclat 案[78]中的同意问题是独特和复杂的。原告在仲裁开始时的总人数超过180,000人，其通过向被称为阿根廷特别工作组（Task Force Argentina，TFA）的协会授权以表示同意仲裁，该协会代表他们启动了ICSID仲裁，条件是他们不会同时起诉TFA的成员银行。面对被告的质疑，仲裁庭援引一般国际法和一般法律原则，根据这些原则，同意必须是"真实和有意的，即没有胁迫、欺诈和/或任何重大错误"[79]。它不认为给予同意或不可撤销的理由可能会影响同意的有效性。[80] 由于每个原告都已签署了书面授权书授权ICSID对其索赔进行仲裁，仲裁庭认定他们在同意这个问题上没有错误。

Abaclat 案另一个棘手的问题是TFA是否可能存在利益冲突。因为一方面，它要求原告不要起诉其成员银行以作为提交ICSID仲裁的条件；另一方面，它在ICSID仲裁中代表原告。仲裁庭注意到，规定明确，"在ICSID仲裁期间，原告不能同时对TFA成员银行提起法律诉讼，并且不会对此类索赔的诉讼时效作出规定"[81]。事实上，仲裁庭认为原告是具有足够投资知识的成熟投资者。在这种情况下，仲裁庭认为，即使TFA授权未能包含足够的信息"或在某种程度上歪曲了某些信息"，该缺陷"将在随后的事件中得到纠正"[82]。很明显，大多数情况下，仲裁庭热心地行使管辖权。*Abaclat* 案即为一例。

Millicom 案[83]亦说明了仲裁庭在多大程度上可以主张管辖权。在该案中，涉及的条约规定是卢森堡和塞内加尔关于保护外国投资协定第10条，其中规定："另一缔约方的国民作出或打算进行投资的领土内的缔约方应同意该国民提出的任何请求，以进行仲裁或调解，以及与此有关投资的任何争议，提交至1965年3月18日《关于解决国家和他国国民投资争端公约》而设立的中心。……中心的管辖范

---

〔76〕 参见同上，第39段。

〔77〕 参见同上，第155(i)段。

〔78〕 参见 *Abaclat* 案，ICSID案件号ARB/07/5，Decision on Jurisdiction and Admissibility，2011年8月4日。

〔79〕 参见同上，第436段。

〔80〕 参见同上，第438～439段。

〔81〕 参见同上，第461段。

〔82〕 参见同上，第463段。利益冲突问题也留待在审理阶段处理。参见同上，第459段。

〔83〕 参见 *Millicom International Operations B. V. and Sentel Gsmsa* 诉塞内加尔案（以下简称"*Millicom* 案"），ICSID案件号ARB/08/20，Decision on Jurisdiction，2010年7月16日。

围应扩大到缔约国(或该缔约国指定给该中心的任何组成分部或机构)与另一缔约国国民之间的投资直接产生的任何法律争端,争议各方以书面形式表达同意向中心提交。"

被告以两个理由质疑ICSID的管辖权,即(1)协议的缔结不构成同意,需要具体的同意表现;以及(2)ICSID仅对作为协议的另一缔约方的国民的自然人有管辖权。关于第一个理由,仲裁庭正确地指出,协议"规定国家不仅'pourra'('可')而且'devra'('应该')表示同意。措辞中没有任何内容可以得出这样的结论:这种决定可以由国家自行决定"[84]。仲裁庭的理由是,没有必要采取两步程序来表示同意。因此,它认为"将这视为单方面要约和塞内加尔承诺服从ICSID管辖权更为合理";"第一位的请求构成'demande'('请求'),相当于接受国家提出的要约;它不会产生这样的同意,而是完善它"[85]。仲裁庭在这个问题上的调查结果并不令人惊讶。但是,仲裁庭不依赖于协定的简单含义,而是采取"必要"和"合理"的分析,这并不是VCLT第31条规定的条约解释标准。主张是否合理或是否需要某一特定程序与解释条约条款无关。重要的是相关条约的规定。一旦在解释条约时引入必要性和合理性因素,这就给仲裁庭留下了很大的自由裁量权。

如前所述,被告对仲裁庭的管辖权提出质疑的第二个理由是对"国民"的限制,这是基于协定第1条,其将国民定义如下:"'国民'一词应包括缔约任何一方根据其法律拥有该缔约方国籍的自然人。"

即使不知道排除的原因,很明显,作为投资常用工具的公司不包括在"国民"一词的范围内。原告认为,关于国民的定义中,遗漏公司是"无意的",应由仲裁庭予以纠正。[86] 仲裁庭首先指出:"根据《维也纳条约法公约》第31条第1款,'条约的词语'必须在善意的基础上'按照其背景和它的宗旨和目的'加以解释。"[87]它随后表示条约文本"即使显然'明确',也不是解释规则的唯一因素"[88]。在其看来,协定第10条关于争端解决的条款"确立了唯一的手段……向投资者保证其余协议的有效性"[89]。因此,仲裁庭认为没有理由将自然人与法人区分开来。它表示,"人们不明白为什么自然人或公司进行的投资,一方应该受到较少的保护。"[90]

---

[84] 参见同上,第63段。
[85] 参见同上。
[86] 参见同上,第68段。
[87] 参见同上,第70段。
[88] 参见同上。
[89] 参见同上,第71段。
[90] 参见同上。

其随后得出结论:

> “国民”……一词被使用三次:前两次明确已经或打算进行投资的人可以主动提起仲裁程序;第三次出现在《ICSID 公约》标题的最后一行。可以肯定的是,该术语第三次必须包括自然人和法人,因为所提到的是……符合《ICSID 公约》的“国民”……的含义。诚然,本公约给出的定义是相关的,第 25 条第 2 款提供了广义的定义。根据仲裁庭的规定,第 10 条中……“国民”一词的使用必须根据公约的一般含义加以理解,而不是第 1 条的特殊含义,该条款适用于协议第 1 条的其他规定。[91]

必须承认,*Millicom* 案仲裁庭的结论是正确的,因为在国际投资实践中很难想象法人将被排除在投资者与国家之间的仲裁之外,这是确保投资保护的重要工具。然而,正确的结果并不表明仲裁是合理的。在其分析中,*Millicom* 案仲裁庭完全无视协定的背景,该协议规定了对外国投资的处理。诚然,正如原告所说,遗漏可能是无意的。如果仲裁庭希望填补“漏洞”或纠正它,它确实应该这样说。然而,仲裁庭所做的是过分强调条约序言的技巧,用自己的语言取代条约规定。

尽管过去其他仲裁庭也采用了同样的技术,但至少要求它们进行广泛的解释。在该案中,条约即协议,没有提到“公司”或“法人”;仲裁庭插入这些词语,以方便其行使管辖权。除非这些规定另有解释,公司和法人将不受保护仲裁庭提出的理由,否则,仲裁庭的理由不能成立。例如,这些实体可以通过友好手段解决分歧,或诉诸东道国的地方法院,即使这些手段可能不如 ICSID 仲裁那样有效或具有强制性。*Millicom* 案仲裁庭在这个问题上所做的事情为任何使用“国民”一词的条款提供了非常自由的解释。

这里重要的一点是,只有协议的缔约方才能证明他们是否有意剥夺了法人诉诸 ICSID 仲裁的权利,尽管这些规定是不可取的。与此同时,如果允许仲裁庭行使这种程度的自由裁量权,他们实际上将修改和改写条约而不是诠释条约。根据国

---

〔91〕 参见同上,第 73 段。

际法，这显然是不被允许的。[92] 处理同一问题的另一案件是 *Koza* 案，其涉及解释英国和土库曼斯坦双边投资协定关于争议解决的第 8.1 条和第 2 条，其中规定了两阶段同意，即首先争议各方在满足某些条件后，应将其争议提交国际仲裁，争议双方同意可将争议提交给 ICSID、国际商会仲裁院或临时仲裁。大多数仲裁庭认为，根据这些规定，土库曼斯坦已经同意"与英国投资者进行国际仲裁"，并且"只是表示愿意将 ICSID 仲裁视为三种选择之一，且仅根据具体情况而定"[93]。然而，英国和土库曼斯坦双边投资协定包含一项特别涵盖第 8 条的 MFN 条款。通过 MFN 条款的实施，大多数仲裁庭确立了管辖权。

第二节　有效的同意时间

确认同意的存在对投资者与国家的仲裁至关重要。此类同意生效的时间同样重要。至少有一位评论员认为："……国家在条约中表示同意的日期不仅仅是要约。它远不止于此，它具有特殊的法律效力，包括条约下东道国的义务和禁止另一缔约方行使外交保护。国家同意的表达日期是条约或其他体现该同意的文书的生效日期。如果该同意后来经外国投资者同意，则符合提交争议的必要条件，但各自的同意表示似乎不会改变其日期。"[94]

在实践中，在这种情况下，国家是否准备允许其同意仲裁被认为具有追溯效力，这往往引发争议。

对于任何受法治约束的制度，法律描述不应具有追溯效力。同样的原则适用

---

〔92〕 例如，在《解释保加利亚、匈牙利和罗马尼亚的和平条约》中，(第二阶段)－(国际法院 1950 年 7 月 18 日的咨询意见)，国际法院(International Court of Justice，ICJ)指出："仲裁庭的第一职责是：被要求解释和适用条约的规定，是为了在它们发生的背景下以其自然和普通的含义努力使它们生效。如果相关词语的自然和普通意义在其语境中有意义，那就解决问题。另一方面，如果其自然和普通含义中的词语含糊不清或导致不合理的结果，那么，只有法院才能通过其他解释方法寻求确定当事人在使用这些词的时候的做法的真正意思。"参见 *Case Concerning the Arbitral Award of* 31 *July* 1989 (*Guinea – Bissau v. Senegal*), Judgment of 12 November 1991, *ICJ Reports*, 1991 年，第48 段，第 69 页。援引法院较早前的关于接纳一个国家加入联合国大会的权限的咨询意见发表的声明，参见 *ICJ Reports*, 1950 年，第 8 页。

〔93〕 *Garanti Koza LLP* 诉土库曼斯坦案，ICSID 案件号 ABR/11/20, Decision on the Objection to Jurisdiction for Lack of Consent, 2013 年 7 月 3 日，第 38 段。

〔94〕 *Waguih Elie Georg Siag & Clorinda Vecchi* 诉埃及案，ICSID 案件号 ARB/05/15, Decision on Jurisdiction, 2007 年 4 月 15 日, Partial Dissent of Francisco Orrego Vicuna，第 64 页。

于条约和国际协定,无论是双边的还是多边的。然而,就双边投资条约而言,由于该文书的目的是鼓励外国投资,根据新谈判的双边投资条约对外国投资提供的保护可以提供给另一缔约的投资者,甚至在此之前。但是,在争议解决方面,特别是对此类争议的国际仲裁,各国不愿意将双边投资条约的追溯适用范围扩大到双边投资条约生效日期之前发生的差异。

Emilio Agustín Maffezini 诉西班牙案[95]即为一例。阿根廷和西班牙双边投资协定在第 2 条第 2 款中规定:"这份协议也适用于一方投资者在其生效之前,根据另一方的法律,在另一方领土内进行的投资。但是,本协议不适用于在其生效之前产生的争议或索赔。"被告质疑仲裁庭的管辖权,理由是原告提出的争议发生在双边投资条约生效之前。[96]

Maffezini 案仲裁庭首先指出,国际法院将争议定义为"关于法律观点或事实的异议,关于法律观点或当事人之间利益的冲突",并引用 Schreuer 观点称"争议必须涉及双方当事人之间明确确定的问题,不能仅仅是学术上的……争议必须超越一般的不满,而且必须能够根据具体的主张加以说明"[97]。仲裁庭随后指出:"……往往存在导致争议的自然事件。它首先提及分歧的表达和意见分歧的陈述。随着时间的推移,这些事件通过形成法律主张,讨论和最终拒绝或对方缺乏回应而获得了精确的法律意义。法律观点和利益的冲突只会出现在后一阶段,即使基本事实早于它们。正确地说,争端的存在预设双方之间的沟通最少,一方与另一方讨论此事,后者直接或间接反对原告的立场。在确定何时根据双边投资协定确定所涵盖争议,符合建立 ICSID 管辖权所需的同意的关键日期时,必须考虑这一系列事件。"[98]

在本声明中,*Maffezini* 案仲裁庭明确区分了引起争议的事件和争议本身。与此同时,确定双边投资协定的生效日期很重要,因为它将"争议与之前不会引起法律观点和利益冲突的事件分开"[99]。因此,任何在关键日期之前发生的争议不符合仲裁适格的要求,仲裁庭不具有管辖权。由于仲裁庭在双边投资条约生效后认为"技术和法律意义上的争议已经形成",它裁定其具有管辖权。[100] 仲裁庭适用的

---

〔95〕 参见 *Emilio Agustín Maffezini* 诉西班牙案(以下简称"*Maffezini* 案"), Decision on Jurisdiction, ICSID 案件号 ARB/97/7, 2000 年 1 月 25 日。

〔96〕 参见同上,第 90 段。

〔97〕 参见同上,第 94 段(脚注省略)。

〔98〕 参见同上,第 96 段。

〔99〕 参见同上,第 97 段。

〔100〕 参见同上,第 98 段。

将普通争议转变为“技术和法律”争端的测试是值得商榷的。例如,在决定中没有解释在检查这种转变时应该考虑的因素。因此,这件事完全由仲裁庭自行决定。

在 *Jan de Nul* 案〔101〕中,有关的双边投资条约也限制了缔约方对未来争端的适用。该案件的争议发生在 1992 年双边投资条约生效之前,取代了 1977 年的版本。它最初被提交给当地行政法院,在 1992 年双边投资协定生效一年后,该法院作出了不利于原告的决定。仲裁庭作出正确表述,即埃及法院面前的争议涉及合同问题,再之前的涉嫌违反投资条约。〔102〕 其随后表示:“新的一方,即 Ismaïlia 法院的干预在这里作为决定争议是否是新争议的决定性因素。由于原告的案件直接基于 Ismaïlia 法院所声称的不法行为,仲裁庭认为,在 Ismaïlia 法院作出裁决时,原始争议已经(重新)形成新的争议。”〔103〕在这个案件中,引起争议的事件是一样的。当双边投资协定缔结时,它们在提交地方法院前已形成争议。如果仲裁庭说得对,即旧的争议可以因为当地法院的干预而重新结成新的争议,那么限制仲裁庭处理先前争议的条约规定将变得毫无意义。令人怀疑的是,这些决定可能反映了双边投资协定双方的意图。

另一个案件,即 *Helnan* 案〔104〕仲裁庭走向了极端,其试图将“分歧”与“争端”区分开来。丹麦和埃及双边投资协定第 12 条规定:“本协定的规定应适用于另一缔约方投资者在协定生效之前或之后在另一缔约方境内进行的所有投资。但是,它不适用于在其生效之前产生的分歧或争端。”

其中一个问题是,双边投资协定中规定的“分歧”和“争议”是否意味着不同的事物,或者是同一种类,基于“自然”的特征。仲裁庭首先指出:“只要有可能,就必须从字面上解释术语并给予实际效果,以排除冗余。一方面,由于条约缔约方既提到了‘分歧’,也提到了‘争端’,必须假定它们未赋予这两个不同的术语相同的含义。”〔105〕那么条约缔约方打算赋予这两个词汇什么意义呢? 仲裁庭指出:“虽然,‘divergence Ⅰ’和‘dispute Ⅰ’这两个术语都要求各方在特定点上存在分歧,并且各方对这种分歧的认识存在差异,但它们之间存在着重要的区别,因为它们并不意味着相同程度的敌意。诚然,在存在分歧的情况下,各方持有不同的观点,但不一

〔101〕 参见 *Jan de Nul* 案, ICSID 案件号 ARB/04/13, Decision on Jurisdiction, 2006 年 6 月 16 日。

〔102〕 参见同上,第 117 段。

〔103〕 参见同上,第 128 段。

〔104〕 参见 *Helnan International Hotels A/S* 诉埃及案(以下简称“*Helnan* 案”), ICSID 案件号 ARB 05/19, Decision on Objection to Jurisdiction, 2006 年 10 月 17 日。

〔105〕 参见同上,第 52 段。

定以积极的方式追求差异。另一方面,在发生争议的情况下,意见的分歧形成了当事人之间积极交换信息的主题,这些情况表明当事人希望解决差异,无论是在第三方之前还是其他情况。因此,当各方了解到他们意见不同时,对某些事实和情况的不同观点会变成'分歧'。只要其中一方决定解决它,无论是否由第三方解决,它都会成为'争议'。"[106]

仲裁庭不依赖或援引与条约谈判历史有关的任何材料。那么,人们可能会怀疑仲裁庭持上述立场的依据。

双方在管辖权问题上的争议是,这些主张是否属于双边投资协定第 12 条的范围,且仲裁庭是否因此具有管辖权。仲裁庭根据其争议分歧的结论理论指出,双边投资协定生效后争议已经明确,即使这是在双边投资协定生效日期之前发生的分歧的延续,其对案件有管辖权。

在 *Helnan* 案中,原告涉嫌的违规与双边投资条约生效之前存在的事实和情况有关。但是,仲裁庭表示,这些事实和情况"不是也不可能是导致原告主张权利的争议的起因"[107],因为双方在双边投资协定生效后修改了合同条款。仲裁庭认为,合同的修改是一个干预事件,改变了先前分歧的性质。它指出:"即使它们(指分歧)源自 2000 年 1 月 29 日(双边投资条约生效之日)之前的分歧,(它们)也不能与演变成当前根据修改的管理合同的附件发生的争议中的分歧相同。"[108] 仲裁庭随后得出结论,认为其有管辖权。

Helnan 案仲裁庭的决定并不令人意外,因为几乎所有 ICSID 仲裁庭都急于对他们面前出现的任何案件行使管辖权。在该案中,双边投资协定生效之前的分歧和争议被排除在 ICSID 管辖范围外。然而,*Helnan* 案仲裁庭发明了一种将分歧演变为争议的理论,通过这种理论,这种分歧改变了性质。双边投资协定在分歧和争议之间使用"或"一词。在上下文中对"或"一词的简单解读表明分歧和争议都被排除在外。在这种情况下,没有任何其他解释的余地,包括一些关于分歧演变为争议或分歧性质变化的新理论。在这方面,该案仲裁庭对上述规定的解释非常值得商榷。

---

〔106〕 参见同上。

〔107〕 参见同上,第 54 段。

〔108〕 参见同上,第 55 段。

第三节　岔路口条款

仲裁的同意也受到法庭条款的选择的影响，即所谓的双边投资协定和自由贸易协定岔路口条款。典型的岔路口条款就如中国和阿根廷双边投资协定中规定的那样："如果投资者向已经进行投资的缔约方的上述主管法庭或国际仲裁提交了争议，则该为最终选择。"[109] 岔路口条款的作用是让外国投资者可以选择向东道国的地方法院或法庭或国际仲裁庭主张权利。一旦作出选择，如地方司法程序已经开始，国际仲裁庭应避免行使管辖权。[110] *Vivendi* 案[111]是第一个分析岔路口条款的案子。在其之前，Olguin 诉巴拉圭案中简要提及法庭条款的选择，据说"当缔约方之间发生争议时，他们应该会面以解决这些问题，如果在 6 个月未有结果，投资人可以将争议提交国际仲裁，由国际投资争端解决中心解决"[112]。但是，仲裁庭发现，没有证据证明 Olguin 已经诉诸司法机构解决与阿根廷的争端。[113] 因此，*Olguin*案中根本没有讨论与岔路口条款相关的问题。

在 Vivendi 案中，原告是法国公司 Compagnie Généraledes Eaux 及其阿根廷子

---

[109] Fiona Marshall, "Commentary: *Pantechniki v. Albania* decision offers pragmatic approach to interpreting fork－in－the－road clauses", IISD Investment Treaty News, 2009 年 9 月 2 日, https://www.iisd.org/itn/2009/09/02/commentary－pantechniki－v－albania－decision－offers－pragmatic－approach－to－interpreting－fork－in－the－road－clauses.

[110] 关于岔路口条款的更多讨论，可参见 Sidley Austin LLP, "ICSID tribunal analyses ' investment' requirement", 2009 年 9 月 30 日, http://arbitration.practicallaw.com/6－500－3439#; Lee A. Steven and Nicole Thornton, "Two Roads － Two Tribunals: Recent ' Fork－in－the－Road' Interpretations", White & Case LLP, 2009 年 12 月 16 日, http://kluwerarbitrationblog.com/blog/2009/12/16/two－roads－%E2%80%93－two－tribunals－recent－%E2%80%9Cfork－in－the－road%E2%80%9D－interpretations; Campbell McLachlan, Laurence Shore and Matthew Weiniger, *International Investment Arbitration: Substantive Principles*, Oxford International Arbitration Series, OUP, 2007 年; Peter Turner, "The Fork in the Road Revisited", in Federico Ortino et al., eds., *Investment Treaty Law: Current Issues*, British Institute of International and Comparative Law, London, 2006 年。

[111] 参见 *Compañía de Aguas del Aconquija, S. A. & Compagnie Générale des Eaux* 诉阿根廷案，ICSID 案件号 ARB/97/3, Award, 2000 年 11 月 21 日（"裁决"）; Compañía de Aguas del Aconquija, S. A. and Vivendi Universal (formerly Compagnie Générale des Eaux v. Argentine Republic)（以下简称"*Vivendi* 案"）, ICSID Case No. ARB/97/3, Decision on Annulment, 2002 年 7 月 3 日（"撤销决定"）。

[112] *Olguin* 诉巴拉圭案（以下简称"*Olguin* 案"）, ICSID 案件号 ARB/98/5, Decision on Jurisdiction, 2000 年 8 月 8 日，第 27 段（文本摘自英文译文，https://www.italaw.com/documents/OlguinParaguay.pdf）。

[113] 参见同上，第 30 段。

公司 Compañíade Aguas del Aconquija,SA。该争议源于与阿根廷图库曼政府签订的特许权合同,关于该省供水和排污系统的运营。原告称,一方面,阿根廷违反了阿根廷和法国的双边投资协定,未能阻止图库曼政府采取的某些行动侵犯其特许权合同的相关利益。事实上,特许合同包含一项规定,即由此产生的所有争议必须提交给图库曼的有争议的行政法院。另一方面,根据阿根廷和法国双边投资协定第 8 条规定,如果投资者与国家之间的争端在 6 个月内无法通过友好协商解决,则可由投资者选择将争议提交国家司法机关或根据《ICSID 公约》以仲裁或根据《UNCITRAL 仲裁规则》设立的临时仲裁庭。[114] 它进一步指出:"一旦投资者将争议提交有关缔约方的法院或国际仲裁,这些程序中的一个或另一个都是最终选项。"[115]

仲裁庭认为,特许权合同的争议解决条款没有"剥夺"审理案件的管辖权,"因为该条款没有也不能构成 CGE(原告)对其根据 BIT 第 8 条所享有的向阿根廷提起仲裁的权利的弃权"[116]。仲裁庭认为,原告"对图库曼违反合同的诉求""不会……是原告根据双边投资条约第 8 条的规定在国家司法管辖区(法院)对阿根廷共和国提起诉讼而构成'岔路口'的选择,从而阻止未来根据 ICSID 主张权利"[117]。不幸的是,Vivendi 案仲裁庭没有解释为什么原告在有争议的行政法院中采取的行动不会构成岔路口的选择。事实上,这可能违反了仲裁庭必须说明其根据《ICSID 公约》作出决定的理由的要求。[118]

然而,*Vivendi* 案的临时委员会不遗余力地解释岔路口条款应如何运作。它首先指出,"国家司法机构"一词指的是任何形式的国家法院,且这不应受到缔约方可能是联邦或单一国家的事实的影响。[119] 其随后得出结论认为,由于阿根廷和法国双边投资协定第 8 条提到"与投资有关"的争议,原告的指控不一定是"违反双边投资协定本身",而是"根据双边投资协定的投资争议就足够了"[120]。

在得出结论之前,临时委员会分析了 *Vivendi* 案仲裁庭的决定,表示:"仲裁庭

---

〔114〕 参见前引〔111〕,*Vivendi* 案, 裁决,第 1 页。

〔115〕 参见前引〔111〕,阿根廷法国双边投资协定第 8 条第 2 款,撤销决定,第 53 段。

〔116〕 参见 *Vivendi* 案,第 53 段。

〔117〕 参见同上,第 55 段。

〔118〕 《ICSID 公约》第 48(3)条要求仲裁庭说明其裁决所依据的理由。像 *Vivendi* 案仲裁庭那样在没有讨论法律基础的情况下作出的结论显然会受到挑战。事实上,该案的原告确实在撤销阶段辩称仲裁庭没有说明裁决的理由。

〔119〕 参见 *Vivendi* 案, 撤销决定,第 54 段。

〔120〕 参见同上,第 55 段。

认为,第 8 条第 2 款中的岔路口条款的适用限于这样的主张,即根据'双边投资协定明确的行动原因采取的行动'或对'阿根廷共和国进行违反阿根廷和法国双边投资协定的行为'。"[121] 临时委员会对仲裁庭的解释作出评论,即"仲裁庭关于本案未曾触及岔路口条款的结论似乎是基于对第 8 条第 2 款的解释,该条仅将其适用范围限于声称违反双边投资条约的主张,即基于条约的主张本身"[122]。问题在于 *Vivendi* 案仲裁庭的解释是否过于狭隘。

在临时委员会看来,原告向被告人当地法院提出的关于违反特许权合同的诉求"将初步属于第 8 条第 2 款,构成法庭和管辖权的'最终'选项"[123]。临时委员会得出结论的唯一条件是该诉求与双边投资条约下的争议"共延"。在达成结论时,临时委员会强调并以争端涉及的依据为基础,因而不是采用一些后来的仲裁庭制定的形式主义方法。它认为违反合同权利,例如特许权合同下的合同权利,可能同时构成违反条约义务的行为。[124] 然而,临时委员会还表示:"条约诉讼理由与合同诉讼理由不同,它要求在违反相关条约标准的情况下明确出现行为。当地法院的可用性且能够独立解决具体问题可能是确定是否存在违反国际法的相关因素。"[125]

无论如何,即使是临时委员会也没有详细说明基于合同的诉求和基于条约的诉求在多大程度上和在何种情况下可以被视为共同延伸。遗憾的是,临时委员会未能借此机会解释其所考虑的标准。同时,这表明在建立任何此类标准时存在困难,实际上存在风险。[126]

研究 *Vivendi* 案后的大多数仲裁决定惊讶地发现,相关协议中的岔路口条款并

〔121〕 参见同上,第 38 段。

〔122〕 参见同上,第 42 段。

〔123〕 参见同上。

〔124〕 参见同上,第 110 段。

〔125〕 参见同上,第 113 段。

〔126〕 虽然 ICSID 已运行 15 年,但 *Vivendi* 案只是 ICSID 的第 41 个案例。这并不奇怪,因为经济合作与发展组织(Organization for Economic Cooperation and Development,DECD)对 2012 年发布的 1660 项双边投资协定、自由贸易协定和其他与投资有关的条款的国际协议的分析表明,大量早期此类协议既没有投资者——国家争议解决机制,也没有提供进入国内法院的机会。关于更多细节,参见 OECD, *Dispute settlement provisions in international investment agreements: A large sample survey*, Organisation for Economic Co – operation and Development, Investment Division, Directorate for Financial and Enterprise Affairs, Paris, France, 2012 年;见 http://www.oecd.org/investment/international-investmentagreements/50291678.pdf。

未构成对其管辖权的任何阻碍。在这方面,Schreuer 在审查了一些裁决和决定[127]之后得出结论:“为了确定是否已根据这一条款(‘岔路口条款’)作出选择,不只有必要分析两个诉讼的当事人是否相同,而且有必要分析其诉讼原因是否相同。”[128] Schreuer 基本上是从 *Genin* 案中得出他的结论。[129]

在该案中,Genin 先生是两家公司的最终所有人,这两家公司是爱沙尼亚创新银行(Estonia Innovation Bank,EIB)的主要股东,而爱沙尼亚创新银行是一家拥有爱沙尼亚法人资格的金融机构,收购了爱沙尼亚社会银行有限公司的分支机构。争议源于收购和爱沙尼亚当局撤销 EIB 许可证一事。除了在地方法院针对社会银行因购买股票而遭受的损失提起诉讼外,EIB 还就撤销许可证而向东道国行政法院起诉爱沙尼亚。作为仲裁中的被告,爱沙尼亚对仲裁庭的管辖权提出质疑,理由是 EIB 的诉讼构成了对法庭的选择,这触发了岔路口条款,因此,仲裁庭无权审理案件。

仲裁庭分析指出:“爱沙尼亚有关 EIB 购买社会银行 Koidu 分支机构和撤销 EIB 许可证的诉讼与原告寻求在本程序中进行仲裁的‘投资争议’中的诉讼理由不同。”[130] 这是岔路口条款中的所谓“三重身份测试”[131] 的第一部分。在其看来,*Genin*案仲裁庭显然过于形式主义,即表示司法和仲裁两种行为并非“相同”。它根本没有检查诉求的内容。

关于“三重身份测试”的第二部分,即采取的行动,*Genin* 案仲裁庭指出:“……(这个)或许最能说明欧洲投资银行在其许可证撤销问题上诉诸法院的情况。欧

---

[127] 这些决定包括:*Olguin* 案; *Enron* 案,ICSID 案件号 ARB/01/3, Decision on Jurisdiction, 2004 年 1 月 14 日;*Lauder* 诉捷克案(以下简称“*Lauder* 案”),UNCITRAL, London, Award, 2001 年 9 月 3 日;*Middle East Cement Shipping and Handling Co. S. A.* 诉埃及案(以下简称“*Middle East Cement* 案”),ICSID 案件号 ARB/99/6, Award,2002 年 4 月 12 日;*CMS* 案, ICSID 案件号 ARB/01/8, Decision on Jurisdiction, 2003 年 7 月 17 日;*Azurix* 案, ICSID 案件号 ARB/01/12, Decision on Jurisdiction, 2003 年 12 月 8 日。

[128] 参见 Christoph Schreuer, “Traveling the BIT Route: Of Waiting Periods, Umbrella Clauses and Forks in the Road”, 5 Journal of World Investment & Trade 2, 2004 年 4 月,第 245 页,http://www.univie.ac.at/intlaw/pdf/68.pdf。

[129] 参见 *Alex Genin, Eastern Credit Limited, Inc. and A. S. Baltoil* 诉爱沙尼亚案, ICSID 案件号 ARB/99/2, Award, 2001 年 6 月 25 日。

[130] 参见同上,第 331 段。

[131] “三重身份测试”可能于此案中得到最清晰的分析,即 *Victor Pey Casado* 诉智利案, ICSID 案件号 ARB/98/2, Award, 2008 年 5 月 8 日,第 483 段:不可撤销选项的行使假定三个条件的组合。分别在国家法院和仲裁庭提出的诉求必须同时具有相同的目的、相同的基础且由同一方提交(作者注译文)。

洲投资银行推动推翻爱沙尼亚银行的决定,其许可证的恢复实际上是代表因 EIB 活动的停止而受到损害的所有银行股东(包括少数股东)以及代表其存款人、借款人和雇员的努力……另一方面,提交给 ICSID 仲裁的'投资争议'涉及原告单独遭受的损失,这些损失源于他们声称的违反双边投资条约的行为。"[132]

事实上,爱沙尼亚当地法院所要求的内容显然包括根据双边投资条约提出的要求。尽管存在这样的重叠,但行动的原因被认为是不相同的,如果不是不可能的话,适用岔路口条款是非常困难的。

关于第三部分,即相同当事方,*Genin* 案仲裁庭认为"为了所有股东的利益,EIB 别无选择,只能反对爱沙尼亚撤销其许可证,而原告向 ICSID 提交了根据双边投资协定定义的'投资争议'以仲裁,要求就其所声称的损害他们在双边投资条约下的权利作出赔偿"[133]。同样,这是以非常形式化的方法来处理这个问题。在国际投资中,通常的做法是外国投资者在东道国建立或拥有一个实体,该实体经常与外国投资者一起参与投资者与国家间的仲裁。在商业惯例中,根据许多司法管辖区的法律,股东即 Genin 及其公司被视为相关人士。至少可以说,*Genin* 案仲裁庭无视这一完善的商业惯例是一个非常危险的先例。[134]

Genin 案仲裁庭的决定对岔路口条款的实用性产生了相当严重的影响。例如,在 *CMS* 案中,被告认为,由于 TGN 诉诸当地法院,因此,应该阻止原告启动仲裁程序。仲裁庭指出:"数个 ICSID 仲裁庭的裁决认为,由于基于合同的诉求与基于条约的诉求不同,即使已就或目前就违反合同向有法院提出诉求,这也不会阻止提交基于条约的诉求以仲裁。"[135] 由于原告没有向阿根廷当地法院提交任何材料,仲裁庭裁定不能触发"岔路口"条款。[136] 在 *Middle East Cement* 案中,仲裁庭甚至说:"原告就涉嫌拍卖无效而向埃及法院提起诉讼的案件不是也不可能是'关于'埃及在双边投资条约下的义务,但只能涉及埃及国家法律下拍卖的有效性。"[137]

Lauder 案仲裁庭[138]可能是误解岔路口条款最严重的仲裁庭之一。这就是为

---

〔132〕 参见前引〔129〕,*Genin* 案,第 332 段。

〔133〕 参见同上,第 333 段。

〔134〕 Schreuer 似乎已经批准了这种做法,他称"在国际仲裁庭宣称违反双边投资条约之前提出的诉求,提交至国内法院或行政法庭的争议也必须涉及涉嫌违反由双边投资条约授予或创建的权利的行为",并且"作为国际仲裁中被告的东道国必须是国内诉讼中的被告"。参见前引〔128〕,Schreuer,第 248 页。

〔135〕 参见前引〔127〕,*CMS* 案,第 80 段。

〔136〕 参见同上。

〔137〕 参见前引〔127〕,*Middle East Cement* 案,第 71 段。

〔138〕 参见前引〔126〕,*Lauder* 案。

什么它引发了如此多的批评。例如,本 · 哈迷达(Ben Hamida)特别提到了该案仲裁庭的推理:“通过引入违反规范的标准(国家规则与条约规则)以明晰争议,仲裁判例限制了(‘岔路口’)条款的影响。”[139] 事实上,如果应用三重身份测试,人们可能会想到岔路口条款的实际用处。

事实上,相较于解决问题,所谓的三重身份测试引发了更多的问题,显然,即使是一些仲裁员也认为这种做法破坏了岔路口条款的效果。在 *Chevron Corporation and Texaco Petroleum Company* 诉厄瓜多尔案(以下简称 Chevron Ⅱ案)中,仲裁庭注意到:“在许多情况下,如果根据双边投资条约将争议提交一国法院和基于指控违反双边投资条约的争议,与国内法院的争议进行比较,则不太可能满足三重身份测试。国家法律制度通常不会规定国家因违反条约而被起诉,即使可能有违反实施条约的国家法律的行为。严格应用三重身份测试将剥夺岔路口条款的全部或大部分实际效果。”[140]

另外,此处可适当考虑 *Tza Yap Shum* 案仲裁庭对《中国和秘鲁双边投资协定》第 8 条总的岔路口条款的分析。[141] 简言之,第 8(1)条要求双方之间“尽可能”通过谈判友好地解决所有争议。在经过6 个月后谈判仍未能解决争议时,第 8 条第 2 款允许任何一方将争议提交给东道国主管法院。第 8 条第 3 款允许提交任何“涉及征收补偿金额的争议”以进行“国际仲裁”,这些争议“无法通过诉诸本条第 1 款规定的谈判后且六个月内解决”,及包括“争议方各方同意的关于其他事项的争议”。但是,它进一步规定,如果投资者已按照第 8 条第 2 款将争议提交给东道国主管法院,则不得向 ICSID 提交任何争议。

换句话说,本条为明确的岔路口条款。经过 6 个月的谈判,如果争议得不到解决,投资者有明确的选择:(1)它可以向东道国的法院提交任何争议;或(2)如果争议涉及一个(a)“征收补偿金额”或 (b)东道国同意的“其他事项”,它可以将其提交 ICSID 仲裁。但是,如果它选择“选项 1”,则该为终选。

秘鲁在仲裁中将此作为“三阶段程序”,即“(1)六个月期间的谈判;(2)如果争议无法解决,投资者可选择将争议提交给接受投资的国家的法院;及(3)只有在

---

[139] 参见 Walid Ben Hamida, “L’Arbitrage Transnational Face a un Desordre Procedural: La Concurrence des Procedures et les Conflits de Juridictions”, 3 TDM 2, 2006 年 4 月,第 110 段, 原文(法文)表示: “*Il est certain qu’ en introduisant le critère de la norme violée pour définir l’ identité du litige, la jurisprudence arbitrale limite l’effet de la clause.* ”

[140] *Chevron Corporation and Texaco Petroleum Company* 诉厄瓜多尔案, UNCITRAL, 3rd Interim Award on Jursidiction, 2012 年 2 月 27 日,第 4.76 段。

[141] 参见前引[58],*Tza Yap Shum* 案, 特别是第 146 ~ 161 段。

该法院就该事项作出决定并且如果仍未解决赔偿金额的争议时,投资者才有权提交国际仲裁"[142]。秘鲁还错误地认为"可以提交仲裁的唯一争议是那些涉及在发生不当征收之后关于拖欠投资者的征收补偿金额的争议"[143],这一立场显然没有得到文本的支持。

《中国和秘鲁双边投资协定》中岔路口条款的性质进一步受到陈安教授意见的影响,他提出:"如果无法以友好方式解决争议,投资者和接受投资的国家均可将争议提交给接受投资的国家的主管法院。如果此法院判定投资确实已被征收,则投资者与国家之间发生的争议涉及拖欠投资者对被征收投资价值的赔偿金额,任何一方均可向 ICSID 仲裁提交此类争议。但是,该条约警告说,如果当事方未能将涉及征收补偿金的争议提交国内法院,则当事方不得转向国际仲裁。"[144]

事实上,相反,文本明确警告如果涉及征收补偿金额的争议已提交国内法院,当事人不得转向仲裁。

最后,仲裁庭未能对第 8 条的内容和结构进行独立分析,而第 8 条是确定第 8 条第 3 款含义的基础。相反,它拒绝了陈安教授的分析和被告的论点。它所持有的后一种解释将导致"如果任何一方选择 ICSID 仲裁来解决'涉及征收补偿金额的争议'",则该当事方将被告知当事方未同意接受仲裁,因为投资者必须首先将争议提交给相关缔约方的法院。[145] 根据仲裁庭裁决中提到的被告的论点或该条的明确文本,很难看出仲裁庭如何得出这一结论。

公平地说,仲裁庭在某一时刻确实承认"(第 8 条第 3 款)的最后一句话消除了(任何缔约方的)投资者这样的疑问,即决定根据第 8 条解决争端的行动方案时,发现自己需作出一种不可撤销的选择,也称为'岔路口'"[146]。但是,它并未发现这是一种可以接受的情况,并注意到"这些规定,若整体阅读,似乎表明如果投资者向接受投资的缔约国的主管法庭提交争议,投资者可能根本无法获得 ICSID 仲裁"[147],即使这是岔路口规定的目的。

仲裁庭的确暗示,它不仅非常理解这是一个岔路口条款,而且理解第 8 条第 3 款涉及"涉及征收补偿金额的争议"的那部分如何融入该结构,当它注意到"第 8

---

〔142〕 参见同上,第 158 段。
〔143〕 参见同上。
〔144〕 参见同上,第 160 段。
〔145〕 参见同上,第 159 段。
〔146〕 参见同上。
〔147〕 参见同上,第 157 段。

条第3款"似乎规定了第8条第2款规定的程序的例外情况，即由接受投资的国家法院确定征收争端。[148] 然而，它并未采用这种推理方式，也许是因为它已经打开了对已经决定不接受的"涉及征收补偿金额的争议"一词的逻辑解释的大门。

Pantechniki 案的独任仲裁员简·保尔森(Jan Paulsson)为此做了很多工作。[149] 在该案中，希腊公司 C. I. Sarantopoulos 与阿尔巴尼亚签订了在阿尔巴尼亚修建道路和桥梁的合同，约定国内动乱风险导致的任何此类损失由阿尔巴尼亚政府的一般道路局负责偿还。1997年3月，该公司遭受了这种损失，并要求赔偿约480万美元。一个特别委员会估计损失仅为180万美元。然而，财政部拒绝支付任何金额，因此该公司向阿尔巴尼亚法院提起诉讼，以主张其合同中索赔的权利。阿尔巴尼亚地区法院和上诉法院驳回了这些诉求，理由是合同中将损失风险的责任归于一般道路管理局的分配条款违反了阿尔巴尼亚的公共政策。Pantechniki(宽纶普洛斯，C. I. Saranopoulos 的继任者)向阿尔巴尼亚最高法院(2007年7月)提出上诉，但几乎同时提交 ICSID 以仲裁(2007年8月)，指控阿尔巴尼亚违反了希腊和阿尔巴尼亚双边投资协定。在仲裁过程中，Pantechniki 在阿尔巴尼亚最高法院作出任何决定之前将案件撤回。

希腊和阿尔巴尼亚双边投资协定第10条第2款包含岔路口条款，规定："若根据第10条第1款，争议(东道国与另一方投资者之间'关于投资或征收或国有化的投资'的'任何争议')自当事人要求友好和解之日起六个月内无法解决，投资者或有关缔约方可将争议提交缔约方主管法院或国际仲裁庭。"第10条第4款规定，在缔约双方均已成为 ICSID 公约的缔约方之后进行 ICSID 仲裁。

阿尔巴尼亚争辩说，原告就其因国内动乱而向阿尔巴尼亚法院提出的损失赔偿提出了争议，这是双边投资条约岔路口条款中的一个选择，它排除了仲裁庭对争端的管辖权。另外，Pantechniki 维持了这方面的先前判例，"(双边投资条约)第10条第2款不适用，因为：(i)原告诉诸阿尔巴尼亚法院不是条约第10条第2款的一种选择；及(ii)阿尔巴尼亚法院处理的争议和 ICSID 处理的争议不是同一争议"[150]。

仲裁庭裁定，原告诉诸阿尔巴尼亚法院是他的选择，然后继续就阿尔巴尼亚法院和仲裁庭处理的诉求的"同一性"进行审查。在这方面，仲裁庭认为："相关的测

---

[148] 参见同上，第149段。

[149] 参见 *Pantechniki S. A. Contractors & Engineers (Greece)* 诉阿尔巴尼亚案(以下简称"*Pantechniki* 案")，ICSID 案件号 ARB/07/21，Award，2009年7月30日。

[150] 参见同上，第55段。

试是美国—委内瑞拉联合委员会在 *Woodruff* 案(1903 年)中表达的一个问题:试图成为提交给国际法庭的‘诉求的基本依据’是否可以于其他地方的主张见到。”[151] 仲裁庭还指出:“同样的事实可能引起不同的法律主张。期望得到救济的相似性并不一定表明行动的原因。我认为必要的是确定所主张的权利是否具有相同的规范来源。”[152]

Pantechniki 案仲裁庭的做法与 *Vivendi* 案中的临时委员会的做法类似。因此,仲裁庭没有对地方法院的诉讼程序与仲裁程序进行机械和形式上的比较。相反,它用以下表述强调了案件的基本依据:“它最终提交的意见书(在自撤回提交至最高法院的请愿书)是有权获得 1,821,796 美元的付款,‘因为被告已经认可并承认这笔款项到期’。”逻辑是没有问题的。如果这一请求被接受,它将给予原告通过 ICSID 正在寻求的东西——且在相同的“基础”上。因此,原告的申诉源自它在与一般道路局开始的基于合同的辩论中所援引的相同的主张的权利。原告选择将此事提交阿尔巴尼亚法院。它现在不能采用以条约主张的相同的基础。投票确立国家管辖权后,原告不可向 ICSID 提出相同的争议。[153]

Pantechniki 案仲裁庭裁决的重要性在于纠正其他仲裁庭采用的形式主义方法。关注争议的根本基础的结果是,若案件的基本原则相同或相似,仲裁庭应该适

---

〔151〕 参见同上,第 61 段。为清楚起见,参见 *Woodruff* 案的最后决定性段落,可见于 *Reports of International Arbitral Awards/Recueil Des Sentences Arbitrales*, Woodruff Case, 1903 – 1905, Volume IX,第 213 ~ 223 页,http://untreaty. un. org/cod/riaa/cases/vol_IX/213 – 223. pdf。“现在,正如之前所说,可以说,根据议定书的条款,另一方即委内瑞拉政府放弃了根据自己的法院确定的协议产生问题的权利,并且已经向本仲裁庭提出申请,即使对于本案的诉求,即针对委内瑞拉政府的美国公民的诉求,也是有权提交本委员会的,从根本上基于合同处理诉求,法官需虑合同产生的权利和义务,并且不会诠释当事人自己没有形成的合同,若他在本案中作出决定,因此免除了首次诉诸委内瑞拉法院以重新获得权利的承诺义务,从而被赋予了一项权利,该权利在同一合同中被放弃,并免除了原告的义务,即他自愿采取行动而承担的责任。他必须考虑到原告知道,无论如何应该知道,当他购买债券或收到债券或以任何理由接受债券时,所有关于债券责任的问题都必须由委内瑞拉的法律和普通法庭决定,并对此表示同意;和虽然似乎没有向委内瑞拉法院提出任何类似的上诉,但必须得出如此结论,即原告未能确定其有权将他的诉求视为可能由该委员会作出判决的条件之一;和因此在审议诉求本身时,从委员会面前的证据本身看来,原告放弃(在任何情况下都坚持放弃)除委内瑞拉的法官外的任何其他当局对诉求作出决定的权利,并保证不会(无论如何,坚持不去的承诺)给其他法官(除非在拒绝司法或不公正地延误司法的情况下,但这不仅没有得到证实,甚至没有被指控),且根据作为诉求基本依据的协议,它已不属于本委员会的管辖区。因此,由于原告通过自己的自愿放弃使自己无法援引本委员会的管辖权,因此在向适当的法官提出申诉时,必须在不损害其案情的情况下驳回申诉。”

〔152〕 参见前引〔148〕,*Pantechniki* 诉阿尔巴尼亚案,第 62 段。

〔153〕 参见同上,第 67 段。

用岔路口条款并拒绝管辖。[154] 无论如何,*Pantechniki* 案仲裁庭最终决定:"这一结论(原告不允许向 ICSID 提出同样的论点)并不排除阿尔巴尼亚法院对诉求处理不当的情况:拒绝司法。这种说法确实出现了。这是一个值得考虑的问题。"[155] 与此同时,仲裁庭表示:"确实,任意作出决定可能导致不公平和不公平的待遇,而且一般意义上的 ICSID 仲裁庭有权处理此类诉求。然而,若特定的任意诉求已经自愿提交由另一方管辖,那么这一主张就会立即失败。经审查发现,因声称阿尔巴尼亚拒绝赔偿而产生所谓任意性。这正是原告向阿尔巴尼亚法院提出的问题(目前担忧的)。在不违反自身司法限制的情况下,我无法对此作出裁决。"[156]

因此,*Pantechniki* 案仲裁结果明显偏离了之前已作出决定的大多数仲裁案件。仲裁庭采取的实际做法表明,一些仲裁员已经意识到"三重身份测试"所造成的问题,除非及时采取纠正措施,否则国际社会必然会作出强烈反应。*Pantechniki* 案裁决也得到了积极的响应。例如,一位评论员说:"即使 Pantechniki 有着自己的特定事实,这一决定肯定会成为各国和未来仲裁庭面临涉及并行诉讼的诉求的灵感来源。*Pantechniki* 案被参考的可能性意味着投资者和给他们建议的人需要知道,当争议首次出现时,采取某些补救措施可能会对潜在的投资条约权利产生排他性影响。希望保留其条约权利的投资者在向地方法院提起诉讼之前,必须谨慎行事并仔细研究可能适用的条约文本。"[157]

抛开 *Pantechniki* 案是否"明显偏离现行判例"的问题[158],很明显它对后续案件产生了一些影响。在 *RSM Ⅱ* 案[159]中,美国和格林纳达的相关双边投资协定第

---

〔154〕 一些评论员认为仲裁员保罗森(Paulsson)实际上拒绝"区分基于合同的诉求和基于条约的诉求"。参见 Gerhard Wegen and Lars Markert, "Investment Arbitration – Food for Thought on Fork – in – the-Road – A Clause Awakens from its Hibernation", Christian Klausegger et al., eds., 第五章, *Austrian Yearbook on International Arbitration* 2010, C. H. Beck, Stämpfli & Manz 2010, 第 276 页。他们进一步推测,如果并行程序的'基本依据'是相同的,保罗森"应已在存在保护伞条款的情况下赋予岔路口条款效力"。参见同上,第 279 页。

〔155〕 参见前引〔149〕, *Pantechniki* 案,第 68 段。事实上,它继续审查未能为原告的投资提供全面保护和担保的主张,以及未能为投资者提供公平公正的待遇。关于后者,同上,特别见第 85 ~ 88 段。

〔156〕 参见同上,第 87 段。

〔157〕 Anthony Sinclair, "Fork – in – the – road provisions in investment treaties", Allen & Overy LLP, 2009 年 11 月 4 日, https://www.allenovery.com/AOWEB/Knowledge/Editorial.aspx? contentTypeID = 1&contentSubTypeID = 7944&itemID = 53649&prefLangID = 410。

〔158〕 参见同上。同一作者表示:"*Pantechniki* 案采用定性测试,显著背离了现行的判例,该测试着眼于诉求的主题,而不是其法律性质。"

〔159〕 参见 *Rachel S. Grynberg, Stephen M. Grynberg, Miriam Z. Grynberg, and RSM Production Corporation* 诉格林纳达案(以下简称"*RSM Ⅱ*"案), ICSID 案件号 ARB/10/6, Award, 2010 年 12 月 10 日。

Ⅵ(3)条包含岔路口条款,其中规定:“任一争端方可启动程序向中心提起诉讼,当:(i)国家或公司未根据任何适用的先前商定的争端解决程序提交争议……”就相关事实和情况而言,*RSM Ⅱ* 案几乎与之前的 *RSM* 案完全相同,而案件中原告并未占上风。[160] 这两个案件的本质区别在于,RSM 是第一个案件中唯一的原告;而在 *RSM Ⅱ* 案中,作为其唯一股东的三个人作为原告加入。被告坚称:“条约第Ⅵ(3)(i)条旨在防止就争议再次诉讼 ……如果原告可连续提起诉讼,尽管提出了正式明确的法律诉讼的原因,但这些案件具有共同的广泛性,有相同的基本基础,或有同一起源或来源。正是本案中的情况,即原告基于条约的诉求完全以提交给前仲裁庭的基于违反合同的诉求的相同事件为基础。”[161]

显然,“共同扩展”和“基本基础”这两个词分别是对 *Vivendi* 案和 *Pantechniki* 案的“注脚”。对此,*Pantechniki* 案的决定至少在岔路口条款上有一些先例意义。[162]

在 *RSM Ⅱ* 案中,原告辩称,前一个仲裁庭的决定涉及合同问题以及他们在 *RSM Ⅱ* 仲裁庭前所声称的与违反条约有关的内容。[163] 这并非一个完全不诚实的立场。鉴于过去几乎所有仲裁庭都采用严格的形式主义方式处理岔路口条款,几乎可以肯定的是,原告希望这种诉求获胜。尽管如此,仲裁庭甚至拒绝解决“岔路口”问题,驳回了以既判案件为由提出的诉讼请求。[164] 这并不意味着 *RSM Ⅱ* 案仲裁庭采纳甚至受到 *Pantechniki* 案仲裁庭的调查结果的影响。

在 *Chevron Ⅱ* 案中,被告人厄瓜多尔直接针对 *Pantechniki* 案裁决提出上诉,认

---

〔160〕 参见 *RSM Production Corporation* 诉格林纳达案(以下简称“*RSM Ⅱ* 案”), ICSID 案件号 ARB/05/14, Award, 2009 年 3 月 13 日。

〔161〕 参见前引〔159〕,*RSM Ⅱ* 案,第 4.6.14 段。

〔162〕 例如, 在未决(注:作者写作时)的 *Guaracachi* 诉玻利维亚案中,被告至少部分地根据 *Pantechniki* 案裁决提出申诉:“与其适用正式的三重身份测试,*Pantechniki v. Albania* 案仲裁庭更愿意比较投资者在当地法院寻求的救济和寻求的国际仲裁庭的救济,以决定是否应该适用条约中的岔路口条款。”参见 *Guaracachi America*, *Inc. and Rurelec PLC* 诉玻利维亚案, UNCITRAL, Respondent Memorial on Jurisdiction, 2012 年 9 月 17 日, (西班牙语),第 315 ~ 316 段 (译文)。原告提供了一份关于 *Pantechniki* 案决定的新颖解读,即该案中的独任仲裁员承认三重身份测试。细节参见 *Guaracachi America*, *Inc. and Rurelec PLC* 诉玻利维亚案, UNCITRAL, Claimant Counter – Memorial on Jurisdiction, 2012 年 10 月 26 日,第 97 段。

〔163〕 参见前引〔159〕,*RSM Ⅱ* ,第 5.1.2 –3 段。

〔164〕 仲裁庭指出:“……原告诉求要成功的一个重要前提是仲裁庭能够重新提起诉讼,并作出有利于有关当事方的由先前仲裁庭提出并明确决定的合同权利的事实或法律的结论。由于仲裁庭在答复其审议的第一个问题时得出的结论是,它无法适当地重新审查这些结论,因此仲裁庭认定原告的每一项诉求显然都没有法律依据。因此,仲裁庭有义务驳回原告目前提出的每一项诉求。”参见同上,第 7.2.1 段。

为原告将案件提交 ICSID 仲裁,违反了美国和厄瓜多尔双边投资协定中的岔路口条款。[165] 值得注意的是,仲裁庭确实至少部分同意在涉及岔路口条款时适用“三重身份测试”的缺点。它说:“在许多情况下,如果根据双边投资条约将争议提交一国法院和基于指控违反双边投资条约的争议,与国内法院的争议进行比较,则不太可能满足三重身份测试。国家法律制度通常不会规定国家因违反条约而被起诉,即使可能有违反实施条约的国家法律的行为。严格应用三重身份测试将剥夺岔路口条款的全部或大部分实际效果。”[166]

然而,该案仲裁庭认为,它无须决定其面前的案件和国内法院的案件是否相同的问题。它指出,相关双边投资协定中岔路口条款的措辞,要求“为了触发岔路口条款,不仅必须提交争议解决,而且争议是由‘国民或有关公司’提交,以便在国家法院作出决议”[167]。由于原告没有将任何一起案件提交国家法院审理,仲裁庭也不能查明他们在诉讼程序中提出的阻止仲裁的反诉,它认为,根据双边投资条约第 6 条第 3 款的岔路口条款,原告的诉求并未被排除在外。[168]

值得注意的是,*RSM Ⅱ* 和 *Chevron Ⅱ* 案仲裁庭都对三重身份测试持批评态度,且均认为在各自的案例中没有必要适用岔路口条款。这是否纯粹是巧合还不得而知。它至少表明,三重身份测试的严格应用在无效化岔路口条款中存在问题,即使其他原则可能赋予仲裁庭更多的自由裁量权。

在 *H&H* 诉埃及案[169]中,被告坚称,由于被告已经向埃及当地法院提交了同样的争议,因此触发了美国和埃及双边投资协定中的岔路口规定。在被告看来:“(i)基于条约的诉讼的事实部分已经提交开罗仲裁庭和地方法院;(ii)诉求的基本依据是相同的,即声称的 GHE 和原告在 MOC 中的权利受到干涉,并且否认存在所谓的购买选择权;(iii)基于条约的诉求在合同范围之外未独立出现。”[170]

然而,仲裁庭未借此机会陈述其在该问题上的立场,而是以下列方式巧妙地回避了此问题,即“仲裁庭认为,与岔路口条款相关的主张与案件的案情密切相关。

---

〔165〕 参见 *Chevron Ⅱ* 案, *Memorial on Jurisdictional Objections of The Republic Of Ecuador*, 2010 年 7 月 26 日,第 146 段 (脚注省略);其论点全文见第 137 ~ 146 段。

〔166〕 参见前引〔139〕,*Chevron Ⅱ* , *3rd Interim Award on Jurisdiction*,第 4.76 段。

〔167〕 参见同上,第 4.78 段。

〔168〕 参见同上,第 4.89 段。

〔169〕 参见 *H&H Enterprises Investments*, *Inc.* 诉埃及案, ICSID 案件号 ARB/09/15, Decision on Objections to Jurisdiction, 2012 年 6 月 5 日。

〔170〕 参见同上,第 71 段。

仲裁庭认为，就此事项作出裁决需要对争议的主张和案情进行更彻底的分析”[171]。

最后，该案仲裁庭决定将其反对岔路口条款的决定补充依据。[172] 易言之，仲裁庭将管辖权问题转为可受理性问题。然而，这项决定仍有待商榷，因为毫无疑问岔路口条款涉及的是管辖权而非可受理性。通过酌情决定将管辖权问题转变为可受理性问题，仲裁庭面临过度行使权力的风险，这是《ICSID 公约》规定的撤销的理由。它还确认仲裁庭可以在多大程度上自行作出决定。

上述实践表明，大多数仲裁员仍将三重身份测试视为在适用岔路口条款中的“圣经”。对此最明显的阐述之一出现在 *Toto Costruzioni* 诉黎巴嫩案中，其中关于管辖权的决定是在 *Pantechniki* 案的裁决作出后不到 6 周内作出的。它表示：“条约第 7 条中的岔路口条款并未剥夺仲裁庭对基于条约的诉求的管辖权。为了基于岔路口条款阻止仲裁庭审理诉求，仲裁庭必须考虑同一诉求是否‘在不同的道路上’，即当事方和具有相同目标的诉讼因由已提交至不同司法平台。基于合同产生的诉求与基于条约的诉求没有相同的诉讼理由。”[173]

此外，*Toto* 案仲裁庭还详细说明，如果“国家在履行合同时将其作为‘文明的公共场所行事’，则违反合同也将违反条约”[174]。在这种情况下，国际仲裁庭对这种争端拥有管辖权。一方面，本案仲裁庭准备在这种情况下审查该行为的实质性方面的性质。然而，与此同时，它仍然坚持适用三重身份测试。在审查损害赔偿之前，这种做法可能会影响东道国对新出现的国际法中管理投资争端的信心，问题在于，岔路口条款的宗旨和目的是什么？

有人说，岔路口条款的目的是“防止有关同一投资争议的并行程序在不同的平台上进行”[175]。它还有助于避免东道国根据同一诉讼因由在不同程序中支付多项损害赔偿金。[176] 尽管有些仲裁庭支持这些预期目的，但在这方面达成共识可能会有困难。可以肯定的是，岔路口条款是条约义务，应根据 VCLT 第 31 条和第 32

---

〔171〕 参见同上，第 79 段。

〔172〕 参见同上，第 80 段。

〔173〕 *Toto Costruzioni Generali, S. P. A.* 诉黎巴嫩案（以下简称“*Toto* 案”），ICSID 案件号 ARB/07/12，Decision on Jurisdiction，2009 年 9 月 11 日，第 211 段。

〔174〕 参见同上，第 215 段。

〔175〕 参见前引〔154〕，第 272 页。

〔176〕 参见同上，第 273 页。

条进行解释。[177] 第一个也是最重要的原则是善意解释条款,使条款生效而非剥夺其效力。至少有一位评论员指出:“人们认为,当国家,即同意该条约的两个主权国家在合同中插入‘岔路口’条款时,他们认为其会产生一些影响,而且在我看来,迄今为止……仲裁庭寻求一种趋势——毫无疑问是出于很好的理由,而我们从看到的裁决或决定中并不了解,所有这些被剥夺真正含义的词汇。”[178]

实际上,岔路口条款未在其应有的范围内发挥作用。这种执行的缺失原因可能是多方面的。首先,投资者仍普遍不信任国家法院和东道国行政法庭,特别是来自发达国家的许多仲裁员和学者持同样观点。[179] 这种共同的不信任可能会导致投资者和一些仲裁庭抵制该条款的生效。

投资仲裁的第二个现象是,在实践中,仲裁庭很少裁定其没有管辖权,除非显然属于属时或属人理由。许多人认为,投资仲裁庭倾向于扩大管辖权,有关最惠国条款的一些决定就是一个例子。[180] 同时,仲裁员的文化和教育背景也可能发挥重要作用。例如,关于岔路口条款的解释显然受到了既判力[181] 和司法原则的影响。

---

〔177〕 沙赛多提(Giorgio Sacerdoti)指出,各种条约中包含的岔路口条款“在任何方面都不相同。因此,出发点应该是相关条约本身的文本”并且“基于条约解释的这些条款的解释是根本的”。参见“The Relationship between Local Courts and Investment Treaty Arbitration”, Proceedings of the British Institute of International and Comparative Law Third Investment Treaty Forum Conference, *Transnational Dispute Management*,第 2 卷, Issue 4, 2005 年 8 月,第 17 ~ 18 页。

〔178〕 参见 Peter Turner, “The Fork in the Road Revisited”, in Federico Ortino et al. , eds. , *Investment Law – Current Issues*, Vol. I, British Institute of International and Comparative Law, 2006 年,第 177 页。

〔179〕 例如,Schreuer 表达了他的这种不信任,甚至暗示“如果 BIT 包含岔路口条款,那么有效的国内救济措施的保证就是陷阱,旨在吸引投资者进入国内诉讼,结果是无论国内诉讼的结果如何,国际仲裁的大门都将永远关闭”。参见前引〔128〕,Schreuer,第 249 页。

〔180〕 关于此事的讨论,参见 William Rand, Robert N. Hornick, and Paul Friedland, “ICSID's Emerging Jurisprudence: The Scope of ICSID's Jurisdiction”, *N. Y. U. Journal of International Law and Politics*, Vol. 19, 1986 – 1987,第 37 ~ 38 页;Schmidt, “Arbitration Under the Auspices of the International Centre for Settlement of Investment Disputes (ICSID): Implications of the Decision on Jurisdiction in Alcoa Minerals of Jamaica, Inc. v. Government of Jamaica”, *Harvard International Law Journal*, Vol. 17, 1976 年,第 90 页。

〔181〕 例如,Cremades 和 Madalene 指出:“……岔路口条款的判例似乎大量借用了既判案件中制定的标准,以明晰一个诉讼程序与另一个诉讼程序。”参见 Bernardo M. Cremades and Ignacio Madalena, “Parallel Proceedings in International Arbitration,” 24 Arb. Int'l 4,第 529 页。亦可见 Chevron II, 3rd Interim Award on Jurisdiction, 参见前引〔139〕,第 4.77 段。“三重身份测试的开发是为了解决既判案件的问题,并确定已由主管仲裁庭确定的具体问题。它也适用于在广泛可比的背景下的未决诉讼中出现的类似问题。”

因此,该条款的解释范围非常狭窄[182],即使存在违背这些条款缔约国意愿的风险。投资法判例的制定构成影响岔路口条款解释的另一个因素。随着越来越多的仲裁裁决的作出,以及当这些决定倾向于一个而非另一个方向或另一种解释时,后来的仲裁庭就更难以摆脱"主要"趋势。尽管事实上,至少在理论上,仲裁决定没有先例效应。[183]

考虑到上述所有因素,值得注意的是,*Pantechniki* 案仲裁庭通过一个新的渠道解释岔路口条款。该案仲裁庭结合投资判例,表示:"在这个时候,仅仅断言诉求是以条约为基础的已经不再足够了。仲裁庭必须确定诉求是否确实在合同范围内,且确实独立存在。"[184] 人们可能质疑 *Pantechniki* 案[185]建立的基本基础测试的范围和精确度,但不会减少独任仲裁员通过纠正其他仲裁庭关于岔路口条款的误解,从而对国际投资法做出贡献。[186]

第四节　用尽当地救济措施

用尽当地救济措施,是指条约规定外国投资者在诉诸国际仲裁之前应设法通过当地程序、行政或司法程序解决与东道国的争端。许多双边投资条约包含这方面的规定。《ICSID 公约》第 26 条关于缔约方同意仲裁的第二部分体现了这一做法:"缔约国可以要求用尽当地行政或司法补救办法,作为其同意根据本公约进行仲裁的条件。"在决定是否已经用尽当地补救办法的问题时,时间因素和其他条件往往是密切相关的。

例如,在 *TSA Spectrum* 案中,荷兰和阿根廷的双边投资协定第 10 条规定:(1)缔约一方与另一缔约方的投资者之间关于本协议所涉问题的争议,如有可能,应以友好方式解决。(2)如果在争议的任何一方要求友好解决之日起 3 个月内,

---

[182] 参见 Pedro J. Martinez - Fraga and Harout Jack Samra, "The Role of Precedent in Defining Res Judicata in Investor - State Arbitration", 32 *Northwestern Journal of International Law &Business* 3, 2012 年夏天,第 419 ~ 450 页。

[183] 关于先例的起源和普通法下"三重身份测试"的讨论,参见 Martinez - Fraga and Samra, 同上。

[184] 参见前引[149],*Pantechniki* 案,第 64 段。

[185] 翁根(Wegen)和马尔凯特(Markert)质疑"在 Pantechniki 诉阿尔巴尼亚案中,独任仲裁员对'基本基础'测试的理解是否与他所参考的先例中的考虑因素相符"。参见前引[154],Wegen and Markert,第 281 页。

[186] 菲奥娜 · 马歇尔评论说:"该裁决特别值得注意,因为该条款并未明确规定投资者选择向法院或仲裁提交争议将是最终的。"参见前引[109]。

根据本条第 1 款的规定无法解决此类争议,任何一方均可将争议提交行政部门或在其投资领土内的缔约方司法机关。(3)如果在将争议提交上述第 2 款所述主管机关后的 18 个月内,这些机关未作出最终决定,或者上述机关的决定已经作出,但当事人仍有争议,有关投资者可以诉诸国际仲裁或调解。每一缔约方特此同意将本条第 1 款所述的争议提交国际仲裁。

根据上述规定,可通过东道国行政或司法机关作出的"最后决定"或经过 18 个月的期限的完结来用尽当地救济措施。在诉诸国际投资仲裁之前,原告是否已经用尽当地补救办法是 TSA 案涉及的一个问题。该案关于用尽当地救济措施的问题的相关事实如下。2004 年 1 月 26 日,CNC——一家阿根廷政府机构发布第 242/04 号决议,并宣布原告持有的特许权合同终止,决定 CNC 自行运营作为合同对象的设施和资产。[187] 原告随后致函 CNC,要求撤销第 242/04 号决议,这是原告为解决争端而采取的友好措施。2004 年 5 月 14 日,CNC 通过了第 1231/04 号决议,驳回原告的请求。[188] 随后,2004 年 6 月 4 日,原告致函交通部部长,要求推翻第 1231/04 号决议。最后,原告于 2004 年 12 月 10 日致函阿根廷共和国总统,表示"由于交通部部长超 30 日未明确答复,根据阿根廷法律,TSA 的请求应视为被拒绝。因此,TSA 通知阿根廷共和国 TSA 同意 ICSID 的专属管辖权,以便通过具有约束力的仲裁解决投资争议"[189]。

原告辩称,第 1231/04 号决议是双边投资条约下的最终决定,因为根据阿根廷法律,在 30 天之后,任何行政上诉都应视为已被驳回。仲裁庭首先认为,由于"最终决定"一词出现在一项国际条约中,因此应根据国际法单独进行解释。因此,它可能与国家法律中使用的术语具有不同的含义。仲裁庭认为,"如果没有法律救济措施可以使当事人有合理机会更改决定,则应将该决定视为最终决定"[190]。它随后表示,当原告致信交通部部长,要求其废除 CNC 第 1231/04 号决议时,它"认为终止特许权合同的第 242/04 号决议有可能被废除或修改,或者可能会获得一些其他的救济"[191]。因此,仲裁庭的结论是,第 1231/04 号决议不是最终决定,因为这将基于双边投资条约的规定予以审议。[192] 尽管如此,原告并未等待交通部部长的

[187] 参见 *TSA* 案, ICSID 案件号 ARB/05/5, Award, 2008 年 12 月 19 日,第 9 段。
[188] 参见同上,第 11 段。
[189] 参见同上,第 13 段。
[190] 参见同上,第 102 段。
[191] 参见同上,第 103 段。
[192] 参见同上。

决定,而是诉诸 ICSID 进行国际仲裁。那么问题在于原告启动仲裁是否为时过早。

TSA 案仲裁庭认为:“最终决定的要求的目的是尽可能限制应成为国际解决标的的争议数量。”由于当地救济措施的目的是尽可能“限制”关于投资者与国家间争端的国际仲裁,因此,投资者和东道国应有充分机会在不诉诸仲裁的情况下解决争端,这是合乎逻辑的。因此,任何预计拒绝投资者要求的最终决定是不允许的。本案仲裁庭确实认为:“当 TSA 要求提交 ICSID 仲裁时,还没有双边投资条约第 10(3)条意义上的‘最终决定’。该条规定的十八个月期限也还未过去。”[193] 这一结论的依据是“在国内法律体系中是否有合理的机会改变决定的标准”[194]。鉴于仲裁庭认为条约规定必须根据国际法解释,上述标准的适用是否合理必须根据适用的国际法原则而不是阿根廷国家法律或任何其他国家的原则进行评估。

仲裁庭没有详细说明适用标准的依据。然而,显而易见的是,仲裁庭的决定受到发生于 2005 年 5 月 23 日的事件的影响,即在原告声称在阿根廷行政法规定的 30 天期限之后很久,联邦规划、公共投资和服务部驳回了原告的上诉[195],这证明在实践中未严格遵守行政法规则。仲裁庭强调了要求用尽当地救济措施的目的,应当根据具体案件的背景和情况,而不仅仅是根据阿根廷行政规则等法律规定,评估当地救济措施是否用尽。

由于第 1231/04 号决议被认为不是双边投资条约下的最终决定,因此原告不应诉诸仲裁。例如,它可以在收到联邦规划、公共投资和服务部的拒绝后将案件提交给东道国法院。即使诉诸当地法院是可能的,双边投资协定要求的 18 个月中只剩下 3 个月。仲裁庭认为,“在十八个月届满之前,法院作出让 TSA 满意的决定的可能性最大”。[196] 本案仲裁庭对案件采取了切实可行的做法。即使它已决定驳回此案,原告也可以立即重新启动仲裁。在这种情况下,为了司法经济和仲裁效率,仲裁庭允许争议诉诸仲裁的决定是合理的。

Impregilo 案是一个涉及解释有关当地救济措施的条约规定。原告 Impregilo S. P. A. 是一家在意大利注册成立的公司,通过与其他国际公司组成联合体,在阿根廷布宜诺斯艾利斯省投资水和污水处理服务。在获得特许协议后,根据招标规则,Impregilo 及其合作伙伴成立了 AGBA,后者作为特许协议的执行人。[197]

---

[193] 参见同上,第 107 段。
[194] 参见同上,第 106 段。
[195] 参见同上,第 14 段。
[196] 参见同上,第 111 段。
[197] 参见 *Impregilo* 案, ICSID 案件号 ARB/07/17, 2011 年 6 月 21 日,第 13~14 段。

AGBA 在运营过程中遇到了收款方面的困难,随后基于 2002 年通过的阿根廷关于国家金融紧急和汇率制度的法律触发了仲裁程序,正如其他许多案件中所做的那样。

原告所依据的阿根廷和意大利双边投资协定于 1990 年 5 月 22 日签署,并于 1993 年 10 月 14 日生效。被告反对 ICSID 的管辖权和仲裁庭的权限,理由是 Impregilo 未满足阿根廷和意大利双边投资协定第 8 条规定的要求。[198]

在规定投资者与国家之间的争端应首先通过友好协商解决后,阿根廷和意大利双边投资协定第 8 条第 2 款和第 3 款包含的争端解决条款规定:……2. 如果争议无法以友好方式解决,可以提交给投资所在地的缔约方的主管司法或行政法院。3. 如果自上述第 2 款所述的法院的诉讼程序启动通知之日起 18 个月后,投资者与其中一方之间的争议尚未解决,则可将其提交国际仲裁。

仲裁庭面临的问题是如何解释上述规定,特别是在第 8(2)条中使用的词是"可以"时。被告辩称,该词表示:"……投资者无须将争议提交给具有约束力的解决方案系统,但可以在他希望的情况下继续进行友好协商,甚至可以使争议无限期搁置。但是,这并不意味着投资者如果希望启动国际仲裁程序,则可以免于先将争议提交国内法院并在进行国际仲裁之前等待 18 个月的步骤。"[199]

被告进一步辩称:"如果友好协商失败,那么根据第 8 条第 3 款规定,投资者只有先前提交至主管行政或司法机构的诉求程序已至少持续 18 个月,才能将争议提交国际仲裁。"[200]

但是,原告认为,由于双边投资协定第 8 条第 2 款使用"可以"一词,这意味着"争议可以提交给投资国的主管司法或行政法院"[201]。这个论点的理由是双边投资协定没有使用"应该"这个词。因此,原告辩称,"向国内法院提交争议是一种选择,而非强制性要求"[202]。

仲裁庭认为,第 8 条第 2 款有两种解释。第一种解释基于"可能"一词强调的可选择性。因此,外国投资者在启动仲裁程序之前可能会或可能不会将其争议提交国内法院。第二种解释将着眼第 8 条第 3 款的第一部分,根据该条款,外国投资

〔198〕 参见同上,第 49 段。
〔199〕 参见同上,第 51 段。
〔200〕 参见同上,第 52 段。
〔201〕 参见同上,第 66 段。
〔202〕 参见同上。

者“必须首先向国内法院提起诉讼并遵守18个月的等待期”,然后才能开始仲裁。[203] 但是,根据任何一种解释,外国投资者都不需要将争议提交给当地法院。

Impregilo 案仲裁庭进一步指出,虽然国际条约惯例的变化使得一些条约使用“可能”一词而其他条约使用“应该”一词,但这种“双边投资条约之间的术语差异并不一定意味着是有意存在任何实质性的差异”[204]。它进一步指出,条约条款含糊不清的问题可以根据VCLT第31条解决,即在这种条款的范围内,且基于其目的,仲裁庭认为应该从整体理解第8条第2款和第8条第3款。

如果遵循第一种解释,外国投资者无须向当地法院提起任何争议,他总是可以诉诸国际仲裁。与此同时,仲裁庭指出,从东道国的角度看,“首先给其法院一个机会解决与外国投资者纠纷的做法一定是可取的”[205]。由于第一种解释将剥夺东道国通过地方法院解决争端的益处,因此,仲裁庭认为第二种解释符合缔约方的意图。

此外,仲裁庭认为,第8条第3款规定了仲裁的一般条件,如果允许例外,则应将其写入双边投资条约。因此,仲裁庭指出,第8条第3款“应被视为列出了希望将争议提交国际仲裁的投资者必须遵守的一般条件”[206]。根据仲裁庭的裁决,这种一般情况有两个方面。第一个方面是必须将争议提交给当地法院。第二个方面是必须经过18个月。为了支持其立场,与其他许多仲裁庭一样,*Impregilo* 案仲裁庭提到了 *Maffenzini* 案[207]和 *Wintershall* 案[208]的决定,这两个案件的仲裁庭都认为外国投资者有义务在启动国际仲裁程序之前用尽当地救济措施。

Abaclat 案[209]还处理了阿根廷和意大利双边投资协定包含的用尽当地救济措施的情况。仲裁庭认为,仲裁前的谈判要求和18个月的诉讼期限是“为在诉诸国

---

[203] 参见同上,第82段。

[204] 参见同上,第86段。

[205] 参见同上,第88段。

[206] 参见同上,第90段。

[207] 参见 *Maffezini* 案,ICSID 案件号 ARB/97/7, Decision on Jurisdiction, 2000年1月25日。在该案中,有人认为“双边投资条约缔约方,即阿根廷和西班牙希望在18个月的指定期限内给予各自的法院解决争端的机会,然后再将其提交国际仲裁”。参见同上,第35段。

[208] 参见 *Wintershall Aktiengesellschaft* 诉阿根廷案(以下简称“*Wintershall* 案”), ICSID 案件号 ARB/04/14, Award, 2008年12月8日。仲裁庭在该案中得出结论认为,Wintershall“无法避免事先遵守”在启动仲裁程序之前“将争议提交阿根廷法院”的义务。参见同上,第156段。最后,仲裁庭裁定它无权接受 Wintershall 的诉求。

[209] 参见 *Abaclat* 案, ICSID 案件号 ARB/07/5, Decision on Jurisdiction and Admissibility, 2011年8月4日。

际仲裁之前向东道国提供的解决问题的机会”。因此,相关的问题不是“‘争议能否在阿根廷法院之前得到有效解决?’,而是阿根廷被剥夺了在其国内法律体系框架内解决争端的公平机会,因为原告无视 18 个月的诉讼时期的要求?”[210] 基于这一点,仲裁庭将当地救济条款视为被告表达同意仲裁的条件,而不是仲裁条件,因此认为这更像可受理性问题,而非管辖权相关的问题。

为了证明这一决定的合理性,仲裁庭根据自己的“公平与效率”理论表示:“因此,在解释和确定系统应如何运作以及发生的事情时,必须考虑到公平和效率的概念,如果系统的某一部分失败或被一方忽视。”[211] 然而,仲裁庭没有详细说明如何平衡公平与效率。在其看来,效率问题涉及东道国法院和投资者利益的公平性。它进一步表示,这个问题“不是关于 18 个月的诉讼时期的要求是否可能被认为是徒劳的;它是关于确定阿根廷通过其国内法律体系解决具体的诉求的兴趣是否有理由剥夺原告的利益,使其能够将其提交仲裁”[212]。它认为,如果地方法院得到机会,但无法有效解决争端,那么应该解决的问题是,仅是因为它无视当地救济措施,即剥夺投资者诉诸仲裁的权利是不是不公平的。[213]

当然,这无法解决问题,即法院系统效率的确定是否应由第三方机构决定。目前还没有被普遍接受的判断司法效率的规则和标准。由于一个司法机构的效率受到各种因素的影响,第三方判断国家司法机构效率的任何企图都会引起更多的问题而不是解决问题。

无论如何,*Abaclat* 案仲裁庭采取的做法类似于 *TSA Spectrum* 案仲裁庭采用的做法。问题不在于外国投资者是否会被剥夺将争议诉诸仲裁的机会,而是在于外国投资者何时可以提起仲裁程序。对这种情况的任何评估都应适当考虑到东道国的利益。

双边投资条约中包含当地救济相关的要求,不仅是为了鼓励通过当地法院程序解决投资者与国家之间的纠纷,也是对个别国家主权的承认,这也是缔约方谈判的结果。与此同时,如果忽视此类要求的投资者被禁止启动仲裁程序,一旦满足当地救济的相关要求,他们仍有权重新启动仲裁。Paulsson 在评论 NAFTA 与当地救济相关要求相似的条款时表示:“这可以保护东道国免受好斗的投资者对他们认为违反 A 部分的公职人员的行为即时提出挑战,并给予国家一些喘息的空间来改

[210] 参见同上,第 581 段。
[211] 参见同上,第 579 段。
[212] 参见同上,第 584 段。
[213] 仲裁庭认为,这种做法不会对东道国造成任何伤害。参见同上,第 583 段。

进或调整有争议的措施。”[214]

如前所述,一些仲裁庭认为这个问题是剥夺仲裁权的问题。这显然不符合有关双边投资条约的缔约方的意图。这再一次表明,至关重要的是要记住,国际仲裁庭的职能是解释条约或合同条款,而不是重写它们,以使得它们在其意见中听起来更好或更符合逻辑。只有在含糊不清的情况下,才能在解释当地救济措施的要求时考虑到这些规定的宗旨和目的。如果条约规定明确且具体,则不需要对其宗旨和目标进行猜测。

第五节 中国的条约实践

作为一个过去遭受外国势力带来的巨大痛苦的国家,中国已经是外国直接投资的重要母国,它积极维护其主权。在这种情况下,第一代双边投资条约都将仲裁庭的管辖权限制在最佳范围内,即确定赔偿金额。前述的 *Tza Yap Shum* 案中的《中国和秘鲁双边投资协定》即为一例。中国新一代双边投资协定在其投资者与国家仲裁条款中接受了现代国际惯例。[215] 例如,《中新自贸协定》关于争议解决的第 152 条规定,“任何直接涉及投资的法律纠纷……应尽可能通过协商和谈判友好解决”。为此,也可以采用“非约束性第三方程序”。如果争议各方在 6 个月内无法通过此类友好程序解决争议,则“除非当事方……另有约定……应通过投资者的选择”将争议提交 ICSID 进行仲裁,提前 3 个月通知缔约国。[216] 这种争议解决安排完全符合当代投资争议解决的国际惯例。

可能引起混淆的是,缔约国在收到仲裁通知后“可以”要求投资者“通过东道国规定的任何适用的国内行政复议程序”[217],此类审查程序不得超过 3 个月。基于对该语言的简单解读,东道国可要求外国投资者通过这些程序解决争议,前提是这些程序是“法律法规规定的”。由于在东道国的法律和法规要求此类程序时,第

---

〔214〕 参见 Jan Paulsson, 前引〔3〕,第 247 页。NAFTA 的 A 节规定了国家和最惠国待遇等外国投资的待遇标准、履约要求的自由、立即遣返的权利和征收条件。

〔215〕 关于中国双边投资协定实践的演变的更透彻的讨论,参见 Guiguo Wang, “Investor - State Dispute Settlement in China”, *TDM*,第 8 卷, Issue 5, 2011 年 12 月。关于中国双边投资协定实践中同意的性质的讨论,参见 Tong Qi, “How Exactly Does China Consent to Investor - State Arbitration: On the First ICSID Case Against China”, 5 *Contemporary Asia Arbitration Journal* 265, 2012 年。

〔216〕 参见《中新自贸协定》第 153 条第 1 款。

〔217〕 参见《中新自贸协定》第 153 条第 2 款。

153 条未向外国投资者提供任何选择,外国投资者必须遵守这些程序。使得上述安排进一步复杂化的规定是,如果外国投资者将其争议提交给东道国的国内法院,则在案件从国内法院撤回之前不得诉诸国际仲裁。[218]

就中国而言,“标准”的岔路口条款,至少仲裁庭适用或者更多时候不适用时,并不能满足其创建时的需要,《中华人民共和国政府和加拿大政府关于促进和相互保护投资的协定》(以下简称《中加双边投资协定》)可能是对此最好的说明。该协议不包含“岔路口”条款,但总的来说,其第 21 条和附件 C. 21 具有相同的目的,可以说更好。根据这些规定,如果中国的措施受到质疑:“如果投资者已在法院对争议作出判决之前将案件从国家法院撤回,则在中国任何法院就中国涉嫌违反 B 部分义务的措施提起诉讼的投资者,只能根据第 20 条提出仲裁请求。”[219]

如果加拿大的措施受到挑战:“投资者,如果诉求是对加拿大企业的利益损失或损害,而该企业是投资者拥有或直接或间接控制的法人,则企业应放弃根据任何缔约方的法律在任何行政法庭或法院提起或继续诉讼的权利,或者其他争端解决程序进行的任何与加拿大措施有关的针对违反第 20 条的行为的诉讼,但禁令、宣告或其他特别救济的程序除外,根据加拿大法律,行政法庭或法院不涉及支付赔偿金的问题。”[220]

目前,中国在这方面的做法只能是基于其双边投资协定和自由贸易协定的规定,其尚未被要求通过仲裁程序阐明立场。然而,从一段时间以来的双边投资协定和自由贸易协定看,显然中国已经远远超越了 *Tza Yap Shum* 案仲裁庭提到的“中国政府关于私人资本投资的不信任或意识形态不整合”[221] 的情况。事实上,作为一个日益重要的外国直接投资来源,且因此,为了投资海外风险的投资者的利益,中国采用了适用于外国投资的普遍接受的国际原则和标准,包括“同意仲裁”。

在这方面,1994 年《中国和秘鲁双边投资协定》条款与 2009 年《中国—秘鲁自由贸易协定》条款的比较尤其相关。如果不考虑本书第三章所述的“国籍”问题,毫无疑问,根据中国最近的“同意仲裁”条款,Tza 先生的主张将被接受。但这是一个主权国家在确定自己在国际社会中的最佳地位方面的一个渐进过程。任何独立的国际仲裁庭都不能确定任何主权国家在该环境中的地位,并假定其自己遵守其特殊标准的条款。

---

[218] 参见《中新自贸协定》第 153 条第 3 款。
[219] 《中加双边投资协定》附件 C 第 21 条第 2 款。
[220] 《中加双边投资协定》附件 C 第 21 条第 3 款。
[221] 参见前引[58],第 145 段。

值得注意的是,《中新自贸协定》第155条题为"对协议的解释"的条款,反映了投资者与国家仲裁国际惯例的重要创新,其中规定:"一、应争端国家一方要求,仲裁庭应当要求缔约双方就争端问题涉及的本协定条款进行共同解释。缔约双方应当在该要求提出后60日内,以书面形式,将表明双方解释的联合决定提交仲裁庭。二、缔约双方根据第一款作出的联合决定应当对仲裁庭具有约束力。裁决应当与该联合决定相一致,如果缔约双方在60日内未能作出这样的决定,仲裁庭应当独自对该问题作出决定。"

类似的规定出现在2012年《中加双边投资协定》。其中第30(1)条的相关部分内容如下:"缔约双方对本协定中条款的解释应对依据本部分设立的仲裁庭具有约束力。依本部分作出的任何裁决均应与此解释保持一致。"

这些条款显然是为了限制仲裁庭迄今在很大程度上不受限制地根据自己的法律理论、概念解释投资协议条款的自由裁量权,如之前讨论的*Tza Yap Shum*案、*Helnan*案和*Abaclat*案中所做的那样。或许更重要的是,它们还确保缔约方对其谈判达成的协议的实际内容和预期含义的共同理解构成任何仲裁的管辖,缔约方的共同意愿由此得到了代表、尊重。例如,在*Tza Yap Shum*案中,中国和秘鲁在就其双边投资协定时进行谈判时的意图似乎很明显,是将国际仲裁庭的管辖范围限制在仅是确定征收补偿金额的争议,但在这方面,只是听取了秘鲁的立场,并最终被仲裁庭驳回。如果在《中国—秘鲁双边投资协定》中有这样的规定,案件的审理结果无疑将大不相同。

这种做法是国际仲裁庭对投资条约规定的自由解释范围更广泛的国际反应的一部分,这可以从英国和美国都在其最近的双边投资条约中和/或自由贸易协定条款中规定缔约方对任何协议的条款进行"联合解释","对基于其各自关于投资者与国家争端解决的各节设立的任何仲裁庭具有约束力"[222]。但是,《中新自贸协定》所包含的条款在实现这些目的方面远比其他地方更有效。

总之,投资者与国家仲裁的同意与商事仲裁有一些相似之处。与此同时,投资者与国家仲裁的基本特征是,对仲裁的同意可能不会在外国投资者加入的同一文件中表达。在大多数情况下,东道国首先同意仲裁,并在其双边投资条约和自由贸易协定或其本国法律中规定了这种同意。通过此类方式表达的同意在实践中被视为可以由投资者以正式书面形式或通过仲裁程序制度接受的要约。由于所有投资者—国家仲裁涉及东道国的国际义务,无论是否存在有效的同意,都必须根据与条

---

〔222〕 例如,2006年《英国和墨西哥双边投资协定》第17.2条或2007年DR-CAFTA第10.22.3条。

约解释有关的国际法原则加以解释。然而,这方面的实践并不令人满意。正如一位评论员所指出的:"*Asian Agricultural Products* 案的决定之后的二十年实践表明,仲裁庭对如何解释投资条约仍然没有一致意见,特别是在模棱两可的情况下。最近的一项研究表明,在所审查的 98 项条约裁决中,只有 35 项提到了《维也纳条约法公约》,只有少数国家在制定适用的双边投资条约的条款时积极利用公约的解释性指南。相反,仲裁庭更频繁地使用诸如'有效'、'限制性'、'自由'或'平衡'解释等未出现在《维也纳条约法公约》文本的任何地方术语,以理解程序性和实质性投资保证。"[223]

从本质上讲,投资仲裁庭被认为有利于保护投资者的利益,至少更有利于保护这些利益而不是东道国的利益。虽然保护投资者的利益当然没有任何问题,但仲裁庭也有义务忠实地解释条约规定,特别是争端解决条款。正如 Inceysa 诉萨尔瓦多案仲裁庭所承认的那样,自治仲裁条款不能"被解释为萨尔瓦多无条件同意将基于协议的任何类型的争议提交仲裁的事件"[224]。它亦正确地表示"……仲裁庭的工作不能是任意的或无规矩的。在这方面,仲裁判例制定了必须指导其任务的三项基本原则:(a)缺乏支持或反对管辖权的推定;(b)明晰缔约国的意愿;(c)根据诚信原则进行释义"[225]。

由于仲裁员费用是由争议双方支付的,因此只要管辖权存在争议,就会不可避免地产生利益冲突。在这种情况下,若是无正当理由的管辖权,则不仅被视为有利于投资者,而且被视为利于仲裁员开展自身的业务和获得收入。[226] 出于这些原因,仲裁庭应非常谨慎地解释条约规定,包括与同意有关的规定,以使投资者和东道国的利益得到很好的保护。[227]

---

〔223〕 参见 Yulia Andreeva, "Interpreting Consent to Arbitration as a Unilateral Act of State: A Case Against Conventions", *Arbitration International*,第 27 卷, No. 2, 2011 年,第 135 页。

〔224〕 *Inceysa* 案, ICSID 案件号 ARB/03/26, Award, 2006 年 8 月 2 日,第 164 段。

〔225〕 参见同上,第 175 段。

〔226〕 例如,一些学者观察到东道国与外国投资者在证明同意方面的紧张关系;例子见 *Andreeva* 案,前引〔124〕。

〔227〕 正如 *Renta* 案仲裁庭所评论的那样,"《维也纳条约法公约》第 31 条必须谨慎和严谨地考虑,以免它成为主观假设预测不断改变的一个重要因素。例如,它不会强迫关于所有文本的疑问的解决结果都应该对投资者有利。长期促进投资可能更好地通过一个均衡的机制来确保,而不是一个迄今为止摇摆于另一方向的机制"。参见 *Renta* 4 案, SCC 案件号 24/2007, Award on Preliminary Objections, 2009 年 3 月 20 日,第 55 段。

第六章

绝对待遇标准

现代双边投资条约和多边协议规定了公平公正待遇(Fair and Equitable Treatment,FET)、最低待遇标准、不歧视、全面保护和安全,以及通常条款都会包括的保护伞条款。[1] 这些待遇标准,与大多数国家最惠国待遇和国民待遇不同,取决于东道国对其本国投资者或第三国投资者采用的标准,这些标准与东道国适用于国内投资者的标准区分开来。易言之,是否违反行为需要根据国际法规则确定,而不是根据东道国的国家法律确定。因此,每种待遇标准都有一定的客观要求,这意味着这种待遇必须符合某些绝对标准。

绝对的待遇标准现在已成为现代双边投资条约的共同特征。然而,这些标准相互重叠。例如,如果一项措施导致对外国投资者的歧视,那么它本质上与 FET 相反。在实践中,当外国原告声称存在违反 FET 义务时,其通常声称东道国违反了与全面保护和安全、不歧视甚至保护伞条款有关的义务。从国际投资仲裁庭的角度来看,一旦违反了 FET 标准,就没有必要详细处理涉嫌违反其他绝对标准的行为。

如果一项政府措施违反了其中一项条约义务,如投资争议解决的其他方面,仲裁庭有义务根据国际法解释有关绝对保护标准的规定。本章将首先研究与 FET 标准相关的问题,包括其概念和内容,以及它与国际最低待遇标准、投资者的期望和企业的稳定以及外国投资的法律框架的关系,随后将分析与全面保护和安全有关的做法以及保护伞条款。最后一部分将涉及中国有关这些标准的条约实践。

---

〔1〕 关于 FET 与国际投资的历史,国家实践和其他问题的讨论,以及与其他绝对标准的相互关系,特别是最低待遇标准,参见 UNCTAD, *Fair and Equitable Treatment*: *A Sequel*, UNCTAD Series on Issues in International Investment Agreements II, UN Doc. UNCTAD/DIAE/IA/2011/5, United Nations, New York and Geneva, 2012 年。

第一节　公平公正待遇

一、公平公正待遇的概念

与国际投资法的许多术语一样，FET 标准首先作为贸易标准出现。它首次出现在的多边文书中是在 1948 年国际贸易组织协定草案。〔2〕 随后，OECD 于 1967 年提出的《保护外国财产公约草案》第 1 条中规定："每一缔约方应始终确保对其他缔约方国民的财产进行公平和公正的待遇。"〔3〕

将于后面讨论的 ECT 和 NAFTA 是包含 FET 要求的重要多边协议。失败的《多边投资协定》第Ⅳ部分（1.1）中关于 FET 的规定是："每一缔约方应给予其境内的另一缔约方投资者的投资公平公正待遇，和全面、持续保护和安全。在任何情况下，缔约方均不得给予不如国际法要求的待遇。"〔4〕ECT 第 10 条第 1 款的相关部分规定："每一缔约方应根据本条约的规定，鼓励并为其他缔约方的投资者在其所在地区进行投资创造稳定、公平、有利和透明的条件。这些条件应包括始终对其他缔约方投资者的投资给予公平和公正的待遇的承诺。"

另外，NAFTA 第 1105 条第 1 款规定："每一方根据国际法给予另一方投资者的投资待遇，包括公平公正待遇和全面保护和安全。"〔5〕

很明显，尽管 NAFTA 规定"国际法"作为门槛，但多边条约或条约草案都没有试图进一步界定 FET 这一术语。双边投资条约在这方面并没有做得更好。这种情况使得 FET 成为一种"兜底性质"的条款，因此，当外国投资者没有具体的诉求时，他们都声称东道国违反了其在 FET 下的义务。投资争端解决的另一个特点是，这些协议中对 FET 义务的简短陈述，就像在投资仲裁的其他领域一样，仲裁庭的解释也有所不同，即使相关双边投资条约中有关 FET 的规定和实质性事实相似或相同。有争议的案件是相似或相同的。这些差异涉及 FET 与国际最低待遇标

---

〔2〕 1948 年《哈瓦那宪章》第 29 条第 2 款涉及国营贸易的条款规定："关于此类进口，以及法律、法规和要求……每个成员国应确保其他成员的贸易公正和公平待遇。"参见 International Trade Organization, The Havana Charter(1948), https://www.wto.org/english/docs_e/legal_e/havana_e.pdf。

〔3〕 OECD, *Draft Convention on the Protection of Foreign Property* (1967), https://acts.oecd.org/Instruments/ShowInstrumentView.aspx? InstrumentID = 242&Lang = en&Book = False。

〔4〕 《多边投资协定草案》第四部分投资保护，https://www1.oecd.org/daf/mai/htm/2.htm。

〔5〕 NAFTA 文本，参见 https://www.nafta-sec-alena.org/Default.aspx。

准、FET 的概念和内容、引用 FET 义务的条件等之间的关系。

关于 FET 的概念,仲裁庭的做法可以分为三类,即:将 FET 等同于国际最低待遇标准;确定属于 FET 的自己的要求;以及处于这两者之间的立场,或根据具体情况决定。

1. 根据习惯国际法,将 FET 与对外国人的最低待遇标准等同起来

关于习惯国际法对外国人的最低待遇标准,仲裁庭和学者经常提到的是 Neer 诉墨西哥案〔6〕(以下简称"*Neer* 案")。在该案中,一名美国人与妻子骑马时在墨西哥被谋杀。然而,凶手从未被起诉,这据说是因为墨西哥方面不够努力。美国和墨西哥联合诉求委员会成立以审理此案。在拒绝美国的主张时,它认为:"如果不试图宣布一个精确的公式,委员会认为可能比作者所引用的更进一步,并且(首先)认为政府行为的适当性应该受到国际标准的考验,(其次)为了构成国际犯罪,对待外国人应该构成愤怒、恶意、故意忽视的责任,或是迄今为止缺乏国际标准的政府行为的不足是公正的人很容易认识到的。由于智能法律的执行不力还是由于国家的法律不能赋予当局权力达到国际标准这一事实而无关紧要。"〔7〕

因此,投资仲裁庭经常将这一决定视为关于过去二十年来外国人及其财产的最低待遇标准的习惯法的声明。*Neer* 案最重要的特征是,为了证明违反这一最低待遇标准,可能需要东道国具有恶意。

实际上,根据习惯国际法将 FET 等同于最低待遇标准的仲裁庭被视为采取限制性做法。最明显的例子是 *Genin* 案。〔8〕 本案中的原告是美国国民 Alex Genin 先生和他拥有的两家公司,即美国公司 Eastern Credit Limited 和 A. S. Baltoil,后者是一家由 Eastern Credit 全资拥有的爱沙尼亚公司。Eastern Credit 和 Baltoil 是爱沙尼亚创新银行(Estonia Innovation Bank,EIB)的主要股东,该银行是从爱沙尼亚银行——爱沙尼亚中央银行——Koidu 分行处于 1994 年 8 月 12 日的拍卖中收购的,该分行是破产金融机构爱沙尼亚社会银行有限公司的当地分支机构。一个月后,欧洲投资银行以书面形式通知爱沙尼亚银行,在出售前向潜在购买者提供的 Koidu 分行的资产负债表中存在差异。〔9〕 此后,欧洲投资银行与爱沙尼亚银行之

---

〔6〕 参见 *L. F. H. Neer and Pauline Neer* (*U. S. A.*)诉墨西哥案,Award,1926 年 10 月 15 日,*Report of International Arbitration Awards*,第 4 卷,第 60 ~ 66 页,https://legal. un. org/riaa/cases/vol_IV/60 - 66. pdf。

〔7〕 参见同上,第 4 段。

〔8〕 参见 *Genin* 案, ICSID 案件号 ARB/99/2, Award, 2001 年 6 月 25 日。

〔9〕 参见同上,第 45 段。

间进行了交流,以及推进与双方指控和否认责任有关的法庭诉讼。在法院诉讼程序进行期间,爱沙尼亚银行撤销了 EIB 的执照。根据 1994 年美国和爱沙尼亚的双边投资协定,原告提起了 ICSID 仲裁程序,声称被告特别违反了基于 FET 的义务。

在考虑被告是否违反双边投资协定的 FET 义务的问题时,*Genin* 案仲裁庭首先声明,根据国际法,FET 标准要求东道国"提供一个基本和一般的(待遇)标准,与东道国的国内法区分开来"[10]。仲裁庭进一步指出,虽然 FET 的内容不明确,但据了解,它要求与国内法分开的"国际最低标准",事实上就是最低标准。违反这一最低标准的行为将表现出故意忽视责任的行为,远远低于国际标准的执行不足,甚至是主观的恶意行为等。[11] 因此,*Genin* 案仲裁庭完全采用了混合委员会在 *Neer* 案中宣布的标准。事实上,*Genin* 案仲裁庭甚至认为,根据习惯国际法,外国人和外国人的财产可能在没有条约要求的情况下受到歧视待遇,例如国民待遇。[12] 最后,仲裁庭认定撤销 EIB 的许可证并非为了伤害银行,而且是在没有歧视或任意的情况下完成的。[13] 显然,原告在银行部门的投资需要东道国进行审慎监管,特别是在爱沙尼亚政治和经济转型的情况下,这是仲裁庭作出该决定的一个重要因素。[14]

应该指出的是,在 *Genin* 案仲裁庭看来,违反 FET 可能涉及实质性和程序性两方面,这两方面都需要有恶意或随意性。在这方面,仲裁庭再次回应了 *Neer* 案的裁决,其表示"它不会将撤销许可证视为违反法庭'适度司法'的任意行为"[15]。然而,在实践中,它可能很难证明投资者程序上的违规行为"构成恶意、故意无视正当法律程序或行动极端不足",并被法庭列为标准。[16] 易言之,法庭应该把重点放在偏离正常程序是否严重而不是东道国的意图上。*Genin* 案的另一个特点是,仲裁庭甚至没有将国际法最低待遇标准视为不断发展的标准。可以说,*Genin* 案可能代表了关于 FET 最狭隘的观点。在这方面,*Genin* 案仲裁庭决定与将 FET 及习惯国际法规定的外国人最低待遇标准等同的所有其他决定区别开来。

---

〔10〕 同上,第 367 段。关于此方面,*Genin* 案仲裁庭援引 Rudolf Dolzer and Margrete Stevens, *Bilateral Investment Treaties*, Martinus Nijhoff Publishers, 1995 年,第 58 页。

〔11〕 参见 *Genin* 案, Award,第 367 段。

〔12〕 参见同上,第 368 段。

〔13〕 参见同上,第 369 段。

〔14〕 参见同上,第 370 ~ 371 段。

〔15〕 参见同上,第 371 段。此处,仲裁庭援引国际法院关于"任意性"的定义,见于 *Elettronica Sicula* or *ELSI* Case(美国诉意大利案), *ICJ Reports*(1989),第 15、73 ~ 77 页。

〔16〕 参见同上。

CMS 案[17]即为一例。在该案中,原告美国公司 CMS 通过持有当地天然气运输公司 TGN 30% 的股份对阿根廷进行了投资。投资完成后,阿根廷承诺 TGN 可以用美元计算关税,然后按照现行汇率将其转换为比索,关税将每 6 个月调整一次,以反映通货膨胀的变化。20 世纪 90 年代末,阿根廷发生经济危机,东道国首先暂时停止且随后永久终止 TGN 以美元计算关税的权利,并对其进行调整以反映通货膨胀,这两项承诺都包括在以前的阿根廷法律和在授予 TGN 的许可证中。由于阿根廷比索大幅贬值,原告遭受了损失,并声称阿根廷的措施违反了阿根廷在阿根廷和美国双边投资协定下的若干义务,包括 FET。

关于涉嫌违反 FET 的指控,*CMS* 案仲裁庭首先认为 FET 标准与习惯国际法中的标准相同。仲裁庭认为,在某些情况下,在较高的条约标准与将 FET 标准等同于国际最低标准之间作出选择可能是关联的。其随后得出的结论是,对于眼前的争议,没有必要在更高的条约标准和习惯法标准之间作出选择。相反,它简单地说:"事实上,建立在庄严的法律和合同承诺基础之上,条约公平公正待遇标准及其与商业环境所要求的稳定性和可预测性的关系,与根据习惯法演变的国际法最低标准并无不同。"[18]易言之,在 *CMS* 案仲裁庭看来,FET 的条约标准和国际最低待遇标准是相同的,因此没有必要在应用 FET 规定时作出选择。

CMS 案仲裁庭的立场类似于 NAFTA 自由贸易委员会(Free Trade Commission,FTC)的解释说明,该委员会确认了根据 NAFTA 第 1105(1)条规定的国际法中的最低待遇标准,以规定"习惯国际法"中外国人的最低待遇标准,作为对另一缔约方投资者的最低待遇标准。[19] 因此,根据解释,FET 的概念"不需要额外的或超出习惯国际法对外国人最低待遇标准的要求的待遇"[20]。*CMS* 案仲裁庭注意到这一解释说明,这一立场得到进一步发展并反映在美国和智利自由贸易协定中。即使它没有明确说明它受到解释说明书的约束,但它显然遵循了后者设定的标准。

在 *Merrill&Ring* 诉加拿大案[21]中,仲裁庭认为,自 *Neer* 案裁决以来,国际最

---

〔17〕 参见 *CMS* 案, ICSID 案件号 ARB/01/8, Award,2005 年 5 月 12 日。

〔18〕 参见同上,第 284 段。

〔19〕 NAFTA, NAFTA 自贸委员会关于第十一章特定条款的解释,2001 年 7 月 31 日, http://www.sice.oas.org/tpd/nafta/Commission/CH11understanding_e.asp。

〔20〕 参见同上。解释说明进一步指出:"确定存在违反北美自由贸易协定的另一条款或单独的国际协议,并未明确存在违反第 1105 条第 1 款的情况。"

〔21〕 参见 *Merrill &Ring Forestry L. P.* 诉加拿大案(以下简称"*Merrill &Ring* 案"), NAFTA case under the UNCITRAL Arbtration Rules administered by ICSID, Award, 2010 年 3 月 31 日。

低标准已经发展成两条路径,第一条侧重人权问题,第二条侧重商业、贸易和投资。[22] 仲裁庭认为,就第一条路径而言,没有“习惯国际法的一般规则”适用“超越严格限制人身安全,拒绝司法和正当程序”的标准。[23] 关于第二条路径,*Merrill & Ring* 案仲裁庭认为,Neer 标准在商业、贸易和投资方面的应用有所变化,导致外国人现在有权在商业活动中,包括投资,得到公正和公平的对待。[24] 在这种情况下,仲裁庭表示,即使在第二条路径下制定的标准的内容可能无法被准确定义,作为一种“公开和不受限制”的待遇标准,它也能保护外国投资者“免受可能侵犯公平、公正和合理性的所有此类行为或行为”[25]。

仲裁庭的结论是,在“最低待遇标准发展的背景下”,“对公平公正待遇已成为习惯法的一部分是感到满意的”[26]。就将 FET 与国际法规定的最低待遇标准等同起来一事,*Merrill & Ring* 案仲裁庭认为,“等同或趋同不是真正的问题。这种情况恰好是习惯法标准导致并形成的在同一演变过程的不同阶段建立公正和公平的待遇标准的情况”[27]。*Chemtura* 案[28]仲裁庭持有类似于 *Merrill & Ring* 案仲裁庭的观点,即它将“在确定国际最低标准的内容时考虑到国际习惯法的演变”[29]。与此同时,它还认为必须考虑到案件的特殊情况。[30]

总之,必须指出的是,即使根据 Neer 标准的狭隘观点,对外国投资也有一个基础的保护水平,低于该水平,东道国不得任意、歧视或未基于正当程序对待外国投资者及其投资。但是,有些仲裁庭已经裁定 Neer 标准有一种演变,为了确定违反 FET,不需要东道国具有恶意。例如,*Glamis Gold* 诉美国案仲裁庭明确表示:“仲裁庭指出,普遍认同的 Neer 标准演变的一个方面是,不要求具有恶意以构成违反公平公正待遇标准,但其存在是确凿的证据。因此,一种令人震撼或震惊的行为也可能证明是具有恶意的,但这种恶意并不是发现违法行为所必需的。”[31]

---

〔22〕 参见同上,第 201 段。

〔23〕 参见同上,第 204 段。

〔24〕 参见同上,第 210 段。

〔25〕 参见同上。

〔26〕 参见同上,第 211 段。

〔27〕 参见同上,第 209 段。

〔28〕 参见 *Chemtura Corporation* 诉加拿大案(以下简称“*Chemtura* 案”), Ad Hoc NAFTA Arbitration under UNCITRAL Rules, Award, 2010 年 8 月 2 日。

〔29〕 参见同上,第 122 段。

〔30〕 *Chemtura* 案仲裁庭表示,它“必须考虑到所有情况,包括某些机构管理的涉及科学和公共政策决定的高度专业化领域”。参见同上,第 123 段。

〔31〕 *Glamis Gold* 诉美国案, UNCITRAL Arbitration, Award, 2009 年 6 月 8 日,第 616 段。

现在可以确定的是,没有必要证明东道国具有恶意以根据任何方法违反FET。[32] 然而,由于这方面的判例不一致,与此事有关的国际习惯法的地位仍将不确定。

2. 广泛的定义——主动作为和善治计划

还有其他仲裁庭认为FET不是国际最低待遇标准的同义词。他们认为,在投资工具中确保FET条款的存在,要求东道国积极主动地对待外国投资。Tecmed诉墨西哥案[33]在这方面最具代表性。

在该案中,原告Técnicas Medioambientales Tecmed, S. A.是一家西班牙公司,于1996年通过其两家墨西哥子公司Tecmed和Cytrar投资危险工业废物填埋场。在收购垃圾填埋场后,原告取得了运营垃圾填埋场所必需的许可证,由墨西哥国家生态研究所危险材料、废物和活动部门颁发,该研究所是联邦政府环境、自然资源和渔业部的一个机构(Institute of National Ecology,INE)。尽管垃圾填埋场的原始许可证无限期,但原告获得的新许可证必须每年续一次。1998年,原告要求更新许可证的申请被INE以垃圾填埋作业模式中存在某些轻微违规行为为由拒绝。因此,原告依照西班牙和墨西哥的双边投资协定对墨西哥提起仲裁程序,因为原告认为拒绝续签许可证主要是由于政治环境,即地方政府的行政管理发生变化,这促使了公民反对垃圾填埋场。特别是,原告表示,除其他外,INE拒绝续签其运营垃圾填埋场的许可证构成违反关于FET的双边投资协定规定。

根据西班牙和墨西哥双边投资协定规定,各缔约方同意给予另一方投资者的投资以"根据国际法的公平公正待遇"。仲裁庭认为,根据国际法的诚信原则,关于FET的规定要求缔约方采取一致和透明的行动,不采取任何"影响外国投资者进行投资考虑到的基本期望的行动"[34]。在*Tecmed*案仲裁庭看来,外国投资者期望:"……东道国采取一致行动,即不随意撤销国家发布的任何先前存在的决定或许可证,投资者是基于对这些决定或许可证的履行承诺的信任计划启动其生意和商业活动的。投资者还希望国家适用规范投资者或投资行为的法律文件,使其符合此类工具的通常职能,而不是在没有所需补偿的情况下剥夺投资者的投资。事

---

〔32〕 参见前引〔1〕,UNCTAD, *Fair and Equitable Treatment* 2011,第58页。其中表示:"将(FET与国际最低待遇标准)进行比较的所有三种方法共同的一点是,东道国当局不需要提供具有恶意证据,尽管这种证据可以证明违约发生了。"

〔33〕 参见*Técnicas Medioambientales Tecmed, S. A.*诉美国案(以下简称"*Tecmed*案"),ICSID案件号ARB(AF)/00/2,2003年5月29日。

〔34〕 参见同上,第154段。

实上，东道国未能遵守有关外国投资者或其投资的这种行为模式，将影响投资者衡量东道国给予的待遇和保护的能力，并确定东道国的行为是否符合公平公正的待遇原则。"[35]

易言之，国际法规定的 FET 要求东道国采取积极行动，以确保其决策的一致性、透明度和非任意性。此外，确定东道国是否未达到标准的依据是投资者在进行投资时的预期。在 *Tecmed* 案中，在原告进行投资时，垃圾填埋场的经营许可证的有效期是无限期。因此，原告在通过拍卖获得对填埋场的控制权时，不会想到两年后即被撤销许可证，这种预期是合理的。*Tecmed* 案仲裁庭裁定被告违反其 FET 下的义务，因为"即使有所预期，没有考虑通过继续经济和商业来使（原告）在别的地方开展活动以中和或减轻这种关闭带来的负面经济影响的方法"[36]，撤销了原告的执照。最后，仲裁庭得出结论，即 INE 的行动是矛盾的、模棱两可的、不确定的，因此对原告不利。[37]

到目前为止，*Tecmed* 案的决定是关于 FET 标准最有说服力的。它提供的测试经常被其他仲裁庭和评论员援引。在某种程度上，虽然人们可能认为 *Tecmed* 案的决定是相当激进的，但它对所应用的测试的详细说明有助于完善国际投资法。

Pope &Talbot Inc. 诉加拿大案[38]涉及根据 NAFTA 第十一章解释 FET 规定。在该案中，原告是一家美国公司，其加拿大子公司在加拿大经营三家锯木厂，用于向美国市场出口软木。美国和加拿大于 1996 年签订了为期 5 年的软木木材协议（Softwood Lnmber Agreement，SLA），争议源于 SLA 的实施。由于锯木厂希望出口到美国市场的软木木材数量远远超过了根据 SLA 建立的自由出口限制，加拿大在软木木材生产商之间分配了出口配额。任何超过配额的出口都将由加拿大收取出口费。原告称，加拿大软木木材出口制度的某些方面违反了 NAFTA 第十一章规定的义务，特别是与 FET 有关的第 1105 条。

本案仲裁庭认为："第 1105 条中公平要素存在的可能的解释是它们是对国际

---

〔35〕 参见同上，第 154 段。

〔36〕 参见同上，第 164 段。

〔37〕 参见同上，第 172 段。仲裁庭的结论是基于这样一个事实，即一方面，原告得到保证，它可以在搬迁之前运营垃圾填埋场，并且将安排新的土地和许可证；另一方面，它被拒绝签发新许可证。这不仅违反了国际法下的诚信原则，而且本身就是一种矛盾。

〔38〕 本案仲裁庭涉及多个决定，包括 *Pope & Talbot Inc.* 诉加拿大案，Award on the Merits of Phase 2，2001 年 4 月 10 日（以下简称"*Pope &Talbot*，Award on Merits"），和 *Pope &Talbot Inc.* 诉加拿大案，Award on Damages，2002 年 5 月 31 日（以下简称"*Pope &Talbot* 案，Award on Damages"）。

法要求的补充。”[39]在审议了发达国家之间的条约惯例之后，仲裁庭得出结论认为：“这些条约多年来发展成现在的形式，如体现在1987年的（美国）双边投资条约中。加拿大、英国、比利时、卢森堡、法国和瑞士一直遵循该模式。”[40]它进一步考虑了其中FET义务的制定，即“明确采用了公平要素的附加特征”[41]。仲裁庭认为，NAFTA应该为其他缔约方的投资者提供更好的保护。因此，它怀疑NAFTA起草人的意图是潜在的投资者“没有任何措施对抗极度不公平的行为”[42]。事实上，根据本案仲裁庭的说法，即使是美国联邦贸易委员会（Federal Trade Commission，FTC）的解释说明也不排除附加解释。它认为，解释说明只是得出结论认为，第1105条规定习惯国际法标准是外国投资者的最低标准，而FET应被视为“作为其规定的最低待遇标准的一部分”[43]。

本案仲裁庭的结论是否与解释说明相矛盾？仲裁庭认为这一回答应是否定的。它表示：“习惯国际法通过国家实践演变形成，这是国际法的一个方面。国际协议推动国家实践，有助于形成习惯国际法的基础。”[44]易言之，1920年，行为或不作为可能不被视为“国际违法行为”，包括公正和公平待遇的概念。同样的行为或不作为在今天可能被视为违反“‘习惯’国际法”[45]。

然而，本案仲裁庭的决定也是自相矛盾的。一方面，它认为NAFTA第十一章对FET的要求是对国际法要求的补充。另一方面，它指出国际法的要求已从较低的标准发展为较高的标准。如果国际标准变得更高，它就成为习惯国际法的基准，且根据解释说明，第十一章的要求应等同于国际法标准。由本案仲裁庭确定的任何“附加”要求将违反而不是遵守解释说明。

在*Azurix*案中，仲裁庭亦注意到，美国和阿根廷双边投资协定所载的对FET的要求，“正如所起草的那样，允许将公平公正的待遇、全面保护和安全解释为比国际法要求的更高标准。第三句的目的是设定一个最低限度，而不是最高限额，以避免在国际法要求的范围内对这些标准作出可能的解释”[46]。然而，*Azurix*案仲裁庭补充道：“……并不认为（这一结论），即将公正和公平待遇标准适用于案件事实

---

〔39〕 *Pope & Talbot*案，Award on Merits，第110段。
〔40〕 参见同上，第111段。
〔41〕 参见同上。
〔42〕 参见同上，第116段。
〔43〕 *Pope & Talbot*案，Award on Damages，第53段。
〔44〕 参见同上，第59段。
〔45〕 参见同上，第60段。
〔46〕 *Azurix*案，ICSID案件号ARB/01/12，Award，2006年7月14日，第361段。

具有重大意义。……满足这一标准的最低要求已经发生变化,且无论这些术语是按照《维也纳条约法公约》的要求或按照习惯国际法的普通含义解释的,仲裁庭认为其内容基本相似。"[47]

因此,*Azurix* 案仲裁庭的观点也自相矛盾。一方面,它说 FET 规定了比习惯国际法更高的标准;另一方面,它说标准是国际法要求的标准。在这方面,*Pope & Talbot* 案仲裁庭和 *Azurix* 案仲裁庭采取了同样的观点,且都是一种自相矛盾的做法。

Saluka 案[48]是采用自主性的另一个案例。*Saluka* 案仲裁庭认为,"习惯的最低标准……为外国投资者提供最低限度的保障,即使国家遵循原则上反对外国投资的政策"[49];并且,在这种情况下,FET 实际上提供的可能不会超过"最小保护"限度[50]。*Saluka* 案仲裁庭还考虑了双边投资条约的目标,即促进外国投资。在这种背景下,它表示:"通过'公平公正待遇'标准保护投资者意味着为外国投资者提供积极的激励。因此,为了违反标准,一国的行为表现出相对较低程度的不恰当可能就足够了。"[51]在此之前,*Saluka* 案仲裁庭注意到荷兰和捷克共和国双边投资协定中所含的关于 FET 义务"没有明确提及习惯性最低标准",因此认为"这明确说明了'公平公正待遇'标准的自主性,如条约第 3.1 条所规定的那样"[52]。

然而,*Saluka* 案仲裁庭只强调投资者的需求,而忽视了东道国的监管权力。这种保护投资者的不平衡的方法已被其他支持 FET 广泛定义的仲裁庭采用。*MTD* 案[53]仲裁庭就是一例。

在该案中,仲裁庭指出:"根据(马来西亚和智利)双边投资条约,公平公正待遇应理解为平等和正好合适的待遇,有利于促进外国投资。其条款被视为一种积极的声明,即通过'促进''创造''刺激',而非国家的被动行为或避免对投资者的偏见行为。"[54]

为支持这一立场,*MTD* 案仲裁庭援引了先前讨论的 *Tecmed* 案仲裁庭的意见。临时委员会的成立是为了考虑智利要求撤销 *MTD* 案裁决的请求,然而,其对于

---

〔47〕 参见同上。

〔48〕 *Saluka* 案, UNCITRAL, Partial Award, 2006 年 3 月 17 日。

〔49〕 参见同上,第 292 段。

〔50〕 参见同上。

〔51〕 参见同上,第 293 段。

〔52〕 参见同上,第 294 段。

〔53〕 参见 *MTD* 案, ICSID 案件号 ARB/01/7, Award,2004 年 5 月 25 日。

〔54〕 参见同上,第 113 段。

Tecmed 案仲裁庭采用的 FET 的广泛定义进行了批判。它指出："根据被告的说法，'TecMed 良好治理计划'是极端的，并不体现国际法的原则。此计划也受到了受访专家简·保尔森(Jan Paulsson)先生和阿瑟·瓦特(Arthur Watts)先生的严厉批评。"[55] 其随后表示："委员会可以理解这些批评的某些方面。例如，*Tecmed* 案仲裁庭明显依赖外国投资者的期望作为东道国义务的来源(例如补偿征收的义务)是值得怀疑的。东道国对外国投资者的义务来自适用的投资条约的条款，而不是投资者可能拥有或声称拥有的任何期望。"[56]

显然，*MTD* 案临时委员会在解释 FET 规定时倾向于采用平义解释，而不是依赖投资者的期望。在其看来，"由于投资者与东道国主管当局交往过程中而产生的合理期望可能与投资条约所含的保证的适用有关"[57]，最终"国家在多大程度上"根据公平公正的待遇标准采取积极主动的行为是有争议的，但这更多的是标准的应用问题，而不是制定。[58] 然而，临时委员会在批准 *MTD* 案仲裁庭确定 FET 的标准时显得谨慎，并指出其制定是"可辩解的"，且"在阐明这一标准时没有表明仲裁庭超出权限"[59]。

除了投资仲裁庭之外，还有一些学者主张对 FET 规定进行广泛的解释，并将其视为独立的自治机制。例如，Mann 认为 FET："……设想远远超出最低标准的行为，且在更大程度上提供保护，并且根据比以往任何形式的词语更客观的标准。仲裁庭不会关注最低，最高或平均标准。它必须决定在所有情况下所涉行为是公平合理或不公正和不平等。实质上可能没有其他词语定义的标准。这些术语应被独立自主地理解和应用。"[60]

多尔查(Dolzer)和斯蒂文斯(Stevens)也持相似观点，即"双边投资条约缔约方认为有必要将这一公平公正的待遇标准作为明确的义务，而不是依赖于国际法而引用一个相对含糊的概念，如最低标准，将其视为可能是一个独立标准的证据"[61]。他们进一步以国家惯例佐证自己的观点，即一些条约除了 FET 之外还涉

---

〔55〕 *MTD* 案，ICSID 案件号 ARB/01/7，Decision on Annulment，2007 年 3 月 21 日，第 66 段(脚注省略)。

〔56〕 参见同上，第 67 段。

〔57〕 参见同上，第 69 段。

〔58〕 参见同上，第 71 段。

〔59〕 参见同上。

〔60〕 F. A. Mann，"British Treaties for the Promotion and Protection of Investments"，in *The British Year Book of International Law* (1981)，Vol. 52，第 241、244 页。

〔61〕 参见前引〔10〕，Dolzer and Stevens，第 60 页。

及国际法,而其他条约则未有此种参考。他们认为,这种条约实践"重申国际法标准与双边投资条约的规定相一致,但相辅相成"[62]。学者们的这些著作对仲裁庭的决定产生了重要影响,为了支持自己的立场,仲裁庭经常引用学术著作。

3. 折中方法

除了前面讨论的两种方法之外,还有其他仲裁庭采取折中方法。*Mondev International Ltd.* 诉美国案[63]对此进行了说明。Mondev 案的事实如下。为重新开发该市的一个区域,波士顿市的一个机构波士顿重建局(Boston Redevelopment Authority,BRA)、Mondev International Ltd.,一家加拿大公司(Mondev)和 Lafayette Place Associates,一家在马萨诸塞州注册并于1978年由 Mondev(LPA)全资拥有的有限合伙企业,三者签订了三方协议。协议是为分两步发展该地区而建立的,并特别包含有条件地将第二阶段的物业售给 LPA 的内容。在项目第一阶段完成后,LPA 难以行使其选择权,即将其权利转给另一家遇到同样困难的加拿大公司。导致这些困难的各种因素之一是,从20世纪80年代开始,波士顿的房地产市场蓬勃发展,第二阶段的市场价值飙升,纽约市的管理层也发生了变化,新政府认为该协议对波士顿不公平。LPA 认为波士顿不愿批准第二阶段的购买,试图逃避其合同义务,并于1992年在马萨诸塞州法院提起诉讼,特别指出,BRA 和波士顿在恶意的情况下未能执行三方协议。陪审团裁定支持 LPA,并认为波士顿市因为违反合同而向其赔偿总额为960万~1600万美元的赔偿金,并因侵权行为而向 BRA 赔偿640万美元。初审法官确认陪审团对波士顿的调查结果涉及960万美元,但根据马萨诸塞州侵权索赔法,豁免了 BRA 的赔偿责任。

LPA 和波士顿市都对初审法官的决定提出上诉,诉至高级法院,即马萨诸塞州最高法院,该法院裁定基于豁免权,BRA 和波士顿市无须负责。最高法院根据 LPA 缺乏履行合同的意愿和能力作出决定。在美国最高法院驳回 LPA 对调卷令的请求之后,LPA 的加拿大母公司 Mondev 以涉嫌违反 NAFTA 第十一章义务[包括与 FET 有关的第1105(1)条规定的义务]为由,对美国提起仲裁。[64]

在审理 *Mondev* 案期间,FTC 发布了与第1105条有关的解释说明,该说明不可避免地对案件的裁决产生了影响,特别是当中与 NAFTA 下 FET 的概念有关的内

---

〔62〕 参见同上。

〔63〕 参见 *Mondev International Ltd.* 诉美国案(以下简称"*Mondev* 案"),ICSID 案件号 ARB(AF)/99/2,Award,2002年10月11日。

〔64〕 NAFTA 第1105(1)条规定:"各方应根据国际法给予另一方投资者的投资相应待遇,包括公平公正待遇和全面保护和安全。"

容。*Mondev* 案仲裁庭以渐进的视角理解国际最低待遇标准,并指出:"个人在国际法中的实质性和程序性权利经历了相当大的发展。基于这些发展,当适用于外国人的人身安全时,将外国投资的'公正和公平待遇'和'全面保护和安全'的含义限制在当时,即 20 世纪 20 年代的含义是不可能的。对于现在的情况而言,不公正或不公平的东西不一定等于愤怒或恶劣。特别是,一个国家可能不公正和不公平地对待外国投资,而不一定具有恶意。"〔65〕

Mondev 案仲裁庭的意见是,目前,已有超过 2000 个双边投资条约规定了将 FET 应用于外国投资。在这种情况下,如果一个仲裁庭面临外国投资者就不公正或不公平对待的诉求,该案仲裁庭认为其"必然根据任何规制条款和事实转移该诉求。不能抽象地判断何为公平公正的,它必须取决于具体案件的事实"〔66〕。

因此,在该案仲裁庭看来,各国一致的条约惯例已经将习惯国际法从 19 世纪发展到本案所处时间阶段。〔67〕 毫无疑问,*Mondev* 案的决定受到 FTC 的解释说明的很大影响。一方面,仲裁庭受到说明的约束,据此,NAFTA 下的 FET 反映了习惯国际法中的最低待遇标准;另一方面,它并不认为 *Neer* 案所确立的标准是应被采纳的,因为它指出一个国家可能在不具有恶意的情况下不公正和不公平地行事。那么,问题就在于习惯国际法中的现代标准究竟是什么。*Mondev* 案仲裁庭似乎认为,根据习惯国际法,传统对具有无耻或恶劣和恶意的条件不再是构成违反 FET 的要求。然而,它没有提供任何证据来证明这确实是当代国际法的标准。因此,Mondev 仲裁庭的推理并不能令人信服。

Deutsche Bank A. G. 诉斯里兰卡案〔68〕仲裁庭也采纳了这一立场,即 FET 与习惯国际法中的最低待遇标准没有实质性的差别。与此同时,它并未认为在构成违反 FET 时需要具有"恶意"。本案涉及银行于 2008 年 7 月 8 日与斯里兰卡国有公司锡兰石油公司(Ceylon Petroleum Corporation,CPC)达成的石油对冲协议。数月后,斯里兰卡中央银行发起了一项有关套期保值协议订立的官方调查。此后,斯里兰卡最高法院发布了一项临时命令,指示 CPC 根据对冲协议暂停向德意志银行支付所有款项。此后不久,斯里兰卡中央银行还禁止 CPC 按照对冲协议向德意志银行支付任何款项。基于此,除了其他事项,基于违反德国和斯里兰卡双边投资协定

---

〔65〕 参见同上,第 116 段。

〔66〕 参见同上,第 118 段。

〔67〕 参见同上,第 125 段。

〔68〕 参见 *Deutsche Bank A. G.* 诉斯里兰卡案(以下简称"*Deutsche Bank* 案"),ICSID 案件号 ARB/09/2,Award,2012 年 10 月 31 日。

中的 FET,德意志银行针对斯里兰卡提起仲裁。

仲裁庭的大多数成员认为,斯里兰卡违反了与 FET 有关的义务,理由有两个:(1)斯里兰卡最高法院“未经适当审查而且没有给予涉案银行回应的机会”,即已发布了一项暂停支付的临时命令[69];及(2)斯里兰卡中央银行的调查和停止付款令是恶意发出的。本案仲裁庭在分析中援引 Schreuer 的话说:“条约将使用诸如‘公平公正待遇’这样的表述来表达一个众所周知的概念,例如‘习惯国际法中的最低待遇标准’,这本身就是不可信的。如果条约缔约方想要提及习惯国际法,则必须假定它们将引用它而非重述它。”[70]

如前所述,本案仲裁庭认为,FET 的条约标准与习惯国际法中的条约标准之间没有实质性差异。[71] 那么问题是,FET 标准的内容与国际最低待遇标准是相同还是相似,而这是巧合还是正如一些仲裁庭所说的那样,是因为国际最低待遇标准已经演变?本案仲裁庭似乎试图回避这个问题,且同时通过说条约标准具自主性,以使自己的决定站得住脚。在这方面,本案仲裁庭还参考 *Waste Management Ⅱ*[72]案的裁决,认为在确定违反 FET 时不需要东道国具有恶意。或许,在仲裁庭看来,这是 FET 标准与国际最低待遇标准之间的主要区别。然而,本案仲裁庭认为即使东道国没有表现出恶意,也可以构成违反 FET,这说明其决定与本节讨论的其他决定一样,处于狭义和广泛的方法之间。最后,如果仲裁庭决定采用狭义或宽泛的方法,它将拥有更大的自由裁量权。

二、FET 的内容

如前所述,未有双边投资协定或自由贸易协定规定适用于投资的 FET 的内容。仲裁庭需确定 FET 的内容,因为他们别无选择,只能在决定案件的过程中这样做。因此,通过仲裁实践,已经确定了 FET 内容的一些元素。例如,在 *Joseph Charles Lemire* 诉乌克兰案(以下简称“*Lemire* 案”)中,仲裁庭明确指出,必须根据双边投资条约的措辞确定 FET,同时引入以下因素来确定是否构成违反 FET:

“国家是否未能构建稳定和可预测的法律框架;国家是否向投资者作出具体

---

[69] 参见同上,第 478 段。

[70] 参见同上,第 418 段,援引 C. Schreuer,“Fair and Equitable Treatment in Arbitral Practice”,*Journal of World Investment and Trade*,2005 年,第 6 卷,第 357、360 页。

[71] 参见同上,第 419 段,援引典型例子,即 *Saluka* 案、*Azurix* 案、*CMS* 案和 *Occidental* 诉厄瓜多尔案。

[72] 参见 *Waste Management*, *Inc.* 诉墨西哥案(以下简称“*Waste Management Ⅱ* 案”),ICSID 案件号 ARB(AF)/00/3,Award,2004 年 4 月 30 日。

陈述；是否已拒绝投资者以正当程序开展工作；法律程序或国家行为是否缺乏透明度；东道国是否存在骚扰，胁迫，滥用权力或其他恶意行为；国家的任何行动是否可以被标记为任意、歧视或不一致。”〔73〕

上述所列因素指出了可能构成 FET 部分的因素。由于 *Lemire* 案仲裁庭提出的这份清单显然是基于以前的仲裁做法，它反映的应是当前的事态。在特定情况下，构成违反 FET 并不要求东道国承诺所有此类行为或不作为。证明存在一个因素应足以确定存在违规行为。在某种程度上，*Lemire* 案仲裁庭采用的标准具有对该主题的任何分析的指导作用。

波什国际公司诉乌克兰案〔74〕仲裁庭明确遵循了 *Lemir* 案仲裁庭的做法。在本案中，原告是一家美国公司——波什国际公司（Bosh），以及 B&P Ltd、外商投资企业（以下简称 B&P），其为一家乌克兰公司，且 Bosh 持有该公司 94.5% 的股份。B&P 和塔拉斯舍甫琴科基辅国立大学（以下简称大学）签订了一项翻新和重建大学的合同。项目开始后，大学进行了审计并发现了违规行为，乌克兰总控制和修订办公室（General Control and Revision Office，CRO）亦在其自己的审计中发现相关行为。由于这些违规行为，大学要求 B& P 通过双方协议终止合同，否则大学将提起终止合同的诉讼。最终，乌克兰法院宣布终止合同。

在审理此案时，本案仲裁庭适用 *Lemire* 案仲裁庭提出的三步分析，即：（1）东道国的行为或不作为是否违反了某一适当的标准；（2）不当行为是否对外国投资者造成伤害；以及（3）行动或遗漏与损害之间是否存在因果关系。〔75〕本案仲裁庭还引用了 *Lemire* 案仲裁庭引入的因素清单。基本上在 Lemire 方法的基础上，波什法庭得出结论认为，乌克兰没有违反其在双边投资协定下的 FET 义务。〔76〕

本案中的原告的申诉包括其法院所做的那些事情，并不是针对乌克兰。该案件的主要问题是大学终止合同，基于其执行中的违规行为而违反当地法律。本案中是由大学发起终止合同，并且正如仲裁庭正确决定的那样，大学不是乌克兰政府的一部分，其行为或不作为也不能归咎于乌克兰。可能使乌克兰承担责任的唯一因果关系是 CRO 和乌克兰法院的行为或不作为。如果他们中的任何一个行为不

---

〔73〕 *Joseph Charles Lemire* 诉乌克兰案，ICSID 案件号 ARB/06/18，Decision on Jurisdiction and Liability，2010 年 1 月 14 日，第 284 段。

〔74〕 参见 *Bosh International, Inc and B&P Ltd Foreign Investment Enterprise* 诉乌克兰案（以下简称“*Bosh* 案”），ICSID 案件号 ARB/08/11，Award，2012 年 10 月 25 日。

〔75〕 参见同上，第 212 段，引用 *Lemire* 案，第 284 段。

〔76〕 参见前引〔74〕，*Bosh* 案，第 212 ~ 214 段。

当,乌克兰就可能要承担责任。由于 CRO 和乌克兰法院的行动没有明显的不当,本案仲裁庭的结论是乌克兰没有违反 FET 义务。然而,应指出的是,尽管它广泛引用了其他仲裁庭的决定,本案仲裁庭没有通过提出自己的理由对案件进行非常详细的分析。这进一步证实,至少在解释 FET 义务方面,判例起着重要作用。

投资的判例还表明,程序公正、不歧视、透明和拒绝司法被认为是 FET 的主要内容。这并不意味着实践中的一致性。相反,正如 *CMS* 案中的临时废除委员会所指出的那样,"提交至 ICSID 的仲裁案件中引用了公平公正的标准……在这方面,仲裁庭的做法存在一些差异"〔77〕。下文讨论的案例是说明性的而不是结论性的。

1. 程序公平

程序公平的存在(或不存在)对于确定外国投资者是否得到公正和公平对待至关重要。从本质上讲,程序公正要求东道国确立司法和行政程序,以便充分了解外国投资者的权利和利益。例如,这可能涉及正当程序和拒绝司法的原则。〔78〕 通过分析 ADC〔79〕案说明这个问题。

在解决与征收有关的正当程序的问题时,本案仲裁庭表示,这一原则"要求外国投资者实际启动实质性的法律程序,以对已经采取或即将采取的剥夺权利的行动提出主张"〔80〕。仲裁庭认为,东道国有义务维持"合理的预先通知、公正的听证会以及评估争议行为的公平公正的审判员"等基本法律机制。〔81〕 与此同时,这种法律机制"必须具有一种性质,即在合理的时间内给受影响的投资者一个合理的机会来主张其合法权利并听取其要求"〔82〕。易言之,在 ADC 案仲裁庭看来,东道国必须首先拥有可用的法律程序,然后必须使它们以合理的方式运作。

对这种正当程序的要求不仅体现在征用的方面,还要求落实 FET。关于涉嫌违反 FET 的指控,本案仲裁庭认为这必须"根据每个具体案件的具体情况确定"〔83〕。由于仲裁庭发现被告未能维持与征收有关的法律机制,违反了正当程序要求,因此毫不犹豫地断定被告亦违反了 FET。这并非不合理,因为就正当程序的要求而言,在执行与 FET 有关的规定和征用中不需加以区分。

---

〔77〕 *CMS* 案, ICSID 案件号 ARB/01/8, Decision of the *ad hoc* Committee on the Application for Annulment,2007 年 9 月 25 日,第 299 段。

〔78〕 拒绝司法将在后续讨论。

〔79〕 参见 *ADC* 案, ICSID 案件号 ARB/03/16, Award, 2006 年 10 月 2 日。

〔80〕 参见同上,第 435 段。

〔81〕 参见同上。

〔82〕 参见同上。

〔83〕 参见同上,第 445 段。

Pope &Talbot 案也涉及程序公正问题。在该案中,仲裁庭认定 SLD 在对原告有关的某些信息进行核查时,违反了 NAFTA 第 1105 条。它指出,SLD 与原告之间的关系“更像是战斗而非合作式监管”,最终结果是原告“受到威胁,其对相关信息的合理要求遭到拒绝,需要承担不必要的费用和在满足 SLD 的信息要求方面受到干扰,被迫支付法律费用,并可能在政府圈中丧失声誉”[84]。因此,SLD 给予原告在核查审查程序方面的待遇被认为是“无可否认地拒绝 NAFTA 第 1105 条要求的公平待遇”[85],加拿大对此负有赔偿责任。

1998 年,不列颠哥伦比亚省降低了皇家土地上砍伐(立木费)的费用后,美国“引用了 SLA 的争议解决条款,声称这种减少具有补贴的效果,且由此导致从 BC 生产和出口的木材与 SLA 的不一致”[86]。在该案件作出决定之前,加拿大和美国达成了一项协议,该协议将增加对 BC 软木木材出口产品收取的费用,且加拿大政府设立了一项“超级费用”,以对大量过量的配额收费。Pope & Talbot 表示,由于它是不列颠哥伦比亚省最大的软木木材出口方,“超级费用措施的效果是以不公正和不公平的方式形成出口限制”[87]。最后,该案仲裁庭发现,尽管不列颠哥伦比亚省的所有软木木材生产商都从该省立木费的降低中受益,但“只有那些出口超过配额的生产者才以超级费用的形式受到处罚”[88]。最后仲裁庭得出的结论是,加拿大分摊了与美国解决争端的费用,鉴于公众人数众多,综合考虑解决方案影响的不列颠哥伦比亚省生产者以及 SLA 本身的装运水平的等级,(并不构成)对原告的“公正和公平待遇”权利的侵犯。[89]

RDC 诉危地马拉案[90]是根据 DR - CAFTA 提起的第一起案件。原告铁路开发公司自身和代表危地马拉公司 Compañía Desarrolladora Ferroviaria, S. A.,通过 ICSID 提起针对危地马拉的仲裁,该公司以 Ferrovías Guatemala(FVG)开展业务,并由原告持有和控制多数股权。在铁路投资和管理业务中,原告获得了长达 50 年的在危地马拉提供铁路服务的基础设施的权利,以及重建和运营危地马拉铁路系统的权利。后来,FVG 与危地马拉国有公司 Ferrocarriles de Guatemala(FEGUA)签订了一份使用权合同,该公司负责提供某些铁路运输服务并管理铁路设备和房

---

〔84〕 参见前引〔44〕,*Pope &Talbot* 案, Award on Merits,第 181 段。
〔85〕 参见同上。
〔86〕 参见同上,第 132 段。
〔87〕 参见同上,第 150 段。
〔88〕 参见同上,第 153 段。
〔89〕 参见同上,第 155 段。
〔90〕 参见 *RDC* 案, ICSID 案件号 ARB/07/23, Award, 2012 年 6 月 29 日。

地产资产。该使用权合同授予 FVG“FEGUA 拥有的铁路设备的使用、享用、维修和维护的权利,以提供铁路运输服务”[91]。然而,该合同从未生效,因此 FVG 和 FEGUA 签订了一份新合同,使 FVG 能够提供商业服务。

2005 年 6 月 26 日,FVG 针对 FEGUA 发起了两起违反合同的国内仲裁,指控 FEGUA 未能将擅自占地者从铁路通道中移除,且未能向铁路信托基金付款。危地马拉总检察长随后发表了一项意见,指出签署第二份合同违反了合法有效执行协议所需的规则和程序。随后,2006 年 8 月 25 日,危地马拉政府发布决议,宣布使用权合同损害国家利益(以下简称“Lesivo 宣言”)。

根据原告的指控,争议源自危地马拉未能(通过 FEGUA)将擅自占地者从铁路运输途中移走,且未能向铁路信托基金支付所需款项,以及被告发布的 Lesivo 宣言。在原告看来,危地马拉违反了 DR – CAFTA 要求的最低标准,其中第 10.5 条规定:“1. 各缔约方应根据习惯国际法保障投资的待遇,包括公正和公平待遇以及充分保护和安全。2. 为更加确定,第 1 款规定了习惯国际法对外国人的最低待遇标准,作为所涵盖的投资的最低待遇标准。‘公正公平待遇’以及‘充分保护和安全’的概念不包括该标准所要求的之外的事项,也不产生额外的实质性权利。第 1 款规定的义务:(a)‘公正公平待遇’包括基于世界主要法律制度所体现的适当程序原则,不在刑事、民事或行政裁决程序中否认司法的义务;和(b)‘充分保护和安全’要求每个缔约方提供习惯国际法所要求的警察保护水平。”

原告还辩称,被告违反了包括 FET 在内的最低待遇标准,因为其适用了 Lesivo 程序,原告认为,“危地马拉缺乏实质法律基础,未向投资者提供正当程序;(所以)在实践中,如同本案情况一样,被告可以使用其权力,以避免或强制重新谈判有效的行政合同而无须赔偿投资者”[92]。

RDC 案仲裁庭注意到,Lesivo 宣言被视为政府以国家损害为由不履行合同义务的措施。[93] 实质上,与 Lesivo 宣言有关的问题是政府机构 FEGUA 的行为违反了当地的程序和法律。然而,在仲裁庭看来,被告未解释其为何不批准原始合约。[94] 因此,*RDC* 案仲裁庭得出结论,认为被告人“以捍卫法治的形式正确的外衣下适用 Lesivo 救济措施,(但)实际上是因为与 Lesivo 的调查无关的严格让

---

〔91〕 参见同上,第 32 段。
〔92〕 参见同上,第 48 段。
〔93〕 参见同上,第 85 段。
〔94〕 参见同上,第 226 段。

步”[95]。*RDC* 案仲裁庭裁决的原因包括:(1)被告完全了解原始合同,(2)FVG 提供服务超过 7 年,以及(3)FEGUA 持续收到 FVG 的付款。在这种情况下,即使 FEGUA 在签订合同时出现越权的错误,被告也应该纠正这些错误。[96] 易言之,应该禁止被告以违反其法律作为不遵守国际义务的抗辩理由。最后,*RDC* 案仲裁庭得出结论认为,被告采用 Lesivo 救济措施的方式违反了 DR - CAFTA 第 10.5 条规定的最低标准,即本质表现出“任意、极不公平和不公正”[97]。

应指出的是,*RDC* 案仲裁庭的决定是基于使用 Lesivo 救济措施的方式而不是 Lesivo 救济措施本身。这里强调的是,事实上违反正当程序的要求很重要,因为在大多数情况下,东道国可能有一个明显的现代法律体系,其中包括正当程序原则,但该体系可能无法以当代习惯国际法要求的方式运作。除非充分处理此类事实上的违规行为,否则无法有效实施与 FET 有关的规定。在这方面,*RDC* 案的决定说明了应如何处理与正当程序有关的问题。

TECO Guatemala Holdings LLC 诉危地马拉案[98]也以独特的方式触及程序公正问题。在该案中,原告 TECO 危地马拉控股有限责任公司是一家美国公司,由 TECO Energy Inc. ,(亦由一家美国公司)全资拥有。当被告将其电力行业私有化时,原告对危地马拉的配电业务进行了投资。该争议源于危地马拉监管机构,即国家电力委员会(National Commission of Electric Energy,CNEE)违反危地马拉法律,该法律规定了一家从事电力分配业务的公司 EEGSA 的电力分配关税,[99]公司部分归原告所有。具体而言,原告辩称,被告违反了 DR - CAFTA 规定的 FET 义务,理由有两个:(1)修改法律和监管框架,这与其陈述相反;(2)开展与关税审查程序有关的不公平和任意行为。[100]

TECO 案仲裁庭指出,投资仲裁庭应尊重主权国家的监管权力。[101] 与此同时,它认为这种尊重“不能构成宽容行为,而这种行为明显是任意的、特殊的,或者在监管过程的传导中完全缺乏坦率”[102]。易言之,对国家监管权力的尊重应以不

---

〔95〕 参见同上,第 234 段。

〔96〕 *RDC* 案仲裁庭认为东道国可能会犯错误,与此同时,它应该纠正其他人本着诚意所依赖的错误并造成的对他们利益的损害。参见同上,第 116 段。

〔97〕 参见同上,第 235 段。

〔98〕 参见 *TECO Guatemala Holdings LLC* 诉危地马拉案(以下简称“*TECO* 案”),ICSID 案件号 ARB/10/17, Award, 2013 年 12 月 19 日。

〔99〕 参见同上,第 79 段。

〔100〕 参见同上,第 265 段。

〔101〕 参见同上,第 490 段。

〔102〕 参见同上,第 492 段。

构成滥用权力的国家的行为或不作为为前提，例如，通过作出武断的决定，无视法律规定的程序或歧视外国投资者。[103] *TECO* 案的一个问题是 CNEE 是否因没有考虑专家委员会的建议而违反了 FET。本案仲裁庭裁定："提供专家裁决机制但同时允许监管机构无任何理由无视专家委员会的结论是完全不一致的。"[104] 它认为："缺乏理由可能与评估某项决定是否具有任意性以及行政诉讼中是否缺乏正当程序有关。"[105] 这是因为，被告有责任认真考虑专家委员会的结论。证明已经认真考虑的一种方法是提供不接受委员会建议的理由。即使专家委员会的调查结果没有约束力，情况也是如此。[106]

TECO 案裁决的独特之处在于，案件涉及的问题不是监管机构是否遵守了法律规定的程序，而是如何使用中立机构，即专家委员会的建议。尽管法律规定了委员会，但法律没有明确规定 CNEE 必须在其决策过程中考虑委员会的意见。在这种情况下，如果监管机构无法根据委员会的建议或结论作出决定，后者的存在将是多余的。同时，由于委员会不是裁决机构，其结论或意见对 CNEE 无约束力。*TECO*案仲裁庭并未要求 CNEE 遵循专家委员会的建议，但明确表示 CNEE 有责任说明不考虑该建议的理由。通过这种方式，*TECO* 案裁决从间接法律要求的角度审视程序公正，丰富了国际投资法的判例。

2. 非歧视

非歧视是 FET 标准的另一个重要组成部分。[107] 正如 *CMS* 案仲裁庭所说："任何可能涉及任意性或歧视的措施本身都与公正和公平的待遇相悖。"[108] 因此，将非歧视作为 FET 标准的一个要素是很正常的。韦勒（Weiler）在对 NAFTA 的评论中说："基本上有两种类型的禁止歧视，包含在《北美自由贸易协定》的四个单独条款中：第 1102、1103、1105 和 1110 条。一种禁止是国际法明确的绝对标准。另一种是比较测试，旨在确保结果的公平性。这两项标准共同禁止任何歧视外国投资者以及投资者最期望的投资方式的政府行为。"[109]

---

〔103〕 参见同上，第 587 段。

〔104〕 参见同上，第 584 段。

〔105〕 参见同上，第 587 段。

〔106〕 参见同上，第 670 段。

〔107〕 例如，ECT 第 10（1）条规定，"投资也应得到最持续的保护和安全，任何缔约方均不得以不合理或歧视性措施对其管理、维护、使用、享受或处置造成损害。"

〔108〕 参见前引〔17〕，*CMS* 第 Award，第 290 段。

〔109〕 参见 Todd Weiler，"Saving Oscar Chin：Non – Discrimination in International Investment Law"，in Todd Weiler，ed.，*International Investment Law and Arbitration：Leading Cases from the ICSID*，*NAFTA*，*Bilateral Treaties and Customary International Law*，Cameron May，2005 年，第 559 页。

在实践中，歧视的确定必须基于与类似的情况和类似的案件的比较。例如，在确定是否以歧视的方式对待外国投资者时，必须有另一个外国投资者或当地投资者在同一块业务并且已经在相同或类似的业务上进行投资。在这种情况下，如果外国投资者的待遇比其他外国投资者或当地投资者更差，则可以判断存在歧视，除非差别待遇是合理的，即基于合法的国家目标。因此，在确定歧视是否已经发生时，必须考虑三个因素，即类似情况、不同的待遇和理由。

在 *Parkerings - Compagniet A. S.* 诉立陶宛案〔110〕中，仲裁庭得出结论认定，歧视的确定并不取决于东道国具有恶意的证据。然而，对于违反国际法的歧视，它"必须是不合理的或缺乏相称性，例如，对于除实现国家的合法目标之外的目标而言，它必须是不合适的或过度的"〔111〕。*Parkerings* 案仲裁庭的观点得到了 *Siemens* 案仲裁庭的认可，即认为"对于确定歧视，意图不具有决定性或必要性，并且……该措施对投资的影响将是确定是否导致非歧视性待遇的决定因素"〔112〕。*LG &E* 案仲裁庭认为，任何意图或歧视性影响都足以证明违反了不歧视的要求。它指出："基于投资条约，以及其中的不歧视外国投资者的义务，如果该措施的意图是歧视或该措施是否具有歧视性效果，则该措施被视为具有歧视性。"〔113〕在实践中，投资仲裁庭通常强调措施的效果，而非在确定该措施是否具有歧视性时分析当局采取措施的意图。

"效果测试"是一种合理的方法。毕竟，确定外国投资或投资者是否受到歧视待遇的重要因素是结果，即使东道国有好的意图，也可能构成歧视。同时，如果由于缺乏信息而需要将具有恶意作为条件，外国投资者即使被以歧视的方式对待，也可能无法证明歧视的存在。因此，无论是从运作角度还是从公平角度考虑，都应采用效果测试。

确定歧视的另一个方面是投资者或有关投资以及用以比较的投资者/投资者必须处于类似情况。*Parkerings* 案仲裁庭将"类似情况"界定为两个投资者处于"相同经济或商业部门"的情况，但发现尽管目标和场地相似，原告与用以比较的投资者之间的"规模差异"以及原告将建设项目显著扩展到敏感的考古和文化区

〔110〕 参见 *Parkerings - Compagniet A. S.* 诉立陶宛案（以下简称"*Parkerings* 案"），ICSID 案件号 ARB/05/8，Award，2007 年 9 月 11 日。

〔111〕 参见同上，第 368 段。

〔112〕 *Siemens* 案，ICSID 案件号 ARB/02/8，Award，2007 年 2 月 6 日，第 321 段。

〔113〕 *LG &E* 案，ICSID 案件号 ARB/02/1，Decision on Liability，2006 年 10 月 3 日，第 146 段。

域这一情况"非常重要,足以确定两个投资者不在同样的情况下"[114]。仲裁庭还认为,各地方机构在反对原告项目时提出的考古和环境问题是证明被告措施合理的正当理由。[115]

在前面讨论过的 *ADC* 案中,被告被发现侵占了原告的机场项目,用英国运营商取代了原告。被告辩称,只有外国人参与机场的运作,因此不存在任何歧视。*ADC* 案仲裁庭指出,基于本案的情况,必须比较"被告指定的经营者的待遇与外国投资者整体的待遇"[116]。最后,其认为被告对原告存在歧视。[117] 歧视并不取决于有关各方是否都是外国投资者,关键因素是那些处境相似的人是否受到同样的待遇。

实际上,如果外国投资者和另一方(外国投资者或国内投资者)处于类似情况,任何差别待遇都可能是不合理的。即使是其他条约规定的义务也可能不是差别待遇的合理理由。*Petrobart* 案[118]对此具有说明意义。该案涉及在直布罗陀注册的公司,原告 Petrobart 与吉尔吉斯共和国国有公司 KGM 之间签订有稳定凝析油供应和购买合同。根据吉尔吉斯斯坦共和国总统令,购买天然气应由财政部资助,并由 KGM 偿还。当 KGM 进入破产程序时,尚未向 Petrobart 付款,原告称被告特别违反了 ECT 第 10 条第 1 款和第 7 款关于不歧视的义务。诉求的理由是被告已经支付 KGM 破产案外中亚银行的索赔的款项。被告辩称,向中亚银行支付的款项是根据与乌兹别克斯坦的双边协议支付的。仲裁庭裁定被告"对两个投资者的投资,即中亚银行和 Petrobart,存在歧视"[119]。这种判定似乎是有充分理由的,因为 ECT 是一项多边条约,其地位不低于双边条约。因此,两个投资者,即中亚银行和原告,也处于类似情况。由于原告受到的待遇比中亚银行差,因此可以很容易地确定存在歧视。

如果外国投资者和国内投资者属于同一商业或经济部门,也可以进行比

---

〔114〕 参见前引〔110〕,*Parkerings* 案,第 396 段(原文标注重点)。
〔115〕 参见同上。
〔116〕 参见前引〔79〕,*ADC* 案,第 442 段。
〔117〕 参见同上,第 443 段。
〔118〕 参见 *Petrobart* 案, Stockholm Chamber of Commerce, Award, 2005 年 3 月 29 日。
〔119〕 参见同上,第 59 页。

较。[120] 在 *United Parcel* 案[121]中，仲裁庭发现作为一家美国快递服务公司的原告与加拿大政府邮政服务并不处于类似的情况，因为"邮政运输和快递运输之间存在固有的区别，且处理作为邮件进口的货物和通过快递进口的货物的实施程序各异"[122]。

然而，在 *Feldman* 案中，仲裁庭认为，在某些情况下，即使外国投资者和国家投资者处于类似情况下，为"更好地控制税收，(或)劝阻走私，保护知识产权，禁止灰色市场销售，即使其中一些可能是反竞争的"，对他们采取不同的处理仍然是合理的。[123] 至于可能构成类似情况的情况，该案仲裁庭表示，在类似情况下的投资者是那些从事相同的出口卷烟采购业务的人。[124]

在这方面，UNCTAD 关于国民待遇的报告也提供了帮助。通过考虑 GATT / WTO 的经验，它观察到在实践中确定处于类似情况并不容易。[125] 是否存在"类似情况"的问题"需要根据案件的事实来确定"[126]。UNCTAD 援引 OECD 的报告认为，确定类似情况的最重要问题包括"这两个企业是否属于同一部门；东道国政策目标在特定领域的影响；以及措施背后的动机"[127]。

S. D. Myers 案仲裁庭认为，"部门"一词具有广泛的内涵，包括"'经济部门'和'商业部门'的概念"[128]。

可以肯定的是，投资仲裁实践倾向于同意歧视涉及对外国投资者和国民或处于"类似情况"的外国投资者的差别待遇，而后者被认为意味着"处于同一经济或商业领域"。如果某一特定外国投资者获得的待遇较差，则除非能够证明存在差异

---

〔120〕 例如，*Pope & Talbot* 案仲裁庭认为，"(NAFTA)第 1102(2)条保护的外国投资的待遇应与同一商业或经济部门的国内投资进行比较"。参见前引〔38〕，*Pope & Talbot* 案，Award on the Merits，第 78 段。

〔121〕 参见 *United Parcel Service of America Inc.* 诉加拿大案(以下简称"*United Parcel* 案")，UNCITRAL，Award on the Merits，2007 年 5 月 24 日。

〔122〕 参见同上，第 98 段。

〔123〕 *Marvin Feldman* 诉墨西哥案(以下简称"*Feldman* 案")，ICSID 案件号 ARB(AF)/99/1，Award，2002 年 12 月 16 日，第 170 段。

〔124〕 参见同上，第 172 段。

〔125〕 参见 UNCTAD，*National Treatment*，UN Doc. UNCTAD/ITE/IIT/11 (Vol. IV)，1999 年，第 33 页。

〔126〕 参见同上。

〔127〕 参见同上。罗哈斯(Rojas)在审查了一些投资案例后得出结论："如果两个或更多投资者或投资在相同的行业中运作，那么这可说明一些问题。"(原文标注重点)参见 Fernando Gonzalez Rojas，"The Notion of Discrimination in Article 1102 of NAFTA"，Jean Monnet Working Paper 05/05，NYU School of Law，2005。

〔128〕 *S. D. Myers Inc.* 诉加拿大案(以下简称"*S. D. Myers* 案")，UNCITRAL，First Partial Award，2000 年 11 月 13 日，第 250 段。

的正当性,否则将确认存在歧视。这与 GATT/WTO 的做法非常相似,尽管投资中的类似情况更难以确定,而且在大多数情况下必须通过考虑所涉案件的所有相关因素来确定。

3. 透明度

透明度也是 FET 的重要组成部分。但是,双边投资协定和自由贸易协定并未规定透明度是 FET 要求的一部分。在投资条约仲裁中,涉及对其他条款的解释时,仲裁庭对透明度标准作出了不同的解释。在这方面,*Tecmed* 案仲裁庭是那些采用高标准要求的代表。它表示,"外国投资者希望东道国以一致的方式行事,不与外国投资者的关系模糊不清,而是要完全透明"[129]。这种立场意味着东道国有积极的义务,任何遗漏都可能触发责任。由于双边投资协定和自由贸易协定中没有这种要求,各国是否有这样的义务以有力地采取行动是有争议的。

相反,*Waste Management II* 案仲裁庭将透明度与国际最低待遇标准联系起来,特别是行政程序的程序透明度。它指出:"如果行为……涉及在行政程序中完全缺乏透明度的问题,那么归因于国家的行为侵犯了公平和公正待遇的最低标准,对原告有害。"[130] 显然,"完全缺乏透明度"这一表述非常模糊,因此需留待仲裁庭决定。该标准和 *Tecmed* 案仲裁庭采用的标准处于透明度要求的两个极端。

尽管条约仲裁实践存在差异,但应指出,透明度是任何受法治管辖的社会和大多数多边组织(如 WTO 和世界银行)的一般要求。虽然不同的仲裁庭可能因其面临的情况而强调透明度的某些方面,但人们普遍认为,透明度涉及行政程序的公开性以及实质性决策的理由。例如,公众特别是外国投资者,应该知道,获得许可所需的程序阶段,以及预计在什么时间框架内作出决定。另一个相关因素是必须客观地作出决定。为此,在作出决定时,最重要的是,如果决策不利于投资者,则应在决策中说明理由。根据这些具体要求,透明度是否要求东道国积极主动是无关紧要的,并且可能不会将其视为非常灵活的标准。[131]

---

〔129〕 参见前引〔33〕,*Tecmed* 案,第 154 段。

〔130〕 参见前引〔71〕,*Waste Management II* 案,第 98 段。

〔131〕 *Waste Management II* 案仲裁庭表示,"在某种程度上,标准是灵活的,必须根据每个案件的情况进行调整"。参见同上,第 99 段。

4. 拒绝司法

国际法中没有明确界定拒绝司法的概念[132]，尽管有些人认为其起源可以追溯到中世纪的私人报复规则。[133] 传统观点认为，拒绝司法只涉及法院的行为和疏忽。在当代，特别是涉及国际法的，认为“每一次涉及国家责任的损害都由法院或法官正式行事，或者政府任何机关以其官方身份造成的与司法行政的每一种伤害都构成……拒绝司法”[134]。这种做法的好处是，所有形式的拒绝司法都得到了涵盖，各国不能仅仅因为这些人或机构根据国家法律处于不同的斗篷或头衔之下而逃避责任，即使他们的行为或不作为归咎于国家。这种情况为投资条约仲裁庭进一步解释、界定和重新界定“拒绝司法”这一术语留下了很大的空间，因为他们必须基于争议各方的论点作出决定。

在当代国际投资法中，学术界和仲裁庭都认为拒绝司法是 FET 的一个组成部分。[135] 这方面投资仲裁的主要案例是 *Loewen* 诉美国案[136]，根据该案件，拒绝司法的确立应取决于东道国司法管理机构的行为和不作为的影响，因此，不必证明具有恶意。*Loewen* 案仲裁庭裁定：“在缺乏正当程序的意义上表现出不公正，而导致存在对司法适感的侵犯就足够了。”[137]

前面讨论过的 *Mondev* 案也涉及拒绝司法，正如原告所称，这是习惯国际法中最低待遇标准的一个重要方面，根据该案，它包括不当拖延或拒绝接触东道国的法院或外国投资者遭受的明显不公正的判决。该案中的原告阐明了支持其与拒绝司法有关的诉求的三个主要理由，它们包括：(1)马萨诸塞州最高司法法院(Supreme Judicial Court，SJC)忽视了双方签订的合同，大大偏离了既定的判例；(2)法院未将

---

[132] Freeman 认为，在国际法文献中有六种类型的拒绝司法。参见 Alwyn Freeman, *The International Responsibility of States for Denial of Justice*, Longman, London/New York, 1938 年，得到 R. Doak Bishop, James Crawford and W. Michael Reisman 引用，*Foreign Investment Disputes: Cases, Materials and Commentary*, Kluwer Law International, 2005 年，第 976 页。

[133] 参见 Jan Paulsson, *Denial of Justice in International Law*, Cambridge University Press, 2009 年，第 13 页。

[134] 参见同上，第 64 页。

[135] 例如，Dolzer 和 Schreuer 说：“公平程序是法治的基本要求，也是 FET 的重要组成部分。这与拒绝司法这种国际违规是对立的。”参见 Rudolf Dolzer and Christoph Schreuer, *Principles of International Investment Law*, Oxford University Press, 2008 年，第 142 页。*Jan de Nul* 案仲裁庭亦表示，“公正和公平的待遇标准包括拒绝司法的概念”。参见 *Jan de Nul N. V. and Dredging International N. V.* 诉埃及案，ICSID 案件号 ARB/04/13, Award, 2008 年 11 月 6 日，第 188 段。

[136] 参见 *The Loewen Group, Inc. and Raymond L. Loewen* 诉美国案，ICSID 案件号 ARB(AF)/98/3, Award, 2003 年 6 月 26 日。

[137] 参见同上，第 132 段。

案件还押给陪审团；及(3)从事商业活动的公共当局不应有权获得故意侵权的法定豁免权。但是，该案仲裁庭没有被这些论点说服，因此驳回了原告提出的每一个理由。它认为，根据习惯国际法，SJC 的决定并非如此武断，以至于达到拒绝司法的程度。仲裁庭在批准的情况下引用了 *Azinian* 诉墨西哥案仲裁庭的决定："如果相关法院拒绝受理诉讼，如果他们受到不应有的拖延，或者他们以严重不足的方式执法，那么就可以申请拒绝司法……还有第四种拒绝司法，即明确的和恶意误用法律。这种类型的错误无疑与'伪装运作'的概念重叠，以掩盖违反国际法的行为。"〔138〕

在 *Mondev* 案仲裁庭看来，在确定拒绝司法时，测试关注的不是"特定的结果是否令人惊讶，而是由于公正的法庭引起的震惊或意外是否可佐证对司法的合理的关注导致的结果的适当性"〔139〕。*Mondev* 案仲裁庭表示，在进行这种评估时，仲裁庭必须牢记，它不是一个上诉法院。*Mondev* 案中确立的标准是"普遍接受的司法标准"，受质疑的决定本身"显然是不正当和可信的"〔140〕，证明存在拒绝司法。

在国际投资法中，无法接触负责司法救助的地方当局是拒绝司法的最重要证据。*Iberdrola* 案仲裁庭认为，可以通过"无理拒绝法院审理其管辖范围内的事项或采取任何妨碍诉诸司法的国家行动"或"国家机构的决定或行动，显然是武断的、不公平的、特殊的或延迟的" 来确定拒绝进入。〔141〕 *Parkerings* 案仲裁庭在就违反合同提出补救时表示了一种类似的观点："……如果缔约方被拒绝进入国内法院，从而无法获得赔偿机会，并且(在合同规定的国内平台上)存在违反合同的行为，那么仲裁庭基于双边投资条约，就持有这样的立场，即确定这种救济措施的缺乏是否会对投资产生影响，从而确定是否违反国际法。易言之，作为一般规则，管辖权完全基于双边投资条约的仲裁庭将决定所谓违反合同在国内范围内的'待遇'，而不是违反(合同)的存在。"〔142〕

应指出的是，*Iberdrola* 案和 *Parkerings* 案仲裁庭都认为法院在处理案件时的不当拖延可能构成拒绝司法。司法延迟是否认正义。正如 *Chevron* 诉厄瓜多尔 *I*

〔138〕 参见 *Azinian* 诉墨西哥案，(1999) 39 *ILM* 537，第 552 页。

〔139〕 参见前引〔63〕，*Mondev* 案，第 127 段。

〔140〕 参见同上。

〔141〕 参见 *Iberdrola Energia S. A.* 诉危地马拉案(以下简称"*Iberdrola* 案")，ICSID 案件号 ARB/09/5，Award，2012 年 8 月 17 日，第 432 段（作者对原文西班牙语进行了翻译）。

〔142〕 参见前引〔110〕，*Parkerings* 案，第 316 ~ 317 段。

案仲裁庭的观点,“延迟本身通常证明了东道国制度的普遍缺乏”[143]。因此,国际仲裁庭认为不当拖延是拒绝司法的可能性对促进国内法律制度的法治具有积极作用。

然而,假设一个特定的司法机构由于效率低下或案件拥挤而出了名的慢,外国投资者意识到这种情况。随后可提出一个论点,即在其他司法管辖区被视为过长的延误在相关国家则可能不会被视为延误。例如,在 *Toto* 案中,仲裁庭指出,“国际法没有严格的标准来评估法院的延误是否是一种拒绝司法”[144]。

事实上,不仅国际法在这方面没有严格的标准,而且法院的延误可能涉及其他无法量化的因素,如文化和其他因素。在这方面,*White Industries* 案仲裁庭确定以下因素与判断法院拖延是否构成拒绝司法有关:“……程序的复杂性,迅速的需要,所涉诉讼当事人的行为,以及切身利益的意义和法院本身的行为。”[145] *White Industries* 案中的一个重要问题是,原告在进行投资时意识到或应该意识到法院结构负担过重,因此无法有任何合理的期望,即在东道国执行仲裁裁决将是有效率的。[146]

诉讼当事人的行为也是一个重要因素,可以极大地推迟和延长诉讼程序。[147] 有时,预计会败诉的一方可能会尽一切努力推迟法院作出裁决。在这种情况下,要求东道国负责是不公平的。在其他一些时候,诉讼文化本身可能会导致法庭诉讼的实质性延误。例如,普通法诉讼律师可能花费数天时间对证人进行盘问,而大陆法系律师通常不需要那么多时间。因此,文化方面也是拒绝司法的重要考虑因素。

虽然简单的法院延迟可能不等于拒绝司法,但根据 *Loewen* 案仲裁庭的观点,违反当地法律的歧视可能构成拒绝司法。[148] 然而,如果东道国的制度内有补救办法,则在用尽当地救济措施之前不应确定为拒绝司法。易言之,在东道国制度经过检验或用尽之前,不存在可能构成拒绝司法的违反国际义务的行为。基于 *Loewen* 案仲裁庭的表述:“可以通过司法程序质疑的法院判决在国际层面不构成司法审

---

〔143〕 *Chevron Corporation and Texaco Petroleum Company* 诉厄瓜多尔案(以下简称“*Chevron I* 案”), Partial Award on the Merits, 2010 年 3 月 30 日,第 329 段。

〔144〕 *Toto* 案, ICSID 案件号 ARB/07112, Decision on Jurisdiction, 2009 年 9 月 11 日,第 155 段。

〔145〕 *White Industries* 案, UNCITRAL, Final Award, 2011 年 11 月 30 日,第 10.4.10 段。

〔146〕 参见同上,第 10.3.14 ~ 10.3.16 段。

〔147〕 例如,在 *White Industries* 案中,被告认为原案件“在印度法院审理之前的长时间拖延完全是 White 的诉讼策略”,尽管仲裁庭驳回了这一论点。参见同上,第 10.14.15 ~ 10.4.16 段。

〔148〕 在这件事上,*Loewen* 案仲裁庭指出:“根据国际法,违反国内法并且歧视外国诉讼人的决定构成不公正。”参见前引〔136〕,第 135 段。

判的原则与国际法规定的国家构建公平有效的司法制度的义务有关。"[149]事实上，*Loewen*案仲裁庭所阐述的是一种平衡的做法，一方面要求外国投资者用尽当地救济措施，另一方面要求东道国履行部分义务以提供公平有效的制度，外国投资者可以行使其上诉权。因此，如果提出上诉时"有使行使权利不切实际的情况，则行使权利既不可用也不有效也不充分"[150]。此外，如果一国"直接或间接地加重行使权利的压力，以使原告遭受严重的财务后果"[151]，东道国应承担责任。因此，必须考虑到每个案件的具体事实来决定是否用尽当地救济措施的问题。

*Loewen*案仲裁庭的立场已得到其他仲裁庭支持。在*Jan de Nul*案中，仲裁庭认为"必须使被告国能够纠正其司法机构的不法行为"[152]。*Jan de Nul*案仲裁庭在引用*Paulsson*案判决后进一步指出："易言之，除非'整个系统已经过测试且最初的不法行为仍未得到纠正'，否则(国家)不能承担责任。"[153]仲裁庭表示，这一规则的例外情况可能是，即使存在这样的制度，它也可能无法提供有效的补救措施或合理的成功预期。[154] *Iberdrola*案仲裁庭在批准原告的意见时指出："拒绝司法不仅仅是对当地法律的错误解释，而且是一种不仅仅是有能力的法官才能犯下的错误，且这种错误表明了未提供最低限度的适当司法制度。"[155]

在确定是否发生拒绝司法时，仲裁实践的一般趋势是要求该事项必须已经过东道国的整个系统。这是合乎逻辑的，因为在原告可以有其他补救办法的情况下，国际仲裁庭要求国家对拒绝司法负有责任还为时过早。[156] 它也是对东道国监管权力的承认，这是国际投资法中的一个重要考虑因素。

人们普遍认为，国际投资仲裁庭在决定涉及拒绝司法的纠纷时，不应作为国家法院判决的上诉机构，这在理论和实践上都是重要的，并且在政治上是正确的。例

---

[149] 参见同上，第153段。

[150] 参见同上，第170段。

[151] 参见同上。

[152] 参见前引[135]，*Jan de Nul*案，第258段。

[153] 参见同上。

[154] 参见同上。

[155] 参见前引[141]，*Iberdrola*案，第432段(作者翻译原文西班牙语)。

[156] 该领域的学者也表达了类似的观点。例如，格林伍德(Greenwood)表示，"国家法院的决定，无论有多么严重的缺陷，都不等于国家承担拒绝司法的国际责任，除非该国的上诉制度和其他挑战下级法院裁决的不足之处的制度无法修正下级法院的决定中的缺陷，或者说它无法纠正外国人基于该决定遭受本应合理的可得的缺陷"。参见 Christopher Greenwood, "State Responsibility for the Decisions of National Courts", in M. Fitzmaurice and D. Sarooshi (eds.), *Issues of State Responsibility before International Judicial Institutions*, The Clifford Chance Lectures, Vol. 7, Hart Publishing, 2004年，第55~73页，第68页。

如,在 *Azinian* 案中,仲裁庭观察到:“然而,使国家对司法判决承担国际责任的可能性并不使原告有权要求对国家法院判决进行国际审查,就好像所提出的国际管辖权具有全面上诉管辖权一样。事实并非如此,北美自由贸易协定也不是这样的。”〔157〕

因此,在确定是否发生了拒绝司法时,需要考虑的事实是,法院或其他负责伸张正义的机构的决定是否构成违反有关条约义务。在菲茨茅斯(Fitzmaurice)看来,就法院判决而言,问题在于“法院是否犯有偏见、欺诈、不诚实、缺乏公正或严重无能”〔158〕。易言之,国际仲裁庭应关注外国投资者受到法院和东道国其他司法执法机构的待遇。除非法院存在严重的不公正或不当行为,否则可能不会违反条约义务,因此国际投资仲裁庭不应干涉。与此同时,国际仲裁庭必须具有文化敏感性。如果不适当考虑东道国的标准,他们应避免适用自己系统的标准。〔159〕

由于建立拒绝司法的敏感性,投资条约仲裁实践表明,仲裁庭在确认其存在时是谨慎的。在这个问题上,*White Industries* 案仲裁庭认为,适用的标准必须“严格”,因此,“国际仲裁庭对于国家应对国际拒绝司法的不法行为负责的判定应谨慎”。〔160〕 *White Industries* 案仲裁庭还引用了英国—墨西哥索赔委员会的分析,“显而易见的是,这种针对司法当局的严重的指责只能基于最有说服力的证据”〔161〕。*Chevron Ⅰ* 案仲裁庭持相同立场,指出:“构成拒绝司法的测试……一个很高的门槛。虽然标准是客观的,并不需要公开表现出恶意,但它需要证明‘一种特别严重的缺点和令人震惊的行为,且这种行为会给司法适当带来冲击,或者至少是惊讶’。”〔162〕

同样,在 *Feldman* 案中,仲裁庭认为:“如前所述,考虑到原告在所有重要时间都不受限制地进入墨西哥法院和行政程序,原告在 1993 年宪法保护的决定中取得

---

〔157〕 参见前引〔138〕,*Azinian* 案,第 99 段。

〔158〕 参见 G. G. Fitzmaurice, “The meaning of the term denial of justice”, 13 *BYIL* 93, 1932 年,第 113 ~ 114 页。

〔159〕 在这方面,*Waste Management Ⅱ* 案具说明性。该案仲裁庭指出:“某些裁决似乎是基于相当技术性的理由,但是信用证或担保的第三方受益人应该严格证明其权利的概念不是狭隘的或不寻常的……无论如何,然而这些案件可能是在不同的法律制度中决定的,本仲裁庭在联邦法院的判决中没有发现任何拒绝司法的行为,因为北美自由贸易协定仲裁庭已解释过这一概念。”参见前引〔71〕,*Waste Management Ⅱ* 案,第 129 段和第 130 段。

〔160〕 参见前引〔145〕,*White Industries* 案,第 10.4.8 段。

〔161〕 参见同上,引用 *El Oro Mining Railway Company* (*Great Britain*)诉墨西哥案, Great Britain – Mexico Claims Commission, Decision No. 55,1931 年 6 月 18 日, V RIAA 191,第 198 页。

〔162〕 参见前引〔143〕,*Chevron Ⅰ* 案,第 244 段。

胜利，且可以修改关于原告 1998 年提出的无效和评估诉求的决定，似乎不存在在本案中可能达到违反国际法的程度的正当程序或司法拒绝。”[163]

法院诉讼结果与地方法院处理案件的方式之间的区别很重要。它可以作为一种应确定为拒绝司法的标准。区分国内诉讼结果与正当程序的重要性还在于，投资仲裁庭很少涉及条约标准和习惯国际法标准是否相同的问题。[164] 可以说，由于拒绝司法是 FET 的一个组成部分，因此在建立拒绝司法时也应采用适用于 FET 的任何标准。然而，正如前面所讨论的，任何与拒绝司法有关的决定都涉及东道国的监管权力，并且具有文化敏感性。它可能对东道国关于国际投资法的看法和国际投资法的发展产生重大影响，因此应该相当谨慎。

5. 商业和法律框架的稳定性以及投资者的期望

东道国维持稳定的法律和商业环境将为外国投资者提供可预测性，以便他们能够规划自己的业务。很多时候，双边投资条约和自由贸易协定在其序言中都涉及这种稳定性。在实践中，仲裁庭经常将法律和商业环境的稳定性视为 FET 的一部分。例如，在 *Occidental Exploration and Production Co.* 诉厄瓜多尔案中，仲裁庭指出：“虽然条约没有规定公正和公平的待遇，但序言明确体现了当事方的同意，即‘为了维持稳定的投资框架和最大限度地有效利用经济资源’，这种待遇是可取的。因此，稳定的法律和商业框架是公平公正待遇的基本要素。”[165]

CMS 案仲裁庭也持类似观点，它指出：“然而，条约序言明确指出，所设想的保护的一个主要目标是，为了‘维持稳定的投资框架和最大限度地利用经济资源’，公平和公正的待遇是可取的。因此，毫无疑问，稳定的法律和商业环境是公平公正待遇的基本要素。”[166]

LG&E 案的重要事实与 *CMS* 案相似，该案仲裁庭在此方面与 *CMS* 案仲裁庭观点一致。它认为：“在考虑阿根廷和美国纳入公平公正待遇标准及其目标和宗旨的背景下，仲裁庭表示，条约序言中指出，两国同意‘公平和公正地对待投资是需要的，为了维持稳定的投资框架和最大限度地有效利用经济资源’……鉴于这些既定目标，本仲裁庭必须认为，在本案中，法律和商业框架的稳定是公正和公平待遇

---

〔163〕 参见前引〔122〕，*Feldman* 案，第 140 段。

〔164〕 在 *Iberdrola* 案中，在面对条约标准覆盖面是否比习惯国际法更广的问题时，仲裁庭表示“条约包括赋予投资者公平和公平待遇的义务这一事实本身并不意味着，如 Iberdrola 争辩的，条约的拒绝司法标准比习惯国际法的标准更为广泛”。参见前引〔141〕，*Iberdrola* 案，第 427 段。

〔165〕 *Occidental Exploration and Production Company* 诉厄瓜多尔案，UNCITRAL Arbitration，LCIA 案件号 UN 3467，Final Award，2004 年 7 月 1 日，第 183 段。

〔166〕 参见前引〔17〕，*CMS* 案，第 274 段。

的基本要素。"[167]

尽管上述段落的不合逻辑和不可信,但毫无疑问,一般稳定的法律和经济环境会鼓励外国投资,因为它降低了投资者的风险。问题是东道国在多大程度上有义务保持其法律和法律制度不变。

一些仲裁庭不同意稳定的法律或商业框架是 FET 的一部分的说法。例如,*El Paso*案仲裁庭指出:"……如果经常重复表明的'法律和商业框架的稳定性是公平公正待遇的基本要素'是真的,那么立法就永远不会改变:仅仅是提出这一主张就表明它无关紧要。如果严格适用这种行为标准,这是不现实的,也不是双边投资条约的目的,即各国保证投资所处的经济和法律条件将无限制地保持不变。"[168]

确实如此。第一,为了吸引外国投资,任何国家会放弃其监管权力以改变其法律制度,这是不可想象的。在这一点上,*Continental Casualty* 案仲裁庭同意 *El Paso* 案仲裁庭的观点,明确指出:"……如果一个国家承诺在时间和需要发生变化时不改变立法,或者对于发生任何类型或起源的危机的情况下,通过这样的规定将其联系起来,那将是不合情理的。这种对双边投资条约序言中稳定性的暗示将违背对条约的有效解释;依赖外国投资者的这种暗示将是错误的,而且实际上是不合理的。"[169]第二,各国需要通过根据世界发展和国内需要增加、删除和修订法律来修改其法律制度,这是常识。第三,考虑到义务的严肃性,在作出这种承诺的情况下,应明确规定,而不是仅仅在双边投资条约的一般含糊不清的前言中提及。

仲裁庭意识到严格强调稳定的困难。那些支持这一立场的人试图将法律和商业框架的稳定与外国投资者的期望联系起来。例如,在 *Eureko B. V.* 诉波兰案[170]中,根据荷兰和波兰双边投资协定进行临时仲裁,在波兰私有化过程中,原告通过股份购买协议(Share Purchase Agreement,SPA)在一家波兰领先的保险集团 PZU 进行投资,作为少数股东。原告预计将通过公开募股成为 PZU 的大股东,这反映在 SPA 的附录中。然而,公开发行从未发生过。原告辩称,被告特别违反了公平公正待遇的规定。本案仲裁庭指出:"本仲裁庭认为,Eureko 的投资,即其首次公开招股的合约权利,将导致其获得 PZU 的多数控制权,未获部长理事会和财政部长公正和公平地对待。RoP 的这些机构有意识地和公开地违反了 Eureko 的基本

[167] 参见前引[113],*LG&E* 案,第 124 段。

[168] *El Paso Energy International Company* 诉阿根廷案, ICSID 案件号 ARB/03/15, Award, 2011 年 10 月 31 日,第 350 段。

[169] *Continental Casualty* 案, ICSID 案件号 ARB/03/9, Award,2008 年 9 月 5 日,第 258 段。

[170] 参见 *Eureko B. V.* 诉波兰案(以下简称"*Eureko* 案"), Partial Award, 2005 年 8 月 19 日。

期望,这些期望是其在 PZU 投资的基础,并被记入 SPA,特别是第一附录。"[171]

显然,仲裁庭认为原告的合同中的期望是一个重要因素,这是被告对保险部门私有化的反应。[172] *Eureko* 案仲裁庭显然没有对原告的期望理由进行详细分析而得出这一结论,它也没有像其他仲裁庭那样解释建立投资者期望的先决条件。

在实践中,投资者的期望也受到某些限制。首先,它们必须合法合理。例如,在 *EDF* (*Services*) *Limited* 诉罗马尼亚案中,仲裁庭表示,它"同意其他仲裁庭表达的观点,即 FET 标准的一个主要组成部分是各方对其所做投资的合法、合理的期望"[173]。那么,问题就在于,如何确定某个投资者的期望是否合法、合理。*El Paso* 案仲裁庭指出:"'合法期望'的概念是一个客观的概念,它是投资者和东道国平衡利益和权利的结果。"[174]

Saluka 案仲裁庭提出了平衡法,该仲裁庭说:"为了确定外国投资者的期望是否合理和合理,东道国基于公共利益管理国内事务的合法权利必须被考虑在内。"[175] 在该案中,Saluka Investment B. V. 由其母公司 Nomura Group(一家日本公司)创建,作为根据荷兰法律进行投资的工具。20 世纪 90 年代末,Nomura 与捷克政府达成协议,通过银行私有化购买捷克四大国有银行之一(IPB)的大部分股份。Nomura 随后将收购的股份转让给 Saluka。此后,捷克政府采取措施协助三家国有银行,包括 Ceskoslovenskά obchodní banka a. s. (以下简称 CSOB),但不包括 IPB,因为后者是私有的。

收购完成后不久,捷克国家银行(Czech National Bank,CNB)对 IPB 的运营提出了质疑,并对此作出了负面报道。到 2000 年年初,IPB 面临严重的财务困难,并开始与捷克政府和 CSOB 进行谈判以寻求解决方案。由于无法达成拯救 IPB 的协议,捷克政府将其置于强制管理之下,捷克证券委员会暂停了 IPB 在市场上的交易。随后,CNB 批准了向 CSOB 出售 IPB。原告称,被告违反了公平公正待遇的

---

〔171〕 参见同上,第 232 段。

〔172〕 除了缺乏明确性之外,*Eureko* 案仲裁庭推理的简要性亦受到费尔泰(Fietta)的批评。参见 Stephen Fietta, "Expropriation and the 'Fair and Equitable' Standard: The Developing Role of Investors' 'Expectations' in International Investment Arbitration", *Journal of International Arbitration*, Vol. 23(5), 2006 年,第 375 ~ 399 页,第 390 页。

〔173〕 *EDF* (*Services*) *Limited* 诉罗马尼亚案, ICSID 案件号 ARB/05/13, Award, 2009 年 10 月 8 日,第 216 段。

〔174〕 参见前引〔168〕,*El Paso* 案,第 356 段。*El Paso* 案仲裁庭评论说,"合法的期望不能仅仅是投资者的主观期望,而是必须符合可以从情况中推断并适当考虑国家权利的客观期望"。参见同上,第 358 段。

〔175〕 参见前引〔48〕,*Salukasupra* 案,第 305 段。

义务。

在评估被告是否违反了这些义务时,*Saluka* 案仲裁庭表示:"投资者作出投资的决定是基于对投资时法律状况和整体商业环境的评估,以及投资者期望投资后,东道国的行为是公平合理的。"[176] 因此,仲裁庭认为,FET 与外国投资者的合理期望密切相关。*Saluka* 案仲裁庭甚至认为投资者的合法期望是 FET 标准的"主导因素",据此,被告"有义务在对待外国投资者时,避免投资者的合理和合理期望受挫"[177]。

然而,*Saluka* 案仲裁庭没有详细说明东道国可能以何种方式阻挠投资者的合法期望。实际上,它根本没有分析 FET 的具体内容。仲裁庭在其决定中简单地指出,就"其贷款政策所涉及的风险而言,IPB 与其他四大银行没有太大的差别"[178],因此,就国家援助而言,它应该与后者得到平等对待。*Saluka* 案仲裁庭似乎非常强调它认为被告的行为具有歧视性的影响,并指出"向特定公司或行业提供国家援助不得对外国投资者具有歧视性或不合理的损害"[179]。但是,它没有对 IPB 和其他银行的相似性进行详细分析。例如,IPB 是一家拥有外国投资的私人银行,而与之比较的银行则是国有银行。东道国是否对其持有的股份和私人实体承担相同的义务,其成功不会直接使国家受益(因为国家不是所有者)。至少可以说,东道国有义务在向外国投资者提供国家援助这一点已经超出了"合法期望"。这样的结论实际上违背了 *Saluka* 案仲裁庭所主张的东道国的合法权利也应受到保护的观点,尽管"一致性、透明度、公平性和非歧视性"[180] 是外国投资者可合理预期的基本要求。

投资者的期望也可能受到东道国政府严重疏忽的影响,尽管这种情况很可能仅在非常罕见的情况下发生。在 *PSEG* 诉土耳其案[181] 中,原告是 PSEG Global Inc.(以下简称 PSEG),两家美国公司,即北美煤炭公司和 Konya Ilgin Elektrik Üretimut ve Ticaret Limited Sirketi,这些公司在国家于 20 世纪 80 年代将其能源部

---

[176] 参见同上,第 301 段。

[177] 参见同上,第 302 段。

[178] 参见同上,第 320 段。

[179] 参见同上,第 446 段。

[180] 在这方面,*Saluka* 案仲裁庭指出,"受条约保护的外国投资者在任何情况下都可以恰当地期望(政府)真实地执行其政策,只要影响到投资者的投资,就可以合理地基于公共政策以及此类行为不应违反一致性和满足透明度、公平性和不歧视的要求提起诉求"。参见同上,第 307 段。

[181] 参见 *PSEG Global Inc. and Konya Ilgin* 诉土耳其案(以下简称"*PSEG* 案"), ICSID 案件号 ARB/02/05, Award, 2007 年 1 月 19 日。

门私有化时投资了土耳其发电行业。投资采用建设—运营—转移(Build - Operate - Transfer,BOT)项目的形式。投资两年后,土耳其宪法法院废止了一项相关的法律,因为它认为,BOT 项目构成了一项公共服务,且必须根据特许权合同开展。其还颁布了一项新法律,允许现有特许合同的当事方将其文书转换为私法合同,并将争议提交国内或国际仲裁。[182] 随后,投资结构被修改,原告和被告重新谈判合同。原告认为,在此过程中,被告表现出对该项目作出改变的意思,并声称其行为和不作为违反了 FET。

PSEG 案仲裁庭裁定被告因处理与原告的谈判中存在疏忽而违反了与 FET 有关的义务,并表示:"事实上,分歧的关键点没有得到回答,没有得到及时披露,当有证据表明这种持续存在和加剧的分歧时,其保持沉默,未进行重要的沟通,并且整体上有一种态度,即未提及必须结束没有进展的谈判的必要性,这些都是严重的行政疏忽和不一致的表现。"[183]

其他行为和疏忽体现在重新谈判的要求上,这些要求远远超出法律要求的目的和表现出管理当中的不一致。[184] *PSEG* 案的决定非常独特,因为东道国的行为确实远远超出了合理的外国投资者的预期。在正常的商业环境中,任何外国投资者都不希望东道国的法院宣布其与东道国的合同无效。

PSEG 案仲裁庭认为:"情况总体来看……提出了需要确保投资者按照土耳其和美国双边投资协定的要求运营的稳定和可预测的商业环境的问题。"[185] 它还认为:"在法律不断和无休止地变化的情况下,稳定不可能存在,其解释和实施也是如此。"[186] 在这方面,*PSEG* 案仲裁庭并未考虑被告鼓励外国投资以保证原告投资项目的成功的一般政策。[187] 这里的基本前提是,政策的变化不应被视为会影响投资环境的稳定性。

尽管维持稳定性作为 FET 的一个组成部分是总体发展趋势,但使用投资者的合法和合理的期望作为评估稳定性义务是否被违反的标准并非没有分歧。对此,*CMS* 案临时撤销委员会认为:"尽管由于投资者与东道国之间的交易过程可能会产生合理的期望,但这些并不是法律义务,即使它们可能与 BIT 中包含的公平公正

---

[182] 参见同上,第 15 段。
[183] 参见同上,第 246 段。
[184] 参见同上,第 247 ~ 250 段。
[185] 参见同上,第 253 段。
[186] 参见同上,第 254 段。
[187] 参见同上,第 243 段。

待遇条款的申请有关。”[188]应指出的是，临时撤销委员会的观点不仅与 *CMS* 案仲裁庭的观点相反，而且与一些其他仲裁庭提出的意见相反。

关于投资者的期望是不是法律义务的问题，取决于东道国政府的陈述以及外国投资者对此类陈述的依赖。如果声明具有一般性，则可能不会触发法律义务，因为它通常被视为政策声明。同时，如果来文或陈述相当于具体承诺，东道国政府必须对违反该承诺承担责任。在这种情况下，如果可能构成合理期望的，必须“根据每个案件的具体情况”，考虑所有相关因素。[189]

正如 *El Paso* 案仲裁庭所指出的那样，所有投资者都希望利益最大化，为了实现这一目标，他们必须依赖一系列因素，如经济和法律，但并非他们在这方面的所有期望都可以“被认为是合法、合理的”[190]。在确定期望是否合法、合理时，必须将东道国政府的承诺与其他通信信息区分开来，尽管外国投资者可能对这两种都存在依赖。

投资者有权期望东道国为其投资提供稳定的框架。与此同时，诚实和诚信是商业活动的基本要素，包括投资者与东道国之间的关系。如果投资者作出虚假陈述或未能在东道国要求提供进一步信息甚至作出承诺时进行全面披露，则投资者无权依赖于东道国的表述。在这种情况下，投资者的任何期望都不能被视为合法或合理。在 *Thunderbird* 诉墨西哥案[191]中，原告的业务是经营博彩设施，在投资之前，其咨询了墨西哥律师关于在该国开展业务的事宜。但是，他们没有就“在墨西哥进行其拟议行动所必需的确定性”得到任何保证。[192] 尽管如此，他仍签订了几份经营游戏设施的合同。原告随后写信给 de Gobierno de la Secretaria de Gobernación（以下简称 SEGOB）的总干事，就其拟开展的墨西哥博彩业务（Solicitud）询问有关事宜。[193] SEGOB 政府总干事对 Thunderbird 的 Solicitud（Oficio）作出正式回应，称“墨西哥关于游戏和抽奖活动的联邦法律禁止在墨西哥境内开展赌博和运气相关游戏”，且原告的机器是“用于娱乐和该用户的娱乐视频游戏设备，有可能获得奖品，这没有运气或赌博的干预，而是基于用户的能力和技巧”，

---

〔188〕 参见前引〔77〕，*CMS* 案，Annulment Committee Decision，第 89 段。

〔189〕 参见 *Noble Ventures* 案，ICSID 案件号 ARB/01/11，2005 年 10 月 12 日，第 185 段。

〔190〕 参见前引〔168〕，*El Paso*，第 355 段。

〔191〕 参见 *International Thunderbird Gaming Corporation* 诉墨西哥案（以下简称“*Thunderbird* 案”），UNCITRAL（NAFTA），Arbitration Award，2006 年 1 月 26 日。

〔192〕 参见同上，第 43 段。

〔193〕 参见同上，第 50 段。

东道国政府“不能够禁止(他们)的使用”[194]。在通过设立赌博设施进行投资后,政府发生了变化,随后 SEGOB 开始关闭设施,这引发了原告关于被告违反基于 NAFTA 第 1105 条规定的 FET 义务的指控。

原告辩称,它“合理地以 SEGOB 在 Oficio 作出的保证为基础”[195]。*Thunderbird* 案仲裁庭在确认 NAFTA 的缔约方有义务遵守外国投资者的合法期望时说:“合法预期的门槛可能会有所不同,具体取决于北美自由贸易协定所指控的违法行为的性质以及案件的具体情况。在目前的情况下,无论采用何种标准,是最广泛的还是最狭窄的,仲裁庭都没有发现借由 Oficio 产生了合理的期望,EDM 可以合理地依赖它来运营墨西哥的机器。”[196]

该案仲裁庭注意到原告在其 Solicitud 提供的信息不完整且不准确。因为仲裁庭认为原告在投资前已经知道赌博在墨西哥法律下是非法的,并且仍然选择投资赌博,因此它得出结论,认为 Oficio 不能“产生合理的期望(原告)可以合理依赖并在墨西哥经营其机器”[197]。该决定并不令人惊讶,因为 Oficio 是基于原告的失实陈述。

但是,仲裁庭没有将其讨论与国家自由贸易协定关于 FET 的第 1105 条的讨论联系起来,至少没有达到它应有的那种程度。例如,为了建立合理的期望,投资者必须证明它依赖于东道国的陈述。在大多数情况下,与 *Thunderbird* 案不同,有关外国投资者不需要披露他们的预期投资,因此不存在不完整或不忠实的信息泄露问题。就 FET 的实施而言,*Thunderbird* 案非同寻常。如果该案仲裁庭在援引合法期望原则时要求外国投资者真诚地采取行动,这将会产生更大的影响,[198] 尽管这是国际投资法已经确立的原则。

如前所述,在实践中,要求任何国家在面对现代世界的频繁变化时不改变其制度是不现实的。在这个高度全球化的世界中,外国投资者可以合理地预期一般稳

[194] 参见同上,第 55 段。

[195] 参见同上,第 146 段。

[196] 参见同上,第 148 段。

[197] 参见同上,第 164、166 段。一位评论员表示,任何投资者应拥有的先进知识都应可减少出现违反 FET 义务的情况。参见 P. Muchilinski, “‘Caveat Investor’? The Relevance of the Conduct of the Investor under the Fair and Equitable Treatment Standard”, 55 *ICLQ* 527, 2006 年,第 542 页。

[198] 在这方面,Wälde 的单独意见详细说明了与 FET 有关的合理期望原则。他特别指出:“在过去几年中,人们可以观察到合法期望原则的作用和范围的显著增长,从作为辅助解释原则的早期功能到强化所选择的特定解释方法,到现在的作用,即根据北美自由贸易协定的第 1105 条下的‘公平公正标准’提出的诉求的独立子类别和独立基础。”参见 *Thunderbird* 案, Separate Opinion of Thomas Wälde,第 37 段。

定要求是不可想象的。[199] 国际常设法院（Permanent Court of International Justice，PCIJ）证实了这一点，其在 *Oscar Chinn* 案中引用的 20 世纪 80 年代格言在今天仍然有效，即"没有企业、商业或运输企业，其成功取决于价格和费率的波动水平，即可以摆脱一般经济条件造成的变化和危害。有些行业可以在普遍繁荣时期赚取大量利润，或者利用商业条约或改变关税；但如果情况发生变化，他们也会面临毁灭或灭绝的危险"[200]。

国际常设法院试图解释的是，商业环境一直在变化，任何实体期望不变的环境是不可行的。当然，这并不涉及必须基于仲裁实践开展分析的条约义务问题。

一些投资仲裁庭对稳定条款采取了这种做法，即不仅要考虑外国投资者的利益或期望，还要考虑东道国的利益或期望。易言之，外国投资者和东道国的利益和权利应该是平衡的，而不是仅仅向外国投资者提供保护。在这方面，*Parkerings* 案仲裁庭认为："每个国家行使其主权立法权都是不可否认的权利和特权。国家有权自行决定制定、修改或取消法律。除了以稳定的条款或其他形式存在的协议外，对于投资者投资时存在的监管框架进行修正，应无任何异议。"[201]

El Paso 案仲裁庭也赞同这一观点，该仲裁庭还明确批评了 *CMS* 案和 *LG&E* 案的决定，并指出在这两种情况下："……对序言的提及表示，其宗旨和目的是维持'稳定的投资框架和最大限度地有效利用经济资源'；然而，在确定这些目的对解释 FET 意味着什么时，这两个案件的仲裁庭只保留了第一个目的，以便得出结论，认为稳定的法律和商业环境是公平和公正待遇的基本要素，而不考虑任何国家必须追求的目标，即保证其人口最大限度地有效利用其经济资源。"[202]

无论如何，投资法的一般判例似乎同意，除非东道国作出具体承诺，否则稳定条款不具有"冻结国家法律制度或监管权力的消失"的效果。[203] 但是，必须根据具体情况决定如何平衡外国投资者和东道国的利益，或者要求东道国不要修改其法律和政策的条件。

就保护投资者利益而言，必须区分政治声明和具体承诺。为了作出具体承诺，

---

〔199〕 参见前引〔69〕，*Schreuer* 案，第 374 页。

〔200〕 *Oscar Chinn* 案（英国诉比利时案，以下简称"*Oscar Chinn* 案"），Judgment，1934 年 12 月 12 日，1934 *Permanent Court of International Justice*，ReP.，Series A/B，No. 63，第 88 页。

〔201〕 参见前引〔109〕，*Parkerings* 案，第 332 段。

〔202〕 参见前引〔168〕，*El Paso* 案，第 369 段。

〔203〕 参见 *Enron* 案，ICSID 案件号 ARB/01/3，Award，2007 年 5 月 22 日，第 261 段。此外，在 *El Paso* 案中，仲裁庭认为"FET 不能用于确保法律秩序、经济世界和社会世界的不变性"。参同上，*El Paso* 案，第 368 段。

沟通必须具体,并具有确切的目标。[204] 虽然一般性沟通可能不被视为具体承诺,但如果声明的宗旨和目的是"为投资者提供其可以合理依赖的保证",则其重复,即使是以不同形式,也可构成具体承诺。[205] 就其性质而言,具体承诺不通过通常适用的立法或政策声明传达。合同和意向书亦被认为能够传达具体的承诺,就像人与人之间的会议一样。[206] 其他例子,例如政府颁发的许可证、拨款或承诺,也可能导致具体承诺。[207]

进行投资时,他们对风险的意识也会影响投资者的期望。在这一点上,*Methanex*案的决定最具说明性。该案的仲裁庭指出:"Methanex 进入一个政治经济体,众所周知,即使不是臭名昭著,联邦和州一级的政府环境和健康保护机构,在媒体、有兴趣的公司、非政府组织和政治上积极选民的警惕的关注下运作,持续监测化学化合物的使用和影响,并且出于环境和/或健康原因,通常禁止或限制使用某些化合物。实际上,美国 MTBE 的市场正是这种监管过程的结果。Methanex 认为,美国的监管程序涉及行业团体、非政府组织、学术界和其他个人的广泛参与,其中许多参与者都是游说者。Methanex 本身就是游说者。Methanex 自己的游说人 Wright 先生将自己描述为公司的政府关系官……Methanex 进入美国市场并意识到、积极参与这一过程。它没有进入美国市场,因为它作了特殊的陈述。"[208]

因此,由于它很清楚所涉及的风险,但仍然在市场上进行投资,原告后来不能声称其合法和合理的期望受挫。基础逻辑是,市场风险越大,可预期的利润就越多。通过选择风险较高的市场,外国投资者自担风险。*Generation Ukraine* 案仲裁庭采取了类似立场,称"原告被乌克兰吸引,因为其资本回报率可能大大超过较发达经济体的其他投资机会"[209]。该仲裁庭认为,由于原告意识到乌克兰市场投资时的前景和潜在陷阱,因此必须承担后果。在这种情况下,投资者的期望(如果有

---

[204] 参见同上,*El Paso* 案,第 377 段。

[205] 参见同上。

[206] 参见同上,第 376 段。

[207] 在这方面,*Continental Casualty* 案仲裁庭无视所有政治声明和一般立法声明,因为它无法表达具体承诺。它认为,在确定合同承诺相当于具体承诺之前,必须仔细审查合同承诺。参见前引〔169〕,*Continental Casualty* 案,第 261 段。

[208] *Methanex* 诉美国案(以下简称"*Methanex* 案"), UNCITRAL (NAFTA), Final Award, 2005 年 8 月 3 日,D 章第 4 部分第 9 段。

[209] *Generation Ukraine Inc.* 诉乌克兰案, ICSID 案件号 ARB/00/9, Award,2003 年 9 月 16 日,第 20.37 段。

的话)既不合法也不合理。[210]

最后,关于适用稳定条款基本问题是:(1)东道国是否有义务不改变其法律或修改其法律制度,因为提及双边投资协定序言中为外国投资者维持一个稳定的框架;(2)确定投资者的合法合理期望;及(3)稳定条款与投资者合法合理期望之间的关系。判例表明,尽管一些仲裁庭已决定严格适用稳定条款,即不允许修改适用的法律,但多数人承认东道国在面对不断变化的世界时需要行使其监管权力。[211]许多仲裁庭同时认为,如果东道国作出具体承诺并且投资者依赖它,则应采取稳定条款。事实上,如果作出具体承诺,例如纳入合同的承诺,有关的外国投资者可以在不依赖 FET 义务的情况下寻求补救。

稳定条款与投资者期望之间关系的判例最为多样化。最具争议的问题是投资者的期望和东道国的利益是否应该得到平衡。在这方面,*Lemire* 案仲裁庭的决定值得注意的是,并与其他决定区别开来。[212] 在该案仲裁庭看来,外国投资者的利益应该"平衡乌克兰的合法权利(被告)通过立法并采取措施保护其认为是公共利益的主权"[213]。在 *Lemire* 案仲裁庭看来,双边投资条约的目的,即"刺激外国投资和随之而来的资本流动",并不是"简单地"寻求。[214] 易言之,在评估双边投资条约的目标和宗旨时,不仅应考虑外国投资者的利益和利益,还应考虑缔约方国民的权益和利益,特别是东道国的利益。[215]

---

〔210〕 伊朗和美国仲裁庭在 *Starrett Housing* 案的决定中采取了类似的做法,称:"伊朗的投资者,像所有其他国家的投资者一样,必须承担该国可能遭遇罢工、停工、干扰、经济和政治制度的变化,乃至革命的风险。任何这些风险的实现并不一定意味着可以认为财产权已经受到此类事件的影响。"参见 *Starrett Housing Corporation* 诉伊朗案, 4 *Iran – U. S. Cl. Trib. Rep*. 122, 154 (1983),第 156 页。

〔211〕 但是,马丁认为,目前关于稳定承诺的条约安排无效。参见 Antoine P. Martin, "Stability in Contemporary Investment Law: Reconsidering the Role and Shape of Contractual Commitments in Light of Recent Trends", *Manchester Journal of International Economic Law*, Vol. 10, Issue 1, 2013 年,第 38 ~ 58 页。

〔212〕 例如,在 *AWG* 诉阿根廷案(以下简称"*AWG* 案")中,仲裁庭坚持认为,其对被告人违反 FET 义务的裁定并非完全基于投资者的期望。然而它说:"东道国法律制造了这种期望的存在,再加上投资资本依赖它们的行为,以及随后的那些法律的突然变化导致得出东道国没有公平对待投资者的决定。"参见 *AWG* 案, UNCITRAL, Decision on Liability, 2010 年 7 月 30 日,第 226 段。

〔213〕 *Lemire* 案, ICSID 案件号 ARB/06/18, Decision on Jurisdiction and Liability, 2010 年 1 月 14 日,第 273 段。

〔214〕 参见同上,第 272 ~ 273 段。

〔215〕 参见同上,第 273 段。

虽然其他一些仲裁庭,例如*AWG*案[216]仲裁庭,也涉及平衡外国投资者和东道国利益的问题,但只有*Lemire*案仲裁庭强调了东道国国民的权益和利益。国际投资旨在使外国投资者和东道国都受益。因此,有关国际投资的法律应保护投资者和东道国的权益。因此,在解决争端时,仲裁庭有责任调查双方的权利。只有这样做,才能使双边投资条约符合其设计目的。

无论如何,从商业和法律环境稳定的角度解释FET时,正如*TECO*案仲裁庭所决定的那样,除非有稳定条款,东道国可以自由修改其法律和法规,即使可能有对外国投资者的影响。但是,如果法律框架的变更是“恶意或意图剥夺投资者的投资利益”,东道国必须承担国际责任。[217] 这是一种非常公平的观点。

同时,关于投资者的期望,应考虑投资者和东道国的利益。虽然几乎所有仲裁庭都认识到东道国需要在变革的世界中引入新法律和修改现有法律,这些行动可能会影响商业环境,但问题是这些变化的后果。易言之,当东道国需要改变环境时,是否有可能向可能受到这种变化不利影响的外国投资者提供赔偿?这些有利于采取广泛做法的决定的后果是,当法律的任何必要变化对外国投资者产生负面影响时,东道国应对违反条约义务承担责任。考虑到对广泛做法的批评,也许国际社会应考虑采用另一种方法,即东道国可以自行决定改变其法律,但同时也有义务就外国投资者遭受的影响支付损失赔偿金。

第二节　全面保护和安全

提供“全面保护和安全”(Full Protection and Security,FPS)的义务体现于当代双边投资协定和自由贸易协定的投资章节。通常,FPS标准与FET的标准规定在一起。条约术语在将“义务”视为“全面保护和安全”、“持续保护和安全”、“保护和安全”或“法律保护和安全”时可能有所不同。据悉,FPS的起源形式虽然多种

---

〔216〕 *AWG*案仲裁庭简要提到需要“平衡原告的合法和合理期望与阿根廷管理重要公共服务的权利”。参见前引〔212〕,*AWG*案,第336段。但是,它没有进一步阐述被告的监管权的重要性,即为了什么目的和为了谁的利益。

〔217〕 参见前引〔97〕,*TECO*案,第629段。

多样,但可以追溯到19世纪和20世纪初的美国友谊、商业和航海条约中。[218] 随着"二战"后美国影响力的增强,美国的条约实践很快被大多数现代双边投资协定和自由贸易协定采用,因此,FPS已成为与外国投资和投资者有关的条约标准。但是,仲裁实践就其解释和适用没有达成共识。

总的来说,投资条约仲裁庭采取的立场可以分为狭义和广义的视角,其中狭义的方法更符合传统的国际法观点。就传统观点而言,国际法院关于*ELSI*案[219]的判决被认为是关于习惯国际法的立场的权威声明。在该案中,美国就违反两国之间的FCN条约向意大利提出索赔,根据该条约,缔约方有义务向另一方的投资者提供"最持久的保护和安全"。美国认为,巴勒莫市长对美国投资者工厂的征用违反了FCN第5条第1款。国际法院裁定"在第五条中提及'持续保护和安全'的规定不能被解释为提供财产在任何情况下都不会被占用或扰乱的保证"[220]。易言之,东道国的义务仅限于针对物理中断提供保护和安全。这可能涉及在外国投资中断或损害后的预防措施和补救措施,即尽职调查的标准。[221]

投资仲裁庭的早期决定是在国际法院的裁决之后作出的。*AAPL*诉斯里兰卡案[222]即为一例,其中斯里兰卡和英国双边投资协定规定:"任何一方的国民和公司的投资应始终得到公平和公正的待遇,并在另一方的领土内享有保护和安全。"*AAPL*案仲裁庭指出,"自20世纪以来,在一系列双边条约中采用了类似的表达方式,甚至更强的措辞,如'最持久的保护',以鼓励国际经济交流,并就公民和在缔约另一方领土上设立的国家公司,对他们及其财产给予充分的待遇。"[223] 但这种承

---

[218] 参见K. Vandevelde, "The Bilateral Investment Treaty Program of the United States", 21 *Cornell Int'l L. J.* 203, 1988,第204页。根据一项研究,1920年之前美国缔结的22项商业条约中,有14项提及"特别保护",其余8项规定私人财产的"全面和完善保护"。参见Robert R. Wilson, "Property - protection Provisions in United States Commercial Treaties," 45 *American Journal of International Law* 84, 1951年,第92~96页。亦见*Suez, Sociedad General de Aguas de Barcelona S. A., and Vivendi Universal S. A.*诉阿根廷案, ICSID案件号ARB/03/19;参见前引〔212〕,第161段。

[219] 参见*Case Concerning Elettronica Sicula S. P. A.* ("*ELSI*"),(美国诉意大利案), Judgment,1989年7月20日, *ICJ. Reports*, 1989年,第15页;https://www. icj - cij. org/docket/index. php? p1 = 3&p2 = 3&case = 76&code = elsi&p3 = 4。

[220] 参见同上,第108段,第65页。

[221] 弗里曼(Freeman)经常引用的一句话:"'尽职调查'只不过是一种合理的预防措施,一个管理良好的政府可以在类似情况下行使这种预防措施。"参见A. V. Freeman, *Responsibility of States for the Unlawful Acts of Their Armed Forces*, 88 *Recueil des Cours* 261, 1956。

[222] 参见*Asian Agricultural Products Ltd.* ("*AAPL*")诉斯里兰卡案(以下简称"*AAPL*案"), ICSID案件号ARB/87/3, Final Award, 1990年6月27日。

[223] 参见同上,第47段。

诺不是“绝对义务,保证不会遭受任何损害,因为不能以此给东道国自动创造‘严格责任’”[224]。基于 Freeman 的声明,“外国人已进入的国家……不是其安全的保险人或担保人……(且)不会,也很难被要求对所有外国人的损失承担绝对责任”[225],*AAPL* 案仲裁庭得出的结论是,“增加‘稳定’或‘完全’等字样以加强‘保护和安全’要求的标准,可以合理地表明”尽职调查标准高于国际法的最低标准。[226] 该标准已被一些后来的仲裁庭采用。

例如,在 *Enron* 案中,仲裁庭认为“全面保护和安全”一词的范围有限,并指出“可能存在更广泛的合理解释的情况,但随之而来的困难是,如何将此情况与违反公平公正待遇的情况,甚至是与某种形式的征收区分开来。”[227] 在 *Saluka* 案中[228],捷克共和国和荷兰双边投资协定向投资者承诺“全面保障和保护”。然而,被告采取措施停止原告的证券交易。在确定被告没有违反 FPS 义务时,仲裁庭表示“仲裁庭的做法似乎表明,‘全面保护和安全条款’并不意味着仅涵盖投资者任何投资形式的损害,而是更具体地保护投资的物理完整性免受使用武力的干扰。”[229] *El Paso*案仲裁庭同样认为 FPS 的标准“仅仅是对受到质疑的行为本身,可能不归因于政府,而是第三方”[230]。其他采用类似理由的案例包括 *BG* 诉阿根廷案、*PSEG* 案、*Rumeli* 诉哈萨克斯坦案、*Waguih* 诉埃及案。[231]

上述案例有以下共同点。第一,他们将 FPS 标准限制在物理保护和安全性之内。第二,他们认为该标准需要警惕和谨慎,其中包括预防和补救,即东道国有义务确保不对外国投资和投资者造成人身伤害,并在造成损害时,东道国有义务采取补救措施。第三,正如布朗利(Brownlie)指出的那样,他们都没有给出尽职调查的

---

[224] 参见同上,第 48 段。

[225] 参见 Alwyn V. Freeman, *Responsibility of States for Unlawful Acts of Their Armed Forces*, Sijthoff, Leiden, 1957 年,第 14 页。

[226] 参见前引〔222〕,*AAPL* 案,第 50 段。

[227] 参见前引〔203〕,*Enron* 案,第 286 段。

[228] 参见前引〔48〕,*Saluka* 案。

[229] 参见同上,第 484 段。

[230] 参见前引〔168〕,*El Paso* 案,第 522 段。

[231] 参见 *BG Group Plc.* 诉阿根廷案, UNCITRAL, Final Award, 2007 年 12 月 24 日,第 323 ~ 328 段;前引〔181〕,*PSEG* 案,第 258 ~ 259 段;*Rumeli Telekom A. S. and Telsim Mobil Telekomikasyon Hizmetleri A. S.* 诉哈萨克斯坦案, ICSID 案件号 ARB/05/16, Award, 2008 年 7 月 29 日,第 669 段;*Waguih Elie George Siag & Clorinda Vecchi* 诉埃及案,ICSID 案件号 ARB/05/15, Award, 2009 年 6 月 1 日,第 447 段。

定义。[232] 诚然,仲裁庭可能无法为所有案件制定一个普遍接受的尽职调查定义,因为在每种情况下都应考虑到所有情况。然而,东道国有义务遵循公认的谨慎责任标准。任何尝试给予统一标准的定义都将有助于其在国际投资法中的发展。

除了前述做法外,还有其他仲裁庭在实践中考虑 FPS 时适用了更广覆盖面。尽管有一些变化,最早的与 FPS 有关的投资仲裁案件是 *AMT* 诉扎伊尔案[233],它涉及解释扎伊尔和美国双边投资协定第 11(4)条,其中规定:"任何一方的国民和公司的投资都应及时应得到公正和公平的待遇,且在另一方的领土内享有保护和安全。"[234] *AMT* 案仲裁庭裁定:"(东道国)的义务是一种尽职义务,因为(东道国)应采取一切必要措施,确保充分享受其投资的保护和安全,不应允许其援引自己的法律来减损任何此类义务。"[235] 它还认为,东道国有义务"表明已采取一切预防措施来保护(外国投资者)在其领土上的投资。……因此,这是一项客观义务,不得低于国际法所要求的最低尽职和谨慎标准"[236]。这种解释从此成为那些赞成 FPS 广泛定义和内容的人所遵循的标准。尽管后来的仲裁庭很少提及 AMT 案仲裁庭制定的最低尽职和谨慎标准。

在 *CME* 诉捷克案中,仲裁庭扩大了 FPS 的范围,并指出:"东道国有义务确保通过修改其法律或其行政机构的行动既不是商定的,也不是关于经批准的外国人被撤回或贬值的投资的安全和保护。"[237] 然而,*CME* 案决定的先例效应因后来详细讨论的事实而减少,即仲裁庭没有进行系统分析,也没有根据 *Lauder* 案仲裁庭和 *CME* 案中本身的反对意见进行分析。[238]

Azurix 案和 *Biwater* 案仲裁庭在分析 *FPS* 标准时也进行了扩大解释。*Azurix* 案仲裁庭强调"完整"一词,并决定"当'保护和安全'一词被完整且没有其他形容

---

[232] 然而,布朗利也观察到"显然没有非常教条的定义是合适的,因为所涉及的是一个根据情况而变化的标准"。参见 I. Brownlie, *Principles of Public International Law*, 4th ed., OUP, 1990 年,第 454 页。

[233] 参见 *American Manufacturing and Trading*(以下简称"*AMT*"案), *Inc.* 诉扎伊尔案(以下简称"*AMT* 案"), ICSID 案件号 ARB/93/1, Award, 1997 年 2 月 21 日。

[234] 参见同上,第 604 段。

[235] 参见同上,第 605 段。

[236] 参见同上。

[237] *CME Czech Republic B. V.* (*The Netherlands*)诉捷克案(以下简称"*CME* 案"), UNCITRAL, Partial Award, 2001 年 9 月 13 日,第 613 段。

[238] *Lauder* 案仲裁庭的结论是,"原告所指称的事实均未构成被告违反条约规定的全面保护和担保的义务"。参见 *Ronald S. Lauder* 诉捷克案, UNCITRAL Arbitration, Final Award, 2001 年 9 月 3 日,第 309 段。亦见 *CME* 案, UNCITRAL, Dissenting opinion of the Arbitrator JUDr Jaroslav Hándl against the Partial Arbitration Award, 2001 年 9 月 13 日。

词或解释限定时,它们对其一般含义作出扩展,标准内容已超出人身安全"[239]。*Biwater* 案仲裁庭认为 *FPS* 标准意味着"一个国家在安全的环境中保证稳定,无论是物理的、商业的还是法律的"[240]。*Biwater* 案仲裁庭认为将 FPS 标准扩展到提供安全的投资环境是恰当的,它认为该标准"不仅限于一国未能阻止第三方采取行动,而是延伸到国家各机关和代表本身的行动"[241]。在某种程度上,*Biwater* 案的决定与 *AMT* 案的决定一致。*Biwater* 案决定中提到的"行动"当然包括立法和其他政府措施。无论如何,*Azurix* 案和 *Biwater* 案都将 FPS 标准扩展到了投资环境的保护和安全性,而这是 FET 下的主题。因此,正如 *Enron* 案仲裁庭所指出的那样,FPS 和 FET 标准之间的区别变得模糊。[242]

Siemens 案[243]适用的双边投资协定规定 FPS 标准为"法律安全和保护"。仲裁庭在该案中同意"全面保护和安全比'物理'保护和安全的做法更广泛"。仲裁庭给出的理由是:"很难理解如何实现无形资产的物理安全。在本案中,'安全'由'合法'限定。在其一般含义中,'法律安全'被定义为'法律制度的质量,这在其规范中具有确定性,因而也就是其可预见的应用'。显然,在这个含义的背景下,条约提到的保护不是物理的。事实上,鉴于'安全'一词的限定,人们可能会质疑,条约是否涵盖人身安全。可以说它被认为包含在'全面保护'下,但这不是这些诉讼中的问题。"[244]

基于上述理解,*Siemens* 案仲裁庭认定,阿根廷"仅为降低成本而重新谈判合同,不是基于任何公共利益,这影响了西门子投资的法律安全"[245],因此构成违反 FPS。该案的调查结果与最近使用形容词"完整"的其他仲裁庭的调查结果类似,是基于"法律"一词。虽然"法律安全"的覆盖范围可能比物理安全更广泛,但说其与物理安全无关,这几乎不是事实。事实上,即使该案仲裁庭关于法律安全被定义为"法律制度的质量"的提议可被接受,但仍然涵盖了人身安全,因为没有法律制度的保障,关于物理安全的实际问题无从谈起。易言之,法律制度是提供和保证人身安全的基础。

---

〔239〕 参见前引〔46〕,*Azurix* 案,第 408 段。

〔240〕 *Biwater* 案, ICSID 案件号 ARB/05/22, Award, 2008 年 7 月 24 日,第 729 段。

〔241〕 参见同上,第 730 段。

〔242〕 参见前引〔203〕,*Enron* 案,第 286 段。

〔243〕 参见前引〔112〕,*Siemens* 案。

〔244〕 参见同上,第 303 段(脚注省略)。

〔245〕 参见同上,第 308 段。

在某种程度上，*Wena Hotels* 案[246]的裁决是明确的，尽管它确定东道国有义务采取预防措施。*Wena Hotels* 案仲裁庭在作出决定时，没有将 FPS 与 FET 标准区分开来，认为埃及违反了关于 Wena 的投资的"公平公正待遇"和"全面保护与安全"的义务。它认为："虽然目前尚不清楚 EHC 官员以外的埃及官员是否直接参与了 1991 年 4 月 1 日的缉获，但有大量证据表明埃及知道 EHC 意图夺取酒店并且没有采取任何措施阻止 EHC 这样做。此外，一旦发生夺取，警方和旅游部都没有立即采取行动，迅速将酒店恢复至 Wena 的控制之下。最后，埃及从未对 EHC 或其高级官员实施实质性制裁，这表明埃及已批准 EHC 的行动。"[247]

因此，*Wena Hotels* 案的决定认为，根据 FPS 标准，东道国不仅有义务防止对外国投资的任何攻击，而且有义务在此类攻击之后采取补救措施。在 *Wena Hotels* 案中，外国投资者的投资被第三方扣押，东道国意识到可能被扣押。然而，它没有采取任何行动来防止这种情况发生。同样重要的是，埃及政府没有采取任何补救措施来惩罚参与夺取的人。在本案中，即使根据对 FPS 的传统和狭义解释，违规也是显而易见的。因此，达成这一决定并不奇怪。

在最近的 *AWG* 诉阿根廷和 *Suez and Vivendi* 诉阿根廷的合并案件中，对阿根廷与法国、西班牙和英国之间的三个双边投资协定存在争议。阿根廷和西班牙以及阿根廷和英国的双边投资协定仅指"保护"而没有"完整"或"完全"的限定词，而阿根廷和法国双边投资协定则表示投资者应"得到充分保护"[248]。原告依赖于 FPS 的广泛解释可以理解，其还争辩说，在撤回对特许公司及其投资者所作出的某些所谓保证时，阿根廷撤回了"以前给予投资的法律保护和安全"[249]，从而违反了 FPS 条款。针对被告本身"可能在行使其法律和监管权力时采取的行动"[250]，*AMT* 案仲裁庭指出："根据所有适用的双边投资条约，阿根廷有义务进行尽职调查，以主要保护投资者和投资免受人身伤害。"[251]仲裁庭在考虑其他仲裁庭解释条约的具体用语、FPS 标准的演变以及国际法下标准的历史发展之后，选择了沿用狭义方法。这一结论可以充分解决阿根廷和英国以及和西班牙之间的两个双边投资协定

---

〔246〕 参见 *Wena Hotels Limited* 诉埃及案（以下简称"*Wena Hotels* 案"）ICSID 案件号 ARB/98/4，Award，2000 年 12 月 8 日。

〔247〕 参见同上，第 84 段。

〔248〕 参见前引〔212〕，*AWG* 案，第 168 段（原文为法文："d'une protection et d'une sécurite pleines et entières"；第 5.1 条）。

〔249〕 参见同上，第 160 段。

〔250〕 参见同上。

〔251〕 参见同上，第 179 段。

有关的问题,因为它们不包含“完整”或“完全”一词,但这并不完全符合与法国的双边投资协定,其要求“完整而完全”的FPS待遇。

*AWG*案仲裁庭指出,根据阿根廷和法国双边投资协定规定,FPS待遇将“按照本协定第3条所述的公正和公平待遇原则”提供,因此,本案中对FPS标准的任何解释都是如此,即取决于“两个标准的相互作用和范围”[252]。此外,它观察到在阿根廷和法国双边投资协定中,FET标准和FPS标准规定于两个不同的条款中,因此得出结论,认为示缔约方意使这两个标准彼此不同。[253] 仲裁庭表示,这种解释的含义是,虽然FET规定涵盖投资环境,但FPS标准的主要目的必须是“保护投资免受物理伤害”[254]。

关于FET标准和FPS标准是否可能重叠的问题,该案仲裁庭表示,“全面保护和安全的概念包含在公正和公平待遇的概念中,但全面保护和安全的范围比公平公正的待遇更窄”[255]。因此,如果东道国的行为或不作为构成违反FPS的行为,则同时构成违反FET。然而,违反FET不一定构成对FPS的违反。[256] 在这方面,*AWG*案为国际投资法的发展作出了重要贡献。

总之,传统上,投资仲裁庭认为FPS标准仅限于投资者及其投资的物理安全。最近的仲裁决定可以分为狭义和宽泛两类,后者通过根据“完整”或“合法”一词来扩展对FPS的传统理解,以包括FET所涵盖的许多领域。[257] UNCTAD关于FPS的报告正确地概括了判例的影响,该报告说:“尽管未基于结果确立义务,但这些近期案件确立了保护外国财产的诚意努力义务,未特别考虑可用资源。”[258]最终结果是越来越多的仲裁庭赞成扩大FPS标准,以包括政治、法律和商业环境的稳定性,从而与FET的范围重叠。然而,很少有仲裁庭试图解决这种令人不满意的重叠,

---

〔252〕 参见同上,第170段。

〔253〕 参见同上,第172段。

〔254〕 参见同上,第173段。

〔255〕 参见同上,第171段。

〔256〕 参见同上。

〔257〕 还有一些仲裁庭表示怀疑,即在安全或保护之前的“充分”一词会产生任何不同。例如,*Parkerings*案仲裁庭发现:“人们普遍认为,‘保护’与‘全面保护和安全’之间的语言差异并不会对国家提供的保护水平产生影响。”参见前引〔110〕,*Parkerings*案,第354段。该案仲裁庭援引以下文件以支持其决定,N. Rubins and S. Kinsella, *International Investment*, *Political Risk and Dispute Resolution*, OUP。

〔258〕 参见UNCTAD, *Investor – State Disputes Arising from Investment Treaties*: *A Review*, Series on International Investment Policies for Development, United Nations, New York and Geneva, 2005年,第40~41页。

AWG 案仲裁庭是一个例外。然而，非常重要的是要认识到 FPS 标准的广泛解释方法所带来的两个标准重叠的困难，并试图找出解决方案。*AWG* 案的决定为这个问题指出了正确方向。

第三节　保护伞条款

许多当代双边投资协定和自由贸易协定的投资章节都包含一个保护伞条款，反映了条约必须遵守的原则。[259] 根据辛克莱尔(Sinclair)的说法，这些保护伞条款可以追溯到劳特派特(Elihu Lauterpacht)提出的有关他在 1954 年就伊朗财团协议提供的法律建议。[260] 当 OECD 1967 年《保护外国财产公约》草案获得通过时，保护伞条款被引入正式文件，其中规定："每一方应始终确保遵守其就任何另一方的国民财产所作的承诺。"[261] Weil 观察到，"对保护伞条款的干预将合同义务转变为国际义务。"[262] 曼恩(Mann)认为，保护伞条款的提供具有"特别的重要性，它保护投资者不受任何干涉其合同权利的侵害，无论是仅仅因为违反合同或立法或行政行为，抑或这种干涉是否构成征用"[263]。其他评论员也重视保护伞条款。例如，多尔查(Dolzer)和斯蒂文斯(Stevens)说："……寻求确保条约的每一方都尊重对另一方国民的具体承诺。该条款特别重要，因为它保护投资者的合同权利，免受可能由简单违约或行政或立法行为引起的任何干涉。"[264]

然而，布劳尔(Brower)持不同观点，即保护伞条款只应"专门适用于大规模投资和特许权合同，当国家有意'行使其主权'，因此可能会认为普通商业合同是(保

---

〔259〕 据估计，生效的双边投资条约中，有 40% 包含保护伞条款。参见 OECD，"Interpretation of the Umbrella Clause in Investment Agreements", *Working Papers on International Investment*, Number 2006/3, 2006 年 10 月，第 5 页。

〔260〕 参见 Anthony C. Sinclair, "The Origins of the Umbrella Clause in the International Law of Investment Protection", 20 *Arbitration International*, Issue 4, 2004 年，第 411 ~ 434 页。

〔261〕 关于公约草案的评论指出："第 2 条代表了对条约必须遵守的一般原则的适用，维持承诺的一词"，"也适用于国家与外国国民之间的协定"。

〔262〕 参见 *Recueil des Cours Ⅲ* (1969)，第 130 页。

〔263〕 参见 F. A. Mann, "British Treaties for the Promotion and Protection of Investments", 52 *British Year Book of International Law* 241, 1981 年，第 246 页。

〔264〕 参见前引〔10〕，Dolzer and Stevens，第 81 ~ 82 页。其他关于此事项的表述包括：Christoph Schreuer, "Travelling the BIT Route: Of Waiting Periods, Umbrella Clauses and Forks in the Road", 5 *The Journal of World Investment &Trade*，第 249 ~ 255 页，2004 年；Stanimir A. Alexandrov, "Breaches of Contract and Breaches of Treaty", 5 *The Journal of World Investment &Trade*, 2004 年，第 564 ~ 572 页。

护外国财产公约草案)第2条规定的一般规则的隐含例外"[265]。

上述关于保护伞条款的历史和文献的简要回顾证实,大多数观点认为保护伞条款适用于私人当事方与国家或国家机构之间的合同。问题在于如何在实践中解释保护伞条款。

与保护伞条款有关的最早投资仲裁案件是*Fedax*诉委内瑞拉案[266]。然而,关于该主题的最公开的案例则是*SGS*诉巴基斯坦案[267]和*SGS*诉菲律宾案[268],因为这两个案件涉及类似事实和双边投资条约中几乎相同的保护条款,但这些案件的决定却截然相反。在*SGS*诉巴基斯坦案中,巴基斯坦和瑞士双边投资协定第11条规定:"缔约任何一方应始终保证遵守其对缔约另一方投资者所作出的承诺。"问题在于原告是否可以根据这一保护伞条款将其与东道国的争议提交给ICSID仲裁,同时提交商事仲裁机构处理违反*SGS*与巴基斯坦间合同的问题。易言之,问题在于保护伞条款是否具有"根据国际法将简单的违约要求提升为条约要求"的效果,正如原告所争辩的那样。[269]

该案仲裁庭驳回了原告的请求并拒绝对该案件行使管辖权,原因如下:(1)保护伞条款所涵盖的"承诺"不仅限于合同承诺,还可包括"市政立法或行政管理或缔约方的其他单方面措施"[270];(2)如果原告的请求得到允许,其法律后果涉及面"在其运作中如此广泛,如此自动和不适格,对其缔约方的潜在影响如此繁重",需有"明确且令人信服"的证据,必须由原告证明这是缔约方的意图;[271](3)如果原告的请求被接受,则相当于通过援引纳入了无限量的国家合同,且规定国家承诺的

---

[265] 参见C. N. Brower, "The Future of Foreign Investment—Recent Developments in the International Law of Expropriation and Compensation", in V. S. Cameron, ed., *Private Investors Abroad—Problems and Solutions in International Business in* 1975, *Southwestern Legal Foundation Symposium Series*, *Private Investors Abroad*, Mathew Bender, New York, 1976年,第93页。

[266] 参见*Fedax N. V.*诉委内瑞拉案, ICSID案件号ARB/96/3, Award, 1998年3月9日。荷兰和委内瑞拉双边投资协定第3条规定:"每一缔约方应遵守其对另一缔约方国民投资待遇可能产生的任何义务。"*Fedax*案仲裁庭认为被告根据合同义务违反双边投资条约不付款,并表示"仲裁庭完全赞同,即Fedax N. V.购买的承诺票据主题事项的仲裁请求符合公约规定的投资要求。因此,仲裁庭表示,委内瑞拉共和国有义务准确履行主要在协定第3条中规定的有关此类投资的条款和条件,并履行在已发行的期票和法庭中确定的具体款项"。参见同上,第29段。

[267] 参见*SGS*诉巴基斯坦案, ICSID案件号ARB/01/13, Award on Objections to Jurisdiction, 2003年8月6日。

[268] 参见*SGS*诉菲律宾案, ICSID案件号ARB/02/6, Decision on Objections to Jurisdiction, 2004年1月29日。

[269] 参见前引〔267〕,*SGS*诉巴基斯坦案,第98段。

[270] 参见同上,第166段。

[271] 参见同上,第167段。

其他国内法律文书以及双边投资条约的实质性保护将变得“基本上是多余的”；[272]（4）保护伞条款不是双边投资条约的实质性义务，而是在其最后；及（5）仲裁庭应采取审慎的做法，即遇有疑义从轻解释。[273] 显然，该案仲裁庭对保护伞条款的解释给出了非常保守的观点，这与该领域学者所表达的多数观点相悖。

最值得商榷的是该案仲裁庭解释保护伞条款的方式。首先，根据 VCLT 第 31 条规定，“一个条约应根据其条约条款的普通含义和背景，并根据其目标和宗旨进行善意解释”。因此，应根据此规则解释一个保护伞条款。那么问题是保护伞条款中的“承诺”是否涵盖合同。在这方面，仲裁庭说得非常正确，即“缔约方要‘长期保证’的‘承诺’不仅限于合同承诺。所提到的承诺可以包含在例如缔约方的市政立法或行政或其他单方面措施中”。然而，它认为这种解释将违反一般国际法原则，即“违反一国与另一国投资者签订的合同，本身并不违反国际法”，这种解读的法律后果将“如此深远……”[274] 事实上，VCLT 中没有任何内容表明应考虑解释条约规定的后果。此外，VCLT 中没有任何内容鼓励运用“遇有疑义从轻解释，或更为简洁，疑案轻从处理”的解释方法，仲裁庭在这种情况下声称这是“适当”的解释方法。[275] 签署过条约本质上可以通过条约影响国际法的格局，否则就没有必要加入这些条约，仲裁庭似乎忽略或忽视了这一点。

最后，仲裁庭在很大程度上确认了“瑞士和巴基斯坦投资保护条约的缔约方将第 11 条纳入双边投资条约中的共同意图”[276]。当然，巴基斯坦坚持认为，原告提出的解释与自己对该条的理解不同。但是，究竟如何理解，或者关于它将该条款纳入双边投资条约的意图，其从未明确。因此，像许多仲裁庭一样，该案仲裁庭自行进行解释，而不是询问另一个双边投资协定缔约方，以确定共同意图必须是什么，或者至少不可能是什么。值得注意的是，根据 2003 年 10 月 1 日的一封信和国家经济事务秘书处的信笺，当时的瑞士对外经济关系大使马里诺・巴尔迪博士向当时的副秘书长安东尼奥・帕拉先生提交了文件，据称是瑞士政府对瑞士和巴基斯坦双边投资协定引入第 11 条意图的正式理解。该说明首先明确提出了为什么该案仲裁庭认为没有必要询问瑞士对该条款意义的看法，虽然它“非常重视缔约

---

[272] 参见同上，第 168 段。仲裁庭还表示，它将使投资者能够随意取消其合同中包含的任何自由谈判的争端解决程序。

[273] 参见同上，第 171 段。

[274] 参见同上，第 167 段。

[275] 参见同上，第 171 段。

[276] 参见同上，第 167 段脚注。

方起草本条的意图”,且即使该文确实询问巴基斯坦的观点。其随后对“关于第11条含义的非常狭隘的解释”表示“震惊”,它表示,这“不仅违背了瑞士在缔结条约时的意图,而且显然既不受其他国家缔结的双边投资条约中的类似条款含义或关于此类条款的学术评论的支持”[277]。因此,该案的决定引发了很多批评,这并不奇怪。[278]

关于保护伞条款,*SGS*诉菲律宾案仲裁庭持与前一个案件仲裁庭截然不同的观点,认为:

1.“‘任何义务’一词能够适用于国家法律规定的义务,如那些由合同产生的……”且进一步“解释第10条第2款的实际案文时,其似乎会说,且要清楚地说明,关于双边投资协定所涵盖的具体投资,每一缔约方应遵守它已承担或未来将在其中承担的任何法律义务”。[279]

2.“……如果国家对具体投资作出的承诺确实涉及适用法律下具有约束力的义务或承诺,那么它似乎完全符合双边投资条约的目的和宗旨,认为它们被纳入双边投资条约第10(2)条的框架内。”[280]和

3.“(双边投资条约)第10条第2款规定的范围不是具体投资所承诺的范围,而是一旦确定后履行这些债务的范围。”[281]

最后,本案仲裁庭指出:“总结仲裁庭关于这一点的结论,根据第10条第2款规定,东道国违反双边投资条约,未遵守其对具体投资所承担的具有约束力的承诺,包括合同承诺。但它并没有将这些义务的范围或内容问题转化为国际法问

---

[277] 参见“Interpretation of Article 11 of the Bilateral Investment Treaty between Switzerland and Pakistan in the light of the decision of the Tribunal on Objections to Jurisdiction of ICSID in Case No ARB/01/12 SGS Société Générale de Surveillance SA versus Islamic Republic of Pakistan”, *Transnational Dispute Management*, Volume 1, Issue 3, 2004年7月。

[278] 例如,Wälde严厉批评了这一决定。他认为:“如果仲裁庭就违反政府合同审查现行国际法,包括NIEO关于第三世界和西方国家的合同保护概念之间的争议,那么它是否根据《维也纳条约法公约》规定的方法提供了更多服务,是否将合同承诺的尊重与投资促进目的相关,如所有其他投资条约一样,且它注意到现在越来越明确的包含的‘条约必须遵守条款’的国家惯例普遍存在,它不会驳回明确的文本,没有任何证据表明这些或其他类似条约的准备工作具有相反的意义,且如此若无其事。”见T. W. Wälde, “The ‘Umbrella’ (or Sanctity of Contract/Pacta sunt Servanda) Clause in Investment Arbitration: A Comment on Original Intentions and Recent Cases”, *Transnational Dispute Management*,第1卷, Issue 4, 2004年10月,第67页。

[279] 参见前引[268],*SGS*诉菲律宾案,第115段。

[280] 参见同上,第117段。

[281] 参见同上,第126段。

题。”[282]

与 *SGS* 诉巴基斯坦案仲裁庭不同,*SGS* 诉菲律宾案仲裁庭在很大程度上乐于将相关双边投资条约的条款视为他们所说的意思。它甚至竭力解决其做法与 *SGS* 诉巴基斯坦案仲裁庭的做法之间的差异。它表示,后一个仲裁庭“未能赋予‘保护伞条款’任何明确的意义”[283],但也能够表明,在瑞士和菲律宾双边投资协定所载措辞的范围内这样做是显而易见的,不存在 *SGS* 诉巴基斯坦案仲裁庭担心的后果。它注意到(作者注:省略了引用 *SGS* 诉巴基斯坦案的脚注,关于管辖权的决定,第 166 段):“对于适用的(瑞士和菲律宾双边投资协定)第 10 条第 2 款,东道国必须承担法律义务,且必须假定相对于具体投资,而不是适用一般性的一些法律义务。这远远没有将所有‘市政立法或行政或其他单方面措施提升到国际水平’。”[284]

SGS 诉菲律宾案仲裁庭对双边投资协定中“保护伞条款”的定位并不太重视,并指出“很难接受其他菲律宾双边投资协定中的同一种语言具有法律效力,但其仅仅因为它在瑞士和菲律宾双边投资协定中的位置而在法律上不合法”[285]。当然,*SGS* 诉巴基斯坦案仲裁庭采用此种方法时,被告也可同样争辩说,正是因为这个条款在这个双边投资条约中的地位不如在其他菲律宾双边投资协定中的地位,那么作为“实质性”条款,即可不太重视它。

至于仲裁庭关于瑞士和菲律宾双边投资协定“保护伞条款”与经济与社会保障协定“专属管辖权条款”之间的相互作用的推理,这个问题似乎不太清楚。面对仲裁员克思维拉洛(Crivellaro)的推理,即“如果我们一致承认,我们的管辖权来自(也是)(双边投资条约)第 10(2)条,我认为我们的仲裁庭无法处理和决定索赔诉求,包括数量”[286]。仲裁庭的大多数人认为:“……目前,第 10 条第 2 款包括东道国签订的合同所产生的承诺或义务。在本案中,国家的基本义务是根据合同支付应付款项的义务……但这并不意味着确定菲律宾需支付多少钱一事成为条约问题。义务的范围仍受合同约束,并且只能通过参考合同条款来确定。”[287]

这可认为是对可能归因于瑞士和菲律宾双边投资协定第 10 条第 2 款的意义

---

[282] 参见同上,第 128 段。
[283] 参见同上,第 125 段。
[284] 参见同上,第 121 段。
[285] 参见同上,第 124 段。
[286] 参见前引[268],*SGS* 诉菲律宾案, Declaration (Dissenting Opinion of Antonio Crivellaro),第 11 段。
[287] 参见前引[268],*SGS* 诉菲律宾案, Decision on Jurisdiction,第 127 段。

的精细解析,或者就此而言,其他双边投资条约以类似的方式表达——其肯定提到了 *SGS* 诉巴基斯坦案仲裁庭提出的这个问题,即"广义解释的效果尤其将超越特定合同中谈判的争端解决条款"。事实上,只有这样做,投资仲裁庭才能在条约规定的范围内运作,而不影响商事合同的争议解决程序。在这种情况下,在商事仲裁庭确定东道国可能有义务向外国投资者支付的金额且东道国拒绝支付之后,外国投资者可以选择在 ICSID 进行条约仲裁或向东道国或其他国家的法院提起诉讼,以承认和执行商事仲裁裁决。

上述两个 *SGS* 案件的决定并不一致。一组仲裁庭赞成对保护伞条款的广泛解释,即通过实施保护伞条款将合同违约转变至条约违约。*Eureko* 案[288]即为一例。该案仲裁庭指出:"波兰政府就 Eureko 的投资和对后者的承担义务,且只要仲裁庭认定被告的行为违反了这些义务,表面上看,其违反了条约第 3.5 条(保护伞条款)。"*Eureko* 案仲裁庭得出上述结论的理由是,荷兰和波兰双边投资条约在保护伞条款中使用"应遵守"和"任何义务"的表述,在仲裁庭看来,这不仅表明义务的必要性和绝对性,而且广泛涵盖各种义务。此外,仲裁庭认为其对保护伞条款的解释符合双边投资条约的目标和宗旨,即鼓励和相互保护投资。[289] 仲裁庭表达这种解释的效果是,违反合同可能会转变为违反双边投资条约的行为,"因为它们就 Eureko 的投资违反了波兰的条约承诺,以'遵守它可能所承担的任何义务'"[290]。

SGS 诉巴拉圭案[291]仲裁庭采用了类似的方法。它表示:"未能履行合同规定的义务显然不能'遵守'一个人的承诺。第 11 条(保护伞条款)中没有任何内容声明或暗示政府只有在滥用其主权权力的情况下才会遵守其承诺。"[292]在作出决定时,*SGS* 诉巴拉圭案仲裁庭援引 *Duke Energy* 诉厄瓜多尔案[293]和 *Burlington* 诉厄瓜多尔案[294]。

在 *Duke Energy* 案中,仲裁庭指出,"一个双边投资条约中的保护伞条款是否

---

[288] 参见前引〔170〕,*Eureko* 案,第 244 段。

[289] 参见同上,第 248 段。

[290] 参见同上,第 250 段。

[291] 参见 *SGS Société Générale de Surveillance S. A.* 诉巴拉圭案, ICSID 案件号 ARB/07/29, Award, 2012 年 2 月 10 日。

[292] 参见同上,第 91 段。

[293] 参见 *Duke Energy* 案, ICSID 案件号 ARB/04/19, Award, 2008 年 8 月 18 日。

[294] 参见 *Burlington Resources Inc. and others* 诉厄瓜多尔案(以下简称"*Burlington* 案"),*Empresa Estatal Petróleos del Ecuador* (*PetroEcuador*), ICSID 案件号 ARB/08/5, Decision on Jurisdiction, 2010 年 6 月 2 日。

必然会将一国的任何违约行为提高到违反条约的程度,这是一个有争议的问题"[295]。关于另一个相关的问题,即如果需要东道国滥用权力以便发挥保护伞条款的作用,*Duke Energy* 案仲裁庭认为,尽管在某些情况下出现了这种作用的表述,"大多数决定不要做这种区分"[296]。

同样,*Burlington* 案仲裁庭裁定,即使"不涉及行使主权权力,也可以适用保护伞条款"[297]。因此,*SGS* 诉巴拉圭案仲裁庭认为,在该案中,在确定是否违反保护伞条款时,东道国的行为是否具有主权国家行为的性质无关紧要。

一方面,解释保护伞条款的广泛方法旨在通过提高对条约义务的合同义务,为外国投资者提供最大程度的保护。[298] 因此,它可以向外国投资者保证,如果不能以其他方式解决,由与东道国达成的协议产生的任何争议均可通过国际仲裁解决。如非完全强制,这本身可以作为对东道国的鼓励,东道国必须在违反其承担的任何义务之前三思而后行。

另一方面,这种广泛方法存在固有的困难。首先,保护伞条款可能具有取代投资者与东道国之间签订的合同的效果,至少就争端解决程序而言。然后出现了一个问题,即为什么缔约方仍然会在合同中规定争端解决程序。另一个问题是保护伞条款在多大程度上可以得到落实?易言之,它是否涵盖仅来自投资的争议,还是涵盖因"任何义务"引起的任何争议?最后,如果每一项合同违约行为都通过保护伞条款转变为条约违约行为,那么可能会有大量案件,正如一些评论员所表达的那样,投资仲裁庭可能无法处理。[299] 除非对这些问题的回答令人满意,否则广泛的

---

〔295〕 参见前引〔293〕,*Duke Energy* 案,第 319 段。

〔296〕 参见同上,第 320 段。

〔297〕 参见前引〔294〕,*Burlington* 案,第 190 段。

〔298〕 采用广泛方法的另一个案例是 *Noble Ventures* 案。其中,仲裁庭得出结论认为,使保护伞条款生效的唯一方法是将合同违约国际化或转变为违反条约的行为。参见前引〔189〕,*Noble Ventures* 案,第 54 段。

〔299〕 参见 Heikki Marjosola, "Public/Private Conflict in Investment Treaty Arbitration—A Study on Umbrella Clauses", *Helsinki Law Review*, 2009 年,第 103 ~ 134 页,第 127 页。

方法可能被认为是不符合需求的。[300]

在实践中,大多数投资仲裁决定采用了相对狭隘的方法,尽管它们基于不同的理由。例如,在 *Joy Mining* 案[301]中,仲裁庭拒绝对相关交易适用保护伞条款,理由是该交易不是受双边投资条约保护的投资。本案中的争议源于 1998 年 4 月 26 日 Joy Mining Machinery Limited 与阿拉伯埃及共和国的工业和采矿项目(IMC)总部签订的"为 Abu Tartur 磷酸盐矿项目提供长壁采矿系统和支持设备的合同"(以下简称"合同")。基于双方之间存在的各种分歧,通过 2000 年 11 月 8 日的协议(以下简称"修订协议")对合同进行了修订。[302] 公司按照合同支付了设备的全部价款,但是原告确定的银行担保并未由 IMC 发出[303]。

Joy Mining 坚持认为,合同及其参与长壁采矿项目是根据《ICSID 公约》的条款进行的投资,根据合同条款和修订协议,它有权得到担保的解除,IMC 拒绝解除担保,这违反了合同,这是埃及的违约行为。[304] 此外,Joy Mining 认为"基于条约第 2 条第 2 款中包含的'保护伞条款',埃及违反合同规定的任何基本义务也构成违反条约"[305]。

仲裁庭首先审查了合同项下的银行担保是否构成埃及和英国双边投资协定下的投资。它得出的结论是,银行担保"只是一种可能发生的负债"[306],而考虑到可能存在的责任,受保护的投资"实际上远远超出了投资的概念,即使是基于这个和其他条约通常都有的广泛的定义"[307]。这一结论的重要性在于,仲裁庭认为,无论销售合同复杂程度如何,都必须与投资合同区分开来,因为前者是国际贸易的核心

[300] 投资仲裁庭也批评了广泛的方法。例如,*Pan American Energy* 案仲裁庭就 *SGS* 诉菲律宾案发表评论说:"该案的解释不仅剥夺了一项具有深远影响的条款,而且使整个条约完全无用:事实上,如果要遵循这种解释——违反一国的任何法律义务,而不仅仅是任何与投资有关的合同义务,都是违反双边投资条约的行为,无论义务的来源和违约的严重性如何——只要有一个所谓的'保护伞条款'和争端解决机制就足够了,而且没有其他条款在任何双边投资协定中设定保护外国投资的标准。如果任何违反一国法律义务的行为事实上违反了条约,那么这种违法行为不必然违反条约的'公平公正待遇'或'全面保护和安全'这种高标准。"参见 *Pan American Energy and BP Argentina Exploration Company* 诉阿根廷案, ICSID 案件号 ARB/04/8, Decision on Preliminary Objections, 2006 年 7 月 27 日,第 105 段。

[301] 参见 *Joy Mining* 案, ICSID 案件号 ARB/03/11, Award on Jurisdiction, 2004 年 8 月 6 日。

[302] 参见同上,第 15 段。

[303] 参见同上,第 19 段。

[304] 参见同上,第 22 ~ 39 段。

[305] 参见同上,第 68 段。

[306] 参见同上,第 44 段。

[307] 参见同上,第 45 段。

特征，涉及管辖法律和概念问题的不同发展。[308]

就保护伞条款而言，*Joy Mining* 案仲裁庭注意到条约中插入的一个并不是很突出的保护伞条款，不能将所有合同纠纷转变为条约规定的投资争议，除非当然明显违反条约的权利和义务，或者违反合同权利的程度如此之大，以致触发"条约保护"。[309] 其随后表示，"合同与条约之间的联系是阻碍任何此类影响的缺失的链接"[310]。什么是缺失的链接？埃及和英国双边投资协定第 2 条第 2 款在相关部分写明："每一缔约方应遵守其对缔约另一方国民或公司投资可能产生的任何义务。"如 *Joy Mining* 案仲裁庭得出的结论，银行担保不是受保护的投资，合同要求 IMC 解除它们不是"有关投资的义务"。不幸的是，*Joy Mining* 案仲裁庭未更清楚地说明缺失的链接。同样，仲裁庭没有解释合同违约可能在何种情况下达到触发条约保护的"程度"。事实上，保护伞条款的简单含义似乎并不意味着合同违约的"严重性"将提升为条约违约。

除了存在合格投资外，在援引保护伞条款时，原告当然必须首先确定被投诉的作为或不作为可归因于东道国。在 **Bosh** 案中，一个重要问题是被告是否违反了有关保护伞条款的义务。《乌克兰—美国双边投资协定》第 2 条第 3 款 c 项规定："每一方均应遵守其在投资方面可能承担的任何义务。"本案仲裁庭认为"义务是'每一方'根据 BIT 具有的责任"，"遵守它在投资方面可能承担的任何义务"。[311] 但是，至于原告与基辅塔拉斯舍甫琴科国立大学之间订立的合同是否构成乌克兰的义务，本案仲裁庭认为该大学不是政府机构，因此合同是归因于大学而非被告。为了支持其立场，仲裁庭援引 *SGS* 诉菲律宾案的决定，虽然"未遵守具体投资所承担的具有约束力的承诺，包括合同承诺"，但这违反了保护伞条款，这个保护伞条款未将这些义务的范围或内容转化为国际法问题的效力。[312] 最后，**Bosh** 案仲裁庭决定，原告有义务根据合同规定的程序确定 2003 年合同规定的权利和义务。[313]

在某种程度上，本案仲裁庭的裁决符合 *BIVAC* 案的裁决，即保护伞条款中提到的义务"不仅限于国际义务，或非合同义务"，并且"毫无疑问能够被理解为包括 BIVAC 和巴拉圭财政部签订的合同安排，该部侵权行为归因于国家"[314]。然而，

---

〔308〕 参见同上，第 58 段。

〔309〕 参见同上，第 81 段。

〔310〕 参见同上。

〔311〕 参见前引〔74〕，*Bosh* 案，第 243 段。

〔312〕 参见前引〔268〕，*SGS* 诉菲律宾案，第 128 段，援引 *Bosh* 案，见前引〔73〕，第 247 段。

〔313〕 参见同上，*Bosh* 案，第 251 段。

〔314〕 *BIVAC* 案，ICSID 案件号 ARB/07/9，Decision on Jurisdiction，2009 年 5 月 19 日，第 141 段。

在*BIVAC*案仲裁庭看来,合同规定的义务可以通过保护伞条款的实施转换为条约义务,转换的必须是合同义务的全部。这意味着,根据仲裁庭的说法,转让“不仅包括根据合同要求支付发票的义务,而且包括确保亚松森城仲裁庭的义务(隐含的其他内容)可用于解决因合同而‘产生或关联的任何冲突,争议或索赔’”[315]。

其他一些仲裁庭认为,在援引保护伞条款之前,原告必须首先遵守有关合同中规定的争端解决程序。例如,在*Swisslion*诉马其顿案[316]中,仲裁庭在注意到原告所作承诺的性质本身“容易受到不同和相互矛盾的解释”[317]之后得出结论:“在一切结束后,可能不同意有一些与投资者遵守合同有关的问题。该部没有单方面终止合同,而是将该问题提交法院审理。因此,仲裁庭无法发现,在解决合同终止以及按照合同的规定将此事提交法院管辖时,该部违反了持续保证履行其承诺的任何义务。”[318]

因此,与*Bosh*案一样,*Swisslion*案仲裁庭采用了*SGS*诉菲律宾案仲裁庭的立场,根据保护伞条款,当事人在诉诸双边投资协定之前必须通过相关合同中规定的争端解决程序。

应指出的是,*Bosh*案、*BIVAC*案和*SGS*诉菲律宾案之间的区别在于,前者不涉及东道国作为合同当事方的问题。*Bosh*案仲裁庭正确地指出,大学的行为和疏忽不归因于被告。因此,与后两个案件相比,前者实质上是基于缺乏相互关系而拒绝管辖权,尽管它通过归因于大学的行为来处理这个问题。

还有一些其他案件,仲裁庭根据相互关系原则拒绝适用保护伞条款。例如,在*Azurix*案[319]中,原告的子公司ABA与阿根廷布宜诺斯艾利斯省签订了协议,而Azurix本身并不是协议的缔约方。*Azurix*案仲裁庭就原告援引该保护条款的请求说明如下:“虽然Azurix可能会根据BIT就阿根廷的违规行为提出诉求,但除了BIT规定的义务之外,阿根廷不涉及兑现向Azurix的承诺。即使为了论证的缘故,根据第2条第2款c项,也有可能让阿根廷对该省违反特许协议的行为负责,而该协议的缔约方是ABA而非Azurix。”[320]

易言之,在仲裁庭看来,Azurix不能依赖双边投资条约的保护条款来对被告主

---

[315] 参见同上,第142段。

[316] 参见*Swisslion DOO Skopje*诉马其顿案(以下简称“*Swisslion*案”),ICSID案件号ARB/09/16,Award,2012年7月6日。

[317] 参见同上,第323段。

[318] 参见同上,第324段。

[319] 参见前引〔46〕,*Azurix*案。

[320] 参见同上,第384段。

张权利，因为它不是特许权协议的一方。因此，*Azurix* 案仲裁庭将相互关系视为援引保护伞条款的先决条件。此后一段时间的 *Siemens* 案仲裁庭援引了这一立场。[321] 处理保护伞条款的类似条款，该案仲裁庭面临与 Azurix 案相同的情况，即基础合同的当事方是阿根廷和 SITS——后者是西门子的子公司。仲裁庭明确表示“原告不是合同的当事方，SITS 不是这些诉讼的当事方”[322]。因此，西门子无法援引保护伞条款向被告主张权利。事实上，该案仲裁庭甚至表示，除非东道国滥用权力，即“干涉合同的运作”，否则违反合同不应被视为违反投资条约。[323]

在另一个案例——*CMS* 案的撤销程序中，尽管 CMS 不是适用文书的缔约方，但允许 CMS 援引保护伞条款，阿根廷以明显超出权限为由质疑仲裁庭的决定。[324] 临时委员会批评了 *CMS* 案仲裁庭对保护伞条款的广泛解释，并因仲裁庭没有陈述理由而撤销了裁决，包括其未能说明对保护伞条款作出广泛解释的理由。此后，临时委员会在对保护伞条款的分析中提出以下意见：“保护伞条款的效果不是将根据的义务转变为其他事物；义务的内容不受影响，其适用的法律也是如此。若是如此，那么涉及义务的当事人（受其约束并有权依赖它的人）似乎也不会因为保护伞条款而改变。”[325]

显然，*CMS* 案临时委员会通过明确援引保护伞条款的条件，认可了 *Azurix* 案和西门子案仲裁庭的决定。*CMS* 案临时委员会的贡献是，在历史上第一次明确，保护伞条款中规定的“任何义务”必须有一个特定的债务人和债权人，即义务的当事人。根据保护伞条款，这些当事人不得改变。根据这一原则，即相互关系原则，只有那些作为相关合同/协议当事方的人才可以从适用的双边投资协定的保护伞条款中受益。

CMS 案临时委员会的立场得到了 *Burlington* 案仲裁庭的充分肯定，一个原告的子公司与东道国签订了合同的案件。仲裁庭审查了以前的投资仲裁裁决后得出结论，原告“可能不依赖条约的保护伞条款来强制执行厄瓜多尔其子公司的合同

---

[321] 参见前引〔112〕，*Siemens* 案。*Azurix* 案和 *Siemens* 案的各自双边投资条约的保护伞条款类似。此外，两个案件仲裁庭都由 Andrés Rigo Sureda 担任主席。

[322] 参见同上，*Siemens* 案，第 204 段。

[323] 参见同上，第 248 段。

[324] 临时委员会因仲裁庭没有陈述理由但未存在明显的超出权限，撤销了其裁决。参见 *CMS* 案，Annulment Proceeding, Decision of the *ad hoc* Committee on the Application for Annulment of the Argentine Republic，2007 年 9 月 25 日，第 46 段。

[325] 参见同上，第 95 段。

权利"[326]。事实上,*CMS* 案和 *Burlington* 案在这方面存在差异,因为虽然 *CMS* 案件中的原告是少数股东,但 Burlington 完全拥有其厄瓜多尔子公司。然而,该案仲裁庭并不认为持股的差异可能会对适用保护条款产生影响。[327]

简言之,狭义的做法并不排除将保护伞条款适用于合同义务。事实上,一些仲裁庭甚至认为,保护伞条款的目的是将合同诉求提升为条约诉求。同时,他们认为应该确定有关交易是否属于合格投资;各方应遵守合同规定的所有义务,包括建立的任何争端解决程序;以及合同当事方之间存在相互关系,这是私人合同与保护伞条款之间的联系。一般而言,狭义的方法强调对有关案例进行具体和详细的分析,并且比广泛的方法更加谨慎。

尽管如此,围绕保护伞条款的实施问题远未得到解决,因为正如 *Continental Casualty* 案仲裁庭所指出的那样,对保护伞条款的解释"仍然存在争议,而且……缺乏一致性"[328]。即使在同样采取所谓的广义方法或狭义方法的决策中,也很难说存在一致性。更糟糕的是,正如 *Burlington* 案仲裁庭所指出的那样,"在这些案件中表达的观点的依据很少,即使有"[329]。

然而,在所有关于这个问题的仲裁庭裁决中,那些采取广泛做法的人需要进一步重新考虑,因为正如 *Hamester* 案仲裁庭指出的那样,"将任何所有合同诉求自动和全面提升为条约诉求的后果可能会破坏国家法律秩序与国际法之间的这种区别",且"这不符合国际保护外国投资的 ICSID / BIT 机制的一般目的的结果"[330]。问题的实质是,尽管有各种各样的人提出上诉,但到目前为止,没有一个仲裁庭似乎有兴趣在有资格受保护伞条款的合同承诺与不合格的合同承诺之间划清界限。[331] 投资仲裁庭不愿意作出这种区分的行为被批评为他们未能履行职责。[332]

---

〔326〕 参见前引〔294〕,*Burlington* 案,第 220 段。

〔327〕 参见同上,第 229 段。

〔328〕 参见前引〔169〕,*Continental Casualty* 案,第 296 段。

〔329〕 参见前引〔294〕,*Burlington* 案,第 233 段。

〔330〕 *Gustav F W Hamester GmbH & Co KG* 诉加纳案(以下简称"*Hamester* 案"),ICSID 案件号 ARB/07/24, Award, 2010 年 6 月 18 日,第 349 段。在这种情况下,投资者与国家实体之间签订了合同。仲裁庭认为这些合同不属于保护伞条款的范围。参见同上。

〔331〕 例如,盖拉德评论道:"鉴于涉及基本合同违约的投资条约仲裁数量不断增加,更好地界定投资条约的争端解决机制与基础合同之间的界限可能是有意义的。"参见 Emmanuel Gaillard, "Investment Treaty Arbitration and Jurisdiction Over Contract Claims – the SGS Cases Considered", in Todd Weiler, ed., *International Investment Law and Arbitration: Leading Cases from the ICSID, NAFTA, Bilateral Treaties and Customary International Law*, Cameron May, 第 345 页。

〔332〕 参见 Bjorn Kunoy, "Singing in the Rain: Developments in the Interpretation of Umbrella Clauses", *The Journal of World Investment & Trade*, Vol. 7, 2006 年,第 275 ~ 300 页,第 299 页。

仲裁庭和学者应进一步澄清保护伞条款的功能。虽然保护伞条款的用处并不值得怀疑,但条约缔约方打算用它做什么是很重要的。一些评论员认为,保护伞条款有助于稳定东道国与外国投资者之间的关系。[333] 另一个需要澄清的问题是,与相互关系有关的归属是不是决定东道国责任的一个因素。[334] 易言之,在要求东道国负责时,是否有必要构成一个可以归咎于国家的违约行为?

第四节 绝对待遇标准的中国实践

中国最近签订的大多数双边投资协定都包含相关的待遇标准、国民治疗或适用更好待遇的 MFN,以及 FET 标准。[335] 这些标准已纳入 2003 年《中德双边投资协定》,适用于"与此类投资相关的投资和活动"。《 中德双边投资协定》议定书中的解释在这方面提供的帮助很少。它规定:"下列这些应更加特别地(尽管不是唯一地)被视为第 3 条第 2 款所指的'活动':投资的管理、维护、使用、享受和处置。"[336] 无论其预计达到的目的是什么,"但不仅仅是"这一术语应被解释为包括任何可能合理证明与投资相关的活动。

关于待遇标准,2005 年《中华人民共和国和葡萄牙共和国关于促进和相互保护投资的协定》(以下简称《中葡双边投资协定》)是一个典型,其中提到了国际法。

---

[333] 参见 Stephan W. Schill, "Enabling Private Ordering: Function, Scope and Effect of Umbrella Clauses in International Investment Treaties", 18 *Minnesota Journal of International Law* 1, 2009 年,第 12 页。其中,作者表示:"保护伞条款的主要功能……是(它)允许投资者基于东道国违反对投资者的承诺而启动基于条约的仲裁。通过提供国际法层面的执法机制,针对事后的投机性的东道国行为,保护伞条款稳定了东道国与外国投资者之间的关系。"

[334] 关于此问题的分析,参见 Michael Feit, "Attribution and the Umbrella Clause – Is there a Way out of the Deadlock?",21 *Minnesota Journal of International Law* 21, 2012 年,第 21 ~ 41 页。

[335] 例如,2005 年《中葡双边投资协定》第 3 条第 1 款至第 3 款:投资待遇 一、一方的投资者在另一方境内的投资应始终享受公平与公正的待遇。二、一方应给予另一方投资者在其境内的投资及与投资有关活动不低于其给予本国投资者的投资及与投资有关活动的待遇。三、一方给予另一方投资者在其境内的投资及与投资有关活动的待遇,不应低于其给予任何第三国投资者的投资及投资有关活动的待遇。2005 年《中华人民共和国和捷克共和国关于促进和保护投资协定》(以下简称《中捷双边投资协定》)第 3 条规定:"(1)缔约一方在其领土内应给予缔约另一方投资者的投资和收益公平和平等的待遇,且不应低于其给予本国或任何第三国投资者的投资和收益的待遇,并从优适用。(2)缔约一方在其领土内应给予缔约另一方的投资者在管理、维持、使用、享有和处分方面公平和平等的待遇,且不应低于其给予本国或任何第三国的待遇,并从优适用。"

[336] 《中德双边投资协定》的议定书第 3 条,http://www.unctadxi.org/templates/DocSearch.aspx? id = 779。

本协议第10条第1款在相关部分中表示:"……如果缔约方的任何一方现有法律或现行国际法规定的义务,或除现有协定外,缔约方之间存在的规定包含使缔约另一方投资者有权获得比对缔约方更有利的待遇的规定。在本协议规定的范围内,此类规则应在其更有利的范围内优先于本协议。"[337]

这些规定产生的问题可能比解决的问题更多,因为可能涉及的构成国际标准的问题,至少可以说是非常不确定的。可能受上述规定管制的情况包括,例如,中国加入ECT,从而被要求向作为ECT缔约国国民的外国投资者提供投资前国民待遇。[338] 在这种情况下,中国有义务向葡萄牙投资者的投资提供投资前国民待遇。然而,目前,葡萄牙已经是ECT的成员,[339] 因此,基于上述《中葡双边投资协定》第10条第1款,有义务为中国投资者的投资提供投资前国民待遇,因为最惠国待遇本质上是相对的。

公平公正的待遇也成为中国近期双边投资协定的标准条款。2003年《中德双边投资协定》、2004年《中芬双边投资协定》、2005年《中西双边投资协定》及2005年《中葡双边投资协定》都采用了以下表述:"每一缔约方投资者在另一缔约方境内的投资在任何时候都应得到公平公正待遇。"[340] 2006年中俄双边投资协定遵循了这些先例,尽管措辞略有不同。[341]

2008年《中新自贸协定》将FET和FPS纳入同一段,并要求缔约方"按照普遍接受的国际法规则"给予此类待遇。[342] 它进一步阐述了FET包括"有义务确保在考虑到一般法律原则的情况下,投资者不得在任何影响投资者投资的法律或行政程序中被剥夺正义或遭受不公正或不公平对待",而FPS"则要求各自缔约方在行使其权力时采取合理必要的措施,以确保投资的保护和安全"[343]。根据《中新自贸

[337] 2005年《中葡双边投资协定》第10条第1款,http://www.chinahotelsreservation.com/china_law/Agreement_between_china_ law_the_Government526.html。其他包含相同条款的双边投资协定包括2004年中国突尼斯双边投资协定、2002年中国波斯尼亚双边投资协定和2001年中国荷兰双边投资协定。

[338] ECT第2条规定:"每一缔约方应努力向其他缔约方的投资者提供关于在其区域内进行投资的第(3)款所述的处理。"其中规定包括国民待遇和最惠国待遇。

[339] ECT成员国和观察员国名单,参见https://www.encharter.org/index.php? id=61。

[340] 2003年《中德双边投资协定》,第3条第1款;2004年《中芬双边投资协定》,第3条第1款;2005年《中西双边投资协定》,第39条第1款;和2005年《中葡双边投资协定》,第3条第1款。

[341] 根据商务部网站,2006年中俄双边投资协定第3条第1款规定:"缔约一方应保证在其领土内给予缔约另一方投资者的投资和与该投资相关的活动公平和平等的待遇。"

[342] 2008年《中新自贸协定》,第143条第1款。这种措辞安排与中国签订的其他自由贸易协定和双边投资协定截然不同。这是否会成为中国的做法值得观察。

[343] 参见同上,第143条第2、3款。

协定》规定，FET 和 FPS 要求东道国政府不采取任何可能导致对“投资的管理、维护、使用、享受和处置”的不合理的或歧视性待遇的措施。这是迄今为止中国承诺的关于这一主题的最广泛详尽的条款。然而，《中新自贸协定》还规定，违反其他条款“并未证明构成对 FET 和 FPS 条款的违规”[344]。这是因为，FET 要求必然会对东道国的法律和法律制度产生重大影响。在没有任何条约义务的情况下，公平和公正的内容将完全由行政和司法机构决定。根据《中新自贸协定》的规定，中国必须确保其决策符合国际公认的惯例，特别是正当程序。

关于保护伞条款，中国签订的大量双边投资条约包含与其他现代双边投资条约相似的条款。例如，《中英双边投资协定》第 2 条第 2 款规定：“缔约各方应遵守其对缔约另一方国民或公司的投资可能已同意的义务。”《中、日、韩协定》第 5 条第 2 款规定：“缔约一方应遵守任何以协定或合同形式对缔约另一方投资者的投资做出的书面承诺。”因此，可以说，几乎在每个方面，中国双边投资协定都与其他国家签订的当代双边投资协定相协调。

根据国际投资仲裁庭对其他双边投资协定的解释，可以肯定，中国在其最近的双边投资协定中所承诺的与国际投资中其他主要参与者的当代做法相一致。

总之，绝对待遇标准，包括 FET、FPS 和保护伞条款，现已广泛纳入双边投资条约和自由贸易协定的投资章节。适用这些绝对待遇标准显著加强了对外国投资者的保护，从而有助于促进国际投资。然而，有些领域需要改进，以便实现绝对待遇标准的预期效果。例如，关于 FET、FPS 或保护伞条款，对这些标准的内容和范围几乎没有一致的看法。[345] 这种不一致主要是投资仲裁庭决定的结果；每当仲裁庭表达不同意见时，它们很可能引起学者和其他评论员之间的讨论，这可能反过来影响后续仲裁庭的决策。然而，在实践中，几乎不可能统一结果或期望仲裁庭作出一

---

[344] 如前所述，《中新自贸协定》将 FET 和 FPS 纳入同一条款，即第 143 条。在中国最近签署的双边投资条约和 2006 年《中巴自贸协定》中，FET 在一条款中提及，而保护和安全的保证则在另一条款中。而且，这些协议不是使用“完整”，而是在“保护和安全”之前使用“持续”。

[345] 参见 Christoph Schreuer，“Fair and Equitable Treatment in Arbitral Practice”，*The Journal of World Investment & Trade*，第 6 卷，No. 3，2005 年 6 月，第 357 页；UNCTAD，*Bilateral Investment Treaties*，ST/CTC/65（1988），第 42 页；前引〔1〕，idem，*Fair and Equitable Treatment：A Sequel*；OECD，*Fair and Equitable Treatment Standard in International Investment Law*，2004 年，https://www.oecd.org/dataoecd/22/53/33776498.pdf；Mahnaz Malik，*The Full Protection and Security Standard Comes of Age：Yet another challenge for states in investment treaty arbitration?*，International Institute for Sustainable Development，Winnipeg，Manitoba，Canada，2011；Katia Yannaca – Small，*Interpretation of the Umbrella Clause in Investment Agreements*，OECD Working Papers on International Investment，Number 2006/3，OECD，Paris，2006 年。

致的决定。目前的问题是,即使争议问题相同且有关双边投资条约的相关条款非常相似,不同的仲裁庭也可能得出截然相反的结论。更糟糕的是,有关仲裁庭可能基于充分理由作出决定。

当然,可以认为,由于投资者与国家仲裁的历史很短,这种不一致,是不可避免的。虽然情况可能如此,但除非情况有所改善,否则投资者和东道国对仲裁的信心可能会受到影响。在这方面,许多人认为 FET 的不确定性导致美国放弃坚持其先前的立场,即 FET 要求除国际最低待遇标准所要求外的或超出最低标准的待遇。[346] 除了本章每一节末尾的评论和建议之外,一个可能的解决办法是让仲裁庭仔细说明其决定的理由,以便其他人了解为什么以某种方式作出决定。

在这方面,仲裁庭应该清楚自己阐明的理由。至少,他们应尽量不作出自相矛盾的陈述。例如,在 *LG&E* 案中,仲裁庭指出:"仲裁庭在条约序言中指出,两国同意'为了维持稳定的投资框架和最大限度地有效利用经济资源,公平和公正地对待投资是应该的'。……根据这些既定目标,该仲裁庭得出结论认为,在这种情况下,法律和商业框架的稳定是公正和公平待遇的基本要素。"[347]

其他仲裁庭经常引用或重复这一段。然而,其内在逻辑是不通的,因 FET"对于维持稳定的投资框架而言是理想的",但基于此说"稳定的投资框架"或"法律和业务框架的稳定性"对于 FET 是不可或缺的,这不合逻辑。易言之,如果"法律和业务框架的稳定性"是可以通过 FET 的贡献实现的目标或目的,则它不能同时成为 FET 的一部分。不幸的是,这种错误并不罕见。希望随着仲裁庭积累更多经验后,情况会有所改善。

---

〔346〕 参见 2004 年《美国双边投资协定范本》第 5 条,附表 A 作出补充。相同的条款和附件出现在最新缔结的美国双边投资协定中。

〔347〕 参见前引〔113〕,*LG&E* 案,第 124 段。

第七章

相对待遇标准

国际投资法的一个重要特征是通过东道国向外国投资者和投资提供保护,以促进跨境资本流动。双边投资条约和自由贸易协定的投资章节以及涉及外国投资的多边条约几乎无一例外地包含最惠国待遇和国民待遇。[1] 这两者实际上都是相对的待遇标准,因为它们为外国投资者及其投资提供的待遇本质上等同于向第三国或东道国国民提供的待遇。易言之,尽管 X 国和 Y 国都可能为外国投资者提供最惠国待遇和国民待遇,但这种待遇的实际标准可能在两个国家间有所不同。因此,提供与其他国家不同的待遇标准,东道国不违反国际义务。因此,相对待遇标准不同于绝对待遇标准,这些标准是根据国际法(包括双边投资条约)中的国际标准来判断的。

本章将首先审查最惠国待遇的历史,解释有关条约规定的原则。接下来将审查投资争端仲裁庭关于该标准的实践。然后,本章将讨论与国民待遇有关的问题。由于判例——基于仲裁庭裁定的案件——在制定国际投资法方面发挥着越来越重要的作用,尽管其存在不一致性,但本章的大部分内容将分析通常相互矛盾的裁决。在讨论最惠国待遇和国民待遇之后,将提出一些替代方案。此后,将审查有关这些标准的中国条约实践。

---

〔1〕 据观察,"各国政府(双边投资条约)承担的一般义务往往要求它们提供……(4)国民待遇(与东道国公民一样有利的待遇),以及(5)最惠国待遇(给予另一缔约方以其他国家公民享受的有利的待遇)"。参见 R. Doak Bishop, James Crawford and W. Michael Reisman, *Foreign Investment Disputes: Cases, Materials and Commentary*, Kluwer Law International, 2005 年,第 1007 页。

第一节　最惠国条款的历史和适用的解释原则

一、最惠国待遇的历史

最惠国待遇是最古老的国际法原则之一,是政治和经济妥协的产物。虽然最惠国条款几乎在所有国际条约中都有,但其重要性首先在国际贸易领域得到承认和实现。更具体地说,最惠国待遇通常适用于以下与贸易有关的国家行为:进口关税,出口和过境货物,以及各种关税和税收;与货物进口、过境、储存和运输有关的海关规则、程序和收费;进口许可证问题;港口出入境的职责,收费和程序,以及船舶锚泊;以及与移民、商标和铁路运输有关的情况。[2]

作为国际法原则,最惠国条款可以追溯到 13 世纪初。那时,它已被纳入国际条约。一个突出的例子是弗雷德里克二世与马赛市于 1226 年 11 月 8 日签署的条约。根据条约规定,马赛公民可以享受弗雷德里克二世给予比萨和热那亚公民的特权。[3] 最惠国待遇条款在 16 世纪的世界贸易中得到广泛使用。那时,英格兰和荷兰在国际商业贸易中成为西班牙和葡萄牙的竞争对手。此外,法国和斯堪的纳维亚半岛逐渐成为与汉萨同盟和衰落的意大利共和国竞争的增长大国。因此,西班牙、葡萄牙、英国、荷兰和法国成为竞争对手。[4] 他们互相怨恨,拒绝合作。为获得竞争优势,所有这些国家在经济交流方面的努力程度不亚于第三国。这就解释了为什么最惠国地位一直具有政治和经济特色。

17 世纪初,国际经济交流日益频繁,与贸易和商业有关的条约数量增加。1642 年 1 月 29 日,英格兰王国与葡萄牙签署的条约规定,英国国民享有与葡萄牙给予其他国家国民相同的豁免和特权。[5] 这在当时是一个创新的举措,因为 17

---

〔2〕 之所以如此,是因为在现代以货物贸易、服务贸易和投资的形式开展国际经济交流,所提到的事项至关重要。与大多数(如果不是全部)有关贸易和投资的条约都包含最惠国待遇条款一样,最惠国待遇原则适用于如此广泛的活动。

〔3〕 参见 Stanley Kuhl Hornbeck, "The Most Favoured Nation Clause in Commercial Treaties". *Bulletin of the University of Wisconsin*, No. 343, *Economics and Political Science Series*,第 6 卷,第 2 篇,1910 年, p. 336ff。据称这个协议是有记载的第一个与最惠国待遇相关的文档。

〔4〕 参见 Eugene F. Rice, *The Foundations of Early Modern Europe*, 1460 ~ 1559, 2nd ed., Norton, New York, 1994 年。

〔5〕 参见 Hugh O. Davis, *America's Trade Equality Policy*, American Council on Public Affairs, Washington, D. C., 1942 年,第 2 页。

世纪的最惠国条款通常列出了特定国家享有的权利。此外,17 世纪末,与贸易有关的国际条约通常区分宗教和非宗教国家。例如,英格兰王国与葡萄牙之间的商业条约第 3 条规定了,给予的最惠国待遇不应低于给予其他基督教国家的待遇。〔6〕

早期的最惠国待遇条款包含前提条件,并以互惠原则为基础,要求缔约方给予的待遇不低于给予第三国的待遇,无论是在条约签署之前还是之后提供的待遇。非基于互惠原则,无前提条件的最惠国待遇和优惠待遇在 18 世纪后期出现。〔7〕19 世纪上半叶,有条件的最惠国待遇在欧洲普遍存在。尽管如此,19 世纪下半叶,世界经济形势的变化导致了欧洲国家的巨大变化,这些变化开始有利于无条件的最惠国待遇。毋庸置疑,任何地方都没有免费午餐。给予无条件最惠国待遇的动机是在由给予该待遇的国家形成的世界贸易体系中保持主导地位,而不是将其作为友好或协助其他国家经济发展的标志。

当时,无条件最惠国待遇政策与美国的孤立主义政策形成鲜明对比。18、19 世纪,美国将有条件的最惠国待遇视为其对外贸易的基本政策。〔8〕一方面,美国独立战争后,虽然美国成为参与政治事务的法律实体,但其在世界经济事务中却没有与欧洲具有同等地位。法国、西班牙和英国试图将美国赶出其势力范围,以使其无法与他们的殖民地进行自由贸易。另一方面,这些欧洲国家想进入美国市场。因此,美国采取了高关税的闭门政策。除非他们同意以类似条款开放市场,否则美国拒绝向欧洲国家提供任何好处。〔9〕1778 年,美国和法国签署了《友好和商业条约》,提供相互最惠国待遇。〔10〕可以说,美国采取的有条件的最惠国待遇政策增加了其议价能力,并为平等地扩大与欧洲国家的贸易关系铺平了道路。庞大的美国市场和美国的议价能力构成了这一发展的基础。

无论如何,美国和欧洲之间关于最惠国待遇的分歧在第一次世界大战(以下简称"一战")后发生了变化。战争结束时,美国从欧洲工业产品和资本的进口商

---

〔6〕参见同上。

〔7〕更多关于现代以前的最惠国待遇的条款,包括美国、英国和其他欧洲国家的实践,参见前引〔3〕,Hornbeck。

〔8〕对此,霍恩贝克(Hornbeck)表示:"与大多数现代欧洲条约中包含的共同承包商立即无条件延长优惠的保证相反,该条款明确规定,第二方只有在自由延伸到第三方的情况下才能享受优惠,如果给予赔偿,第二方可能不会被排除在外,但其可有权提出要求。"参见同上,第 350 ~ 351 页。

〔9〕参见前引〔5〕,Davis,第 3 页。

〔10〕美国签署的最惠国待遇条款一般规定,缔约方同意给予或将给予国家或其他国家的国民的利益和特权,但前提是上述特权是毫不犹豫给予的或基于相互原则。参见同上,第 9 页。

以及原材料出口国转变为向欧洲出口工业产品和资本的国家。20 世纪,美国的对外贸易政策发生了巨大的变化。在国际贸易中,美国开始支持无条件的最惠国待遇的概念。美国积极主张所有国家在进口限制方面应得到平等对待,特别是在关税和其他税收方面。[11]

美国海关法院对 *John T. Bill Co.* 诉美国案的裁决反映了当时的美国政策。[12] 1925 年 10 月 14 日,John T. Bill Co. 起诉美国,称对其从德国进口的自行车零件征收的关税违反了美国和德国之间的条约。根据该条约第 7 条的规定,缔约方应无条件地给予彼此不低于给予第三国的待遇。双方还同意就出口货物和其他贸易的关税给予对方不低于给予第三国的待遇。

John T. Bill Co. 声称,美国与德国之间的条约规定了无条件的最惠国待遇;因此,从德国进口的自行车零件的关税不应高于从其他国家进口的同类产品的关税。当时,美国对从其他国家进口的自行车零件征收 30% 的从价税,而从德国进口的自行车零件的税率则为 50% 。加勒特法官裁定美国可以给予其他国家优惠待遇,条件是美国将被以类似的方式对待,[13] 尽管无条件的最惠国待遇更符合美国的利益和基本政策,因为有条件的最惠国待遇将无法确保美国产品和商家在国外市场上得到平等对待。然而,他还指出,美国和德国之间条约中的最惠国条款具有互惠性,因为它规定了互相的无条件的最惠国待遇,海关法院认为对从德国进口的产品给予不公平待遇,违反了条约义务。[14]

最惠国待遇原则在国际贸易中发挥着重要作用。当各国就最惠国待遇的条款和条件进行谈判时,他们都希望限制最惠国条款的适用性,以防止第三方受益。各国还通过明确排除某些产品来限制最惠国待遇的适用。

“二战”后,除了关税形式的限制外,许多国家还在国际贸易中引入了非关税壁垒,如反倾销条例、反补贴条款、进口许可证要求或出口限制。这些非关税限制是当时国际贸易中最大的障碍。传统上,最惠国待遇条款仅适用于进口关税,并不影响非关税壁垒。东京回合多边贸易谈判将最惠国待遇原则的适用范围扩大到其他协议。[15] 但是,由于在东京回合中达成的协议仅适用于签署方,其实际效果有

---

〔11〕 美国国会于 1922 年通过的《海关法》授权总统签订无条件的最惠国待遇条款。1934 年《美国贸易法》重申了上述授权。

〔12〕 参见 *John. T Bill Co. Inc.* , *Victor Distributing Co.* 诉美国案, 104 F 2d 67 (1939)。

〔13〕 参见同上。

〔14〕 参见同上。

〔15〕 如前所述,在东京回合中,达成了若干单独的协议,最惠国待遇原则适用于每一项协议。

限。自WTO运转以来,最惠国待遇原则适用于所有WTO协定,涉及货物贸易、服务贸易、知识产权和非关税壁垒。这是最惠国待遇原则的重大发展。[16]

当代世界交往中使用最惠国待遇原则亦是出于双边政治目的。[17] 最惠国待遇原则现已成为具有外交关系的国家之间的正常贸易关系,因此,也已成为最低待遇标准。随着国际社会各国相互依存的程度的提高,近几十年来最惠国待遇从未被取消。随着越来越多的国家加入WTO,以最惠国待遇作为其基本原则,任何可能试图单方面给予或取消最惠国待遇的国家都会遇到重大障碍。[18] 关于国际投资,最惠国待遇条款可以在每个双边投资协定和自由贸易协定以及知识产权条约和协议中找到。因此,可以肯定的是,最惠国待遇已成为所有经济交往中的一项基本原则,也成为一项国际经济法原则。

二、解释的原则

最惠国待遇条款包含在国际条约和协定中。作为最古老的国际法原则之一,其解释,特别是其潜在的和可能不同的解释,引起了国际社会的关注。早在1924年9月,国际联盟大会就"国际法的逐步编纂"通过了一项决议,并设立了一个分委员会,以审议"关于确定和解释最惠国待遇效果的主要手段的国际协定的可能性"[19]。分委会报告中指出,"委员会的大多数成员向分委员会作出否定的答复:'即使努力制定一项管理案件的守则条文是切实可行的,但这似乎不是必要或需要的。'"[20]

由于分委员会的工作没有结果,因此,"二战"后重新提及这个问题。联合国成立后不久,秘书长在一份题为《与国际法委员会编纂工作有关的国际法调查》的备忘录中指出:"对最惠国条款的不同解释持续造成困难,可能有必要重新考虑国际联盟专家委员会所表达的观点,即该主题在一个彻底的报告的基础上详细讨论,

---

〔16〕 参见GATT第1条、《TRIPS协定》第4条和GATS第2条。由于《农业协定》《实施卫生和植物检疫措施协定》《技术性贸易壁垒协定》等是关贸总协定的附件,最惠国待遇原则同样适用于它们。

〔17〕 在中国加入之前的若干年里,美国在每年给予中国最惠国待遇之前审查中国的人权状况。克林顿政府于20世纪90年代后期将人权与确定最惠国待遇脱钩,从而改善了这种情况。

〔18〕 实际上,由于最惠国待遇是WTO的基石,并且无条件地适用于所有WTO协定,任何对最惠国待遇施加任何适用条件的企图都可能构成废除或减少成员有权获得的利益,从而违反WTO协议。

〔19〕 参见Endre Ustor, Special Rapporteur of the ILC, *Yearbook of the International Law Commission*, 1969年, Vol. II,第170页, Document A/CN. 4/213, 1969年4月18日;"Second Report on the Most - Favoured - Nation Clause", *Yearbook of the International Law Commission*, 1970年, Vol. II,第204页, 1970年5月9日、18日,Document A. CN. 4/228 and Add. 1.

〔20〕 参见同上,"Second Report on the Most - Favoured - Nation Clause",第90段。

最好通过双边协议来处理。"[21]

联合国的努力最终导致国际法委员会公布了关于最惠国条款的条款草案,该条款将最惠国待遇定义如下:"最惠国待遇是给予国给予受益国的待遇,或给予与该国有确定关系的个人或事物的待遇,不得低于给予国向第三国或与第三国有前述相同关系的人或事物。"[22]

因此,受益国对最惠国待遇的权利仅来自给予国和受益国之间的有效协议,所获得的权利仅限于协定主题涵盖的那些权利。受益国本身可以是第三国,也可以是与该第三国处于前述同一关系的人或物。[23] 只要给予国对第三国的人或事物给予更优惠的待遇,受益国即主张最惠国权利,但仅限于其人或事,以及第三国的人或事与该国的关系属于同一类别的情况。[24] 从条款草案中可以明显看出,最惠国待遇不被视为一国的自然权利。最惠国待遇的授予和享受将通过有关国家之间的谈判来实现。此外,最惠国待遇只适用于人和事处于相同或类似情况的情形。易言之,最惠国待遇不适用于相关人员或事项不属于同一类型或性质不同的情况。

作为大多数国际条约和协定的组成部分,最惠国待遇条款应按照 VCLT 第 31 条和第 32 条规定进行解释,即条约"应依其用语按其上下文且参照条约的目标和宗旨,以善意解释"。在这方面,国际法院在其一些声明中考虑以 VCLT 第 31 条和第 32 条代表习惯国际法。[25] 例如,在与保加利亚,匈牙利和罗马尼亚的和平条约解释(第二阶段)中(国际法院 1950 年 7 月 18 日的咨询意见),国际法院指出"法院的责任是去解释条约,而不是修改它们"[26]。法院认为,如果公约文本本身足够明确,则无须诉诸有关条约的准备工作。对此问题,法院指出:"解释和适用条约规定是法庭的首要职责,是努力基于它们发生的背景以其自然和普通的含义使它

---

〔21〕 参见 United Nations, Memorandum submitted by the Secretary - General, *Survey of International Law in Relation to the Work of Codification of the International Law Commission*, extract from the Book of the ILC, 1949 年,文件号 A/CN. 4/1/Rev. 1,第 91 段, United Nations Publications, 1948 年, Vol. 1, 第 52 ~ 53 页。

〔22〕《联合国国际法委员会报告》第 5 条,关于最惠国条款的条款草案,1978 年 7 月。"给予国"是指承诺给予最惠国待遇的国家,而"受益国"是指被承诺给予这种地位的国家。

〔23〕 参见同上,第 8 ~ 9 条。

〔24〕 参见同上,第 10 条。

〔25〕 国际法院"还强调,解释不是修改条约或理解它们不明确或不必要的含义,或应用解释规则以产生违背条约文字或精神的结果的问题"。参见 Sir Robert Jennings and Sir Arthur Watts (eds.), *Oppenheim's International Law*, Vol. I (parts 2 to 4), 9th ed. , Oxford University Press, Oxford, U. K. ,第 1271 ~ 1272 页。

〔26〕 参见 *ICJ Reports*, 1950 年,第 229 页。

们生效。如果相关词语的自然和普通意义在其语境中有意义,那问题得以解决。另外,如果其自然和普通含义中的词语含糊不清或导致不合理的结果,那么,只有法院才能通过其他解释方法寻求确定当事人的真正做法,即他们使用这些词时的意思。"[27]

同样,在 *Qatar* 诉巴林案[28]中,国际法院特别回顾了它在 *Concerning Territorial Dispute Libyan Arab Jamahiriya/Chad* 案的表述:"根据 1969 年《维也纳条约法公约》第 31 条所反映的习惯国际法,条约必须应依其用语按其上下文且参照条约的目标和宗旨,以善意解释。解释必须高于条约文本。作为补充措施,可以采用诸如分析条约的筹备工作及其结论的情况等解释手段。"[29]

国际法院对条约解释的态度一直为贸易和投资仲裁庭所沿用。例如,在 *Wintershall* 案[30]中,仲裁庭说:"(VCLT)第 31 条中措辞谨慎的表述基于这样的观点,即必须假定该文本是当事人意图的真实表达。所有条约解释的出发点都是阐明文本的含义,而不是基于其他来源对当事人的意图进行独立调查(例如参考准备文件,或任何基于推定意图的预测)。"[31]

正如后面将要讨论的那样,在实践中,尽管仲裁庭遵循相同的条约解释的原则,但结果仍然不同。除了 VCLT 第 31 条和第 32 条所述的关于条约解释的习惯国际法原则之外,必须根据更具体的同类原则来解释最惠国条款。据此,如美国一个法院所述:"一般词语遵循特定类别或人或事物的列举,一般词语应解释为仅适用于与所列举的一般性质或种类相同的人或事物。"[32]

就解释最惠国条款本身而言,国际法院在以下案件中处理了该问题:*Anglo - Iranian Oil Company*案(管辖权)[33],关于摩洛哥国内的美国公民的权利的

---

〔27〕 *Case Concerning the Arbitral Award of* 31 *July* 1989 (*Guinea - Bissau v. Senegal*), Judgment,1991 年 11 月 12 日, *ICJ Reports*, 1991 年,第 48 段,第 69 页,援引早前法庭的咨询意见,*Competence of the General Assembly for the Admission of a State to the United Nations*, *ICJ Reports*, 1950 年,第 8 页。

〔28〕 参见 *Case Concerning Maritime Delimitation and Territorial Questions between Qatar and Bahrain*,*ICJ Reports*, 1995 年。

〔29〕 参见同上,第 18 页,第 33 段。

〔30〕 参见 *Wintershall* 案, ICSID 案件号 ARB/04/14, Award,2008 年 12 月 8 日;见 http://icsid.worldbank.org/ICSID/FrontServlet? requestType = CasesRH&actionVal = showDoc&docId = DC1492_En&caseId = C39。

〔31〕 参见同上,第 78 段。

〔32〕 *Walling v. Peavy - Wilson Lumber Co.*, D. C. 案, 49 F. Supp. 第 846、859 页。

〔33〕 参见 *Anglo - Iranian Oil Company* 案(英国诉伊朗案,以下简称"*Anglo - Iranian* 案"), Judgment, 1952 年 7 月 22 日,*ICJ Reports*, 1952 年,第 93 页。

案件[34],及 *Ambatielos* 案(理由)[35]。在第一个案件中,国际法院指出,“独立于和隔离于基本条约的第三方条约不能对基本条约的缔约方产生任何法律效力。”[36]在第二个案件中,国际法院称最惠国条款代表了对外贸易领域的待遇平等原则。

在第三个案件中,涉及的问题之一是希腊国民是否像希腊政府所说的那样,即根据希腊与英国之间的条约所包含的最惠国条款,是否有权根据“正义、权利和公平”享受相关待遇。国际法院的多数决定没有直接就此问题发表意见。[37] 其中,四名国际法院法官的联合反对意见指出:“在现阶段,我们分析希腊政府援引的1886年《商业航海条约》第10条的规定。本条包含一项最惠国条款,它认为该条款在某种程度上体现了适当司法的要求。”[38]在国际法院的四名法官看来,根据第10条,只有商业和航海适用最惠国条款,因为“它未有司法行政相关的条款”[39]。尽管第15条第3款涉及诉至法院的问题,由于“该条没有提及最惠国待遇”[40],国际法院法官认为,最惠国待遇条款不适用;他们认为,由于没有明确规定,因此其无法延伸到司法。在法官看来,将最惠国待遇条款适用于司法行政,将构成对有关最惠国条款的“广泛解释”。[41]

本案的联合反对意见还表示:“有必要不要忽视这样一个事实,即在本案中,法院必须根据自由到达的条款的含义来决定什么是1926年宣言产生的仲裁义务的范围。对我们面前的第15条第3款有两种解释,我们不能同意将其扩展到证据的产生,从而扩大提交仲裁的义务。解释性延长国家诉诸仲裁的义务是特别难以接

---

〔34〕 参见 *Concerning Rights of Nationals of the United States of America in Morocco* (法国诉美国案), Judgment,1952年8月27日,*ICJ Reports*, 1952年,第176页。

〔35〕 参见 *Ambatielos Case* (希腊诉英国案,以下简称“*Ambatielos* Ⅰ案”), Merits: Obligation to Arbitrate, Judgment,1953年5月19日,*ICJ Reports*, 1953年。

〔36〕 参见前引〔33〕,*Anglo – Iranian* 案,第109页。

〔37〕 参见前引〔19〕,Ustor, “Second Report”,第209页。它包含以下内容:“61. 在国际法院诉讼期间(在 Ambatielos 案中),当事方提到了1886年商业条约中体现的最惠国条款和同一条约的国民待遇条款,以‘自由诉诸法院’。他们就最惠国条款的范围和效力以及‘自由诉诸法院’一词的含义在理解上存在很大差异。62. 法院本身(多数)未就争议的实质作出决定。因此,在法院的判决中未能找到关于实质性问题的讨论,这些问题将揭示与最惠国条款的运作有关的问题。在当事方的书面和口头陈述以及法院四名成员,即当时的法院院长麦克奈尔法官和巴斯德万法官、克莱斯塔德法官和雷德法官的联合反对意见中,都详细讨论了这些问题。”

〔38〕 *Ambatielos* Ⅰ案, Dissenting Opinion by Sir Arnold McNair, President, and Judges Basdevant, Klaestad and Read, *ICJ Reports*, 1953年,第34页。

〔39〕 参见同上。

〔40〕 参见同上。

〔41〕 参见同上。

受的。常设法院在 *Phosphates in Morocco* 案中指出,管辖权条款的解释绝不能超出相关联国家的意图。"[42]

由于国际法院的大多数法官认为不应行使管辖权,因此设立了仲裁委员会来处理希腊与联合王国之间的争端。仲裁委员会在其发布的 *Ambatielos Ⅱ* 案[43]裁决中表示,在 1886 年的条约中,最惠国条款的适用被定义为包括"与商业和航海有关的所有事项"。其继续表示:"看起来这个表达本身并没有严格定义的含义。……因此,不能说司法在涉及保护这些权利时必须被排除在最惠国条款的适用范围之外,当后者包括'所有与商业和航海有关的事项'。这个问题只能根据缔约方的意图来确定,这是从对条约的合理解释中推断出来的。"[44]

显然,仲裁委员会并不打算发表"关于一般性问题的观点,即最惠国条款是否永远无法有确保按照国际法的一般规则向受益人提供待遇的效果"[45]。在该案中,最惠国条款明确限于"缔约任何一方实际给予或可能在此后授予任何其他国家的主体或公民的任何特权、优惠或豁免",因此,"显然不是这样的情况,即如果这些条款的唯一目的是保证按照国际法的一般规则给予他们待遇"[46]。然而,尽管委员会有此期望,但其意见在解决贸易和投资争端方面仍然得到认可。这与仲裁庭(包括 WTO 上诉机构)在其诉讼程序中采用的普通法方法以及律师在此类案件中采用的技术有很大关系。这种与贸易和投资有关的争议解决的发展推动了判例法的不断发展,科学和技术的进步对其产生了影响,特别是计算机和互联网技术的发展,已做出重要贡献。

第二节　与投资相关的最惠国待遇判例

就跨境投资而言,所有双边投资条约和自由贸易协定的投资章节都毫无例外

---

〔42〕 参见同上,第 33 页。参见 *Phosphates in Morocco* 案(意大利诉法国案)。在该案中,国际常设法院认为,如果有疑问,最好对条约中的条款作出限制性解释,因为这样的条款的"解释绝不能超出同意该条款的国家的意图";参见 PCIJ Ser. A/B No. 74, 1938 年,第 14 页。

〔43〕 参见 *Ambatielos Case*(希腊诉英国案,以下简称"*Ambatielos Ⅱ* 案"), Award of 6 March 1956, United Nations, Reports of International Arbitral Awards, Vol. XII, 1963 年,第 87 页。

〔44〕 参见同上,第 107 段。仲裁委员会的这种观点在很大程度上源自倾向于将最惠国待遇条款扩展到争端解决程序的仲裁庭,这将在后面讨论。

〔45〕 参见同上,第 106 段。

〔46〕 参见同上。

地规定了最惠国待遇。在 *Maffezini* 案件之前,很少有涉及执行该条款的案件,在此之前,人们已经理解最惠国条款只涉及实质性待遇。然而,从那时起,学者就该条款可能发挥的作用进行了辩论。投资仲裁庭就最惠国条款适用范围的立场也存在分歧。在这些不同意见中,最棘手的问题是最惠国待遇条款是否应适用于争端解决程序。由于这是关于投资法中最惠国待遇的一个最重要和辩论最激烈的问题,本节将首先审查支持扩展方法的案例,然后分析那些拒绝这种扩展应用的决定及其各自的推理。

一、支持将最惠国条款扩展到争端解决程序的案件

几十年来,最惠国条款被认为仅适用于实质性待遇而不适用于程序性事项,例如与争端解决有关的机制。涉及阿根廷投资者与西班牙政府纠纷的 *Maffezini* 案〔47〕是一个转折点。在该案中,阿根廷投资者将其与西班牙政府的争议提交给 ICSID 进行仲裁。《阿根廷西班牙双边投资协定》第 10 条规定:"1. 本协定有关缔约一方投资方与另一缔约方之间投资的争议,如有可能,应由争议各方友好解决。2. 如果争议不能在任何一方提出争议之日起六个月内解决,则应提交投资所在缔约方的主管法庭。3. 在下列任何情况下,争议可以提交国际仲裁:a)应争端当事方之一的请求,如果在本条第 2 款所述的诉讼程序之日起已启动,十八个月期满后仍未就该诉求作出决定,或者如果已作出此类决定,但双方的争议仍在继续;b)如果争议双方同意。4. 在第 3 款预见的情况下,基于当事方同意,双方之间的争端应根据 1965 年 3 月 18 日《关于解决国家与其他国家国民投资争端公约》提交国际仲裁,或根据联合国国际贸易法委员会(UNCITRAL)仲裁规则设立临时仲裁庭。如果在任何一方将争议提交仲裁三个月后,未达成上述替代程序之一的,争议应根据 1965 年 3 月 18 日《关于解决国家与其他国家国民投资争端公约》提交 ICSID 仲裁,前提是缔约双方均已成为该公约的缔约国。否则,争议应提交上述临时法庭。"

然而,在将争议提交仲裁之前,Maffezini 没有诉诸当地法院。因此,西班牙对 ICSID 仲裁庭的管辖权提出了质疑。原告认为,根据双边投资协定,外国投资者最终被允许进行国际仲裁,因此关于当地救济措施的要求不应成为国际仲裁的障碍。特别是,它认为,在 18 个月内,地方法院可能不会作出决定,即使作出决定,外国投资者也可能不同意。总之,在原告看来,当地法院的要求只是一个可能或可能不会遵循的程序。关于这个问题,仲裁庭认为:"现在必须要问的是,根据第 10 条第 2

---

〔47〕 参见 *Maffezini* 案, ICSID 案件号 ARB/97/7, Award, 2000 年 11 月 13 日。

款的要求,未将案件提交国内法院的争端当事方是否必须被视为已放弃或丧失将此事提交国际仲裁的权利。在此需要指出的是,第 2 款规定,争议'应提交'(será sometida)到投资所在缔约国的主管法庭,而第 3(a)段则表示争议在下列情况下,应争议当事方的请求,'可以提交'(podrá ser tsometida)国际仲裁庭:如果国内法院未在十八个月内就案件的案情作出裁决,或者如果尽管存在这样的决定,仍存争议。"〔48〕

仲裁庭认为,这项要求的目的是让当地法院在规定的时间内有机会解决外国投资者与东道国政府之间的争端。〔49〕 尽管原告认为上述内容不可能是该条款的预期含义,因为在 18 个月之后外国投资者仍然有权将其争议提交国际仲裁,仲裁庭进一步指出,如果原告仅仅依据这一论点,它就会得出结论认为,由于原告未能按照双边投资条约第 10(2)条的要求首先向西班牙法院提交争议,因此仲裁庭缺乏管辖权。〔50〕 仲裁庭认为:"虽然在 18 个月期限届满后各方可以自由地寻求国际仲裁,但无论国内法院程序的结果如何,只有当他们对国内法院不满意时,他们才有可能这样做决策。此外,如果他们确信国际仲裁庭会作出同样的决定,他们肯定不会这样做。……原告对第 10 条第 2 款的解释将剥夺这一条款的任何含义,这一结果与普遍接受的条约解释原则,特别是《维也纳条约法公约》的原则不符。"〔51〕

然而,原告亦根据阿根廷和西班牙双边投资条约第 4 条规避双边投资条约第 10 条的适用。第 4 条规定:"在本协议规定的所有事项中,这种待遇不应低于每一缔约方对第三国投资者在其领土上进行的投资所规定的待遇。"原告认为,智利和西班牙双边投资协定第 10(2)条在提交国际仲裁之前,没有设置关于当地救济措施的前提条件,且基于最惠国条款,其在将争议提交仲裁之前,不应要求其诉诸西班牙的地方法院程序。问题是第 4 条的范围是否足够广泛以允许这种解释。

仲裁庭首先指出,虽然"所有受本协议约束的事项"都没有"……明确提到最惠国条款涵盖争端解决……今天,争端解决安排与保护外国投资者密不可分,因为它们也与商业条约保护贸易商的权利有关。…… 这种安排,即使不严格地说是商业和航海条约所追求的贸易和投资政策的重要方面的一部分,其对于充分保护他们寻求保障的权利至关重要"〔52〕。

〔48〕 参见同上,第 34 段。
〔49〕 参见同上,第 35 段。
〔50〕 参见同上,第 36 段。
〔51〕 参见同上。
〔52〕 参见同上,第 54 段。

它继续表示,“国际仲裁和其他解决争端的安排已经取代了过去那些陈旧且经常被滥用的做法”[53]。因此,仲裁庭的结论是:“……如果第三方条约包含解决争议的条款,这些条款比基本条约中的条款更有利于保护投资者的权利和利益,则这些条款可以扩展到最惠国条款的受益人,因为它们完全符合同类原则。”[54]

Maffezini 案仲裁庭认为,基础条约的最惠国条款规定范围广泛,足以涵盖解决争端等程序问题。其中一个原因是,在仲裁庭审查的所有双边投资条约中以及西班牙加入的双边投资协定中,只有阿根廷和西班牙双边投资协定的最惠国条款规定“所有受本协议约束的事项”[55]。因此,仲裁庭得出结论,缔约方打算将最惠国条款扩展适用至争端解决。当然,至少可以说这是一个非常大胆的举动,赋予了该条款如此广泛的含义。

显然,*Maffezini* 案仲裁庭也考虑到了其决定的后果。因此,它试图通过陈述以对最惠国条款的适用施加一些限制:“作为一项原则问题,该条款的受益人不应超越缔约方可能设想的公共政策考虑因素,作为接受有关协议的基本条件,特别是如果受益人是私人投资者,情况经常如此。因此,该条款的范围可能比初看起来的窄。”[56]

在 *Maffezini* 案件之后,还有其他案件支持仲裁庭的裁决,尽管原因各有不同。例如,在 *Impregilo* 案[57]中,一方面,阿根廷和意大利双边投资协定第 8 条第 3 款包含一项管辖权要求,必须在 ICSID 仲裁庭主张管辖权之前履行。仲裁庭认为“有时限的事先追索到地方法院条款”是强制性的。[58] 另一方面,双边投资条约第 3 条第 1 款规定:“每一缔约方应在其本国领土内,对缔约另一方投资者的投资给予与此类投资有关的收入和活动,及本协议规定的其他事项,不得低于给予其投资者或来自第三方国家的投资者的待遇。”[59]

仲裁庭的结论是,“待遇”一词足以涵盖“解决争端等程序性事项”[60]。在其分析中,仲裁庭还依据“本协定所规定的所有其他事项”这一措辞,认为其范围足

---

〔53〕 参见同上,第 55 段。

〔54〕 参见同上,第 56 段。

〔55〕 参见同上,第 60 段。

〔56〕 参见同上,第 62 段。仲裁庭明确了数种最惠国待遇条款限制适用的情况。细节参见同上,第 63 段。

〔57〕 参见 *Impregilo* 案, ICSID 案件号 ARB/07/17, Award, 2011 年 6 月 21 日,见 http://italaw.com/documents/Imgregilov. ArgentinaAward. pdf.

〔58〕 参见同上,第 94 段。

〔59〕 参见同上,第 96 段。

〔60〕 参见同上,第 99 段。

以涵盖争端解决事项。

在 *Hochtief* 诉阿根廷案[61]中，仲裁庭亦允许投资者通过阿根廷和德国双边投资协定（作为基本条约）的最惠国待遇条款，绕过在提交国际仲裁之前的关于18个月地方法院的要求。在其分析中，仲裁庭注意到国际法委员会在其关于最惠国条款的条款草案的评注中所述的最惠国条款的隐含限制。其随后表示：“基于BIT，最惠国待遇条款不能创造仲裁的权利。可以提出这样更广泛的论点：最惠国条款规定了投资者在行使BIT规定的权利时应得到如何的待遇，但除了根据双边投资条约给予他们的权利之外，这并不意味着给予他们任何进一步的权利。”[62]关于绕过地方法院18个月诉讼要求的问题是否将构成“独特或新的权利”或“相当于已拥有仲裁权的人的处理方式”[63]，该案仲裁庭得出结论：“……不能假设阿根廷和德国打算以最惠国条款创造全新权利，当阿根廷和德国双边投资协定中没有相关内容。最惠国条款规定了一种待遇标准，并根据第三方的待遇对其进行了定义。提及的是给予第三方的标准待遇，而不是第三方的合法权利。原则上，对第三方投资者的非法定让步可构成就最惠国义务尚未得到保障的投诉的依据。”[64]

18个月的当地诉讼期是一项与待遇有关的权利或规定吗？该案仲裁庭承认“没有确定的标准来区分‘权利’和‘行使权利相关的待遇’”[65]。然而，它认为“有几种迹象表明，18个月的仲裁前诉讼要求应被视为投资者在解决争端时行使其权利而不是作为独特权利主题”[66]。在仲裁庭看来，根据阿根廷和德国双边投资协定规定，原告最终有权在经过18个月的诉讼期后单方面提出国际仲裁请求，而阿根廷和智利双边投资协定下的投资者可单方面立即将争议提交国际仲裁，两个双边投资条约下的投资者享有同等权利。因此，仲裁庭支持原告的立场。

在 *Impregilo* 案中，有争议的涉及第三方的双边投资协定是阿根廷和美国双边投资协定，其不需要经过地方法院诉讼。仲裁庭面临的问题是，与当地法院程序相比，国际仲裁是否更为有利。它通过审查“基于阿根廷和美国双边投资协定，在国内诉讼与国际仲裁之间的选择是否比在进入仲裁之前的强制性国内程序对于投资

---

〔61〕 参见 *Hochtief AG* 诉阿根廷案（以下简称“*Hochtief* 案”），ICSID 案件号 ARB/07/31，Decision on Jurisdiction，2011年10月24日。

〔62〕 参见同上，第79段。

〔63〕 参见同上，第80段。

〔64〕 参见同上，第81段。

〔65〕 参见同上，第82段。

〔66〕 参见同上，第83段。

者更有利”来解决这一问题。[67] 答案是非常明显的,因为没有人会认为允许选择的条约不比没有选择的条约更有利。

仲裁庭还审查其重视的“本协定规定的所有其他事项”的规定。关于同类原则是否会排除最惠国待遇条款适用于争端解决的问题,仲裁庭表示:“所有其他事项”不应被解释为“所有类似事项”或“所有其他同类事项”。[68] 它的结论是,在以往的所有仲裁裁决中,当处理像这样的条约规定时,国际投资争端仲裁庭已将最惠国条款的适用范围扩大到争端解决。[69] 与 *Maffezini* 案一样,*Impregilo* 案仲裁庭最终裁定“所有其他事项”应优先于“与此类投资有关的收入和活动”一词,这可能限制了最惠国条款的适用。它还强调了在解释条约规定方面保持一致的重要性,表示:“如果对这些问题的评估在每种情况下都取决于个别仲裁员的个人意见,那么这对于仲裁庭是不幸的。避免这种结果的最好办法是,只要能够辨别、形成明确的判例法,就可以根据判例法作出裁决。”[70]

维持国际投资判例法的明确或仲裁庭遵守判例法是理想化的。现实情况是,投资法的判例绝不一致。即使是同一仲裁庭的仲裁员也经常有不同的看法。例如,在 *Impregilo* 案中,有仲裁员在其反对意见中严厉批评了先前投资仲裁庭对最惠国条款适用的决定。在她看来:“除非另有明确规定,国家为了接受外国投资者直接在国际层面起诉而提出的资格条件不能被最惠国条款取代,并且 ICSID 的有前提条件的权利不能神奇地通过最惠国条款的赋予转变为无条件的权利。”[71]

关于 *Impregilo* 案,另一点有意思的是阿根廷的论点,即“在其自己的领土内”的表述应该限制最惠国条款的范围。仲裁庭指出:“阿根廷应向外国投资者提供何种法律保护的问题绝不是阿根廷无权决定的问题,也不是与任何特定领土有关的问题。”[72] 因此,仲裁庭认为,最惠国待遇条款的适用不受双边投资条约和自由贸易协定中的共同措辞“在其本国领土内”这一规定的限制。

Impregilo 案必须处理的最棘手的问题是,在阿根廷和美国双边投资协定签署之后,阿根廷与其他国家缔结的一些双边投资条约继续包含类似管辖要求,如阿根廷和意大利双边投资协定。正如阿根廷所论述的那样,这种做法的含义是阿根廷

---

〔67〕 参见前引〔57〕,*Impregilo* 案,第 101 段。

〔68〕 参见同上。

〔69〕 参见同上,第 103、108 段。

〔70〕 参见同上,第 108 段。

〔71〕 参见 *Impregilo* 案, Concurring and Disserting Opinion, Brigitte Stern,第 99 段。

〔72〕 参见前引〔57〕,*Impregilo* 案, Award,第 100 段。

不打算通过最惠国条款的实施取代或修订最惠国待遇的条款。不幸的是，*Impregilo* 案仲裁庭没有详细说明这个问题。相反，它表示"在本案中论证变得不那么具有说服力，因为意大利和阿根廷双边投资协定(1990 年 5 月 22 日签署)先于阿根廷和美国双边投资协定(1991 年 11 月 14 日签署)"[73]。众所周知，在与另一个国家在不平等的基础上进行谈判时，较弱的国家可能会被"欺负"，以同意特殊规定或安排。在这种情况下，对最惠国条款的广泛解释不会反映较弱国家在向其他国家提供最惠国待遇方面的意图。

其他几个案件中的仲裁庭只是将当地救济措施的要求视为程序性质的，因此对其管辖权没有任何影响。例如，在 *Ethyl* 诉加拿大案中，仲裁庭质疑"北美自由贸易协定缔约方是否打算"在提交仲裁通知之前或同时必须履行为期 6 个月的等待要求，以便仲裁庭可行使管辖权。[74] 事实上，在该案仲裁庭看来，6 个月的等待期规则"类似于国际法关于用尽救济措施的要求，当它被证明实际上没有任何救济措施和用尽时的任何尝试时都将是徒劳的，其将被忽视"[75]。易言之，该案仲裁庭认为，如果最终结果是相同的，那么建立等待期的规则可能会被忽视。那么问题是，为什么缔约方会同意这样的规则？而且，仲裁庭是否有权在任何情况下无视这种安排？如果有的话，应该以什么为基础。

一方面，在 *Bayindir Insaat* 诉巴基斯坦案中，巴基斯坦承认"通知要求不能构成管辖权的先决条件"[76]。*SGS* 诉巴基斯坦案仲裁庭还得出结论认为，协商要求本质上是程序性的而非管辖性的。因此，"与此类要求的合规性因此并不被视为构成管辖权归属的先决条件"[77]。

另一方面，*Suez* 案[78]仲裁庭认为："没有依据将争端解决事项与双边投资条约所涵盖的任何其他事项区分开来。"[79]从其角度来看，争端解决机制是双边投资

---

〔73〕 参见同上，第 102 段。

〔74〕 *Ethyl Corp.* 诉加拿大案，UNCITRAL Award，1998 年 6 月 24 日，38 International Law Materials 708 (1999)，第 74 段。

〔75〕 参见同上，第 84 段。

〔76〕 *Bayindir* 诉巴基斯坦案，ICSID 案件号 ARB/03/29，Decision on Jurisdiction，2005 年 11 月 14 日，第 99 段，https://www.italaw.com/documents/Bayindr-jurisdiction.pdf。

〔77〕 *SGS* 诉巴基斯坦案，ICSID 案件号 ARB/01/13，Decision on Objections to Jurisdiction，2003 年 8 月 6 日，第 184 段，https://www.italaw.com/documents/SGSvPakistan-decision_000.pdf。

〔78〕 参见 *Suez*, *Sociedad General de Aguas de Barcelona S. A.*, *and Vivendi Universal S. A.* 诉阿根廷案，ICSID 案件号 ARB/03/19，Decision on Jurisdiction，2006 年 8 月 3 日，https://www.italaw.com/documents/SuezVivendiAWGjurisdiction.pdf。

〔79〕 参见同上，第 59 段。

协定下的重要问题，是其中不可分割的一部分。因此，争端解决程序不得排除在最惠国条款的适用范围之外。同样，在 *Hocktief* 案〔80〕中，仲裁庭认为"管理、使用、使用和享受投资"这一短语应足够广泛，包括诉诸解决争端。〔81〕 在该案仲裁庭看来，最惠国待遇条款的实施使原告"只能通过其根据阿根廷和德国双边投资协定的单方面选择和行动达到其可能达到的相同地位，但此种方式更快且更便宜，在未先在阿根廷法院提起诉讼且持续 18 个月"〔82〕。然而，仲裁庭接着说："最惠国条款不允许从每一组条件中选择性地挑选成分……在这种情况下，原告不能援引阿根廷和智利双边投资协定中缺乏 18 个月的诉讼期，且忽略了阿根廷和智利双边投资协定第 10（2）条规定的'岔路口'条款：它必须遵守阿根廷和智利双边投资条约第 10 条或阿根廷和德国双边投资条约第 10 条规定的整个计划。"〔83〕

关键问题是基本条约的缔约方就解决争端的某一程序达成了一致意见。如果可能会或可能不会遵循此类程序，仲裁庭有责任解释通过最惠国条款的实施可以取代这些商定的条款/程序的基础。

以上情况或多或少都遵循 *Maffezini* 案的方法。在某些情况下，仲裁庭通过不同的方法得出了同样的结论。在 *Siemens* 案〔84〕中，德国原告没有向阿根廷法院提交争议，而这是阿根廷和德国双边投资协定下提交国际仲裁的先决条件。与 *Maffezini* 案一样，原告认为，阿根廷和智利双边投资协定中没有类似的要求，且通过适用最惠国条款，应允许将争议提交仲裁而不经过当地法院程序，是阿根廷和德国双边投资协定所要求的。但是，阿根廷和德国双边投资协定中没有关于"所有事项"的规定。尽管 *Siemens* 案与 *Maffezini* 案有所区别，但仲裁庭认为阿根廷和德国双边投资协定的特殊争议解决机制构成外国投资者有权享受的待遇的一部分，因此受到最惠国条款的保护。仲裁庭认为，在保护投资者权利时，"司法行政"不得被排除在最惠国条款的适用之外。〔85〕 它认为当有关的最惠国条款转换为与商业和航海有关的所有事项时，尤其如此。〔86〕 *Siemens* 案仲裁庭认为，让投资者得以寻

---

〔80〕 参见 *Hocktief* 案，ICSID 案件号 ARB/07/31，Decision on Jurisdiction，2011 年 10 月 24 日，https://italaw.com/documents/Hochtief_v_Argentina_Jurisdiction_24Oct2011_En.pdf。

〔81〕 参见同上，第 68 段。

〔82〕 参见同上，第 85 段。

〔83〕 参见同上，第 98 段。

〔84〕 参见 *Siemens* 案，ICSID 案件号 ARB/02/8，Decision on Jurisdiction，2004 年 8 月 3 日，https://www.italaw.com/documents/SiemensJurisdiction – English – 3August2004.pdf。

〔85〕 参见同上，第 101 段。

〔86〕 参见同上。

求争端解决机制是“外国投资者和投资待遇的一部分”,也是一种优势。[87] 针对阿根廷关于其与德国的双边投资协定经过特别谈判而不应以最惠国条款取而代之的论点,仲裁庭表示:“最惠国条款的目的是消除特别谈判条款的效力,除非它们已被排除在外。它补充了条约各缔约国承诺不采取歧视(双边投资条约)第 2 条涵盖的投资的措施。”[88]

Siemens 案的决定中引人注目的是,仲裁庭对双边投资条约的目标和宗旨的广泛解释超越了基本双边投资条约的缔约方表达的意图。这种解释既不符合 VCLT 第 31 条和第 32 条,也不符合同类原则。它也与 *Maffezini* 案的决定不一致。也许该案决定最引人注目的特征是,当仲裁庭面对阿根廷的论点时,原告根据其与第三方的条约有权获得不同的待遇,它也应适用整套争端解决程序,包括所谓的“岔路口”,它裁定最惠国条款“只涉及更有利的待遇”,尽管事实是“这些优点可能是对所声称的优势的平衡”[89]。至这一步,仲裁庭的说服力已降至最低。

在 *Ros Invest Co.* 案[90]中,仲裁庭首先将征收定义为干涉投资者对有关投资的使用和享受,然后表示:“通过授予其提交仲裁,形成了对投资者相应保护的高度相关部分……与在东道国国内法院提出质疑这种干涉的唯一程序性选择相比,显而易见且意义重大。”[91] 基于这种理由,与 *Siemens* 案一样,*Ros Invest Co.* 案仲裁庭认定最惠国条款适用于争端解决程序。

二、反对将最惠国条款延伸至争端解决程序的案件

自 *Maffezini* 案作出决定以来,关于最惠国待遇条款是否应适用于程序性事项,例如争端解决,存在相当大的争议。这种分歧也反映在投资的判例中,甚至因一些判例而加剧。在 *Salini* 案[92]中,所涉及的问题包括据称未支付给参与约旦大坝项目的意大利原告的欠款。原告根据约旦和意大利双边投资协定将争议提交给 ICSID 仲裁。约旦政府特别认为该争端具有商业性质,且根据其与意大利的双边投资协定第 9(2)条,此类争端应按商事合同规定的程序解决。原告认为,根据约

---

〔87〕 参见同上,第 102 段。

〔88〕 参见同上,第 106 段。

〔89〕 参见同上,第 120 段。

〔90〕 参见 *Ros Invest Co. UK Ltd.* 诉俄罗斯案, SCC 案件号 Arb. V079/2005, Award on Jurisdiction, 2007 年 10 月, https://www.italaw.com/documents/RosInvestjurisdiction_decision_2007_10_000.pdf。

〔91〕 参见同上,第 130 段。

〔92〕 参见 *Salini* 案, ICSID 案件号 ARB/02/13, Decision on Jurisdiction, 2004 年 12 月 9 日, https://www.italaw.com/documents/salini-decision_000.pdf。

旦和意大利双边投资协定中的最惠国条款,由于约旦和美国及约旦和英国双边投资协定不包含任何限制投资者根据联系提出基于条约的诉求的规定,因此应允许它通过仲裁解决纠纷。

仲裁庭首先审查了 *Ambatielos II* 案的决定,该决定是 *Maffezini* 案仲裁庭所严重依赖的。它指出,*Ambatielos II* 仲裁委员会实际上确认了解释最惠国条款的同类原则,即该条款只能吸引与该条款本身有关的属于同一类主题的事项,并得出结论认为,因为最惠国条款提及"所有与商业和航海有关的事项",仲裁委员会将其适用范围扩大到"司法行政"。在本案仲裁庭看来,"司法"与实质性待遇有关,因此可以纳入其他条约。它进一步认为这样做不同于从其他条约引入争端解决程序,这是它面临的问题。[93]

仲裁庭接着审查了 *Salini* 案和 *Maffezini* 案之间的区别。它指出,由于意大利和约旦之间双边投资条约的最惠国条款没有规定"协议所涵盖的所有权利或所有事项",且原告未能提交令人信服的证据来支持将最惠国条款适用于争端解决程序,双边投资条约缔约方的意图"是将 ICSID 管辖范围内的投资者与缔约国实体之间的合同纠纷排除在外,以便可以按照投资协议中规定的程序解决此类争议"[94]。易言之,在仲裁庭看来,如果条约没有规定"所有事项"或"所有权利",则应适用同类的原则。因此,最惠国条款的运作应限于那些属于同一类别的事项和事物。仲裁庭还指出,作为支持其结论的证据,一些最惠国条款,例如英国签署的双边投资条约中的条款,明确规定它们适用于争端解决程序。最后,本案仲裁庭认为,约旦和意大利双边投资协定的最惠国待遇条款"不适于争端解决相关的方面"[95]。

在 *Plama* 案[96]中,保加利亚和塞浦路斯双边投资条约第 3 条第 2 段明确规定了,最惠国待遇条款不适用于缔约方对经济共同体和工会成员,关税同盟(Customs Union)或 FTA 缔约一方成员所享有的特权。仲裁庭认为,"特权"一词"可被视为表明最惠国待遇应被理解为与实质性保护有关"[97]。因此,其不应涵盖争端解决程序等程序性问题。仲裁庭甚至并未太重视投资争端解决中支持仲裁的国际趋

---

[93] 参见同上,第 112 段。

[94] 参见同上,第 118 段。

[95] 参见同上,第 119 段。

[96] 参见 *Plama* 案, ICSID 案件号 ARB/03/24, Decision on Jurisdiction, 2005 年 2 月 8 日, https://www.italaw.com/documents/plamavbulgaria.pdf。

[97] 参见同上,第 191 段。

势。在仲裁庭看来,重要的是仲裁的先决条件是在双方同意的情况下确定的,"这种协议应该明确无误"[98]。它还强调了善意解释条约的原则,并强烈反对取代"具有完全不同机制的缔约方具体谈判的程序"[99]。

Plama 案仲裁庭还对 *Maffezini* 案的决定作出评论,该仲裁庭认为最惠国条款的适用似乎主要是为了协调投资领域的争端解决机制。在其看来,*Maffezini* 案仲裁庭的做法对国际投资法的协调起了反作用,争端解决程序是国际投资法的一部分。Maffezini 提出的公共政策限制也令人"困惑",表示:"…… *Maffezini* 案仲裁庭所述的多重例外原则应该是一个不同的原则,只有一个例外:最惠国条款。除非基本条约中的最惠国条款毫无疑问地表明缔约方有意将其纳入,否则基本条约并未通过引入争端解决条款以全部或部分纳入另一条约。"[100] 因此,本案的决定是对 *Maffezini* 案裁决的反对的典例。

在 *Salini* 案和 *Plama* 案中,仲裁庭所做的是限制最惠国条款适用于实质性待遇。然而,这些仲裁庭以不同的方式进行。尽管他们都不同意 *Maffezini* 案的裁决,但是 *Salini* 案仲裁庭没有直接批评它,而 *Plama* 案仲裁庭则明确表示不赞成该决定。在这样做时,*Plama* 案仲裁庭制定了与解释最惠国条款有关的明确原则。因此,正如以下讨论所示,其推理常被引用。

在 *Telenor Mobile* 案[101]中,仲裁庭明确表示"没有语言或背景暗示相反",最惠国条款提到"投资者对投资的实质性权利"[102]。*Société Générale* 诉多米尼加案[103]仲裁庭采取了类似的立场。它指出:"每项条约都界定了它认为受保护的投资,且谁有权获得这种保护,及定义可以基于不同条约而各异。在这种情况下,诉诸最惠国条款的具体文案是不必要的,因为它仅适用于给予这种定义的投资的待遇,而不适用于'投资'本身的定义。"[104]

Tecmed 诉墨西哥案仲裁庭面临着另一个问题。它最终拒绝通过适用原告所依据的最惠国条款,引入墨西哥和奥地利双边投资协定的条款。根据该条款,双边

---

[98] 参见同上,第 198 段。

[99] 参见同上,第 209 段。

[100] 参见同上,第 223 段。

[101] 参见 *Telenor Mobile Communications A. S.* 诉匈牙利案, ICSID 案件号 ARB/04/15, Award, 2006 年 9 月 13 日, https://www.italaw.com/documents/Telenorv.HungaryAward_002.pdf。

[102] 参见同上,第 92 段(原文标注重点)。

[103] 参见 *Société Générale* 诉多米尼加案, UNCITRAL, LCIA 案件号 UN 7927, Preliminary Objections to Jurisdiction, 2008 年 9 月 19 日, https://www.italaw.com/documents/SGJurisdiction.pdf。

[104] 参见同上,第 40 ~ 41 段。

投资条约生效前的投资也受到保护。仲裁庭指出:"随时间推移的与协议有关的事项,由于其意义和重要性,更多地涉及其实质性条款的适用的时间范围,而不是程序或管辖权问题,涉及的问题的核心必须由缔约方具体谈判。"[105]

它认为这些事项对缔约方缔结一项向外国投资者提供实质性保护的协议很重要。因此,仲裁庭认为,最惠国待遇条款不会使保护外国投资的制度或其运作受到"损害"。[106] 本案仲裁庭隐含地认为,最惠国条款的适用应严格遵守同类原则。

Hicee 诉斯洛伐克案[107]仲裁庭采取了类似于 *Plama* 案仲裁庭的做法。它拒绝投资者通过适用最惠国条款来扩大双边投资协定下的概念。本案仲裁庭指出:"(最惠国条款)的明确目的是扩大对符合条件的投资者合格投资的实质性保护范围;它不能合法地用于扩大投资者或投资本身的定义。"[108]因此,仲裁庭至少暗示,最惠国条款的适用不应扩展到诸如管辖权之类的程序性事项。

其他一些仲裁庭认为,关于当地救济措施的要求,无论是由等待期还是其他期限构成管辖权问题,反对将最惠国条款适用于争端解决。在 *Enron* 案[109]中,仲裁庭宣布,为期6个月的谈判期本质上即是典型涉及管辖权的问题,"未能遵守该要求将导致确定缺乏管辖权"[110]。*Burlington* 案[111]仲裁庭同意其他一些仲裁庭的做法,包括 *Maffezini* 案,认为当地救济措施旨在让东道国政府有机会友好地解决任何争端。其随后表示,允许投资者放弃当地救济措施将剥夺东道国政府的这一机会。根据这一结论,它裁定不符合当地救济措施的要求足以使仲裁庭丧失管辖权。[112] 然而,*Telefónica* 案[113]仲裁庭认为,关于当地救济措施的要求"作为启动仲

---

[105] *Tecmed* 案, ICSID 案件号 ARB(AF)/00/2, Award, 2003 年 5 月 29 日,第 69 段,https://www.italaw.com/documents/Tecnicas_001.pdf。

[106] 参见同上。

[107] 参见 *Hicee Bv.* 诉斯洛伐克案, UNCITRAL, Partial Award, 2011 年 5 月 23 日。

[108] 参见同上,第 149 段。

[109] 参见 *Enron* 案, ICSID 案件号 ARB/01/3, Decision on Jurisdiction, 2004 年 1 月 14 日,https://www.italaw.com/documents/Enron-Jurisdiction.pdf。

[110] 参见同上,第 88 段。

[111] 参见 *Burlington Resources Inc.* 诉厄瓜多尔案(以下简称"*Burlington* 案"), ICSID 案件号 ARB/08/5, Decision on Jurisdiction, 2010 年 6 月 2 日,https://www.italaw.com/documents/BurlingtonResourcesInc_v_Ecuador_Jurisdiction_Eng.pdf。

[112] 参见同上,第 315 段。

[113] 参见 *Telefonica S. A.* 诉阿根廷案, ICSID 案件号 ARB/03/20, Decision of the Tribunal on Objections to Jurisdiction, 2006 年 5 月 25 日,https://www.italaw.com/documents/DecisiononJurisdictionTelefonica.pdf。

裁的临时禁令”或不予受理而“将导致仲裁庭暂时缺乏管辖权”[114]。

Wintershall 案[115]仲裁庭将双边投资协定关于解决争端的规定视为东道国的长期要约,其中“在地方法院提起诉讼的十八个月要求……是 ICSID 仲裁制度的重要初步步骤”[116]。因此,为了诉诸 ICSID 仲裁,投资者必须接受长期要约的全部条款,并首先满足关于当地救济措施的要求。与 *Enron* 案和 *Burlington* 案一样,本案仲裁庭也认为诉诸当地法院诉讼程序,本质上属于管辖权问题。[117] 因此,投资者未能满足要求意味着仲裁庭缺乏管辖权。

在 *Daimler* 诉阿根廷案[118]中,仲裁庭明确表示:“基于双边投资协定的争端解决条款……本质上是管辖权的问题。将它们纳入双边条约这一事实表明它们是两个国家的主权协议的体现,而不仅仅是行政上设立的仲裁员。”[119]仲裁庭认为,这种安排,即主权国家同意在投资者和国家间进行仲裁一个情况,而这可能导致国家投资者作出赔偿。[120] 从这个角度看,它考虑了如此的一项双边投资协定争端解决机制,其中包括将诉诸当地救济措施作为仲裁庭行使管辖权的先决条件。其理由是,如果特定的争端解决机制包含在由缔约主权国家谈判的特定双边投资协定中,则不应以某种方式对其进行修改或解释。因此,最惠国待遇条款是否应适用于程序性和实质性问题并不重要。它指出:“原告希望基于最惠国待遇提出诉求……除非履行国内法院的附带条件,否则没有这种做法。更具体地说,由于原告尚未满足阿根廷同意国际仲裁的必要先决条件,其关于最惠国待遇的论点尚未得到仲裁庭认可。因此,除非最惠国条款本身赋予仲裁庭必要的管辖权,否则仲裁庭目前无权对任何基于最惠国待遇的诉求作出裁决。”[121]

应指出的是,虽然 *Daimler* 案仲裁庭的结论与 *Plama* 案仲裁庭的结论相同,但它并不同意后者的推理,特别是后者提到的 *Maffezini* 案。在这方面,*Plama* 案仲裁庭表示:“*Maffezini* 案的决定也许是可以理解的。该案涉及一项奇怪的要求,即在头 18 个月内,应在当地法院审理争议。本仲裁庭同情这样一个仲裁庭,它试图从

---

[114] 参见同上,第 93 段。

[115] 参见前引[30],*Wintershall* 案。

[116] 参见同上,第 160 段。

[117] 参见同上,第 172 段。

[118] 参见 *Daimler Financial Services AG* 诉阿根廷案(以下简称“*Daimler* 案”), ICSID 案件号 ARB/05/1, Award, 2012 年 8 月 22 日。

[119] 参见同上,第 193 段。

[120] 参见同上,第 199 段。

[121] 参见同上,第 200 段。

实际的角度中和这种毫无意义的条款。但是,在不存在其他情况时,这种特殊情况不应被视为指导未来仲裁庭的一般原则声明。"[122]

然而,*Daimler* 案仲裁庭质疑 *Plama* 案仲裁庭的做法。在其看来,适用"荒谬"的条款的理由,即"18 个月的国内法院要求"将得到仲裁庭的豁免。然而,*Daimler* 案仲裁庭表示,*Plama* 案仲裁庭没有解释"在什么意义上,要求是'好奇'、'荒谬'或'特殊'的"[123]。此外,*Daimler* 案仲裁庭表达了这样的意见:"……在国际法中放弃基于条约的管辖权先决条件的要求不是无意义的,而是徒劳的。主权国家可以自由地同意他们选择的任何条约规定,无论是关于实质性承诺还是争端解决规定或其他条款,只要这些规定不是徒劳的,并且不违反国际法的强制性规范。"[124]

在作出的有关投资仲裁决定中,*Daimler* 案仲裁庭关于最惠国条款的立场可能是最明确和最直接的。尽管不知其观点是否受到对 *Maffezini* 案的批评以及赋予最惠国条款广泛适用的其他案件的影响,但无可争议的是,国际社会越来越关注将最惠国待遇条款扩大到争端解决的后果。在这方面,*Diamler* 案仲裁庭的观点是对国际社会关切的积极回应,可以促进国际投资法的健康发展。

总之,在仲裁庭支持将最惠国待遇条款的适用范围扩大到争端解决的情况下,这种做法倾向于将诉诸当地法院程序或等待期作为程序性事项处理。虽然这些仲裁庭依据诸如"受本协议约束的所有事项","司法行政"等条约规定,但这种方法的基础是最惠国条款旨在确保平等和非歧视性地对待所有投资者。这种竞争方法自然会导致最惠国条款成为一项超级条约条款,[125]将不可避免地导致投资者滥用协定。然而,由于这种方法将外国投资者的保护作为双边投资协定和自由贸易协定的主要职能,因此滥用协定和将最惠国条款转变为超级条约条款都不会引起其支持者的极大关注。

Salini 案、*Plama* 案、*Wintershall* 案和 *Diamler* 案等案的仲裁庭采取另一种方法,认为所有条约规定都经过特别谈判,因此应给予确切的意义。在实践中,采用这种方法的仲裁庭倾向于强调同类原则,并将最惠国条款的运作限制在实质性待遇中。他们认为,关于当地救济措施的要求是管辖权的先决条件。它们具有重要

---

〔122〕 参见前引〔96〕,*Plama* 案,第 224 段。

〔123〕 参见前引〔118〕,*Daimler* 案,第 196 段。

〔124〕 参见同上,第 198 段。

〔125〕 关于此事的更多讨论,参见"Most – Favoured – Nation Clause – Report of the Working Group", International Law Commission, Fifty – ninth session, Geneva, A/CN. 4/L. 719, 2007 年 7 月 20 日,第 11 页。

意义,即当双边投资协定或其他条约授予投资者选择争端解决机制的权利时,则投资者必须承担其所有相关权利和义务,而非给予机会挑选。拒绝将最惠国条款用于争端解决的那些仲裁庭的推理的另一个共同特征是,根据善意解释或根据VCLT 第 31 条赋予条约条款明确含义。

第三节　投资中的国民待遇

与最惠国待遇一样,国民待遇也是源于国际贸易条约的最古老的待遇标准之一。据称,第一批向外国和当地商人提供国民待遇的条约可以追溯到 12 世纪和 13 世纪的汉萨同盟。[126] 本节将探讨这种跨境贸易待遇标准在投资背景下的演变以及投资仲裁庭如何适用该标准。

一、国民待遇在投资条约中的地位

现在国民待遇几乎是所有当代双边投资协定的一部分。然而,直到 20 世纪 90 年代后期,通过投资争议仲裁的结果,它在国际投资法中的重要性才变得清晰。虽然涉及国民待遇的投资者与国家仲裁数量稳步增加的原因无法用绝对证据确认,但原因可能是多方面的。首先,随着全球化日益加深和蔓延,来自传统投资东道国的企业现在正在对发达国家进行投资,这些国家没有为外国投资者提供更优惠的待遇。事实上,后来的这些国家的外国投资者可能会受到不太有利的待遇,或至少他们可能认为的不利待遇。[127] 其次,随着经济增长,传统的投资接受者逐渐减少了以前对外国投资的优惠待遇,并开始平等对待外国投资者和国内投资

〔126〕 参见 VerLoren van Themaat, *The Changing Structure of International Economic Law*, Martinus Nijhoff, 1981 年,第 16 页注释。

〔127〕 例如,许多中国公司在美国和加拿大的投资遇到了困难。关于华为相关的细节,参见 https://www. techcrunch. com/2013/12/03/huawei - usproblems/;关于中石化的信息,参见 https://business. financialpost. com/2013/12/07/life - after - cnoocs - nexen - deal - is - chinas - honeymoon - with - canadas - oil - patch - over/? __lsa = f896 - 9576。

者。[128] 在这种情况下，东道国对现有措施的修订和采取新措施可能会受到违反国民待遇条款的质疑。

过去，只有在已进行投资或进入市场后，国民待遇才被认为适用于外国投资者。例如，2012 年《中、日、韩协定》第 3 条第 1 款规定："缔约一方在其领土内给予缔约另一方投资者及其投资的待遇，不得低于其在类似情形下就投资行为给予本国投资者及其投资的待遇。"[129] 然而，最近的一些双边投资条约包含适用于入境前活动的国民待遇条款。[130]

当代国民待遇的另一个特点是，所讨论的双边投资协定通常会单独为投资和投资者提供这种待遇。德国和纳米比亚双边投资协定[131]即为一例，其第 3 条规定："（1）缔约任何一方均不得对其缔约另一方国民或公司在其领土内拥有或控制的投资给予低于其本国国民或公司投资的待遇或任何第三方国民或公司的投资。（2）任何缔约方均不得使缔约另一方的国民或公司在其与其境内投资有关的活动中受到比其本国国民或公司或任何第三国国民或公司更不利的待遇。"

上述关于国民待遇的表述并不少见。通常情况下，国民待遇和最惠国待遇也在同一条款中规定。还有其他双边投资协定规定要求选择国民待遇或最惠国待遇中更为有利的适用。ECT 第 10 条第 7 款规定，尽管只有在进入东道国之后才将国民待遇或最惠国待遇延伸至外国投资/投资者的运作："每一缔约方应给予投资其他缔约方在其领域内的投资者及其相关活动，包括管理、维护、使用、享受或处置，不低于其对本国投资者或其他缔约方的投资者或第三国的任何投资者的投资相关活动，包括管理、维护、使用、享受或处置，所给予的待遇。以最有利的为准。"

但是，关于投资的开展，ECT 缔约方必须"努力给予"国民待遇。易言之，这个

---

[128] 在这方面，迪马西奥（DiMascio）和鲍威林（Pauwelyn）评论道："外国投资的发展中东道国逐渐提高其国内标准，往往超过早期国际最低标准规定的原始门槛。由于国内投资者的待遇因此超过了'纯粹的'国际最低标准，国民待遇原则变得越来越重要，吸引了投资者的重新关注。"参见 Nicholas DiMascio and Joost Pauwelyn, "Nondiscrimination in Trade and Investment Treaties: Worlds Apart or Two Sides of the Same Coin?", *American Journal of International Law*, Vol. 102, 2008 年，48～89 页，第 67 页。

[129] 2012 年 5 月 13 日签署的《中、日、韩协定》，http://www.mofa.go.jp/announce/announce/2012/5/pdfs/0513_01_01.pdf。

[130] 根据 UNCTAD 的一份报告，此类双边投资条约通常是"由加拿大和美国签订的[除了美国的友好商业和航海（FCN）条约之外]，（其）已将国民待遇扩大到进入前的阶段，以确保外国投资者与国家投资者享有相同的市场准入条件。"参见 UNCTAD, *Report on National Treatment 1999*（以下简称 UNCTAD Report），UN Doc. UNCTAD/ITE/IIT/11（Vol. IV），第 4 页。

[131] 德国纳米比亚双边投资协定，可见于 http://arbitrationlaw.com/files/free_pdfs/germany-namibia_bit.pdf。

问题由缔约方自行决定。此外,应该指出的是,ECT 不包括“在类似情况下”的措辞,NAFTA 和许多双边投资协定也是如此。

根据 NAFTA 第 1102(1)条规定,缔约方必须“给予另一缔约方的投资者的待遇不得低于其在类似情况下给予其投资者在建立、收购、扩大、管理、行为、经营、销售或处置等其他投资行为的待遇”。第 1102(2)条对涉及其他缔约方的投资作出规定,表示:“每一缔约方应给予另一缔约方投资者的投资不低于其在类似情况下给予其投资者和其投资活动的优惠,包括建立、收购、扩张、管理、实施、运营、销售或处置等其他投资活动。”

同时,NAFTA 第 1102(3)条规定,其成员国的州或省向外国投资者和投资者提供的待遇应“不低于该州或省的类似情况下给予缔约方的投资者和投资活动的最优惠待遇”。该条款旨在确认缔约方的地方政府也有义务将国民待遇适用于其他缔约方的投资和投资者。但是,“最优惠待遇”的表述并不甚明确,因为在有关国家义务的规定中,只使用了“不低于有利”这一表述。正如后面将要讨论的那样,该条款并未使 NAFTA 缔约方的次一级当局的义务水平低于缔约方本身。根据条约法,一旦中央政府承担义务,不管是联邦或集权的,它就会对整个国家产生约束力。NAFTA 在涉及地方政府的国民待遇的条款的意义在于“地方当局拥有制定投资政策的宪法权力”[132],明确规定的义务将迫使地方政府给予其他省或州的国民最优惠的待遇亦同样给予外国投资者。[133] 如果非 NAFTA 的成员国家与其中一个 NAFTA 成员签订双边投资协定且双边投资协定在国民待遇的规定不如 NAFTA 那样明确,非 NAFTA 成员国家的投资者可以通过适用最惠国条款,除非双边投资协定本身包含排除此类引用的规定,否则它享受与其他 NAFTA 成员国民相同的待遇。

国民待遇的目的是确保不歧视外国投资和投资者。通过上述对条约实践的简要回顾,可以肯定的是,作为贸易待遇标准的延伸,在投资的情况下,国民待遇只适用于“类似情况下”,而不是在贸易情况下的“同类产品”。最重要的问题是如何明确“类似情况”和“不太有利”的待遇。有人说,有些双边投资条约不包含“类似情况”或类似的表述。一个相关问题是,是否要求东道国“有意”歧视外国投资者,或

---

〔132〕 参见前引〔130〕,UNCTAD Report,第 25 页。

〔133〕 对此,UNCTAD 报告指出:“这种权力可用于向当地投资者提供优惠待遇,而非对分部外的投资者,例如,东道国地方当局正在寻求鼓励当地的中小企业增长。出现的一个问题是,地方当局是否必须在国家待遇标准的基础上向外国的内部投资者提供这种优惠待遇,而不论其如何对待来自分部以外的国家投资者。”参见同上。

者歧视性“效果”是否足够。第三个问题是贸易仲裁庭产生的先例,例如 WTO 的法庭和上诉机构,是否可以作为解决投资争端的参考。必须通过实践对所有这些问题作出回答。

二、竞争是“类似情况”的必要条件

在研究与国民待遇有关的投资的判例之前,应指出的是,外国投资者的经营涉及广泛的经济部门。因此,在确定“类似情况”时应考虑哪些因素,没有双边投资条约或多边条约进一步界定该术语,事实上,有些甚至放弃了这种表述。一些评论员认为,由于国民待遇旨在保护外国投资者,且由于双边投资条约未明确外国投资者的哪些“特殊风险”必须得到保护,“为了确保一致性和有效运作,不同的条约标准应该匹配外国投资者面临的特殊风险”〔134〕。如后续讨论可见,投资仲裁庭关于这个问题的决定,正如可预料的那样,远非一致。

S. D. Myers 案是最早涉及根据 NAFTA 解释国民待遇的案件,其中原告是一家美国公司,从加拿大向美国出口多氯联苯(Polychlorinated biphenyls,PCB)废物,并在其设施中通过高温焚烧进行销毁。当其于 1993 年通过建立迈尔斯加拿大公司“进入”加拿大市场,“只有一个相当的加拿大竞争对手,即 Chem - Security”〔135〕。同时,1980 年美国政府采取行动,美加边境“停止了多氯联苯和多氯联苯废物的进出口”〔136〕。在加拿大方面,“1990 年的多氯联苯废物出口条例……禁止从加拿大向美国以外的所有国家出口多氯联苯废物,(尽管根据)这些法规,经美国环保署事先批准,允许出口到美国”〔137〕。实际上,在 1993 年,S. D. Myers 进入了一个实际上并不存在的“市场”,除非它对美国和加拿大官员的游说活动取得成功,否则不大可能出现。它们于 1995 年 10 月 26 日取得了成功,美国环保署发布了一项特殊豁免(称为“执法自由裁量权”),有效期为 1995 年 11 月 15 日 ~ 1997 年 12 月 31 日,如果符合“执法自由裁量权”中包含的某些详细条件,S. D. Myers 则可将加拿大的多氯联苯和多氯联苯废物出口到美国进行处置。此后不久,类似的“执法自由裁量权”也被授予“大约九家其他美国公司”,尽管进口禁令本身仍然有效,且任何进口到美国的产品都技术性违反了美国法律。几天之内,加拿大环境部长签署了

---

〔134〕 参见 Jürgen Kurtz, “The Use and Abuse of WTO Law in Investor - State Arbitration: Competition and its Discontents”, *Transnational Dispute Management*,第 8 卷,第 3 篇, 2011 年 9 月,第 764 页。

〔135〕 参见 *S. D. Myers* 案, Partial Award, 2000 年 11 月 13 日,第 112 段。

〔136〕 参见同上,第 101 段。

〔137〕 参见同上,第 100 段。

一项临时命令，禁止从加拿大出口多氯联苯。

在对文件证据和证词进行审查之后，仲裁庭“对临时命令和最后命令使加拿大国民优先于非国民”无异议，并进一步表示，“命令的实际效果是阻止 SDMI 及其投资以使他们无法开展他们计划进行的业务，与其在加拿大的竞争对手相比，这是一个明显的劣势”[138]。此外，它认为“整个文件清楚地表明临时命令和最终命令主要是为了保护加拿大 PCB 处理行业免受来自美国相关产业商的竞争”[139]。

仲裁庭对“在类似情况下”这一概念的分析在最终决定被告在 NAFTA 下的国民待遇义务方面发挥了关键作用。它首先指出：“在根据《北美自由贸易协定》第 1102 条考虑‘类似情况’的含义时，同样有必要牢记这一表述出现的整体法律背景。”[140]事实上，仲裁庭确实审查了这一原则的某些细节。[141] 然而，最后，与几乎同时开展工作的 *Pope & Talbot* 案仲裁庭不同（此案讨论见下文），基于本案的情况，仲裁庭在其裁决中没有提供任何证据证明实际以任何有意义的方式适用该原则。

相反，仲裁庭在“商业视角”的基础上相当坚决地确定了“相似性”。[142] 在其看来，确定“相似”需要调查国内外投资者之间的竞争关系。它指出，为了确定对外国投资者是否给予较不利的待遇，外国投资者和可比较的国内投资者必须属于同一部门，即“具有广泛的内涵，包括‘经济部门’和‘商业部门’的概念”[143]。本案仲裁庭随后得出结论，从商业角度来看，“SDMI 和迈尔斯加拿大公司与加拿大运营商‘处于类似的情况’”，因为他们“都参与提供 PCB 废物处置服务”。[144] 仲裁庭的理由是，SDMI 能够吸引加拿大运营商的潜在客户。[145] 本案仲裁庭的决定实质上是基于其建立的原告和国内可比较的厂商的竞争力。显然，这项决定具有贸易法庭关于“同类产品”的决定的一些特征。

虽然将竞争力作为确定“类似情况”的基础是可以理解的，但是 *S. D. Myers* 案仲裁庭决定的作出似乎相当匆忙，缺乏合理的分析。例如，可以说，在加拿大某工厂开展多氯联苯销毁工作的外国投资与国内投资开展相同业务是“处于类似情

[138] 参见同上，第 193 段。
[139] 参见同上，第 194 段。
[140] 参见同上，第 245 段。
[141] 参见同上，第 246 ~ 250 段。
[142] 参见同上，第 251 段。
[143] 参见同上，第 250 段。
[144] 参见同上，第 251 段。
[145] 参见同上，第 251 段。

况”,但实际上是在国外开展活动的外国投资与其“处于类似情况”,即使他们可能在某种程度上存在竞争。易言之,一家外国汽车制造商在X国的唯一活动是购买出口到其母国Y的零件,以便与在X国购买零件的且用于在当地制造汽车的国内汽车制造商在“类似情况”下制造汽车。为了在Y国内进行比较,外国公司只不过是汽车零部件的购买者和出口商,而不是汽车制造商。同样,在当前的案件中,似乎是为了在加拿大国内进行比较,S. D. Myers只不过是多氯联苯的购买者或最终处置安排的代理人;在加拿大,它不是“PCB废物处置服务的提供商”。因此,本案仲裁庭以“竞争力”作为确定“类似情况”的基础,取得了良好的开端,但其最终误用了原则。

*Pope & Talbot*案仲裁庭也强烈支持将竞争力作为国民待遇调查中判断相似的必要条件。在该案中,原告是一家美国公司[146],其投资的是一家生产和销售软木木材的加拿大木制品公司。它在加拿大不列颠哥伦比亚省(B. C.)采伐木材,并在该省南部内陆经营着三家软木木材厂。[147] 1996年5月29日,加拿大和美国签订了一项双边协定,即软木木材协定(SLA),追溯至1996年4月1日,持续到2001年3月31日,并规定了对自由出口至美国的软木材的限制,特别是首先在不列颠哥伦比亚省生产的。[148] 仲裁源于原告的论点,即加拿大选择实施SLA的方式违反了NAFTA第十一章的特定条款,其中涉及关于国民待遇的第1102条。[149]

仲裁庭认为,第1102(2)条中“投资者的投资”一词中使用的复数形式“允许个人投资者和投资基于比较他们的待遇与东道国投资者和投资的待遇,维持拒绝提供国民待遇的诉求”,即“根据第1102(2)条的表述,(不要求)原告表明其他外国投资是否以及有多少其他外国投资本身可能属于‘同样情况’本身”[150]。易言之,外国投资者/原告只需证明其单独获得的待遇不如国内投资者有利,而没有义务证明整个系统或东道国的计划违反了国民待遇的义务。仲裁庭还驳回了关于NAFTA第1102(3)条和第1102(2)条的措辞之间的差异,称“仲裁庭认为第1102(3)条的措辞仅仅是为了明确规定一个州或省为外国投资者的投资提供其国家给

---

[146] 参见*Pope & Talbot*诉加拿大案(以下简称“*Pope & Talbot*案”), Interim Award on Merits – Phase One, 26 June 2000; Interim Award on Merits – Phase Two, 2001年4月10日, Interim Award – Phase 1,第2段。

[147] 参见同上,第4段。

[148] 参见同上,第6段。

[149] 参见同上,第7、41 ~ 44段。

[150] 参见前引〔146〕,*Pope & Talbot*案, Interim Award – Phase 2,第38段。

予任何投资的最佳待遇,而不仅仅是其投资者的投资的最佳待遇"[151]。这一结论符合条约解释方面的国际法原则。

在本案中,仲裁庭根据"加拿大和美国之间正在进行的大约二十年的软木木材贸易争端"的历史[152],发现美国和加拿大发布联合"决定,即通过一项机制实施SLA以对来自特定省份出口至美国的产品进行控制,这与消除CVD(反补贴税)行动的威胁的合理政策相关"[153]。因此,它进一步认为"非特定省份的生产者与特定省份的生产者情况不同"[154]。对于其他三个特定省份的软木生产商/出口商(Pope & Talbot仅在不列颠哥伦比亚省经营),仲裁庭认为:"加拿大软木木材行业当前的经济状况使得在B. C.的投资和其他生产商与其他特定省份的情况不同。"[155]从逻辑上讲,由于这些分析和结论,与原告处于"相似情况"的唯一投资者或投资是不列颠哥伦比亚省的其他软木生产商/出口商。对此,仲裁庭认为,原告"受到的待遇不低于加拿大所有的生产者在整个B. C.省的待遇",且"确定根据北美自由贸易协定第1102条,加拿大没有违反其对投资者的义务"[156]。

本案中最值得注意的或许是仲裁庭的仔细审查和对"类似情况"的确定。它似乎具备仔细、理性和充分理由,超越了贸易争端(同一商业或经济部门)中最常用的决定标准,以考虑在特定情况下适用国民待遇的"整体法律背景",以及广泛行业的"当前经济状况",以将同一行业的不同企业分为"不同的情况"。[157] 基于此,*Pope &Talbot* 案仲裁庭将"类似情况"的内涵区别于 *S. D. Myers* 案仲裁庭的观点,即通过囊括同一商业部门但仍然不同的活动,赋予"类似情况"更广泛的内涵。除了对"类似情况"的范围进行合理而细致的分析外,*Pope &Talbot* 案仲裁庭采用的投资者与投资者比较的方法,不仅符合逻辑,而且符合条约解释的"普通含义"规则。

三、对"类似情况"的笼统解释

在某些情况下,仲裁庭的解释明显超出了对"类似情况"的预期解释的限制。

---

[151] 参见同上,第41段。
[152] 参见同上,第86段。
[153] 参见同上,第87段。
[154] 参见同上,第88段。
[155] 参见同上,第93段。
[156] 完整版本,参见同上,第96~104、194段。
[157] 最后,仲裁庭认为,在本案中,第1102条和第1105条之间任何可以想象的相互关系都未产生任何特殊影响。参见同上,第117~118段,第99个注释。

例如,*Occidental* 诉厄瓜多尔案[158]不仅代表了对竞争力作为国民待遇调查必要条件的偏离,也非常广泛地解释了该条款。在该案中,美国公司原告(OEPC)声称,被告违反了美国和厄瓜多尔双边投资协定规定的义务,即向 OEPC 提供"不低于给予厄瓜多尔出口商的待遇"[159]。

原告坚称:"'在类似情况下'的含义并不是指涉及同一活动部门的行业或公司,例如石油生产商,而是即使属不同部门但从事出口的公司。"[160]另外,被告认为:"'在类似情况下'只能意味着同一部门的所有公司都要受到同等对待,这种情况适用于所有石油生产商。"[161]最后,仲裁庭裁定赞成原告的解释。它认为,"在类似情况下"这一术语不能以厄瓜多尔提出的狭义解释理解,因为国民待遇的目的是提供给投资者与本地生产者相当的保护,而这不能专门针对当前产业活动所在部门。[162] 重要的是,仲裁庭认为此种比较应超出外国投资者所在的部门,这非常麻烦。但是,为了实施国民待遇条款,仲裁庭未能解释此问题,即为什么受保护的外国投资者与当地生产者之间的比较"不能专门针对当前产业活动所在的部门"[163]。当然,国民待遇的目的,即提供给投资者与当地生产者相当的保护,可以专门针对当前产业活动所在部门来完成。事实上,这正是绝大多数投资仲裁庭如何在涉及国民待遇的情况中适用"在类似状况/情况下"原则的情况。

本案仲裁庭的结论是,"事实上,OEPC 受到的待遇不如其给予国内公司的待遇"[164]。事实上,原告在这方面只提及了一些"涉及商品出口的公司,特别是鲜花、采矿和海产品,但数量不确定"[165]。这确实是一个广泛的延伸,因为 OEPC(以及所有石油出口商,包括国内出口商)都没有收到增值税退税,但出口玫瑰的国内厂商确实收到了退税,"OEPC 受到的待遇不如其给予国内公司的待遇"。仲裁庭似乎完全根据厄瓜多尔法律赋予所有出口商增值税抵免权和退款的权利以作出决定。

此外,本案仲裁庭进一步扩大了对国民待遇条款的解释,并混淆了这个问题,

---

〔158〕 参见 *Occidental Petroleum Corporation and Occidental Exploration and Production Company* 诉厄瓜多尔案(以下简称"*Occidental* 案"), LCIA 案件号 UN3467 (UNCITRAL), Award,2004 年 7 月 1 日。

〔159〕 参见同上,第 36 段。

〔160〕 参见同上,第 168 段。

〔161〕 参见同上,第 171 段。

〔162〕 参见同上,第 177 段。

〔163〕 参见同上,第 173 段。

〔164〕 参见同上,第 177 段。

〔165〕 参见同上,第 168 段。

因为它表示,“在这场争端中国民待遇的目的……是为了避免出口商因为在原产国支付间接税而在国外市场处于不利地位”[166]。这无疑是对国民待遇“目的”的新解释。这很可能是厄瓜多尔税法的“目的”,但这肯定是对国民待遇的目的的延伸。如果法律明确限制增值税税收抵免或退还给出口商,而非“生产者”或特别排除采矿、石油或天然气开采或任何自然资源开采行业,那么国民待遇绝不会成为问题。正是因为该法律适用于“所有出口商”,OEPC 甚至可以就此提出诉求。尽管可以从整个裁决中推断出这一点,但仲裁庭未能在最相关的讨论中明晰这一点。上述原因最有可能解释为什么本案的决定招致众多批评。[167]

Siemens 案[168]的决定也不同寻常。在该案中,原告实质上声称被告违反了阿根廷和德国双边投资协定第 2(3)条禁止“任意或歧视”措施,而非国民待遇。仲裁庭似乎已经接受原告是基于第 2 条第 3 款就“任意”措施提出诉求,并根据“任意”一词的“普通含义”,维持了这一主张。然而,仲裁庭仅在国民待遇范围内考虑了“歧视性”措施的主张。也许这就是原告的意图。[169] 但是,基于案件的情况,似乎可从裁决中看到,任何关于国民待遇的诉求都是作为更为一般的关于歧视性措施的诉求的附属,而这些主张基于双边投资条约第 2 条(3)进行审议将更为适合,并根据仲裁庭适用于关于“任意”措施的诉求的相同解释原则。仲裁庭没有这样做,其似乎认为只有在涉及国民待遇的情况下才会出现“歧视”。

对此,本案仲裁庭巧妙地回避了这一问题。它首先表达了这样的意见:“对于确定歧视的存在,意图不具有决定性或必要性影响,且该措施对投资的影响将是确定其是否导致非歧视性待遇的决定性因素。”[170] 其随后表示:“仲裁庭认为,虽然阿根廷的行动中有些方面似乎具有歧视性,但原告的指控尚未得到充分证实。”[171] 最

---

[166] 参见同上,第 175 段。

[167] 例如,在这方面,比约克隆(Bjorklund)评论道:“*Occidental* 案仲裁庭的结论是不寻常的。虽然关于类似情况的判断确实是灵活的,且必须取决于任何特定案件的情况,但比较者之间缺乏任何竞争关系通常是在关于类似情况的判断中难以克服的障碍。”参见 Adrea K. Bjorklund, “National Treatment”,第 40 页,文本见 http://www. scribd. com/doc/64822832/Bjorklund - A - K - % E2% 80% 98National - Treatment% E2% 80% 99。

[168] 参见前引[84],*Siemens* 案。

[169] 这一结论是基于仲裁庭的评论,即“关于歧视性待遇,西门子认为,标准是外国投资者享受的待遇是否低于国内投资者或其他国家的投资者的待遇;即使不违反东道国的国内法,事实上的歧视也是充分的。西门子认为,针对西门子投资的措施非常规;合同是唯一一项涉及外国投资者的重大合同,唯一的外国投资是根据 2000 年《紧急状态法》单方面终止的”。参见同上,第 316 段。

[170] 参见同上,第 321 段。

[171] 参见同上。

后,对于突然要求的司法/仲裁经济,它认为:“仲裁庭根据条约的其他保护下的立场,仲裁庭认为没有必要确定阿根廷是否违反了非歧视性待遇义务。”[172]这再怎么说也不能令人满意,因为它对任何一个判例都没有任何补充,不管是涉及国民待遇还是投资环境中的一般性歧视,但也许揭示了一些仲裁庭在有效处理这些问题或其区别时的困难程度。

四、司法/仲裁经济原则

投资仲裁是一项非常耗时且昂贵的工作,而选择通过仲裁解决争议的原因之一就是其迅速和节省成本。面对争议的仲裁庭同时被期望作出合理的决定。因此,如何在这些不同的期望和现实之间取得平衡是对所有仲裁庭的挑战。解决问题的一种方法可能是适用司法/仲裁经济原则。就国民待遇条款的解释而言,关于作出有关“类似情况”的决定,除非调查结果是肯定的,否则可以停止诉讼程序。

如果仲裁庭首先处理待遇问题并明确存在不同的待遇,则最终不会确立违反国民待遇的情况,因为提供或适用国民待遇的基本先决条件是“类似情况”。*Pope & Talbot* 案仲裁庭曾适用后一种方法。在该案中,仲裁庭首先审议了“第 1102 条的法律背景”,赞同将竞争作为确定“类似情况”的条件,并表示,“在评估法律背景的影响时……作为第一步,给予受第 1102(2)条保护的外国投资的待遇应与同一商业或经济部门的国内投资进行比较”[173]。本案仲裁庭没有首先分析原告和国内投资者是否处于“类似情况”,而是决定进行三步检查,即:(1)待遇是否存在差异;(2)东道国政策的理由;以及(3)确定原告和国内相类似的厂商是否处于类似情况。[174]

ADF 案[175]仲裁庭采取了类似的做法,并认为美国的《购买美国产品法》不违反其国民待遇的义务。在分析中,仲裁庭将原告的投资与美国投资者的投资作为“类似情况”的投资进行了比较,发现“在美国制造的钢材的待遇不同,具体取决于拥有此类钢材的投资者的国籍。诚然,如果在加拿大制造,加拿大投资者的钢铁和美国投资者的钢材的待遇相同,并且都被排除在 Springfield 交换项目的使用之

---

〔172〕 参见同上。

〔173〕 参见前引〔146〕,*Pope & Talbot* 案, Interim Award – Phase 2,第 78 段。

〔174〕 参见同上,第 79 段。

〔175〕 参见 *ADF Group Inc* 诉美国案(以下简称“*ADF* 案”), ICSID 案件号 ARB(AF)/00/1, Award, 2003 年 1 月 9 日。

外"[176]。因此,不存在违反国民待遇的情况。

这种方法表明 *Pope &Talbot* 案仲裁庭和 *ADF* 案仲裁庭在某种程度上是从结果反推进行分析的。易言之,在仲裁庭看来,如果待遇没有差异,则不需要进行其他分析。虽然这没有任何问题,但在实践中,几乎不会出现这样的情况,即一个原告在不觉得他/她受到的待遇不好或处理方法不同时将案件提交仲裁庭的情况。因此,在声称涉及不太有利的待遇的案件中,几乎总是关注用以比较的相当方是否处于"类似情况"。从司法经济的角度来看,仲裁庭应首先确定何种为"类似情况"。

例如,在 *Gami* 案中,原告以违反国民待遇为由,质疑墨西哥征收一家其已根据 NAFTA 进行投资的糖厂的行为。仲裁庭认为,其未被说服,即"由于 GAM 的情况与未被征收的厂主的情况明显'相似',因此以不同的方式处理 GAM 是错误的"[177],本案仲裁庭认为:"基于外国人购买并持有其中一部分股份的唯一事实,墨西哥公司即得到反歧视的国际法保护是无法想象的。"[178]此后,没有必要讨论原告的待遇是否不同,甚至讨论东道国措施的理由也无必要。

Methanex 案[179]仲裁庭对于原告声称加利福尼亚州禁止使用甲基叔丁基醚(methyl tert – butyl ether, MTBE)而违反国民待遇的说法并不赞同。在该案中,MTBE 唯一的竞争对手是乙醇,因为其他含氧化合物尚未商业化。本案仲裁庭驳回了原告的论点,即处于类似情况下,乙醇生产商得到了更优惠的待遇,而非甲醇生产商或 MTBE 生产商。因为在仲裁庭看来,"如果他们可用但仍适用不那么'相似'的比较对象,以忽视相同的比较对象是不正常的,因为当没有相同的比较对象存在时,拒绝寻找和应用'类似'程度较低的参照物将是不正常的"[180]。*UPS* 案仲裁庭基于多数票决定通过邮寄进口货物和通过快递进口货物的情况并非"类似情况",并认为不同的特征使得待遇上的差异不违反国民待遇。[181]

Champion 案[182]仲裁庭也明确表示支持司法/仲裁经济。在该案中,作为原告

---

〔176〕 参见同上,第 156 段(原文标注重点)。

〔177〕 *Gami* 案,UNCITRAL, Final Award, 2004 年 11 月 15 日,第 114 段。

〔178〕 参见同上,第 116 段。

〔179〕 *Methanex* 案, UNCITRAL, Award, 2005 年 8 月 3 日。

〔180〕 参见同上,第四部分 B 章,第 17 段。

〔181〕 参见 *United Parcel Service of America, Inc* 诉加拿大案,UNCITRAL, Award, 2007 年 5 月 24 日,第 99 段。

〔182〕 参见 *Champion Trading Company and Ameritrade International, Inc.* 诉埃及案(以下简称"*Champion* 案"), ICSID 案件号 ARB/02/9, Award, 2006 年 10 月 27 日。

的两个美国公司(原本也是该案件中的三个个体原告,因其持有美国/埃及双重国籍而被认为不属于 ICSID 管辖范围),是在埃及注册成立的棉花贸易和加工棉公司(NCC)的股东。他们声称埃及违反了美国和埃及双边投资协定,采取了一系列措施影响其投资的棉花产业。仲裁庭正确地指出:"选择以固定价格从收集中心购买棉花的公司与选择在自由市场上交易的公司存在重大差异,无论公司是私人拥有的还是国有,或不论公司是国内还是国外。"[183] 它表示,这种差异意味着:"NCC 无法与其他棉花贸易公司进行比较。"[184] 此外,它还表示:"由于仲裁庭得出结论,即认为公司不是同样的情况,因此,不需要分析禁止基于国籍的歧视的其他要求。"[185]

五、确定较差待遇的方法

关于国民待遇的一个重要问题是外国投资者是否受到了"较差"的待遇。然而,在实践中,由于大多数仲裁庭都以"类似情况"开始分析,每当发现原告和国内比较对象不相似时,就没有必要继续审查所涉及的待遇是否较差。当然,这并不意味着仲裁庭认为确定哪种待遇可能被认为较差不太重要。

在实践中,关于是否应对法律上和事实上的"较差待遇"作出区分,总是存在争议。与此相关的问题是,是否需要歧视性意图才能确定违反国民待遇行为的存在。大多数投资仲裁庭认为,事实上的差别待遇与法律上的差别待遇一样重要。[186] 例如,*S. D. Myers* 案仲裁庭认为意图是"重要"的,但其自身不是"决定性"的。[187] 它认为,更重要的是有关措施对外国投资者的实际影响。这个结论的原因显然是:"'待遇'这个词表明,要产生违反第 1102 条的实际影响,而不仅仅是动机或意图。"[188] 本案仲裁庭的观点被 *Occidental* 案仲裁庭引用,该案仲裁庭认为意图并非必不可少,重要的是有关政策的结果。[189] 事实上,仲裁庭应该强调实际效果而不区分法律上的事实上的歧视,这是可以理解的。毕竟,投资者关心的不是形式,而是待遇对其投资的影响。

---

〔183〕 参见同上,第 154 段。

〔184〕 参见同上,第 155 段。

〔185〕 参见同上,第 156 段。

〔186〕 例如,*Feldman* 案仲裁庭认为事实上的不同待遇违反了 NAFTA 第 1102 条规定的国民待遇义务。参见 *Feldman* 案, ICSID 案件号 ARB(AF)/99/1, Award, 2002 年 12 月 16 日,第 184 段。

〔187〕 参见前引〔135〕,*S. D. Myers* 案,第 254 段。

〔188〕 参见同上。

〔189〕 参见前引〔158〕,*Occidental* 案,第 177 段。

其他仲裁庭的观点要么是矛盾的，要么反对将意图作为确定存在违约行为的条件。*Siemens* 案仲裁庭在审查投资仲裁实践后得出结论："对于确立存在歧视，意图不具有决定性或必要性，且该措施对投资的影响将是确定其是否导致非歧视性待遇的决定性因素。[190] 同样，*Thunderbird* 案仲裁庭还强调，原告没有必要证明任何不利的待遇都是"基于国籍"。[191]

Methanex 案仲裁庭在这方面是一个例外，表示："为了维持其根据第 1102(3)条提出的诉求，Methanex 必须累积证明加利福尼亚打算通过歧视外国投资者以使本地投资者获益，且 Methanex 和被认为受到加利福尼亚关照的国内投资者情况相似。"[192] 然而，最终，*Methanex* 案仲裁庭仍然根据有争议的措施的影响作出决定。

关于确定"非较差待遇"的标准。在 *Pope & Talbot* 案中，加拿大坚称"在事实上的案件中不得拒绝给予国民待遇，除非争议措施对外国投资者造成不成比例的不利"[193]。在该案中，加拿大亦表示，在 *S. D. Myers* 案中，发现事实上违反国民待遇"'明显'是基于出口禁令的不成比例的影响"[194]，但仲裁庭不同意，其表示"该案仲裁庭认定原告及其加拿大的竞争对手是处于'类似情况'下，拒绝给予国民待遇的结论已成定局"[195]。事实上，由于 *S. D. Myers* 案仲裁庭在确定要考虑这一因素后，并未认真就此进行分析，因此，很难确定哪种解释是正确的。[196]

Pope & Talbot 案的被告认为，在确定这种待遇是否"同样有利"时，应当对于法律上和事实上的"待遇"适用不同的标准，并且在事实上的歧视情况下，标准是"不成比例的影响"。但是，仲裁庭指出，根据该拟议标准："只有在类似情况下的(外国)投资类别与其(国内)竞争者之间的不同待遇'不成比例'地使国内投资受益时，才会发现违反第 1102 条的行为，无论这意味着什么。简单地说，这种方法是为了表明它是多么笨拙以及如何阻碍外国投资寻求第 1102 条主张其权利。只有在最简单和最明显的拒绝国民待遇的案件中，原告才有希望能够成功主张权利。"[197]

---

〔190〕 参见前引〔84〕，*Siemens* 案，第 320 段。

〔191〕 参见 *Thunderbird* 案，UNCITRAL，Award，2006 年 1 月 26 日，第 175 ~ 176 段。尽管如此，仲裁庭要求原告显示"为什么存在较差待遇"的原因。参见同上，第 177 段。

〔192〕 参见前引〔179〕，*Methanex* 案，第四部分 B 章，第 12 段。

〔193〕 参见前引〔146〕，*Pope & Talbot* 案，Interim Award，第 2 时期，第 55 段。

〔194〕 参见同上，第 65 段。

〔195〕 参见同上，第 66 段。

〔196〕 参见前引〔135〕，*S. D. Myers* 案，第 252 ~ 256 段。

〔197〕 参见前引〔146〕，*Pope & Talbot* 案，Interim Award – Phase 2，第 71 ~ 72 段。

尽管该案仲裁庭驳回加拿大的论点是可以理解的,但被告确实提出了一个重要问题。这可以从东道国行使其监管权力的角度来考虑,由于该措施的目的,可能会对外国投资者和国内投资者给予差别待遇。如果这些措施不针对外国投资者,但对他们产生不利影响,那么问题就是外国投资者应该享有哪些救济措施。在这方面,麦克杜格尔·拉斯韦尔(McDougal Lasswell)和陈(Chen)表示:“外国人和国民的特殊区别是否以‘更大范围的共同利益’为合理的基础必须……不仅取决于区别中主要利害关系的价值,而且取决于许多特定的、不同的特征,且基于这些特征进行区分。”〔198〕最有可能的是,即使这可能不会影响东道国赔偿为外国投资者所遭受的损害的义务,也应承认东道国不具有“恶意”。更重要的是,承认东道国的监管权将有助于加强管理国际投资的国际体系。

Feldman 案〔199〕是一个非同寻常的案件,除了是第一次原告明确并直接主张存在违反国民待遇的情况并经仲裁庭认真审议的国际投资仲裁之外,该案件涉及墨西哥税务机关拒绝退还对墨西哥 Corporación de Exportaciones Mexicanas, S. A. de C. V. (CEMSA)出口烟草制品所征收的消费税(该公司是一家由原告拥有和控制的墨西哥公司),以及税务机关拒绝承认 CEMSA 未来出口产品的消费税退税的权利。〔200〕

原告认为,墨西哥在 1998 ~ 2000 年存在歧视 CEMSA 的行为,即对于至少有三家由墨西哥国民(可能还有一些其他人)拥有的其他公司,这些公司是与 CEMSA 处于“类似情况”下的卷烟经销商,原告被拒绝此类退款期间,允许他们出口卷烟征税的退税。尽管与原告一样,他们不符合墨西哥税法的要求以获得此类退款。〔201〕仲裁庭正确地得出结论认为,无论是国内还是外国的经销商都与 CEMSA“处于相似情况”,无论他们是否违反法律获得退税,或者至少基于“善意”提交以获得退税。

关于“较差待遇”的问题,*Feldman* 案仲裁庭的大多数仲裁员认为“不明确的是……任何偏离国民待遇的行为必须明确表明是基于投资者国籍的结果”〔202〕。因此,在其看来,“在类似情况下,这足以说明对外国投资者的待遇相较于国内投资者

---

〔198〕 参见 M. S. McDougal, et al., *Human Rights and World Public Order: The Basic Policies of an International Law of Human Dignity*, Yale University Press, New Haven, Connecticut, 1980 年,第 761 ~ 765 页。

〔199〕 参见前引〔186〕, *Feldman* 案。

〔200〕 参见同上,第 1 段。

〔201〕 参见同上,第 23、155 段。

〔202〕 参见同上,第 181 段。

的待遇不够好"[203]。然而,在没有太多分析的情况下,仲裁庭裁定:"我们认为原告已经确立了一项推定和表面证据确凿的案件,即原告的待遇与墨西哥国民拥有的几家卷烟经销商不同且较差,且被告未能引入包含任何可靠的证据的记录,以反驳这一推定。"[204]

仲裁庭当时所说的是:"如果国内投资者可以通过缺乏诚信的行事获得无权享有的利益,那么外国投资者如果采取类似缺乏诚意的行为,也应获得同样的利益。"对"较差待遇"这一概念的解释是非常不合适的。仲裁庭所做的是将国内经销商通过据称违反法律而获取的好处,即非法福利,视为合法福利/待遇,并将这种待遇与外国投资者所得到的待遇进行比较。这在逻辑上是不正确的。在每个社会中,通过违法,某人可能会以某种方式或其他方式受益。然而,这些非法利益与法律赋予的利益不同,这是国际义务所要求的。*Feldman* 案仲裁庭的结论,往最好了说是对这一概念的严重误解。[205]

事实上,很难说仲裁庭是在何种基础上作出这项决定的,因为即使它承认"记录中关于歧视证据的范围确实有限",实际上只有三份文件,即"一份 Diaz Guzman 先生的陈述,一份 SHCP 档案中的'神秘'备忘录,以及 Poblano 集团旗下的 Mercados Regionales 的一份税务登记声明"[206]。*Feldman* 案仲裁庭的这项决定与 *Gami* 案仲裁庭的决定形成鲜明对比,后者认为单纯的差别待遇不能导致关于国民待遇的诉求的确立。它进一步指出,关于美国投资的糖厂的征收,"墨西哥公司凭借外国人收购其股份这一唯一事实,即有权享受国际法的反歧视保护,这是无法想象的"[207]。

Feldman 案中持不同意见的仲裁员科瓦鲁比亚斯(Covarrubias)强烈反对多数人的观点,他指出原告未能证明他的待遇比其他经销商更不利,因为在某些情况下其被准许退税,而在其他情况下被拒绝了,且对于其他经销商亦是采取同样的政策。[208] Covarrubias 甚至认为,多数人依赖的用以确立"推定和表面证据确凿的案

---

〔203〕 参见同上。

〔204〕 参见同上,第 177 段。

〔205〕 除了其表达的观点,仲裁庭没有认真处理"类似情况"的问题,"在类似情况下的公司的'范围'包括那些从事转卖/出口香烟业务的外资和国内公司",但那些"也可能出口卷烟的墨西哥公司,如墨西哥卷烟生产商,并不处于类似情况下"。参见同上,第 171 段。

〔206〕 参见同上,第 176 段。然而,在这个"证据"的基础上,仲裁庭坚持认为"举证责任从原告转移到被告,随后被告未能履行其新的责任",且"本仲裁庭的大多数成员根据被告未能就歧视问题提出证据从而作出推论是完全合理的"。参见同上,第 178 段。

〔207〕 参见前引〔177〕,*Gami* 案,第 115 段。

〔208〕 参见 *Feldman* 案, Dissenting Opinion of Jorge Covarrubias Bravo, 2002 年 12 月 3 日,第 6 节。

件”的证据“不仅有限,而且无效,因为它在歧视问题上没有任何绝对证据”[209]及为就此后提出的对支持其推理的“证据”的具体细节进行有说服力和令人信服的检验。

无论如何,在最好的情况下,*Feldman* 案中多数仲裁员的决定备受争议。这种缺乏令人信服的理由的“决定”不应成为其他仲裁庭遵循的判例。

第四节 中国关于最惠国待遇和国民待遇的实践

近年来,中国签署的双边投资协定包括相对标准(国民待遇和最惠国待遇)和绝对标准(公平公正待遇)。[210] 例如,1986 年的《中英双边投资协定》是中国签署的第一个包括国民待遇的双边投资协定。该协定第 3 条第 3 款规定:“……缔约任何一方应尽量根据其法律和法规的规定给予缔约另一方的国民或公司的投资与其给予本国国民或公司以相当的待遇。”在中国于 20 世纪缔结的所有双边投资协定中,除了 1986 年的《中英双边投资协定》外,只有 8 个协定含国民待遇条款。[211] 那时,中国经济不发达,正在经历重大转型,甚至不同类型的中国国内企业也无法享受同样的待遇。因此,给予外国投资者的“国民待遇”,即使不是实际上不可能实施,亦将是极其困难和复杂的。然而,自 2002 年以来,中国大多数新的和重新谈判的双边投资条约都包含了全面国民待遇的条款。以中国与德国和法国签署的双边投资协定为例,其分别于 1983 年和 1984 年签署的早期双边投资协定仅为投资者和投资相关活动提供最惠国待遇,而 2003 年《中德双边投资协定》和 2007 年《中法双边投资协》定包括最惠国待遇和国民待遇。

在最新的双边投资协定中,最惠国待遇和国民待遇的范围也得到了扩展。2003 年《中德双边投资协定》,将为“与此类投资相关的投资和活动”提供最惠国待

---

[209] 参见同上。

[210] 在实践中,双边投资协定不使用“相对标准”和“绝对标准”这两个词,而多体现为学术上的用法。一般而言,它们之间的区别在于,相对标准的重点是确保每个缔约方根据其对待本国国民和公司的投资的方式,来对待另一方或第三国的国民和公司的投资;而绝对标准的重点是确保缔约方提供的待遇符合国际法的要求。

[211] 中国这些双边投资协定中的另一缔约方包括日本(1988 年)、西班牙(2005 年)、冰岛(1994 年)、摩洛哥(1995 年)、马其顿(前南斯拉夫,1997 年)、沙特阿拉伯(1996 年)、捷克共和国(2005 年)和斯洛伐克共和国(2005 年)。参见 Zhang Caixia, “Review and Reconstruct National Treatment in China – Foreign BITs”, *Legal Forum*, 2007 年,第 1 卷(中文)。

遇和国民待遇。[212] 对于国民待遇，双边投资协议中定义的"与此类投资相关的活动"包括"更具体但非排他性……投资的管理、维护、使用、享受和处置"，[213] 而最惠国待遇适用的活动则无法确定。相比之下，2004年《中芬双边投资协定》明确规定，国民待遇适用于"已经进行的投资的运营、管理、维护、使用、享受、扩大、销售或其他处置"[214]，而最惠国待遇适用于"设立、征收、运营、管理、维持、使用、享有、扩张、出售或投资的其他处置方面"[215]。此外，2004年《中芬双边投资协定》和2009年《中瑞双边投资协定》还规定投资者有权享受更优惠的国民待遇或最惠国待遇。[216] 2005年《中葡双边投资协定》甚至规定："除了本协定之外，如果现存的或在此之后建立的缔约方的立法或国际法规定的义务，不管是一般性或特定的法规，使另一方的投资者的投资得到的待遇比本协议规定的更优惠，该规则应提供比本协议的更优惠。"[217]

当代双边投资保护的发展趋势之一是，将国民待遇和最惠国待遇的应用扩展到投资前的预建设阶段。[218] 以前，双边投资协定通常规定，它们不能保护投资者在投资建立前的利益，东道国可以规制外国投资，建立外国投资进行投资的要求，或者在国民待遇和最惠国待遇的义务的情况下，向国内投资者或第三方投资者保留一些行业。[219] 然而，大多数现代双边投资协定都排除了东道国的这些权利，这为外国投资者和国内投资者在市场准入方面的竞争奠定了基础。在实践中，中国

---

[212] 参见2003年《中德双边投资协定》第3(2)、(3)条。

[213] 参见同上，Protocol，第4(a)段。

[214] 《中芬双边投资协定》第3(2)条。

[215] 参见同上，第3(3)条。

[216] 参见同上，第3(4)条；《中华人民共和国政府和瑞士联邦委员会关于促进和相互保护投资协定》(以下简称《中瑞双边投资协定》)第4(3)条。NAFTA包含类似条款。

[217] 《中华人民共和国政府和葡萄牙共和国关于促进和相互保护投资的协定》(以下简称《中葡双边投资协定》)第10(1)条。另外，2009年《中国—东盟自贸区投资协议》第5条第2款值得注意，它将"未来任何协议或安排"排除在最惠国待遇之外。

[218] 例如，2004年《美国双边投资协定范本》第3条和第4条分别对国民待遇和最惠国待遇的适用范围进行了扩大，"涉及其境内的投资的设立、收购、扩张、管理、行为、经营和销售或其他处置"。

[219] 这主要是由于各国经济和技术发展水平不同。与发达国家的企业相比，通常发展中国家的企业国际竞争力较弱或没有国际竞争力。在这种情况下，相应的于市场准入阶段外国投资的国民待遇可能会导致其处于优越地位，而国内产业将无法得到有效保护。参见 Yu Jinsong, "Issues on National Treatment for Foreign Investment of the Market Access Phase in China's Development", *Jurist Review*, 第6卷, 2004年(中文)。

已将最惠国待遇的应用扩展到预建设阶段,[220] 但对国民待遇并非如此。

迄今为止,中国约有 20% 的双边投资条约提供国民待遇。[221] 当然,可能会立即面临的问题是这些双边投资条约下的国民待遇和最惠国待遇标准是否可以适用于投资前活动。[222]

2004 年《中芬双边投资协定》明确规定,国民待遇仅适用于"对已作出投资的运营、管理、维持、使用、享有、扩张、出售或处分方面"[223]。同时,"关于投资的设立、征收、运营、管理、维持、使用、享有、扩张、出售或投资的其他处置方面"[224],适用最惠国待遇。与 NAFTA 一样,《中芬双边投资协定》规定:"每一缔约方应给予缔约另一方投资者的投资待遇,应提供对投资者的利益更为有利的待遇。"[225] 这意味着,有关投资者可以选择接受什么待遇不存在任何问题,因为中国一直给予外国投资者比其本国国民更优惠的待遇。[226]

如前所述,在中国的实践中,保护和待遇——最惠国待遇和国民待遇——无保留地授予投资者。这与 NAFTA 形成对比,NAFTA 第 1410(1)条规定,"本部分的任何内容均不得解释为阻止一方因审慎原因采取或维持合理措施",而这些措施的效果(与他们的动机或意图相反)是歧视性的。[227] NAFTA 的审慎措施例外显然

---

[220] 2004 年《中芬双边投资协定》第 3(3)条和 2009 年《中瑞双边投资协定》第 4(3)条就是这方面的例子。2009 年《中国—东盟自贸区投资协议》第 5 条第 1 款更为明确,将最惠国待遇扩大至"投资的入境、设立、收购、扩张、管理、实施、运营、维护、使用、清算、销售和其他形式的处置"。

[221] 根据对中国签订的 117 项双边投资协定进行研究,发现只有 17 项提供国民待遇,而其他则规定公平公正待遇的标准。参见 Zhang Caixia, "Review and Re – establish the National Treatment System in Sino – Foreign BITs", *Rule of Law Tribune*, 2007 年,第 240 ~ 248 页(中文)。

[222] 中国法律没有规定投资前期的国民待遇。随着国际社会越来越重视建立投资前期的国民待遇,且随着中国海外投资的快速增长,可以预见中国将来会在其双边投资协定中接受投资前期国民待遇。

[223] 2005 年《中芬双边投资协定》第 3 条第 2 款。

[224] 参见同上,第 3 条第 3 款。

[225] 参见同上,第 3 条第 4 款。

[226] 例如,根据《中国国务院关于调整进口设备税收政策的通知》规定,自 1998 年 1 月 1 日起,国家鼓励的国内投资项目和外商投资项目的进口设备应享受免税待遇,进口阶段的增值税在规定范围内。2007 年 1 月 1 日,《国务院关于修改〈中华人民共和国城镇土地使用税暂行条例〉的决定》生效之前,外商投资企业免征土地使用税。在企业所得税法生效之前,外商投资企业还在 2008 年 1 月 1 日之前适用了较低的所得税率。

[227] 对此,参见 *Fireman's Fund Insurance Company* 诉墨西哥案, ICSID 案件号 ARB(AF)/02/1, Award, 2006 年 7 月 17 日,第 162 段。

仅限于财务措施。[228] 中国在加入 WTO 的过程中对服务业作出的具体承诺,包含了类似的规定。

由于在许多情况下很难(如果不是不可能)在服务投资和贸易之间划清界限,这可能会在实践中造成困难。例如,如果中国政府根据 GATS 下的审慎原则采取措施,可能会被判定违反双边投资协定中有关公正和公平待遇的规定、国民待遇等。由于 WTO 争端解决机制只允许成员提出投诉,私人投资者可能会选择国际投资仲裁作为解决其与中国政府纠纷的平台。在这种情况下,中国政府可能无法将 GATS 合规作为不提供公平公正待遇或双边投资协定规定的国民待遇的辩护理由。

作为一项原则问题,2008 年《中新自贸协定》不适用于服务贸易。然而,它将适用范围扩展到政府措施,这些措施通过商业存在影响服务供应,包括资金转移、公平公正待遇、补偿、征收和代位权。在这些问题上,服务提供者可以援引投资者和国家争端解决机制来解决与东道国政府的分歧。[229]

无论如何,国民待遇和最惠国待遇现已成为中国双边投资协定的标准条款。2006 年《中巴自贸协定》遵循 2003 年《中德双边投资协定》的模式,包括对最惠国待遇条款适用的限制。[230] 《中巴自贸协定》第 48 条第 3 款是以《中德双边投资协定》的最惠国条款为基础,经轻微调整形成的,规定最惠国待遇不得包括任何基于以下情况的待遇,优惠或特权的利益:"(a)任何其他海关联盟、自由贸易区、经济联盟以及任何形成此类联盟或类似机构的国际协议;(b)完全或主要与税务有关的任何国际协议或安排;(c)促进边境地区小规模贸易的任何安排。"然而,2008 年《中新自贸协定》采用了一个详尽的标准。对于国民待遇,它规定了具体领域应包括其投资和相关活动,即"投资者的管理、行为、操作、维护、使用、享受或处置"[231]。

---

[228] 美国在 NAFTA 中金融服务章节的主要谈判者魏欧林(Olin L. Wethington)写道:"第 1410(1)(a)条……从金融服务章节的国民待遇和其他义务中剔除,即使在适用方面存在歧视,也有权采取合理措施,以保护金融系统的安全和稳健。这种保护金融体系完整性的监管特权是被国际社会被接受的。"参见 Olin L. Wethington, *Financial Market Liberalization*: *The NAFTA Framework*, West Publishing Co., 1994 年,第 5.07 节。

[229] 参见 2008 年《中新自贸协定》第 137(5)条。影响服务的措施不包括缔约方提供的补贴或"规制政府商品和服务采购的机构基于政府目的而进行购买的一般适用法律、法规、政策和程序,而非对于商业转售,或用于生产商品或商业销售服务"。

[230] 它还规定,如果任何一方的法律或在自由贸易协定缔结时存在的国际义务或其后双方之间建立的国际义务,导致对另一方投资者的投资比自由贸易协定提供的投资更有利,那么应该采取有利的待遇。参见《中巴自贸协定》第 55 条。

[231] 《中新自贸协定》,第 138 条。中国最近签订的中巴自贸协定和双边投资协定没有这样详细的规定。

它对于国民待遇也作了类似的规定。[232]

国民待遇条款的适用也受到限制,包括:(1)现有的不合规措施;(2)不合规措施的持续和修订,但这些修订不会增加不合规的程度;及(3)在缔约方缔结的现有双边投资条约下不属于国民待遇义务的措施。[233] 根据规定,缔约方有义务逐步取消不合规措施。[234]

《中新自贸协定》还明确规定,其他安排下的争端解决程序不适用于任何一方的投资者,也不适用于"根据任何自由贸易协定或多边国际协议"给予第三国的差别待遇。[235] 涉及国际协定下的渔业和海洋事务的差别待遇也可被视为最惠国待遇的例外。[236]

第五节 综述与结论

投资者和国家间仲裁已成为国际投资法的一个重要特征。然而,被委托处理投资者与国家间争端的仲裁庭的裁决——包括与最惠国条款适用范围有关的裁决——经常相互矛盾。这种情况不利于国际经济交往或国际经济法的形成。因此迫切需要改善这种情况。正如 Douglas 所指出的那样:"*Maffezini* 案的决定是第一次允许一方当事人根据最惠国待遇条款来修改国际仲裁庭的司法管辖权。跨越数百年的国际法庭和仲裁庭的活动导致了 *Maffezini* 案的发生,只有司法裁决反对这样的情况,包括国际法院在 *Anglo - Iranian Oil Company* 案的判决及英国和委内瑞拉联合诉求委员会在 *Aroa Mines* 案中的决定。"[237]

Maffezini 案的决定引发了如此多的争论,因为"所有事项"和"所有权利"等词

---

[232] 参见《中新自贸协定》,第 138 条。

[233] 参见同上,第 141 条。

[234] 参见同上。中国和新西兰自由贸易协定没有具体规定如何可能构成不符合标准的措施。相反,它比照适用了 WTO《TRIMS》的规定。

[235] 参见同上,第 139 条。这种排除包括"商品或服务贸易自由化或投资协定,作为此类协议各方之间更广泛的经济一体化或贸易自由化进程的一部分所采取的措施"。

[236] 参见同上,第 139 条第 5 款。

[237] 参见 Zachary Douglas, "The MFN Clause in Investment Treaty Arbitration: Treaty Interpretation off The Rails", *Journal of International Dispute Settlement*, 2010 年,第 5 页(省略注释)。

语是否应被解释为涵盖解决投资者与国家之间争端的机制值得商榷。[238] *Maffezini* 案决定产生的后果中最受批评的是投资者滥用条约的可能性。这个问题可能更严重,因为根据仲裁员斯特恩(Stern)在 *Impregilo* 案中的反对意见:"……似乎在倾向于使用最惠国条款以扩大管辖权的趋势中,这个立场不仅仅是将源自第三方条约到基本条约的管辖权条款视为一个整体,但只能援引一个在这方面或那方面看似更有利的管辖权条款,如裁决中多数意见所说的那样:换言之,可以有一个'挑选'实施最惠国待遇条款的政策。"[239]

无论 *Maffezini* 案决定的后果如何,问题在于该仲裁庭的解释是否符合国际法规则。正如国际法委员会关于最惠国条款的特别报告所表述的,"受益国只能以该条款涵盖的主题主张权利"[240]。例如,"类似的情况"。如果适用最惠国条款还有其他条件和限制,则必须满足这些条件和限制。此外,正如一些评论员所说,最惠国待遇条款的运作不应从根本上颠覆"双边投资协定中精心协商的平衡"[241]。

仲裁裁决相互矛盾的问题的解决方案是严格按照 VCLT 第 31 条和第 32 条解释最惠国待遇条款,即善意解释。仲裁庭还应牢记,在国际谈判中,缔约国往往采取不同的立场。然而,一旦达成协议,它就反映了缔约方的共同立场,尽管是各缔约方以前的立场。因此,无论措辞如何,最惠国待遇条款都反映了缔约方对此的同意。仲裁庭应善意地解释这些规定。在这方面,*Maffezini* 案仲裁庭未能这样做。在解释最惠国待遇条款时,它显然对缔约方在达成双边投资条约之前的立场给予了重视,并指出:"原告令人信服地解释说,在就协定谈判时,阿根廷仍然要求以某种形式先用尽当地救济措施,而西班牙支持直接提交仲裁的政策,这反映在它当时与其他国家谈判的众多协议中。条约为国内法院设想的最终作用,包括将争议提交至这些法院达一定时间,而不是传统的用尽当地救济措施的要求……加上ICSID仲裁,明显是双方达成的妥协。阿根廷后来放弃了其先前的政策,与西班牙和智利一样,接受了条约条款,即在一定时间的谈判后将争议直接提交仲裁。"[242]

---

〔238〕 例如,在 *Berschader* 案中,仲裁庭表示质疑,即这种"甚至看似不那么明确的语言……在最惠国条款的背景下是否可以被认为具有明确的含义"。参见 *Berschader* 诉俄罗斯案, SCC 案件号 080/2004, Award, 2006 年 4 月 21 日,第 184 段,见 http://www.italaw.com/documents/BerschaderFinalAward.pdf。

〔239〕 参见前引〔71〕,*Impregilo* 案, Dissenting & Concurring Opinion,第 106 段。

〔240〕 参见前引〔19〕,Ustor,第 II 卷,第 170 页。

〔241〕 参见 Campbell McLachlan, Laurence Shore and Matthew Weiniger, *International Investment Arbitration*, Oxford University Press, 英国牛津,2007 年,第 254 页。

〔242〕 *Maffezini* 案, ICSID 案件号 ARB/97/7, Decision on Jurisdiction, 2000 年 1 月 25 日,第 57 段。

双边投资协定是缔约方的相互妥协,这一事实应禁止仲裁庭根据谈判时其中一个缔约方的立场对其进行解释。在特定双边投资条约生效后,当事方采取不同政策的事实也不应使仲裁庭赋予该双边投资条约除达成协议时含义之外的新的含义。正是在这方面,*Maffezini* 案仲裁庭误用了 VCLT 规定的解释规则。事实上,即使双边投资协定或自由贸易协定包含与适用最惠国条款有关的含糊不清的规定,但为了保护外国投资和投资者,仲裁庭必须谨慎地将该条款扩展到争端解决。除非仲裁庭严格按照国际法规则解释其面前的最惠国待遇条款,否则可以预期国际社会受影响的成员将对此作出强烈反应。

Maffezini 案的决定及随后的决定已经使国际社会成员对投资东道国可能面临的潜在不确定性感到震惊。一些国家已开始采取措施减少这种不确定性。2003 年 11 月 21 日美洲自由贸易区(Free Trade Area of Americans,FTAA)协定的第三稿草案即为一例。FTAA 草案的脚注 13 规定:“双方注意到仲裁庭最近在 Maffezini(Arg.)诉西班牙案中的裁决,该裁决在阿根廷和西班牙协议中找到了一个异常广泛的最惠国待遇条款,以适用国际争议解决程序……相比之下,本协议中最惠国待遇条款的范围明确限于‘与建立、收购、扩张、管理、行为、运营,销售或其他投资处置有关的事项’。当事方理解且认为,该条款不包括国际争端解决机制……因此无法合理地得出类似于 *Maffezini* 案的结论。”[243]

这些陈述表明国际社会成员不赞成 *Maffezini* 案的决定。[244] 事实上,FTAA 中的规定并不是唯一的例子。2008 年《中新自贸协定》[245]包含类似的规定。显然意识到 *Maffezini* 案的决定的潜在影响,中国和新西兰自由贸易协定第 139 条规定:“1. 每一缔约方应给予另一方投资者与此类投资有关的由投资者开展的活动,不得低于类似情况下任何第三国投资者在投资和相关活动,包括入境、扩展、管理、实施、运营、维护、使用、享受和处置的待遇。2. 为了更大确定性,除本章规定程序外,本条规定的义务并不包括要求扩大至另一方的投资者的争端解决程序。”

2011 年日本与我国台湾地区的相关投资安排[246]第 4 条规定,“任何一方投资

---

[243] 参见 Free Trade Area of the Americas, Draft Agreement, FTAA. TNC/w/133/Rev. 3, 2003 年 11 月 21 日,第十七章投资,脚注 13,附加于第五条最惠国待遇。

[244] 关于此事项的讨论,亦参见 Yas Banifatemi, “The Emerging Jurisprudence on the Most – Favoured – Nation Treatment in Investment Arbitration”, in Andrea Björklund et al. , eds. , *Investment Treaty Law: Current Issues III*, London, BIICL, 2009 年。

[245] 《中新自贸协定》于 2008 年 4 月 7 日签署,于 2008 年 10 月 1 日生效。

[246] 2011 年 9 月 22 日,《亚东关系协会与财团法人交流协会有关投资自由化、促进及保护合作协议》正式生效。

者及其在对方区域内的投资的待遇不得低于在类似情况下给予任何其他国家或地区的投资者的待遇及其在投资方面的活动的待遇";其还规定"为更大的确定性",上述待遇"不包括给予任何其他国家或地区的投资者的以及关于他们的投资的包含在国际条约或协定中的争端解决机制"。中国和日本的上述立场进一步体现在两国与韩国共同签订的投资条约中。

在《中、日、韩协定》中,就最惠国待遇而言,"每一缔约方应……给予另一缔约方的投资者及其投资的待遇不低于其提供给第三缔约方或非缔约方的投资者及其投资的待遇……"[247]然后规定:"据了解,第1款所述的给予第三缔约方或任何非缔约方的投资者及其投资者的待遇,不包括给予第三缔约方或任何非缔约方投资者适用关于缔约方和第三方缔约方的投资者之间或缔约方和非缔约方投资者之间的于其他国际协定规定的争端解决机制的待遇。"[248]

考虑到中国和日本的条约实践,在投资者和国家争端解决中排除适用最惠国待遇也不足为奇。然而,应指出的是,日本和韩国是传统的国际投资母国,而中国近年来外国投资增长非常迅速。由于最惠国条款的广泛应用,至少在理论上,有利于外国投资者,中国、韩国和日本预计将支持类似 *Maffezini* 案对 MFN 条款的解释。这三个国家通过条约实践表示了他们反对将最惠国待遇条款扩大至争端解决的事实表明,他们以及整个东亚国家更倾向于仲裁庭遵循对最惠国待遇的传统解释条款。

虽然国际社会正就某些国际法问题达成共识,但仲裁庭在确定缔约方的意图时应更加重视这种条约实践。除非仲裁员的意见不再有分歧,且仲裁庭的决定变得不那么相互矛盾,纠正和改善局势无疑是国际社会面临的最重要的任务。

由于各国对 *Maffezini* 案的决定作出了强烈反应,现在是时候审查这种情况,并由国际社会考虑改进它的替代方案。首先,一种公认的做法是必须特别考虑同意仲裁,这应与有关条约的普遍同意或批准区别开来。在这方面,国际法院对东帝汶案的判决具有指导意义。法院在其中指出,它"认为规范的普遍性和管辖权同意规则是两回事"[249]。在该案中,国际法院拒绝对普遍权利和义务作出判决,因为这些权利和义务涉及另一个主权国家,该主权国家不是该案件的当事方且未同意法院的管辖权。为了重新建立投资仲裁庭的权力,国际社会应考虑是否有必要将普

---

〔247〕 参见前引〔129〕,Trilateral Investment Agreement,第4(1)条。

〔248〕 参见同上,第4条第3款。

〔249〕 *East Timor* 案(葡萄牙诉澳大利亚案), *Judgment*, *I. C. J. Reports*, 1995年,第102页,第29段。

遍适用规则与国际法院在解释这些条款时所宣布的管辖权同意规则区分开来。

其次,国际社会应考虑是否鼓励仲裁庭采取这样一种立场,即除非双边投资条约或自由贸易协定的缔约方明确表达了相反的意图,否则不应将最惠国条款的适用扩大到争端解决程序。

再次,国际社会应考虑是否应鼓励投资仲裁庭承认当地的救济措施,例如包含谈判和地方法院程序的等待期,作为行使管辖权的先决条件。

最后,但并非最不重要的是,国际社会应考虑是否应采用上诉制度来解决投资争端。如果对此持肯定答案,则应考虑是否建立新系统,或者基于更高可行性和成本效益的考虑利用现有的 WTO 上诉机构。

总之,最惠国条款作为国际法最古老的原则之一,在国际经济交流中发挥了重要作用。然而,在投资领域,双边投资条约中对最惠国条款的矛盾解释使国际社会感到忧虑。由于没有任何机构可以纠正投资仲裁庭的错误,且这些仲裁庭的成员具有不同的文化、教育、法律和政治背景,但其中许多人缺乏投资东道国的经验,特别是对于那些发展中国家的情况,不同的解释和不理想的后果很有可能持续下去。至少可以说,这无助于外国直接投资的流动或加强对其保护的法律制度。因此,国际社会现在应该在解释最惠国条款时强调遵守既定的国际规则。在这方面,道家的教义可能会提供一些帮助:“你建立的规则越多,人们就越不开心;武器越多,国家就越麻烦。我们越追求奢华,就越放弃简单。你通过的法律越多,破坏他们的人就越多。”[250]

当解释规则变得越来越复杂,它们必然会被滥用。很明显,那些支持扩大最惠国条款适用范围的人打算确保对外国投资者的保护,因此,他们认为,这是为了促进外国直接投资。然而,应记住的是,美好的愿望可能不会带来美好的事物。道家说:“有些东西因减少而增加,而其他东西因增加而减少。”[251] 为了通过保护外国投资者和投资来促进外国投资,国际社会,特别是那些最关心的国家,应开放思路,并准备在理解和解释国际义务方面进行调整。如果已经出现了对最惠国条款的广泛解释的强烈反对,我们应有足够担当以重新考虑所做的事情。在这方面,孔子指出:“一个优越的人的缺点就像日月食。当它们发生时,所有人都会看到它们;但是,当他纠正错误时,所有人都像往常一样仰望他。”[252]

---

〔250〕《道德经》第 57 章。

〔251〕参见同上,第 42 章。

〔252〕《论语》(英译版)第 19(21)章。

关于国民待遇,与最惠国待遇相比,其问题并不严重和复杂。根本的困难在于解释的多样化。从所讨论的案例来看,这种多样性最常发生在解释“类似情况”和“较差待遇”的概念上。

在考虑外国投资者的待遇是否不如国内投资者的待遇时,外国投资者和国内比较对象/投资者必须处于相同的情况。无论有关双边投资条约是否包含“类似情况”等字样,都应如此;否则,比较的关联性不大。关于可能构成“类似情况”的内容,*S. D. Myers* 案仲裁庭和教皇与 *Pope & Talbot* 案仲裁庭将竞争视为主要因素。此种分析至少在某种程度上符合 GATT / WTO 对“同类产品”的处理。由于 WTO 对“同类产品”的解释得到了国际社会的普遍支持,因此应该支持将竞争作为一个必要因素。但是,投资者可能会以多种方式相互竞争。因此,竞争应限于同一经济或商业部门的竞争。在这样做时,应特别注意制造商不要与服务提供商进行比较,如前面曾讨论的 *S. D. Myers* 案。

对“较差待遇”的解释似乎比“类似情况”存在更多问题。一些仲裁庭进行分析时,先评估是否给予外国投资者不太优惠的待遇,而不是分析外国、国内的投资者是否处于类似情况。如前所述,这种方法与司法/仲裁经济原则不相符。还有其他仲裁庭,以 *Feldman* 案仲裁庭为例,已经引入了他们自己国家适用的行政法的标准和概念,并认为这种法律的无效执行给国内投资者带来了好处。包括双边投资条约在内的国际投资法只应保护符合条件的投资免受东道国任意或歧视性措施的影响。此外,如果所谓的优惠待遇是违法行为的结果,则不应将其作为比较的基准。在这方面,*Feldman* 案应给其他仲裁庭提供了一个教训。

无论如何,随着新兴市场与发达国家一致地开始给予外国投资者和国内投资者同样的待遇,可以预期关于国民待遇会产生更多的争议。然而,在这种背景下,DiMascio 和 Pauwelyn 指出:“显然,无论如何,由最近几起案件看来,北美自由贸易协定仲裁庭早期对保护投资者利益的热情由于东道国政府的公共利益有所缓和。对此,人们只能推测,但这种转变似乎至少一定程度上是对北美自由贸易协定政府和公众舆论的谴责的回应。”〔253〕

在作出决定时,仲裁庭应该更加努力地提出详细的理由。只有这样,他们才能为国际投资法的发展做出贡献。

总之,相对待遇标准现已成为国际投资法的既定部分。仲裁庭的多样化和有时相互矛盾的决定可能是国际投资法的发展中的永久特征。仲裁庭作出决定时要

---

〔253〕 参见前引〔128〕,DiMascio and Pauwelyn,第 79 页。

谨慎,因为无论作出何种决定,其不仅会影响他们处理的案件,而且会对后来的案件产生影响。除了作出合理的决定外,仲裁庭还应该禁止对这些程序的滥用。Gami 案仲裁庭对此强烈表示:"由于外国人收购它的股份这一唯一事实……公司即有权获得国际法的反歧视保护是不可想象的。"[254]

然而,与此同时,应该牢记,国际投资法是为了保护外国投资者和投资免受任意和歧视性的政府行为的侵害。正如曼(Mann)所说:"根据国际法,确定缺乏平等及非法歧视的情况当然并不容易。但鉴于法律中存在歧视性的不平等,而这种不平等具任意性或构成滥用,没人试图为其辩护。"[255] 基于此认识,人们可以保持乐观的态度,即将来会更有效地处理任意和歧视性行为。

---

〔254〕 参见前引〔177〕,*Gami* 案,第 115 段。

〔255〕 参见 F. A. Mann, Studies in International Law, OUP, 1972 年,第 476 页,援引 A. F. M. Maniruzzaman, "Expropriation of Alien Property and the Principle of Non – discrimination in International Law of Foreign Investment: An Overview", 8 *Journal of Transnational Law & Policy* 58, 1998 年,第 68 页,见 https://www.academia.edu/586566/Expropriation_of_Alien_Property_and_the_Principle_of_Non – discrimination_in_International_Law_of_Foreign_Investment_An_Overview#。

第八章

征　收

在世界经济一体化或全球化的背景下，各国经济合作已成为主流趋势。因此，各国相互竞争吸引外资已成为经济发展的重要催化剂。由于现有资本流入远远不能满足大多数国家的需要，大规模国有化或征收[1]目前不构成对国际投资的主要威胁。[2]

尽管如此，国有化和征收仍然是私人外国投资者非常关注的问题[3]，虽然它们很少发生，而且涉及的资金仅占国际总投资的一小部分。1951～1975年，国有化相对较频繁时，只有5.4%的国际投资受到影响。在20世纪70年代中期，外国投资者在发展中国家建立了大约9750家企业，在发达国家建立了36,800家企业。在此期间，每年平均有98个国有化、被国有化或被征收的企业，仅占总数的0.9%。外国企业在发展中国家的投资，涉及征收的资金占18.8%。总体而言，1960～1979年，MIGA估计“按数量计算，所有美国对外直接投资的总量的15%～20%被国有化”[4]。2010年，MIGA指出，其对国际投资政治风险调查的受访者中只有6%表

---

〔1〕 在国际法和国际经济法的文献中，“国有化”和“征收”是同义词。但是，严格来说，国有化是为了公共利益进行的，而征收可能是出于个人目的和统治者的需要。与后者相比，前者规模更大，范围更广。在本书中两词同义。

〔2〕 虽然一般情况确实如此，但值得注意的是，21世纪的第一个十年已经出现了新一轮的投资潮，尤其是对采掘业的投资，大部分位于拉丁美洲和俄罗斯。

〔3〕 除了确认征收是投资者在2009年和2010年作出外国投资决策时的主要问题之一，MIGA指出：“拉丁美洲部分地区的征收和国有化已经从采掘业延伸至服务业、公共事业和制造业，因此引起了投资者的关注。”参见MIGA, *World Investment and Political Risk* 2010, IBDR/World Bank Group, Washington, D.C., 2011，第8、19页，见http://www.miga.org/documents/WIPR10ebook.pdf。在*World Investment and Political Risk* 2011中（http://www.miga.org/documents/WIPR11.pdf），MIGA表示，“从中期来看，与政治风险相关的结构性问题仍是外国投资者在发展中国家运营业务时关注的主要问题。在这些问题中，有两项较为突出：国家违反合同义务和征收行动（监管征收、逐步征收和彻底国有化）”。报告用了一整章对“政府行为和征收”进行深入研究。

〔4〕 参见前引〔3〕，MIGA, *WIPR* 2011，第30页。

明因征收而遭受损失,尽管它没有报告这些损失的程度或价值。[5] 与此同时,据报道,有两倍的受访者认为征收的风险"非常高"(很可能),超过50%的人认为这些风险至少"有点高"[6]。

从历史上看,国有化与殖民化直接相关。最早的国有化发生在拉丁美洲(以下简称"拉美"),而不是位于亚洲或非洲的前欧洲殖民地。20世纪初期,包括墨西哥在内的拉美国家征收外国投资。尽管一些征收被认为是为了当地统治者的个人利益而进行的,但人们普遍认为,至少1917年和1938年墨西哥的征收是国家经济计划的一部分,因此是为了公共利益。在苏联和东欧国家以及新独立的前殖民地的国家政府进行的国有化导致针对国有化的赔偿问题,这成为国际社会和国际法的重要问题,对此明显存在不同的意见。苏联和大多数东欧国家以及新独立的前殖民地或亚洲和非洲的"保护国"认为,实行国有化的国家不应承担赔偿责任,而前宗主国及西欧和美国的资本输出国坚持强调针对国有化的赔偿。

20世纪上半叶的国有化通常是通过正式的征收外国人资产的立法进行的。几乎所有国有化都是为了通过将外国人的资产国有化或将外商投资企业的管理权转移给国有企业或机构来实现东道国的经济发展目标。无论采取何种形式,外国人的财产权都受到严重影响。如今,特别是考虑到国际社会经济相互依存的加强,大规模国有化或征收不再构成对国际投资的重大威胁,其已被监管,变相或逐步征收取而代之。因此,如何界定国有化和有关国家对赔偿的责任问题比过去复杂得多。不幸的是,国际社会尚未制定适用于所有国有化的被广泛认可的规范。甚至没有就任何间接、伪装或悄悄的征收定义应包括哪些内容达成共识。

无论国有化的实际或预知的风险如何,仍然存在许多与之相关的理论和实践问题,且仍未在国际投资法中得到解决。几乎所有与国际投资有关的多边和双边条约都包括关于国有化和国有化赔偿的规定。之所以如此,是因为虽然国有化或征收的整体程度很低,但对于那些受其影响的外国投资者来说,这却是与其高度相关和痛苦的。国际司法或准司法实践以及学者的著作也始终关注这些问题。因此,关注国有化和国有化赔偿问题具有现实意义。本章将分析国有化的前提条件、国有化的国际规范以及相关的国际司法和仲裁实践。

---

〔5〕 参见前引〔3〕, MIGA, *WIPR* 2010,第23页,图1.15。

〔6〕 参见同上,第23页,图1.14。

第一节 征收和相关条件

"即使在最广泛的意义上,'征收'的权利也在国际法中得到承认,不论所涉及的是传承权利或被赋予权利的人的国籍如何。这种国际承认在外交实践和法院、仲裁委员会的决定中,以及在最近国际组织和会议的声明中,已经多次确认。"〔7〕这种征收权被视为所有国家主权权利的一部分。许多多边和双边国际文件都承认主权国家在其领土内将外国人的权利国有化的权利,包括财产权。最值得注意的是,联合国大会(General Assembly of the United Nations)通过的决议,包括《各国经济权利和义务宪章》(Charter of Economic Rights and Obligations of All Countries)。如大会第1803号决议宣布:"(1)各国人民和国家对其自然财富和资源拥有永久主权的权利的行使必须以国家发展和有关国家人民的福祉为基础。(2)这些资源的勘探、开发和处置,以及为此目的所需的外国资本的进口,应符合各国人民和各国认为必要或可取的关于授权、限制或禁止此类活动规则和条件。(3)基于授权,进口的资本和该资本的收益应受其条款、现行国家立法和国际法的规制。所得利润必须按照投资者和受益国之间自由商定的比例分摊,并应当适当注意,确保不会因任何原因对该国对其自然财富和资源的主权造成损害。"〔8〕

1974年5月1日联合国大会通过的《建立新的国际经济秩序宣言》进一步承认各国对其自然资源的主权。〔9〕

简言之,习惯国际法承认主权国家有权将外国财产(包括外国投资)国有化或征收。当代多边条约和规范性文件,如ECT、NAFTA和《指南》均接受主权国家有权为公共利益将外国人资产国有化或征收。事实上,即使是《欧洲人权公约》(European Convention on Human Rights,ECHR)和OECD保护外国财产公约草案

---

〔7〕 参见F. V. Garcia Amador, Special Rapporteur's Report on State Responsibility, *Yearbook of the International Law Commission*, 1996年, Vol. Ⅱ,第11页,第41段。

〔8〕 参见General Assembly Resolution 1803 (XVII),1962年12月14日,"Permanent Sovereignty Over-Natural Resources",引注1~3,https://www.ohchr.org/english/law/resources.htm。

〔9〕 参见General Assembly Resolution 3201 (S-VI). "Declaration on the Establishment of a New International Economic Order", UN Doc. A/RES/S-6/3201, 1974年5月1日,见http://www.un-documents.net/s6r3201.htm。宣言呼吁在所有国家公平、主权平等、相互依存和合作的基础上建立一个新的国际经济秩序,不论其经济状况和社会系统。然而,随着全球化的不断深入,国际社会不再对新的国际经济秩序感兴趣。

也承认主权国家的国有化权利(见附表1)。

尽管习惯国际法如此规定,但当代国际文件和学者的著作往往强调对国有化或征收条件的满足。如果不符合这些条件,国有化或征收可能被视为非法。例如,《指南》在处理征收问题时表示:“一国不得侵占或以其他方式取得全部或部分外国私人投资……除非根据适用的法律程序,出于公共目的的善意,不得基于国籍采取歧视性行为,且不得反对支付适当的赔偿金。”[10]

这表明国际社会对此事的态度发生了变化。现在人们普遍认为,国有化或征收必须满足以下先决条件才合法:(1)为了公共利益;(2)符合正当程序;(3)非歧视;(4)支付赔偿。[11] 在这些要求中,关于非歧视的要求是后期增加的,关于赔偿的问题则引起了特别激烈的争论。

为确保国际投资的有效和顺畅流动,各国在签订投资条约时,始终对国有化和国有化赔偿作出特殊安排。一般而言,缔约方承认任何一方有权在其境内国有化或征收国内或国外企业及资产。同时,他们始终认为进行国有化或征收的国家应承担赔偿责任。赖斯曼(Reisman)和斯隆(Sloane)认为,投资条约的发展是从《友好通商航海条约》转向“BIT 一代”,其中对外国投资承诺提供更有利的条件,包括增加征收的措施相当于对间接征收的认可,这将在后面进行讨论。[12]

根据国际条约和其他协定的规定,主权国家为公共利益而不加歧视地对私人资产(包括外国投资)的任何国有化或征收都应被视为合法政府行动。然而,从传统上讲,司法和仲裁惯例并未强调“公共利益”是剥夺私有财产的先决条件。例如,在 *Shufeldt* 案中,仲裁庭认为危地马拉政府有权以任何理由制定、颁布任何法律。[13] 在 *Oscar Chinn* 案中,常设国际法院在审议比利时为了应对普遍经济萧条

---

〔10〕 参见 World Bank Guidelines on the Treatment of Foreign Direct Investment, IV Expropriation and Unilateral Alterations or Termination of Contracts,第1段,https://www.italaw.com/documents/WorldBank.pdf。

〔11〕 关于此事项的讨论,参见 Rudolf Dolzer and Christoph Schreuer, *Principles of International Investment Law*, Oxford University Press, 2008年,第90~92页;R. Doak Bishop, James Crawford and W. Michael Reisman, *Foreign Investment Disputes: Cases, Materials and Commentary*, Kluwer Law International, 2005年,第8章。

〔12〕 参见 W. Michael Reisman and Robert D. Sloane, “Indirect Expropriation and Its Valuation in the BIT Generation”, *British Yearbook of International Law*,第75卷, 2004年,第115、118页。双边投资条约建立的更有利的条件包括“更加重要和更具创新性,一个有效的规范框架:公正的法院,一个有效且法律上受到限制的官僚机构,及决策的透明度”(原文标注重点)。参见同上,第117页。

〔13〕 参见 *Shufeldt Claim* 案(美国诉危地马拉案,以下简称“*Shufeldt* 案”),1930年7月24日, R. I. A. A., Vol. II, 第1079~1102、1095页,见 http://untreaty.un.org/cod/riaa/cases/vol_II/1079–1102.pdf。

而采取的措施,从而影响从事运输业务的私人当事方的权益时,表示:“比利时政府是这一危急情况及其所要求的补救措施的唯一法官,需尊重其国际义务的责任。”〔14〕仲裁庭以这种方式作出裁决是可以理解的,因为那时国际人权的规则和概念没有太大发展。所有国家也没有寻求国际投资。

虽然作为国有化和征收先决条件的公共利益概念已被列入许多国际文件,包括对国际法发展具有重要意义的文件,但在实践中,这并不总是成为辩论的焦点。在20世纪70年代关于利比亚国内的一系列国有化争端中,美国和英国认为,出于政治报复的目的,国有化本质上不是公共利益的一部分,但只能被视为关于“公共利益”的新解释。一些仲裁庭裁定,利比亚进行的国有化是非法的,因为它们不是基于重要的政治问题,行政机构的行为是任意的和歧视性的。〔15〕然而,其他一些仲裁庭的观点截然相反。例如,在*LIAMCO*案中,仲裁庭完全驳回了诸如美国和英国等国家的论点,认为:“……关于上述措施具有政治动机而非为了合法的公共目的的论点,国际理论的一般意见认为,公用事业原则不是国有化合法性的必要条件。Grotius和其他后来的作者提到了这一原则,但现在没有任何国际权力机构,无论是司法的还是其他任何来源,支持将其适用于国有化。动机之于国际法语境意义不大,每个国家都可以自由判断它认为对公共利益有用或必要的东西……它追求的目标与第三方无关……”〔16〕

事实上,上述裁决完全符合欧洲人权法院的立场,其认为,国家立法机构最了解相关国家的社会和经济政策,并且他们关于公共利益的判断应受到尊重。〔17〕

歧视是另一个问题,其歧视的核心是国有化是否涉及歧视。这个问题的核心是受影响的外国投资者是否与东道国的国民得到相同的待遇和/或来自不同国家的外国投资者是否在任何国有化方面得到平等对待。但这并不意味着,如果国有化国家为来自不同国家的投资者或国家投资者提供某些不同的待遇,则会违反国际法。在某些情况下,为了公共利益,一个国家可能只将一个部门(而不是所有部

---

〔14〕 *Oscar Chinn*案(英国诉比利时案,以下简称“*Oscar Chinn*案”), 1934 P. C. I. J. (ser. A/B) No. 63 (Dec. 12),第53段,http://www. worldcourts. com/pcij/eng/decisions/1934. 12. 12_oscar_chinn. htm。

〔15〕 例子参见*BP Exploration Company* (*Libya*) *Ltd.*诉利比亚案, Judgement, 53 *ILR* 297,第317页。

〔16〕 *Libyan American Oil Company* (*LIAMCO*)诉利比亚案(以下简称“*LIAMCO*案”), Award,1977年4月12日,62 *ILR* 140。

〔17〕 例子参见*James et al.*诉英国案, Application No. 8793/79, 欧洲人权法院,Judgement,1986年2月21日,第46段,见https://www. humanrights. is/the - human - rights - project/humanrightscasesandmaterials/cases/regionalcases/europeancourtofhumanrights/nr/534。

门)或一个公司(但不是所有公司)国有化。例如,如果一个国家的某些行业,如电信系统或钢铁行业,是由外国投资者控制的,那么仅仅将这些企业或行业国有化可能不会受到任何外国政府或个人的质疑,因为这些行业有关国家的经济命脉,很容易受到一个或几个外国公司的垄断。此外,有时外国投资者可能拥有对相关国家至关重要的资产,例如在重要战略地区建立工厂或控制重要的矿产资源。

涉及国有化中的歧视的大多数争端源于一个国家将一个外国国民的所有投资国有化的情况。最显著的例子是古巴在20世纪60年代初期对所有美国投资的国有化以及印度尼西亚在20世纪50年代对所有荷兰投资的国有化。在这两个案子中,当地经济在很大程度上受到受影响的外国投资者的控制。美国政府和投资者既没有否认他们对古巴经济的重要影响,也没有否认古巴将美国所有的工业和企业国有化的重要性。然而,他们强调,即使美国的利益对古巴经济构成威胁,但每个单独的企业没有。因此,古巴的国有化不应该针对所有美国投资者。荷兰政府对印度尼西亚对荷兰投资的国有化提出了类似的反对意见。然而,根据上述的例外,德国法院裁定荷兰资产的国有化是合法的,即使它专门针对荷兰。德国法院依据的理由是荷兰已统治印度尼西亚并控制其经济,并且:"……平等概念只意味着必须得到平等对待,并且对于不平等的不同处理是可以接受的……客观来说,前殖民地人民对其前殖民主的态度当然是与对其他外国人的不同。对于大部分殖民地公司而言,生产地不仅主要由荷兰负责,而且这些公司在生产过程之外通过荷兰市场主导了全球分销。"[18]

当然,这并不是说一个国家仅仅依靠对外国殖民者的怨恨就应该支持歧视性国有化。事实上,正如德国法院所指出的那样,印度尼西亚对荷兰资产的国有化不仅是为了报复,而且主要是出于对经济发展的担忧。

当代国际社会的观点是,完全以种族或其他因素为基础的歧视是不可接受的。最近一个例子可见 *Campbell et al.* 诉津巴布韦案。[19]

作为土地改革计划的一部分,"作为纠正殖民地继承的土地所有权不公平现

---

〔18〕 参见 M. Domke, "Indonesian Nationalization Measures before Foreign Courts", 54 *Am. J. Int'l L.* 305,1960 年,不莱梅地区法院和汉萨上诉法院在 *N. V. Verenigde Deli – Maatschapijen v. Deutsch – Indonesische Tabak – Handelsgesellschaft m. b. H* 案中的意见和讨论。

〔19〕 参见 *Mike Campbell* (*Pvt*) *Ltd. et al.* 诉津巴布韦共和国案,SADC (T)案件号 02/2007,Judgement,2008 年 11 月 28 日,http://www.onacademic.com/detail/journal_1000036328842310_db76.html。

象的手段"[20],津巴布韦议会于2005年9月颁布了一项《津巴布韦宪法》修正案,该修正案授权在津巴布韦征收某些农业用地,并拒绝其所有者诉诸法院以对任何此类征收提出质疑。原告都是津巴布韦的白人公民,他们根据南部非洲发展共同体(Southern African Development Community,SADC)的《SADC》条约[21](津巴布韦是其成员),向南部非洲发展共同体法庭提出申请,声称征收非法,缺乏正当程序,涉及种族歧视且拒绝赔偿。

仲裁庭首先认定它根据《SADC 条约》具有管辖权,"就任何有关人权,民主和法治的争端而言,这是本诉求中提出的问题"[22]。仲裁庭随后裁定,"原告已明确,他们在没有诉诸法院的权利和获得公平听证的权利的情况下,即被剥夺了农业用地,这是法治的基本要素,因此我们认为被告的行为违反了《SADC 条约》第4(c)条"[23]。此外,注意到"国际法中任何性质的歧视都是非法或禁止的"[24],以及《SADC 条约》第6条第2款[25],且在对该原则进行彻底阐述后,仲裁庭发现,尽管"修正案17中没有明确提及种族、种族或特定来源的人"[26],"其执行仅影响白人农民,因此构成间接歧视或事实上或实质上的不平等"[27]。因此,津巴布韦"违反了《SADC 条约》第6条第2款规定的义务"[28]。

这项裁决最重要的方面是,事实上的歧视也可能使合法的国有化成为非法。这是非常重要的,因为表面上非歧视性的措施在其实施中可能具有歧视性。除非事实上的歧视与法律上的歧视一起被谴责,否则该条款无法达到预期的效果。仲裁庭还表示,如果国家的作为或不作为不具任意性,对于声称合法的目标,且就作为殖民主义造成的经济不平等的救济措施的国有化支付的赔偿金,可以以歧视的

---

〔20〕 参见 *Mike Campbell (Pvt) Ltd. et al.* 诉津巴布韦共和国案,SADC(T)案件号02/2007,Judgement,2008年11月28日,http://www.onacademnc.com/detail/journal_1000036328842310_db76.html,第16页。

〔21〕 参见 Treaty of the Southern African Development Community,确立于 Windhoek, Namibia,1992年8月17日(修改版),https://www.sadc.int/english/key - documents/declaration - and - treaty - of - sadc/#article6。

〔22〕 参见前引〔20〕,*Campbell et al.* 诉津巴布韦案,第25页。

〔23〕 参见同上,第41页。参见前引〔22〕,《SADC 条约》第4(c)条规定:"南部非洲发展共同体及其成员应按照下列原则行事:(c)人权,民主和法治……"

〔24〕 参见同上,*Campbell et al.* 诉津巴布韦案,第45页。

〔25〕 参见前引〔22〕,《SADC 条约》第6(2)条规定:"南部非洲发展共同体和会员国不得以性别、宗教、政治观点、种族、民族血统、文化、疾病、残疾或首脑会议可能确定的其他理由为基础歧视任何人。"

〔26〕 参见前引〔20〕,*Campbell et al.* 诉津巴布韦案,第51页。

〔27〕 参见同上,第52页。

〔28〕 参见同上,第53页。

方式进行。[29] 在双边投资条约目前的投资框架和非殖民化不再对当代世界构成威胁这一事实背景下,这一立场应被视为征收中的例外。

除了仲裁庭作出的裁决之外,不能说对“前殖民者”提出的诉求存在偏见,*Campbell et al.* 诉津巴布韦案的判决在遵守国际协定后坚持将国际准则纳入国内法的原则也值得注意。尽管判决书没有涉及国际投资法中的任何主张,但它评估了国际法如何与国家法律相互作用并影响国家法律,且实际上,一种法律(人权法)如何与另一种法律相互作用并影响另一种法律(征收和赔偿法)对这里正在审议的法律问题的未来发展具有重要意义,歧视可能不是其中最重要的。[30]

基于上述所有情况,可以说,国际社会普遍认为国有化或征收是主权国家的法律行动。但是,同样正确的是,国家的某些作为或不作为可能使特定的征收行为成为非法行为。最重要的是,一国有义务根据国际义务采取任何征收行为,包括习惯法和条约及其本国法律产生的义务,特别是与程序有关的法律。

最先区分合法与非法征收的案件是1926年波属上西里西亚德国利益案(*Concerning Certain German Interests in Polish Upper Silesia*)。本案的相关事实如下。[31] 1915年,根据与当时德国政府达成的协议,一家德国公司(以下简称“前德国公司”)在上西里西亚的霍佐夫地区建立了一家生产硫酸盐的工厂。1919年,德国政府将工厂及其所在的土地出售给另一家德国公司(以下简称“第二家德国公司”),但前德国公司仍负责管理。根据《凡尔赛条约》(Treaty of Versaills),同年,上西里西亚成为波兰领土。1922年,波兰政府声称第二家德国公司没有对工厂的有效所有权,并将其国有化。霍佐夫工厂随后由波兰政府管理。

国际常设法院需要解决的问题是,波兰的国有化是否违反了1922年与德国达成的《日内瓦公约》(Geneva Conventions)。根据该公约第6条的规定,波兰政府可

---

〔29〕 仲裁庭在附言中表示:“我们希望在此看到,如果:(a)被告就土地改革方案采取的标准不是随意的,而是合理和客观的;(b)就征收土地给予公平赔偿;和(c)被征收的土地确实分给了贫穷、无地和不利处境、边缘化的个人或群体,使该项目目的合法,对原告的区别待遇不构成种族歧视。”参见同上,第53页。

〔30〕 津巴布韦于2009年退出仲裁庭后,SADC首脑会议于2010年8月暂停了仲裁庭,“以审查其职能”。在2012年8月17日于莫桑比克马普托举行的第三十二次SADC首脑会议上,其决定协商形成一个新的仲裁庭,其职责限于解释与成员国之间的争端有关的《SADC条约》和议定书。易言之,*Campbell et al.* 诉津巴布韦案仲裁庭不会再处理类似的诉求。

〔31〕 参见 *Concerning Certain German Interests in Polish Upper Silesia* 案 (*Merits*),第7号决定,1926年5月25日, *Collection of Judgments*, *Publications of the Permanent Court of International Justice*, A. W. Sitjhoff, Leyden, 1926年,https://www.icj-cij.org/pcij/serie_A/A_07/17_Interets_allemands_en_Haute_Silesie_polonaise_Fond_Arret.pdf。

以将上西里西亚的产业国有化,但不可以剥夺德国国民(自然人和法人)的权利。1926 年,国际常设法院裁定波兰政府的国有化是“非法的”,理由是波兰违反了其国际义务,即《日内瓦公约》。法院认为,该公约已制定了可以进行征收的具体标准。它表示:“可以确信的是,征收只有在第 7 条和(公约)下列条款规定的情况下才是合法的;除了这些情况,或者如果没有这些条件,征收是非法的。”[32] 实际上,法院在本案中将“合法”和“非法”国有化区分开来[33],且裁定波兰对霍佐夫工厂的国有化是非法的。

在随后的实践中,即使他们裁定在征收过程中采取的某些国家行为违反了有关国家加入的国际协定条款或者是“国际不法行为”,法院和仲裁庭都不愿意将征收本身标为“非法”。例如,在 *Texaco* 诉利比亚案中,仲裁庭承认“当今,国家的国有化权利无可置疑”[34],但其补充道:“主权概念和对原告采取的国有化措施的性质都没有为这些措施提供任何合法依据。”[35] 尽管如此,仲裁庭没有就国有化是“合法的”还是“非法的”作出陈述。

同样,在 *Biloune et al.* 诉加纳案中,仲裁庭认为征收违反了加纳投资中心与原告之间的协议条款,但没有表明它认为根据国际法它是合法的或非法的。[36] 在 *CME* 诉捷克案中,伦敦仲裁庭认为原告关于征收的诉求是合理的[37],且征收是通过“非法行为”[38] 进行的,且存在“(非法的)胁迫情况”[39],但并未就征收本身认定为合法或非法。

这再次证明,由于国有化和征收被视为主权权利的一部分,除非一国明确违反国际义务,否则仲裁庭在确定国有化是“非法”时将极为谨慎,即使不是实际上不

---

〔32〕 参见同上,第 21 页。

〔33〕 在判决的法文部分,用语分别为“*légitime*”和“*illicite*”。

〔34〕 *Texaco Overseas Petroleum Company/California Asiatic Oil Co.* 诉利比亚案, Award,1977 年 1 月 19 日,17 *ILM* 1 (1978),第 59 段,https://www.jstor.org/stable/20691828。

〔35〕 参见同上,第 79 段。

〔36〕 参见 *Biloune and Marine Drive Complex Ltd.* 诉加纳投资中心和加纳政府案(以下简称 *Biloune* 等诉加纳案),*ad hoc* Tribunal under UNCITRAL Rules, Award on Damages and Costs, 1990 年 6 月 30 日, 95 *ILR* 183,第 209 ~ 210 页。

〔37〕 参见 *CME Czech Republic B. V.* (*The Netherlands*)诉捷克案,UNCITRAL Partial Award (Merits), 2001 年 9 月 13 日, 第 591 段, https://italaw.com/documents/CME-2001PartialAward.pdf。应指出的是,在同样于斯德哥尔摩且根据《UNCITRAL 仲裁规则》进行的案件中,仲裁庭认为不存在征收。参见 *CME*, UNCITRAL Final Award, 2003 年 3 月 14 日,https://italaw.com/documents/CME-2003-Final_001.pdf。

〔38〕 参见同上,第 516 段。

〔39〕 参见同上,第 518 ~ 524 段。

愿意。即使国际社会的每一个成员都非常需要国际投资，情况也是如此。

然而，近年来，仲裁庭关于如 ECT 和双边投资条约等国际条约的具体规定对这些条约缔约国的征收合法性的影响的解释似乎有了新的趋势。就像国际常设法院在 *Case Concerning Certain German Interests in Polish Upper Silesia* 案中的判决一样，最近的一些仲裁裁决明确表示征收是非法的，因为它们违反了相关国际协议对征收的具体要求。

ADC 案即是首例，其根据塞浦路斯和匈牙利双边投资协定条款开展 ICSID 仲裁程序。〔40〕 在该案中，原告于 1995 年与匈牙利航空交通和机场管理局签订了协议（ATAA），在布达佩斯的 Ferihegy 国际机场建造和运营航站楼设施。2001 年，匈牙利政府撤除 ATAA，由两个新的机构取而代之，与此同时，单方面取消了原告的机场设施运营合同。原告随后要求根据双边投资条约进行仲裁，声称他们遭受了"非法征收"。

塞浦路斯匈牙利双边投资条约第 4(1) 条规定："缔约任何一方均不得采取任何措施，直接或间接剥夺缔约另一方投资者的投资，除非符合下列条件：(a) 这些措施是为了公共利益而在适当的法律程序下进行的；(b) 这些措施不具歧视性；(c) 这些措施附有合适赔偿的规定。"

此外，第 3 条在相关部分规定："(1) 各缔约方应确保缔约另一方投资者的投资得到公平公正的对待，不得以不合理或歧视性措施损害投资者的经营、管理、维护、使用、享受或处置。(2) 更具体地说，每一缔约方应给予这种投资全面的安全和保护，在任何情况下都不得低于给予任何第三国投资者的投资待遇……" 仲裁庭裁定，"这是最明显的征收案件"〔41〕，并进一步指出："……对原告的利益的征收构成了双边投资条约第 4 条规定的剥夺措施，并且属于非法行为，因为：(a) 行为不符合公共利益；(b) 它没有遵守正当程序，特别是，原告被剥夺了双边投资条约第 3 条第 1 款规定的'公平公正待遇'，被告未能根据双边投资条约第 3 条第 2 款向原告提供投资'充分保障和保护'；(c) 行为具歧视性；及 (d) 没有同时向被征收方支付赔偿金。"〔42〕

然而，应该指出的是，ADC 即原告，完全和永久地失去了合同权利、财产权，这

---

〔40〕 参见 *ADC* 案，ICSID 案件号 ARB/03/16，Award，2006 年 10 月 2 日，https://icsid.worldbank.org/ICSID/FrontServlet?requestType=CasesRH&actionVal=showDoc&docId=DC648_En&caseId=C231。

〔41〕 参见同上，第 304 段。

〔42〕 参见同上，第 476(d) 段。

与其他案件中原告没有失去对其投资控制权的情况有所区别。因此，ADC 案仲裁庭的立场符合当代国际投资法的趋势。

在另一个 ICSID 案中，即 *Siemens* 案，根据德国阿根廷双边投资协定的规定，仲裁庭得出了类似的结论。双边投资条约第 4 条第 1 款和第 2 款在相关部分规定："(1)缔约任何一方的国民或公司的投资应在缔约另一方境内享有充分的保护和安全。(2)缔约一方国民或公司的投资不得在缔约另一方境内被征收、国有化，或面临其他具有相当于征收或国有化效力的措施，但公用事业除外，本案中对此应予以赔偿……"

仲裁庭认为征收的"公共目的""存疑"，且没有以"缺乏正当理由"为基础支付赔偿金。因此，它认为"征收不符合第 4 条第 2 款的要求，因此是非法的"〔43〕。

Vivendi 诉阿根廷案〔44〕仲裁庭虽然没有明确认定征收是"非法"或"不合法"，但仍认为是"非法征收措施"〔45〕，并进一步指出，根据法国和阿根廷双边投资条约将案件提交仲裁，"并不意味着建立一个规制针对非法征收的赔偿标准的特别法"，随后对案件中的非法征收适用国际赔偿标准。〔46〕

Ioannis Kardassopoulos 诉格鲁吉亚案的裁决是由 ICSD 案仲裁庭根据 ECT 和希腊格鲁吉亚双边投资协定于 2010 年作出裁定。〔47〕 1992 年，巴拿马公司 Tramex International 与格鲁吉亚国有石油公司 SakNavtobi 达成合资协议(JVA)，拥有"唯一、独家和不间断"的权利，以"维护、运营和使用格鲁吉亚共和国的所有石油和天然气设施"，且"为格鲁吉亚共和国进行石油和天然气的收购、销售和出口交易的业务"，此合同"初始有效期为 25 年，第二期自动续 25 年"〔48〕。Tramex 公司由以色列国民 Ron Fuchs 先生和希腊国民 Ioannis Kardassopoulos 先生共同拥有和控制。

1993 年，在 SakNavtobi 成为格鲁吉亚燃料和能源部的一部分之后，合资企业(GTI)获得了 30 年的特许权合同，特别地，它允许"管道的唯一和独家控制和拥有

---

〔43〕 *Siemens* 案，ICSID 案件号 ARB/02/8，Award（2007 年 2 月 6 日），第 273 段(重点加注)，https://www.italaw.com/documents/Siemens-Argentina-Award.pdf。

〔44〕 参见 *Compañía de Aguas del Aconquija S. A. and Vivendi Universal S. A.* 诉阿根廷案，ICSID 案件号 ARB/97/3，Award，2007 年 8 月 20 日，https://www.italaw.com/documents/VivendiAwardEnglish.pdf。

〔45〕 参见同上，第 11.1.(iv)段。

〔46〕 参见同上，第 8.2.3 段(原文标注重点)。

〔47〕 参见 *Ioannis Kardassopoulos* 诉格鲁吉亚案，ICSID 案件号 ARB/05/18，Award，2010 年 3 月 3 日，见 http://icsiddev.produia-sites.com/cases/case-database/case-detail? CaseNo = ARB/05/18。

〔48〕 参见同上，第 79、77 段。

(和)关于管道的所有权利"[49]。该合同进一步表明,"管道和 GTI 所拥有、租赁或使用的所有财产均不受征收、没收、国有化或出售的影响,或授予任何人或实体任何权利"[50]。简言之,合同明确了完全禁止征收的权利。[51] 然而,一系列国家行为破坏了这一协议,最终,格鲁吉亚政府于 1996 年 2 月 26 日发布第 178 号法令"取消'所有权利(格鲁吉亚政府早些时候给予任何一方)这与现行法令相矛盾'(和)突然终止 Tramex / GTI 在格鲁吉亚的权利"[52]。

经过长期且最终徒劳无益的一系列谈判,由于这些行动而对 Tramex 和其两个股东的赔偿,Kardassopoulos 先生根据格鲁吉亚和希腊双边投资协定、ECT 的仲裁条款,于 2005 年 8 月 2 日向 ICSID 提交了仲裁申请,声称"格鲁吉亚非法剥夺了他在 GTI 的利益以及他在 Tramex 向 GTI 的贷款的利益,而这违反了 ECT 第 13(1)条"[53]。ECT 第 13(1)条规定:"(1)缔约任何一方投资者在任何其他缔约方领域的投资不得被国有化、没收或采取具有相当于国有化或征收效力的措施(以下简称'征收'),除非这种征收是:(a)为符合公众利益的目的;(b)不具歧视性;(c)在适当法律程序下进行;和(d)同时迅速,充分和有效的赔偿。"

仲裁庭认定"Kardassopoulos 先生的诉求的情况是直接征收的典型案例……这种剥夺不是对国家真正的警察权力的行使"[54]。它进一步裁定,尽管"不确信"征收未满足 ECT 第 13(1)条的公共利益或非歧视要求[55],征收不能"按照任何定义被认为是在适当的法律程序下进行的"[56],且"就这些案件的事实而言,格鲁吉亚政府没有向 Kardassopoulos 先生支付任何款项以赔偿他的投资是毫无争议的,更不用说付款可被认为是'迅速、充分和有效的'"[57]。因此,仲裁庭最终裁定"征收 Kardassopoulos 先生的投资是非法的,因为它违反了(ECT 中包含的)合法征收的

---

〔49〕 参见同上,第 96 段。

〔50〕 参见同上,第 102(重点加注)。

〔51〕 从这个意义上讲,它与《凡尔赛条约》的条款有着惊人的相似之处,国际常设法院于 1926 年对这些与上西里西亚霍佐夫工厂的征收有关的条款进行解释,从而产生了所谓的霍佐夫非法征收赔偿原则。

〔52〕 参见前引〔48〕,*Kardassopoulos* 诉格鲁吉亚案,第 157 段。

〔53〕 参见同上,第 66 段。他还指出,他的合伙人 Fuchs 先生在另一份 ICSID 文件(ARB/07/15)中就不公正和不公平的待遇提出诉求,但并未提及征收。这两个案件随后由同一仲裁庭合并处理。

〔54〕 参见同上,第 387 段。

〔55〕 参见同上,第 393 ~ 394 段。

〔56〕 参见同上,第 404 段。

〔57〕 参见同上,第 405 段(原文标注重点)。

规定中的至少一项条件”[58]。

另一个体现这一趋势的案例是 *Rosinvest* 诉俄罗斯案,据称涉及对英国 Rosinvest 在俄罗斯石油巨头尤科斯的投资的征收,“对尤科斯采取的税收措施是非法征收的一个令人难以置信的借口”[59]。仲裁庭由斯德哥尔摩商会仲裁院组成,裁定:“总的来说,这些措施包括但超出税法的适用范围,只能被理解为目的是剥夺尤科斯的资产。如果满足该条款的条件,这种行为只能根据(俄罗斯和英国双边投资协定)第 5 条予以接受。”[60]俄罗斯和英国双边投资协定第 5 条规定(相关部分):“(1)缔约一方投资者的投资不得在缔约另一方境内被国有化,没收或采取相当于国有化或征收效力的措施(以下简称‘征收’),除非是出于公众利益的考虑,不会产生歧视,也毫不拖延地支付足够和有效的赔偿金。”

仲裁庭认为,在这些法律程序中,“被告人没有声称或说明是基于任何公共利益的考量,因为它不承认确实有征收”;且“很明显,被告没有向原告提供或支付任何赔偿”。因此,仲裁庭得出的结论是:“被告的措施,从其对尤科斯的累积影响看出,是第 5 条 IPPA 中的非法征收。”[61]本案实际上还涉及间接征收。仲裁庭还认识到争议措施的累积效应。

在 *Unglaube* 诉哥斯达黎加案[62]中,征收的“合法性”问题集中于赔偿要求。原告是哥斯达黎加 Playa Grande 的财产所有人,他们正在开发住宅建筑。Playa Grande 是海龟的重要筑巢地,哥斯达黎加政府早在 1991 年就开始采取措施建立拉斯保加斯国家海洋公园以保护筑巢栖息地,这些努力不可避免地影响了原告位于公园指定区域或附近的财产。原告称,这些措施违反 1998 年哥斯达黎加和德国双边投资协定,使其财产的很大一部分“被实质、有效地征收”。

仲裁庭裁定,其中一名原告拥有的一块 75 米乘以 100 米的土地“实际上已被征收——以(哥斯达黎加和德国双边投资协定)的话说,基于哥斯达黎加政府没有及时安排确定并向 Marion Unglaube 支付所需赔偿金,‘措施无异于征收’”[63]。

---

〔58〕 参见同上,第 407 段(原文标注重点)。

〔59〕 *RosInvest Co. UK Ltd.* 诉俄罗斯案,SCC 案件号 Arb. V079/2005, IIC 471 (2010),Final Award,2010 年 9 月 12 日,第 2 段,原告 2009 年 9 月 21 日的答复第 1 段,https://www.italaw.com/cases/923。

〔60〕 参见同上,第 630 段。

〔61〕 参见同上,第 631 ~ 633 段。注:投资促进和保护协议(IPPA)在裁决中与 BIT 作同义使用。

〔62〕 参见 *Marion Unglaube and Reinhard Unglaube* 诉哥斯达黎加案(以下简称“*Unglaube* 案”), ICSID Consolidated Cases Nos. ARB/08/1 and ARB/09/20, Award, 2012 年 5 月 16 日,https://www.italaw.com/sites/default/files/case-documents/ital1053.pdf。

〔63〕 参见同上,第 209 段。

仲裁庭在其第一份声明中并未认定征收是“合法”或“非法”。但是,在解决赔偿问题时,情况要简单得多。首先,它指出“根据条约第4条第2款,哥斯达黎加政府有权根据真正的公共目的征收75米地带”〔64〕。但它进一步指出:“然而,同一条款也规定,作为行使该权利的必要条件,政府应就迅速确定和支付到期赔偿金作出规定。”〔65〕因此,它认为:“在本案中,国家的行为不符合第4条第2款的规定。具体而言,违反条约使被告的行为在国际上属于非法行为(根据条约和习惯国际法),其应根据第4条第2款标准以适当赔偿,实际上并未在国家宣布其意图征收后的合理时间内支付给 Unglaube 夫人。”〔66〕

Unglaube 案仲裁庭对哥斯达黎加政府征收的处理意见并不罕见,因为投资界越来越多地关注征收赔偿的充分性而不是其合法性。国际投资中的条约实践和判例也证实了这样一项原则,即双边投资条约和包含征收规定的多边条约等的国际承诺确立了优先于习惯国际法的特别法。它还支持这样一种观点,即在这个高度全球化的世界中,所有国家之间的相互依赖是最重要的一个特征,大规模的国有化不再是对外国投资的威胁。虽然可以继续就国有化是合法的和非法的进行辩论,但国际社会越来越多地接受间接征收的事实和结果。

第二节　间 接 征 收

直接征收和间接征收的区别似乎很明显。通常认为直接征收或“传统”意义

---

〔64〕 参见同上,第304段(脚注省略)。

〔65〕 参见同上。

〔66〕 参见同上,第305段(脚注省略;斜体加注;原文标注下划线)。在另一之前关于土地征收的 *ICSID* 案件,即 *Unglaube* 案中,仲裁庭提到了一个案件,仲裁庭甚至没有审查原告关于征收不是为了公共利益、未基于适当法律程序且具有歧视性的诉求,而只是审查了他们没有收到“适当赔偿”的说法。相反,仲裁庭认为:“(相关双边投资条约)第6条所列举的条件具累积性。易言之,如果违反其中任何条件,则违反第6条……仲裁庭裁定津巴布韦违反了双边投资条约第6条c款规定的向原告支付适当赔偿金的义务。因此,如前述第98段所述,仲裁庭无须考虑是否违反了双边投资条约的其他规定。”参见 *Bernardus Henricus Funnekotter and others* 诉津巴布韦案(以下简称“*Funnekotter* 案”), ICSID 案件号 ARB/05/6, Award, 2009年4月22日,第96~98、107段。尽管 Funnekotter 案仲裁庭讨论了对于“合法”和“非法”征收的赔偿的差异,但它从未解决过主体征收的合法性问题。参见 *Funnekotter* 案,第108~112段。

上的征收涉及对财产权的正式剥夺以及将其转让给他人,常是实施征收的国家。[67]而间接征收很少涉及对财产的正式剥夺或财产权的转让;当投资者实际上被剥夺了使用或控制该投资的能力,或者该投资几乎没有价值时,其所有权仍可能会保持不变。[68] 赖斯曼和斯隆总结认为:“各国可以通过正式法令以外的其他方式来完成征收;实际上,通常可能采取以掩盖合法性的方式掩盖征收行为。出于这个原因……征收必须基于后果而非正式的形式进行分析。”[69]

但是,实际上,没有一个仲裁庭或其他机构明确定义间接征收的必要要素,例如东道国政府的主观意图和某些措施的客观效果。Dolzer 甚至表示:“无论如何,当前版本的投资条约都没有以任何方式阐明间接征收的问题;他们更多的就只是指出问题,并认为一般的国际法规则提供了解决方案。”[70]值得注意的是,由于以间接征收为由引起的纠纷愈发频繁[71],美国和加拿大缔结的双边投资条约近年来已开始在这方面作出详细规定,现在看来似乎已在双边投资协定的普遍实践中得到了体现。

定义仍然是关键问题之一,特别是因为“间接征收”、“逐步征收”、“变相征收”、“管制性征收”(或“管制性夺取”)和“等同于征收”的行动常被互换地使用。但是,随着时间的流逝,学者和仲裁庭通常认为后面的系列术语作为更广泛的“间

---

〔67〕 参见 *Enron* 案, ICSID 案件号 ARB/01/3, Award, 2007 年 5 月 22 日,第 243 段,可见于 https://www.italaw.com/documents/Enron - Award.pdf; *Sempra* 案, ICSID 案件号 ARB/02/13, Award, 2007 年 9 月 28 日,第 280 段, https://icsid.worldbank.org/ICSID/FrontServlet? requestType = CasesRH&actionVal = showDoc&docId = DC694_En&caseId = C8; Brigitte Stern, “What are the Contours of Indirect Expropriation”, LASIL/SLADI *Perspectives* - 01/09, 2009 年,第 3 ~ 4 页, https://www.graduateinstitute.ch/webdav/site/lasil - sladi/shared/Perspectivas/perspectivas15.pdf。

〔68〕 参见 *Starrett Housing Corporation*, *Starrett Systems*, *Inc.*, *Starrett Housing International*, *Inc.* 诉伊朗案, *Bank Oman*, *Bank Mellat*, *Bank Markazi*, Iran - United States Claims Tribunal Interlocutory Award No. ITL 32 - 24 - 1, 1983 年 12 月 19 日, 23:5 *ILM* 1090 - 1145,第 1115 页; *Enron* 案,第 245 段; *Sempra* 案,第 285 页;同上, Stern。

〔69〕 参见前引〔13〕, Reisman and Sloane,第 121 页。Reisman and Sloane 亦援引 G. C. Christie, “What Constitutes a Taking Under International Law”, 38 *BYBIL* 307, 1962 年,第 310 ~ 311 页,即“一国可以征收、介入财产,即使其明确否认有这种意图”,和“即使一国可声称并不是要干涉财产权,也可通过其行动使得这些权利失效,以致被视为已被剥夺”。参见同上,第 119 ~ 120 页。

〔70〕 参见 Rudolf Dolzer, “Indirect Expropriation of Alien Property”, *ICSID Review - Foreign Investment Law Journal*,第 1 卷,1986 年,第 56 页。

〔71〕 参见 *Metalclad Corporation* 诉墨西哥案(以下简称“*Metalclad* 案”); *S. D. Myers* 案; *Pope & Talbot* 案; *Methanex* 案。

接征收”一词的“类型”或子类别。[72] 正如斯特恩(stern)指出的那样：“……如果在间接征收所涵盖的措施范围内，逐步征收和变相征收当然作为两个子类别，那么它们就不构成当今正在讨论的间接征收的大部分措施。实际上，最激烈的讨论涉及盎格鲁—撒克逊主义学说所称的管制性征收或管制性夺取的措施。”[73]

早在2003年，Dolzer就将间接征收问题确定为“国家实践中最重要的发展”，并将全球化和公共利益监管下的征收定义作为国际投资法中的主要问题。[74] 将此问题的解决置于可持续发展的背景下，国际可持续发展研究所撰写的2012年“最佳实践”论文有如此表述：“最关键的问题是确定明确的条件，在该条件下，一国的措施可被视为间接征收，进而要求该国赔偿投资者的损失。”[75]

确定是否发生间接征收一事的复杂性源于以下事实，即每个国家都应采取措施以对其社会进行有效治理。由于采取了这些措施，包括外国投资者在内的某人可能受到不利影响，或者比其他人受到更大的不利影响。如果认为采取此类措施，即法律、法规、政策、行政命令和其他政府行动，属于正确行使政府权力，则不得认为发生了间接征收。

20世纪后半叶的国际规范性文件中开始明确提及间接征收(见附表2)。其中最早的一项是1959年《阿部斯/绍克罗斯外国投资公约草案》，其仅提及“采取……直接或间接剥夺(另一方国民)……财产的措施”[76]。此后不久，1961年的《哈佛公约草案》更加明确地规定：“‘夺取财产’不仅包括直接夺取财产，还包括对财产的使用、享用或处置的任何不合理干扰，以致其所有者将无法在此干扰实施后

---

〔72〕 参见前引〔68〕，Stern；*Tecmed* 案，ICSID 案件号 ARB (AF)/00/2，Award，2003年5月29日，第114段。另外，Heiskanen认为“间接征收”和另一常被用作同义词的术语“事实上的征收”之间有明显的区别。他把“事实上的征收”定义为“在没有正式法令的情况下征收财产且东道国经济受益于此”；他指出，间接征收是“直接或接近于可归因于东道国的导致财产损失且未使东道国经济上受益”的征收。参见 V. Heiskanen，“The Contribution of the Iran – United States Claims Tribunal to the Development of the Doctrine of Indirect Expropriation”，*International Law FORUM du droit international*，第5卷，第3篇，2003年8月，第176～188、180页。

〔73〕 参见前引〔68〕，Stern，第4页。

〔74〕 参见 Rudolf Dolzer，“Indirect Expropriations：New Developments?”，11 *NYU Environmental Law Journal* 64，2002－2003，第65～66页。

〔75〕 参见 Suzy H. Nikièma，*Best Practices*：*Indirect Expropriation*，The International Institute for Sustainable Development，Winnipeg，Canada，2012年，第1页，https://www.iisd.org/publications/pub.aspx?id=1577。

〔76〕 参见 Abs/Shawcroft Draft Convention on Investments Abroad (1959)，第3条，https://www.unctad.org/sections/dite/iia/docs/Compendium//en/137%20volume%205.pdf。

的一段合理时间内使用、享受或处置财产。”[77]

OECD 在 1967 年《保护外国财产公约草案》的评注中将间接征收措施定义为“那些原本合法的措施，其最终目的是剥夺外国人享有其财产或该财产的价值，却没有任何可明确视为剥夺的行为”[78]。但是，它也指出，这些措施必须是“旨在错误地剥夺有关国民实质权利，并造成这种损失的措施”[79]。

当然，上述文件是草案，往往旨在为未能实现的多边公约的谈判奠定基础。条约中有关间接征收的定义和界定方面的做法，尤其是在相对较新和迅速扩展的双边投资条约中的做法远远落后于实际情况。1960 年代签订的许多双边投资条约都没有提及“间接征收”。1970 年代签订的合同开始使用“直接或间接被剥夺”，“直接或间接国有化或征收”或“其他直接或间接剥夺的措施”之类的术语。后来，诸如“直接或间接的措施，等同于征收”，“征收、国有化或类似措施”（或“具有类似作用的措施”）或“征收、国有化及任何其他具有等同效力的措施”等用语出现于双边投资协定。[80] 然而，尽管越来越多地指明了任何此类措施适用与直接征收有关的同样的条件，即必须为公共目的而采取非歧视性方式并予以赔偿，但这些术语几乎始终没有详细定义内容或范围。美国也许是第一个在其双边投资条约中加入附加条件的国家，即此类措施必须在适当的法律程序下完成，并且“不得违反国民或相关的公司与实施征收的一方签订的投资协议中关于合同稳定性或关于征收的任何具体规定”[81]。

但是，值得注意的是，两个不发达国家集团，即阿拉伯国家联盟（League of Arab States，LAS）和伊斯兰会议，首先在真正的多边投资协议中包括了对间接征收的具体和明确定义的限定。因此，可在此处大量引用。《阿拉伯联盟关于阿拉伯资本投资的统一协定》第 9 条第 1 款规定：“根据本协定的规定，无论其永久或暂时，且不论其法律形式如何，阿拉伯投资者的资本不受永久或临时的任何具体或一般措施的约束，全部或部分影响任何资产、储备或收入，并导致没收、强制取得、处分、国有化、清算、解散、勒索或消除与技术所有权或其他物质权利有关的秘密，强行防止

[77] 参见 Harvard Draft Convention on International Responsibility for Injuries to Aliens (1961)，第 10(3)(a)条。

[78] 参见 OECD Draft Convention on the Protection of Foreign Property (1967)，关于第 3 条的注释和评论。

[79] 参见同上（原文标注重点）。

[80] 事实上，许多相似或相同的术语在双边投资协定中继续使用。关于当代双边投资协定所用术语的更完整的讨论，参见前引[76]，Nikièma，第 5ff 页。

[81] 例如，见美国—孟加拉国 1989 年双边投资协定第 3 条、美国—埃及 1992 年双边投资协定第 3 条和美国—海地 1983 年双边投资协定第 3 条等。

或延迟债务清算或任何其他导致没收、冻结或管理资产的措施，或任何其他侵犯所有权或损害所有者在控制、投资和管理的权利，从中获得收益的固有权利，或实现他的权利并履行他的义务的行为。”〔82〕

伊斯兰会议的投资协议包含类似的规定：“东道国应承诺自身或其机关、机构或地方当局之一不采取或不允许采取任何措施，若该措施可能通过剥夺投资者全部或部分所有权，或全部或部分基本权利，或行使其对资本的所有权，拥有或使用权，或对投资的实际控制权，投资管理，利用权的行使，享受服务，实现其利益或保障其发展和增长，直接或间接影响投资者的资本或投资的所有权。”〔83〕

但是，这两项协议都承认根据法院命令采取预防措施的权利，以及基于公共利益进行征收的权利，按照本地法律，以非歧视的方式，且予以赔偿。

《MIGA 公约》是第一个采用类似方法的真正的多边条约，将“征收措施”定义为：“东道国政府采取立法或行政措施或不作为，实际上剥夺了被保险人对其投资的所有权或控制权，或其应从该投资中得到的大量收益。但政府为管理其境内的经济活动而通常采取的普遍适用的非歧视性措施不在此列……”〔84〕

尽管随后的一些重要多边协定，如 1987 年的《东盟投资协定》、1991 年的 ECT 以及 1992 年的《指南》，还是采取了较老的做法，即禁止采取等同于征收的措施。在没有更多内容的情况下〔85〕，投资者、从业人员和国际投资法学者对间接征收的看法已经发生了重大变化。投资基金的竞争几乎完全终止了东道国的直接征收的做法，而包含通过国际仲裁解决直接投资人与国家之间的争端的条款的投资协议的增加不仅扩大了投资者的权利，而且提高了他们对这些权利的认识，并提升了他们使用的意愿。不可避免地采用承认间接征收并为其判决给予赔偿的仲裁裁决，催生了新一代的投资协议，此种协议明确确认了东道国为保护某些公共利益而进行监管的权利。

这样做的第一个多边协议是 NAFTA，该协定明确将“普遍适用的非歧视性措施”排除在“在关于对债务人形成债务违约的情况下，本章所涵盖的债务担保或贷款的相当于征收的措施”之外〔86〕，并进一步确认了东道国采取、维持和执行旨在

---

〔82〕 参见 Unified Agreement for the Investment of Arab Capital in the Arab States (1980)，第 9(1)条。

〔83〕 参见 Agreement for Promotion, Protection and Guarantee of Investments among the Member States of the Organization of the Islamic Conference (1981)，第 2 章，第 10(1)条。

〔84〕 参见 Convention Establishing the Multilateral Investment Guarantee Agency (1985)，第 11(a)(ii)条。

〔85〕 尽管 ECT 第 21 条第 5 款确实确立了一些特殊程序规则，但是，当涉及征税措施被指控构成征收的情况时，其没有将此种措施排除在间接征收的范围之外。

〔86〕 参见 NAFTA 第 1110(8)条。

“确保其领土上的投资活动符合环保关切的措施”的权利[87]。随着世界逐步充分意识到投资和商业活动对环境的影响,这种规定不足为奇。在这种情况下,不能指望任何国家完全放弃规制环境问题以吸引外国投资。

随后在谈判和通过的多边和双边贸易及投资协定中,包含这样的措辞,即“本协定的任何内容不应解释为防止当事方采取或维持涉及广泛的公共福利问题的措施”,包括但不限于:环境保护;保护人类、动物或植物的生命或健康;保护枯竭的自然资源;维护其金融系统的完整性和稳定性;构建货币及相关信贷政策或汇率政策;自身的基本安全利益;甚至维护或恢复国际和平与安全。[88]

除了这种对国家监管权的确认之外,一些最新的投资协议还包括了专门规定将某些措施排除在间接征收范围之外的规定。例如,2007 年东南非共同市场(Common Market for Eastern and Southern Africa, COMESA)的《COMESA 投资协议》包含以下条款:“符合国家和习惯国际法原则对警察权力进行监管的权利,以及会员国采取的旨在保护或增强合法的公共福利目标(如公共卫生、公共安全和环境)的善意监管措施,不构成本条下的间接征收。”[89]

2008 年《东盟投资协定》、2004 年《美国双边投资协定》范本,和 2004 年加拿大外国投资促进和保护示范协定也有类似规定,后两者对相关条款有所保留。这三个协议还具有与征收有关的附件,以几乎相同的语言适用确定间接征收的比例原则。最严格的是 2008 年《东盟投资协定》,措辞如下:“确定成员国在特定事实情况下的一项或多项行动是否构成第 2(b)分段所指的征收的类型(具有等同于直接征收而没有所有权的正式转让或完全没收),需要根据个案情况,基于事实分析,其中要考虑以下因素:(a)政府行为的经济影响,尽管仅凭一个成员国的一项或多项行为对一项投资的经济价值产生不利影响的事实并不能证明这种征收已经发生;(b)政府行为是否违反了政府先前对投资者有约束力的书面承诺,无论是通过合同、许可还是其他法律文件;和(c)政府行为的性质,包括其目的以及该行为是否与第 14 条第 1 款所述的公共目的不相称。”[90]

通过对条约实践的回顾得出结论,就政府规制导致间接征收而言,正在形成一种国际共识,即不仅考虑这种规制的效力,而且要考虑采用该规制的背景。人们越

---

〔87〕 参见 NAFTA 第 1114(1)条。

〔88〕 关于特定协议中适用这些规定的更多细节,参见前引〔76〕,第 8 ~ 9 页。

〔89〕 参见 Investment Agreement for the COMESA Common Investment Area (2007),第 20(8)条,http://vi.unctad.org/files/wksp/iiawksp08/docs/wednesday/Exercise%20Materials/invagreecomesa.pdf。

〔90〕 2008 年《东盟投资协定》,附件 2,第 3 段。

来越多地重申了各国监管权的广泛性,也开始强调比例。这些最新的协议也着重承认了克里斯蒂(Christie)近60年前得出的结论的持续有效性,他认为:“很明显,在国际法下,出现关于缺乏公开征收时,何种干预构成‘夺取’的问题,这意味着一种情况,即普通法的根据个案情况制定的方法显然是最好的选择,这实际上可能是唯一的法律发展的方法。”[91]

与间接征收案件有关的国际司法实践,至少在某种程度上是偶然的,开始出现在20世纪初。常设仲裁法院于1922年在挪威船东的索赔案[92]中作出的决定是第一个。此案是“一战”期间美国政府采取某些行动的结果,“目的是鼓励、发展和建立海军辅助和海军后备队以及商船,以满足其领土和属地的美军和外国国家的商业需求”[93]。1917年8月3日,作为美国政府机构的舰队公司通过电报向几乎所有美国造船厂发出了征购命令,明确要求不仅征收船舶和材料,还适用于未完成的船只的合同、计划、详细规格和款项。尽管如此,美国在整个仲裁过程中坚持认为,除实物财产外,没有任何其他要求,电报中的“合同”一词仅指对物质的承诺。代表未完成船只已被征收的船运公司的挪威坚持认为,这些船公司的建造合同也已被征收。仲裁庭裁定:“1. 无论意图是什么,美国实际上和在法律上都取得了正在或将要建造这些船舶的合同。2. 实际上,原告被完全永久地剥夺了财产,这相当于通过行使美国本地法律中所指的优先领域的权力而进行征收。”[94]

克里斯蒂在有关该主题的文章中开创性地提到了作为类似例子的 *German Interests in Polish Upper Silesia* 案[95]。在该案中,他指出,常设仲裁法院“裁定波兰政府通过没收工厂及其机器的方式,也征收了管理公司的专利和合同权,即使其不打算征收这些特殊财产”[96]。

与这两个案件相比,*Oscar Chinn* 案[97]作为早期的实例经常被引用,在该案件中,仲裁庭认定所谓的“管制性夺取”不构成征收,而是国家的警察权力的合法行使。1929年,英国国民 Oscar Chinn 在当时比属刚果的加丹加河成立了一家内河

---

〔91〕 参见前引〔70〕,Christie,第338页。

〔92〕 参见 *Norwegian Shipowners' Claims*, *Norway* 诉美国案 Permanent Court of Arbitration, Award, 1922年10月13日,*Reports of International Arbitral Awards* (*R. I. A. A.*),第11卷,第309ff页,https://www.haguejusticeportal.net/index.php? id =5185。

〔93〕 United States Shipping Act of September 1916, 前援引的,第316页。

〔94〕 参见前引〔93〕,*Norwegian Shipowners' Claims* 案,第326页。

〔95〕 参见前引〔32〕,*Concerning Certain German Interests in Polish Upper Silesia* 案。

〔96〕 参见前引〔70〕,Christie,第311页。

〔97〕 参见前引〔15〕,*Oscar Chinn* 案。

运输公司。经济大萧条开始时,热带的原材料价格急剧下跌,比利时政府根据1931年6月20日的决定,命令国有运输公司Unatra将费率降低至象征性水平,由政府赔偿任何损失。其他私人运输商,包括比利时的和外国的,都被排除在这一制度之外,因为这只是一个临时措施。

1932年10月,比利时政府向私人公司退款。然而,Oscar Chinn寻求英国政府的保护,坚称比利时政府为Unatra建立事实上的垄断地位,迫使其在1931年7月破产。该纠纷已提交国际常设法院,就关于比利时的措施是否违反了两国于1919年签署的《圣德曼公约》第1条,即保证该地区各自国民的贸易自由,进行裁决。

法院认为,“贸易自由并不意味着取消商业竞争;它以存在这种竞争为前提”,其中包括与Unatra等国有公司的竞争。[98] 法院进一步指出,比利时在追求贸易自由方面没有义务“保证每一相关个体的成功”,并认为“这样的争执与贸易概念不符”;因为没有什么能阻止商人、船东、制造商或承运人暂时蒙受损失地运营,只要他相信这样做就能使自己的生意继续下去。[99] 法院认为,这显然是比利时采取措施的目的。

最终,英国政府宣称:“1931年6月20日的措施间接剥夺了Chinn先生从事任何有利可图的生意的能力,这违反了国际法的一般原则,特别是对既得权利的尊重。”但是,法院认为,“在(Chinn先生)看不到原始地位,即以拥有的客户和获利的可能性为特征,本质上真正属于既得权利的任何事物。”[100] 在这方面,作为一般原则,法院认为:“任何企业,尤其是其成功取决于价格和利率的波动水平的商业或运输企业,都不能独立于普遍经济状况带来的机会和危害。一些行业可能在普遍繁荣时期或通过利用贸易条约或关税变更获利颇丰;但是如果情况发生变化,它们也面临损害或消失的危险。如此,国家没有侵犯既得权利。”[101]

看来,国际司法和准司法惯例强调了国家措施在确定间接征收时起到的作用。以此为基础,形成了“纯粹效果标准”[102]。其要求确定国家措施对一项投资的影响是否等于征收的唯一考虑因素时对相关财产的实际影响。但是,这种学说可能比看起来更保守,因为它要求实际效果是不可逆转的、永久的,并构成对财产权的实

---

〔98〕 参见同上,第82段。

〔99〕 参见同上,第86段。

〔100〕 参见同上,第88~89段。

〔101〕 参见同上,第100段。

〔102〕 关于纯粹效果标准的历史和发展的完整讨论,参见前引〔75〕,Dolzer,第79~90页;Ben Mostafa,“The Sole Effects Doctrine, Police Powers and Indirect Expropriation under International Law”, *Australian International Law Journal*,第15卷,2008年,第267~296页。

质剥夺。至少，它们必须构成对此类权利的“不合理干涉”。尽管存在缺陷，但是，最近的仲裁实践表明，它在确定与间接征收有关的问题上具有强大的影响力。

间接征收领域的另一项发展是伊朗—美国求偿法庭作出的众多判例，尽管国际社会对该法庭对国际投资法的贡献的看法不同。[103] 截至2005年，该法庭已颁发了800多项裁决和决定，共颁发了600项裁决（包括部分裁决和基于约定条件的裁决），83项中间和临时裁决，以及133项决定，共解决近3000件案件。[104] 但是，其中很少涉及直接征收[105]，这使它成为体量最大的与间接征收有关的判例法。此种判例有相当高的一致性，在确定何时发生间接征收时清楚地阐明并运用了“纯粹效果标准”[106]。

法庭在其早期作出的 *Starrett Housing* 案的决定中，以这种方式阐述了这一学说，即“……国际法已确认，一国采取的措施会在一定程度上干扰财产权，以致这些权利变得毫无用处，以致即使该国声称并非为征收，且这些财产和财产的合法所有权仍归原所有人所有，也必须将其视为已被征收”[107]。

它在 *Tippetts* 案中的立场更加明确，表示：“根据国际法，剥夺或夺取财产可能通过一国干涉该财产的使用或享受其利益而发生，即使该财产的合法所有权不受

---

[103] 例子参见前引[73]，Heiskanen；R. Abtahi，“Indirect expropriations in the jurisprudence of the Iran－United States Claims Tribunal”，*Journal of Law and Conflict Resolution*，第3卷，第7篇，2011年，第80～88页；D. D. Caron，“The Nature of the Iran－United States Claims Tribunal and the Evolving Structure of International Dispute Resolution”，*American Journal of International Law*，第84卷，1990年；G. H. Aldrich，“What Constitutes a Compensable Taking of Property? The Decisions of the Iran－United States Claims Tribunal”，*American Journal of International Law*，第88卷，1994年，第585～610页；*American Journal of International Law*，*The Jurisprudence of the Iran－United States Claims Tribunal：An Analysis of the Decisions of the Tribunal*，OUP U. S. A.，1996年；C. S. Gibson and C. R. Drahozal，eds.，*The Iran－U. S. Claims Tribunal at 25：The Cases Everyone Needs to Know for Investor－State & International Arbitration*，OUP U. S. A.，2007年。

[104] 参见同上，摘自 Gibson 和 Drahozal 的摘要，http://www.oup.com/us/catalog/general/subject/Law/InternationalArbitration/? view = usa&ci = 9780195325140。

[105] 参见前引[73]，Heiskanen，第179页；参见前引[104]，Aldrich（1994），第587页。

[106] 这种一致性的显著例外是仲裁庭在 *Sea－Land* 案中的裁决（*Sea－Land Service，Inc.* 诉伊朗案，Award 135－33－1，1984年6月22日，6 *Iran－USCTR* 149），其指出（第166页）：“仲裁庭若要确定存在征收，至少要有政府故意干扰 Sea－Land 运营的行为，其后果是剥夺了 Sea－Land 对其投资的使用和利益。这里没有任何证据表明这可能是对 Sea－Land 的故意行为。”除以此理由驳回 Sea－Land 的关于征收的诉求外，仲裁庭还倾向于援引 *Oscar Chinn* 案（第163页），即在其看来，该公司所谓的“获得权力”以使用和受益于伊朗某些港口设施未构成“真正的既得权利”。参见同上，Aldrich（1994），第603页，要注意的是，此立场“未获得随后仲裁庭裁决的支持，它们一般引用 *Tippetts* 案的表述”。

[107] 参见前引[69]，*Starrett Housing* 案，第1115页。

影响。……每当有事件表明所有者被剥夺了基本所有权时,就可以得出这样的结论,而且这种剥夺似乎不仅仅是短暂的。政府的意图不如措施对所有者的影响重要,控制或干预的措施的形式也不如其现实的影响重要。"[108]

Impregilo 案[109]亦涉及针对所谓的征收的诉求。该案仲裁庭裁定:"(布宜诺斯艾利斯省所采取的)任何一项措施均未导致丧失特许权。这些措施的共同影响也不能被视为导致财产的损失。只有当该省终止特许权时,才发生损失……"[110]其最终裁定:"终止(不能)被视为是对原告的投资的直接或间接的征收或其他征收的行为。"[111] *Impregilo* 案仲裁庭与许多其他仲裁庭一样,显然是在决定不存在间接征收时适用了纯粹效果标准。有趣的是,布劳尔(Brower)法官不同意裁决的这一部分,他自 1983 年以来一直担任伊朗—美国索赔法庭的法官,他在很大程度上也依赖该机构的判例,但得出了不同的结论,坚持认为:"该裁决对原告关于征收的诉求的分析在几个方面存在不足。"[112]他认为,"阿根廷先后连续数年采取行动,使原告仅拥有壳公司的股份,意味着公司已被剥夺了所有战略和价值。"[113]这无非重复伊朗—美国索赔法庭制定的"实质性剥夺"的标准,考虑到 Brower 法官曾参与索赔法庭的工作,这是可以理解的。

Grand River 案[114]仲裁庭作出的决定进一步阐明了"实质性剥夺"的原则。在该案中,作为原告之一的 Arthur Montour Jr. 声称,"(美国)几个州的不当执法行动……(已)导致其投资的在美分销烟草制品的业务的价值的很大一部分被征收"[115]。基于 NAFTA 第 1110(1)条,仲裁庭指出,"谈到的是'一项投资',而不是'一项投资或其一部分'"[116],其继续裁定:"仲裁庭没有任何理由将 NAFTA 第 1110(1)条的语言解释为其他含义。一项征收行为必须涉及'投资者的投资',而不是

---

[108] 参见 *Tippetts, Abbett, McCarthy, Stratton v. TAMS - AFFA Consulting Engineers of Iran*, Award No. 141 -7 -2, 1984 年6 月29 日, 6 *e* 219,第225 ~226 页。

[109] 参见 *Impregilo* 案, ICSID 案件号 ARB/07/17, Award, 2011 年 6 月 21 日, https://icsid.worldbank.org/ICSID/FrontServlet? requestType = CasesRH&actionVal = showDoc&docId = DC2171_En&caseId = C109。

[110] 参见同上,第 272 段。

[111] 参见同上,第 283 段。

[112] *Impregilo* 诉阿根廷案, ICSID 案件号 ARB07/17, Consenting and Dissenting Opinion of Judge Charles N. Brower, 2011 年 6 月 21 日,第 22 段。

[113] 参见同上,第 25 段。

[114] 参见 *Grand River Enterprises Six Nations Ltd and others* 诉美国, ICSID - UNCITRAL, Award, 2011 年 1 月 12 日(已编辑), https://www.state.gov/documents/organization/156820.pdf。

[115] 参见同上,第 146 段。仲裁庭之前曾裁定,它对其他原告的诉求没有管辖权。

[116] 参见同上,第 147 段。

投资的一部分。在这种情况下尤其如此,涉及的一项投资仍在投资者的所有权和控制之下,且在仲裁庭收到证据的整个期间内显然是呈现繁荣和增长的。由于未能纳入第1110条规定的征收的范围,Arthur Montour Jr. 关于征收的诉求无法成立。"[117]

值得注意的是,许多投资仲裁庭至少在某种程度上依赖伊朗—美国求偿法庭的判例,特别是在解决此类指控时,依据其关于纯粹效果原则的表述。值得关注的是,作出关于这方面的决定的案件包括 *Biloune* 诉加纳案[118]、*Metalclad* 案[119]、财团法人 R. F. C. C. 诉摩洛哥案[120]、*Impregilo* 案[121]、*Lauder* 案[122]、CME 捷克诉捷克共和国案[123]、*Alpha Projektholding* 诉乌克兰案[124]和 *Spyridon Roussalis* 诉罗马

---

〔117〕 参见同上,第155段。

〔118〕 参见前引〔37〕,*Biloune et al.* 诉加纳案。在该案中,仲裁庭认为,如果国家的措施具有"导致对该项目造成无法挽回的工作中断的影响",则构成"建设性征收"。参见同上,第209页。

〔119〕 参见 *Metalclad Corporation* 诉墨西哥案, ICSID 案件号 ARB(AF)/97/1, Award, 2000年8月30日。见下文讨论。

〔120〕 参见 *Consortium R. F. C. C.* 诉摩洛哥案, ICSID 案件号 ARB/00/6, Award, 2003年12月22日,(原文为法文)20 *ICSID Rev. —FILJ* 391 (2005), 仲裁庭认为,征收的特点是财产所有权或财产的消失。同上,第68段(由作者翻译)。

〔121〕 参见 *Impregilo* 案, ICSID 案件号 ARB/03/3, Award on Objections to Jurisdiction, 2005年4月22日。该案 ICSID 仲裁庭指出:"与间接征收有关的所有关键决定都提到了东道国在投资者正常行使其经济权利时的'干预'……此外,采取的措施如此重要,以至于这些措施应视同于征收的效果。"参见同上,第278~279段。

〔122〕 参见 *Lauder* 案, UNCITRAL Arbitration, Final Award, 2001年9月3日。该案的特设仲裁庭指出,"间接征收或国有化的措施并不涉及直接取得,但是,实际上中和/稀释了财产的所有权",但其认为该案中没有此种措施。参见同上,第200~201段。

〔123〕 参见 *CME Czech Republic B. V.* 诉捷克案, UNCITRAL Arbitration, Partial Award, 2001年9月13日。仲裁庭指出,"事实上的征收或间接征收,即措施不涉及直接取得但实际上中和/稀释了外国所有者的财产权利的,面对关于征收赔偿的诉求",其进一步裁定,此类"措施"可能包括作为或不作为,且征收为作为和不作为的后果,使得原告没有直接回复被剥夺的财产权利的希望。参见同上,第604、607段。需注意的是,这与前引〔123〕的 *Lauder* 案涉及相同的事实,两个仲裁庭以实质上相同的方式定义"间接征收",但却得出不同结论。

〔124〕 参见 *Alpha Projektholding Gmbh* 诉乌克兰案, ICSID 案件号 ARB/07/16, Award, 2010年11月8日。仲裁庭援引 *Starrett Housing* 案,并认为"即使1998年和1999年 JAAs(联合活动协议)名义上有效,如果合同因乌克兰政府的行动而'无效',那么原告的投资可能被征收",且显然有这样的情况,即"这种剥夺实际上是永久的,且是由政府行为导致的",其裁定原告的权益被征收。参见同上,第408~410段。

尼亚案[125]。

国际司法、准司法和仲裁实践证实,要确认直接的国有化和征收,一个重要因素是财产权从私人转移至国家。除非发生所有权转移,否则无法证明国有化或征收的存在。间接征收的一个显著特征是,国家可以不体现征收的任何意图,且通过各种作为或不作为累计达到财产于外国投资者无用的状态。在这种情况下评估间接征收时,最重要的是措施的效果,而不是政府采取措施的意图。对此,Reisman 教授和 Sloane 教授总结认为,"但是,在某些(即使不是大多数)逐渐性征收中,这种意图虽然可能出现在东道国政府的某个层面,但即使不是不可能,也很难辨认"[126]。因此,应鼓励在实践中采用纯粹效果原则。

Gami 案[127]是采用纯粹效果原则的案件。该案原告是美国投资公司 Gami Investments Inc.,其拥有墨西哥控股公司 GAM 14.1% 的股份,该公司的其余股东为墨西哥国民。[128] GAM 拥有 5 个糖厂,这些糖厂由墨西哥政府根据 2001 年 9 月 3 日的一项法令予以征收。GAM 随后向墨西哥行政法院就涉及这 5 个糖厂中的 3 个糖厂的法令的合宪性提出了质疑,且认为对这 3 个工厂的征收是非法且无效的。[129] 受理此案后,墨西哥政府通知仲裁庭,对其他两家工厂的赔偿正在协商中。

Gami 案的独特之处在于,原告在墨西哥当地公司 GAM 中的股份没有被征收。因此,原告在提出申诉时不得不辩称,其面临的墨西哥的措施的影响"等同于征收"。考虑到此前的案件,仲裁庭援引 *Starrett Housing* 案[130]和 *Santa Elena* 案[131]。尽管 *Starrett Housing* 案仲裁庭将征收定义为导致权利失效,ICSID 仲裁庭在 *Santa Elena* 案中裁定征收的结果是"剥夺财产所有人的所有权、持有或获取利

---

[125] 参见 *Spyridon Roussalis* 诉罗马尼亚案,ICSID 案件号 ARB/06/1,Award,2011 年 12 月 7 日。该案仲裁庭仅根据有争议的措施的影响以裁定不存在征收,是因为这些措施未损害"投资人对其投资的管理和控制",也未"剥夺其行使或享受投资权益的权利"。参见同上,第 354 ~ 355 段,可见于 https://icsid.worldbank.org/ICSID/FrontServlet?requestType = CasesRH&actionVal = showDoc&docId = DC2431_En&caseId = C70。

[126] 参见前引〔13〕,Reisman and Sloane,第 123 页。

[127] 参见 *Gami* 案,《UNCITRAL 仲裁规则》,NAFTA 第十一章的仲裁规则,Final Award,2004 年 11 月 15 日。

[128] 参见同上,第 1 段。

[129] 参见同上,第 18 ~ 20 段。

[130] 参见前引〔69〕。

[131] 参见 *Compañia del Desarrollo de Sant Elena* 诉哥斯达黎加案,ICSID 案件号 ARB/96/1,仲裁,2000 年 2 月 17 日,https://icsid.worldbank.org/ICSID/FrontServlet?requestType = CasesRH&actionVal = showDoc&docId = DC539_En&caseId = C152。

益和财产的经济用途的权利"[132]。*Gami* 案仲裁庭还回顾了一些 NAFTA 案件，包括 *S. D. Myers* 案[133]，该案裁定："一项消除了原告在特定市场上的竞争优势的暂时的歧视性规定是非征收性的。"[134]

Gami 案仲裁庭还提及 *Pope & Talbot* 一案[135]，该案涉及加拿大对向美国出口软木木材的限制。该案仲裁庭认为，要使政府干预构成征收，其必须"具有足够的限制"，以致可以得出"财产是从其拥有人那里'夺走'的结论"[136]。否则，东道国施加的限制所造成的利润减少不视为征收。但是，如果损害的程度"等同于"征收，则"经济价值的损害"可被视作等同于征收。[137] 然而，*Gami* 案仲裁庭认为："夺取 50 英亩的农场，不管是指整个农场还只是其中的一部分，即等同于征收。（征收）的概念必须理解为：受影响的财产必须受到一定程度的损害，此程度须将视为已被'剥夺'。"[138]

据此 *Gami* 案仲裁庭指出："如果其财产权（其在 GAM 中的股份价值）是通过违反 NAFTA 的行为而获得的，则原告有权援引第 1110 条以保护自身权益。"[139] 仲裁庭还表示："征收令与 NAFTA 的规范很可能不相符。但是，墨西哥违反 NAFTA 规范的行为，如果影响受 NAFTA 保护的利益，则仅仅是违反 NAFTA。GAMI 对 GAM 的投资只有在其股份被'夺取'的情况下，才受第 1110 条保护。"[140] 然而，GAM 过去仍掌握在其所有者（包括原告）手中，且由于"仲裁庭只能根据客观证据行事，即证据表明 GAM 作为企业的价值已被破坏或损坏"，*Gami* 案仲裁庭裁定，原告未能证明"其财产是基于 NAFTA 第 1110 条而被征收"[141]。

Gami 案的裁决与其他仲裁庭关于部分征收问题的裁决非常一致。例如，ICSID仲裁庭在 *Metalclad* 案中认为，征收应包括"对财产明示或附带地干扰，其结果是剥夺了所有人的全部或大部分的使用或合理预期的经济利益，即使如此不一

---

〔132〕 参见同上，第 77 段。

〔133〕 参见 *S. D. Myers* 案，First Partial Award，2000 年 11 月 13 日，https://arbitrationlaw. com/files/free_pdfs/SD%20Myers%20v%20Canada%20 - %20Partial%20Award. pdf。

〔134〕 参见前引〔127〕，*Gami* 案，第 124 段。

〔135〕 参见 *Pope & Talbot* 案，UNCITRAL，Interim Award，2000 年 6 月 26 日，https:/www. italaw. com/sites/default/files/case - documents/ita0674. pdf。

〔136〕 参见同上，第 102 段。

〔137〕 参见同上，第 104 段。

〔138〕 参见前引〔127〕，*Gami* 案，第 126 段。

〔139〕 参见同上，第 129 段。

〔140〕 参见同上。

〔141〕 参见同上，第 132 ~ 133 段。

定会给东道国带来明显的好处"[142]。

财团法人 *R. F. C. C.* 诉摩洛哥案的情况与 *Gami* 案类似,仲裁庭裁定:"如果(财产权利)永久损失是不必要的,则临时措施必须产生等同于确定性损失的重大后果。财产所有权或使用权的取回并不能取代所有者的原始状态,由于他本应获得的利润的损失,使得他的权利大大减少了。"[143]

LG &E 案[144]仲裁庭亦认为,征收必须涉及"永久、严重地剥夺"一项投资权利,"或几乎完全剥夺投资的价值"。在该案中,*LG &E* 案仲裁庭得出结论认为,这种情况并不构成征收。在另一起案件 *BG* 诉阿根廷案中,仲裁庭在回顾了先前的一些案件后,也认为没有征收,因为它"没有发现阿根廷所采取的措施导致 BG 投资权利被永久、严重地剥夺"[145]。

根据投资仲裁的实践,被广泛接受的是,一项政府措施要构成一项征收,必须有基于该措施而产生的"夺取"。这些措施可能包括"不付款、不退款、取消、拒绝司法访问、实际排除的做法,不符合规定的待遇,不一致的法律限制等"[146]。当没有公开夺取财产时,所抱怨的政府措施的效果必须等同于永久剥夺权利或严重和永久剥夺享有这些权利。然而,除非经济价值的减损等同于或视为征收,否则经济利益的减少可能不会构成征收。[147] 尽管仲裁庭用不同的措辞表达了他们的观点,但与其他问题不同,关于征收和国有化的仲裁实践是相当一致的。

第三节　间接征收的正名和条件

间接征收与国家权力的行使有关,这是习惯国际法承认的。国家措施可能经常对某些经济部门和个人产生不利影响。如果每当国家措施对某人产生不利影响

---

〔142〕 参见前引〔119〕,*Metalclad* 案,第 104 段。

〔143〕 参见前引〔120〕,*Consortium R. F. C. C.* 诉摩洛哥案,第 68 段(由作者翻译)。

〔144〕 参见 *LG&E* 案, ICSID 案件号 ARB/02/1, Decision on Liability, 2006 年 10 月 3 日,第 200 段,https://icsid. worldbank. org/ICSID/FrontServlet? requestType = CasesRH&actionVal = showDoc&docId = DC627_En&caseId = C208。该案仲裁庭在确定间接征收时,也证明了"比例原则"的有效性,即使它似乎并不依赖此原则以得出结论,参见第 189 ~ 195 段。

〔145〕 *BG Group Plc* 诉阿根廷案, UNCITRAL Final Award, 2007 年 12 月 24 日,第 258 ~ 272 段,https://www. italaw. com/sites/default/files/case - documents/ita0081. pdf。

〔146〕 基思哈艾特的反对意见, *Waste Management Inc.* 诉墨西哥案, ICSID 案件号 ARB(AF)/98/2, Award, 2000 年 6 月 2 日, 引自 Reisman and Sloane, 参见前引〔13〕,第 123 页。

〔147〕 参见前引〔135〕,*Pope & Talbot* 案,第 104 段。

时,就确认为间接征收,该国家就无法管理自己的事务。因为每个主权国家(即使没有要求)期望通过立法和行政措施保护健康、安全和道德,这可能要求它通过税收、竞争法、劳动法、以及健康、安全和环境法规等措施,即履行常说的治安权来规范其领土内的商业活动。

的确,任何这种行使治安权的行为都可能对投资或其他财产产生经济影响,这种影响甚至如此之大,以至于导致所有权的所有权益的丧失,使得企业非法或使得投资价值减至零。在这种情况下,有关国家应负责任吗? 布朗利(Brownlie)指出,国家措施“可能会在不相当于征收的情况下即极大地影响外国利益”〔148〕。关于治安权的最极端的表达是:“一个国家不对由于善意的一般性税收法规,基于犯罪的犯罪,或其他类似的治安权范围内的非歧视性行为,而造成的财产损失或其他经济不利之处负责……”〔149〕Henckels 通过对仲裁实践和学者著作的研究,确定了三种判断行使治安权是否构成间接征收的方法:(1)纯粹效果原则;(2)将治安权视为征收中的例外;以及(3)在评估中同时考虑了目的和影响。〔150〕

仲裁决定坚持(至少以其最纯粹的形式)“治安权原则”的情况相对少见。伊朗—美国索赔法庭判例中的唯一例子是 *Emanuel Too* 诉 *Greater Modesto Insurance Associates* 案,其裁定:“一个国家对由善意的一般性税收或在国家的治安权力范围内的常见的任何其他行动所造成的财产损失或其他经济劣势不承担责任,只要它不是歧视性的,且不旨在导致外国人将财产遗弃给国家或折价出售。”〔151〕

NAFTA 框架下的 *Methanex* 诉美国案〔152〕是这方面最常被引用的资料之一。简单地说,此案涉及加利福尼亚州出于环境保护而采取的一系列措施,截至 2002 年 12 月 31 日,即禁止“(销售),出售,供应基于甲基叔丁基醚(MTBE)生产的(加利福尼亚)汽油”〔153〕。发生争议时,加拿大公司 Methanex 是世界上最大的甲醇生

---

〔148〕 参见 Ian Brownlie, *Public International Law*, 6th ed., Oxford University Press, Oxford, U. K., 2003 年,第 509 页。

〔149〕 参见 *Restatement of the Law*, *Third*, *Foreign Relations Law of the United States*, American Law Institute, Philadelphia, Pennsylvania, 1987 年,第 1 卷,第 712 节,评论中的 g 部分。

〔150〕 参见 Caroline Henckels, “Indirect Expropriation and the Right to Regulate: Revisiting Proportionality Analysis and the Standard of Review in Investor – State Arbitration”, *Journal of International Economic Law*,第 15 卷,第 1 篇,2012 年,第 223 ~ 235 页,第 224 页。

〔151〕 参见 *Emanuel Too v. Greater Modesto Insurance Associates*, 23 *Iran – USCTR* 378,第 26 段。

〔152〕 参见 *Methanex* 案, UNCITRAL Final Award on Jurisdiction and Merits, 2005 年 8 月 3 日,可见于 http://naftaclaims.com/Disputes/USA/Methanex/Methanex_Final_Award.pdf。

〔153〕 参见 California Phase III Reformulated Gasoline Regulations, 第 2262 章第 6 节第 a 款第 1 段,引用于 *Methanex* 案,同上,第 2 部分,第 D 章,第 19 段。

产商和供应商。它声称其生产的甲醇的1/3给予燃料部门,主要用于生产MTBE,且它是加利福尼亚市场的最大甲醇供应商。[154] Methanex声称“其投资的很大一部分,包括其在加利福尼亚州和更大的美国含氧化合物市场中的份额,均遭受了公然的歧视性措施,并被移交至国内乙醇行业”,且“这种夺取至少相当于征收”[155]。

仲裁庭在就此案作出决定时指出:“作为一般国际法,对于一项基于公共目的的非歧视性法规,其是按照正当程序制定的,并且影响其他外国投资者或投资,除非监管国政府已向当时假定的外国投资者作出具体承诺,即政府因考虑投资而避免监管,否则不视为是剥夺性的以及需赔偿的。”[156]

仲裁庭认为,“对Methanex没有作出这样的承诺”[157],并得出结论:“……加利福尼亚州的禁令是基于公共目的的,是非歧视性的,且是通过适当程序完成的。因此,Methanex根据第1110(1)条规定的三种行为形式之一而主张存在征收的中心诉求不成立。从国际法的角度来看,加利福尼亚州的禁令是一项合法法规,而不是征收。”[158]

然而,在对该裁决的讨论中,几乎总是忽略了紧接该结论之后的段落,仲裁庭认为“Methanex也没有确立加利福尼亚禁令体现的与征收有关的任何特征”,及其引用类似案例中的观点,即“监管行为并未剥夺原告对其公司的控制权……直接干预了内部运营……或取代了原告作为控股股东。原告可以自由地持续开展其他的业务活动”[159]。很明显,*Methanex*案仲裁庭的裁决受到了以下事实的影响,即被告没有作出明确的承诺,原告也没有失去对其投资的财产的控制权。

另一项确认国家行使治安权的权力的裁决源自*Saluka*案,尽管其有所保留。[160]在该案中,仲裁是在捷克银行业重组和私有化之后发生的。IPB是捷克主要的银行之一,通过将国家的股权出售给野村控股集团内的一家公司而完成私有化,后者随后将其转让给野村的另一家子公司Saluka Investments B. V.,这是一家根据荷兰法律组建的公司。2000年6月,捷克政府以“管理不善”为由将IPB置于强制管理之下,此后立即任命管理人员并将IPB以最低价格出售给捷克另一家银

---

[154] 参见同上,*Methanex*案,第2部分,第D章,第3段。
[155] 参见同上,第2部分,第D章,第28段。
[156] 参见同上,第4部分,第D章,第7段。
[157] 参见同上,第4部分,第D章,第9段。
[158] 参见同上,第4部分,第D章,第15段。
[159] 参见同上,第4部分,第D章,第16段。
[160] 参见*Saluka*案, UNCITRAL Partial Award, 2006年3月22日,可见于http://www.italaw.com/documents/Saluka - PartialawardFinal.pdf。

行Č SOB。Saluka 随后发起了仲裁程序,声称所采取的归因于捷克共和国的措施剥夺了其投资的价值。仲裁庭认为情况确实如此,其言论和推理在这方面值得广泛引用。

仲裁庭认为:“国际法已然确立,即国家在正常行使其监管权时善意地以非歧视性方式,旨在实现一般福利时,无须向外国投资者支付赔偿金。”〔161〕但是,它也指出,“所谓的‘治安权例外’不是绝对的”〔162〕。仲裁庭确认“一国不进行征收的原则,因此,不承担赔偿被剥夺的外国投资者的责任,因为它适用了‘普遍接受的在警察的权力范围内’的一般规定,这些规定是当今习惯国际法的一部分”〔163〕。此外,它表示:“话虽如此,国际法尚未以全面和确定的方式确切确定哪些规定被认为是‘允许的’和‘普遍接受的’,及属于国家的治安或监管权范围之内而不赔偿的。易言之,一方面,它尚未在不予赔偿的规定之间划定明确的界限;另一方面,又采取了一些措施,它们具有剥夺外国投资者的投资的效果,因而根据国际法是非法和可赔偿的。”因此,不可避免地要由裁决者来决定一个国家的特定行为是否“跨越界限”,从而将有效的监管活动与征收区分开。面对的何时,如何以及生效的规定在什么时候实际上成为非法征收的问题,国际仲裁庭必须考虑出现该问题的背景。采取和应用有争议的措施的背景对于确定其有效性至关重要。在本案中,仲裁庭认为捷克共和国并未“越过界限”,也未违反条约第 5 条,因为所涉及的措施可被视为可采取的监管行动。〔164〕

值得注意的是,*Saluka* 案仲裁庭采取了一种旨在平衡国家规范公共福利方面的意图和对原告的影响的方法,并认为确定所涉措施是否属于治安权范畴的决定应是根据习惯国际法的“普遍接受”原则作出的。不意外的是,*Saluka* 案仲裁庭立即得出结论,在确定哪些法规或措施应被视为正确行使治安权而哪些法规或措施不正确时,习惯国际法几乎没有帮助。这表明,国家通过某些法规的意图很容易受到质疑。说到底,最重要的仍然是相关措施的效果。

Suez Inter Aguas 诉阿根廷案〔165〕仲裁庭参考了 *Saluka* 案的部分裁决,指出:“在评估关于征收的诉求时,重要的是承认一个国家的合法的管理权,并出于公共

---

〔161〕 参见同上,第 255 段。

〔162〕 参见同上,第 258 段。

〔163〕 参见同上,第 262 段。

〔164〕 参见同上,第 263 ~ 265 段(原文标注重点)。

〔165〕 参见 *Suez, Sociedad General de Aguas de Barcelona S. A., and Inter Aguas Servicios Integrales del Agua S. A.* 诉阿根廷案(以下简称“*Suez Inter Aguas* 案”), ICSID 案件号 ARB/03/17, Award, 2010 年 7 月 30 日, https://www.italaw.com/documents/SuezInterAguaDecisiononLiability.pdf。

福利的目的而行使治安权,而不是将这种性质的措施与征收混为一谈。"[166]然而,仲裁庭似乎在作出关于间接征收的决定时,对行使这种权力的效果作出了最后的决定,表示:"在分析阿根廷为应对危机所采取的措施时,仲裁庭认为,这些措施并不构成对原告投资的永久和实质性剥夺。尽管它们可能对 APSF 特许权的盈利能力产生不利影响,但是,它们并未夺取或减少 APSF 或其投资者的财产权,也未影响 APSF 持有特许权并指导其经营和活动的能力。因此,仲裁庭得出结论,就直接或间接征收而言,此类措施未违反前引的双边投资条约的条款……"[167]

可以理解的是,*Suez Inter Aguas* 案仲裁庭非常重视以下事实,即原告的财产并未被实质性和永久性地剥夺。阿根廷政府为应对 21 世纪初所面临的金融危机而采取的措施引发了大量的投资人与国家之间的仲裁,其就此发表的评论证实了这一点。它认为,只有 *Siemens* 案仲裁庭认为阿根廷的措施构成征收是因为西门子已经失去了与阿根廷的合同。[168]

NAFTA 框架下的 *Chemtura* 诉加拿大案[169]的裁决是由一个特设仲裁庭根据《UNCITRAL 规则》,与 Suez Inter Aguas 案的裁决几乎同步作出的,其就"效果"与"治安权"之间的相互作用表达了另一种观点。美国 Chemtura 公司是林丹的制造商,这是一种用于治疗双低油菜籽的农药。1998 年,加拿大政府以环境和工人安全为由逐步禁止使用林丹,并在 2002 年撤销了原告的所有林丹产品的注册。[170] Chemtura 声称,撤销其关于林丹产品的注册是违反 NAFTA 第 1110 条的"等同于征收的措施"[171]。

仲裁庭对标准进行了广泛的分析,以确定哪些措施可能"相当于征收"。对于 *Pope &Talbot* 案和 *Metalclad* 案,它特别仔细地审查、考虑了相关要求,即这些措施"必须等同于实质上剥夺了原告的投资"[172]。最后,仲裁庭得出结论,"根据每个案件的情况,确定是否存在'实质性剥夺'是一项与事实高度相关的工作"[173]。仲

---

[166] 参见 *Suez, Sociedad General de Aguas de Barcelona S. A., and Inter Aguas Servicios Integrales del Agua S. A.* 诉阿根廷案(以下简称"*Suez Inter Aguas* 案"), ICSID 案件号 ARB/03/17, Award, 2010 年 7 月 30 日, https://www.italaw.com/documents/SuezInterAguaDecisiononLiability.pdf, 第 128 段。

[167] 参见同上,第 129 段。

[168] 参见同上,第 127 段(脚注省略)。

[169] 参见 *Chemtura Corporation* 诉加拿大案, Ad hoc – UNCITRAL Arbitration Rules Award, 2010 年 8 月 2 日, https://www.italaw.com/cases/249。

[170] 参见同上,第 6 ~ 34 段。

[171] 参见同上,第 92、251 段。

[172] 参见同上,第 242 ~ 249 段。

[173] 参见同上,第 249 段。

裁庭在当时的情况下进行了这样的调查,得出的结论是:“证据表明,这些措施并不等同于实质性剥夺了原告的投资。”[174]

但是,与 *Suez Inter Aguas* 案仲裁庭不同,*Chemtura* 案仲裁庭似乎已就治安权作出最后决定。它表示:“无论是否存在合同剥夺,仲裁庭在任何情况下均认为,原告所质疑的措施是被告的治安权的有效行使。……(有关政府机构)以非歧视的方式在其职权范围内采取了措施,其动机是人们日益意识到林丹(Lindane)对人类健康和环境造成的危害。在这种情况下采取的措施是对国家治安权的有效行使,因此,不构成征收。”[175]

对林丹和类似产品引起的风险进行评估需要科学知识和数据,采取的措施也必须基于这种科学知识和考虑替代措施的可行性。同时,在世界面临环境恶化的问题的情况下,仲裁庭在确定环境措施是否构成间接征收时必须考虑到这一点。Chemtura 案仲裁庭的调查结果实际上符合某些国际和超国家机构的做法,例如欧洲人权法院。在这种做法中,人们尊重国家决策者的理由是它们拥有更好的资源,因此,它们可更好地评估应适用何种措施以满足社会的需求。[176]

此外,很明显,在行使执法权与这种权力对投资的影响之间存在着一种不变的,也许是不可避免的动态关系。对这种动态的认识使得“比例性”原则在确定间接征收中得到应用。“比例性原则”是各国行使治安权的条件,实质上源于欧洲人权法院的判例法。在 *Sporrong & Lonnroth* 诉瑞典案[177]中,法院认为:“必须确定在社会普遍利益群体的要求与个人基本权利的保护的要求之间是否达到了公平的平衡。”法院在 *James and Others* 案中赞同这一立场,并认为“一项措施要剥夺一个人财产,必须以事实和原则为根据,有基于‘公共利益’的合法目的,但在采用的手段与寻求实现的目的之间还必须存在合理的比例关系”,且“一种措施必须既适合

---

〔174〕 参见同上,第 265 段。

〔175〕 参见同上,第 266 段。

〔176〕 关于此事项的讨论,参见 David Feldman, “Proportionality and the Human Rights Act 1998”, in Eyelyn Ellis, ed. , *The Principle of Proportionality in the Laws of Europe*, Hart, 1999 年;Howard Yourow, “The Margin of Appreciation Doctrine in the Dynamics of the European Human Rights Jurisprudence, 3 *Connecticut Journal of International Law*, 1998 年,第 111 页;Marc – Andre Eissen, “The Principle of Proportionality in the Case – Law of the European Court of Human Rights”, in Ronald St. John Macdonald, Franz Matscher and Herbert Petzold, eds. , *The European System for the Protection of Human Rights*, Kluwer, 1993 年;Pieter Van Dijk and Godefridus J. H. van Hoof, *The Theory and Practice of the European Convention on Human Rights*, 3rd ed. , Martinus Nijhoff Publishers, 1998 年。

〔177〕 参见 *Sporrong & Lonnroth* 诉瑞典案,1983 年,5 EHRR 35,第 69 段。

于实现其目的且不得不成比例"[178]。一般来说,仲裁庭在评估政府措施的相称性时,还必须考虑是否存在其他替代措施,且这种替代措施是否不切实际或过于昂贵,以至于不可能实现相同的目的。但是,上述案件并未对此进行分析。

仲裁庭在 *Tecmed* 案中将"比例性原则"引入国际投资仲裁。[179] 但是,在此过程中,仲裁庭似乎将其视为"两步检验"中的后一步,即用以确定一国采取的措施是否可被视为构成间接征收的检验。因此,仲裁庭的推理值得广泛引用。

Tecmed 案仲裁庭确定的这一两步检验的第一个标准显然是这些措施的效果,即"要确定(一项措施)是否等同于征收……必须首先确定原告是否由于(措施),从根本上被剥夺了其投资的经济用途和收益,如同……有关的权利已经不复存在"[180]。*Tecmed* 案仲裁庭引用欧洲人权法院和伊朗—美国索赔法庭的判例,进一步指出,如果一项措施具有不可撤销且永久地剥夺所有者的财产的作用,则构成"事实上的间接征收"[181]。*Tecmed* 案仲裁庭表示:"根据国际法,即使有争议的财产的合法所有权不受影响,只要剥夺不是暂时的,当有关资产的使用和收益受到类似程度的侵害或干扰时,所有者亦是被剥夺财产。"[182]措施的意图或目的并不比其效果重要。[183]

话虽如此,*Tecmed* 案仲裁庭除了考虑政府措施的效果外,还考虑到"这些行为或措施是否与可能受到其保护的公共利益以及与给予投资的合法保护相称, 这种影响在决定比例性时起着关键作用"[184]。实际上,*Tecmed* 案仲裁庭是迄今为止唯一一个通过确定一些具体因素,包括"社会压力及其后果"和导致间接征收的政府行动的"经济影响",对投资仲裁的比例性问题进行了最详细分析的仲裁庭。仲裁庭表示:"必须权衡这些因素,以便评估所采取的行动与采取这种措施所追求的目的相符与否。"[185]

Tecmed 案仲裁庭最终认为,该案中相关的措施与他们试图保护的公共利益不成比例/不相符,同时导致"投资的经济和商业价值以及原告在作出该投资决定后

---

[178] *James and Others* 案,(1986) 8 EHRR 123,第 50 段。

[179] 参见 *Tecmed* 案, ICSID 案件号 ARB(AF)/00/2, Award, 2003 年 5 月 29 日,https://icsid.worldbank.org/ICSID/FrontServlet?requestType = CasesRH&actionVal = showDoc&docId = DC602_En&caseId = C186。

[180] 参见同上,第 115 段(脚注省略)。

[181] 参见同上,第 116 段。

[182] 参见同上(脚注省略)。

[183] 参见同上。

[184] 参见同上,第 122 段。

[185] 参见同上,第 133 段。

的投资回报率和盈利预期被稀释”[186]，因此，他们认为这相当于征收。[187] 但是，仲裁庭确实建立了一些标准，根据这些标准，在其他情况下采取的国家措施很可能不被视为构成间接征收。无论案件的结果如何，Tecmed 案仲裁庭的裁决在国际投资法的发展中都具有建设性意义。

随后，*Azurix* 案[188]和 *LG&E* 案[189]的仲裁庭引用了 *Tecmed* 案仲裁庭“比例测试”的提法，但这两个裁决的仔细审查并不能证明任何一个仲裁庭在确定相关措施是否具有征收性时都有效运用了这一标准。这并不令人意外，因为 *Tecmed* 案仲裁庭设定的门槛并不低，根据该门槛，除非某一措施的目的、效果和相称性符合要求，否则不得将其视为征收性措施。之所以如此，是因为很难确定“东道国的作为和不作为（i）本身是（对外国投资者的投资的）经济价值损失的近因；或（ii）造成该损失的原因；或相反地，（iii）是将损失主要归因于外国投资者的错误判断；或（iv）归因于与东道国的作为或不作为无关的外在经济因素”[190]。

一方面，在 *Siemens* 案[191]中，原告所依据的一项法律意见指出：“比例和合理性可能在评估征收权是否得到适当行使方面发挥作用。但是，这些标准不会影响确定是否存在征收。”[192] 在该案中，仲裁庭似乎并未真正解决这个问题。另一方面，Fireman's Fund 诉墨西哥案仲裁庭指出“所采用的手段与力求实现的目标之间的比例性”是可以考虑的因素之一，“以区分东道国应予赔偿的征收与不予赔偿的规定”，并引用了 *Tecmed* 案仲裁庭和欧洲人权法院的意见，但是，其认为“可能有人质疑它是否是解释第 1110 条（征收和赔偿）的可行依据”。[193]

Archer Daniels Midlands 案仲裁庭似乎引入并适用了一种截然不同的比例性检验，据称是源于国际法委员会《国家对国际不法行为的责任条款草案》第 51

---

[186] 参见同上，第 149 段。

[187] 参见同上，第 151 段。

[188] 参见 *Azurix* 案，ICSID 案件号 ARB/01/12，Award，2006 年 7 月 14 日，第 311 ~ 312 段，https://icsid.worldbank.org/ICSID/FrontServlet?requestType = CasesRH&actionVal = showDoc&docId = DC507_En&caseId = C5。

[189] 参见前引〔144〕，*LG&E* 案，第 189 ~ 195 段。

[190] 参见前引〔12〕，Reisman and Sloane，第 130 页。

[191] 参见前引〔43〕，*Siemens* 案。

[192] 参见同上，Christoph Schreuer 教授的法律意见，第 238 段。

[193] *Fireman's Fund Insurance Company* 诉墨西哥案，ICSID 案件号 ARB（AF）/02/01，Award，2006 年 7 月 17 日，第 176（j）段，脚注 161。

条。[194] 仲裁庭认为,“比例性不仅要求针对选择的目标采用适合的手段,而且还应考虑到违反的规则的结构和内容,以及对目标本身的适当性进行评估”[195]。因此,在发现该案中的有关措施“不适合所选择的目标”时,它发现“未满足习惯国际法对反制措施的有效性的比例性要求”[196]。

Suez et al. 诉阿根廷案和 *AWG* 案在关于责任的决定中,对间接征收进行了审查,审查认为解决该问题的三种法理方法均具有一定的重要性。[197] 首先,它回顾了以这种方式确立间接征收的基本困难,即“由于直接剥夺投资者的所有权和控制权通常会带来明显的物理表现,因此通常不难确定直接征收的存在,而确定间接征收通常是一件更为复杂的事情,需要了解措施是否对投资有征收性影响,或者是对国家监管权的有效行使”[198]。

在当前的案件中,仲裁庭指出,每个相关的双边投资条约“都具体提及征收措施的‘效果’,因此确认了在明确征收是否发生时,评估一项措施对投资的影响的重要性”[199]。它还指出,“国际仲裁庭将管制措施引起的经济影响的严重程度作为确定该措施是否构成要求赔偿的征收的重要因素”,而且必须有“永久或持久的结果”[200]。因此,它认为“在适用可适用于这些案件的三个双边投资协定的规定时,仲裁庭将必须确定它们是否对原告的投资造成了实质性、永久性地剥夺或剥夺了其享有这些投资的经济收益”[201]。它发现情况并非如此,因此不存在间接征收。[202]

---

[194] 见 *Archer Daniels Midland Company* 诉墨西哥,ICSID 案件号 ARB(AF)/04/05, Award, 2007 年 11 月 21 日(已编辑版本),第 152 段。

[195] 参见同上,第 154 段。

[196] 参见同上,第 159 ~ 160 段。

[197] Suez、Sociedad General de Aguas de Barcelona、Vivendi 和 AWG 集团均是 Aguas Argentinas 的股东,此阿根廷公司在布宜诺斯艾利斯省拥有供水和污水处理服务特许经营权。根据据称的阿根廷的作为和不作为,原告,即 Suez 和 Vivendi 要求根据阿根廷—法国双边投资协定进行 ICSID 仲裁;Sociedad General de Aguas de Barcelona 则是根据阿根廷—西班牙双边投资协定;以及 AWG 集团根据阿根廷—英国双边投资协定。前三名原告参与 ICSID 的仲裁,案件编号为 ARB / 03/19,但是基于阿根廷—英国双边投资协定的具体规定,AWG 集团的案件是根据《UNCITRAL 仲裁规则》进行的,尽管由 ICSID 进行管理,并由同一仲裁庭进行仲裁。因此,两个案件的决定一同发布。参见 the Decision on Liability, 2010 年 7 月 30 日,特别见第 1 ~ 4、17、25 段,https://www.italaw.com/cases/106。

[198] 参见 the Decision on Liability, 2010 年 7 月 30 日,第 132 段。

[199] 参见同上,第 133 段。

[200] 参见同上,第 134 段。

[201] 参见同上。

[202] 参见同上,第 137 段。

尽管仲裁庭得出这样的调查结果,但它侧重于政府措施对外国投资的影响是正确的做法。除非有重大和永久的财产损失,否则将很难确认是否发生了直接或间接征收,甚至难以确定关于这种征收的赔偿,尽管所涉外国投资者仍然有权就其他违规行为获得赔偿(如果已证明存在)。

然而,*Suez* 案和 *AWG* 案仲裁庭认为案件"到此为止"还不够。它进一步指出:"在评估关于征收的诉求时,重要的是要承认一个国家为维护公共利益而予以规制和行使其治安权的合法权利,且不得将这种性质的措施与征收相混淆。"[203] 随后仲裁庭认为,尽管它未使用"比例性"一词,但至少将这一概念与治安权和效果结合在一起。它表示:"在分析阿根廷为应对危机所采取的措施时,仲裁庭发现,鉴于该国面临的严重危机的性质,这些一般性措施在阿根廷的一般国家治安权的范围之内,因此,并不构成对原告的投资的永久和大量地剥夺。尽管它们可能对 AASA 特许权的盈利能力产生负面影响,但它们并未夺取或减少 AASA 或其投资者的财产权,也没有影响 AASA 持有特许权并指导其经营和活动的能力。因此,仲裁庭得出结论,就直接或间接征收而言,此类措施未违反前面引述的双边投资条约的条款,但是,这并不是说它们没有违反其他条约承诺。"[204]

因此,除了考虑外国投资者遭受的财产损失的永久性之外,仲裁庭对于为应对危机而采取措施的东道国表现出相当程度的尊重。鉴于对所采取措施作出事后评估总是比危机期间的实际决策容易,因此,这是合理的。实际上,这对于一个由多数为非本国成员,尤其可能没有管理一个国家的经验而对这种情况作出准确评估的仲裁庭,即使不是不可能,也是困难的。

与此类似,*El Paso* 案仲裁庭分析了行使治安权与其效果之间的动态关系,在这种动态中,对投资的使用的稀释被视为确立治安权的行使是征收措施的必要条件。[205] 在分析一项一般性措施是否会被视为不合理且因此不相称时,仲裁庭提道:"……一项干预投资者的私人权利的法规与公共利益是不成比例的。易言之,在法规旨在促进的公共目的与对投资者财产权的干扰之间必须存在相符性。易言之,如果对投资者的私人权利形成充分干扰,歧视性或不相称的一般法规有可能被视为具征收性的……"[206]

---

〔203〕 参见同上,第 139 段。

〔204〕 参见同上,第 140 段。

〔205〕 参见 *El Paso* 案, ICSID 案件号 ARB/03/15, Award, 2011 年 10 月 27 日,第 233 段,http://investmentclaims.com/ViewPdf/ic/Awards/law－iic－519－2011.pdf。

〔206〕 参见同上,第 243 段。

诚然,若无足够的干预,外国投资者关于投资的使用无法被稀释。在 *El Paso* 案中,原告出售了自己的股票,仲裁庭认为这不是因为被告强迫其这样做,而是由原告所面临的一般商业环境所导致。此外,所涉及的措施是一项税收法规。仲裁庭认为:“外国投资应受东道国征税,且‘外国投资者无权也没有任何合法期望,即在投资期间税制不会改变……’即使可能降低其经济利益。”[207] 实际上,即使税收法规具有歧视性,也不一定会违反双边投资条约规定的义务。仲裁庭认为:“保护外国投资者不受歧视的双边投资条约的标准并不带来如此远期的影响,即一国不能在不同经济部门中区别对待经济参与者,只要差别待遇对本国和外国投资者同样适用。”[208] 当然,任何国家的税收法规都会经常更改,且在大多数情况下,这是不可预测的。面对这样的问题,仲裁庭很自然地认为,被告的措施并未导致原告的投资被没收。[209]

显然,对最近仲裁实践的回顾表明,尽管国家措施对投资的价值或控制的影响似乎是最大的决定性影响,但对如何准确确定是否发生以及何时发生间接征收尚无共识。之所以如此,是因为在对投资的价值或控制没有实质影响的情况下,外国投资者没有必要,由此仲裁庭也不会干涉国家对自己事务的管理。实际上,即使在产生重大影响的情况下,有关国家仍然可以依靠为习惯国际法所承认的治安权来为自己的行动正名。在这方面,作为制衡,引入比例性原则很重要。实践中的困难在于,在确定某项政府措施是否与它要达到的目标相称时,仲裁庭可能没有办法研究可用于获得相同结果、但对外国投资的影响较小的替代方案。

第四节 中国的实践

作为吸引外资最多的东道国之一,中国一直特别关注征收问题,但本质上,其理解仅限于传统观点。例如,1984 年《中挪双边投资条约》要求征收外国直接投资要出于公共目的。[210] 此外,它要求进行征收或国有化的国家适用不歧视原则。[211]

关于征收的赔偿,《中挪双边投资协定》在我国合资经营企业法的基础上取得

[207] 参见同上,第 294 段(脚注省略)。
[208] 参见同上,第 306 段。
[209] 参见同上,第 279、299 段。
[210] 参见 1984 年《中挪双边投资协定》,第 5(1)条。
[211] 参见同上。

了一些进展,其规定如下:"补偿款的支付不应无故迟延,并可兑换和自由转移。补偿应相当于征收前一刻投资的价值,并包括直至支付之日的利息。"[212]

当然,这不符合赫尔原则的要求,根据该要求,东道国必须迅速、充分和有效地给予赔偿。[213] 然而,考虑到当时的中国法律是相对初期的,且中国只是外资的接收方[214],这是国家接受国际规范的重要一步。

《中英双边投资协定》中中国的做法更接近发达国家的普遍做法。它没有将征收确认为国家的权利,而是规定"投资……不得被征收、国有化或被采取等效于征收或国有化的措施",除非出于公共目的和有偿的。[215] 在当时,以公共目的和赔偿为条件的征收或国有化的观点在中国学者中并不盛行[216],因此,将该条款纳入《中英双边投资协定》对中国而言确实是一项重大举措。

《中英双边投资协定》总体上仍采用"合理赔偿"的标准。然而,此后不久,其进一步就合理性标准作出阐述,即"这种赔偿应等于公众知道要被征收或即将被征收之前的被征收投资的实际价值,应包括直至支付之日的正常利率的利息,不得无故拖欠,应能有效实现且可以自由流转"[217]。

应指出的是,当时中国关于征收赔偿的普遍观点是"合理赔偿"。《中英双边投资协定》的措辞显然是采用了赫尔规则,同时对"合理赔偿"的概念给予口头支

[212] 参见同上,第5(2)条。

[213] 赫尔原则是美国国务卿科德尔·赫尔(Cordell Hull)在1938年提出的,以回应墨西哥对美国的农业和石油利益的征收,并成为美国海关在该领域的基本原则。参见M. Sornarajah, *The International Law on Foreign Investment*, Cambridge University Press, UK, 1994年,第229~230页。

[214] 直至1979年,中国才开始接受海外投资。最初,大部分投资集中在建筑和餐饮领域。中国法律对外国投资仍有限制。参见https://www.chinalawandpractice.com/Article/3058801/How-to-invest-in-prohibited-or-restricted-industries.html。

[215] 中国传统观点认为,征收权源于国家主权。因此,西方发达国家对合法征收所附加的任何条件都是不合理的。但是,《中英双边投资协定》第5条似乎承认,除非同时满足两个条件,否则中国已经放弃了征收外国投资的权利。

[216] 在1980年代,根据《国家经济权利和义务宪章》,一国征收或国有化的权利被认为是其对其自然资源主权的重要体现。参见王铁崖,《国际法》Law Press, Beijing, China,第430~431页,1981年。姚梅镇教授认为,以公共目的和赔偿为条件的国有化概念是建立在私有主义不可侵犯的资本主义学说的基础上的,这在理论上是完全不能接受的,因为国有化权是主权的属性。关于细节,参见姚梅镇,*International Investment Law*, Wuhan Univeristy Press, Wuhan, 1989年,第379页(中文)。

[217] 1986年《中英双边投资协定》第5(1)条。

持,以平息潜在的内部批评。[218] 实际上,双边投资协定采用该标准使很多中外学者感到惊讶,因为中国在其他官方文件中仍然拒绝承认赫尔规则是可接受的标准。[219]

《中英双边投资协定》还规定:"受影响的国民或公司应有权依照采取征收的缔约一方的法律,要求该一方的司法或其他独立机构根据本款规定的原则迅速审理其案件和其投资的价值。"[220] 当时,中国对行政行为予以司法审查还未纳入法律制度。[221] 在征收的情况下授予外国投资者这种权利,相当于在中国法律体系中插入了"司法审查"。[222] 由于国际条约的规定发挥了填补空白的作用,且优于中国国内法律,有助于解决当中任何相互矛盾的规定,该规定已成为将国际规范嵌入中国国内法的工具。[223]

中国最近加入的双边投资条约的一个共同特点是明确征收是有条件的。几乎所有这些双边投资条约都包含以下规定:"缔约任何一方不得对缔约另一方投资者在其领土上的投资进行征收、国有化或采取其他类似措施,除非采取的措施符合下列条件:(a)基于公共利益;(b)根据国内法律程序(2003 年《中德双边投资协定》除外);(c)非歧视;(d)予以赔偿。"[224]

关于征收赔偿,2003 年《中德双边投资协定》规定:"这种赔偿应等于即将征收

---

[218] 在当时的环境下,任何对外国作出的重大让步的决定可能会被认为是非爱国主义,且可能会受到批评。在 1980 年代中期,情况更是如此,社会关于应将哪些措施视为改革以及将哪些措施视为采用资本主义技术有热烈的辩论。辩论以邓小平在中国南部之行的结束而告终,当时邓小平表示没有任何东西是资本主义专有的。关于此事项的讨论,参见 Guiguo Wang, *Wang's Business Law of China*, LexisNexis, Hong Kong, 2003 年。

[219] 参见《外商独资企业法》第 5 条。另外,应该指出的是,当时中国仅是外国直接投资的接受国。世纪之交以来,随着中国在国外的投资迅速增长,确保关于征收的充分赔偿符合中国利益。

[220] 1986 年《中英双边投资协定》第 5(1)条。

[221] 一方面,在《世贸组织议定书》中,中国同意在任何情况下都应有一个公正、独立的司法机构审查特定行政行为的机会。在当前的中国法律制度下,一般只有通过行政诉讼手段对具体行政行为进行司法审查。另一方面,根据三权分立的原则,在普通法下,司法审查包括立法的违宪审查。关于中国的司法审查的讨论,参见 Hu Jinguang, "The Space of Chinese Judicial Review",14(5) *Henan Social Science*, 2006 年 9 月,第 72 ~ 76 页。

[222] 这可能是双边协定第一次对中国法律体系有如此重要的影响。

[223] 全球化的一个显著特征是,国际规范对国家法律体系具有直接影响。随着中国加入 WTO,国际规范嵌入中国法律体系,对国内法律和执法机制的影响已成为缔结国际条约的自然后果。关于此事项的讨论,参见 Guiguo Wang, "Globalizing the Rule of Law", 48 *Indian J. Int'l L.* , 2008 年,第21 ~ 44 页。

[224] 例如,2005 年《中葡双边投资协定》第 4 条、2005 年《中西双边投资协定》第 4 条和 2004 年《中芬双边投资协定》第 4 条。

或威胁要征收已为公众所知之前的投资价值,以较早者为准。"[225] 相比之下,2006年《中俄双边投资条约》、2004 年《中芬双边投资协定》、2005 年《中西双边投资协定》和 2005 年《中葡双边投资协定》都规定,赔偿金"应等于被征收投资或公众知道即将进行征收时的被征收的投资的公平市场价值,以较早者为准"[226]。下面这个略有不同的版本可能未必引起争论,即 2003 年《中德双边投资协定》下的"价值"不是所涉投资的"市场价值",即使国际仲裁惯例并未给出明确的答案。[227]

中国缔结的所有双边投资条约以"其他具有类似作用的法律措施"[228] 的形式作出有关间接征收的规则,与 NAFTA 的提法相似。[229] 但是,这对于判断诸如哪些具体措施可能构成间接征收或逐步征收等问题没有多大帮助。正如一些观点所指出的:"在任何情况下,现有投资条约的措辞都无法解决间接征收的问题。相反,它提出了这个问题,并假定一般的国际法可以解决。"[230] 美国和加拿大在其双边投资条约中作出详细规则的这一事实被视为是对这种批评的回应。越来越多在 NAFTA 框架内的国际投资争端与间接征收有关。[231]

2006 年签署的《中华人民共和国政府和印度共和国政府关于促进和保护投资的协定》详细规定了间接征收的标准,并维持了结果和宗旨上的平衡,规定如下:"(1)除直接征收或直接夺取而正式转移所有权的国有化外,征收措施包括在没有正式的转移所有权或完全夺取的情况下,当事一方为创造条件以使得投资者的投资可能收益不理想和无法产生回报而有意采取的一项措施或一系列措施。(2)确定某一情况下某一缔约方的一项措施或一系列措施是否构成上文第 1 款概述的措施需要逐案且基于事实的调查,其中考虑到以下因素:(i)一项或多项措施的经济影响,尽管仅仅一个缔约方采取的一项或多项措施对一项投资的经济价值产生不

---

〔225〕 2004 年《中德双边投资协定》第 4 条第 2 款。

〔226〕 2006 年《中俄双边投资协定》第 4 条第 2 款、2004 年《中芬双边投资协定》第 4 条第 2 款、2005 年《中西双边投资协定》第 4 条第 2 款、2005 年《中葡双边投资协定》第 4 条第 2 款。

〔227〕 与赔偿有关的问题应包括在内。例如,除了已进行的投资外,是否应将利润纳入市场价值仍有疑问,如果是,此利润是否应在扣除未来现金流量或亏损后予以确认。在 CME 案中,Brownlie 教授显然有不同的观点。参见前引〔37〕,*CME* 案。

〔228〕 例如,2003 年《中德双边投资协定》第 4(2)条、《中葡双边投资协定》第 4(2)条、《中芬双边投资协定》第 4(1)条。

〔229〕 NAFTA 第 1100(1)条规定:"任何一方不得直接或间接国有化或征收另一缔约方的投资者在其领土上的投资或采取相当于将该投资国有化或征收的措施(以下简称'征收')。"

〔230〕 参见前引〔74〕,Dolzer 案,第 79 页。

〔231〕 参见前引〔119〕,*Metalclad* 案;参见前引〔133〕,*S. D. Myers* 案;参见前引〔135〕,*Pope &Talbot, Inc.* 诉加拿大案;参见前引〔152〕,*Methanex* 案。

利影响的这一事实并不能确认征收或国有化已经发生;(ii)措施在多大范围或程度上对当事人、投资者或企业有歧视性;(iii)这些措施或一系列措施在多大程度上干扰了明确的、合理的,以投资为基础的期望;(iv)这些措施或一系列措施的性质和意图,无论是否出于善意的公共利益目的,以及它们与征收意图之间是否存在合理的联系。(3)除在极少数情况下,缔约方为追求公共利益而采取的非歧视性监管措施,包括根据司法机构普遍适用的裁决所采取的措施,均不构成间接征收或国有化。”[232]

在实践中,一项措施可能包括法律、法规,法令或法院最终判决。[233] 特别是,所谓的逐步征收可能涉及多种政府整体的作为或不作为。国际法院在 *Fisheries Jurisdiction* 案中指出:“(措施)一词的普通含义足以涵盖任何行为、步骤或程序,对其实质内容、追求的目标没有特别限制。”[234]

关于征收和赔偿的条约规定的重要性在于,关于何种作为或不作为可能构成征收的问题将由国际仲裁庭根据 VCLT[235]解释双边投资条约进行确定,而不是缔约方的国内法。[236] 正是从这个意义上说,条约规定已经使解释权脱离于国家法院。

中国加入的自由贸易协定也一贯认为,征收必须符合以下条件:(1)基于公共目的;(2)根据国内法律;(3)以非歧视方式进行;和(4)针对征收的赔偿。[237]

同时,《中新自贸协定》规定,征收不得与有关当事方作出的任何承诺相抵触。[238] 值得注意的是,2012 年《中、日、韩协定》规定,除了满足公共目的、不歧视和赔偿的条件外,还必须根据“正当法律程序的国际标准”进行任何征收。[239]

---

[232] 《中华人民共和国和印度共和国政府关于促进和保护投资的协定》第 3、5 条。

[233] 参见 *The Loewen Group, Inc. and Raymond L. Loewen* 诉美国案,ICSID 案件号 ARB(AF)/98/3,2001 年 1 月 5 日。仲裁庭认为(第 68 段),“司法终局规则”(常被称为‘实质的’)被认为是针对国家关于司法行为的责任。但是,其也区分(第 52 段)司法上“对一般原则的确认”和特定命令,且仅将前者视为构成“措施”。

[234] *Fisheries Jurisdiction Case*(西班牙诉加拿大案),1998 I. C. J. 432, Jurisdiction of the Court, Judgment,1998 年 12 月 4 日,第 65 段。

[235] 国际实践,特别是 WTO 的争端解决实践表明,仲裁庭非常愿意根据 VCLT 解释双边或多边条约。

[236] 关于确立间接征收的标准,还可参见 L. Yves Fortier and Stephen L. Drymer, “Indirect Expropriation in the Law of International Investment: I Know It When I See It, or Caveat Investors”, 19 *ICSID Rev.*, 2004 年,第 293 ~ 327 页。

[237] 它们都采用了四种条件,《中巴自贸协定》第 49 条使用了“本地法律程序”的表述,《中新自贸协定》第 145 条则选择使用“适用的本地法律”。

[238] 参见《中新自贸协定》第 145 条。

[239] 参见 2012 年《中、日、韩协定》(临时译本)第 11 条。

与大多数其他双边投资条约一样，中国的双边投资条约都未就“征收”一词给出定义。在实践中，在决定什么可能构成“征收”时，仲裁庭有时会考虑以下几点：(1)东道国政府或其机构必须夺取有关投资者的投资，这可能是东道国的作为或不作为。[240] 在大多数情况下，仅是不作为可能不构成相当于征收的措施。被征收的投资可能为有形或无形财产。[241] (2)这种夺取必须是实质性的，从一定意义上讲，因为它实际上剥夺了投资者的经济使用权和收益权，或该财产的特别的部分，但前提是这种夺取是永久性的，通常涉及将所有权从投资者转给另一人。[242] (3)采取的行为可以是法律上或事实上的，也可以是“直接”或“间接”的[243]，且可能涉及一项措施或一系列措施，这些措施总体上具有征收的影响(通常称为逐步征收)。(d)采取的措施超出了投资者合理的“投资相关的期望”的范围。[244]

总之，习惯国际法已将各国的国有化和征收视为行使主权。在全球化时代，所有国家都在热切地寻求国际投资，国际社会对包括外国投资者的财产权在内的人权意识正在迅速增长，大规模公开的国有化已不再是国际投资中的主要风险。间接和监管征收取而代之，已成为世界关注的主要问题。尽管关于如何可能构成间接征收的共识正在慢慢形成，但是有一种趋势，即国有化和直接或间接征收是非法的，除非它们满足如上所述的某些先决条件(尤其是在支付赔偿金的前提下)。作为积极的资本输出国，中国在这方面的实践与世界大势趋同。即使在确定直接和间接征征收等问题上尚未达成共识，但就判例而言，与其他领域相比，投资仲裁庭在统一标准方面取得了良好进展。这显然得益于以下事实，即征收不是一个新问

---

〔240〕 参见 *Draft Articles on Responsibility of States for International Wrongful Acts*, adopted by the International Law Commission at its 53rd session，2001 年，第 2 条，https://legal. un. org/ilc/texts/instruments/english/commentaries/9_6_2001. pdf。

〔241〕 参见 *Mondev* 案，ICSID 案件号 ARB(AF)/99/2，Award，2002 年 10 月 11 日，第 98 页，https://www. ita. law. uvic. caldocuments/Mondev – Final. pdf；还可参见前引〔152〕，*Methanex* 诉美国案，第 17 页。

〔242〕 Tippets 案仲裁庭认为：“即使财产的合法所有权不受影响，根据国际法，对财产的剥夺或夺取可通过一国对财产的使用或收益的享受的干预实现。”参见前引〔108〕，*Tippetts* 案，第 225 页。

〔243〕 既定措施在法律上或事实上是征收性的，在判断它是否构成对财产的征收或占有时无关紧要。间接征收也已成为双边投资条约的共同关注点。NAFTA 第 1110(1)条对此进行了说明，该条规定“缔约方不得直接或间接将其国有化或征收……或采取等同于国有化或征收的措施……”在实践中，间接征收被解释为一种相当于征收或具有征收的效力的措施。参见前引〔135〕，*Pope & Talbot* 案，第 96、104 页；参见前引〔133〕，*S. D. Myers* 案，第 285 ~ 286 页；*Feldman* 案，ICSlD 案件号 ARB(AF)/99/1，Award，2002 年 12 月 16 日，第 100 页，https://www. ita. law. uvic. ca/documents/feldman mexico – award – english. pdf。

〔244〕 投资者期望与征收的相关性是，在某些行业中，政府干预是可预见的，在这种情况下，外国投资者可能不会就因东道国政府的干预/管制而导致的征收提起合法申诉。

题，且国际社会一直在努力就此事达成共识，这应被视为解决仲裁庭关于其他问题而作出的矛盾决定的尴尬局面的有益经验。

附件

附表 1 多边条约和规范性文件中关于国有化的要求

文件名	对主权国家的国有化权力的确认	参考的国际法
1948 年《哈瓦那宪章草案》	成员有权对现有和未来投资的所有权作出合理的规定	—
1948 年《人权宣言》	任何人的财产都不应被剥夺	—
国际商会 1949 年《外国投资公正待遇国际法典》	除依照法律程序并根据国际法给予赔偿外，不得征收。关于实施征收的国家法律应明确规定征收的目的和条件	根据国际法，征收必须附带公平的赔偿
1950 年《欧洲人权公约》	除非出于公共利益并满足法律和国际法一般原则规定的条件，否则不得剥夺任何人的财产	征收应根据国际法的一般原则开展
1952 年联合国大会第 626 号决议第 7 部分：自由开发自然财富和资源的权利	各国有权在其认为对自己的进步和经济发展有利的地方自由使用和开发其自然资源	—
1957 年《相互保护财产公约》(科隆)	除国家紧急状态或基于公共利益外，投资后 30 年内不得征收	—
1959 年《境外投资公约》	除非根据正当程序、非歧视、信守承诺和作出赔偿外，不得征用任何财产。未提及公共利益	—
1961 年《关于国家对外国人造成的损害的国际责任的哈佛公约草案》	如果夺取外国人的财产并非出于公共目的、违反条约或未予赔偿，则是不合法的	—
1962 年联合国大会 1803 号决议第 17 部分：关于自然资源永久主权的宣言	各国有权基于公共事业和安全或国家利益而进行国有化，这被认为是压倒一切纯粹私人利益	根据执行征收的国家法律和国际法，给予适当补偿
1966 年联合国大会 2158 号决议第 21 部分：对自然资源的永久主权	承认所有国家均有权在公平的基础上确保并增加在外资经营的企业的管理中的分量，并从中获得利益和利润中的更大份额的权利	—

续表

文件名	对主权国家的国有化权力的确认	参考的国际法
1967 年经济合作与发展《保护外国财产公约草案》	除非采取正当程序,为基于公共利益、非歧视且伴有赔偿,否则不得实施剥夺外国国民财产的措施	—
1970 年《阿拉伯国家间的阿拉伯资本的投资和自由流动的协定》	在国有化的情况下,阿拉伯投资者应有权在合理的时间内获得公平和有效的赔偿(原版) 在指定的部门中,不得对阿拉伯投资进行国有化或征收(1973 年修正案)	—
1972 年国际商会《国际投资指引》	东道国政府应尊重公认的国际法原则,特别是公平和公正的待遇、不歧视,遵守合同承诺和征收赔偿	尊重公认的国际法原则
1973 年联合国大会 3171 号决议第 28 部分:对自然资源的永久主权	适用国有化原则是国家宣示维护其自然资源的主权	—
1974 年联合国大会 3201 号决议补充第 6 部分:关于建立新的国际经济秩序的宣言	为了保护自然资源,每个国家均有权对这些资源进行有效控制,包括国有化或向其国民转让所有权的权利	—
1974 年联合国大会 3281 号决议第 29 部分:国家经济权利和义务宪章	每个国家均有权将外国财产国有化、征收或转让其所有权	—
1980 年《阿拉伯国家在阿拉伯国家投资的统一协定》	阿拉伯国家的投资不得被征收或国有化。但是,应允许一国无歧视地基于公共利益征收财产,并支付公平的赔偿	基于本协定的条款得出的结论和解释,应以其依据为基础、以其宗旨为指导,然后以阿拉伯国家联盟成员国各自立法的共同规则和原则为指导,且遵循国际法公认的原则
1981 年《伊斯兰会议组织成员国之间促进、保护和保证投资的协定》	东道国不得采取任何直接或间接影响投资者资本所有权或实际控制权的措施。可以依法基于公共利益,非歧视地征收投资,但需予以赔偿	—

续表

文件名	对主权国家的国有化权力的确认	参考的国际法
1987 年《东盟促进和保护投资协定》	缔约方的投资，除非出于公共用途、基于公共目的或出于公共利益并在适当的法律程序下，在非歧视的基础上，并给予适当的赔偿，否则不得被征收或国有化	—
1990 年联合国跨国公司委员会《联合国跨国公司行为守则草案》	各国有权对在其领土上经营的跨国公司的资产进行国有化或征收	根据适用的规则和原则
1991 年《能源宪章条约》	外国投资者的投资，除非基于公共利益，在非歧视的基础上，根据正当法律程序，并给予及时、充分和有效的赔偿。否则不得国有化或征用	—
1992 年世界银行《外国直接投资待遇指南》	除非出于合法目的，出于善意的公共目的，在不因国籍而歧视以及支付适当赔偿的情况下，一国不得征收其领土内的外国私人投资	—
1994 年《北美自由贸易协定》	除非出于公共目的，非歧视地，根据正当法律程序并支付赔偿金，任何一方均不得直接或间接将另一方投资者在其领土上的投资国有化或征收	根据国际法，包括公平公正的待遇以及充分的保护和安全
1998 年《多边投资协定草案》	除非基于公共利益，在非歧视的基础上，适用正当的法律程序，并应及时支付适当、有效的赔偿，缔约一方不得直接或间接地征收或国有化外国投资	—
《美国示范双边投资条约》(2005～2008)[1]	除出于公共目的外，以非歧视的方式，支付及时、充分和有效的赔偿，并遵守正当法律程序，任何一方均不得通过等同于征收或国有化(以下简称"征收")的措施直接或间接征收或国有化相关投资	根据习惯国际法，包括公平和公正的待遇以及充分的保护和安全

续表

文件名	对主权国家的国有化权力的确认	参考的国际法
2009年《中国—东盟自治区投资协议》	除非基于公共目的，遵循适用的国内法律，包括法律程序；以非歧视方式进行；并支付赔偿金，一方不得对另一方投资者的投资进行征收、国有化或采取其他类似征收的措施。但是，可以按照东道国现有的国内法律和法规进行土地征收	—

来源：作者摘录自所列条约和规范性文件的文本。

注释1：尽管美国政府自2004年以来尚未发布过《双边投资协定范本》，但美国贸易代表办公室（Office of the United States Trade Representative，USTR）宣称："美国根据范本进行双边投资协定的谈判。"因此，有理由得出这样的结论，即美国在2004年之后缔结的两个双边投资协定（2005年与乌拉圭和2008年与卢旺达）包含了关于征收和赔偿的相同规定，反映了最新的模式。

附表2　多边条约和规范性文件中关于"间接征收"的条款

文件名	关于间接征收的条款	有关条款的定义、解释或官方评论
1959年《境外投资公约》	第3条："任何一方均不得采取任何措施以对另一方国民的财产进行直接或间接剥夺，除非经过适当的法律程序，且这种措施不得歧视或与该方所作出的承诺相违背，并应伴有公正有效的赔偿……"	—
1961年《关于国家对外国人造成的损害的国际责任的哈佛公约草案》	第10条第3款a项规定："'夺取财产'不仅包括直接夺取财产，还包括对财产的使用、享用或处置的任何不合理干扰，以致其拥有人将在产生此类干扰后的合理时间内，无法使用、享用或处置该财产。"	—
1967年经济合作与发展组织《保护外国财产公约草案》	第3条："任何一方均不得采取任何直接或间接剥夺另一方国民的财产的措施，除非在适当程序下出于公共利益采取的无歧视性或不与缔约国的任何承诺相抵触的措施，并附有公正赔偿。"	关于第3条的注释和评论的相关部分："3. 夺取财产（a）在直接剥夺（'征收'或'国有化'）的情况下，有关财产权的丧失是该措施的预期目标。但是，通过在本条案文中使用'直接或间接剥夺……'一词，旨在将错误地剥夺有关国民其实质的意图和所导致的损失而采取的任何措施纳入其范

续表

文件名	关于间接征收的条款	有关条款的定义、解释或官方评论
		围。在这种损失中……(b)第3条涉及财产的剥夺。……干扰可能等于间接剥夺。是否这样做取决于其范围和持续时间。尽管它可能看起来是暂时的，但有一个阶段，即没有迹象表明所有权人将能够立即恢复其财产的使用权。因此，特别是第3条旨在涵盖某些国家最近实行的‘逐步国有化’，即采取了其他合法措施，最终剥夺了外国人对其财产的享用或价值，而没有任何具体行为可被视为公开地剥夺。……(c)占有本条所指的财产，必定会导致所有权或实质的丧失，否则就不会产生诉求。”
1980年《阿拉伯国家在阿拉伯国家投资的统一协定》	第9条第1款规定：“根据本协定的规定，阿拉伯投资者的资本不受永久或暂时的任何具体或一般措施的约束，无论其永久或暂时性，无论其法律形式如何，这些措施将全部或部分影响投资者的资产、储备或收入，进而导致没收、强制取得、处置、国有化、清算、解散、勒索或消除与技术所有权或其他物质权利有关的秘密，强行阻止或延迟债务清算或其他导致财产被扣押、冻结或管理的措施，或任何其他侵害所有人本身的权利的行为，或损害所有者对投资的控制和拥有，其管理权，从中获得收入或履行其权利和义务。”但是，应允许一国无歧视地基于公共利益征收财产，但需予以公平的赔偿	—

续表

文件名	关于间接征收的条款	有关条款的定义、解释或官方评论
1981 年《伊斯兰会议组织成员国之间促进、保护和保证投资的协定》	第 10 条第 1 款规定:"东道国应承诺不采取或不允许采取任何措施……如果该措施通过完全或部分剥夺其所有权,或他的全部或部分基本权利,或行使其对资本的所有权、拥有或使用权,或对投资的实际控制权、管理、利用、享受其效用,实现它的收益或保证它的发展壮大,进而直接或间接影响投资者的资本或投资的所有权。"应允许依法基于公共利益、非歧视性以及及时、足够和有效地赔偿,而对投资进行征收	—
1985 年《建立多边投资担保机构公约》	第 11(a)(ii)条规定:"征收和类似措施,即东道国政府采取的任何立法行动或行政行为或不作为,且其结果是剥夺了持有人对其投资的所有权或控制权,或从中获得实质性利益,各国政府通常为管制其领土内的经济活动而采取的一般适用的非歧视性措施除外……"	—
1987 年《东盟促进和保护投资协定》	第 6 条第 1 款规定:"任何缔约方的国民或公司的投资均不得被征收、国有化或遭受与之等效的任何措施……除非是出于公共目的,基于公共利益且在适当的法律程序下,非歧视性的,并给予适当的赔偿……"	—
1991 年《能源宪章条约》	第 13 条第 1 款规定:"缔约一方在任何其他缔约方的区域内的投资者的投资,不得被国有化、征收或遭受相当于国有化或征收的一种或多种措施……除非这种征收是:(a)出于公共利益的目的;(b)非歧视;(c)根据正当法律程序进行;及(d)伴有迅速、适当和有效的赔偿……"	—

续表

文件名	关于间接征收的条款	有关条款的定义、解释或官方评论
1992 年世界银行《外国直接投资待遇指南》	第 4 条第 1 款规定:“一国不得征收或以其他方式,或采取具有类似影响的措施,征收或全部或部分吸收在其领土内的外国私人投资,除非是根据适用的法律程序进行、出于善意公共目的、不得因国籍而歧视以及支付适当的赔偿。”	—
1994 年《北美自由贸易协定》	第 1110 条第 1 款规定:“任何缔约方都不得直接或间接将另一方投资者在其领土内的投资进行国有化或征收,或采取等同于国有化或征收这种投资的措施(‘征收’),除非:(a)基于公共目的;(b)在非歧视的基础上;(c)根据法律和第 1105(1)条遵循正当程序;和(d)支付赔偿金……”	第 1110 条第 8 款规定:“为了本条的目的或使之更明确,普遍适用的非歧视性措施不应仅由于以下理由,即该措施将导致债务违约的成本强加到债务人身上,而被视为等同于对本章涵盖的债务担保或贷款的征收。”
1998 年《多边投资协定草案》	第 4.2.1 条规定:“缔约一方不得将另一缔约方投资者在其领土内的投资直接或间接征收或国有化,也不得采取具有同等效力的任何措施(以下指‘征收’),除非:a)出于公共利益;b)在非歧视性的基础上;c)根据正当法律程序;d)伴有及时、充分和有效的赔偿……”	第 4.2.5 段中的官方评论指出:“一般来说,‘逐步征收’为第 2 条涵盖,即‘措施或具有同等效力的措施’。”
《美国示范双边投资条约》(2005 ~2008)[1]	第 6 条第 1 款规定:“任何一方都不得通过等同于征收或国有化的措施直接或间接征收或国有化(以下简称‘征收’)一项担保投资,除非:(a)出于公共目的;(b)以非歧视的方式;(c)及时、充分和有效的赔偿;和(d)根据正当法律程序和第 5 条(最低待遇标准)第 1 至第 3 款。”	第 6 条的脚注要与附件 A 和 B 结合起来看。附件 B 第 2 条规定:“一缔约方的一项或多项行动除非对投资中的财产利益或无形或有形的财产权构成干扰,否则不得构成征收。”其中第 4 条对“间接征用”予以明确,即:“……当一方的一项行动或一系列行动具有等同于直接征用而没有正式转移所有权或公开征收的效果。(a)确定某一缔约方在特定事实情况下的一项或多项行动是否

续表

文件名	关于间接征收的条款	有关条款的定义、解释或官方评论
		构成间接征收,需要逐案、基于事实的调查,其中要考虑以下因素:(i)政府行为的经济影响,尽管仅仅一个缔约方的一项或多项行为对一项投资的经济价值产生不利影响的事实并不能证明发生了间接征收;(ii)政府行动在多大程度上对明确的、合理的投资预期产生干扰;和(iii)政府行动的特点。 (b)除在极少数情况下外,缔约方为保护合法的公共福利目标(例如公共卫生、安全和环境)而设计和实施的非歧视性监管行动,不构成间接征收。"
2007年《东部和南部非洲共同市场共同投资区的投资协议》	第20条第1款规定:"会员国不得国有化或征收其领土内的投资,也不得采取任何其他等同于征收投资的措施,除非:(a)基于公共利益;(b)在非歧视的基础上;(c)按照正当法律程序;(d)及时适当赔偿。"	第20条第8款规定:"符合国家管制权和关于治安权的习惯国际法原则,一成员国为保护或增强合法公共福利而设计和实施的善意监管措施,例如公共健康、安全和环境,不构成本条规定的间接征收。"
2008年《东盟全面投资协定》	第14条第1款规定:"成员国不得直接或通过等同于征收或国有化的措施(以下简称'征收')征收或国有化相关投资,除非:(a)公共目的;(b)以非歧视的方式;(c)支付及时、充分和有效的赔偿;(d)根据正当法律程序。"	第14条的脚注需与附件2结合起来看。其第1条为:"除非成员国的一项或一系列相关行动构成对相关投资的有形或无形财产权或财产利益的干扰,否则不构成征收。"其第2条b款将等同于征收的措施定义为"一个成员国的一项或一系列相关行动,其等同的效力没有正式转移所有权或公开征收"

续表

文件名	关于间接征收的条款	有关条款的定义、解释或官方评论
2009年《中国—东盟自贸区投资协议》	第8条第1款规定:"一缔约方不得对另一缔约方的投资者的投资进行征收、国有化,或采取其他类似措施(以下简称'征收'),除非满足以下条件:(a)基于公共目的;(b)根据适用的国内法律,包括法律程序(c)以非歧视方式进行;和(d)支付赔偿金……"	—

来源:作者摘录自所列条约和规范性文件的文本。

注释1:尽管美国政府自2004年以来尚未发布过《双边投资协定范本》,但美国贸易代表办公室(Office of the United States Trade Representative,USTR)宣称:"美国根据范本进行双边投资协定的谈判。"因此,有理由得出这样的结论,即美国在2004年之后缔结的两个双边投资协定(2005年与乌拉圭和2008年与卢旺达)包含了关于征收和赔偿的相同规定,反映了最新的模式。

第九章

针对违反义务的赔偿

当代国际投资法的主要目标是为资本和技术的跨境平稳流动提供一个规范框架。为实现这一目的，此规范框架必须对接受国（东道国）和外国投资者均有利。由于全球资本的供应不是无限的，并且所有国家都在争夺可用资本，为了吸引外国投资，更具竞争力新一代双边投资条约被制定出来，除了传统的最惠国待遇和国民待遇外，还向外国投资者提供优惠和保证，包括最低待遇、公平公正的待遇，以及充分的保护和安全。在这种情况下，如果东道国违反了双边投资条约和习惯国际法的义务，它将为对外国投资者造成的损害负责，并有义务支付赔偿。本章探讨有关违反征收规定，特别是关于违反非征收性规定的赔偿的条约规定和惯例。

第一节　关于征收赔偿的基本问题

国有化的赔偿可能是国际法和国际经济法学界最有争议的问题之一。资本输出国和资本进口国对此持相反的观点；同时，学者们还没有构建起令人信服的理论基础来解决这一问题。考虑到其自身利益，大多数资本输出国[1]赞成“充分和适当”的赔偿，指赔偿实际损失和利润损失或国有化时资产的市场价值和预期利润。此外，为了确保资产的所有者可以将赔偿金重新投资于其他领域，需解决一个问题，即有关国家是否有义务将赔偿金转换为可自由兑换的货币，或者至少允许投资者如此操作。

关于充分和适当的赔偿，由美国国务卿科德尔·赫尔于20世纪20年代首先提出。当时，他以此为赔偿标准，处理墨西哥对美国投资国有化的赔偿问题。赫尔认为，墨西哥应“及时、充分和有效”地支付赔偿。这就是所谓的赫尔公式，此后被

---

〔1〕 尽管如今很难区分资本输出国和资本进口国，但资本主要从发达国家流向发展中国家。因此，这两大阵营对国有化赔偿的意见大相径庭。

部分人视为国有化的先决条件。但实际上,从美国官方文件可以看出,赫尔并未否认墨西哥国有化的合法性,即说明他接受了基于公共利益的国有化的合法性。他也不认为赔偿是国有化合法性的先决条件,这是对对立观点的否认。遗憾的是,在赫尔之后,大多数西方学者过分强调他关于及时、充分和有效赔偿的观点,而忽略了他承认国有化的权利而不把赔偿作为合法国有化的前提的理论贡献。[2]

尽管赔偿标准对国有化具有重要意义,或者正因为其重要性,国际社会在这方面尚未达成共识。基础性困难在于赔偿程度的确定。发展中国家和发达国家的政府、法院和学者之间的看法存在巨大差异。西方发达国家的许多学者都试图从理论的角度阐明国有化的赔偿责任。[3] 一般而言,争议主要涉及赔偿原则、适用标准、赔偿范围以及如何合理评估被国有化的资产等问题。

关于国有化赔偿标准有三种基本理论,即全额赔偿、部分赔偿和无赔偿。[4] 当前,由于曾经的殖民地已经独立,大规模的国有化浪潮已经过去,因此,很少人支持进行国有化的国家不承担任何赔偿义务这一观点。但对是否应全额支付赔偿仍存在争议,而全额支付又是大多数发达国家所提倡的。尽管一些法院和仲裁庭接受了联合国大会第 1803 号决议中阐述的"适当赔偿"的原则,但是,美国和其他国家继续主张进行国有化的国家应"及时、充分和有效地支付赔偿"。在新一代双边投资协定出现之前,几乎没有发展中国家支持该标准。甚至美国的学者对此也持批评态度,Schacter 教授即为之一。他曾经说:"赫尔公式的拥护者常将其描述为国际法的传统规则,但记载的资料并不支持这一观点。在 1938 年前后,没有任何国际司法实践或仲裁庭宣布'迅速、充分和有效'的支付,这一公式为公认的国际法。欧洲的领军学者维斯切、劳特派特和卢梭得出的结论是,国家实践不支持该标准。1950 年学会通过的一项决议体现了这些观点,欧洲和美国的许多研究亦以翔实的证据证实了这些结论。我提请注意欧洲和美国的研究,这些研究表明,反对将赫尔公式视为习惯法的声音不仅来自'第三世界'。即使在行政和立法部门试图

〔2〕 关于征收外国人财产和赔偿的早期历史的讨论,参见 Lee A. O'Connor, "The International Law of Expropriation of Foreign-owned Property: The Compensation Requirement and the Role of the Taking State", *Loyola of Los Angeles International and Comparative Law Journal*, 1983 年,第 6 卷,第 355 ~ 425 页。

〔3〕 参见 Richard B. Lillich, ed., *The Valuation of Nationalized Property in International Law*, Vols. I – III, The University Press of Virginia, Charlottesville, 1975 年。

〔4〕 一些评论将这种观点的区别视为南北之间的区别,例如,指出"国家法院和学术界的判决的差异源于判决或作者所在国的发展状况"。参见 Patrick J. Smith, "Determining the Standard Compensation for the Expropriation of Nationalized Assets: Themes for the Future", *Monash University Law Review*, 1997 年,第 23 卷,第 1 号,第 166 页。

确认赫尔公式为公认的法律的美国,包括最高法院在内的法院也注意到各国之间的意见分歧,并拒绝认为此'迅速、适当和有效'标准为习惯法。美国法律协会在1965年通过的关于《对外关系法》的重述认为,该公式'在适当情况和合理的条件下'成立,并指出在某些情况下接受'低于全部价值'或'公平市场价值'。经修订的1987年的重述并未将赫尔公式视为国际公认的法律。"〔5〕

然而,前述观点正在失去支持者。在全球化时代,很难断定什么是"发展中国家的看法"以及什么是"发达国家的看法",因为不再存在关于资本输出国和资本进口国的明确划分,即曾对应的发达国家和发展中国家。但是,非殖民化背景下(根据习惯国际法进行管辖)的征用与基于条约(多边和双边)的征用之间存在明显的区别。在后一种情况下,征收国根据适用的国际规则,在进行征收时需履行具体的国际义务。另一个区别是,在后一种情况下,征收国与外国投资者之间存在合同关系;而在前一种情况下,当事方之间没有这种关系。〔6〕 此外,人们越发重视人权,而财产权是其中必不可少的一部分,对其保护也是如此。在此背景下,当前的任何征收都必须予以赔偿。接下来的问题是,应适用什么原则来确定被征收财产的价值。

第二节 国际规定的规范性条款

目前,规定国有化的原则和赔偿标准的多边条约和区域条约包括 ECT、NAFTA和《东盟全面投资协定》等。根据 ECT 规定,缔约方的投资者在任何其他缔约方的领土内的投资不得被国有化、征收,或不得对其采取等同于国有化或征收的等效措施,除非该征收是:(1)出于公共利益的目的;(2)非歧视;(3)根据正当法律程序进行;和(4)进行及时、充分和有效的赔偿。〔7〕 关于赔偿的计算,ECT 进一步规定,"这种赔偿的金额应为被征用投资在征用之前那一刻的公允市场价值,或

〔5〕 参见 Oscar Schachter, *International Law in Theory and Practice: General Course in Public International Law*, in *Collected Courses of the Hague Academy of International Law*,第178卷,Martinus Nijhoff Publishers, Leiden, 1982年,第323~324页。

〔6〕 关于此事项的讨论,参见 A. C. Smutny, "Compensation for Expropriation in the Investment Treaty Context", *Transnational Dispute Management*,第3卷,第3篇,2006年6月,第1~12页。

〔7〕 参见 ECT(欧洲能源宪章大会最终文件的附件1),于葡萄牙里斯本完成,1994年12月17日,第13.1条,https://www.encharter.org/fileadmin/user_upload/document/EN.pdf。

者即将实行征用已经影响投资的价值时，投资的公允市场价值……”[8]国有化或征收方有义务以可自由兑换的货币支付赔偿金并支付利息。清楚地确定即将发生的征收行为的公开时间很重要，因为从逻辑上讲，一旦市场意识到某些资产被征用或被国有化，它们的市场价值就会下降。此外，ECT 还包括有关上诉权和司法复审权的详细规定。如后面将要讨论的，在间接征收的情况下，可能无法确定征收何时为公众所知。因此，对赔偿日期的确定可能有争议。

NAFTA 中的有关规定与 ECT 中的规定基本一致。除了将公共利益、非歧视和赔偿作为国有化的必要条件之外，NAFTA 还规定国有化或征收应遵循适当的法律程序，并符合关于给外国投资者公平公正待遇以及充分保护与安全的国际法规定。[9] 尽管 NAFTA 没有使用“及时、充分和有效的赔偿”的措辞，但其要求“赔偿数额应等于征收发生前不久被征收投资的全部市场价值”，即“不加延迟地支付赔偿并（完全实现）”，且支付利息。实际上，这些规定已充分体现了包括美国在内的大多数发达国家所坚持的赫尔公式的理念。

尽管是几乎完全由发展中国家组成的多边组织起草的[10]，《东盟全面投资协定》于 2008 年草拟，并于 2012 年年初生效，但是，其中关于征收赔偿的规定，与 ECT 和 NAFTA 的规定几乎相同。它确定了征收的前提条件，即用于公共目的；以非歧视的方式；及时、充分和有效地支付赔偿；并遵守正当法律程序。[11] 此外，这种赔偿数额应为“征收即将开始之前，或征用被公开宣布，或征收发生时（如可确认），被征收的投资的公平市场价值”，且此公平市场价值不应“反映价值的任何变化，因为预期的征用早已为公众所知”。此外，赔偿必须立即支付，且必须为完全可实现的，以及可自由兑换。[12]

在审查了发达国家和发展中国家之间缔结的数百项双边和多边条约之后，世界银行在其《指南》中列出了关于国有化赔偿的最详细的规定。《指南》将适当程序、公共利益、非歧视和适当赔偿视为国有化和征收的必要条件。其中，适当赔偿是指迅速、充分和有效的赔偿。[13] 此外，如果赔偿是基于被征收资产的公允市场

---

〔8〕 参见同上。

〔9〕 参见 NAFTA 第 1110 条，https://nafta-sec-alena.org/en/view.aspx? x=343。

〔10〕 参见东盟成员国中唯一一个被认为发达国家的是新加坡。

〔11〕 参见《东盟全面投资协定》第 14 条，http://investasean.asean.org/files/upload/Doc%2005%20-%20ACIA.pdf。

〔12〕 参见同上。

〔13〕 参见《指南》第 4 条“征收和单方面更改或终止合同”，https://www.italaw.com/documents/WorldBank.pdf。

价值，则该赔偿被认为是“适当的”，因为这种价值是在征收发生或资产征收的决定公开之前确定的。[14]

毋庸置疑，“公平的市场价值”需要一个市场以及愿意购买相关资产的一方，而实践并不总是如此。因此，《指南》还规定，如果公允市场价值是根据东道国和外国投资者或由当事方指定的仲裁庭或另一机构商定的方法计算的，则被认为是可接受的。在没有达成此类协议的情况下，如果有关国家根据与投资的市场价值有关的合理标准确定其价值，则将被认为是可以接受的。此处的“市场价值”，是指买方在考虑到投资的性质、未来的经营环境及其特定特征后，通常向卖方支付的金额。[15] 由于东道国在确定赔偿标准时会考虑很多因素，且每个因素都与其国内情况直接相关，因此，东道国享有的自由裁量权显然是相当大的。

为了在“合理的基础上”确定国有资产或被征收资产的公平市场价值，《指南》规定了在不同情况下使用的不同方法。第一，对于具有盈利记录的“持续经营”，其价值应根据现金流量折现法（Discounted Cash Flow Technique，DCF）计算。简言之，DCF 估值试图根据对未来可能产生收益的预测确定被征收资产的现值。这通常涉及计算指定时间段（预测期）中的可能收入和相关成本，以及“终值”（预测期后的长期现金流）。这种方法需要企业具有相对较长的获利能力记录，可作为预测其未来获利能力的可靠依据。同时，在确定用于估计现金流量总额现值的适当“折现率”时，也必须考虑通货膨胀、经营风险和其他可能影响资产的因素。尽管 DCF 方法有其优点，但对于确定投资的市场价值，它被认为是非常投机的。[16]

适用 DCF 评估方法的问题可能出现在任何一个领域。例如，在 *CME* 案[17]中，双方在预测期的长度，预估现金流量的可靠性，终值应在 CME 的许可期结束时还是以“永续年金”计算，以及应在计算折现率和计算过程中时应予以考虑的因素上出现分歧。简言之，适用于 DCF 估值方法的每个因素都成为争论的要素，而仲裁庭则承担着自行确定每个因素并进行计算的责任。在几个重要的案件中[18]，

---

〔14〕 参见同上。

〔15〕 参见同上。

〔16〕 例如，斯马特尼（Smutny）认为，DCF 方法“需要对未来进行大量评估，在某些情况下，可能难以可靠地进行评估。……在为适用 DCF 估值而需要评估的因素难以可靠辨别的情况下……不应该使用这种估值方法，因为它会导致投机行为”。参见前引〔6〕，Smutny，第 5 页。

〔17〕 参见 *CME* 案，UNCITRAL 仲裁程序，仲裁裁决，斯德哥尔摩，2003 年 3 月 14 日，https://www.italaw.com/documents/CME-2003-Final_001.pdf。

〔18〕 值得注意的是，*Starrett Housing Corp. and Islamic Republic of Iran*，仲裁裁决，16 *C. T. R.* 112（1987-Ⅲ）；以及 *Phillips Petroleum Co. Iran and Islamaic Republic of Iran et al.*，裁决 425-39-2，21 *C. T. R.* 79（1989-Ⅰ）。

处理伊朗—美国案诉求的仲裁庭发现面对的情况相似，用奥尔德里奇法官的话说，即“对(由当事方提出的)DCF 分析的结果进行调整，并考虑了所有相关情况，就原告应享有的赔偿达成最终裁决”〔19〕。

第二，对于一家经证明并非持续经营的企业或表现为盈利能力缺乏的企业，根据《指南》规定，公平市场价值应为清算价值。在企业会计和评估中，该术语通常被理解为至少具有两个含义，即强制清算中的价值和有序清算中的价值。显然，后者的价值更可能接近“公平市场价值”。由于《指南》使用“清算价值”作为确定“公平市场价值”的方法，因此可以合理地假设，他们所坚持的标准是若在合理的时间内完成交易，二手市场中资产的组合或分期处置后可能产生的金额。

第三，根据《指南》规定，如果仅部分而非全部企业资产被国有化或被征收，则公允市场价值应作为重置价值。在这种情况下，也可以使用相关资产的账面价值，前提是该价值是最近评估的，或是在取得资产之日确定的，如此，方可认为是合理的重置价值。重要的是，要注意“重置价值”与“重置成本”是不同的。在后一种情况下，赔偿等于征收时购置新的可比较资产时的实际成本。但是，在计算重置价值时，必须根据资产的状况、使用年限和其他相关因素，将新的相当的资产在被征收时的实际成本减去“折旧额”。

此外，根据《指南》规定，不论采取何种方式，东道国政府在支付赔偿时，也可扣除该外国人基于违法行为或欠款而应向东道国政府支付的且未付的任何税款和/或罚款。

该准则于 1990 年代起草，当时大规模的国有化或征收不再对国际投资构成重大威胁。当时国际社会的主要关切是个别国家，特别是发展中国家，如何吸收外国投资。因此，《指南》主要关注东道国投资环境的改善。因此，它们将公共利益、非歧视和适当的赔偿作为国有化或征收的前提是可以理解的。

由于《指南》是世界银行起草的，而世界银行是一家权威机构，并根据其自身对广泛的国际惯例的总结而制定的，因此，即使其因缺乏约束力而无法建立任何新的法律规范，但其确实代表了当代国际社会关于国有化或征收的赔偿观点的发展趋势。从这个意义上讲，至少在一定程度上，该准则应被认为反映了国际社会认可的有关国际投资的法律规范，它们将对与外国投资有关的国内法律以及双边或多边投资安排的缔约产生重大影响。

---

〔19〕 参见 George H. Aldrich, *The Jurisprudence of the Iran – United States Claims Tribunal*, Clarendon Press, Oxford, U.K. and Oxford University Press, New York, 1996 年，第 266 页。

OECD 起草却终止了的《多边投资协定》(MAI)几乎完全复制了 ECT 中有关国有化的规定。此外,许多双边条约还就国有化和征用的赔偿问题作出明确而详细的规定。近期的一个例子是《中国—东盟自贸区投资协议》[20],于 2009 年作为《中国与东盟全面经济合作框架协议》的一部分予以缔结,所有参与者(新加坡除外)均为发展中国家。值得注意的是,本协议的有关规定与 ECT、NAFTA、MAI 和世界银行《指南》基本一致,规定:“一缔约方不得对另一缔约方的投资者的投资进行征收、国有化或采取其他类似措施(以下简称‘征收’),除非满足以下条件:(a)用于公共目的;(b)根据适用的国内法律,包括法律程序;(c)以非歧视方式进行;和(d)支付赔偿金……”[21]

这种赔偿“应为征收被宣布之时或征收发生之时(以较早者为准),被征收投资的公平市场价值,并应以可自由使用的货币以自由流通……”[22]。此外,还必须“无不合理拖延地结算和支付”,且“应包括从征收之日起至支付之日,基于现行商业利率产生的利息”[23]。

尽管该协议特别避免使用“适当的法律程序”一词,但考虑到该协议签署方所采用的不同法律制度,它使用的词汇(“根据适用的国内法律,包括法律程序”)承认了这一原则。尽管未就征收提及国际法,但先前的标题为“投资待遇”的第 7 条提到了熟悉的“公平和公正待遇”和“全面保护与安全”标准,且相较于任何类似的协议,赋予这些术语更为精确的含义[分别在第 7.2(a)和(b)条中]。

同样,尽管协定没有使用“及时、充分和有效的赔偿”一词,但其规定“无不合理延迟”(及时),以“公平市场价”(适当)和“以可自由使用的(含)利息的可自由流通的货币……”(有效)。

《中新自贸协定》[24]采用了类似的方法。像许多其他自由贸易协定一样,《中新自贸协定》也包含有关投资的章节。关于征收赔偿,第 145 条规定:“上述补偿应当等于投资被征收前当时的公平市场价值。公平市场价值不应因征收事先被公

〔20〕 参见《中华人民共和国与东南亚国家联盟成员国政府全面经济合作框架协议投资协议》,于泰国曼谷完成,2009 年 8 月 15 日,于 2010 年 1 月 1 日生效,http://fta.mofcom.gov.cn/inforimages/200908/20090817113007764.pdf。

〔21〕 参见同上,第 8.1 条。

〔22〕 参见同上,第 8.2 条。

〔23〕 参见同上,第 8.3 条。

〔24〕 参见《中新自贸协定》,于 2008 年 10 月 1 日生效,http://fta.mofcom.gov.cn/newzealand/newzealand_special.shtml。2021 年 1 月 26 日,商务部王文涛部长与新西兰贸易和出口增长部长奥康纳分别代表两国政府,通过视频方式正式签署《中华人民共和国政府与新西兰政府关于升级〈中华人民共和国政府与新西兰政府自由贸易协定〉的议定书》。

众所知而发生任何价值上的变化。"

实际上,《中新自贸协定》也采用了赫尔公式,即规定赔偿"应立即支付,并应能有效实现和自由流通"[25]。

实际上,近年来,征收赔偿的公平市场价值已成为中国缔结的条约中包含的标准。例如,2012年《中、日、韩协定》[26]第11条规定,对于被征收的补偿情况,"应与被征收投资在公平宣布征收和实施征收中较早时间的公平市场价值相当"。它进一步要求赔偿应无拖延地支付,应能有效实现和自由流通,并"可以按照被征收之日的现行市场汇率自由兑换为有关投资者缔约方的货币,并可自由使用"[27]。

因此,很显然,通过构成国际法和国际经济法主要来源的国际条约实践,公平市场价值已被越来越多的国家接受为征收赔偿的标准。这样做是出于几个原因。首先,在这个高度全球化的世界中,外国投资已成为每个经济体中不可分割和不可或缺的一部分,因此,各国在争夺这种稀缺的资源,即资本。其次,为了吸引外国投资,每个国家必须作出承诺,不可随意进行国有化,且必须对其认为必要的国有化进行公平的赔偿。最后,当代的外国投资与殖民时代的不同,它是由东道国主动发起的,而后者则是殖民主义者单方面作出的。接下来的问题是,仲裁庭和其他机构在实践中如何运用这种规范,这对外国投资者和东道国而言至关重要。

第三节 国际司法和仲裁实践

上述国际法律文件表明,一个主权国家有权将其管辖范围内的外国资产国有化或征收,这为国际社会所普遍接受。大多数具有规范效力的国际条约和国际文件都规定,国有化或征收应出于公共利益而不受歧视地进行。即使仍存争议,但普遍被接受的是,合法的征收必须是出于公共利益、非歧视性和有偿的。

至于赔偿方面的标准,在1977年*Texaco*案中,独任仲裁员勒内·让·杜比(René - Jean Dupuy)教授表示,联合国大会第1803号决议提议的"适当"赔偿体现

---

〔25〕 参见同上,第145(2)条。

〔26〕 参见2012年《中、日、韩协定》,生效于2012年5月13日,http://bilaterals.org/IMG/pdf/20120513001-3.pdf。

〔27〕 参见2012年《中、日、韩协定》,生效于2012年5月13日,http://bilaterals.org/IMG/pdf/20120513001-3.pdf,第11条。

了当代习惯国际法中征收赔偿的原则。[28] 他强调,联合国大会第 1803 号决议得到了发展中国家和发达国家的广泛支持。[29] 1980 年,在古巴国家银行诉大通曼哈顿银行案中,美国第二巡回上诉法院在提及有关国有化赔偿的相关工作时,裁定"很可能是各国的共识,即认为不需要'在任何情况下'都全额赔付……且要求征收国支付'适当的赔偿',即使考虑到该术语缺乏确切定义,也将最贴切地反映国际法的要求"[30]。

1982 年,处理科威特与美国独立石油公司之间的纠纷的仲裁庭裁定,联合国大会第 1803 号决议中的"适当赔偿标准"被普遍认为是对所有国家具有约束力的法律。[31] 它还指出:"通过对与具体案件有关的所有情况进行调查,比通过抽象的理论讨论,以更好地确定'适当的'赔偿额。"[32] 仲裁庭在审查此案时,非常重视双方的法定和合理期望,并确认当签订这样的长期合同时,尤其是涉及重大投资项目的合同时,双方必须充分考虑他们自己的经济利益,权衡权利和义务以及机会和风险。因此,该投资协议应充分代表双方在上述方面的考虑。仲裁庭没有提及"及时、充分和有效的赔偿"标准。

伊朗—美国索赔仲裁庭作出的一系列裁决对有关国有化或征收的赔偿的国际仲裁实践特别有启发意义。仲裁庭处理的第一个国有化案件是美国国际集团诉伊朗案。[33] 原告是一家保险公司,要求赔偿其所有损失,包括相关资产的账面价值和预期利润,这意味着国有化资产的估值应以持续经营为基础。但是,伊朗坚持其认为资产的价值应仅基于其账面价值。仲裁庭拒绝了伊朗的观点,并裁定应根据有关资产的市场价值计算原告遭受的损失,但也应考虑到伊朗国有化后情况变化可能带来的影响。不用说,使用这种方法得出的损失利润不会很高。但是,仲裁庭还坚持其立场,即应根据损失的市场价值确定损失。而此案中提出单独意见的莫斯克(Mosk)法官认为,该裁决是一个折中方案。仲裁庭裁定的赔偿额约为原告主

---

〔28〕 参见 *Texaco Overseas Petroleum Company/California Asiatic Oil Co.* 诉利比亚案, 1977 年 1 月 19 日的裁决,17 ILM 1,1978,第 81 ~ 87 段。

〔29〕 参见同上,第 84、86 段。

〔30〕 *Banco Nacional de Cuba v. Chase Manhattan Bank* 案, 658 F. 2d 875 (2nd Cir,. 1981),第 967 页,第 88 段(脚注省略),http://openjurist.org/658/f2d/875/banco - nacional - de - cuba - v - chase - manhattan - bank。

〔31〕 参见 *American Independent Oil Company* 诉科威特案, 21 *ILM* 976,1982,第 979 页。

〔32〕 参见同上,第 144 段。

〔33〕 参见 *American International Group, Inc.*, *et al.* 诉伊朗案, *et al.*,裁决号 93 - 2 - 3, 1983 年 12 月 19 日, 重印于 4 Iran - U. S. C. T. R. 96。

张的索赔额的1/4。[34] 值得注意的是,该裁决是基于习惯国际法而不是基于伊朗与美国之间的《友好条约》。

仲裁庭认为,无论国有化的合法性如何,赔偿标准应为市场价值。不清楚为什么仲裁庭没有采用伊朗的账面价值的主张,也不清楚在什么基础上达成了莫斯克法官所主张的折中,尽管不采用账面价值方法的效果肯定避免了伊朗的不当得利。毕竟,当企业已成功运营多年,很难说其价值仅限于账簿上的价值。在这方面,仲裁庭的裁决似乎有充分理由,尽管它没有提出任何依据来支持其根据习惯国际法所持有的立场。而在其他情况中,伊朗—美国索赔仲裁庭裁定,对合法国有化的赔偿不应包括预期利润。[35]

INA Corporation 诉伊朗案也是涉及保险公司国有化的案件。[36] 仲裁庭认为,此案是东道国合法地对其认为对经济发展至关重要的整个产业进行系统性征收的典型情况。仲裁庭认为,关于此类国有化的相关法律在裁决作出时已经发生了很大变化。它表示:"对于这种具有合法特性的大规模国有化,国际法将进行逐步的重新评估,其效果可能是破坏任何'完整'或'适当'的在本案中建议的'全额'赔偿标准的教义价值。但是,仲裁庭认为,在目前这样的情况下,涉及国有化之前不久进行的一笔相当少量的投资,国际法认可赔偿的金额等于投资的公平市场价值。"[37]

INA 案的裁决采用了一种特殊的方法,以提及的国有化前的投资的大小和公司的经营期限长短为决定采用的赔偿标准应适用标准的因素。[38] 对公司规模是否会影响赔偿标准至少是有争议的,且国有化之前的经营期的长短仅应作为参考以计算预期利润。有观点认为,无论公司的规模大小,企业被征收时的情况(其财产已被剥夺),应适用相同的赔偿标准。

一个常面对的重大问题是,合法的国有化是否允许任何获得预期利润或利润损失的赔偿的权利。INA 案仲裁庭认为有一个"'特别法',以友好条约的形式,原

---

〔34〕 当然,仲裁裁决中的赔偿金额与原告所要求的赔偿的比例不能完全反映任何仲裁庭是否采用了全额赔偿标准,因为一般而言,原告会争取最高数额的赔偿。

〔35〕 例如,*Amoco* 案, et al., *Interlocutory Award No. ITL* 12 – 55 – 2, 1982 年 12 月 30 日,重印于 1 Iran – U. S. C. T. R. 493.

〔36〕 参见 *INA Corporation* 诉伊朗案(以下简称"*INA* 案"), Award No. 184 – 161 – 1, 1985 年 8 月 13 日,重印于 8 *Iran – U. S. C. T. R.* 373。

〔37〕 参见同上,第 378 页。

〔38〕 参见同上。

则上优于一般规则"[39]。因此,在 INA 案中,没有必要区分经营时间不同的企业。实际上,由于仲裁庭以伊朗—美国友好条约作为确定赔偿的特别法,而非习惯国际法,其适用的关于征收赔偿的国际通用准则(一般法)的相关性相对较弱。

拉格格伦法官在 INA 案中提出不同意见,认为劳特派特爵士在奥本海默编辑的《国际法》(1955 年)中建议,如果对外国人财产国有化是为了实现国家的长期经济发展目标,则就此予以部分赔偿可能就足够了。拉格格伦法官认为,联合国大会第 1803 号决议(《关于自然资源永久主权的宣言》)适用的赔偿标准是"恢复能力",且"……国际法现行原则中的'适当赔偿'公式适用于在合法的大规模国有化的情况下,在经历了根本性经济重组的国家中,其通常需要'公平市场价值'标准以考虑到'所有情况'下的折旧。但是,这种折旧当然决不能使赔偿低于某一水平从而使征收国家'不当得利'。此外,如果投资者长期享受资本支出的利润,折价通常会更大,但对于像 INA 案中这样的近期的投资者而言,折价往往会很小,甚至没有"[40]。

应当指出,尽管拉格格伦法官赞成联合国大会第 1803(XVII)号决议设定的标准,但他提出了一个条件,即无论可以折让多少公平市场价值,征收国都不应有不公正的收获,此原则应得到支持。实践进一步表明,一些区域国际法院和国内法院都赞成这样的观点,即一国为经济发展而将私有资产国有化时,它可能不会给予全部或充分的赔偿。在 *James et al.* 诉英国案中,欧洲人权法院指出:"显然,关于赔偿的条款对于评估有争议的立法是否尊重各利益攸关方之间的平衡以及是否对申请人造成不必要的负担至关重要。法院进一步接受委员会关于赔偿标准的结论,即不支付与其价值合理相关的款项而取得财产通常会构成不恰当的干扰,根据第 1 条(P1 - 1),不能认为这是合理的。但是,第 1 条(P1 - 1)并不保证在所有情况下均享有全额赔偿的权利。诸如经济改革措施或旨在实现更大社会正义的措施等基于'公共利益'的合法目标,可能不能主张按全部市场价值赔偿。此外,法院的审查权仅限于确定赔偿条件的选择是否超出了国家在这一领域的广泛的裁量权。"[41]

欧洲人权法院的决定在投资仲裁中常被提及,特别是在赔偿方面。有观点认

---

〔39〕 参见同上。

〔40〕 参见同上,第 390 页。

〔41〕 *James et al.* 诉英国案, Application No. 8793/79, 欧洲人权法院,1986 年 2 月 21 日的决定,第 54 段(引用忽略),https://www. humanrights. is/the - human - rights - project/humanrightscasesandmaterials/cases/regionalcases/europeancourtofhumanrights/nr/534。

为，在涉及广泛社会问题的立法对外国投资者有不利影响的情况下，对外国投资者应采用比国民更高的比例标准。理由在于，作为该国永久居民的国民至少在理论上应能够从这种社会改革等中受益，而外国投资者可能不会永久留在该国，因此不能被认为能够像国民一样享受这种社会改革的结果。

在另一起案件，即 *Lithgow* 案中，欧洲人权法院的立场是："制定国有化相关的法律的决定通常将涉及对民主社会内部的各种可能存在相当大差异的意见的各种问题的审议。由于国家主管部门直接了解社会情况及其需求和资源，因此，其原则上比国际法官更有利于了解在这一领域采取哪些措施是适当的。因此，对他们而言，可利用的裁量余地应是广泛的。对此，法院认为，这是人为地将赔偿条款的决定与实际国有化的决定分开，因为影响后者的意愿的因素也必然影响前者。因此，法院在本案中的审查权仅限于确定有关赔偿的裁决是否超出了联合王国宽泛的裁量余地；在这方面，它将尊重立法机关的判决，除非该判决显然没有合理的依据。"〔42〕

欧洲人权法院在 *Lithgow* 案中的决定体现了其尊重国家当局的传统。在实践中，对于立法机关的行动，法院审查比行政决定更为主观。〔43〕 尊重国家主管部门的决定的基础是，这些主管部门"对其社会情况及其需求和资源具有直接的了解"。尽管这种方法也可能适用于 Lithgow 案中关于赔偿的确定，但不适用于根据双边投资协定和其他国际规范进行的直接或间接征收的情况，因为在这种情况下，征收国有遵守国际规则的义务。

就有关非法国有化的赔偿的国际司法实践而言，最经常被引用的案件是乔尔佐夫工厂案，该案被认为是对非法征收和国际不法征收违约行为进行赔偿的典例。〔44〕首先，应该指出的是，根据国际常设法院在 1926 年关于较早的德国在波兰上西里西亚的某些利益的案件中的判决〔45〕，霍佐夫工厂的国有化是非法的。

1926 年作出判决之后，波兰和德国就霍佐夫工厂的状况进行了谈判。由于谈

---

〔42〕 *Lithgow* 诉英国案，8 EHRR 329（1986），第 373 页。

〔43〕 关于此事项的讨论，参见 Caroline Henckels，"Indirect Expropriation and the Right to Regulate：Revisiting Proportionality Analysis and the Standard of Review in Investor – State Arbitration"，*Journal of International Economic Law*，2012 年，第 15 卷，第 1 篇，第 223 ~ 255 页。

〔44〕 参见 *Case Concerning the Factory at Chorzów*，PCIJ Reports，Vol. A，1928 年，第 17 号。

〔45〕 参见 *Case Concerning Certain German Interests in Polish Upper Silesia*（*Merits*），第 7 号裁决，1926 年 5 月 25 日，*Collection of Judgments*，*Publications of the Permanent Court of International Justice*，A. W. Sitjhoff，Leyden，1926；可见于 http://www.icj – cij.org/pcij/serie_A/A_07/17_Interets_allemands_en_Haute_Silesie_polonaise_Fond_Arret.pdf。

判破裂,德国发起了另一项关于赔偿的程序。在德国向国际常设法院提交的文件中,有一份赔偿要求的清单,但没有包括损失的利润。实际上,即使是与波兰禁止将工厂产品出口到某些国家而遭受的损失有关的索赔也被法院驳回。在 1928 年作出的赔偿判决中,法院指出:“法院认为波兰违反《日内瓦公约》的行为不是征收——只是使原本希望公平赔偿的付款合法化;这是对财产、权利和利益的取得,即使有赔偿也无法征收……由此得出,德国政府应得的赔偿并不局限于被剥夺之时的企业价值,还加上当日的利息。仅当波兰政府有权征收,且其不法行为仅在于未向两家公司支付因被征收产生的公正价格时,才可以接受这一限制;在目前的情况下,如果波兰尊重上述公约,这种限制可能导致德国和受《日内瓦公约》保护的利益(德国政府代表其利益)处于一种比德国和这些利益本来应面处的情况更为不利的境地。”[46]

关于非法征用,国际常设法院在该案中表示:“这是国际法的一项原则,甚至是通识性的法律内容,违反约定的任何行为都有赔偿的义务。”[47]正如稍后将要讨论的那样,投资仲裁庭关于违反与征收有关的义务的赔偿方面的决定中对国际常设法院宣布的这一原则予以侧重考虑。同样基于上述原则,如果不可能归还实物,则所支付的赔偿应等于归还实物的价值。此外,如果受害方遭受的损失无法通过实物赔偿或替代赔偿来弥补,则必须赔偿损失。这是赔偿国际非法行为的原则。

在最近的实践中,每当仲裁庭发现有必要因国家的非法行为而蒙受的损害以赔偿索赔人时,它们经常援引国际常设法院的决定,即所谓的“霍佐夫原则”。该原则的一个相当显著的应用体现于 ICSID 仲裁庭处理的 *Amco Asia* 案。[48]

该案涉及印度尼西亚雅加达一家酒店的建设和后续管理。一家印度尼西亚公司于 1964 年开始建造酒店,由于缺乏资金于 1965 年停止。在印度尼西亚政府的命令下,该公司以 PT Wisma 的新名称进行了重组,并置于根据印度尼西亚法律建立的合作社的控制之下,该合作社旨在保护现役和退休的印度尼西亚陆军人员。1968 年,PT Wisma 找到了美国投资者 AMCO,以在有限的时间内完成酒店的建设并进行管理。AMCO 成功从印度尼西亚政府获得投资许可,以执行利润分成协

---

〔46〕 参见前引〔44〕,*Case Concerning the Factory at Chorzów*,第 123 ~ 124 段。

〔47〕 参见同上,第 73 段。

〔48〕 参见 *Amco Asia* 案,ICSID 案件号 ARB/81/1; Award on the Merits, 1984 年 11 月 21 日, 24 *ILM* 1022 (1985) (excerpts); *Ad hoc* Committee Decision on the Application for Annulment, 1986 年 5 月 16 日, 25 *ILM* 1439 (1986); Award,1990 年 6 月 5 日,以及 Decision on Supplemental Decisions and Rectification,1990 年 10 月 17 日, 5 *Int'l Arb. Rep.* 11, at Sec. D (1990 年 11 月)。

议,并根据需要组建了印度尼西亚公司 PT AMCO 以完成此事。该酒店的建设基本上按计划完成,但因 AMCO 就该协议的管理部分的履行而引起争议。

由于 PT AMCO 和 PT Wisma 无法解决纠纷,因此,PT Wisma 试图在 1980 年终止 AMCO 的参与,并根据该案的证词,要求印度尼西亚军方从该美国公司手中接管酒店和取得所有权,并劝说印度尼西亚外国投资委员会撤销了 PT AMCO 的投资许可证。印度尼西亚法院在 PT Wisma 提起的诉讼中认可了这两项行动,印度尼西亚上诉法院最终确认了该法院的裁决。

AMCO 随后针对印度尼西亚政府提出了 ICSID 仲裁,控诉印度尼西亚政府征收、违反合同和不当得利。仲裁庭认为,没有征收或夺取。〔49〕但确实得出结论,印度尼西亚警察和军事部队接管酒店是一项"国际不法行为"〔50〕,且"(吊销投资许可证)在其适用的程序方面是非法的"〔51〕。仲裁庭援引印度尼西亚法律、其他本地法律法规、霍佐夫原则和其他仲裁裁决,裁定"通过确定受害方的实际损失和利润损失,对因偏见而产生的损失进行充分赔偿是本地法系统中的普遍原则,因此,法律的一般原则可视为国际法的来源"〔52〕,并因此判定"在本案中,需完全赔偿索赔人因偏见而遭受的损失"〔53〕。

印度尼西亚启动撤销该裁决的程序,且由于撤销委员会发现仲裁庭未能说明其关于几个实质性问题的结论的理由,因此该裁决被撤销。但是,撤销针对的是裁决,而不是针对仲裁庭的发现,即印度尼西亚军队和警察接管旅馆是国际不法行为。因此,当 AMCO 于 1987 年再次提交至 ICSID 时,第二个仲裁庭发现,这是既判力,印度尼西亚有义务为军队和警察的非法干预对 AMCO 造成的损失予以赔偿〔54〕,以及未在导致 AMCO 投资许可证被吊销的过程中遵循适当程序的情况。〔55〕第二个仲裁庭在确定这些损害的赔偿标准时,再次提到了霍佐夫工厂案和其他案件,最后得出结论,即赔偿额应尽可能接近基于恢复原状原则确定的货币数额。〔56〕

Amco Asia 案与今天大多数投资仲裁案件不同。该案不涉及任何双边投资条约。因此,仲裁庭除适用印度尼西亚法律外,还适用了"有约必守的国际法原则和

〔49〕 参见 *Amco Asia* 案, Award on the Merits,第 163 段。
〔50〕 参见同上,第 172 段。
〔51〕 参见同上,第 203 段。
〔52〕 参见同上,第 266 ~ 267 段。
〔53〕 参见同上,第 268 段。
〔54〕 参见前引〔48〕,*Amco Asia* 案, Award,1990 年 6 月 5 日,第 75 段。
〔55〕 参见同上,第 70 段。
〔56〕 参见同上,第 183 ~ 185 段。

尊重既得权的原则"。当然,即使确定不存在征收问题,也要根据霍佐夫原则来确定东道国印度尼西亚的非法行为对投资者造成的损害赔偿,以建立赔偿标准。[57]从某种意义上说,*Amco Asia* 案仲裁庭的裁定具有确认霍佐夫原则为习惯性国际法一部分的作用。之后的投资仲裁庭随即适用了霍佐夫原则,这表明习惯国际法中存在针对国际不法行为,包括非法征用,进行充分赔偿(实际损失和利益损失)的标准。

在 *Biloune* 等诉加纳案[58]以及 *CME* 案[59]中,仲裁庭裁定,确实发生了征收行为,但没有明确指出它们是合法的还是非法的。在 *Biloune* 等诉加纳案中,仲裁庭裁定,征收行为违反了均作为当事方的原告和被告达成的协议中的规定。它裁定:"在被征收的情况下,赔偿的标准是可使得索赔人恢复到原本应有的状态。习惯国际法的这一原则在国际仲裁法庭最近的许多裁决中都有阐述。……该标准也体现于数百个双边投资条约中。在本案中,被告没有对这一原则提出异议,并且确实明确地'承认存在着一个普遍接受的国际法原则,在征收时应及时、充分和有效地赔偿'。"[60]

在 *CME* 案[61]中,原告称,东道国以捷克共和国媒体理事会的身份破坏了其在电视广播许可和业务中的投资价值,这违反了其义务。斯德哥尔摩商会仲裁院认为,征收的发生源于东道国的"非法行为",并认为"非法措施必须通过公正的赔偿来弥补修正"[62]。它根据霍佐夫原则,裁定"被告有义务通过支付相当于恢复原样的价值总额的款项给原告"[63]。

Occidental 案[64]也是最近的一起涉及征收性和非征收性违约的案件。在该案中,原告就遭受的损失获得了 1,769,625,000 美元的赔偿,这显然是 ICSID 历史

---

〔57〕 仲裁庭采取几乎相同立场的案件是 *MTD Equity Sdn Bhd and MTD Chile SA* 诉智利案, ICSID 案件号 ARB/01/7, Award, 2004 年 5 月 25 日,裁定"本案中的问题不是被征收而是国家的不公平对待"(第 214 段),并根据霍佐夫原则确定了索赔人应得的赔偿(第 238 段)。

〔58〕 参见 *Biloune* 等诉加纳案, *Ad hoc* Tribunal under UNCITRAL Rules, Award on Damages and Costs, 1990 年 6 月 30 日,95 ILR 183,第 209~210 页。

〔59〕 参见 *CME* 案,UNCITRAL Partial Award (Merits), 2001 年 9 月 13 日,第 591 段,https://italaw.com/documents/CME-2001PartialAward.pdf。应当指出,在同样情况下,也是根据《UNCITRAL 仲裁规则》在伦敦进行的案件,该案仲裁庭认为,没有出现征收。参见 *Lauder* 案,UNCITRAL Final Award, 2001 年 9 月 3 日,https://www.italaw.com/sites/default/files/case-documents/ita0451.pdf。

〔60〕 参见前引〔58〕,*Biloune* 等诉加纳案,第 211 页。

〔61〕 参见前引〔59〕,*CME* 案, UNCITRAL Partial Award, 2001 年 9 月 13 日。

〔62〕 参见同上,第 615 段。

〔63〕 参见同上,第 616~618 段。

〔64〕 参见 *Occidental* 案,ICSID 案件号 ARB/06/11, Award, 2012 年 10 月 5 日。

上最高的赔偿金额。正如下文将要讨论的,已经发现的措施,即 Caducidad 法令的终止,不能很好回应原告的关于违约行为的诉求,仲裁庭指出,它已经"毫无疑问地认为,即在特定情况下……被告通过此项行政制裁(Caducidad 法令)作为针对原告的投资实施的措施'等同于征收'"[65]。在作出决定时,西方法庭基于 *Metalclad* 案[66]的裁决,认为:"因此,根据 NAFTA 征收的财产不仅包括公开,蓄意和公认的财产获取,例如以东道国名义完全没收或正式或强制转让所有权,而且包括秘密或偶然地干扰,产生具有剥夺所有者全部或大部分使用或合理预期的财产经济利益的效力,即使东道国不一定由此明显收益。"[67]

关于双边投资条约下的赔偿,即投资的"全部市场价值",*Occidental* 案仲裁庭采用了一位专家证人提出的定义,内容如下:"在当前的这种情况下,对公平市场价值的衡量需要适当考虑市场结果。具体而言,今天从诸如 OEPC 开发的第 15 区块等多年期项目的运营中可以获得的净收入流(总收入减去人力成本)的公平市场价值,需要评估愿意购买者关于将不得不支付给愿意的卖方的金额的合理预期,以诱使卖方放弃对这些净收入主张权利。此处,Occidental 处于卖方的位置,即我们寻求衡量 Occidental 合理地愿意接受从即时合同和相关创收机会中自愿购买的金额,而不是那些被厄瓜多尔非自愿终止、放弃的合同和机会。"[68]

以上案例表明,在现代投资仲裁中,合法或非法征收都不再是关键问题,因为每个案例都涉及被告国违反了任一合同,如 *Biloune* 等诉加纳案,或违反双边投资协定,如另外两个案件。在每个案件中,仲裁庭都认为被告人违反了合同或条约义务,因此,被告人应对原告遭受的损失负责。在这些情况中,这些行为的非法性并不能决定应赔偿的数额。在这方面,*Biloune* 案仲裁庭根据习惯国际法支持其决定。在 *CME* 案中,虽然案件原告辩称,被告违反了荷兰捷克双边投资协定,仲裁庭依旧援引霍佐夫原则。*Occidental* 案仲裁庭的分析表明,赔偿应包括实际损失和利益损失,再次体现霍佐夫原则。

尽管这些案件的选择性很强,但清楚地表明了在征收赔偿方面的仲裁实践趋势,即无论是按照习惯国际法还是根据双边投资条约乃至国内法,公允市场价值均已被公认为弥补外国投资者损失的标准。这不难理解,因为大多数现代双边投资协定和多边协议规定公平的市场价值作为征收赔偿的标准。同时,如果外国投资

---

〔65〕 参见同上,第 455 段。

〔66〕 参见 *Metalclad* 案,(ICSID 案件号 ARB(AF)/97/1), Award, 2000 年 8 月 30 日。

〔67〕 参见同上,第 103 段。

〔68〕 参见前引〔64〕,*Occidental* 案, Award,第 707 段。

者不是作为殖民者,而是应邀在一个后来直接或间接征收其财产的国家投资,那么该外国投资者自然不应因获得低于其投资的公允市场价值的赔偿而蒙受损失。若出现这样的情况,则其他人可能不会在该国投资。条约和司法实践在建立公平的市场价值作为赔偿标准的结合也对非征收性违约的赔偿产生了影响。

第四节 仲裁庭在非征收性违约中的权力

现代的双边投资条约和自由贸易协定都包含有关最低标准、公平和公正待遇以及全面保护和安全的规定。有些还包含所谓的保护伞条款。与征收和国有化的情况不同,一般来说,对于违反上述规定的,双边投资协定和自由贸易协定没有明确规定赔偿的形式和标准。在实践中,如前所述,许多投资法庭将国际常设法院在霍佐夫工厂案中的决定视为关于不法行为赔偿的国际法原则的陈述。在该案中,国际常设法院裁定:"非法行为的实际概念中所包含的基本原则,即一项似乎是由国际惯例,特别是由仲裁庭的裁决所确立的原则,是赔偿必须尽可能消灭一切不法行为的后果,并重新建立一种情况,即如果未实施该行为而存在的情况。实物归还,或者在不可能的情况下,支付相当于归还的实物的价值的款项;如果需要的话,判决针对遭受的损失的损害赔偿,不能用实物归还或代替损害赔偿来支付。这些原则应可用来确定对违反国际法行为的赔偿额。"〔69〕

国际常设法院在霍佐夫工厂案中的决定的意义在于,确立了赔偿原则。但是,它尚未解决也无法解决以下问题:(1)在没有条约规定的情况下,仲裁庭是否有权选择赔偿方法;或(2)可以确定哪种赔偿类型,仅列举几个。因此,在实践中,此类问题留待仲裁庭决定。

在 *S. D. Myers* 案〔70〕中,仲裁庭指出,当时正在审议的国际法委员会关于国家对国际不法行为的责任的条款提及了霍佐夫工厂案,争端当事方并不反对适用从该案中衍生出的原则。〔71〕因此,仲裁庭适用霍佐夫原则,作为习惯国际法的指导原则。

---

〔69〕 参见前引〔44〕,霍佐夫工厂案,第 47 页。

〔70〕 参见 *S. D. Myers* 案, an Arbitration under the UNCITRAL Arbitration Rules, First Partial Award, 2000 年 11 月 13 日, https://www. naftaclaims. com/Disputes/Canada/SDMyers/SDMyersMeritsAward. pdf。

〔71〕 参见同上,第 312 ~ 313 段。

S. D. Myers 案仲裁庭还考虑将 NAFTA 有关给予征收赔偿(公平市场价格)的规定作为指导原则。适用这些原则的困难在于,它们仅与合法征收有关,而其他违约行为是东道国的非法行为。仲裁庭显然意识到了这一困难,其认为:"仲裁庭没有明确不涉及征收的赔偿的任何特定方法,因此认为,NAFTA 的起草者打算由仲裁庭自行决定,以根据案件的具体情况确定适当的赔偿措施,考虑到国际法原则和 NAFTA 的规定。在某些非征收的案件中,仲裁庭可能认为采用'公平市场价值'标准是适当的,在其他案件中则可能不会。"〔72〕

仲裁庭的结论以 NAFTA 第 1131 条为基础,该条授权处理投资纠纷的仲裁庭"根据(NAFTA)和适用的国际法"作出裁决,而 NAFTA 第 1135 条则授权仲裁庭"仅就金钱损失和任何适用的利息或财产归还……作出裁决"〔73〕。可预见,在 *S. D. Myers*案仲裁庭看来,"适用的国际法"应包括关于赔偿的习惯国际法,即霍佐夫原则,公允市场价值可以被视为征收赔偿标准。

仲裁庭至少应解释为什么它认为对于非征收性违约应采用公平的市场价值标准。仲裁庭认为,其应有权评估外国投资者遭受的损害,因此,东道国关于违反义务的赔偿不具有说服力。即使在该案的第二次裁决中,仲裁庭仍然坚持说,它应该"在需要作出判决的地方自行作出判决"〔74〕。有人可能会问:若允许仲裁庭有此种自由决定自己权力,在投资仲裁中可以使用哪些制衡手段?毕竟,绝对权力将导致绝对腐败。至少可以说,除争端各方外,*S. D. Myers* 案仲裁庭还需向国际社会作出解释。

在 *Feldman* 案〔75〕中,被告被裁定违反了 NAFTA 第 1102 条(国民待遇),而关于损害赔偿数额的问题,仲裁庭认为,对于征收以外的其他违约情况,NAFTA"未就损害赔偿实施的适当措施提供进一步的指导或赔偿"〔76〕,且"公平市场价值"标准仅适用于被征收的情况。不过,仲裁庭认为应给予原告"足以相当于因违约而带来的损失或损害的数额"。它进一步指出:"不存在歧视也构成间接征用或等同于

---

〔72〕 参见同上,第 309 段。

〔73〕 参见同上,第 304 段。

〔74〕 *S. D. Myers* 案, Second Partial Award, 2002 年 10 月 21 日,https://italaw.com/sites/default/files/case-documents/ita0752.pdf,第 175 段。

〔75〕 参见 *Feldman* 案, 案件号 ARB(AF)/99/1, Award, 2002 年 12 月 16 日,https://icsid.worldbank.org/ICSID/FrontServlet? requestType = CasesRH&actionVal = showDoc&docId = DC587_En&caseId = C175。

〔76〕 参见同上,第 194 段。

征用,而原告将无权获得投资的全部市场价值。”〔77〕显然,在确定损害赔偿的数额时,*Feldman* 案仲裁庭行使了“相当大的自由裁量权,制定了他们认为符合 NAFTA 要求的合理赔偿方法”〔78〕。随后的一些投资仲裁庭参考了 *Feldman* 案仲裁庭的这一决定。与 *S. D. Myers* 案一样,*Feldman* 案仲裁庭在确定赔偿时确实行使了“相当大的自由裁量权”。例如,它甚至没有解释为什么非歧视性的政府措施将使原告丧失获得全额赔偿的资格,即使在争端涉及退税的情况下。

SPP(中东)有限公司诉埃及案〔79〕是另一个较早的案件。在该案中,仲裁庭在裁定赔偿时行使了自由裁量权。在该案中,申请人和埃及的实体之间关于开发旅游村(金字塔绿洲项目)的协议于 1974 年 9 月 23 日生效。由于后来项目面对基于法律和环境理由的反对,埃及政府发布了几项法令,致其被取消。

双方之间的协议并没有专门规定适用的法律。双方就此进行充分辩论,并得出结论,“鉴于案件情况,适用埃及的相关国内法”〔80〕。实际上,这并不意外。尽管此仲裁是在投资者与东道国埃及之间进行的,但争议并非源于任何对双边投资条约的违反。相反,它涉及违反合同。在许多案件中,东道国要求外国投资项目受本国法律管辖。〔81〕关于损害赔偿的计算,*SPP* 案仲裁庭决定适用《埃及民法典》第 221 条。〔82〕

---

〔77〕 参见同上。

〔78〕 参见同上,第 197 段。

〔79〕 参见 *Southern Pacific Properties* (*Middle East*) *Ltd.* 诉埃及案, ICC *Ad hoc* Arbitration, Award No. 3493, 1983 年 2 月 16 日 (以下简称“SPP ICC Award”), 未公开裁决的摘要可见 Pieter Sanders, (ed), *Yearbook Commercial Arbitration* 1984 – Volume IX, Kluwer Law International, 1984 年,第 111 ~ 123 页。ICC 作出裁决后,被告就 ICC 裁决向法国上诉法院提出上诉,法院将 ICC 裁决作废,理由是被告不是协议的当事方,因此,不受该仲裁条款的约束。原告随后将法院判决书提交最高法院(Pouwoi M'84 / 17/274),要求搁置该决定,于 1987 年 1 月 6 日被拒绝。随后,原告启动 ICSID 仲裁程序,仲裁庭于 1992 年 5 月 20 日作出裁决。参见 Southern Pacific Properties (Middle East) Limited 诉埃及案, ICSID 案件号 ARB/84/3, award, 1992 年 5 月 20 日(以下简称“SPP ICSID Award”), https://icsid. worldbank. org/ICSID/FrontServlet? requestType = CasesRH&actionVal = showDoc&docId = DC671_En&caseId = C135。

〔80〕 参见前引〔12〕,*SPP ICC Award*,第 49 段。

〔81〕 例如,中国法律要求所有的外商投资项目需受中国法律规制。关于中国在此方面的实践,参见 Guiguo Wang, *Wang's Business Law of China* (4th ed.), LexisNexis,第 8 章。

〔82〕 参见前引〔12〕,*SPP ICC Award*,第 62 段。《埃及民法典》第 221 条规定:“如果合同或法律没有确定赔偿金额,则法官将确定赔偿金额。损害赔偿额包括债权人遭受的损失和他被剥夺的利润,只要这是未履行义务或延迟履行的正常结果。如果债权人无法通过合理的努力避免损失,则这些损失应视为正常结果。但是,当义务由合同产生时,未犯欺诈或重大过失的债务人将不承担比订立合同时通常预期的更大的赔偿责任。”

埃及法律允许对遭受的损失进行附利息的赔偿，但前提是原告已就未履行合同义务采取措施避免，且没有欺诈或过失。之后的问题在于埃及政府的作为或不作为是否涉及恶意或过失。仲裁庭认为，没有证据表明埃及的行动，特别是法令的颁布是反复无常的。因此，可以适用《埃及民法典》。

原告坚持认为，应赔偿既有投资、取消项目时的投资价值和损失的机会。它还建议使用 DCF 法评估损害，其理由是“危险（已经）比（计划）假定的风险要高得多”[83]，包括政治局势的不确定性、税收要素和项目可能无法完成，但此建议被仲裁庭拒绝。仲裁庭随后决定：“以原告的实际投资额为准，并加上一个代表投资价值相对于其实际成本的增加的增量因数，这是更合适的。考虑到我们面对的各种因素，我们得出的结论是，应判给的公允金额为 1250 万美元。”[84]必须根据原告的初始投资额 5,062,657 美元来考虑这一赔偿，即承诺的投资额 2,040,000 美元和原告将向合资企业提供的贷款。[85] 从投资的角度来看，该决定表明，在短短的四年内（1974～1978 年），SPP 以初始投资资本为基础，获得了 140% 以上的收益。被告还要求自请求仲裁之日起，按每年 5% 的利率支付利息。尽管没有采用 DCF 方法，但 SPP 的投资回报率仍然很高。

在该案中，仲裁庭在计算对原告的赔偿时没有采用 DCF 方法。这显然基于多种原因。第一，根据适用的埃及法律，除非债务人（在本案中为埃及政府）存在欺诈或重大过失的行为，否则赔偿额应包括债权人（SPP）遭受的损失以及它被剥夺的利润。[86] 在仲裁庭看来，埃及政府违反合同是“既不是欺诈也不是重大过失”[87]。第二，仲裁庭认为，风险比原告预测的要高得多，即应采用更高的折旧率。[88]第三，“从环境和政治的角度来看，该项目是一个非常敏感地区的特别项目”。因此，即使埃及政府也无法给予充分保证。[89] 所有这些因素给项目带来了很多不确定性。因此，仲裁庭拒绝采用 DCF 方法是可以理解的。应注意的是，该案的 ICSID 仲裁庭也拒绝采用 DCF 方法，第一个理由是，在该项目被取消时，总共才售出了 6%，这无法为 DCF 计算提供可靠的数据。[90] 仲裁庭拒绝使用 DCF 方

---

〔83〕 参见同上。

〔84〕 参见同上，第 64 段。

〔85〕 参见前引〔12〕，*SPP ICSID Award*，第 118 段。

〔86〕 参见前引〔12〕，*SPP ICC Award*，第 62 段。

〔87〕 参见同上。

〔88〕 参见同上，第 65 段。

〔89〕 参见同上。

〔90〕 参见前引〔12〕，*SPP ICSID Award*，第 188 段。

法的第二个考量是,它将为非法交易提供预期利益。[91] 这是分析 DCF 方法以及 ICC 和 ICSID 仲裁庭均解释了不采用 DCF 方法的原因的少数案件之一。这种做法有利于为外国投资建立稳定的法律框架,因此应予以鼓励。

第五节 公平市场价值作为非征收性违约的赔偿标准

双边投资条约通常采用公允市场价值(Fair Market Value,FMV)作为征收赔偿的标准。尽管双边投资条约很少规定东道国违反其国际义务(非征收)的任何赔偿标准,但许多仲裁庭实际上已采用了 FMV 标准。例如,如上所述,在 *CME* 案[92]中,在部分裁决中,仲裁庭认为被告违反了有关征收的义务。在最终裁决中,仲裁庭认定被告除了违反相关双边投资协定中关于征收的规定外,还违反了国际法中有关公平公正待遇、防止不合理或歧视性的措施及充分保护和安全等规定。[93] 仲裁庭随后采用了 FMV 标准来评估针对所有违规的赔偿。

CME 案仲裁庭在评论被告观点,即 FMV 不只是赔偿时,认为它"没有'公允市场价值'的理论依据……而是根据反映特定时间点的事实和情况'公允市场价值'以确定赔偿"[94]。对于仲裁庭而言,确定的 FMV 的时间点是被告违反其义务一事完成的日期。[95] 仲裁庭还认为,FMV 相当于"公正赔偿",体现投资的"真正价值"。[96]

CME 案仲裁庭实际采用了与征收相关的赔偿标准,以确定非违规征收情况下的赔偿标准。[97] 仲裁庭在作出决定时还表示,被告"没有反对原告在第一阶段仲裁程序中提出的,通过支付相当于投资的'公平市场价值'的数额,以货币赔偿寻求救济的请求",这随后形成了部分裁决。[98] 由于仲裁庭已决定的部分裁决对当

---

〔91〕 参见同上,第 190 段。
〔92〕 参见前引〔59〕,*CME* 案, Partial Award。
〔93〕 参见前引〔17〕,*CME* 案, Final Award,第 52 段。
〔94〕 参见同上,第 493 段。
〔95〕 参见同上,第 492 段。
〔96〕 参见同上,第 496 段。在该案中,双边投资协定禁止缔约方采取征收措施,除非遵守规定的条件,特别是"措施需符合附带有公正赔偿的规定"。这种赔偿应代表受影响的投资的真实价值。
〔97〕 参见同上,第 497 段。这样做时,仲裁庭还采用了赫尔公式,即及时、充分和有效的赔偿,以反映"公正赔偿",它体现了原告投资的真实价值。
〔98〕 参见同上,第 495 段。

事各方具有约束力,因此,被告针对采用 FMV 标准提出的反对意见不能成立。

在 *CME* 案中,争端各方同意采用 DCF 方法对赔偿进行量化。仲裁庭详细分析了当事方提交的 DCF 估值及得出的结论,认为这些是不合理的。[99] 特别地,仲裁庭认为,争端当事方的估计数存在 2 亿美元的差异,这在很大程度上是由争执方的专家的预期造成的。随后,仲裁庭在评估原告的投资时,采用了更为保守的方法。[100] 考虑到争端缔约方提交的 DCF 估值包含"相当大的不确定性和推测因素"[101],仲裁庭最终基于近期关于公司的公平交易申购要约,提出了自己的 DCF 计算方法。

这种情况说明了采用 DCF 赔偿方法的"专家"所进行的计算会在多大程度上发生波动。鉴于争端双方自己计算的损失是不可靠的,因此,仲裁庭根据公平交易的报价得出自己的评估值,这是一个合理的选择,有可能被视为对极端断言的调和。

在 *CMS* 案[102] 中,原告是一家在阿根廷天然气运输领域进行投资的美国公司。它对阿根廷提起索赔,特别是,由于取消了关税调整安排,以及阿根廷其他的措施,原告声称阿根廷违反了阿根廷和美国之间的双边投资协定。这些被指控的违规行为包括与不当征收、公平和公正待遇、任意和歧视性措施、保护伞条款以及资金自由转移有关的行为。

CMS 案仲裁庭认定,不存在针对投资的征用[103],阿根廷政府也没有任何任意和歧视性行为。[104] 然而,阿根廷被发现违反了公平公正待遇的规定[105] 和保护伞条款。[106]

但是,仲裁庭认为,国际法中有三项主要赔偿标准,即恢复原状、赔偿和抵偿。[107] 仲裁庭认识到,双边投资协定除涉及征收外,并不包含赔偿标准,这是一个普遍的问题,因此,仲裁庭认为:"此处讨论的违约的累积性质最好通过诉诸公平市

---

〔99〕 参见同上,第 595 段。

〔100〕 参见同上。

〔101〕 参见同上,第 604 段。

〔102〕 参见 *CMS* 案, ICSID 案件号 ARB/01/8, Award, 2005 年 5 月 12 日。

〔103〕 参见同上,第 263 ~ 263 段。仲裁庭指出:"投资者控制投资,政府不管理公司的日常运营,投资者完全拥有投资的所有权和控制权。"因此,不存在征收。

〔104〕 参见同上,第 295 段。

〔105〕 参见同上,第 275、281 段。仲裁庭还认为,公正公平的待遇离不开稳定性和可预测性。

〔106〕 参见同上,第 303 段。

〔107〕 参见同上,第 399 段。

场价值标准来解决。”[108] 其理由是,尽管 FMV 标准最主要适用于征收相关的案件,但不排除将其适用于其他违规行为。它认为,如果其他违规导致“重要的长期损失”的后果,则应采用 FMV 标准。[109] 在分析赔偿原则时,如许多其他案件中所做的那样,*CMS* 案仲裁庭还援引国际常设法院在霍佐夫工厂案中的判决,作为指导。[110] 之所以如此,是因为仲裁庭认为原告遭受的是长期或永久的损失。

关于评估赔偿的方法,*CMS* 案仲裁庭认为:“赔偿的目的是覆盖任何‘可确定为经济上可评估的损害,包括已确定的利润损失’。”[111] 在仲裁庭看来,当不可能或无法恢复原状时,即需要赔偿。仲裁庭随后提出了四种确定财产价值的方法:“(1)‘资产价值’或‘重置成本’的方法,即根据‘分解’资产或重置成本以评估资产;(2)‘可比交易’方法,用于审查相似情况下的可比交易;(3)‘选择’的方法,即研究有关资产的替代用途及其成本和收益;(4)‘折现现金流量’(‘DCF’)方法,通过采取反映各种风险和不确定性的比率折现,以确定当前价值的未来现金流量,得出资产的估值。”[112]

CMS 案仲裁庭在进行一些分析后认为,除 DCF 方法外,没有方法是适当的[113],且“毫不犹豫地赞同它”[114]。仲裁庭表示,其理由是,DCF 方法“被包括众多仲裁庭在内的多方广泛采用,作为评估企业资产的一种适当方法”[115]。无论采用哪种方法,最重要的是证据和数据必须随时可用,以便可以作出合理和实际的决定。

在 *CMS* 案中,仲裁庭发现被告在征收和其他待遇方面均违反了双边投资条约的规定。因为阿根廷美国之间的双边投资条约与许多其他条约一样,没有提供针对非征收性违约行为的赔偿标准,因此,仲裁庭决定采用 FMV 作为赔偿标准可以理解。在该案中,原告在阿根廷持续经营多年,可以根据其过去的记录来评估其盈利前景。在这种情况下,使用 DCF 方法计算 FMV 是可以接受的。在这方面,仲裁庭认识到使用 DCF 方法可能带来的潜在不确定性,并提醒自己在使用 DCF 方法时要谨慎。这些因素合理地支撑了仲裁庭关于使用 FMV 标准和 DCF 方法进行计

〔108〕 参见同上,第 410 段。
〔109〕 参见同上。
〔110〕 参见同上,第 400 段。
〔111〕 参见同上,第 401 段。
〔112〕 参见同上,第 403 段。
〔113〕 关于仲裁庭排除使用其他方法的讨论,参见同上,第 411 ~415 段。
〔114〕 参见同上,第 416 段。
〔115〕 参见同上。

算的决定。

Azurix 案[116]是另一起这样的案件,即其中未涉及征收,但仲裁庭对其他违反条约的行为适用了关于征用的赔偿标准——FMV。在该案中,原告 Azurix 是一家在特拉华州注册成立的美国公司,该公司已在阿根廷布宜诺斯艾利斯省获得了处理和处置水的特许权。它声称布宜诺斯艾利斯未能安全转让特许权,没有采用适当的关税制度,也没有为投资者完成一些工作[117],所有这些行动都应归因于阿根廷。原告称,上述失败的效果是对其投资的征收,且违反了阿根廷美国之间的双边投资协定所要求的关于公平公正待遇,不歧视,以及充分保护和安全的规定。[118]仲裁庭认为,布宜诺斯艾利斯省的行为构成"无法律或特许协议的基础(原文如此)而采取的任意行动,(损害)了 Azurix 投资的运作"[119]。它还确定阿根廷在公平公正待遇[120]以及完整的保护和安全[121]方面违反了其义务。

关于赔偿,*Azurix* 案仲裁庭首先提到了阿根廷美国之间的双边投资条约关于征收的要求[122],随后讨论了一些 NAFTA 案件,包括 *Feldman* 案,涉及仲裁庭在采用赔偿标准时的自由裁量权。[123] 它还引用了采用 FMV 标准的 *CMS* 案裁决的段落。[124]最后,*Azurix* 案仲裁庭得出结论,"基于特许权的公允市场价值进行赔偿是适当的,特别是省已经接管"[125]。同时,仲裁庭采用了美国评估师协会《国际商业价值词汇表》中规定的 FMV 定义。[126] 在 *CMS* 案中,因为被告被发现犯有征收性和非征收性违规行为,因此,采用 FMV 作为赔偿标准将是争议最小的选择,自然也就成为仲裁庭的选择。

---

[116] 参见 *Azurix* 案,ICSID 案件号 ARB/01/12, Award, 2006 年 7 月 14 日。

[117] 参见同上,第 69 ~ 75 段。

[118] 参见同上,第 43 段。

[119] 参见同上,第 393 段。

[120] 参见同上,第 377 段。

[121] 参见同上,第 408 段。仲裁庭认为,公平和公正待遇与充分保护与安全之间相互存在联系。它进一步指出:"充分的保护和安全被理解为超越了警察所提供的保护和安全。这不仅是人身安全的问题,从投资者的角度来看,安全的投资环境所带来的稳定性同样重要。"

[122] 参见同上,第 419 段。

[123] 参见同上,第 421 段。

[124] 参见同上,第 420 段。

[125] 参见同上,第 424 段。

[126] 参见 The *International Glossary of Business Valuation Terms*, https://www. aicpa. org/InterestAreas/ForensicAndValuation/Resources/Standards/DownloadableDocuments/International_Glossary_of_BV_Terms. pdf。协会将 FMV 定义为"以现金等价物表示的价格,在该价格下,财产将在假设的有意愿和有能力的买方与假设的(有意愿)和有能力的卖方之间交易,在开放且不受限制的市场中公平交易,在双方都对相关事实有合理了解的情况下,进行非强迫购买或出售"。

Enron 案[127]是另一类案件,即未发现征收[128],但仲裁庭认可原告的诉求,认为被告违反关于公平公正待遇[129]和保护伞条款[130]的义务。在赔偿的问题上,仲裁庭采用了 FMV 作为赔偿标准。[131] 它认为,FMV"确实是在征收的情况下衡量损害赔偿的适用的条约准则"[132]。然而,仲裁庭面临的不是征收,而是对违反公平公正待遇以及保护伞条款的赔偿。仲裁庭认为其应适用 FMV 标准,表示"有时,将间接征收与违反公平平等待遇予以区分并不容易,在这种情况下,赔偿标准也可能涉及两者。鉴于导致赔偿责任的违规行为的累积性质,仲裁庭认为,在这种情况下,应将公允市场价值用于确定赔偿"[133]。

的确,在某些情况下,很难将违反公平公正待遇的行为与间接征收区分开来,尤其是逐步征收或相当于征用的措施,各种事件的累计最终导致外国投资者的财产权被剥夺。但是,征收有一个基本特征,那就是财产或财产权的取得。对于违反公平公正待遇的规定,外国投资者的财产权或对投资的控制可能会受到严重不利影响,但外国投资者仍控制着其投资。易言之,包括间接征收在内的征收与违反公平公正待遇规定之间的本质区别是财产的"获取"。遗憾的是,为了适用 FMV 标准,*Enron* 案仲裁庭没有试图将间接征收与违反公平和公正待遇的规定区分开。

像其他许多仲裁庭一样,*Enron* 案仲裁庭也将霍佐夫原则作为量化损害赔偿的指导原则。为了消除物质损害,仲裁庭决定采用 DCF 模型来衡量赔偿额。它认为,原告进行投资的公司是一个"持续经营的公司",并且它认为,由于"DCF(方法)体现了公司未来产生正收益的能力,因此它是适合本案案情的方法"[134]。此外,仲裁庭认为 DCF 方法是:"……一种在国际上用于评估公司价值的可靠工具,但应谨慎使用,因为它可能引起投机活动。仲裁庭还经常使用它来确定资产的公允市场价值,以确定对违反国际法的行为的赔偿。"[135]

通过采用 DCF 方法,仲裁庭排除了被告及其专家建议的账面价值,不当得利

---

〔127〕 参见 *Enron* 案,ICSID 案件号 ARB/01/3, Award, 2007 年 5 月 22 日。

〔128〕 参见同上,第 244、246 段。

〔129〕 参见同上,第 268 段。

〔130〕 参见同上,第 277 段。

〔131〕 参见同上,第 379 段。

〔132〕 参见同上,第 362 段。关于 FMV,仲裁庭指出:"'公平市场价值'的概念通常被理解为财产在假设的有意愿和有能力的买方与假设的有意愿和有能力的卖方之间交换且非强迫购买或出售的价格,当事方对事实有充分的了解,在公开且不受限制的市场中进行交易。"参见同上,第 361 段。

〔133〕 参见同上,第 263 段。

〔134〕 参见同上,第 385 段。

〔135〕 参见同上。

和市值方法。[136] 它表示,账面价值“按定义可服务于会计的目的”[137],不当得利方法仅“计算政府不公平财产的程度和造成的损害”[138]和在不流动的市场,如本案,“可能会导致估值失真”[139]。原告 Enron“持续经营”,其获利能力可在一定程度上得到明确的评估。在这种情况下,采用 DCF 方法计算 FMV 是合理的。*Enron* 案仲裁庭也发表了有力的意见,即在大多数情况下,“不当得利”是与东道国有关的问题,而不是与原告有关的问题。此外,仲裁庭认为,DCF 方法应谨慎使用,以免引起投机。从上面可以很明显地看出,*Enron* 案仲裁庭的裁决是有原因的,这在投资仲裁中非常重要。

在 *Occidental* 诉厄瓜多尔案[140]中,争端涉及 OEPC 与厄瓜多尔国家石油公司(Petro Ecuador)之间的参与合同的终止(Caducidad)。OEPC 于 1985 年开始为厄瓜多尔的石油和天然气部门提供服务。1993 年,厄瓜多尔修改了《碳氢化合物法》(HCL),允许外国人参与石油勘探和生产。OEPC 与厄瓜多尔于 1999 年 5 月 21 日通过 PetroEcuador 签订了一份参与合同,根据该合同,OEPC“有权进行开发和利用”[141]被称为区块 15 的油田,面积约 200,000 公顷。OEPC 的参与量以一公式确定。到 2005 年年底,OEPC 参与生产了区块 15 的石油的约 70%,在支付费用、税金和其他评估后,约占总净利润的 30%[142]。

参与合同规定,除其他事项外,任何转让或出让“权利”给第三方“必须有厄瓜多尔政府中负责的部长的授权”[143]。但是,OEPC 在 2000 年 10 月 19 日与艾伯塔省能源公司(AEC)签订了一项所谓的“勘探权出让协议”,根据该协议,AEC 收购了 OEPC 在区块 15 中的 40% 的经济权益。OEPC 和 AEC 还签署了一份联合运营协议,成立了一个由两人(每方各一名)组成的管理委员会,该委员会具有“权力和义务,授权和监督联合运营,这些联合运营对于履行参与的协议是必要或可取的,并根据协议以适当的方式,采取符合情况的适当方式探索和利用协议中的区域”[144]。易言之,在签署《勘探权出让协议》和《联合经营协议》后,在未得到厄瓜

[136] 参见同上,第 381 段。
[137] 参见同上,第 382 段。
[138] 参见同上。
[139] 参见同上,第 383 段。
[140] 参见前引〔64〕,*Occidental* 案, Award。
[141] 参见同上,第 115 段。
[142] 参见同上,第 117 段。
[143] 参见同上,第 119 段。
[144] 参见同上,第 136 段。

多尔政府批准的情况下,OEPC 有效地将其 40% 的权益和权利转让给了 AEC。

厄瓜多尔通过 2004 年的一份审计报告了解了 OEPC 在区块 15 的部分经济利益的转让。厄瓜多尔总检察长和能源部部长进行了数轮交流之后,在来自厄瓜多尔国会和地方政府的压力越来越大的情况下,能源部部长于 2006 年 5 月 15 日发布了 Caducidad 法令。[145] Caducidad 法令终止 OEPC 的参与合同,且即时生效,并命令后者"转交所有区块 15 有关的资产给厄瓜多尔国家石油公司"[146]。原告称,厄瓜多尔违反了其在厄瓜多尔与美国双边投资协定中关于公平公正待遇、最低待遇标准和征收的义务。

Occidental 案仲裁庭首先考虑 OEPC 通过勘探权出让协议转让名下 40% 的权益给 AEC 是对参与合同和《碳氢化合物法》的违反,表示:"……凭借'参与协议中的所有权利和利益'拥有的'所有权',尽管在其参与的利益的 40% 的范围内,当事方仍希望 AEC 通过共同经营协议转让所产生的权利和利益,以获得此类所有权。"[147]

Occidental 案仲裁庭还认为,上述的禁止不仅限于全部转让或利益转让,而且适用于部分转让。[148] 因此,除非 OEPC 获得厄瓜多尔政府的事先授权,否则不允许 OEPC 将其在区块 15 的权益的 40% 转让给 AEC。根据《联合经营协议》,AEC 有权否决所有具有重大意义的行为[149],仲裁庭指出,"这毫无争议地证明,联合经营协议赋予了 AEC 实际和具体的管理权和表决权"[150],尽管如此,OEPC 仍拥有区块 15 的法定所有权。因此,仲裁庭裁定:"OEPC 未能获得所需的部长级授权,违反了……参与合同,并切实违反……《碳氢化合物法》。"[151] 仲裁庭还裁定,OEPC 未能获得所需授权,它不能以合法期望作为抗辩理由。[152]

由于 OEPC 因疏忽而违反了参与的合同和《碳氢化合物法》的规定,因此,下一个问题是确定能源部部长签发的 Caducidad 法令是否合理。原告和被告均同意部长有权决定签发 Caducidad 法令。[153] 仲裁庭在评估关于 Caducidad 法令的签发

---

[145] 参见同上,第 199 段。
[146] 参见同上。
[147] 参见同上,第 304 段。
[148] 参见同上,第 305 段。
[149] 参见同上,第 315 段。
[150] 参见同上,第 317 段。
[151] 参见同上,第 381 段。
[152] 参见同上,第 383 段。
[153] 参见同上,第 424 段。

是否合理时，指出："可以接受的是，某些惩罚或其他步骤很可能是合理的，或者至少是可以辩护的。……但是，比例原则要求任何这样的行政目标都必须与原告自身的利益以及被指责的行为的真实性质和影响相称。……原告支付的价格，一项价值数亿美元的投资的总损失，与所谓的针对 OEPC 的不当行为不成比例，并且同样与'威慑信息'的重要性和有效性不相称，被告可能想拓展至更广泛的石油和天然气业界。"[154]

Occidental 案仲裁庭还建议了替代方案，即除 Caducidad 法令外，被告可能面对的处罚，包括 OEPC 要求赔偿损失，并与它重新协商一个更有利的合同。[155] 仲裁庭随后得出结论，厄瓜多尔签发 Caducidad 法令，违反了厄瓜多尔法律、习惯国际法和厄瓜多尔与美国双边投资条约关于公平公正待遇以及最低待遇标准的规定。[156]

接下来的问题是赔偿，其中一个重要的事项是，OEPC 应有权获得由 Caducidad 法令造成的损失的 100% 还是 60%（扣除转让给 AEC 的 40% 的权益之后），如被告所主张的那样。决定性因素是 Occidental 试图通过《勘探权出让协议》和《联合经营协议》完成的转让的有效性，而该协议已经被裁定为非法。关于转让的有效性，根据《碳氢化合物法》和厄瓜多尔《民法》以及厄瓜多尔最高法院的司法实践，仲裁庭认为："……如果法律本身明确规定该合同被视为未执行，因此无效，则无须司法确认。类似地……法律本身表明，未经授权的转让没有任何效力，因此无效。该规定的逻辑后果是，无须采取进一步行动即可使未经授权的转让无效。"[157]

这一发现的结果是，由于勘探权出让协议和联合经营协议自始就是无效的，且不需要司法介入以宣布交易无效，因此，原告将有权享有由 Caducidad 法令造成的损失的 100% 。但是，布里吉特·斯特恩（Brigitte Stern）教授在她的反对意见中表示："在我看来……法官必须干预，以宣布绝对无效，并且……法官必须宣布基于一项法律而无效的行为是无效的。"[158] 她认为，赔偿原告 100% 的损失是不可接受的，因为"在没有 Caducidad 法令的情况下，OEPC 不可能要求重新取得 40% 的石

〔154〕 参见同上，第 450 段。
〔155〕 参见同上，第 431 ~ 432 段。
〔156〕 参见同上，第 452 段。
〔157〕 参见同上，第 628 段。仲裁庭还指出："很明显，即使在获得司法确认之前，无效行为也不会产生法律效力。因此，未经授权的转让协议不会产生实际的转让，司法声明也不会撤销该转让，这是从未有效发生过的转让。"参见同上，第 632 段。
〔158〕 *Occidental* 案，ICSID 案件号 ARB/06/11，Dissenting Opinion of Professor Brigitte Stern，第 85 段。

油权益。那么,为什么在有 Caducidad 法令时,它可要求赔偿 40%?”[159]

最后,*Occidental* 案仲裁庭采用 FMV 标准,以确定对被告违反公平公正待遇和最低待遇标准以及征收原告投资的义务的赔偿。[160] 为了衡量 FMV,仲裁庭决定使用 DCF 模型。

在应用 DCF 模型时,其重要的项目中[161],*Occidental* 案仲裁庭考虑体量和产量的确定最为重要。仲裁庭随后分析了双方提交的关于区块 15 的各个方面的专家报告,这些专家报告可能有助于明确原告的生产和潜在经济利益,并进行调整。根据国际法,特别是联合国国际法委员会 ILC 条款关于国家对国际不法行为的责任的条款中的第 31 条和第 39 条,在决定赔偿给原告的金额之前,仲裁庭对原告自身行为与其遭受的伤害的关系进行了分析。[162] 仲裁庭在此讨论中强调,为构成共同过失,原告的任何行为必须是“实质和重大”的。[163] 仲裁庭发现原告有“过失而存在非法行为”[164],它将对原告的损害赔偿减少了 25%。[165]

Occidental 案中有几个问题需要进一步讨论。首先,根据原告与 PetroEcuador 之间的参与合同,当原告希望转让其在合同中的全部或部分权益(包括组成财团)时,它必须满足两个条件:PetroEcuador 事先同意和厄瓜多尔政府负责部门的批准。参与合同还规定,此类财团或协会的任何合并,预计包括“勘探权出让协议”和“联合运营协议”,未经主管部门授权一事“应构成宣布终止参与合同的法律依

---

[159] 参见同上,第 35 段。斯特恩教授还评论说,一项投资“需要一项出资:毫无争议的是,OEPC 仅出资了该投资价值的 60%,其中 40%……是由 AEC/安第斯山脉公司支付的。根据 ICSID 仲裁庭管辖权的基本规则,如何判决给予与不再属于 OEPC 的权利有关的损害赔偿?”参见同上,第 138 段。在这方面,她认为区块 15 的 40% 权益的新持有人是中国实体 Andes,考虑到其国籍,仲裁庭无法对其行使管辖权。参见同上,第 137 段。

[160] 参见前引[64],*Occidental* 案,第 707 段。

[161] 对于 DCF 的计算,仲裁庭采用了以下分析步骤:(1)确定储层的大小(对田间桶数的预测);(2)创建生产文件(以确立每年可以经济地生产的桶数);(3)为储量设置风险调整因子(Risk Adjustment Factor,RAF)(以反映某些类别的储备可能无法生产预期石油量的风险);(4)适用价格预测(将生产资料中的桶数乘以预计的石油价格并减去生产这些桶的成本);和(5)适用折现率(以反映货币的时间价值以及商业和国家风险等)。参见同上,第 709 段。

[162] 关于仲裁庭就此方面讨论的细节,参见同上,第 664 ~ 685 段。

[163] 参见同上,第 670 段。

[164] 参见同上,第 679 段。仲裁庭认为,原告的过失“阻止了被告人正式行使其主权权利来审查和批准 AEC 作为这些权利的受让人,而且更重要的是……可审查 AEC 最终向任何其他未知投资者转让其权利”。参见同上。

[165] 参见同上,第 825 段。斯特恩教授还不同意赔偿数额,即由于原告自身的共同过失而减少给予其的赔偿数额。她以其他几个案例为例,认为减少 50% 会更合适。参见前引[158],the Dissenting Opinion of Professor Brigitte Stern,第 7 ~ 8 段。

据"[166]。严格来说,厄瓜多尔有权终止合同,因为原告未能获得厄瓜多尔政府负责部门的批准。如果原告提交了《勘探权出让协议》和《联合运营协议》以供批准,那么厄瓜多尔是否会批准它是无关紧要的。事实是,原告未寻求厄瓜多尔政府的批准,这构成了合同终止的理由。厄瓜多尔方面可能有政治和其他方面的考虑,但是,只要厄瓜多尔遵循规定的程序终止合同,部长是否有自由裁量权终止合同以及厄瓜多尔政府的措施是否符合比例原则就不会为仲裁庭所考虑。根据厄瓜多尔法律,移交自始无效,这一论点不能改变原告未能获得批准的事实。

本案仲裁庭的另一个有争议的决定是,它将原告根据《勘探权出让协议》转让给 AEC 的 40% 的利益,同样计入给予原告的赔偿中。如果原告已将其 40% 的权益转让给另一方而获得了报酬,则原告就该部分权益不可能遭受任何损失。在这种情况下,仲裁庭的决定使原告重复收益,是错误的。

第六节 以遭受的实际损失和被剥夺的利益为基准

当恢复原状被证明是不可能的时候,全额赔偿可作为赔偿标准适用。*LG& E* 案[167]即为一例。此案涉及三家在阿根廷投资天然气分销业务的美国公司。原告称,阿根廷在不当征收、违反公平公正待遇以及最低待遇标准规定、禁止歧视性和任意措施以及保护伞条款等方面,违反了阿根廷与美国双边投资协定规定的义务。[168]这些主张的基础是阿根廷在 20 世纪初发生的经济危机期间所采取的措施。[169] 仲裁庭驳回了关于不当征收和采取任意措施的诉求。[170] 但是,它却确认阿根廷违反了有关公平公正待遇以及给予根据国际法规定的应有待遇(最低待遇标准),且采取歧视性措施。[171] 因为仲裁庭就被告人的紧急状态的抗辩达成了一致,所以它判决不赔偿原告因上述在 2001 年 12 月 1 日 ~2003 年 4 月 26 日的紧急状态期间的违约行为所遭受的损失。[172]

但是,对于其他时段被告的错误行为,被告仍要对其负责。关于原告遭受的损

---

〔166〕 参见前引〔64〕,*Occidental* 案,第 119 段,仲裁庭援引了参与合同的相关条款。

〔167〕 参见 *LG&E* 案, ICSID 案件号 ARB/02/1, Decision on Liability, 2006 年 10 月 3 日。

〔168〕 参见同上,第 72 段。

〔169〕 该案的主要事实与阿根廷作为被告的许多其他案件的主要事实相似,包括之前讨论的 CMS 案。

〔170〕 参见前引〔167〕,*LG&E* 案, Decision on Liability,第 267 段。

〔171〕 参见同上。

〔172〕 参见同上。

失[173]，*LG &E* 案仲裁庭认为违反国际义务后，最重要的是赔偿。它认为，“国际法中已经确立”“国家要为作为或不作为所造成的损害作出赔偿”[174]。同时，它认识到“在确定适用于除征收以外的其他违反条约的赔偿的标准和措施时，问题尤其棘手”[175]。之所以如此，是因为“条约中没有关于这些问题的明确规定，而且仲裁法理论中已有的指导非常有限”[176]。与其他仲裁庭不同，*LG &E* 案仲裁庭认为，在建立赔偿标准时，它应“诉诸国际法规定的赔偿原则以及投资条约仲裁中的少数先例”[177]。显然，仲裁庭考虑的国际法原则包含霍佐夫工厂案判决中的指导和 ILC 条款第 31 条。由于原告要求赔偿，因此，仲裁庭将注意力转移到了方法和计算上。它不接受原告的 FMV 建议，也不接受被告建议使用的 DCF 方法。它认为，“FMV 是……在关于征收的案件中的一种赔偿措施”，因此，“其适用范围与其他条约标准不同”[178]。应当指出，仲裁庭认为 FMV 标准不适当的原因是，它不认可原告的间接征收的诉求，阿根廷的措施“‘(……)并未剥夺投资者享受投资的权利(……)真正的利益在于投资的资产基础，自 2001 年 12 月和 2002 年的经济危机以来，资产的价值已经反弹(……)阿根廷的国家行动对原告的权益的价值没有永久的影响，且原告的投资仍存在’”[179]。

该决定有助于确定非征收性违约行为的赔偿。由于原告没有因征收或无异于征收的措施遭受损失，他们投资的价值也未遭受任何永久性损失，*LG &E* 案仲裁庭确定赔偿原告的数额以抵销他们的实际损失。在这种情况下，仲裁庭决定不采用 FMV 标准是很合理的。

在评估原告的损失时，*LG &E* 案仲裁庭认为有必要将“应计损失”与“未来的利润损失”区分开来。[180] 它认为，尽管应计损失“通常由仲裁庭裁定”，但未来的利润损失“仅在‘预期收入流已具有足够的属性以被视为具有足够确定性的可予赔偿的法律保护的利益时才予以赔偿’”[181]。仲裁庭在计算赔偿额时，给予了投资

---

[173] 对于损害，仲裁庭作出了一个单独的裁决。参见 *LG&E* 案，ICSID 案件号 ARB/02/1，Award，2007 年 7 月 25 日。
[174] 参见同上，第 29 段。
[175] 参见同上，第 30 段。
[176] 参见同上。
[177] 参见同上。
[178] 参见同上，第 37 段。
[179] 参见同上，第 35 段，援引关于责任的决定第 198 ~ 200 段。
[180] 参见同上，第 51 段。
[181] 参见同上(原文标注重点)。

者充分的赔偿,以"(消除)阿根廷违反条约的影响"[182]。它指出:"赔偿应以原告由于阿根廷的不法行为造成的实际损失来衡量。该损失相当于原告本应获得但因阿根廷违约而未获得的股息金额。量化赔偿的方法应考虑到仲裁庭所阐明的原则,同时应确保对原告予以'充分'赔偿以应对因阿根廷违约所造成的损害。"[183]

最终,投资者获得的赔偿包括股息和利息。在 *LG &E* 案中,这两者是相互区分的。首先,原告没有遭受永久损失,因此,不存在取得或征收。其次,由于不存在征收,因此,仲裁庭认为采用 FMV 标准来评估损失是不合适的。然而,原告获得赔偿,以支付本应有的股息和利息。即使仲裁庭未使用 DCF 方法计算损失,但裁定的股息加利息也与财产的市场价值十分接近。这说明即使在非征收性违约的情况下,FMV 通常也是确定赔偿的标准。

在 *Chevron II* 案[184]在赔偿损失方面也有指导性。原告通过其子公司德士古石油公司在厄瓜多尔法院参与了 7 起诉讼,历时 13 年,没有任何结果,并称被告违反了《厄瓜多尔—美国双边投资协定》第 2 条第 7 款规定的义务。第 2 条第 7 款规定:"每一方均应采取有效手段,就投资、投资协议和投资授权提出诉求和执行权利。"应当指出,大多数双边投资条约不包含此类规定。*Chevron II* 案仲裁庭认为,这样的规定显然与习惯国际法中关于司法不公的类似规定重叠。[185]

像 *Duke* 案[186]仲裁庭一样,*Chevron II* 仲裁庭分析第 2 条第 7 款的目的,是通过设置一个"有效的手段"的标准,以"实施和组成针对司法不公的更一般性保证的部分"[187]。关于条款的性质,仲裁庭指出,这是"特别法",而不是"关于司法不公的法律重述"[188]。因此,它与司法不公有区别,同时涉及"较低要求的测试"[189],即相较于司法不公的要求,更容易满足条件。区别在于,对于司法不公,必须明确恶意成分,而《厄瓜多尔—美国双边投资条约》第 2 条第 7 款对此没有要求。在这种情况下,仲裁庭认为厄瓜多尔有义务维持一种法律制度,该制度"可以为外国投资者提供在合理的时间内执行合法权利的手段"[190]。

---

[182] 参见同上,第 58 段。
[183] 参见同上。
[184] 参见 *Chevron II* 案, UNCITRAL, PCA 案件号 34877, Partial Award on the Merits, 2010 年 3 月 30 日。
[185] 参见同上,第 242 段。
[186] 参见 *Duke* 案, ICSID 案件号 ARB/04/19, Award, 2008 年 8 月 18 日。
[187] 参见前引〔184〕,*Chevron II* 案,第 242 段。
[188] 参见同上。
[189] 参见同上,第 244 段。
[190] 参见同上,第 250 段。

然而,有一个系统或手段是一回事,而其有效性则是另一回事。仲裁庭认为,*Chevron Ⅱ* 案的复杂性和被告人的行为均不能证明拖延是合理的,因此,被告人被认为违反了第 2 条第 7 款。[191] 根据这一发现,仲裁庭没有审查被告的行为是否还违反了其他规定,例如与公平公正待遇、充分保护和安全以及限制采取任意或歧视性行动有关的规定,正如原告进一步指控的那样。[192] 这可被视为仲裁庭践行司法经济的表现。

显然,*Chevron Ⅱ* 案仲裁庭所做的是在厄瓜多尔法院之前重审案件。问题是,双边投资条约是否授权仲裁庭以这种方式履行职能。实际上,仲裁庭不仅重新审理了案件,而且像厄瓜多尔法院一样评估了损害赔偿。

关于损害赔偿的评估,*Chevron Ⅱ* 案仲裁庭认为,应先关注厄瓜多尔法院将要做的事情[193],且它(仲裁庭)应"以整体考虑原告情况的原则为指导"[194]。易言之,原告应有权获得相当于其合同下的权利的赔偿。根据这一原则,仲裁庭判决赔偿原告近 700 万美元[195],但最终数额留待专家决定[196],因为必须考虑国内税法的影响。应当指出,尽管仲裁庭的裁决是基于厄瓜多尔与美国的双边投资条约,但就原告而言,所收到的是仲裁庭认为厄瓜多尔法院本应准予的数额。有人可能会问,*Chevron Ⅱ* 案仲裁评估的赔偿额在多大程度上能够值得信赖,即与厄瓜多尔法院裁定的赔偿额在多大程度上相匹配。

Chevron Ⅱ 案引发了几个问题。第一,双边投资协定是否意在给缔约国强加义务以改善其现有的司法体系,使外国投资者有一种有效的手段以执行权利。显然,仲裁庭认为,每个缔约方都有义务确保向外国投资者提供"在合理的时间内执行合法权利的手段",且应"根据客观的国际标准,确定执行权利所需的时间是否合理"[197]。话虽如此,对于国家司法机构的决策而言,还没有国际公认的"合理"的标准。此类事项必须基于所有相关因素来决定,案件的复杂性和法院案件的积压就是例子。最后,仲裁庭仍然坚持自己的判断,没有提及与客观国际标准相关的任何具体例子。

第二,仲裁庭在很大程度上依赖于其对厄瓜多尔法院长时间不采取行动以及

---

[191] 参见同上,第 254 段。
[192] 参见同上,第 12 段。
[193] 参见同上,第 546 段。
[194] 参见同上,第 551 段。
[195] 参见同上,第 550 段。
[196] 参见同上,第 552 段。
[197] 参见同上,第 250、263 段。

他们“明显不愿”“允许案件继续进行”的发现。[198] 从某种意义上讲，这表明，至少在仲裁庭看来，东道国存在恶意。尽管根据第 2 条第 7 款规定，无须证明此种恶意，但实际上，有大量证据表明厄瓜多尔法院没有积极处理这些案件，从而表现出恶意。在这种情况下，仲裁庭很容易作出“不合理”的决定。不同之处在于，这是仲裁庭的判决，而恶意必须根据国际法予以证明。

第三，法院案件的积压是否可用作抗辩。仲裁庭认为，法院案件的拥挤“必须是暂时的，必须及时有效地解决”[199]。这项决定与 *White Industries* 案[200]仲裁庭的决定形成鲜明对比，后者认为积压的案件可作为很好的抗辩。相比之下，*White Industries*案仲裁庭在此问题上的决定更为可行，因为一个国家解决法院案件积压的问题是很难的，提及这个问题并不意味着能解决它。最后，与 *White Industries* 案仲裁庭不同，*Chevron* Ⅱ 案仲裁庭并未处理 *Chevron* 在进入厄瓜多尔市场之前是否了解地方法院的行为这一问题。如果“是”，那么原告必须至少在一定程度上对自己的决定负责。

S. D. Myers 案仲裁庭在评估损害时采用了普通法上的侵权标准。仲裁庭首先指出：“只有在违反特定的 NAFTA 规定与投资者蒙受的损失之间存在充分因果联系的情况下，才可判决赔偿损害。”[201] 仲裁庭认为：“本案中的调查更类似于确定侵权或不法行为的损害赔偿。可追偿的损害赔偿针对的是使无辜当事方处于本应处于的状态而采取的措施，如果不采取临时措施的话。”[202] 如此，最重要的问题之一是所造成的损害是否太遥远了。其次合同法中的可预见性概念将不适用于侵权法，相反，“遥远性是关键”[203]。由于 *S. D. Myers* 案仲裁庭采用了侵权行为标准，因此，应赔偿原告因被告的措施而遭受的经济损失，而不应仅限于“那些出现在其投资资产负债表上的损失”[204]。最后仲裁庭认为，以纯收入的损失作为赔偿的标准，前期是这种损失既非投机，也不是太远期的。[205]

在确定了赔偿标准之后，剩下的问题是，原告就损失机会提出的索赔，特别是导致的金钱损失是否可以成立。仲裁庭不支持该主张，指出：“应通过反映当时市

---

[198] 参见同上，第 256、262 段。

[199] 参见同上，第 264 段。

[200] 参见 *White Industries* 案，UNCITRAL 案，Final Award，2011 年 11 月 30 日。

[201] 前引[69]，*S. D. Myers* 案，Second Partial Award，第 140 段。

[202] 参见同上，第 159 段。

[203] 参见同上。

[204] 参见同上，第 122 段。

[205] 参见同上，第 173 段。

场认为的货币价值的利息以支付针对损失的赔偿。允许(原告)根据其可能使用金钱的用途以获得赔偿,将是对投机和过于遥远的索赔的认同。"[206] 仲裁庭不同意原告提出的基于金钱用途的备选方案,并指出,不清楚原告"如果赚到钱了,会用这些钱做什么"[207]。

关于未来的利润损失,*S. D. Myers* 案仲裁庭认为:"继承责任的原告必须基于举证标准确定诉求涉及的数额。"[208] 即,一方面,索偿的金额不应该是投机性的或过于遥远的;另一方面,必须对原告公平。[209] 由于 *S. D. Myers* 案不仅涉及开拓新业务,还涉及在国外开展新业务,因此必须考虑"先发优势"问题。被告认为,市场对价格敏感,几乎没有其他因素影响市场。尽管如此,仲裁庭还是裁定原告拥有先发优势。但它进一步说:"……考虑到全部证据,仲裁庭得出结论认为,尽管并非无关紧要,但并未证明其重要性与(原告)所声称的一样。此外,在(原告)确实具有先发优势的情况下,仲裁庭得出结论,尽管它因关闭而受到侵害,但侵害的程度无法根据仲裁庭面前的证据进行准确评估。"[210]

因此,*S. D. Myers* 案仲裁庭认为,由于市场对价格高度敏感,原告可以发挥的先发优势是压低竞争对手的价格。它还将信誉视为确定先发优势的因素。*S. D. Myers* 案很可能是第一个将侵权行为标准用于确定赔偿金的投资人与国家之间的仲裁案件。总体而言,仲裁庭的决定基于对情况的认真分析。尽管本案提供了赔偿的替代方案,但在使用账面价值确定赔偿时应谨慎,因为这可能导致东道国不当得利。根据投资的性质,有时外国投资者在"进行"投资前可能会产生大量支出。在这种情况下,采用账面价值作为赔偿的依据是不合适的。

Lemire 案[211]也与非征收性违约有关,仲裁庭就赔偿损失采取了"要不是"的思路。原告为美国公民,作为大股东向 CJSC 无线电公司 Gala 的 CJSC"Mirakom Ukraina"投资,这是一家根据乌克兰法律注册的封闭式股份公司。经授权,Gala 作为一个音乐电台,在乌克兰以不同的频率进行广播。由于对广播电台的运营存在争议,并且在获得许可延期方面遇到困难,因此,原告指控被告违反了美国乌克兰双边投资协定规定的最低待遇标准和给予公平公正待遇的义务,从而将该案提交

[206] 参见同上,第 161 段。

[207] 参见同上,第 162 段。

[208] 参见同上,第 173 段。

[209] 参见同上。

[210] 参见同上,第 185 段。

[211] 参见 *Lemire* 案, ICSID 案件号 ARB/06/18, Decision on Jurisdiction and Liability, 2010 年 1 月 14 日;Award, 2011 年 3 月 28 日。

ICSID 进行仲裁。确定最低待遇标准与公平公正待遇之间没有区别[212]，仲裁庭批评被告在乌克兰发放许可证"不透明或不公开，不符合或不遵循既定程序的要求"，这违反了双边投资条约的公平公正待遇。[213] 仲裁庭认为，乌克兰有关许可证的做法缺乏透明度，且"在完全不顾法律程序，没有任何司法审查的可能性的情况下进行"。因此，基于"萨鲁卡测试"，必须被认为是武断的，"显然违反了一致性、透明度、公平和不歧视的要求"[214]和"使人震惊，或至少使人惊讶的司法礼仪"[215]，因为该测试已应用于先前仲裁庭的裁决。

关于对违反公平公正待遇义务的赔偿，*Lemir* 案仲裁庭提及《关于国家对国际不法行为的责任的条款草案》时承认，赔偿的真正目的是消除被告不法行为的所有负面影响。[216] 关于赔偿金数额的确定，仲裁庭未采用 FMV 标准，而是采用了"要不是"的方法，即损害是"Gala Radio 的'现有'价值"（也就是投资者现在实际拥有的价值）和一个假设"要不是"的价值，即如果东道国遵守双边投资协定，投资者将曾经拥有什么之间的差额。[217]

同时，仲裁庭认为，广播业务在每个国家都受到严格的监管。在这种情况下，监管者与被监管者之间总是存在相互作用，这就要求在重构"要不是"的假设时，不仅必须考虑双边投资协定对东道国的要求，而且应考虑投资者的期望。

无论如何，仲裁庭得出结论，"根据现有证据，原告的确遭受了损失，这是由于 Gala Radio 的增长减慢以及随之而来的价值损失，而造成损失的最直接原因是被告错误的行为"[218]。但是，仲裁庭不支持原告为失去机会而进行的索赔，而是将其损失限于实际损失。[219]

对于适当赔偿的衡量，*Lemir* 案仲裁庭认为，Gala 广播不是一个制度化的企业，它的运作环境也不能确保其发展到这一地位。根据这项评估，仲裁庭在评估中将原告的业务视为家族拥有的中小型企业的一个例子，该企业无权适用"超过反

---

〔212〕 参见同上，第 251 段。

〔213〕 参见同上，第 417 ~ 418 段。

〔214〕 *Saluka* 案，UNCITRAL，Partial Award，2006 年 3 月 17 日，第 307 段，被引用于同上文献，第 418 段（原文标注重点）。

〔215〕 *Tecmed* 案，ICSID 案件号 ARB（AF）/00/2，Award，2003 年 5 月 29 日，第 154 段；*Loewen Group Inc. and Raymons L. Loewen* 诉美国案，ICSID 案件号 ARB（AF）98/3，Award，2003 年 6 月 26 日，第 131 段。

〔216〕 参见同上，第 151 段。

〔217〕 参见同上，第 244 段。

〔218〕 参见同上，第 247 段。

〔219〕 参见同上，第 252 段。

映损失价值的剩余价值”[220],尽管其认为这种方法非常保守。最终,仲裁庭使用DCF模型,判决向原告赔偿8,717,850美元,以赔偿遭受的损失。[221]

仲裁庭对投资性质的分析是正确的,每个国家都对此进行严格的监管。它还提到,作为家族企业,原告无权获得剩余价值。而这并不能令人信服,因为一个实体是否有权获得剩余价值应取决于其潜力,而不取决于其规模或所有权形式。然而,在计算赔偿额时,仲裁庭采用了最不可靠的DCF方法,这不符合它对原告的投资缺乏剩余价值的评论。它认为,原告无权获得除损失价值以外的任何赔偿。但是,仲裁庭如何使用DCF方法确保赔偿额不超过这一价值?

在*Feldman*案中,在没有发现投资被征收的情况下[222],仲裁庭仍裁定墨西哥违反了NAFTA规定的国民待遇义务。[223] 但是,关于因违反国民待遇而引起的损害赔偿,仲裁庭认为,“NAFTA未就不属于第1110条(征收)的情况提供适当的损害赔偿或赔偿措施的进一步指导”[224],且FMV标准仅适用于被征收的情况。因此,仲裁庭得出结论,对于违反国民待遇义务的情况,“被告方所欠的是与违反行为充分相关的损失或损害相当的金额。……因此,如果是就损失或损害提出索赔诉求,则可以说,仲裁庭可以判决就损失或损害的数额作出直接赔偿”[225]。仲裁庭再次暗中使用了霍佐夫原则以裁定赔偿。

*Feldman*案仲裁庭进一步指出:“一开始,当事方仅概括性、粗略地讨论适当的赔偿措施和赔偿额。”[226]总体而言,仲裁庭考虑了三类损害,即利润损失、持续经营价值和退税损失。[227] 它要求原告逐项证明其损失,并核实其提交的证据。尽管如此,仲裁庭发现自己仍然受限于争议当事方提交的“证据量”。例如,关于提及的利润损失,仲裁庭说:“即使原告要求……赔偿一个月的利润损失……诉求也没有具体说明该月份的数额,这无论如何,在是否存在和程度上都无法说服仲裁

[220] 参见同上,第270段。

[221] 参见同上,第296段。

[222] 参见前引[75],*Feldman*案。仲裁庭(第112段)指出:“并非所有使投资者难以或不可能开展某项特定业务的、改变法律或改变现有法律的适用使其难以经济性地继续一项特定业务的政府监管活动,是第1110条规定的征收。各国政府在行使监管权力时,经常会根据不断变化的经济状况或不断变化的政治、经济或社会而考虑修改其法律和法规。”

[223] 参见同上,第187段。

[224] 参见同上,第194段。

[225] 参见同上。

[226] 参见同上,第189段。

[227] 参见同上,第198~202段。

庭。"[228]它进一步指出:"即使原告可更为具体明确,根据记录中的证据,也无法说服仲裁庭认为 CEMSA 的业务本来是有利可图的,如果 CEMSA 在此适当时间期间获得了适量的 IEPS 回扣。"[229]最后,仲裁庭判决赔偿原告实际的损失,这是由于被告未支付出口退税,加上单利而形成的。[230] 它不认为该案应适用"持续经营价值",因为它不涉及征用。[231]

显然,*Feldman* 案的决定是有充分理由的。当相关国际文件未提供评估损害的标准或方法时,这一点尤其重要。仲裁庭不采用"持续经营价值"的理由也是基于深思熟虑,因为原告提及的无论如何都不是一个可行的生意。事实上,*Feldman* 案仲裁庭在分析中,也援引了 *S. D. Myers* 案和 *Pope &Talbot* 案[232]的裁决。

与 *S. D. Myers* 案仲裁庭不同,*Pope &Talbot* 案仲裁庭没有合理化确定违反 NAFTA 第 1105 条的赔偿的方法。[233] *Pope &Talbot* 案仲裁庭拒绝原告关于时间管理的损失。它认为:"证据表明,关于本索赔所涉事项的管理层获得的年薪,未因他们各自致力于工作时间的问题发生变化。"[234]关于原告在被告关闭工厂的短时间内的利润损失,仲裁庭表示:"关闭未对投资带来任何利润损失,因为它始终能够及时满足客户的需求。"[235]最后,仲裁庭只裁定赔偿原告为抗辩被告人的侵害而自费的开支。[236] 这是一个非常有趣的案例。当然,即使管理人员必须花时间在与索赔有关的事项上,也很难证明与管理时间有关的损失的存在。该案中棘手的问题是利润损失存在与否,因为政府的措施并未影响原告满足客户需求的能力。根据政策[237],东道国应因违反条约义务而遭受某些后果。然而,原告无法证明其遭受了

---

〔228〕 参见同上,第 199 段。

〔229〕 参见同上,第 200 段。

〔230〕 参见同上,第 205 段。

〔231〕 参见同上,第 198 段。此外,仲裁庭不认为原告是一个可持续的企业,并坚信"无论 SHCP 是否提供 IEPS 折扣,原告都无法获利"。这些因素显然影响了仲裁庭不适用"持续经营"的理念。参见同上,第 201 段。

〔232〕 参见 *Pope &Talbot* 案, Award in Respect of Damages (UNCITRAL), 2002 年 5 月 31 日。

〔233〕 原告称被告违反了 NAFTA 第 1105 条,该条特别规定:"每一缔约方应按照国际法给予另一方投资者的投资,包括公平和公正的待遇以及充分的保护和安全。"它还要求缔约方确保对另一缔约方在其领土上的投资给予非歧视性待遇。

〔234〕 参见前引〔232〕,*Pope &Talbot* 案,第 82 段。

〔235〕 参见同上,第 84 段。

〔236〕 参见同上,第 85 段。

〔237〕 赖斯曼(Reisman)和斯隆(Sloane)在评论征收赔偿时说:"区分实际损失与利润损失,尽管有所过时,但在允许国际仲裁庭对严重征收进行惩罚并希望在未来阻止它们的情况下,发挥了有益的政策作用。"参见 W. Michael Reisman and Robert D. Sloane, "Indirect Expropriation and Its Valuation in the BIT Generation", *British Yearbook of International Law*,第 75 卷,2004 年,第 137 页。

什么利润损失。Pope & Talbot 案仲裁庭的决定产生的不利影响是,不太可能起到阻止东道国违反条约义务的威慑作用。但是,投资仲裁的功能是确保对投资者造成实际损害的违反条约的行为面临后果。由于没有可证明的损害,投资仲裁庭很难对简单/正式违反义务的行为施加惩罚。在可以证明存在诸如精神损害之类的其他损害的情况下,仲裁庭不应阻止判决为此类损害提供赔偿。

Occidental 诉厄瓜多尔案[238]是另一种涉及剥夺利益的案件。此案中的投资历史与 ICSID 判决的 *Occidental* 案中的投资历史相同,前面已经讨论过。在本案中,原告称厄瓜多尔未支付某些增值税款项,其违反厄瓜多尔与美国双边投资协定有关公平公正待遇、国民待遇、禁止任意和歧视性措施以及征收的义务。[239] 仲裁庭裁定被告“没有采取可能被视为等同于直接或间接征收的措施。实际上,不存在剥夺投资的使用或合理预期的经济利益,更别说对很大一部分投资造成影响”[240]。

仲裁庭不认可原告的说法,即厄瓜多尔已经妨害其行使管理和其他权利,并指出,原告“继续行使这些权利(对投资的管理、运行、维护、使用、享有、收购、扩张或处置),这完全与财产权相符”[241]。然而,仲裁庭认为厄瓜多尔的行为至少在某种程度上是任意的,因此,原告“根据合同和条约规定的权利尚未得到充分保障”[242]。仲裁庭还发现,即使被告是无意地歧视,厄瓜多尔也违反了双边投资条约规定的国民待遇义务。[243]

根据上述发现,该案仲裁庭认为,在四种情况下,原告的权利受到了影响,并产生损害。它们是:(1)被告要求原告退还的增值税金额;(2)原告要求但被告拒绝退还的增值税金额;(3)已由原告支付但尚未要求退款的增值税金额;以及(4)尚未到期或未缴纳的增值税。关于前三种情况,仲裁庭认为,原告有权要求退还增值税,包括未要求退还的款项,“同样是因为合同中未包含替代机制”[244]。调整后,仲裁庭裁定赔偿 71,533,649 美元,这是厄瓜多尔违反条约义务的结果。[245] 在宣布裁决时,仲裁庭明确要求原告不要通过其他渠道进行双重追偿。至于第四种情况,

---

[238] 参见 *Occidental* 案, final award in the matter of an UNCITRAL arbitration, (London Court of International Arbitration Administered Case No. UN 3467), 2004 年 7 月 1 日(以下简称“VAT Award”)。

[239] 参见同上,第 36 段。

[240] 参见同上,第 89 段。

[241] 参见同上,第 161 段。

[242] 参见同上,第 162、166 段。

[243] 参见同上,第 177 段。

[244] 参见同上,第 205 段。

[245] 参见同上,第 207 ~ 208 段。

仲裁庭拒绝裁定尚未到期或尚未支付的任何增值税退还款项。它依靠 SPP 案和 *Amoco* 案[246]中的裁定和霍佐夫案中的决定，因其无法就"或有和未确定的损害"作出裁决。[247]

显然，本案的情况是清楚的。仲裁庭的调查和决定无任何问题。仲裁庭还意识到其在东道国作出决定的潜在政治敏感性，因为它鼓励当事方探讨除退款外的其他形式的赔偿。[248] 遗憾的是，仲裁庭的裁决在厄瓜多尔引起公众的极大愤慨，如前所述，这最终导致原告在厄瓜多尔的石油勘探和生产合同的终止。

总之，遭受的实际损失和被剥夺的利益是同一枚硬币的两面。正如 *LG&E* 案和 *Lemire* 案所体现的，无论既有案件是否涉及利益的损失或剥夺，"要不是"标准都可以用来衡量损害赔偿。*S. D. Myers* 案仲裁庭在评估原告所称的损失时采用了侵权法的原则。所有这些以及其他案件表明，"要不是"标准是评估是否发生了损失或剥夺利益的关键。正如 *Feldman* 案、*Pope &Talbot* 案和 *Occidental* 案所说明的那样，"要不是"标准在确定与税收有关的损害（例如退税）时特别有用。向外国投资者就其遭受的实际损失或被剥夺的利益进行赔偿，且加上利息，这本质上是公平的。但是，在某些案件中，例如 *Pope &Talbot* 案，是东道国的作为或不作为明显违反其条约义务，这种情况下，原告可能无法证明某些损失（利润损失），至少不是立即可以证明。例如，潜在客户在了解了针对外国投资者的某些政府措施后，即使现有客户的需求仍可能会继续得到满足，潜在客户可能会转向其他产品或服务的供应商。在这种情况下，仲裁庭应考虑外国投资者是否损失了任何机会。否则，东道国可能不必为其违法行为承担任何责任，这不利于构建健全的国际投资法律制度。

第七节　精神损害赔偿

请求精神损害赔偿可能不是国际投资中的普遍现象。但是，如果投资受到东道国的严重和不法行为的影响，特别是外国投资者的安全处于危险之中，则可能涉及精神痛苦，胁迫和诽谤都可能导致精神损害。在这种情况下，应如何赔偿外国投

[246] 参见 *Amoco* 案，12 *Iran – US CTR* 170，1986 年，第 238 页。

[247] 参见前引[238]，*Occidental* 案，VAT Award，第 210 段。

[248] 参见同上，第 214 段。

资者?国际法庭判决的 *Diallo* 案就是这样一种情况。[249] Ahmadou Sadio Diallo 先生是具有几内亚国籍的商人,在争端发生之前,已在刚果民主共和国居住了三十多年。作为 Diallo 先生的故乡的几内亚,抱怨刚果民主共和国不公正地监禁了 Diallo 先生,破坏了他的大量投资、业务、动产和不动产以及银行账户,且还驱逐他。[250] 几内亚还声称,驱逐 Diallo 先生的时间是他"正在追讨(刚果)和其所建立的石油公司欠其公司(Africom – Zaire 和 Africontainers – Zaire)的巨额债务之时"[251]。此案并非基于双边投资条约。原告几内亚依据的是国际法关于外国人及其财产待遇的原则。因此,尽管涉及投资,但这很大程度上还是人权问题。在所要求的损害赔偿中,几内亚主张非物质损害或精神损害。

国际法院首先认为,对人的非物质伤害是"国际法上可以识别的",且可能采取"各种形式",包括精神痛苦,对人的感情的伤害、屈辱、羞辱、解职/降职、社会地位的丧失或对一个人的信誉或名声的伤害。[252] 它进一步指出,"即使没有具体证据也可以明确非物质伤害"[253]。显然,法院在发表这一声明时,清楚了解到 Diallo 先生具体遭受的苦难,即"在没有被告知逮捕原因的情况下被逮捕,且没有机会寻求救助",且"面临未经证实的指控"[254]。这些以及其他一些事实,促使法院得出结论,即"刚果民主共和国的不法行为使迪亚洛先生遭受了重大的心理痛苦和声誉损失"[255]。

关于非物质损害赔偿的量化,国际法院采用了公平原则。它还援引国际仲裁和区域人权法院,特别是欧洲人权法院在 *Al – Jedda* 诉英国案的决定中关于非物质损害赔偿的评估的部分,其指出:"其指导原则是公平原则,首先涉及灵活性,并客观地考虑,在所有情况下什么是公正、公平和合理,不仅包括申请人的立场,还包括违法行为发生的整体情况。"[256]

然而,尽管法院指出,Diallo 先生已被拘留,随后被刚果民主共和国驱逐,当他尝试追讨欠他的公司的债务时,特别是刚果和刚果国有企业加重了非物质损害的

---

〔249〕 参见 *Republic of Guinea* 诉刚果案, ICJ, Judgment, 2012 年 6 月 19 日,https://www.icj – cij.org/docket/files/103/17044.pdf。

〔250〕 参见同上,第 1 段。

〔251〕 参见同上。

〔252〕 参见同上,第 18 段。

〔253〕 参见同上,第 21 段。

〔254〕 参见同上。

〔255〕 参见同上。

〔256〕 参见同上,第 24 段。

情况,它只判决赔偿85,000美元。

国际法院对于*Diallo*案判决的价值显然不甚重大。但是,此案的重要性不可低估。毕竟,这是国际法院首次就投资案中的精神损失作出判决。国际法院宣布的原则将由其他仲裁庭遵循,用于判决赔偿非物质伤害。

*Desert Line Projects*案[257]很可能是第一个ICSID判决对精神损害予以可观的赔偿案件。在该案中,原告是根据阿曼苏丹国法律组建的一家建筑公司,也门聘请该公司建造柏油路。在施工过程中,当地部落团体和其他人使得工作多次中断。2004年年初至年中,当工程完工,且原告要求支付应付款项时,当事方之间发生争端,ICSID形成对原告有利的仲裁裁决。随后,原告对裁决书中的一些文书和计算错误提出申诉。[258] 此后,原告的人员与也门军队发生了争执,结果导致3名人员被逮捕、关押了4天。[259] 2004年9月22日,被告向当地法院申请撤销仲裁裁决。2004年12月22日,原告启动诉诸当地法院的程序,反对被告撤销仲裁的请求。原、被告于同一天达成和解协议。[260] 当地法院批准和解协议,也门中央银行根据和解协议向原告付款,不久又解除了原告为也门提供的两笔银行担保,原告开始就和解协议的有效性提出质疑。最后,原告告知也门打算将争端提交ICSID仲裁。[261]

原告要求废除和解协议[262],且ICSID仲裁庭应使被告赔偿:(1)原告基于合同的未决权利;或者(2)在也门的仲裁中裁定的赔偿额。[263] 原告撤销和解协议的理由是,原告是被胁迫情况下签订该协议的。如裁决所述,原告的主张涉及一系列违反也门—阿曼双边投资协定实质性条款的行为。[264] 基于和解协议是在胁迫下签署的情况,仲裁庭得出结论认为,该协议的生效"违反了被告基于双边投资条约第3条的义务"[265]。因此,原告应有权获得赔偿,仲裁庭认为,原告提及的"也门仲裁裁决应构成赔偿的基准"[266]。

---

[257] 参见*Desert Line Projects LLC*诉也门案(以下简称"*Desert Line*案"),ICSID案件号ARB/05/17,Award,2008年1月29日。

[258] 参见同上,第32段。

[259] 参见同上,第33段。

[260] 参见同上,第43段。

[261] 参见同上,第48段。

[262] 参见同上,第146段。

[263] 参见同上,第232段。

[264] 参见同上,第148段。

[265] 参见同上,第194段。

[266] 参见同上,第253段。

关于精神损害赔偿,原告的指控包括:(1)其行政人员因被告和武装部队而"承担的被骚扰、威胁和拘留的压力和焦虑";(2)对其信用和声誉有严重伤害,以及声望的损失;(3)恐吓原告的高级管理人员。[267] 仲裁庭裁定:"即使投资条约的主要目的是保护财产和经济价值,他们也不排除这样的情况,即一方当事人可以在特殊情况下,要求对方赔偿精神损失。在大多数法律体系中,通常公认的是,除了纯粹的经济损失外,精神损失也可以予以赔偿。没有理由排除它们。"[268]

与此同时,即使是可能的,它也意识到量化精神损害的困难。[269] 随后,仲裁庭参考了 *Lusitania* 案的裁决,认为非物质或精神损害是"非常真实的,仅凭货币标准很难对其进行衡量或估计的事实并不会使此真实性减弱,没有理由不赔偿受伤者"[270]。此外,仲裁庭认为,自然人和法人均可适用精神损害赔偿,因为后者可能遭受声誉损害。由于仲裁庭认为被告的行为"是恶意的,因而构成了基于过错的实质责任",因此,它判决就精神损害赔偿原告 100 万美元。[271] 在作出关于实质损害的结论时,对行政人员的拘留、对人员的骚扰和对原告的不利影响被纳入考量范畴。

Desert Line 案是一个非常罕见的案例,即外国投资者受到人身威胁。如果东道国的这种行为不被惩罚,那么为吸引外国投资而建立的制度将被认为是无用的和毫无意义的。因此,可以理解的是,该案仲裁庭在分析中,强调了胁迫在原告与被告缔结的和解协议中所起的作用。正如仲裁庭指出的那样,在大多数(即使不是全部)法律制度中也存在对精神损害的赔偿。在该案中,将文明社会普遍认可的原则应用于投资关系是很自然的选择。话虽如此,*Lemrie* 案所体现的与精神损害有关的原则应加以限制。

Lemire 案仲裁庭在审视了 *Desert Line* 案仲裁庭的做法后,得出的结论是,"作为一般规则,受国家不法行为伤害的当事方无法获得精神损害赔偿"[272]。它认为,可以判决涉及精神损害赔偿的特殊情况包括人身威胁、非法拘留。它指出,"健康状况恶化、压力、焦虑、其他屈辱、羞耻和退化等精神痛苦,或声誉、信誉和社会地位的丧失",其痛苦的根源和其影响必须是"严重或实质的"[273]。从本质上讲,*Lemire*

---

〔267〕 参见同上,第 286 段。

〔268〕 参见同上,第 289 段。

〔269〕 参见同上。

〔270〕 美国诉德国案,1923 年 11 月,VII RIAA 32,第 42 页;援引 *Desert Line* 案,同上,第 289 段。

〔271〕 参见同上,*Desert Line* 案,第 290 段。

〔272〕 参见前引〔211〕,*Lemire* 案, Award,第 333 段。

〔273〕 参见同上。

案仲裁庭的决定并非与 *Desert Line* 案的决定不一致。它只是完善了后者的立场。另外，由于 *Lemire* 案中的原告已经获得了可观的经济赔偿，因此仲裁庭拒绝判决就其精神损害予以赔偿。[274] 因此，以国际法院在 *Diallo* 案中宣告的原则为指导，同时分析 *Desert Line* 案和 *Lemire* 案的决定，可以得出结论，根据国际投资法，精神损失赔偿是允许的，但应限于身体和精神上的损害。

第八节　结论和解决方案

赔偿是解决投资纠纷最重要的方面。不管争议各方出于何种原因进行仲裁或启动司法程序，最终，遭受损失的一方可获得的任何赔偿都是对外国投资体系的公平性、公正性和合理性的衡量，以及是否有利于鼓励跨境投资。一般而言，赔偿可分为关于东道国征收或非征收行为对外国投资者造成损害的赔偿。本节将对两种情况下确定赔偿的做法进行讨论。在此基础上，就改进当前实践提出建议。

一、FMV 作为征收措施的情况下的标准

实践表明，在存在征收的情况下（不管直接或间接征收），仲裁庭常根据投资的市场价值或 FMV 确定赔偿数额。[275]

既定的行为或法规意味着直接或间接征收，或等同于征收的措施，或构成缓慢征收，至少在涉及赔偿的情况中并不重要。此外，最近的仲裁实践表明，征收被认定为“非法”或构成“国际非法行为”的数目有所增加，确立赔偿标准时也显示出高度的一致性。*ADC* 案即为一例。

关于赔偿问题，*ADC* 案仲裁庭在认定被告的征收行为构成国际不法行为后，其表示这“适用于霍佐夫工厂案中的习惯国际法的标准”[276]，因为“双边投资条约仅规定了在合法征收情况下确定支付赔偿的标准，而这些标准不能用于确定在非法征收情况下应支付的赔偿问题”[277]。尽管如此，由于《塞浦路斯—匈牙利双边投

---

[274] 参见同上，第 344 段。

[275] 关于与非征收赔偿的国家实践有关的比较研究，参见 Matthew C. Porterfield，“State Practice and the (Purported) Obligation under Customary International Law to Provide Compensation for Regulatory Expropriations”，*N. C. J. Int'l L. & Com. Reg.*，第 37 卷，2012 年，第 160 ~ 197 页。

[276] 参见 *ADC* 案，ICSID 案件号 ARB/03/16，Award，2006 年 9 月 26 日，第 480 段。

[277] 参见同上，第 481 段。

资协定》提到了公正赔偿,因此,该数额必须与被征收时被征收的投资的市场价值相对应,在审查了国际惯例后,仲裁庭决定采用基于 DCF 方法的市场价值标准。[278] *Siemens* 案[279]、*Vivendi* 案[280]和 *Kardassopoulos* 诉格鲁吉亚[281]案中,有关协议规定的关于征收的赔偿金仅适用于合法征用,在非法征用的情况下,必须采用另一种标准(以霍佐夫原则为典型代表的习惯国际法为基础)。仲裁庭发现存在非法征收之后,一致采用 FMV 方法评估损害赔偿,这与双边投资协定和自由贸易协定规定的与合法征收有关的赔偿标准相同。

就赔偿标准而言,很明显,仲裁庭一致认为国际常设法院在霍佐夫工厂案中宣告的赔偿原则反映了习惯国际法。因此,FMV 标准已为越来越多的仲裁庭所采用,以赔偿因非法征收而造成的损失。

在被征收的情况下,赔偿涉及的另一个问题是计算方法,关于该方法的辩论可能会继续进行[282],尽管在许多案件中都采用了 DCF 方法。

这些做法表明,尽管缺乏关于非法征收赔偿的条约规定,但仲裁庭的裁决是相当一致的,这不仅有助于为此类案件建立公认的国际准则,而且为确定非征收赔偿提供了指导。由于在可预见的将来,大规模和直接征收不大可能是国际社会的当务之急,因此可能不会强调合法和非法征收的赔偿的传统区别。

二、针对非征收违约而采取的多种标准

面对非征收性违约行为的赔偿问题,仲裁庭一贯主张根据适用的双边投资条约和其他国际文书,行使自由裁量权以自行决定其标准。因此,仲裁庭在这方面的决定并不一致。有些适用 FMV 标准,以 *CME* 案、*CMS* 案和 *Azurix* 案为典例。其他仲裁庭,例如 *LG &E* 案和 *S. D. Myers* 案仲裁庭拒绝采用 FMV 标准,因为他们认为这是"不合理、不恰当或不可行的赔偿标准"[283]。*Feldman* 案和 *Occidental* 案仲裁庭根据拒绝给予外国投资者的收益("要不是"公式),确定向外国投资者提供的

---

[278] 参见同上,第 501 ~ 502 段。

[279] 参见 *Siemens* 案, ICSID 案件号 ARB/02/8, Award, 2006 年 2 月 6 日。

[280] 参见 *Vivendi* 案, ICSID 案件号 ARB/97/3, Award, 2007 年 8 月 20 日。

[281] 参见 *Ioannis Kardassopoulos* 诉格鲁吉亚案, ICSID 案件号 ARB/05/18, Award, 2010 年 3 月 3 日。

[282] 关于计算赔偿方法的选择,有人指出:"'南方'将账面价值视为已花费但未收回的账面价值,反之,'北方'则认为 DCF 值代表衡量市场价值的经济价值,从而等于所购资产的机会成本。"参见 Thomas R. Stauffer, "Valuation of Assets in International Takings", *Energy Law Journal*,第 17 卷,第 459 ~ 488 页。

[283] 参见前引〔70〕,*S. D. Myers* 案, First Partial Award,第 309 段。

赔偿。还有在评估损害赔偿时采用了习惯国际法的准则的，如 *Nykomb* 诉拉脱维亚案。[284]

在该案中，原告 Nykomb Synergetics Technology Holding AB 是根据瑞典法律注册成立的股份制公司，已收购了根据拉脱维亚法律组建的 Windau 的 100% 的股份。争端涉及 Windau 与拉脱维亚的一家国有企业 Latvenergo 之间订立的购买合同中的交货价格，此国有企业的职能包括执行政府的经济领域的政策。Nykomb 向东道国提出索赔，基于其违反 ECT 规定的关于公平公正待遇及最低待遇标准、禁止不合理或歧视性措施以及征收相关的义务。[285] 诉求实际上是因为 Latvenergo 未能为 Windau 生产的电力支付双重费用，这应归咎于拉脱维亚。仲裁庭裁定被告违反了其条约义务，因此裁定它必须"对原告遭受的损失或损害承担责任"[286]。实际上，仲裁庭认为："损害或因不缴纳双重费用而造成的损失是相同的。因此，为了确定共和国的赔偿责任，从严格意义上来说，足以明确已违反一项相关规定。"[287]

关于赔偿问题，*Nykomb* 案仲裁庭表示，ECT 第 13 条第 1 款规定的赔偿原则是针对国有化或征收的"特殊情况"，或等同于征收的措施。然而，仲裁庭不认为 Latvenergo 拒绝支付款项构成国有化或征收。因此，它决定条约针对征收的赔偿标准不适用于其他违法行为。[288] 仲裁庭认为，关于违反条约第 10 条规定的义务的赔偿必须首先根据习惯国际法确立的原则找到解决办法，并进一步指出，"这已在国际法委员会关于国家责任的条款草案中作了权威性的重述"[289]，其中第 35 条准许恢复原状作为赔偿的手段。但是，仲裁庭在"考虑到适用的习惯国际法对因果关系、可预见性和结果合理性的要求之后"，裁定予以金钱赔偿。[290] 确定原告有权获得但未得到的双重报酬待遇的确切数额存在困难，这可能是仲裁庭选择不裁定恢复原状的原因。不过，遗憾的是，仲裁庭在涉入该问题后，未借此机会对其理由进行更彻底的讨论。

---

〔284〕 参见 *Nykomb Synergetics Technology Holding AB* 诉拉脱维亚案（以下简称"*Nykomb* 案"），Stockholm Chamber of Commerce，Award，2003 年 12 月 16 日。

〔285〕 参见同上，第 1.2.3.3. 节。

〔286〕 参见同上，第 4.3.4.1. 节。

〔287〕 参见同上，第 4.3.2.3. 节。

〔288〕 参见同上，第 5.1.1. 节。

〔289〕 参见同上，第 5.1.3. 节。

〔290〕 参见同上，第 5.2.b.8. 节。

三、完善方案

鉴于上述做法引起的问题，例如仲裁裁决不一致，赔偿标准和计算方法均未达成共识，以及缺乏赔偿违反投资协议中关于非征收性规定的普遍同意的原则等，显然，投资仲裁还有改进的空间。以下是一些改进的建议。

1. 恢复原状。根据《关于国家对国际不法行为的责任条款草案》第 35 条的规定，实施不法行为（当然包括违反双边投资协定的国家）有恢复原状的义务。由于这些条款被视为习惯国际法的代表，因此，即使没有双边投资条约和其他国际文书，这种恢复原状的义务仍然存在。但是，在投资仲裁中，很少将恢复原状作为赔偿的形式。例如，在 *Amco Asia* 案中，仲裁庭拒绝提及非货币救济的问题，并指出："很明显，仲裁庭不能代替印度尼西亚政府来取消吊销和恢复许可证；甚至没有要求其采取这种行动，是否可以对主权国家下令恢复原状无疑是令人怀疑的。"〔291〕确实，仲裁庭不能代替东道国。但是，在像 *Amco Asia* 案这样的案件中，仲裁庭可以将恢复原状作为被告和原告可选的处理方式。如此，可以为争端各方提供继续合作的机会。

Goetz 诉布隆迪案〔292〕是判决恢复原状的极少数案件之一。该案涉及一名比利时投资人，该投资人通过布隆迪一家当地公司投资生产银、金和其他贵金属。该纠纷源于布隆迪撤销了原告持有的证书，该证书使其享有某些税收优惠。据称，东道国违反了比利时布隆迪双边投资条约所规定的关于不歧视和征收的义务。仲裁庭认为布隆迪吊销证书相当于一项征收措施，尽管没有歧视，但决定给布隆迪一个选择，以终止有争议的措施。仲裁庭表示，布隆迪可以"通过废除部长令（撤销证书）……然后恢复自由出口公司的证书，或甚至不基于（部长）裁定的初步废除，以恢复自由出口公司的证书的方式来执行该裁决"〔293〕。仲裁庭进一步指出，这两种选择都是"在布隆迪政府的主权范围内可决定的"〔294〕。因此，被告有机会通过恢复原状纠正其不法行为，在这种情况下，外国投资可持续。原告也没有受到不利影响，因为毕竟它的利益是投资，而不仅仅是获得金钱奖励，还可寻求其他机会。

无论如何，由于多种原因，仲裁庭很少会裁定非金钱救济。首先，国际法就此规定了严格的条件。被认为是当代习惯国际法的代表的国际法委员会《关于国家

---

〔291〕 参见前引〔48〕，*Amco Asia* 案，Award，第 202 段。

〔292〕 参见 *Goetz and Others* 诉布隆迪案，ICSID 案件号 ARB/95/3，Award，1999 年 2 月 10 日。

〔293〕 参见同上，第 134 段。

〔294〕 参见同上，第 136 段。

对国际不法行为的责任条款草案》,要求仅在并非“实质上不可能”且“恢复原状而非赔偿获得的利益不涉及任何不成比例的负担”的情况下才给予赔偿”[295]。问题在于什么可能构成实质上的不可能。被告表示将不执行仲裁决定是否足够构成?如果被告拒绝执行恢复原状或任何其他非金钱救济,那么外国投资者可以使用哪些手段执行裁决?恢复原状和赔偿的利益的平衡,对于仲裁庭而言是一项更具挑战性的任务。在 ILC 条款的起草工作中,也预期会有此类困难。克劳福德教授就此表示:“即使恢复原状,也可能不足以确保得到充分赔偿。赔偿的作用是填补任何空白,以确保对遭受的损害进行充分赔偿。”[296]

就 ICSID 的仲裁而言,执行非金钱救济的困难可能也是《ICSID 公约》本身固有的。《ICSID 公约》第 54 条第 1 款规定:“各缔约国应承认根据本公约作出的裁决具有约束力,并在其领土内执行该裁决施加的*金钱义务*,就好像该裁决是该国法院的最终裁决一样。”(标注重点)这些规定可为败诉的被告不执行非金钱救济(例如恢复原状)提供良好的辩护。

尽管在决定和执行恢复原状的裁决方面存在困难,但在适当情况下,仲裁庭应将恢复原状作为金钱赔偿的替代方法。如前所述,恢复原状对外国投资者和东道国来说都是双赢的局面。关于执行方面的潜在困难,很明显,外国投资者在执行金钱赔偿裁决方面经常遇到重大困难,这将在本书的第十章讨论。

2. 禁令救济。在可以作为赔偿手段的非货币救济中,虽可使用,或很少被使用,但禁令可以作为一种选择。在 *Enron* 案[297]中,仲裁庭发布禁制令的权力受到质疑。[298]仲裁庭指出,它对“国际法庭和仲裁庭下令就履行或禁止采取措施的权力以及在这方面可采取的丰富做法进行审查,仲裁庭毫无疑问地认为这些权力是确实可用”[299]。因为发现被告违反了公平公正待遇方面的义务,并且与保护伞条款有关,因此,除了给予金钱赔偿外,仲裁庭还可以作出禁令救济。但它选择不这样做。尚不清楚仲裁庭的决定是不是针对被告可能提出的挑战而作出的。在任何情

---

[295] 参见 ILC Articles on Responsibilities of States for internationally Wrongful Acts,第 35 条,https://www.un.org/en/ga/search/view_doc.asp? symbol = A/RES/56/83。

[296] James Crawford, *The International Law Commission's Articles on State Responsibility*, Cambridge University Press, Cambridge, U. K., 2002 年,第 218 页。

[297] 参见 *Enron* 案, ICSID 案件号 ARB/01/3, Decision on Jurisdiction, 2004 年 1 月 14 日。

[298] 参见 *Enron* 案, ICSID 案件号 ARB/01/3, Decision on Jurisdiction, 2004 年 1 月 14 日,第 76 段。被告认为,仲裁庭的权力仅限于作出声明使原告满意,或在发现违反条约的情况下确定赔偿额。

[299] 参见同上,第 79 段。在仲裁程序的案情阶段,阿根廷的税收措施并不认为等同于征收措施(无论是直接征收还是间接征收),且仲裁庭判决仅向原告赔偿金钱损失。

况下,保持禁令救济作为赔偿的选择都是非常重要的,因为在某些情况下,如果外国投资者仍然对维持其投资感兴趣,那么金钱损失可能就不能算是公正。

3. 需要更好的理由。对于仲裁的其他方面,某些仲裁庭在确定赔偿时比其他法庭更充分地解释了其理由。由于缺乏条约规定,多数针对非征收性违约的赔偿决定由仲裁庭酌情决定。如果仲裁庭给出更广泛和充分的理由,这将是有益的,并具有更大的说服力。不幸的是,并非每个仲裁庭都充分解释了其决定的基础。例如,在 *Nykomb* 案中,仲裁庭在面对原告的多项诉求时,其决定仅审查被告是否违反了 ECT 第 10 条第 1 款有关"不合理或歧视性措施"的规定。它表示,尽管被告的行为可能违反了各项条约规定,但它认为仅仅确认一项这样的违约就足够了,因为"造成的损害或损失是相同的"[300]。从司法经济的角度来看,该判决没有问题。但是,仲裁庭应该更彻底地解释其理由。

Nykomb 案仲裁庭在决定被告的措施是否具有歧视性时采取了类似的判断方法。它仅简略地表示,另外两个实体和原告属于同一行业,且"……几乎没有被告记录的任何文件显示确定乘数的标准或方法,或者 Latvenergo 被授权在何种程度上应用了本仲裁中记录的乘数。另一方面,仲裁庭可获得的所有信息表明,这三家公司具有可比性,并遵守相同的法律和法规"[301]。

多作出一点解释会有所不同。但是,*Nykomb* 案仲裁庭没有这样做。此类信息包括有关实体的产品、规模和雇员人数。

在实践中,如果没有给出充分的理由,仲裁庭的决定可能会受到一方或另一方的质疑。如果案件涉及 ICSID 仲裁,则可能会根据《ICSID 公约》第 52 条第 1 款 e 项对不合理的决定提出异议。[302] 因此,从法律或其他角度来看,最好作出更有理由的决定。

4. 精神损害赔偿。在与投资有关的案件中,一些仲裁庭已裁定对原告给予精神损害赔偿。精神损害通常与自然人或法人的声誉或地位遭受的损害有关。实际上,法人在复杂的计算机化世界中越来越容易受到政府的作为和不作为对其声誉造成的不利影响,互联网技术的广泛使用使信息能够快速地传播到世界各地。任何有意或无意的谣言或评论都可能极大地影响公司、产品或管理层。例如,当东道国因违反当地法律调查一家外资企业并拘留其主要管理人员,这一消息将立即为

---

[300] 参见前引[284],*Nykomb* 案,第 4.3.2.3 段。

[301] 参见同上。

[302] 有关此问题的讨论,参见 Markham Ball, "Assessing Damages in Claims by Investors Against States", 16 *ICSID Review—Foreign Investment Law Journal* 408, 2001 年,第 428 页。

全世界所知。在得知外国投资有麻烦时,那些有兴趣与该企业进行交易的人自然会重新考虑这一决定,这意味着外国投资会失去商机。同时,如果出于健康或环境原因而对外国投资的产品进行调查,甚至要进行反倾销调查,无论最终结果如何,声誉和/或市场份额都可能受到严重影响。

因此,在东道国采取任何措施或发表任何可能影响外国投资的地位和声誉的声明时,它必须对所言或所为承担责任。由于赔偿的一般原则是使外国投资者处于东道国没有违反其国际义务的情况下应有的地位,因此,由此引起的精神损害应与金钱损害一样得到充分赔偿。但是,在裁定精神损害赔偿时应格外谨慎,这可能是非常投机的,甚至可能是无法估量的。

有人认为:“过错……似乎起着看门人的作用,当存在时,它可使仲裁员更加慷慨地判决作出一般性赔偿,尤其是精神损害赔偿。”[303] 在许多情况下,例如在反倾销和反补贴调查或与环境和税务相关的调查中,过错或损害个人或法人声誉的意图可能难以证明。因此,如果将过失作为给予精神损害赔偿的前提,那么许多案件将无法达到要求。但是,应将其用于评估更高的赔偿额。

5. FMV 标准和 DCF 方法。即使双边投资协定和自由贸易协定都没有规定针对征收外的其他违反条约的情况而造成的损害的赔偿标准,没有人会争辩,即双边投资协定和自由贸易协定的缔约国对此类违规不承担任何责任。实际上,没有任何国家争辩过,即不应为此类违规行为进行赔偿。[304] 随之出现一个问题,即为什么没有在双边投资条约和自由贸易协定中纳入任何规定来规范由于非征收性违约行为造成的损害赔偿。毫无疑问,这有多种原因,其中包括裁定此类损害赔偿的时间相对较短,缔约方对该问题的不确定性和/或默许或默示同意仲裁庭行使自由裁量权等。正如对涉及 MFN 条款的广泛解释的案件中的仲裁决定所做的那样,国际社会没有对仲裁庭基于 FMV 或实际损失或赔偿的裁决作出反应,尽管结果不一致,这一事实说明了对这种裁决的普遍接受。这种情况使得主要由仲裁决定组成的判例对于该法律领域的发展非常重要。面对制定国际投资法这一重要任务,仲裁庭应谨慎行事,并清楚说明其决定的理由。

与 FMV 标准相关的是赔偿额的计算,即如何确定反映 FMV 的总量。如前所

---

〔303〕 B. Sabahi, “Moral Damages in International Investment Law: Some Preliminary Thoughts in the Aftermath of Desert Line v Yemen”, *Transnational Dispute Management*,第 9 卷,第 1 篇,January 2012 年 1 月,第 260 页。

〔304〕 对此事项的讨论,参见 Campbell McLachlan, Laurence Shore and Matthew Weniger, *International Investment Arbitration: Substantive Principles*, Oxford University Press, 2007 年,第 315 页。

述,投资仲裁庭在实践中采用了各种方法来计算损害赔偿,包括账面价值、公平报价的价值、拒绝给付的金额和 DCF,其中对 DCF 方法争议最大。

瓦尔德为国际投资仲裁中使用 DCF 方法确定赔偿金提供了有力的解释。他认为:“……实际损失和利润损失应该被认为是在估值方法相对落后的/历史的且是基于单个财产项目的会计价值的时期产生的。由于未综合考虑所有项目(一揽子价值)和获利能力,因此不能正确代表市场价值。因此,至少在作出支付的判决之前,才有必要增加利润损失来弥补纯粹历史性的和基于成本的对单个财产项目的考量的缺陷。”〔305〕

DCF 方法似乎考虑了外国投资者的获利能力。但是,由于它涉及未来,而且没有人能准确预测(更不用说准确评估)未来会发生什么,即使在成熟的市场中,DCF 值也可能不可靠。正如有评论所指出的:“当存在活跃且合理有效的市场时,投资者的不确定性会导致买入和卖出之间的价差很大,价格也会出现较大的波动,有时甚至每小时都不同。面对高度不确定和非常动荡的市场,即使是自由市场价格也不能提供长期承诺的良好基础,投资者的兴趣可能会趋于枯竭。”〔306〕

但是,与此同时,正如雷斯曼和斯莱恩指出的那样,关于东道国违反义务以进行赔偿的条约规定“应被解释为阻止不奖励”〔307〕。尽管 DCF 值可能不准确或不准确,但在计算损失赔偿金的不同方法中,它足以用于外国投资者提供赔偿,同时也可以阻止或至少不鼓励非征收性违约行为,这反过来又有助于稳定国际投资体系。话虽如此,但建议在采用 DCF 方法时应谨慎。例如,在评估未来价值时,为计算未来收益而进行的详细逐项计数应基于可靠的数据。仲裁庭应解释其对赔偿总额的计算,因为赔偿额的不精确性经常受到批评。〔308〕 学者们也呼吁谨慎使用 DCF 方法,因为它存在导致“过度”赔偿外国投资者的风险,特别是在评估长期合同或特

---

〔305〕 参见 Thomas W. Wälde, “Remedies and Compensation in International Investment Law”, Report for the ILA Committee on International Law of Foreign Investment (First Draft), 2005 年 7 月, *Transnational Dispute Management*,第 2 卷,第 5 篇,2005 年 11 月,第 60 ~ 61 页。

〔306〕 参见 Edith Penrose, George Joffé, Paul Stevens, “Nationalisation of Foreign - owned Property for a Public Purpose: An Economic Perspective on Appropriate Compensation”, *The Modern Law Review*,第 55 卷,1992 年,第 351 ~ 367 页,第 364 页。

〔307〕 参见前引〔237〕,Reisman and Sloane,第 148 页。

〔308〕 有人认为:“即使当事各方提出了详细的意见书,并附有专家的分析、精确的计算、替代的公式和估价,许多仲裁庭似乎还是以不精确的方式得出了数额。”参见 Abby Cohen Smutny, “Some Observations on the Principles Relating to Compensation in the Investment Treaty Context”, *ICSID Review—Foreign Investment Law Journal*,第 22 卷,2007 年 1 号,第 1 ~ 23 页。

许权时。[309]

总之，国际条约实践和仲裁裁决表明，在合法和非法征收（直接和间接征收以及等同于征收的措施）的情况下，市场价值或公平市场价值已成为赔偿的基础。国际社会的这一共识也为非征收违约造成的损害赔偿标准的建立提供了指导。面对除征收以外的其他违约行为的赔偿问题，仲裁庭在选择赔偿金计算方法时非常谨慎，使用各种方式，诸如账面价值、近期报价公平交易的价值、拒绝给付的金额和DCF价值等似乎最适合手头案件的。尽管对DCF方法提出了批评，但DCF方法可能通过阻止东道国违约而有助于稳定当代投资体系。尽管这方面的仲裁决定不一致，也不应期望它们是一致的，但看来国际社会已经接受了投资仲裁中赔偿决定的现状。显然，随着这方面判例的继续丰富，国际社会将在不久的将来就赔偿标准达成某种共识。

---

〔309〕 瓦尔德特别批评了这种可能性，并坚持认为："……利润损失可以诱使一个谨慎的仲裁庭首先以历史性和以成本为基础的方式计算要赔付的市场价值，其后再考虑未来长期收入的价值。这意味着投资者实际上获得了两倍（甚至可能是三倍）的赔偿：基于历史成本的价值（平均应等于持续经营的成本/市场价值），基于未来收入的持续经营的/市场价值，以及如果未来收入未因风险因素而折现，则为价值的第三个量度。投资者可以将成本投资到一个没有风险的新项目中，而现在，获得赔偿金之后，无风险的未来收益价值存在于另一个新项目中，这将使他获得两倍的价值的赔付，并使其摆脱风险。因此，当争议涉及长期合同时，特别容易向多重赔付倾斜。"参见同上，第61页。

第十章

国家责任与执行义务

大多数外国直接投资涉及东道国的作为和不作为，它们必须遵守东道国的法律和法规。毫无疑问，由于外国直接投资为东道国的经济作出了重要贡献，双边投资协定和自由贸易协定通过保护外国投资和投资者来规范东道国的行为。[1] 易言之，在某种程度上，国际投资法制度的存在是为了“限制一个国家要求外国投资者服从其国内行政法律制度的主权权力”[2]。如果一个国家已签署双边投资协定或自由贸易协定，则其应履行由此产生的义务。若一国拒绝履行或违反其基于双边投资协定、自由贸易协定或习惯国际法原则而有的义务，则其必须承担后果。为此，确定是否归属于国家的作为或不作为非常重要。

随着联合国国际法委员会于2001年通过了ILC条款，国际法在这一领域取得了重要进展。[3] 投资仲裁庭还决定了被视为国家代理、单位机构的实体的行为或不作为的可归责性。这种判例与主要体现在ILC条款中的习惯国际法规则一起构成了确定东道国义务的重要法律依据。

传统意义上，东道国作为主权国家享有国际法的豁免权。但是，自20世纪中叶以来，一些发达国家采用了限制性的主权豁免原则，这对国家法院对于包括投资东道国在内的外国的作为和不作为的管辖权产生了影响。随着限制性主权豁免原则的引入，国家法院可以对其他国家的某些行为行使管辖权。

任何与主权豁免有关的政策，特别是涉及改变的，始终与国际投资紧密相关。

---

〔1〕 关于此问题的讨论，参见 Asha Kaushal，“Revisiting History: How the Past Matters for the Present Backlash Against the Foreign Investment Regime”，*Harvard International Law Journal*，第50卷，第2篇，2009年夏天。

〔2〕 参见 Rudolf Dolzer，“The Impact of International Investment Treaties on Domestic Administrative Law”，*New York University Journal of International Law and Politics*，第37卷，第4期，2005年。

〔3〕 参见“Draft Articles on the Responsibility of States for Internationally Wrongful Acts”，Report of the ILC on the Work of its Fifty - third Session，UN GAOR，第56届会议，第10号附加文件，第43页，联合国文件A/56/10，2001年，http://untreaty. un. org/ilc/texts/instruments/english/draft%20articles/9_6_2001. pdf。

例如,如果东道国违反了基于其已签署的条约的义务,但拒绝通过支付赔偿来承担后果,那么在得出不利于其的仲裁裁决的情况下,胜诉方(外国投资者)有哪些选择执行该裁决?当然,它可能会要求其母国提供外交保护。[4] 它也可以诉诸国家法院执行该裁决。在后一种情况下,东道国是否具有管辖权的豁免权,更重要的是它是否具有免于被执行的权利,这对外国投资者和国际投资法都是重要的问题。在遵循限制性豁免原则的大多数国家中,仍将司法管辖豁免与执行豁免区分开来。既然如此,在考虑履行国家义务时,不仅必须考虑条约条款和投资仲裁惯例,而且应考虑国家法律和国家法院的实践。

本章首先研究与国家责任有关的国际法规则及其实施。由于主权豁免仍然是执行条约义务的障碍,因此,本章将就国际层面的关于该领域的国际法进行简要介绍,进而讨论国家主权豁免的实践,还将特别注意与主权豁免权和执行豁免权有关的做法。最后,将分析中国对主权豁免的看法。

第一节 国家责任归属

与其他情况一样,在投资法方面,东道国应根据习惯国际法和其加入的条约所承担的国际义务,对其行为和不作为负责。[5] 此类条约可能包括双边投资条约和自由贸易协定。当东道国违反义务时,其必须承担后果。长期以来,这一直被认为是国际法的一项原则。例如,根据《奥本海国际法》:"在国际法中……一国对其违反国际义务的行为承担责任。这种责任因国家的国际法人的地位而被归因于国家。国家主权并不为拒绝承担这种责任提供依据。不履行国际义务构成该国的国际错误,从而引发该国的国际责任和由此产生的法律后果,既对该国……也对其他国家。……国际不法行为最常见的后果是使受害国能够根据国际法利用其可用的

[4] 这由国际常设法院在 *Mavrommatis Palestine Concessions* 案中提出,即"一个国家有权保护其主体,这是国际法的基本原则,当受到另一国违反国际法的行为的侵害,且无法通过正常渠道得到满意的解决时,一国通过代表其主体处理案件以及代表其采取外交行动或国际司法程序,实际上是在维护其自身的权利,即确保其主体权利,以尊重国际法规则"。参见 *The Mavrommatis Palestine Concessions Case* (1924) PCIJ Rep Series A,第2号,1924年8月30日的裁决,第12页。

[5] 关于国家行为归因的讨论,参见 Kaj Hober, "State Responsibility and Investment Arbitration", *Journal of International Arbitration*,第25卷,第5号,第545~568页。

措施和程序来迫使侵害国履行其义务,或基于未能履行责任而从该国获得赔偿。"[6]

东道国的责任不受其在其他国家/地区法院享有的豁免权的影响。实际上,除相关的双边投资协定和自由贸易协定外,投资仲裁庭还从习惯国际法,尤其是 ILC 条款中寻求帮助。这些 ILC 条款被普遍认为代表了国际社会在此问题上的公认观点,即使不是习惯国际法,也是如此。[7] 仲裁实践已有体现。例如,在 *Cargill, Incorporated*诉墨西哥一案中,仲裁庭认为 ILC 条款"部分是习俗的编纂,且部分体现了国际法的逐步发展"[8]。即使那些可能对 ILC 条款的整体权威性存有异议的人也不怀疑它们至少在某些方面代表了当今的习惯国际法。亚瑟·罗文(Arthur Rovine)在他的同意意见中说:"ILC 条款及其评注是否构成以及在何种程度上构成了对习惯国际法的准确复述,在多大程度上代表了国际法的逐步发展,这几乎不是一个问题,这是公认的。但就本案而言……在我看来,可以在 ILC 条款的第 49 条评注以及其他条款中找到关于至少一个问题(反制措施)的习惯国际法的权威说明,以及与反制措施有关的评论。"[9]

如今,仲裁庭通常将 ILC 条款作为国际法的体现。*LG &E* 案即为一例,其仲裁庭指出:"它意识到,对国际法中的危急情况的满足(体现于 ILC 草案第 25 条关于

---

[6] 参见 Robert Jennings and Arthur Watts (ed.), *Oppenheim's International Law* (9th ed.), 牛津大学出版社,2008 年,第 500~501 页。

[7] 参见 Kaj Haber, "State Responsibility and Investment Arbitration", *Journal of International Arbitration*,第 25 卷,第 2 号,2008 年;Abby Cohen Smutny, *State Responsibility and Attribution: When Is a State Responsible for the Acts of State Enterprises? Emilio Agustin Maffezini* v. *The Kingdom of Spain*, *in* International Investment Law and Arbitration: Leading Cases From the Icsid, Nafta, Bilateral Treaties and Customary International Law 17,28,T. Weiler ed., Cameron May, 2005 年;Pierre-Marie Dupuy, "The International Law of State Responsibility: Revolution or Evolution?", *Michigan Journal of International Law*,第 11 卷,1989 年,第 5 页。也有其他评论就仲裁庭对于 ILC 条款的依赖提出警示。参见 David Caron, "The ILC Articles on State Responsibility: The Paradoxical Relationship between Form and Authority," *The American Journal of International Law*,第 96 卷,2002 年。他指出,"文章提及的仲裁员和其他的决策者(特别是前者)对条款给予了过多授权(由此影响)"(第 858 页),且"它们不是条约的一部分,认为它们好像是也不是不合适的"(第 868 页)。他进一步指出,认识到 ILC 条款本身不是法律渊源很重要,因为否则正如所认识到的,仲裁员可很轻易、不加批判地遵循它们,引用 Iran-U. S. 案仲裁庭关于处理诉求的实践,第 867 页。参见 *Noble VenturesInc.* 诉罗马尼亚案, ICSID 案件号 ARB/01/11, *Award*, 2005 年 10 月 12 日,第 69 页。

[8] *Cargill, Incorporated* 诉墨西哥案, ICSID 案件号 ARB(AF)/05/2, Award, 2009 年 9 月 18 日,第 381 段。

[9] *Archer Daniels Midland Company and Tate &Lyle Ingredients Americas, Inc.* 诉墨西哥案, ICSID 案件号 ARB(AF)/04/5, Concurring Opinion of Arthur W. Rovine: Issues of Independent Investor Rights, Diplomatic Protection and Countermeasures, 2007 年 9 月 20 日,第 2 段。

国家责任的条款）支持了仲裁庭的结论。”〔10〕此外，在 *CMS* 案中，仲裁庭考虑到关于国家责任的第 25 条充分反映了习惯国际法关于危急情况的问题。〔11〕特设委员会废除了仲裁庭裁决的一部分，包括仲裁庭适用 ILC 条款第 25 条的方式，但并未质疑仲裁庭关于 ILC 条款代表习惯国际法的观点。对此，特设委员会指出：“习惯国际法中的危急状态涉及责任问题，这将是国际法的次要规则，而这正是国际法委员会的立场。在本案中，仲裁庭将有义务首先考虑是否存在违反双边投资条约的情况，以及是否属于第 11 条规定的例外情况。只有在得出结论认为有不符合该条约的行为的情况下，才会考虑根据习惯国际法，以视是否可以全部或部分排除阿根廷的责任。”〔12〕在其他投资涉及的领域，例如对最惠国条款的解释，也存在对 ILC 条款的认可。〔13〕

根据 ILC 条款规定，国家必须对其组织（也称为“国家机关”）的作为和不作为负责。此种国家机关“行使立法、行政、司法或任何其他职能”〔14〕，重点聚焦于其根据国家法律和国内法律体系而具有的功能，而非其所处位置或特点等。国家机关可以是个体或法人。〔15〕实际上，是否可以将一个实体归类为其所属国家的机关至关重要。但是，在确定是否认定某特定机构或实体为国家机构时，盲目依赖国家法律可能会导致对该制度的滥用。詹姆斯·克劳福德认为，这也是 ILC 条款的起草者的想法，即“如果一国法律将一个实体定性为一个机关/组织，就不存在问题。另一方面，仅仅参考国内法来认定国家机关的地位是不够的。在某些系统中，各个实体的地位和功能不仅由法律确定，而是体现于实践中，仅根据内部法律将产生误导。一国的国内法可能没有彻底或根本不对哪些实体具有‘组织’的地位进行分类。在这种情况下，尽管根据国内法，一个实体的权力及其与其他机构的关系与其被归类为‘组织’有关，但是，国内法本身不会进行分类。即使这样做，国内法中使用的‘组织’一词也可能具有特殊含义，而不是第 4 条所具有的非常广泛的含义……因此，一国无法以否认某一组织基于国内法律的地位为由而规避责任，该组

〔10〕 *LG&E* 案，ICSID 案件号 ARB/02/1，关于责任的决定，2006 年 10 月，第 245 段。

〔11〕 参见 *CMS* 案，ICSID 案件号 ARB/01/8，裁决，2005 年 5 月 12 日，第 315 段。

〔12〕 *CMS* 案，ICSID 案件号 ARB/01/8，特设委员会的决定，2007 年 9 月 25 日，第 134 段。

〔13〕 几乎所有解释最惠国待遇条款的仲裁庭都认为，ILC 条款关于最惠国待遇（1978）的内容为习惯国际法。最近的一个例子即为 *Daimler* 案，仲裁庭就 ILC 条款中关于最惠国待遇的内容的性质和适用进行了详细的讨论。参见 Daimler Financial Services AG 诉阿根廷案（以下简称“*Daimler* 案”），ICSID 案件号 ARB/05/1，裁决，2012 年 8 月 22 日。

〔14〕 参见 ILC 条款第 4（1）条。

〔15〕 参见 ILC 条款第 4（2）条。

织实际上发挥着该国的一个组织的作用”[16]。

为防止各国通过适用本国法律来逃避责任,ILC 条款第 5 条规定,某人或实体不是“国家机关,但获该国法律授权行使其政府部门的职能”,其行为“应根据国际法视为国家行为”。在这种情况下,只要该个人或实体没有超出其权限行事,就可以视为事实上的国家机关。ILC 条款进一步指出,只要该行为是“在该国的指示下或在该国的命令或控制下进行的”,“一个人或一群人的行为”应归因于一个国家。[17] 根据 ILC 条款的上述规定,明确的是,如果一个实体或个体是法定机构,则其行为将自动归于有关国家。在其他情况下,可否将作为或不作为归因于国家取决于要满足的条件。ICSID 仲裁庭裁定的 *Vivendi* 案证实了这一观点。该案仲裁庭指出:“根据国际法……众所周知,联邦政府的政治分支机构的行动……应归于中央政府。同样清楚的是,一个国家的内部宪制结构不能改变这些义务。最后,国际法委员会特别报告员在讨论拟议的评注时证实了政治分区的行为归因于联邦政府,他提到了‘既定原则’,即联邦制国家‘不能基于联邦制或权力下放’为由以限缩其国际责任。[18]

由于该案的情况“并不是基于省的行为而导致阿根廷共和国违反了双边投资协定”,因此,阿根廷不需承担责任。这也是基于以下事实,即“原告从未争辩说一省违反了修订特许权合同的法律义务”,且“记录中有充分的证据表明阿根廷共和国的联邦官员在该省的建设中发挥了建设性作用,包括 Tucumán 官员和 CGE 代表重新进行谈判的过程”[19]。易言之,如果该省违反了有关双边投资条约或国际法,阿根廷将承担责任。

在国际投资中,通常是外国投资者与东道国的实体(可能是国有的)订立合同。在这种情况下,当当地实体违反与外国投资者的合同时,其可通过声称违反是由东道国政府的作为或不作为引起的,以此试图规避责任。问题在于,除了本地实体外,东道国是否还应承担责任。

在 *Himpurna* 案中,一家美国实体与印度尼西亚的一家国有独资电力公司 PLN 签订了在该国境内建设电力项目的合同。在该案中,PLN 认为其独立于印度尼西

---

[16] 参见 James Crawford, *The International Law Commission's Articles on State Responsibility—Introduction*, *Text and Commentaries*, 剑桥大学出版社,2002 年,第 98 页。

[17] 参见 ILC 条款第 8 条。

[18] Compania de Aguasdel Aconquija S. A. and Compagnie Generale des Eaux (Vivendi Universal) 诉阿根廷案, ICSID 案件号 ARB/97/3,裁决,2000 年 11 月 21 日,第 49 段。

[19] 参见同上,第 82 段。

亚政府,且"在'合同因对当事方具有约束力的政府行为而中止'的情况下",不承担任何责任。[20] 但是,仲裁庭在审查了 PLN 的立法授权、法律地位和运营历史之后,裁定"PLN 与印度尼西亚政府之间的法律上和事实上的关系,以及……合同本身等这些事实明确考虑了政府行动的效果"[21]。仲裁庭的裁决基于三个理由,即"法律意义上的 PLN 对政府的服从","基于合同的政府行为风险的分摊"和"事实上 PLN 对政府的服从"[22]。最后,仲裁庭得出结论:"PLN 不能通过以国家行动为由来规避赔偿责任,因为根据赋予 PLN 的法律身份以及在其中运作的法律框架,印度尼西亚政府和 PLN 不能被认定是分离的。"[23]

关于管辖权问题,在国际商会仲裁的 SPP 诉埃及阿拉伯共和国案中,原告辩称埃及政府已成为包括仲裁条款的协议的当事方。被告没有否认其旅游部部长签署了该协议。但是,他辩称其不是合同的当事方,因为旅游部部长的签字没有合同意义。在其看来,部长的签字"应归因于部长是 EGOTH 大会的主席,并以该身份签字以表明 EGOTH 的'股东'批准了该协议;或授予他以行政身份拥有的监督权。……无论如何……签字只不过是在完善 EGOTH 的义务"[24]。该案仲裁庭不同意被告的说法,认为:"尽管以单独协议的形式存在,但……整个交易应被视为统一的合同计划……不论基于每一个人的具体权利和义务……三方都是整个企业的参与方:政府、EGOTH 和外国投资者。"[25] 但是,该案件与前面讨论的其他案件是有区别的。在部长签署协议时,仲裁庭无须确定 EGOTH 实际上是国家机关,或是"在该国指示之下或在其指导或控制之下"[26] 采取行动的机关。国际投资中的一个共通点是,每当针对该投资提起仲裁程序时,几乎无一例外,东道国都会争辩说它不是标的合同的当事方。

在 *Noble Ventures* 案[27] 中,原告是一家来自美国马里兰州的公司,其业务活动主要为东欧的钢铁公司提供商业咨询服务。它与罗马尼亚公共利益机构——罗马尼亚国有基金(State Ownership Fund, SOF)签订了协议。涉及的问题之一是

---

〔20〕 参见 *Himpurna California Energy Ltd.* 诉印度尼西亚案,根据《UNCITRAL 仲裁规则》进行的特别仲裁,仲裁裁决,1999 年 5 月 4 日,第 84 段。

〔21〕 参见同上,第 86 段。

〔22〕 参见同上,第 36 ~ 42 段。

〔23〕 参见同上,第 89 段。

〔24〕 SPP (Middle East) Ltd. 诉埃及阿拉伯共和国案, ICC 案件号 3493,裁决,1983 年 2 月 16 日,第 33 段。

〔25〕 参见同上,第 41 段。

〔26〕 参见 ILC 条款第 8 条。

〔27〕 参见 *Noble Ventures* 案, ICSID 案件号 ARB/01/11,裁决,2005 年 10 月 12 日。

SOF的行为是否可以归因于罗马尼亚。仲裁庭指出,在解决国际投资争端时,总是存在一个问题,即自然人的既定行动或不作为是否可归因于国家。它进一步表示,由于双边投资条约未就这一问题提供解决方案,因此,其必须依靠一般国际法作为补充。对此,仲裁庭认为ILC条款是"被广泛视为习惯国际法的编纂"[28]。特别是,"2001年ILC条款第4条确立了一项行之有效的规则,即任何国家机关的行为,包括根据该国国内法具有该地位的任何个人或实体,应根据国际法被视为该国的行为"[29]。然而,由于SOF及其继承机构APAPS是"与被告人分离的法律实体",因此不应被视为罗马尼亚的法律机构。

仲裁庭随后继续声明,"不是法律上的机构,但受到该国法律授权行使政府权力的实体"也可以代表该国行事。它认为ILC条款第5条阐明了这一原则,"在习惯国际法中同样得到了充分确认"[30]。由于SOF和APAPS"在所有相关时候都是根据界定其权限的罗马尼亚法律行事"[31],"一方面,不应在SOF/APAPS之间,以及另一方面,不应在一个政府部门或另一个根据《私有化法》获得授权以发挥政府部门职能的公共机构之间,进行相关的法律区分"[32]。仲裁庭还审议了越权问题并得出结论,认为SOF和APAPS都在法律规定的职权范围内行事。因此,这两个机构的行为均归因于罗马尼亚国。[33]

在*Bayindir*诉巴基斯坦案[34]中,仲裁庭似乎采取了更具限制性的立场。一方面,仲裁庭认识到"NHA通常有权行使政府权力"[35];另一方面,它指出这种权力的存在"本身不足以将案件纳入ILC条款第5条规定的情况"[36]。在仲裁庭看来,这种归因还要求"在特定情况下,单位是以主权身份行事的"[37]。显然,仲裁庭认可这样一种观点,即使可以授权某机关行使政府职能,但当其以私人身份行事时,

---

〔28〕 参见同上,第69段。

〔29〕 参见同上。

〔30〕 参见同上,第70段。

〔31〕 参见同上。

〔32〕 参见同上,第79段。

〔33〕 在*FW*石油利益案中,仲裁庭也持有类似的观点,即"理论上,企业的行为(作为或不作为)可能会导致承担国家的责任,作为国家机关或作为行使国家政府权力要素的机构,或作为实际上根据国家指示或在其命令或控制下行事的机构"。参见*F-W Oil Interests, Inc.*诉特立尼达和多巴哥案,ICSID案件号ARB/01/14,裁决,2006年3月3日,第203段。

〔34〕 参见*Bayindir Insaat Turizm Ticaret Ve Sanayi A. S.*诉巴基斯坦案,ICSID案件号ARB/03/29,裁决,2009年8月27日。

〔35〕 参见同上,第121段。

〔36〕 参见同上,第122段。

〔37〕 参见同上。仲裁庭援引了ILC条款的评注,以支持其立场。评注将统治权和管理权作了区分。

其行为也不应归因于国家。在此基础上，仲裁庭得出结论，认为"根据综合考虑所收到的证据，无法证明 NHA 在采取据称违反条约的行为时，是在行使政府职能"[38]。因此，NHA 的行为就不归因于巴基斯坦。

如果某一履行政府职能的行为是由没有法律授权的个人或实体采取的，则将此归因于国家更为困难。*Tradex Hellas S. A.* 诉阿尔巴尼亚案[39]即为典例。在该案中，原告是一家合资企业的参与方。原告认为，村民对合资企业拥有的农场的占用无异于征用，应归因于东道国。仲裁庭认为原告的证据不足，因此驳回了诉求。需注意的是，仲裁庭在驳回申诉的声明中，认为"即使村民因（阿尔巴尼亚的行动和政府官员的讲话）对此种占有感到鼓舞，也不足以将这种行为归因于国家"[40]，除非有更多有说服力的证据。为支持其观点，仲裁庭援引了 *Amco Asia II* 案的裁决，该裁决认为，"国家更直接、积极地介入军队和警察的私人行为"[41]并不足以将私人行为归因于国家。

Maffezini 案[42]可能是唯一一个案件，通过适用结构和功能测试，对个人和实体的行为和不作为归因于国家一事进行了详细分析。据称可归因于东道国西班牙的实体是一家国有公司，名为加利西亚工业联合会（Sociedad para el Desarrollo Industrial de Galicia，SODIGA）。原告称，SODIGA"不仅是由几个国家实体所有，而且受国家控制，并作为国家的分支机构运作以发展加利西亚地区的经济"[43]。因此，原告认为，SODIGA 的行为和不作为应归因于西班牙。

Maffezini 案仲裁庭面临两个问题，即 SODIGA 是否为国家实体，以及不管第一个问题的答案如何，原告所申诉的作为和不作为是否可归咎于西班牙。

由于确定 SODIGA 为国家实体不存在困难，因此仲裁庭专注于解决第二个问题。它首先援引了 ILC 条款(1996 年版)第 7 条第 2 款，即"实体机关的行为不属于国家或政府实体的正式部分，但受到该国内部法律的授权行使政府权力应被视为国际法中的国家行为，只要该机关在有关案件中以这种身份行事"。仲裁庭随后指出："一个国家一般不能通过藏于私人公司之后来逃避对不法行为或不作为的

---

[38] 参见同上，第 123 段。

[39] 参见 *Tradex Hellas S. A.* 诉阿尔巴尼亚案，ICSID 案件号 ARB/94/2，裁决，1999 年 4 月 29 日。

[40] 参见同上，第 165 段。

[41] 参见同上。

[42] 参见 *Maffezini* 案，ICSID 案件号 ARB/97/7，关于管辖权的决定，2000 年 1 月 25 日。同样参见 *Amco Asia Coporation*，*Pan American Development Limited*，*PT Amco Indonesia* 诉印度尼西亚案，ICSID 案件号 ARB/81/1，关于事实的裁决，1984 年 11 月 21 日，24ILM1022。

[43] 参见同上，第 72 段。

责任"[44]。仲裁庭在评估实体的行动或不作为是否可归因于国家时引入了结构和功能测试。在其看来,"根据功能测试,可将以营利为目的而基本上履行国家赋予的政府职能的私营公司视为国家机关,从而承担国家对不法行为的国际责任"[45]。在确定私人或国家实体是否履行某些政府职能时,应仅考虑行为的性质吗?

Maffezini 案仲裁庭对此事予以全面的考虑。在该案中,它首先分析了政府建立 SODIGA 的意图和过程。由于该实体的职责包括吸引外国投资和提供补贴等,因此仲裁庭认为"这些目标和职能从本质上来说通常是政府的任务"[46]。因此,它们不能由私人机构执行,也不是法定的。关于此事,仲裁庭明确指出,尽管一个实体是私人公司,但只要其被赋予政府职能并以这种方式执行此类任务,有关政府也无法逃脱由此产生的责任。

根据 *Maffezini* 案仲裁庭的说法,原告仅需提出表面证据,即一个实体在管辖权阶段内代表国家开展活动。是否可以将实体的作为和不作为归因于国家,可以在确定依据阶段内确定。这正是在 *Maffezini* 案中发生的事情。仲裁庭在其裁决依据[47]中表示,SODIGA 提供的关于遵守环境要求的信息和建议是商业性质的。对于原告提出的另一诉求,即在一笔从 Maffezini 的个人账户向合资公司转移资金时,SODIGA 的一名雇员借助一家私人银行的帮助完成了交易。该员工获得 SODIGA 总裁而非 Maffezini 的批准。仲裁庭裁定:"索托・巴尼奥斯先生未与 Maffezini先生进行磋商,而是寻求并获得了 SODIGA 主席的授权以采取行动,从而得出结论,及索托・巴尼奥斯先生的行动,无论是在法定授权范围内还是越权,归因于 SODIGA。"[48]仲裁庭的理由是,SODIGA 是西班牙的实体,因此,上述行动应归咎于西班牙。西班牙还承担条约义务,即公平公正地保护外国投资者。

显然,仲裁庭的立场也受到资金转移方式的影响,即交易前后均未签订合同。基于私人银行的行为,仲裁庭还得出结论,这些银行将"SODIGA 的命令和指示"视为公共职能。[49]

如上述案件所体现的,很难将国家机关以外的实体的行动和不作为归因于国家。然而,实际上,尽管东道国可能不是据称已违反与外国投资者的合同的当事

---

〔44〕 参见同上,第 78 段。
〔45〕 参见同上,第 80 段。
〔46〕 参见同上,第 86 段。
〔47〕 参见 *Maffezini* 案, ICSID 案件号 ARB/97/7, 裁决,2000 年 11 月 13 日。
〔48〕 参见同上,第 76 段。
〔49〕 参见同上,第 75、78 段。

方,但仍可能要承担责任。之所以如此,是因为违反合同可能同时构成对条约义务的违反,包括国民待遇、公平公正的待遇、充分的保护和安全、保护伞条款等。在这种情况下,东道国的责任来自条约义务和一般国际法。一个典型的例子是 *Wena Hotels* 案[50],其中,Wena 和由埃及全资拥有的埃及旅馆公司(EHC)签署了一项酒店业务协议。原告将 EHC 的行为,包括征收酒店,归咎于埃及。仲裁庭认为:"即使埃及政府没有煽动或参与没收这两家酒店……也有足够的证据表明埃及政府知道 EHC 的意图,且未采取任何行动来阻止或立即恢复 Wena 对酒店的所有权。"[51]根据这一发现,埃及被裁定违反了埃及和英国之间的双边投资协定,特别是其中与公平公正待遇以及充分保护和安全有关的义务。[52] *Wena Hotels* 案仲裁庭裁决的依据是,埃及未提供保护是对双边投资协定的违反,这违反了条约,而这是独立于原告声称的 EHC 的合同违约的。

Salini 案[53]也具有类似的情况。在该案中,意大利公司 Salini Costruttori,SPA 与摩洛哥民航公司(ADM)签订了合同,后者是摩洛哥政府主要控股(89% 的股份)的公司,负责建设、管理和运营高速公路以及基于政府租约的其他道路。由于与建筑工程付款有关的争议,Salini 向 ICSID 提出了仲裁请求。作为被告,摩洛哥对仲裁庭的管辖权提出质疑,称摩洛哥不是 ADM 与原告 Salini 之间的合同的当事方。毋庸置疑,ADM 是一个与被告有不同性质的实体,尽管其主要目的是"完成受国家控制的任务"[54]。仲裁庭认为 ADM 是"以摩洛哥王国的名义行事的国有公司"[55]。然后,其管辖权取决于意大利与摩洛哥根据双边投资协定进行的投资是否存在。它进一步指出,该双边投资条约"要求该国尊重关于违反双边条约以及任何违反直接约束该国的合同的管辖权……但是,不包括国家以外的任何实体作为违反被指定方的合同的情况"[56]。尽管仲裁庭同意其对纯粹的违约行为不具有管辖权,但它强调"仲裁庭保留对违约行为的管辖权,这将同时构成国家对双边条约的违反"[57]。易言之,如果违反合同同时违反了双边投资协定,则投资仲裁庭具有管辖权。那么,在什么情况下违反合同会构成违反条约?一种可能是私人方违

---

〔50〕 参见 *Wena Hotels* 案, ICSID 案件号 ARB/98/4,裁决,2000 年 12 月 8 日。

〔51〕 参见同上,第 85 段。

〔52〕 参见同上,第 95 段。

〔53〕 参见 *Salini* 案, ICSID 案件号 ARB/00/4, 关于管辖权的决定,2001 年 7 月 23 日。

〔54〕 参见同上,第 33 段。

〔55〕 参见同上,第 34 段。

〔56〕 参见同上,第 61 段。

〔57〕 参见同上,第 62 段。

反合同是由国家或其机关的作为或不作为引起的。另一种可能是，一国除了是双边投资协定的当事方外，还是与外国投资者签订合同的当事方，该国违反合同也可能构成对有关双边投资协定的违反。

SGS 诉巴基斯坦案〔58〕显然是涉及此种情况的首个 *ICSID* 案。原告是一家瑞士公司，该公司与巴基斯坦签署了提供装运前检验服务的合同。随后，巴基斯坦终止合同一事引发了争议。尽管合同提供了解决争端的程序，且双方都确实适用了这些程序，但 SGS 要求 ICSID 根据瑞士和巴基斯坦之间的双边投资协定进行仲裁。原告对此予以争辩，特别是认为巴基斯坦违反了双边投资条约的保护伞条款。

仲裁庭面临的问题是，根据瑞士和巴基斯坦双边投资条约中的保护伞条款〔59〕，违反合同的行为可能被上升至对双边投资协定的违反。易言之，仲裁庭需要确定巴基斯坦是否由于违反了与原告的合同，从而违反了与瑞士的双边投资条约。仲裁庭裁定："根据一般国际法，违反一国与另一国的投资者订立的合同，本身并不违反国际法。"〔60〕但是，仲裁庭指出："并不是说各国可能不会在双边投资协定中达成共识，因此，一国违反与另一国投资者的合同都将立即被转化且被视为对双边投资协定的违反。"〔61〕这符合仲裁庭的看法，即对条约的解释应考虑其目的和宗旨。〔62〕由于原告没有提供明确和有说服力的证据来证明缔约双方的意图，且巴基斯坦反对这种主张，因此，仲裁庭裁定，双边投资条约，特别是保护伞条款，不支持将合同违约上升至条约违约。

确定国家责任很重要。但是，确定一国应负什么责任的目的是使该国对其错误的行为负责。在这方面，《ICSID 公约》有其自己的关于执行投资仲裁裁决的制度。《ICSID 公约》第 53(1) 条规定："该裁决对当事各方具有约束力，除本公约所规定者外，不得上诉或采取任何其他补救措施。各方应受约束，并遵守裁决的条款，但根据本公约的有关规定应中止执行的范围除外。"

关于上述规定，Schreuer 评论道："履行义务并不取决于东道国作为诉讼的当事方或作为裁决债务人的角色，而是由于其根据第 25(1) 和(3) 条指定和批准的当局的作用而产生的，以及来自第 54 条承认和执行裁决的义务，还通常出于诚实信

---

〔58〕 参见 *SGS* 诉巴基斯坦案，ICSID 案件号 ARB/01/13，关于管辖权异议的决定，2003 年 8 月 6 日。

〔59〕 瑞士—巴基斯坦双边投资协定第 11 条保护伞条款规定："任何缔约方都应持续保证遵守其就缔约另一方投资者的投资作出的承诺。"在现代的许多双边投资协定和自由贸易协定中也可找到类似的规定。

〔60〕 参见同上，*SGS* 诉巴基斯坦案，第 167 段。

〔61〕 参见同上，第 173 段。

〔62〕 关于此问题的讨论，参见同上，第 165 段。

用原则。"[63]那么,问题在于,尽管基于国际义务,东道国却拒绝执行仲裁裁决,此时该怎么办。在这种情况下,受影响的当事人必须诉诸国家法院以执行 ICSID 仲裁裁决或其他仲裁机构的裁决。为此,一个重要的考虑因素是在国家法院管辖权和裁决的执行方面涉及的国家豁免权,包括财产查封,这些将在随后的内容中讨论。

第二节　主权豁免原则的发展

作为国际法的基本原则之一,主权豁免原则源于独立和平等主权原则,"通常意味着一个国家不受另一个国家管辖。关于司法管辖权,一国不得在另一国的国内法院中受到挑战/质疑,其财产也不应被没收或处决"[64]。该法律原则的基本作用是,国际社会中的每个主权国家都有义务尊重其他国家的主权,而不对其他国家的行为行使管辖权。著名的法学家和国际法学者查尔斯·切尼·海德认为,一国不受另一国的管辖,未经其同意,不得对另一国提起诉讼。[65] 作为国际法的基本原则之一,主权豁免原则于 19 世纪开始获得国际社会的广泛认可。

最早关于建立主权豁免规则国际化的尝试是 1891 年在汉堡的国际法研究院通过的《针对外国国家、君主或国家元首进行司法管辖程序的国际规则草案》。[66] 草案条款明确规定,国家行为不受国家法院管辖。[67] 尽管在当时,绝对主权豁免是大趋势,但是,草案列出了豁免的众多例外,最重要的是:(1) 当国家、君主或国家元首明确或默示放弃豁免权时(提起诉讼或参与诉讼而又不挑战法院的管辖权)[68];和(2) 当法院的程序涉及在法院所在国领土内经营的商业或工业机构或

---

〔63〕 参见 Christoph H. Schreuer, *The ICSID Convention: A Commentary*, (2nd ed.), 剑桥大学出版社, 2009 年,第 1101 页。

〔64〕 参见 Ni Zhengyu, "On the Theory and Practice of State Immunity", *Chinese Yearbook of International Law*,1982 年,第 3 页。

〔65〕 参见 Chen Tiqiang, "State Sovereign Immunity and International Law: Comment on the Hukuang Railway Bonds Case", *Chinese Year Book of International Law*,1982 年,第 32 页。

〔66〕 参见 *Projet de règlement international sur la compétence des tribunauxdans les procèscontre les Etats, souverainsou chefs d'Etatétrangers*, *Session de Hambourg*, 1891 年 9 月 11 日,https://www. idi – iil. org/idiF/resolutionsF/1891_ham_01_fr. pdf(法文)。

〔67〕 参见同上,第 5 条。

〔68〕 参见同上,第 4(4)条。

铁路时。[69]

1954 年,国际法研究院又往前迈了一步,指出自 1891 年以来“出现了需要解决的新问题”,并通过了一项关于外国不受司法管辖权和强制执行的豁免权的决议,对草案进行了澄清。[70] 新决议明确区分了公共权力行为(actes de puissance publique)和其他行为。除非外国放弃这种豁免,否则公共权力行为应被视为不受国家法院管辖。[71] 一国可以明示或默示地放弃豁免,但是,这种放弃必须“在每种情况都是明确的”。只要一国向法院提出“实质性主张”,以及当其提起或参与任何法院诉讼时,即视为默示放弃。[72] 任何“涉及非公共权力的行为”的诉讼都可以由国家法院审理,且裁定一项行为是否属于公共权力将取决于其在当地法律中的地位。[73] 应当注意的是,该决议是在泰特信函发表两年后提出的,该信体现了美国关于主权豁免的新政策,即将遵循有限主权豁免的原则。[74] 考虑到泰特信函和本决议中提到的西方国家的做法,“二战”后,西方国家准备接受限制性主权豁免的学说。

1991 年,国际法学会通过了《关于国家在管辖权和执行问题上的豁免权的当代问题的决议》,进一步修订了其关于主权豁免的规则。通过该决议的明确目的是“限制豁免权,同时保持对基本国家利益的保护”[75],它牢固地确立了研究所对于限制性主权豁免学说的支持,尤其是此类豁免中的商业例外。最重要的是,在以下情况中特别明确国家法院为主管法院:“关于与外国(或其代理人)为当事方的商业交易有关的诉讼”[76];“关于由外国(或其代理人)作为具有私法性质的关系中

---

〔69〕 参见同上,第 4(3)条。

〔70〕 参见 *L'immunité de juridictionetd'exécutionforcées des Etatsétrangers*, *Session d'Aix - en - Provence*, 30 April 1954 年 4 月 30 日,https://www. idi - iil. org/idiF/resolutionsF/1954_aix_02_fr. pdf(法文)。

〔71〕 参见同上,第 1 ~2 条。

〔72〕 参见同上,第 2 条(相关部分):“*Un Etatpeutrenoncer à se prévaloir de son immunité. La renonciationpeutêtreexpresseoutacite; elledoitêtre en touscascertaine. Elle résulte du dépôtparl'Etat de conclusions au fond. L'Etatdemandeur, intervenant, ou tiers opposantdevant un tribunal étranger, estcensé accepter la compétence de ce tribunal.*”

〔73〕 参见同上,第 3 条:“*Les tribunaux d'un Etatpeuventconnaître des actions contre un Etatétranger et les personnesmoralesvisées à l'article premier, toutes les foisque le litige a trait à un acte qui n'est pas de puissance publique. La question de savoir si un acten'est pas de puissance publiquerelève de la lexfori.*”

〔74〕 关于此事项的讨论,参见本章第三节。

〔75〕 *Contemporary Problems Concerning the Immunity of States in Relation to Questions of Jurisdiction and Enforcement*, *Session of Basel*, 2 September 1991 年 9 月 2 日,序言,第二次会议,https://www. idi - iil. org/idiE/resolutionsE/1991_bal_03_en. PDF。

〔76〕 参见同上,第 1. 2. a. 条。

的一方引起的法律纠纷的诉讼”[77]；和“关于外国（或其代理人）为雇用合同和专业服务合同的当事方的诉讼”[78]。

该决议第 4 条也确认了主权豁免权和管辖权豁免权的区别。实质上，一个国家，其机构或分支拥有的唯一受到约束或扣押的财产是“该国为满足有关索偿要求而分配或指定的财产”或“该国在领土范围内正在使用或打算用于商业目的的的财产”[79]。

无论如何，如果一国通过国际协议、书面合同、有关具体情况的声明或自愿地提交启动或介入相关程序的文件，以同意接受这种管辖权或强制执行，则不得援引对管辖权或强制执行的主权豁免。[80] 在管辖权的同意和执行的同意间也存在差别，即“需要单独的和明确的同意”[81]。

美国国际法协会亦试图促进主权豁免规则的国际化。协会于 1970 年代后期开始工作，最初将《国家豁免公约》草案的文本给到各国政府和联合国国际法委员会审议。[82] 公约草案适用于外国政府、任何其他国家机关、与国家和联邦国家的组成单位有所区别的缺乏法人资格的机构。[83] 可以预料，当诉讼理由是由于“（a）外国进行的商业活动；或……（由合同引起的外国义务），公约排除了国家管辖权的豁免”[84]。根据公约草案的条款，一国也可明示或暗示地放弃主权豁免。公约草案第Ⅷ. A 条排除了查封、执行或强制执行在该外国被放弃的法院国家的任何国有财产的豁免权，或“用于商业活动或用于索赔所依据的商业活动”。根据公约草案第 1. C 条的定义，“商业活动”应“根据行为的性质而不是其目的来辨析”。

国际社会正式采取行动以确立主权豁免的一般原则，通过由国际法逐步编纂专家委员会于 1927 年向国家联盟的成员提交与国家法院涉及外国的管辖权有关的调查表。专家委员会于 1928 年 6 月向理事会报告结果，认为“已足够成熟，可以编纂”。然而，当年 9 月，国家联盟大会保留了该事项，“目的是留待以后举行的会

---

[77] 参见同上，第 1. 2. b. 条。

[78] 参见同上，第 1. 2. c 条。

[79] 参见同上，见第 4. 3. a、4. 3. b 和 4. 4 条。

[80] 参见同上，第 5. 1 条。

[81] 参见同上，第 5. 2 条。

[82] 参见 International Law Association, *Draft Convention on State Immunity*, 于联合国国际法委员会第六十次大会上通过，蒙特利尔，加拿大，1982 年 8 月 29 日 ~9 月 4 日，22 *ILM* 287，1983 年。

[83] 参见同上，第 I. B. 条。该条款进一步规定：“外国的法人或其所属的机构具有与该国家不同的法人资格，仅应在行使主权时采取行为或不作为，可被视为是外国这一主体。”

[84] 参见同上，第Ⅲ. B. 条。

议”讨论。[85] 由于多种原因(其中包括专家委员会在1928年以后不再开会以及1930年代该组织普遍混乱的事实),该组织未再关注此事项。[86]

又过了45年,国际社会再次考虑此事。联合国将主权豁免纳入了1977年国际法委员会的工作方案。该专题的特别报告员颂蓬·苏卡提库(Sompong Suchartikul)博士于1979年提交了他的初次报告[87],本质上是对主题性质的探索,对与主权豁免相关的一些历史和当代国家实践和法理层面的调查,以及任何相关的国际公约要解决的问题的概述。Suchartikul博士提出的两点与当前的讨论特别相关:(1)对主权豁免的限制性做法是规范性的或可取的,并且应承认主权豁免的某些例外[88];和(2)管辖权豁免与查封或执行豁免之间有明显的区别,后者比前者更具“绝对性”[89]。

Suchartikul博士列举的“国家豁免一般规则的可能例外”包括与商业活动、雇用合同和仲裁有关的那些例外。[90] 联合国国际法委员会大会接受本报告时,指出:“在初步报告中确定的例外仅是可能的限制,没有对其在国家实践中的重要性进行任何评估或评价。”[91]然而,当联合国国际法委员会大会于1991年通过拟议的《联合国公约》的初稿并向大会报告时,其中包含了Suchartikul博士列举的九种例外中的八种[92],包括商业交易的定义。

条款草案进一步指出,只有通过“国际协议、书面合同、庭前的声明或通过特定

---

[85] 参见“General Introduction” to the Reports and Draft Convention*on Competence of Courts in Regard to Foreign States*, Harvard Research in International Law, Philipp C. Jessup, Reporter, 26 *Am. J. Int'l L. Sup* 1,1932年,第2页。

[86] 为响应联盟的倡议,哈佛大学法学院开展“国际法研究,以准备就(编纂联盟)选取的每个事项均起草一份国际条约草案”。这导致了1932年《哈佛法学院关于外国管辖权的公约草案》的产生。参见同上。

[87] 参见 *Preliminary report on jurisdictional immunities of States and their property*, by Mr. SompongSucharitkul, Special Rapporteur, UN Doc. No. A/CN. 4/323, in *Yearbook of the International Law Commission*, 1979年,第2卷(第1部分),第227~244页。

[88] 参见同上,第68段。他表示:“有些活动涉及的领域适用国家豁免,而其他领域则不适用。”

[89] 参见同上,第67段,他指出:“同意行使地方管辖权并不意味着同意执行判决。管辖豁免并不构成或自动导致执行豁免。寻求判决的执行时将需要单独的豁免。”此外,在第85段,他指出:“尽管有可能执行,但只能对商业用途中的某些类型的国家财产执行。”

[90] 参见同上,第68~81段。

[91] International Law Commission, “Summary: Jurisdictional Immunities of States and their Property”, http://untreaty. un. org/ilc/summaries/4_1. htm。

[92] 参见 *Draft Articles on Jurisdictional Immunities of States and Their Property*, 1991年,文本于委员会第四十三次会议上获得通过,并于1991年作为委员会关于该次会议的工作报告的一部分提交大会,第10~17条,可见于 http://untreaty. un. org/ilc/texts/instruments/english/draft% 20articles/4_1_1991. pdf。Suchartikul博士的报告仅省略了涉及财政和海关负债的例外,且未再包括其他例外。

程序发布的书面函件”明确表示“该事项或案件”放弃主权豁免。[93] 它没有涉及隐含的豁免,但在第8条提及“参加法院诉讼的效力”,其中规定,直到采取了这样的步骤之后,且在不可能对“可获得豁免权主张的事实有所了解的情况下”,启动与案情有关的诉讼或介入诉讼才会排除援引管辖权豁免的可能性。

第18条概述了管辖权豁免与执行权豁免之间的区别,包含了相当严格的条款,即要查封的财产必须是“已分配或专用的财产,以使该诉讼的目的是满足索赔的诉求;或……国家专门用于或出于非政府非商业目的而使用,且在法院所在国家的领土内,并与作为诉讼程序目的的索赔或与该索赔针对的机构或工具有联系”[94]。此外,“同意根据第7条行使管辖权并不意味着同意根据本款第1段采取限制措施,必须单独征得同意”[95]。

这似乎是微不足道的成就。但是,考虑到联合国的非均匀性,且限制性主权豁免的理论仍然相对较新,所采取的行动是在国际社会就此问题达成某种共识方面迈出的重要一步。它还为13年后通过《联合国国家及其财产管辖豁免公约》铺平了道路。[96]

《联合国国家及其财产管辖豁免公约》以1991年的条款草案为基础。例如,一方面,该公约第10.1条确立了主权豁免的“商业例外”,第2.1(c)条对“商业交易”作出定义,这些内容与上述草案条款的措辞相同。[97] 甚至在处理关于国有企业商业交易涉及的主体豁免的行使,影响实际是一样的,尽管公约第10.2条的措辞结构与条款草案的原版有所不同。

另一方面,对第2.2条的几个词的改动,即条款草案和公约中关于在确定相关的交易之间的“商业性质”时应考虑交易的“目的”这一内容,形成了完全不同的规定。两份文件均规定:“在根据第1条c款确定合同或交易是否为‘商业交易’时,应主要考虑合同或交易的性质,但如果……目的是与确定合同或交易的非商业性质有关,则也应考虑其目的。”

关键区别在于每个文件中“if”一词之后的措辞。在草案的条款中,措辞是:“在国家作为当事方的实践中(交易)。”在公约中,措辞已变成:“在国家领土内的

---

[93] 参见同上,第7条。

[94] 参见同上,第18.1(b)和(c)条。

[95] 参见同上,第18.2条。

[96] 参见 United Nations Convention on Jurisdictional Immunities of States and Their Property, UN resolution 59/38,2004年2月2日,http://untreaty.un.org/ilc/texts/instruments/english/conventions/4_1_2004.pdf。

[97] 参见同上,第10.1和2.1(c)条。

实践中”。基于此，公约显然推翻了草案对那些在“商业”交易中愿意接受对主权豁免采取某些限制的国家的关切，只要交易的目的是考虑了赞成在这方面对主权豁免采取全面限制性的那些国家的立场。

公约关于豁免的放弃的规定与条款草案的规定相同。[98] 此外，相较于条款草案的相关内容，其对国有财产采取“限制措施”的限制性规定更为严格。首先，公约对判决前和判决后的措施进行了区分，这在草案中是没有的。在前一种情况下[99]，其严格控制了受限制的国有财产的范围；在后一种情况下，它通过允许对“与该程序所针对的实体有联系的财产”[100]采取约束/强制措施来扩大其适用范围，而非该财产“与作为诉讼标的的索赔或与诉讼所针对的代理或单位有联系”。

很显然，2004 年的公约包含了一系列关于主权豁免的妥协规定，联合国国际法委员会和联合国大会都期望这可被整个国际社会接受，但现实并非如此理想。截至 2012 年年中，这种期望已被证明是不现实的。截至 2012 年 7 月 20 日，公约已有 28 个签署国（其中英国、俄罗斯和中国均未有明确保留）和 13 个缔约方。[101] 公约要求需有 30 个国家加入、接受或批准后，方可生效。

今天关于主权豁免的唯一生效的多边条约是《欧洲国家豁免公约》[102]，由专家委员会起草，并于 1972 年 5 月 16 日开放供欧洲委员会成员国签署。尽管该公约于 1976 年 6 月 11 日生效，但至少是基于 3 次批准。截至 2012 年 7 月 21 日，其缔约方数量仍少于《联合国公约》，只有 8 个成员国，即奥地利、比利时、塞浦路斯、德国、卢森堡、荷兰、马其顿和英国。

《欧洲国家豁免公约》具有几个特征。第一，它对将欧洲以外的国家包括在内并不积极。公约的解释性报告指出：“基于欧洲委员会成员之间存在的特别信任，（公约）仅在此基础上在各缔约国之间运作。该公约不赋予非缔约国任何权利；特

---

〔98〕 参见同上，第 7 ~ 8 条。

〔99〕 参见同上，第 18 条。

〔100〕 参见同上，第 19(c)条。

〔101〕 需注意的是，哈萨克斯坦、沙特阿拉伯和西班牙尚未签署，但已接受该公约。参见“Status of the United Nations Convention on Jurisdictional Immunities of States and Their Property”，http://treaties.un.org/pages/ViewDetails.aspx? src = TREATY&mtdsg_no = III - 13&chapter = 3&lang = en。

〔102〕 参见 European Convention on State Immunity，巴塞尔，1972 年 5 月 16 日，http://conventions.coe.int/Treaty/en/Treaties/Html/074.htm。

别地,它对在缔约国中行使对非缔约国的管辖权的所有问题持开放态度,反之亦然。"[103]

第二,公约仅适用于国家法院的管辖权,它没有涉及与成员国的行政当局可能进行的诉讼有关的问题。

第三,公约明确只适用于成员国。根据第 28 条的规定,除非一个联邦国家明确声明其成员州可以援引公约的规定,否则该成员州不享有主权豁免。根据第 27 条的规定,公约不适用于与成员国不同并能够起诉或被起诉的法人实体,即使它们履行公共职能。但是,它规定,"法院不得就该实体在行使主权时执行的行为进行诉讼(统治权行为)"。

公约第 23 条明确禁止另一成员国对一成员国的财产采取"执行或限制性的措施",除非"(原本)的国家在任何情况下均以书面形式就采取的方式和程度等作出同意和明确的表示"。公约要求在公约规定不允许其寻求豁免的情况下,成员国必须执行针对他们的判决。然而,执行判决需满足多个条件,如果一国如此做"明显违反该国的公共政策",则不必这样做。[104] 此外,当一国不执行判决时,第 21 条保留最终决定权,即该此种不执行是否符合公约中关于"国家主管法院"的规定。

一个国家可能不主张管辖权豁免的情况,包括那些与该国与"在其所在地,其注册办事处或主要营业地点的公司,协会或其他法人参加的私人关系"有关的案件[105],或与其在诉讼所在国的领土上并通过其参与的办事处,机构或其他机构的活动有关的活动。[106] 此外,公约的"可选规定"中,有一项允许诉讼所在国可执行关于另一国专门用于"该国以与私人采取的相同的方式从事的工业或商业活动"的财产的判决,如果两个相关的国家都作出了专门认可这些国家或地区的声明。[107]公约还有关于放弃豁免权的相似规定,既包括明示,还包括提起或干预诉讼或在法院开展任何与案情有关的程序。

从对规范性文件的调查以及关于国家豁免权的现行唯一多边条约来看,国际社会在这方面仍未达成共识,这是不幸的,但可以理解。总的来说,西方国家的法

---

[103] 参见 Explanatory Report on the European Convention on State Immunity, Council of Europe Doc. ETS No. 074,可见于 http://conventions. coe. int/Treaty/en/Reports/Html/074. htm。此外,第 37 条就非欧洲委员会成员国加入公约作出规定,只能在成员国投票一致同意后。即使这样,若已经加入公约的国家反对另一特定非成员国的加入,则公约不适用于处理这两个国家的关系。

[104] European Convention on State Immunity,第 20. 2. a 条,请参阅第 20 条完整内容。

[105] 参见同上,第 6 条。

[106] 参见同上,第 7 条。

[107] 参见同上,第 24 ~ 26 条,特别是第 26 条。

律学者和法律从业者协会已经相当一致地接受了限制性主权豁免原则,特别是商业例外。然而,各国持续、强烈地不愿意形成任何关于这种限制的承认。因此,与主权豁免和商业例外的确定等有关的问题由国家法院决定。

第三节 关于主权豁免的国家实践

随着国际交流,特别是经济交流的增加,以及政府更多地参与商业活动,各国法院别无选择,只能解释习惯国际法。各国还需要颁布法律以应对主权豁免问题。这种形势导致了绝对国家主权豁免理论和限制性国家主权豁免理论在理论与实践上的分歧。

一、绝对主权豁免

国家主权豁免原则涉及的主要问题是管辖权,即一国是否对另一国在其领土内所发生的直接影响前者的行为具有管辖权,以及一主权国在另一主权国内的财产可以被后者的国内法院扣押或执行。该原则首先适用于来访的外国领导人、军舰和外交官等。由于其代表一个主权国家执行任务,其他国家不应对其行使管辖权。后来,这一原则的适用范围扩大到以国家代表的身份执行任务的任何个人或机构,以及国家所拥有的财产,而不论有关活动的性质如何。这就是所谓的绝对主权豁免原则。

直到1950年代,绝对主权豁免原则一直得到包括英国和美国在内的发达国家的支持。美国最高法院早在1812年就在*Exchange*案中确认了这一点。[108] 在本案中,一名美国国民提起诉讼,要求美国法院没收拿破仑拥有的法国军舰Exchange,而该舰已进入美国领海。原告称有关船舶是他所拥有的商船,但被拿破仑没收以用作军舰。首席大法官马歇尔认为:"国家在其领土内的管辖权必须是排他的和绝对的。它不受自身强加的限制的影响。对它的任何限制的基础均来自外部,这意味着将其主权降低到了该限制的程度,且对该主权进行同样程度的投资,以施加这种限制。……世界由不同的主权国家组成,拥有平等的权利,独立自主,相互之间的交流和人类所要求和需要的相互协助促进了彼此的利益,所有主权国家都同意

---

[108] 参见 *Schooner Exchange v. Mc Faddon*, United States Supreme Court 11 U. S. (7 Cranch) 116 (1812)。

在实践中采取适当宽松的做法,但在某些特殊情况下,应在主权所赋予的范围和各自领土内实行绝对和完整的管辖权。"[109]

显然,一国在其领土内给予另一国的豁免权基于以互惠为前提的经济考量。这种主权豁免是不是有关国家内在的排他性管辖权的例外,还是一项国际法原则?

首席大法官马歇尔进一步指出:"(一个)国家将被视为违反诚信,尽管其可能不会被明确地表达,即突然而无事先通知地以不符合其用法和方式的方式行使其关于领土的权力。"[110] 这表明,主权豁免已经成为国际社会的习惯规则,即使一国没有明确表示接受。他进一步指出:"一个君主绝对不会通过将本人或其主权置于另一个国家的管辖之下从而屈服于另一个君主,且承担着最高品格的义务,即不损害其国家的尊严……君主的这种完全的平等和绝对独立,以及促使他们相互交流和协助的共同利益,导致了这一类情况,在这种情况下,每个君主都被视为放弃了部分的专属的领土管辖权的主权,作为每个国家的属性。"[111]

显然,美国最高法院在此案中确认主权豁免是国际社会广泛认可的国际习惯规则。这也与当时学术界的观点一致,后者认为主权豁免基于互惠,即"如果一个国家的法院对另一个国家行使无限的管辖权,友好关系将不可避免地受到损坏"[112]。

1926 年,美国最高法院再次确认了 *Pesaro* 案[113] 中的绝对主权豁免原则,这一次涉及意大利政府雇用的用于商业活动的商船。在此案中,美国最高法院裁定该船归意大利所有,因此不在其管辖范围之内。[114] 法院的判决重申,当时它不承认主权豁免的商业例外。法院认为,尽管意大利船舶从事商业活动,但其目的是维护和促进意大利人民的经济利益。由于其公法性质,法院拒绝对其行使管辖权。毫无疑问,美国与英国的立场相同,即拒绝承认欧洲国家所采用的限制性主权豁免理论。美国最高法院特别指出,Pesaro 以履行公共职能的身份进行活动,因为意大利坚持限制性主权豁免的原则。可以理解的是,为了维持国际交流和待遇的平等,美国最高法院审慎地选择了判决书所采用的理由和措辞,以免给人们以为它屈从于意大利政府的意愿的印象。

---

〔109〕 参见同上,第 137 页。

〔110〕 参见同上。

〔111〕 参见同上。

〔112〕 参见 Harvard Research in International Law, "Competence of Courts in Regard to Foreign States", 26 *American Journal of International Law Supp.* 455,1932 年,第 527 页。

〔113〕 参见 *Berizzi Brothers Co. v. Steamship Pesaro*, 271 U. S. 562 (1926)。

〔114〕 参见同上,第 576 页。

“二战”后,各国政府开始更多地参与经济活动,其中一些甚至拥有商船队和贸易公司。美国和英国等国家意识到,坚持绝对主权豁免原则将对其国内公司和与外国国有企业开展业务的国民造成不利影响。20 世纪 40 年代以后,他们开始考虑采用限制性主权豁免的原则。例如,1943 年,美国扣押了秘鲁所有的船只。美国最高法院在判断是否可认为该船享受管辖权豁免的裁决中认为,美国国务院关于该船应享有豁免权的声明应“由本法院充分实施以产生效力”〔115〕。尽管美国总统和国务院有权就外交事务作出决定,但这是美国法律史上法庭第一次明确表示愿意接受国务院的意见,并使用以得出关于管辖权的最终裁定。1945 年,美国最高法院在墨西哥共和国诉霍夫曼案中再次重申了这一观点,申明“……法院不是要否决我们政府认为合适的豁免,或者基于政府认为不合适的新的理由以允许豁免”〔116〕。这意味着美国最高法院对主权豁免的态度的改变,它基本上拒绝就此作出裁定,但认可了政府行政部门确定其界限的权力,为美国采用限制性主权豁免原则铺平了道路。

二、限制性主权豁免

在 *Pesaro* 案和 *Ex Parte Republic of Peru* 案之后,美国政府倾向于选择限制性主权豁免原则,这一点变得越来越明显。1952 年,美国国务院代理法律顾问杰克·泰特(Jack B. Tate)写信给代理司法部长菲利普·帕乐曼(Philip B. Perlman)〔117〕,声称关于主权豁免存在两个理念,即绝对主权豁免理论和限制性豁免,并表示支持后者:“根据新的或限制性的主权豁免理论,主权豁免是针对一国的主权或公共行为(主权行为),而不是针对私人行为。……较新的或限制性的主权豁免理论一直得到比利时和意大利法院的支持。埃及和瑞士的法院继而也适用此理论。此外,作为经典理论的传统支持者的法国、奥地利和希腊的法院,改变了他们在 20 年代的立场以接受限制性理论。罗马尼亚和秘鲁以及丹麦也倾向于遵循这一理论。……部门认为,政府部分部门从事商业活动的日益广泛和增多这一情况使得有必要采取一种做法,使与他们进行业务往来的人能够在法院享有其权利。由于这些原因,在考虑外国政府关于享有主权豁免的要求时,部门的政策将遵循限制性主权豁免

---

〔115〕 参见 *Ex parte Republic of Peru*, 318 U. S. 578 (1943)。

〔116〕 *Republic of Mexico v. Hoffman*, 324 U. S. 30 (1945),第 35 页。

〔117〕 关于泰特信函的全文,参见 H. J. Steiner and D. F. Vagte (eds.), *Transnational Legal Problems: Materials and Texts*, 3rd ed., Foundation Press, New York, 1986 年,第 705 ~ 707 页。

理论。”[118]

泰特特别指出，美国政府本身受其国内法院的管辖，不会就美国船只享有豁免权提出诉求。但是，他的真正意图是消除国有企业的商业活动适用主权豁免。他承认，“显然，促使贸易国坚持越来越严格的理论的原因最有说服力，美国应该改变其政策”[119]。

限制性主权豁免的理论旨在保护私有财产利益，这是西方国家的根本关切。根据这一原则，如果一国不认为外国主权行为是典型的行使国家主权，则其使外国与个人、企业或公司处于同等地位。无疑，这是对传统国际法的背离。

实际上，绝对主权豁免和限制性主权豁免的理论之间的主要区别在于外国主权享有豁免的范围和程度的不同。即使是根据前者，外国政府或其代表也不应在外国做任何他们想做的事，也不应拒绝执行它在商业活动中已经签署的协议。而且，尽管一些欧洲国家已经对以另一国私人身份进行的国家行为行使管辖权，但对于以私人身份进行的行为与以公共身份进行的行为之间的区别还没有达成共识。不仅在不同国家之间，而且在同一个国家内的不同法院之间，都是如此。正如一位学者所指出的，法国和美国法院认为该国购买军靴是一种以公共身份进行的行为，意大利法院可能会将其视为私人行为；在某些国家/地区，铁路运营被视为公共行为，但比利时最高法院则将其视为私人行为；虽然一个法国法院认为，一国购买商品并将其转售给其国民是私人行为，但该国另一个法院可能对此持相反的看法。[120]

限制性主权豁免理论的核心在于以下原则，即认可一国是否享受本地管辖豁免取决于相关事项或行为的性质，而不是行为者自身的性质。这从根本上改变了传统的主权豁免学说的基础，即承认主权既可为公又可为私的身份。根据限制性主权豁免学说，主权仅对以其公共身份进行的行为享有豁免权（因被定义为国家行为），而对私人行为或商业活动则不享有豁免。根据限制性主权豁免原则的逻辑，在上述的 *Pesaro* 案中，如果意大利使用该船是基于商业目的，则由于相关活动属私人或商业性质，该船将无权享受美国法院的管辖豁免。

该理论提出的基本问题，即取决于行为的性质而不是行为的目的，包括如何分辨什么是私人行为，什么是公共行为或怎样的行为构成商业活动。例如，借钱建立

---

〔118〕 参见同上。

〔119〕 参见同上。

〔120〕 参见前引〔64〕，Ni Zhengyu，第 9 页。

军事港口是不是商业行为?就交易的性质而言,它涉及贷方与借款人之间的贷款合同。如果不考虑贷款的目的,则这笔钱与向私人实体提供的商业贷款之间就不会有任何区别。

三、关于主权豁免的国家法律

“二战”后,西方发达国家在倡导限制性主权豁免原则之路上走得更远。在美国的倡议下,主要发达国家以限制性主权豁免理论作为理论基础,相继颁布了关于主权豁免的法律。1976 年,美国率先通过了《外国主权豁免法》(U. S. Foreign Sovereign Immunities Act, FSIA)。[121] 英国(1978 年)、新加坡(1979 年)、巴基斯坦和南非(1981 年)以及加拿大(1982 年)紧随其后。

原则上,美国 FSIA 确实确认了外国免于地方管辖的豁免权。[122] 但是,这种豁免权有很多例外,包括:(1)外国政府明确放弃其主权豁免权,即使采取任何方式撤销放弃;(2)在美国进行商业活动时,在美国与其他地方的商业活动有关的行为或与外国在其他国家的商业活动有关的、在美国具有直接影响的行为;(3)与外国或国家机关在美国境内或境外进行的商业活动有关的、位于美国的财产;(4)就对外国船舶施加海上留置权提出诉讼,而该海上留置权是基于外国的商业活动的;或(5)外国以提出或参与的方式就美国法院处理的诉讼提出反诉时。[123]

1988 年,FSIA 进行修订以包含仲裁例外。根据这些规定,在下列情况下,外国在执行仲裁协议或确认仲裁裁决的行动中不享受任何豁免:(1)仲裁在或计划在美国进行;(2)该协议或裁决受或可能受一项条约或其他国际协议管辖,该条约或其他国际协议要求承认和执行对美国有效的仲裁裁决;(3)根据 FSIA 的规定,原本的诉求(不是针对仲裁协议的诉求)可以在美国提出;或(4)外国已基于上述 FSIA 的豁免例外条款放弃豁免。[124]

显然,美国 FSIA 中上述例外整体上远远超出了美国判例法,甚至超出了泰特信函的内容。根据 FSIA 的规定,主权豁免问题再次由美国法院裁决。易言之,应由法院而不是国务院的证词或建议,来决定外国是否应根据有关活动的性质而非目的享有主权豁免。因此,不仅外国政府或其在美国境内的机关进行的商业活动,而且美国法院认为在美国境外进行的、对美国具有直接影响的活动,都不能享有任

---

〔121〕 参见 US Foreign Sovereign Immunities Act of 1976, 90 Stat.,第 2891 ~ 2898 页。

〔122〕 参见同上,第 1604 节。

〔123〕 参见同上,第 1605 节,第(1) ~ (5)项。

〔124〕 参见同上,第 1605 节,第(6)项。

何豁免权。美国FSIA不仅以外国的明确放弃作为行使管辖权的依据，而且允许美国法院根据外国的行为来解释这种放弃，即默示放弃。这意味着美国国内法院不仅有权判定外国进行的哪些活动本质上是商业性质的，而且有权解释是否作出了默示放弃以行使管辖权。

在美国FSIA颁布后，第一个产生重大影响的案件是关于信用证履行的*Texas Trading*诉尼日利亚案。[125] 20世纪70年代初期，尼日利亚大量进口水泥。它与外国供应商签订了109份合同，其中四份与在纽约注册的公司签订。这四个公司不是工业公司，而是“贸易公司”，且要提供100亿吨水泥。根据合同，尼日利亚向纽约和汉堡的两家银行申请建立不可撤销的信用证。供应商承诺每月提供20,000公吨水泥，并交付给拉各斯港口。一旦货物在西班牙装运，供应商有义务将装运单据交给上述银行。银行应在检查单据准确性后以现金付款。1975年，由于尼日利亚的规划欠佳，大约有400艘船，其中多数是水泥船，造成拉各斯港口堵塞，无法卸货。1975年8月18日，尼日利亚政府指示纽约和汉堡的开证行不要根据信用证进一步付款。它还颁布了一项法令，禁止任何未提前两个月获得批准的船舶进入拉各斯港口，并对未经许可进入的处以刑事处罚。因此，外国供应商不得不与尼日利亚政府进行谈判以解决这一问题。但是，四家纽约贸易公司未能与尼日利亚和解，因此在美国联邦法院对尼日利亚政府和中央银行提起诉讼。

根据国际法中的主权豁免原则，尼日利亚声称美国法院不应处理针对尼日利亚政府和中央银行的诉讼。美国第二巡回上诉法院认为，根据美国FSIA的规定，尼日利亚购买水泥和建立信用证属于商业活动，因此在美国法院不享有主权豁免。无论是民用还是军事用途，购买的目的并不重要。

此案进一步反映了美国法院在确定外国行为是否构成商业活动时所享有的权利。上诉法院已明确指出，管辖权的关键是所涉行为是否具有商业性质。但是，由于1976年FSIA对“商业活动”作出了非常宽泛的定义[126]，是由法院来区分商业活动与政府活动的。上诉法院在确定尼日利亚政府活动的性质时，根据FSIA的立法历史、美国法院的判例和现代国际法原则，得出的结论是，尼日利亚签署合同和购买水泥的行为是商业活动。实际上，上诉法院的结论主要基于FSIA的立法历史。正在审议该法案时美国司法部民事诉讼部门外国诉讼科科长利·门罗（Mon-

---

〔125〕 参见*Texas Trading & Milling Corp.*, *et al.* 诉尼日利亚等案，647 F.2d 300 (2d Cir. 1981)。

〔126〕 美国1976年FSIA第1603(d)节规定：“‘商业活动’是指常规的商业行为或特定的商业交易或行为。一项活动的商业性质应根据行动或特定交易或行为的性质来确定，而不要根据其目的来确定。”

roe Leigh）声明："如果政府签订了购买商品和服务的合同，即被视为商业活动。它适用普通合同的机制。它讨价还价和谈判。它接受要约。它会签署一份书面合同，且该合同将要执行。"[127]

判决书还指出，由于尼日利亚的争议行为是商业活动，因此，只要原告能够证明这些进行的活动在美国境内或与美国有关，美国法院将对它们具有管辖权。根据尼日利亚政府与外国供应商签订的合同的规定，供应商应根据尼日利亚的信用证通过纽约的特定银行收取货款。因此，尼日利亚的行为与美国产生直接关联。根据判决书，只要有一争议方是在美国或在美国开展业务的外国公司，就会与美国建立直接联系。

在 1992 年作出的阿根廷共和国诉 *Weltover* 案[128]的判决中，美国最高法院进一步澄清了将国家行为视为商业行为的依据，以及这些行为如何构成与美国的直接联系。1982 年，阿根廷共和国通过中央银行发行了政府债券，到期时以美元在伦敦、法兰克福、苏黎世或纽约偿还。1986 年，债券开始到期，而阿根廷缺乏偿还债券所需的外汇，因此向债券持有人提供替代的金融工具。Weltover 和另外两名债券持有人拒绝了该要约，并要求在纽约以美元支付。当阿根廷不付款时，债券持有人基于美国 FSIA 主张管辖，向美国地方法院提起诉讼。阿根廷反对该管辖权，但其反对意见被地方法院驳回，上诉法院后来维持了该决定。阿根廷随后向美国最高法院提起上诉，该法院准予并受理了上诉。用斯卡利亚大法官的话来说，该案要求法院"决定阿根廷共和国对作为稳定其货币计划的一部分而发行的某些债券的违约行为是否"与商业活动有关"的、具有"直接影响到美国以使阿根廷根据 1976 年 FSIA 在美国法院被提起诉讼"的行为。[129]

关于"商业"一词，法院承认，FSIA 没有给予明确的定义。但是，它指出，该法案"在很大程度上将所谓的最初于 1952 年由国务院采用的'限制性'外国主权豁免理论进行'编纂'。此'商业性'的含义是在法规制定，即采取限制性理论语境下形成的"[130]。在那种情况下，它认为："……行为的商业性应通过参考其'性质'而不是其'目的'来确定，因此，问题不在于外国政府是出于营利动机还是出于实现

[127] 参见 *Jurisdiction of U. S. Courts in Suits Against Foreign States*: *Hearings on H. R.* 11315 *Before the Subcommittee on Administrative Law and Governmental Relations of the House Committee on the Judiciary*, 94th Cong., 2d Sess. 51，1976 年。

[128] 参见 *Republic of Argentina et al. v. Weltover*, *Inc.*, *et al.*, 504 U. S. 607，1992 年，见 http://supreme.justia.com/cases/federal/us/504/607/case.html。

[129] 参见同上，第 609 页。

[130] 参见同上，第 612 ~ 613 页。

独特的主权目标。问题在于,外国采取的特定行动(无论其动机是什么)是否属于私人参与'贸易和运输或商业'的行动类型……"[131]

至于该案涉及的具体行为,法院维持先前的裁定,即认为是商业属性的,因为"发行这些(债券)(可能不是目的)与私人商业交易没有任何关系"[132]。

关于阿根廷的行为是否在美国产生直接影响的问题,它认可上诉法院裁定,即没有必要以这种影响具有"实质性"或"可预见"作为判定影响是"直接的"这一结论的基础,而应是如果"随着被告的行为而马上产生的直接后果",即认为产生"'直接'影响"[133]。由于纽约本应是阿根廷履行合同义务的地方,但阿根廷却没有在此履行合同义务,法院因此裁定这些行为"必定会对美国产生'直接影响'"[134]。

从上述案例来看,尽管不能将其用作对 FSIA 的全面解释,但很明显,美国法院已准备好对商业例外采取扩大解释。作为世界上最强大的力量,美国的法院实践与立法实践一样,对其他国家的法院也具有直接影响。

英国关于主权豁免权的情况与美国相似。在 20 世纪 50 年代之前,英国的案件基本上遵守了绝对主权豁免的原则。例如,在 1851 年由皇后法庭处理的涉及葡萄牙女王的案件中,明确指出:"在市法院针对外国统治者,以其公共身份对他提出的任何申诉,均违反了法律,且对其代表的一方是种冒犯。"[135]但是,在 50 年代以后,英国对主权豁免的态度发生了明显变化。1977 年 *Trendtex Trading Corp.* 诉尼日利亚中央银行一案,涉及水泥购买合同,英国上诉法院裁定被告不应享有豁免权。[136]虽然没有给出具体原因,但法院显然是基于尼日利亚中央银行进行的活动是商业活动这一事实而得出结论的。

英国《国家豁免法》(The Sovereign Immunities Act of Britain, SIA)于 1978 年生效。该法采用了限制性主权豁免的学说,将一国以公共身份进行的行为与以私人身份进行的行为区别开来,并授予前一种情况主权豁免。一般来说,SIA 采用了美国 FSIA 中包含的几乎所有原则和规定。像美国的 FSIA 一样,它规定除法律规定的例外情况外,一国不受英国法院管辖。它还规定了这种一般性管辖权豁免的

[131] 参见同上,第 614 页。
[132] 参见同上,第 614 ~ 615 页。
[133] 参见同上,第 617 ~ 618 页。
[134] 参见同上,第 619 页。
[135] *De Haber* 诉葡萄牙女王案,1851,17 QB 171,第 196 页。
[136] 参见 *Trendtex Trading Corp.* 诉尼日利亚中央银行案, 1977,QB 529。

各种例外情况,包括自愿放弃主权豁免,外国进行的商业活动和交易,对用于商业目的的财产的判决,仲裁裁决的执行,与船舶和货物有关的海事诉讼,等等。

Svenska Petroleum Exploration A. B. 诉立陶宛案体现了英国法院对“主权豁免权的自愿放弃”的解释。[137] Svenska Petroleum Exploration A. B. (以下简称“Svenska”)是一家石油勘探和提炼公司,于1993年4月与立陶宛政府和Gargzdai国家石油地质企业签订了建立合资企业以开采立陶宛的石油的协议。根据该协议第9条争端解决条款的规定,缔约双方可以将任何争议提交立陶宛共和国法院或在丹麦进行独立仲裁。第35条规定了,立陶宛政府和Gargzdai国家石油地质企业放弃享有主权豁免,该协议应受立陶宛法律管辖。Svenska和Gargzdai国家石油地质企业作为缔约方签署了该协议。从字面上看,仲裁条款仅对两个缔约方具有约束力。但是,立陶宛政府也签署并批准了该协议,这就说明“立陶宛共和国政府特此批准上述协议,并承认其具有法律和合同约束力,就好像该政府是协议的签署方一样”。

2000年,由于Svenska未收到该协议预期的款项而引起争议,Svenska依照仲裁协议将该争议于丹麦提交仲裁。仲裁庭于2003年12月作出最终裁决,裁定立陶宛政府和A. B. Geonafta(Gargzdai石油地质企业的前身)违反了合同义务,有责任支付赔偿金。因此,Svenska要求英国法院根据1996年《仲裁法》第101条的规定执行仲裁裁决。但是,立陶宛辩称其不是仲裁协议的当事方,并要求法院撤销执行最终裁决的命令。

上诉法院裁定,一国可以行政身份签订合同,仅表明其同意该条款,而不对缔约国承担任何形式的义务。但是,在目前的情况下,政府签订协议的意图似乎已得到清楚的表明,这不仅是为了“批准”该协议,而且还承认其具有“法律和合同约束力,仿佛它就是协议签署人”。法院认为,仲裁庭因此对争端具有管辖权。此外,如果一国同意将争端提交仲裁,则应受有关程序约束以执行仲裁裁决。仲裁程序和执行程序均属于SIA第9条第1款规定的“与仲裁有关的程序”。因此,立陶宛政府无权就英国法院的执行程序要求主权豁免。

当然,英国的SIA和美国的FSIA之间存在差异。例如,在SIA中,商业交易被具体定义为:“……提供商品或服务的任何合同;为提供资金而进行的任何贷款或其他交易,以及与任何此类交易或任何其他财务义务有关的任何担保或赔偿;以及一国不行使主权而参与或从事的任何其他交易或活动(无论是商业、工业、金融、

---

[137] 参见 *Svenska Petroleum Exploration A. B.* 诉立陶宛案(No. 2), 2006, EWCA Civ 1529。

专业还是其他类似性质)。"[138]

跟随美国和英国的脚步,加拿大于 1982 年颁布了自己的《国家主权法》。[139]该法几乎是美国 FSIA 的副本。一方面,它授予广泛的主权豁免权;另一方面,它规定了豁免的众多例外,包括以下几种情况:(1)当外国主权国家明确放弃管辖豁免;(2)当外国主权国家明示或暗示放弃对没收、执行、逮捕等的豁免;和(3)当外国主权国家进行具有商业性质的商业活动或交易。

加拿大的举动一点也不令人感到惊讶。首先,其法律深深植根于英国普通法体系。其次,它与美国之间一直有着非常密切的经济关系和其他关系。因此,采用与美国和英国相对应的政策和法律是很自然的选择。令人惊讶的是,当时一些发展中国家也采用了限制性主权豁免的学说,包括新加坡(1979 年)以及巴基斯坦和南非(1981 年)。[140]

从上面内容可看出,在经济全球化和全球法律主义时代[141],就国际投资法而言,有必要意识到对行使主权的一些合法的限制。毕竟,国际投资法制度的主要目的是保护外国投资者而不是东道国。为此,如果不限制主权本身,该机制必须能够限制各国行使主权。实现这一目标的措施之一是设置一个独立机构而不是由其国内法院裁决外国投资者与东道国之间的争端。[142] 但是,应该指出的是,即使对于那些采用限制主权豁免原则的国家,在管辖豁免与执行豁免之间也存在区别。尽管其国内法院准备以商业交易或活动为由行使管辖权,但同一法院在基于商业交易或活动而确认与国家或机构相关的任何豁免例外情况时,还是非常谨慎的。

---

〔138〕 通过英国国家豁免法案后,英国法院审查了一系列关于主权豁免的案子。参见 Georges Delaume, "The State Immunity Act of the United Kingdom", *American Journal of International Law*,第 73 卷,1979 年。

〔139〕 参见 Canada State Immunity Act, RSC 1985, c S – 18。

〔140〕 参见 Burkhard Heß, "The international Law Commission's Draft Convention on the Jurisdictional Immunities of States and Their Property", *European Journal of International Law*,第 4 卷,第 1 篇,1993 年,第 269 页。

〔141〕 全球法律主义认为,世界政府处理全球集体行动的问题并不可行,但是,这些问题仍易受到法律解决方案的影响。更多关于全球法律主义的讨论,参见 Eric Posner, *The Rise of Global Legalism*, Max Weber Lecture Series No. 2008/04;作者亦是 Eric Posner, *The Perils of Global Legalism*, University of Chicago Press, 2011 年。

〔142〕 关于此事项的更多讨论,参见前引〔2〕,Rudolf Dolzer。

第四节 关于执行裁决的豁免

投资者—国家仲裁涉及一个主权国家。为了进行这种仲裁和执行裁决,必须注意主权豁免的问题。一般而言,一国同意进行仲裁,至少意味着其放弃了主权豁免。[143] 放弃主权豁免的重要性在于以下事实,即作出有利于外国投资者的仲裁裁决,而败诉的外国拒绝承认该裁决[144],外国投资者必须诉诸国家法院寻求救济。

如果国家法院被请求执行仲裁裁决,且它认为自己有管辖权,那么仍然存在另一个问题,就是败诉国是否对基于仲裁裁决的执行而导致的特定资产的扣押享有豁免权。在这个问题上,习惯国际法的规定和投资仲裁的实践都不太明确。在作为涉及执行仲裁裁决的主权豁免问题的极少数案件之一的 *MINE* 案中,特设委员会指出:国家豁免很可能被用作对强制执行的法律的抗辩,但它没有为不遵守裁决提供论据或理由。实际上,如果缔约国拒绝履行其条约义务,通常会出现国家免于强制执行裁决的问题。一个国家的不合规行为构成该国对其国际义务的违反,并将因此受到制裁。委员会提及了《ICSID 公约》第 27 条和第 64 条与其他事项的联系,和这种违约行为对一国在国际和私人资金来源上的声誉所造成的后果。[145]

第 27 条要求各国避免外交保护,除非缔约另一方未履行其基于《ICSID 公约》应有的义务。在当今高度全球化的世界中,尽管只有强大的力量才有方法行使外交保护,但很难想象一个国家会因为执行涉及它的投资仲裁裁决而诉诸外交保护。

---

[143] 参见 W. Michael Reisman, W. Laurence Craig, William Park, Jan Paulsson, *International Commercial Arbitration: Cases, Materials and Notes on the Resolution of International Business Disputes*, Foundation Press, 1997 年,第 1286 页。

[144] 在此问题上,有人认为:"尽管大多数被告确实就针对他们的裁决予以处理,但各国并不是非做不可:利比里亚、塞内加尔、刚果和哈萨克斯坦都没有这么做,他们成功援引主权豁免以辩护,这说明了即使是胜利的投资者也要面对来自强硬国家的挑战。"参见 Andrea K. Bjorklund, "State Immunity and the Enforcement of Investor - State Arbitral Awards", in Christina Binder, Ursula Kriebaum, August Reinisch, and Stephan Wittich (eds), *International Investment Law for the 21st Century: Essays in Honour of ChristophSchreuer*, Oxford University Press, 2009 年, https://www.asil.org/files/bjorklund.pdf。

[145] 参见 Maritime International Nominees Establishment (MINE) 诉几内亚, ICSID 案件号 ARB/84/4; Interim Order No. 1 on Guinea's Application for Stay of Enforcement of the Award, 1988 年 8 月 12 日, 4 ICSID Rep. 115/6。

第 64 条提到通过国际法院解决缔约方的争端，而这几乎不能被视为“制裁”。

《ICSID 公约》实际上包含一个自我执行的系统。《ICSID 公约》第 54 条第 1 款规定：“各缔约国应承认根据本公约作出的裁决具有约束力，以及应在其领土内履行该裁决所产生的金钱义务，就好像该裁决是该国法院的终局判决一样。”根据第 54 条第 1 款的规定，缔约国有义务承认 ICSID 仲裁裁决为本国的最终判决。但是，此义务仅与此类裁决的金钱义务有关。关于这一规定，克里斯托夫·施罗伊尔教授表示：“公约的起草历史表明，负责确认和执行的国内当局一旦确定了裁决的真实性，便无权审查裁决，甚至诉讼所在地的公共秩序（公共政策）也无法提供拒绝的理由。裁决的终局性还将排除对它们是否符合国际公共政策或一般国际法的任何审查。”[146]

在某种程度上，《ICSID 公约》第 54 条所建立的体系比 1958 年《纽约公约》所包含的某些公共政策的例外的体系更为强大。但是，ICSID 系统中与裁决有关的部分并不具有自治性。《ICSID 公约》第 54 条第 3 款规定：“执行裁决应受寻求裁决执行的国家法律的管辖。”因此，在执行 ICSID 仲裁裁决时，是否可以没收或扣押败诉东道国的特定资产以满足裁决的要求将由国家法院决定。假设根据诉讼所在地的法律和政策，上述资产可被执行，但 ICSID 仲裁裁决实际上却无法执行。《ICSID 公约》第 55 条确认了这一点：“第 54 条的内容应理解为对任何缔约国关于该国或任何外国执行豁免权的现行法律的减损。”易言之，如果败诉的外国拒绝执行仲裁裁决，则寻求 ICSID 赔偿的原告的命运将取决于诉讼所在地关于主权豁免的法律，这也是执行其他仲裁庭和特设仲裁庭作出的裁决时面临的一个问题。[147]

那么，国际社会中与裁决执行相关的系统又是什么呢？本节将探讨作为该领域中重要角色的美国、英国和法国。

一、美国

如前所述，美国采取了限制性主权豁免政策，并于 1976 年颁布了 FSIA，其中第 1609 条规定，外国在美国的财产“免于扣押、扣留和执行”，除非它属于 FSIA 规

---

〔146〕 Christoph H. Schreuer, *The ICSID Convention: a Commentary*, Cambridge University Press，2001 年，第 1129 页。

〔147〕 范登伯格教授认为两层豁免是不合逻辑的，他认为：“如果一国同意仲裁，则必须被认为其已接受所有后果，包括遵守对其不利的裁决。如果在后一种情况下，其不执行裁决，国家财产应如私人财产般可被执行。易言之，放弃管辖豁免应意味着放弃执行豁免。这是对条约必须遵守原则的应用。”参见 Alber Jan van den Berg, Recent Enforcement Problems Under the New York and ICSID Conventions, *Arbitration Internationa*，第 5 卷，1989 年。

定的例外之一。[148] 对此,FSIA 第 1610 节第 a 条规定,本章第 1603(a)节所定义的用于外国在美开展商业活动的在美国的外国财产,不得免于为执行而采取的扣押或被执行……的责任,如果(1)外国放弃了关于为执行采取的扣押或明示或默示的放弃执行豁免,即使外国可能会试图撤回该决定,但依照豁免条款规定除外,或者(2)该财产是或曾经是用于诉求所针对的商业活动。

除了主权国家外,FSIA 第 1610 节第 b 条进一步规定:"在美国从事、参与商业活动的外国机构或工具的任何在美国境内的财产,都不得免于为了执行而采取的扣押,或被执行。"因此,根据 FSIA 的规定,如果一国的财产或其工具是用于商业目的,则只要该国放弃执行豁免,就可没收和扣押该财产以满足仲裁裁决。相较而言,国家机构和工具扣押的豁免例外的范围更加广泛。除明确或暗含放弃豁免权外,如果某个机构或单位"参与"了美国的商业活动,它将满足主权豁免例外的要求。这里使用的短语"参与"被解释为表示比后面讨论的"用于"更宽泛的概念。

FSIA 颁布后不久,*Birch Shipping* 案[149]即涉及第 1610 节,原告 Birch 因其与坦桑尼亚之间的商业合同而请求对坦桑尼亚执行仲裁裁决。哥伦比亚地方法院指出,第 1610 条规定了确定豁免的"两步分析",即外国放弃扣押豁免,且该财产用于商业目的。[150]

原告申请查封的财产是美国坦桑尼亚大使馆的支票账户,该账户用于维持大使馆所需费用,包括支付雇员薪金以及购买使馆运作需要的货物和服务。地方法院指出:"通过合同采购的商品或服务将用于公共目的这一事实无关紧要;一项活动或交易的本质属于商业性质至关重要。"[151] 显然,坦桑尼亚大使馆承认支票账户的商业性质这一事实促使法院相信,在这种情况下,最佳解决方案是设置单独的账户。由于使馆将该账户用于公共和商业目的,法院决定不撤销查封令。[152]

LETCO 案[153]是执行 ICSID 裁决时经常被引用的一个案例。在该案中,法院认为,被告利比里亚放弃执行 ICSID 仲裁裁决的执行管辖豁免对基于 FSIA 第 1610 节第 a 条执行的裁决没有影响,其基于先前讨论的《ICSID 公约》第 54 条形成

---

[148] 参见 28 U. S. C. 第 1609. 74*ld.* 节 1610(a)。

[149] 参见 *Birch Shipping Corp.* 诉坦桑尼亚大使馆案, 507 F. Supp. 311 (D. C. Or. 1980).

[150] 参见同上。

[151] 参见同上。

[152] 参见同上。

[153] 关于执行仲裁裁决的管辖权的决定,参见 *Liberiall* E. *Timber Corp.* 诉利比里亚案, 650 F. Supp. 73 (S. D. N. Y. 1986);关于执行裁决的决定,参见 *Liberian* E. *Timber Corp.* 诉利比里亚案,659 F. Supp. 606 (D. D. C. 1987)。

相关观点。[154] 法院认为征收税费的方法无关紧要,但如何使用此资金至关重要。这些资金被用作“公共资金”,而并非“用于商业活动的财产”[155]。重要的是,法院裁定,用于商业活动的银行账户中的某些资金不一定会减损账户的豁免权[156],这与 *Birch* 案不同。

在康涅狄格商业银行诉刚果共和国案[157]中,第五巡回上诉法院还强调,在确定是否应具有执行豁免权时,“重要的是……财产的‘用途’,而不是财产如何来的或产生方式”[158]。在法院看来,在财产用于商业活动的情况下,即使使用税收等公共资金进行购买,也不应豁免。基于同样的理由,对于使用商业活动产生的资金但出于公共目的购买的资产,应享有扣押和执行豁免。

关于“用于”的含义,第五巡回上诉法院采用了词典中“使用”的定义,而“用于”是指“将财产用于商业活动(或)使用财产开展活动”[159]。关于管辖豁免的例外,法院还比较了第 1610 条的“用于商业活动”与第 1605 条规定的与商业活动“有关”的差异。它认为,此差异表明,第 1605 条允许更广泛的例外(商业活动),而第 1610 条应基于颁布 FSIA 时的立法历史和国际社会的观点,进行限缩解释。它指出,当时“国际社会认为对外国财产的处理是对主权的更大侮辱,而不仅仅是允许对一项行动进行管辖”[160]。

Walker 诉刚果共和国案[161]还涉及对 FISA 第 1610 条的解释。该案涉及的财产是无形的。在该案中,刚果与一家意大利公司 Sadelmi Cogepi SpA 签订了在刚果建设电力基础设施的合同,但款项被拖欠。Walker 从 Sadelmi 接手债务,并根据 Sadelmi 与刚果之间的合同,将争端提交国际商会仲裁,该仲裁庭作出了对 Walker 有利的裁决。

Walker 随后在地方法院对墨菲提起了一项关于扣押的诉讼,以保全一些可能是墨菲欠刚果的资金。在地方法院批准该动议后,墨菲向刚果支付了款项,由此产生了等额的保证金,而此保证金将根据有利于 Walker 的最终判决支付给它。刚果

---

[154] 参见同上,659 F. Supp. 606 (DD. C. 1987)。

[155] 参见同上。

[156] 参见同上。

[157] 参见 *Connecticut Bank of Commerce* 诉刚果案, US Court of Appeals, Fifth Circuit, 309 F. 3d 240, 2002 年。

[158] 参见同上,第 251 页。

[159] 参见同上,第 255 页。

[160] 参见同上,第 256 页。

[161] 参见 *Walker International Holdings Ltd.* 诉刚果共和国案(以下简称“*Walker* 案”), United States Court of Appeals, Fifth Circuit, 395 F. 3rd 229,2004 年。

和墨菲以执行豁免为由提出上诉。

法院指出,若要适用第 1610 条的例外情况,需进行三步分析,即放弃豁免、在美国的财产和用于商业活动的财产。对于刚果是否已放弃对扣押的豁免权,它与 Sadelmi 的合同规定:"刚果特此不可撤销地放弃在与仲裁法院作出的任何关于仲裁决定的任何程序中主张任何豁免权……"第五巡回上诉法院认为"任何豁免"一词满足放弃豁免的条件。[162]

此案涉及无形资产,问题在于如何确定其所在地点,或者它是不是 FSIA 规定的在美财产。法院援引先前的 *Af - Cap Inc.* 诉刚果共和国案[163]以及 *Tabacalera Severiano Jorge, S. A.* 诉 *Standard Cigar Co.* 案[164]的裁决,指出:"法院一贯认为债务人义务的所在地是债务人的所在地。"[165]这是一项重要裁决,因为在实践中,通常出现涉及无形财产的情况。

第五巡回上诉法院在确定财产的"用于"这一个问题方面的也有很大贡献。*Walker* 案中的问题是,刚果向墨菲偿还的行政和交易费用是否满足"用于"商业活动的要求。法院就此指出:"即使有证据表明刚果根据这项规定向墨菲支付了商业服务费用,Walker 的论点仍然不成立。墨菲只能从欠刚果的款项中扣除某些费用,产生该财产的最初的交易中没有任何商业活动。此外,从上下文和整体上看,小额偿付达不到这一标准。"[166]

Af - Cap 案的裁决提及"小额偿付",在该案中,"至少百分之五十的收益已用于商业活动"。由于 *Walker* 案中的偿付不"接近百分之五十",法院得出结论认为该资产不用于商业活动。[167]

从上述案件看,显然可以基于 FSIA 规定的任何豁免例外,在美国法院执行投资仲裁裁决。为了没收或扣押东道国或其机构或其单位的财产,必须首先明显地表明存在放弃执行仲裁裁决豁免的情况。此后,其必须证明有关财产位于美国,用于开展的商业活动。与东道国本身及其机构和单位相比,与国家有关的例外应作更严格的解释。

---

〔162〕 参见同上,第 234 页。

〔163〕 参见 *Af - Cap Inc.* 诉刚果共和国案(以下简称"*Af - Cap* 案"), 383 F. 3d 361 (5th Cir. 2004)。

〔164〕 参见 Tabacalera Severiano Jorge, S. A. v. Standard Cigar Co., 392 F. 2nd 706 (5th Cir. 1968)。

〔165〕 参见前引〔161〕,*Walker* 案,第 235 页。

〔166〕 参见同上,第 236 页。

〔167〕 参见同上。

二、英国

与美国一样,英国于 1970 年代后期颁布 SIA。关于执行豁免的规定,SIA 与 FSIA 保持一致。SIA 还着眼于财产的“使用”,特别规定“一国的财产不适用于执行判决或仲裁裁决的程序,或在物权诉讼中被查封、扣押或出售的程序”[168]。其继续规定,“以上第 13 节第 2b 小节不会阻止就当时正在使用或拟用于商业目的的财产适用相关程序”[169]。“正在使用或打算用于商业目的”等表达明确表明,财产与商业活动之间的纯粹联系或关系可能不会使其被执行。同时,SIA 规定:“在涉及以下方面的诉讼中,国家不具有豁免权:(a)国家参与进行的商业交易……”[170]因此,SIA 与 FSIA 在这方面的规定类似。

在英国的实践中,当满足 SIA 的要求时,法院确认合同中规定的豁免。[171] 关于确定财产“暂时使用或打算用于商业目的”一事,英国法院也采用了与美国法院类似的方法。*Alcom Ltd.* 诉哥伦比亚共和国及其他方案[172]的问题在于哥伦比亚大使馆的银行账户是否应予查封。哥伦比亚大使签发了证明,即说明该账户资金用于使馆的日常运作。负责此案的上议院表示:“该银行账户仅由外国指定(除极少数例外情况外)专门用于偿付商业交易,例如,在我看来,通过出具跟单信用证就出售给国家的商品进行付款,这无法当然地入第 13 条第 4 款所包含的关于例外的关键措辞之内。”[173]该账户是由外国大使馆持有的,因此更容易证明该账户是用于公共目的。尽管如此,一旦外国就财产的使用发表声明,请求查封、扣押的当事方有举证责任[174]。

英国法院还考虑了另外几起案件,它们涉及确定一个机构或单位是不是国家的一部分,其财产是否应受扣押。最近的一个案件是 *La Générale des Carrièreset*

---

[168] The Sovereign Immunities Act of Britain, c. 33. 第 13 节第 2(b)小节。

[169] 参见同上,第 4 小节。

[170] 参见同上,第 3 节。

[171] 例如,在 *Sabah* 诉巴基斯坦案中,法院认为巴基斯坦提出担保说明其认可管辖权,即巴基斯坦“放弃其或将来……在任何司法管辖区可能拥有的任何资产的豁免权”。参见 *Sabah* 诉巴基斯坦案,(2003) Lloyd's Rep. 571。

[172] 参见 *Alcom Ltd.* 诉哥伦比亚和其他方案,1984,A. C. 580。

[173] 参见同上,第 604 页,源自 Lord Diplock。

[174] 有观点认为,证明财产的非公共属性的责任很重。参见 Judith Gill, Stephen Jagusch and Anthony Sinclair, “Enforcement of Arbitral Awards against Sovereigns—Experience in the Courts of England and Wales”, R. Doak Bishop (ed), *Enforcement of Arbitral Awards against Sovereigns*, JurisNet, LLC, 2009 年,第 305 页。

des Mines(上诉人)诉 *F. G. Hemisphere Associates LLC*(被告)案[175],其中,被告手握两项针对刚果的国际仲裁裁决,并试图根据裁决,对刚果国有公司 La Généra ledes Carrièreset Mines(以下简称"Gécamines")的资产予以执行。

该案的核心问题是,是否应将 Gécamines 视为独立于刚果的实体。曼斯(Mance)勋爵援引戈夫(Goff)勋爵在 *Chieveleyin Kuwait Airways Corp* 诉伊拉克航空公司案[176]中的观点,"根据 1978 年法令,国家进行的商业交易中的国家豁免,相对于国家行政机关以外的实体在行使主权时所采取的行为所享有的(可能更为有限的)豁免权,可能存在差异"[177]。曼斯勋爵即认为 Gécamines 不是刚果的分支机构。他认为:"毫无疑问,Gécamines 在刚果民主共和国国民经济中至关重要的部门的运作中承担责任,但是对于中央计划经济体制中的许多国有公司来说,可以说同样如此。……毫无疑问,Gécamines 的资产源于国家,对此并不感到惊讶。一旦政府收购了这些资产,这些就成了它的资产,尽管对于这些资产的处置和收购可能会被国家当局否决。那些日常负责 Gécamines 事务的人易作出被其他国家机构审查和否决的任何重要决定,但这并不意味着 Gécamines 不是一个单独的真正存在的实体。"[178]

从裁决来看,只要实体实际上有着相对于国家的独立地位,就不应将其视为国家的单位。[179] 这与 ILC 条款关于国家单位的定义和投资仲裁实践十分接近。基于功能测试,在确认 Gécamines 拥有大量资产和业务、单独的账户,且"通过执行 Gécamines 的资产,收入不时地表现为对税收诉求的执行"[180],上议院得出结论,Gécamines"从职能或行为上看,在任何意义上都不是国家核心部门"[181]。实际上,上议院认为,即使 Gécamines 过去履行过某些政府职能,也不会影响其作为国家的独立实体的地位。此种分析路径与前面讨论的投资仲裁庭采取的方法颇为相似。

三、法国

法国素有仲裁友好国家的声誉。因此,法国在承认和执行仲裁裁决方面没有

---

[175] 参见[2012] UKPC 27, Privy Council Appeal No 0061 of 2011,根据 Lord Mance,2012 年 7 月 17 日。

[176] 参见[1995] 1 WLR 1147, 1158E - 1160F。

[177] 参见前引[174],*La Générale des Carrièreset des Mines v F. G. Hemisphere Associates LLC*, 第 9 页。

[178] 参见同上,第 29 页。

[179] 在曼斯勋爵作出的判决中,单位的职能在确定实体的法人资格上仍有重要的作用。参见同上,第 13 页。

[180] 参见同上,第 38 页。

[181] 参见同上。

很多法律障碍。[182] 关于主权豁免,法国同样对管辖豁免与执行豁免进行了区分。像美国和英国一样,法国也采用了限制主权豁免的原则。但是,法国法院"在未经外国主权者同意的情况下,不愿允许执行措施"[183],这同样适用于被视为国家机构和单位的实体。

在 *SNPC* 案[184]中,巴黎上诉法院要解决的问题之一,是 SNPC 是不是刚果的单位,而不仅仅是国有的工商业公司。

SNPC 是根据刚果法律成立的国有公司,其董事会主要由国家各个部门的代表组成,并通过内阁法令任命。此外,公司的运营受到部委的严格控制,通过关于碳氢化合物的集体谈判协议,甚至是控制利益当事方,建立子公司、代理机构或分支机构,旨在"确保政府政策、法律和法规的落实,批准投资计划并监督其执行,监督利润和人员分配"[185]。基于这些功能特点,法国法院认为,SNPC 没有任何"独立功能",即其在法律上或事实上,不能独立于刚果。更为重要的是,SNPC 的"会计情况并不能清楚地表明其任何商业活动和其公共服务职能在性质和价值方面的区别"[186]。因此,SNPC 并不被视为国有公司,而是刚果的一个国家单位。

像美国和英国的法院一样,巴黎上诉法院在确定实体的性质时也特别注意实体的整体功能要素。如前所述,法国法院不愿宽泛地解释执行豁免的例外。巴黎上诉法院认为,在通常情况下,政府对公司的监督和控制以及公司具备的公共政策和商业活动的混合职能并不会自动导致公司丧失独立法人资格。但是,*SNPC* 案表明,刚果"不仅保留了对 SNPC 的控制权,还保留了命令和认可以对 SNPC 自治构成真正干扰和予以剥夺的权力"[187]。因此,真正的独立或自治是一项一般性测试,旨在从法律上或事实上区分商业实体与国家机构或国家单位。美国的裁决是其认定 SNPC 的资产并不用于商业活动。在很大程度上,法国的立场与美国和英国的立场相似。需要注意的是,在 *Walker* 案中,Walker 还声称 SNPC 是刚果的"另

---

〔182〕 关于此事项和相关问题的讨论,参见前引〔173〕,Sara Francois - Poncet, Brenda Horrigan and Lara Karam, "Enforcement of Arbitral Awards against Sovereign States or State Entities—France", in R. Doak Bishop (ed),第 355 页。

〔183〕 参见同上,第 358 页。

〔184〕 参见 *SocieteNationale des Petroles du Congo v. S. A. Walker International Holdings Ltd.*,(以下简称"*SNPC* 案") Paris Court of Appeals, 8th Chamber, Section B, 2003 年 7 月 3 日;关于此案的讨论是基于对使用法文的原文的释译而开展的,参见 Emmanuel Gaillard and Jennifer Younan (ed.), *State Entities in International Arbitration*, Juris Publishing, Inc., (2008) Annex 5,第 487 页。

〔185〕 参见同上。

〔186〕 参见同上。

〔187〕 参见同上。

一面”。但是,美国第五巡回上诉法院指出,即使 SNPC 也是刚果的“另一面”、机构或单位,若要查封其资产,根据第 1610(b)条,由于刚果的财产无法被查封,因此,其“另一面”或 SNPC 的财产不得被查封。[188] 美国法院的裁定是基于 SNPC 的财产未用于商业活动作出的。因此,无论 SNPC 是刚果的机构还是单位,都不会有任何区别。在这方面,法国法院的判决和美国法院的判决之间并不矛盾。

伊拉克中央银行诉 *Hochtief AG* 案[189]涉及伊拉克中央银行(Central Bank of Iraq, CBI)是否应被认定为该国单位的问题。在该案中,作为中央银行的 CBI 既进行了私人商业交易,又作为公共机构完成任务和履行职责。由于 CBI 拥有自己的资产、债务人、预算和会计,因此,巴黎上诉法院裁定,尽管伊拉克对银行的管理层甚至利润进行了严格的控制,但 CBI 仍拥有独立的法人资格。然而,这一决定并不令人惊讶,因为中央银行在法国法律下始终享有特权。[190]

基于上述对于美国、英国和法国法院判决的案件的概述,这些国家的法律和执法部门的做法如此相似,这令人惊讶。这些国家的法院在范围和程度上都实行限制主权豁免的政策;均适用更广泛的例外,尤其是商业例外,并且在解释或执行判决和仲裁裁决时对例外予以限缩性解释。尽管就主权豁免采取相似的方法不一定使有关外国投资者的仲裁裁决更容易得到执行,但是,它至少可以为投资仲裁裁决执行的法律地位研究提供一定的支撑。

第五节 中国的视角

中国对主权豁免和国家行为的态度,可自与其他国家的关系推断出来。例如,1958 年 4 月 23 日,中国与苏联缔结了《贸易和航行条约》。该条约附件第 4 条规定:“商务代表处享有主权国家所享有的包括对外贸易在内的一切豁免,但双方同意下列情况作为例外:甲、关于商务代表处根据本附件第三条的规定,和驻在国所签署对外贸易契约的争执,如果没有仲裁处理或其他有关管辖权的保留规定时,由

---

〔188〕 参见前引〔160〕,Walker 案,第 43 段。

〔189〕 参见 Central Bank of Iraq v. Hochtief Aktiengesellschaft, Paris Court of Appeals, 8th Chamber, Section B, 2005 年 9 月 1 日的决定。关于此案的讨论是基于法文原文的翻译,参见 Emmanuel Gaillard 和 Jennifer Younan(eds.),States Entities in International Arbitration,IAI Series on International Arbitration 第 4 号,Juris Publishing Huntington,NY,2008 年,第 547 页。

〔190〕 参见前引〔181〕,Sara Francois – Poncet, *et al*, 第 363 ~ 364 页。根据《货币和金融法典》第 L. 153 – 1 条的规定,中央银行的资产和票据不可被没收。参见同上。

该国法院审理。但是不得作出关于诉讼保全的裁判。乙、关于上述争执对商务代表处所作的已生效的法院终审判决,可以强制执行,但执行对象仅限于商务代表处的货物和债权。"[191]

该规定表明,当时中国政府认为,可以将商业活动排除在主权豁免范围之外,但这种排除必须经有关各方同意。在过去的50年中,中国的观点似乎没有太大变化。在杰克逊诉中华人民共和国等案(又称"湖广铁路债券案")[192]中,在美国阿拉巴马州北区地方法院于1981年对中国政府作出缺席判决后,中国驻华盛顿特区大使馆发布了致美国国务院的备忘录,指出,作为主权国家,中国有权享有司法豁免权,不会接受在外国法院提起的诉讼,也不会接受任何外国法院针对中国的任何判决。

中国政府随后重申了以下立场:"主权豁免是国际法的重要原则。它是以《联合国宪章》所确认的所有国家主权平等为基础的原则。作为一个主权国家,中国毫无争议地享有司法豁免权。美国地方法院对主权国家作为被告的诉讼行使管辖权,作出默认判决,甚至威胁要执行判决,这完全违反所有国家主权平等的国际法原则和《联合国宪章》的规定。中国政府坚决反对将美国国内法强加于中国,损害中国主权和民族尊严的做法。如果美方无视国际法,执行上述判决并查封扣押中国在美国的财产,中国政府保留采取相应措施的权利。"[193]

中国对主权豁免的立场取决于其经济和政治实力以及在国际上的影响力。它也反映了其过去的实践。正如美国国务院在湖广铁路债券案中所述:"中国坚持这一原则(绝对主权豁免权)的部分原因是其在19世纪和20世纪关于域外法律和西方(在中国境内)行使管辖的不利经历。"[194]从中国的角度来看,限制性主权豁免理论尚未成为国际法规则,因为只有少数几个国家(基本上不包括发展中国家)适用此类豁免。[195] 中国认为,限制性主权豁免的理论对发展中国家来说弊大于利。

中国在主权豁免方面的实践非常有限。注明的案件是香港特别行政区法院判决的FG诉刚果案,这最能反映出目前中国对主权豁免的立场。2008年5月,一家在美国注册的公司FG向香港特别行政区高等法院原讼法庭提起诉讼,要求执行

---

〔191〕 附录再版于 *Materials on Jurisdictional Immunities of States and Their Property*, U. N. Legal Series, 1982年, UN Doc. ST/LEG/SER. B/20,第135~136页。

〔192〕 参见杰克逊诉中国等案(湖广铁路债券案),794 F. 2d 1490,1986年。

〔193〕 Aide Memoire by Chinese Minister of Foreign Affairs Wu Xueqian to US Secretary of State George Shultz,1983年2月2日。

〔194〕 参见前引〔191〕,*Huguang Railway Bonds* case,第25段。

〔195〕 参见同上。中国通过在辩护中表达自身意见以捍卫绝对主权观点。

两项国际仲裁裁决。该诉讼以刚果民主共和国为被告、中国中铁股份有限公司及其三家子公司为连带被告。刚果民主共和国和中国中铁股份有限公司及其子公司主张，刚果民主共和国享有国家豁免，香港法院对刚果民主共和国无司法管辖权。刚果民主共和国多次通过外交渠道向我国政府提出交涉。鉴于案件涉及国家主权和中央人民政府的外交权力，经授权，外交部通过驻香港特派员公署向香港特别行政区政府政制及内地事务局先后发出三封函件，说明中央人民政府关于国家豁免问题的立场，指出我国一贯坚持的国家豁免原则并且统一适用于全国，包括香港特别行政区；香港特别行政区如果实行与中央立场不一致的国家豁免原则将对国家主权造成损害等。案件先后经香港高等法院原讼法庭、上诉法庭、终审法院开庭审理。

2011 年 6 月 8 日，香港终审法院作出临时判决，裁定香港特别行政区应遵循中央人民政府决定采取的国家豁免规则，刚果民主共和国享有国家豁免，香港法院对刚果民主共和国无司法管辖权。鉴于上述临时判决涉及对香港基本法关于中央人民政府管理的事务及中央和香港特别行政区关系条款的解释，按照《香港特别行政区基本法》第 158 条第 3 款的规定，香港终审法院认为有责任在作出终局判决前提请全国人民代表大会常务委员会解释《香港特别行政区基本法》第 13 条第 1 款和第 19 条。

2011 年 8 月 24 日，全国人民代表大会常务委员会对关于在香港适用国家豁免的解释的草案警醒了表决并获一致通过。全国人民代表大会常务委员会的相关人员解释：(1)国家豁免建基于国家主权和平等的原则，既是一个法律问题，又是一个涉及国家对外关系的政策问题。(2)香港特别行政区，包括香港特别行政区法院，必须遵循中央人民政府决定的国家豁免规则或政策。(3)香港特别行政区法院对中央人民政府决定国家豁免规则或政策的行为无管辖权。《香港特别行政区基本法》第 19 条第 3 款规定，“香港特别行政区法院对国防、外交等国家行为无管辖权”，这里规定的“国家行为”包括中央人民政府决定国家豁免规则或政策的行为。(4)香港特别行政区作为中华人民共和国一个享有高度自治权的地方行政区域，直辖于中央人民政府，必须执行中央人民政府决定的国家豁免规则或政策。香港原有法律中有关国家豁免的规则必须符合上述规定才能在 1997 年 7 月 1 日后继续适用。[196]

---

[196] 参见《香港特区基本法第 13 条第 1 款和第 19 条解释的说明》，载中国政府网，http://www.gov.cn/jrzg/2011-08/27/content_1934211.htm。

根据全国人民代表大会常务委员会的解释,香港终审法院于2011年9月8日确认其初步判决。

本案中的另一个重要问题涉及"豁免的放弃",特别是刚果在中国香港特别行政区是否已放弃其执行豁免权。FG坚称,刚果同意信贷协议中的仲裁条款,意味着其放弃了主权豁免抗辩。在初审和上诉中,所有法官都驳斥了FG的另一论点,即刚果通过同意国际商会的仲裁放弃了豁免的权利。他们认为,这没有放弃裁决豁免,只是有限放弃关于司法监督权的豁免。[197] 终审法院裁定,豁免的放弃必须明确才能有效;一国"通过自愿接受法院地国的法院对放弃国的政府实体或财产行使管辖权"以放弃豁免。[198] 也就是说,放弃必须明确且在争议产生后发生。

私营企业可从FG诉刚果案吸取到的经验是,在与主权国家或国有企业订立合同时,仔细考虑和起草关于放弃主权豁免的条款,确保此类条款足够广泛以涵盖豁免于司法管辖权/诉讼以及执行。

从上述有限的观点来看,可以肯定的是,中国对主权豁免问题的立场在很大程度上反映了发展中国家的观点。发展中国家坚持绝对主权豁免的考量是保护其国家利益。从理论上讲,根据限制性主权豁免理论,每个国家的法院都可以裁定涉及外国政府或国家的与商业交易或活动有关的纠纷案件。但是,在实践中,发展中国家的法院可能没有机会对此类案件行使管辖权。即使在发展中国家法院被要求行使这种管辖权的情况下,其也可能无法执行所作出的判决。确认所有相关的明显体现发达国家影响力的国际法的规则有困难,这是发展中国家不愿遵守限制性主权豁免原则的又一个原因。

中国对主权豁免的立场,包括其法院在*FG*诉刚果案中的裁决,将不可避免地对其吸引外国直接投资的尝试产生重大影响。正如本书其他部分所讨论的,中国已经同意在最近签订的所有双边投资协定和自由贸易协定中加入投资人与国家之间的仲裁。这可能被解释为同意放弃管辖豁免。但是,随着中国实体在海外的投资越来越多,考虑采用限制性主权豁免原则符合中国利益。这也与中国在签署《联合国国家及其财产管辖豁免公约》时所体现的外交政策一致。实际上,在*FG*诉刚果案中,香港特别行政区初审法院指出,"在信中陈述的立场与公约的签署之间应如何协调(如有)是不确定的"[199],因为根据VCLT(中国已签署)第18条规定,已

---

[197] 参见CACV 373/2008和CACV 43/2009,第171段。

[198] 参见[2011] HKCFA 41,第377段。

[199] *FG*诉刚果案, Miscellaneous Proceedings No. 928,2008年,第81段。

签署条约的国家“有义务避免采取会破坏条约目的和宗旨的行为”。因此,中国采用限制性主权豁免的原则不仅符合中国实体海外投资的长期利益,而且符合其既定政策。

总之,根据现行的国际法,各国应遵守其承担的条约义务和习惯国际法的原则。[200] 有约必守原则在国际投资法中非常重要。在国际投资中,特别是在投资争端中,通常涉及一个主权国家,而主权豁免通常是一个问题。“主权豁免经常被各国援引,以期摆脱仲裁的义务或执行裁决的义务。”[201] 国际社会对这一问题的看法持续存在分歧。一些国家采用了限制性主权豁免的学说,而另一些国家则遵循绝对主权豁免的原则。那些坚持限制性主权豁免的主体仍然在执行仲裁裁决时不愿适用该原则。尽管这种差异的存在不利于外国直接投资的流动,但是,在可预见的将来一段时间内,这种情况不太可能得到实质改善。

---

〔200〕 例如,在 *SPP* (*Middle East*) *Ltd.* 诉埃及案中,仲裁庭指出:“信守条约原则在国际法中得到普遍承认,且很难找到不适用于此的理由。一个主权国家必须有足够的主权以根据国际法和国内法作出具有约束力的承诺。”参见 *SPP* (*Middle East*) *Ltd.* 诉埃及案,国际商会案件号 3493,裁决,1983 年 2 月 16 日,第 54 段。

〔201〕 参见同上。

第十一章

结论与解决方案

外国直接投资是全球化的重要特征，对所有国家的经济发展都具有重要意义。与此相关并对其予以规范的国际投资法应能够在促进和鼓励全球所有国家之间的外国直接投资。为外国投资和外国投资者提供保障和确立优惠待遇的双边投资协定和自由贸易协定的数量的快速增长佐证了这一趋势。如人类社会其他方面的情况一样，双边投资协定和自由贸易协定中规定的义务和权利是彼此紧密联系的。易言之，若一个人或一群人被赋予某种权利，另一个人或另一群人必须承担相应的义务。根据国际投资法，显然是东道国承担许多义务，而外国投资者则享有相应的权利。例如，若东道国有义务不任意对待外国投资和外国投资者，或者不能在没有补偿的情况下就没收外国投资，则外国投资者有权得到相应的对待；若外国投资者没有享受到相关待遇，则其可以声称相关东道国违反了国际义务。那么，外国投资者与东道国之间的权利和义务之间的平衡点在哪里？首先，一缔约方和另一缔约方的投资者根据双边投资协定或自由贸易协定承担的关于投资的义务本质上是双向的。因此，它们伴随后者向前者的投资和投资者提供的权利。同时，外国投资者享有相关权利，其必须满足某些条件并承担某些义务。因此，即使国际投资法似乎侧重对投资和投资者的保护，但是，权利与义务之间也存在平衡。

从本质上讲，国际投资法应是侧重对投资和投资者的保护的，但需要重点强调的是，这种明显的保护倾向不能使权利和义务失去平衡。很多时候，仲裁裁决因向外国投资和投资者过度倾斜而遭到批评。外国直接投资实践体现着权利和义务的平衡。合格投资者和投资的确定，同意的确定，给予外国投资者及其投资公平公正待遇的义务等都是典例。考虑到本书相关章节已就特定问题作出结论和提出完善意见，本章将就有关投资机制的问题作出普遍性阐述，并提出一些改进现行系统的对策建议。

一个系统的价值在于其在实践中的切实有效，与国际投资有关的法律制度也是如此。与国际投资有关的法律制度由双边投资条约、自由贸易协定中的投资条款、多边条约、习惯国际法,以及东道国的国内法组成。像管理社会其他部门的法律一样,国际投资法的效力取决于其执行机构的行为。因此,尽管国际投资法侧重保护投资/投资者,但其目的和宗旨能否实现,取决于仲裁庭如何履行职能。如前所述,在事实和条约规定相似,甚至相同的情况下,仲裁庭在法律分析中常常会存在矛盾。

CME 案[1]和 *Lauder* 案[2]即为体现仲裁庭在多大程度上可能相互矛盾的例子。在这两个案件中,原告均对作为被告的捷克共和国提出了类似的指控,即被告违反了条约义务,包括公平公正待遇、充分的保护和安全、最低的国际标准、没有赔偿而没收财产等。这两个案件的事实以及所涉及的双边投资协定(荷兰捷克共和国双边投资协定、美国捷克共和国双边投资协定)中相关条款的内容几乎相同。原告在这两个案件中所提出指控之间的任何差异反映了有关双边投资条约措辞的不同(对美国捷克共和国双边投资协定第Ⅱ.2(b)条中的"和"或"或"可能存在一些疑问)。尽管两案具有相似之处,但仲裁庭还是作出了相互矛盾的决定。*CME* 案仲裁庭作出同意多数决定,但其不同意见却与 *Lauder* 案仲裁庭的观点完全一致。

难以理解的是,两个仲裁庭即使在确定相关证据时也出现这样的情况。例如,基于同样的证据,*CME* 案仲裁庭的大多数仲裁员认为 1996 年媒体理事会的行动是一种胁迫[3],且在裁决中多次提及胁迫,以及在说明媒体理事会的行动对原告的影响时频频使用表达"强迫"的词语。但是,该案持异议的仲裁员坚持认为:"一般性的谈话和指控以及对所谓'胁迫'的非常间接地复述,不能替代证明此类指控必须提交仲裁程序的证据。"[4]但是,*Lauder* 案仲裁庭不仅没有得出此种结论,甚至没有使用任何形式的词语(第 200 段所含的"征收"的定义除外)。

CME 案仲裁庭中的大多数仲裁员还发现媒体理事会与 Železný 博士存在勾结行为。[5] 但是,*Lauder* 案仲裁庭和 *CME* 案仲裁庭中持不同意见的仲裁员均未发现支持串通的证据,甚至实际上从未使用表达该意思的词语。

---

〔1〕 参见 *CME* 案,联合国国际贸易法委员会,最终裁决,2003 年 3 月 14 日,https://italaw.com/documents/CME-2003-Final_001.pdf。

〔2〕 参见 *Lauder* 案,联合国国际贸易法委员会,最终裁决,2003 年 9 月 3 日,https://www.mfcr.cz/cps/rde/xbcr/mfcr/FinalAward_pdf.pdf。

〔3〕 参见 *CME* 案,部分裁决,第 601 段,例如,被告方的理事会违反对原告投资的基本义务体现在于 1996 年强制修订 Memorandum of Association。

〔4〕 参见 *CME* 案,反对意见,第 § V 第 1 段。

〔5〕 参见 *CME* 案,部分裁决,第 555 段,其中指出:"Železný 博士与Č NTS(TV NOVA)背后的媒体委员会勾结伪造了广播监管机构 1999 年 3 月 15 日的信件,以此作为 CET21 破坏 CME 的投资的法律基础的工具。"

CME 案仲裁庭中的大多数仲裁员认为案件中既有胁迫又有共谋,即"……(媒体理事会)1996 年的行动的明确意图是剥夺外国投资者基于 MOA 许可的专有使用权,以及 1999 年作为和不作为的明确意图,是(与)外国投资者的捷克商业伙伴勾结,剥夺了外国投资者的投资"[6]。但是,*Lauder* 案仲裁庭与 *CME* 案仲裁庭中持不同意见的仲裁员一样,认为证据支持被告的主张,即媒体理事会是基于合理关切而采取行动。这些仲裁员均未发现强迫或串通的证据。

显然,若如 *CME* 案仲裁庭所发现的,国家机构进行胁迫并与第三方串通以剥夺外国投资者的投资,那将严重违反条约义务,包括公平公正待遇以及充分的保护与安全。同时,如果国家机构是基于合理关切且在自己职责范围内,以非歧视的方式采取行动,且如果投诉的某些行动不能切实归因于国家机构,则 *Lauder* 案仲裁庭和 *CME* 案中持异议的仲裁员所坚持的主张,即违反公平公正待遇和/或全面保护和安全义务的可能性不大。

本质上,*Lauder* 案和 *CME* 案仲裁庭就六项诉求归因于媒体委员会和捷克共和国采取了截然不同的行为,它们归因于媒体委员会,因此归功于捷克共和国。[7]可以说,*CME* 案仲裁庭的大多数与 *CME* 案持不同意见的仲裁员和 *Lauder* 案仲裁庭在每个申诉事项上再次持截然相反的立场,而这构成了他们各自调查结论的基础。对 *CME* 案仲裁庭的大多数仲裁员而言,存在违反公平公正待遇以及全面的保护和安全的情况;而对于 *CME* 案持不同意见的仲裁员和 *Lauder* 案仲裁庭,则不存在这一情况。

若要说 *CME* 案仲裁庭和 *Lauder* 案仲裁庭存在什么共同点,即它们均没有对国际投资法中"公平平等待遇"或相关法律原则的判例作出太多阐述,除非认为 *CME* 案仲裁庭的大多数仲裁员作出的关于国家机构强迫外国投资者同意改变其投资的法律形式,以及与某第三方串通以使第三方能够"放弃"外国投资的结论值得关注。

这两个案件中,最引人注目的是六个仲裁员,其中两个(一个仲裁庭的大多数)既发现了胁迫和串通,又解释了有关双边投资协定的条款和国际法的规定[8],要求将原告遭受的最终伤害和损失归因于国家机构在发生伤害和损失前几年采取的行动,且相关行为出现时,原告已"同意"(或至少未提出抗议),即使伤害和损失的

---

〔6〕 参见 *CME* 案,部分裁决,第 612 段。

〔7〕 参见 *Lauder* 案,最终裁决,第 196、214、237 段;*CME* 案,部分裁决,第 166 ~ 170 段。

〔8〕 关于此方面,参见 *CME* 案部分裁决,第 580 ~ 585 段。

“直接原因”源于第三方非缔约国。而其他四名仲裁员(其中包括一个仲裁庭的全体人员)则认为没有任何胁迫或串通,而是将某些被投诉的行为视为“警察权力”的合法行使,是不属于国家机构的措施;且认为,原告没有在行为发生时对行为提出抗议,甚至配合开展相关工作(类似于在进入案情讨论前未对仲裁庭的管辖权提出异议),意味着他们不能在仲裁中就此提出申诉。

尽管程度不一,在确定合格投资者和投资、适用最惠国条款以及对与没收和赔偿有关的规定的解释方面,也有类似的发现。有人或许会说,不同仲裁庭作出不同的决定是没有错的,毕竟对于看起来相似的事实和条约规定可能存在不同解释,且真理并不一定总是掌握在多数意见方。此外,在国际投资仲裁中,仲裁庭不受较早裁决的约束,即没有仲裁裁决具有先例效力。尽管有这些可能的论点,但要使一个体系有效,就必须对法律和规则进行相对一致的解释。而执行规则的机构,作为社会的一部分,必须赢得社会的尊重和信任。

对于像投资仲裁庭这样的规则执行机构来说,最重要的是履行其职责,即合理正确地解释条约,其成员必须在各方同意的范围内行使权力。例如,关于最惠国条款适用范围的解释,对此最严厉的批评是仲裁庭将最惠国条款创新性地应用于双边投资条约争端解决机制。这样做可能是基于双边投资协定的精神,即其倾向于保护投资者的利益。但问题在于,它是否也符合 VCLT 中与条约解释有关的规则的要求。那些没有将最惠国条款的适用范围扩大到投资者与国家之间的争端解决的仲裁庭明示或暗示,他们拒绝扩大解释是基于对双边投资条约的善意解释。这是对于扩大解释并不能反映缔约方的意图的批评的佐证。基于扩大解释的条约实践进一步加剧了这种批评。不幸的是,尽管最近仲裁庭在解释最惠国条款时表现出了“克制”,但缺乏制止或阻止这种扩张性解释的系统。[9]

诚然,ICSID 系统中有一个废止机制,但是它既不能解决法律问题的前后矛盾,也不能解决错误适用法律的问题。第一,由于一些特设委员会被认为已经超越了其权限,因此,废止决定受到批评。与上诉机构不同,特设委员会仅根据《ICSID 公约》第 52 条第 1 款列出的任何理由,即可废止仲裁裁决。因此,如果仲裁庭确定

---

〔9〕 例如,在 *Kilic* 诉土库曼斯坦案中,原告 Kilic 在土库曼斯坦投资的土耳其建筑公司寻求通过适用最惠国条款,援引瑞士土库曼斯坦双边投资协定中的关于争端解决的规定,该规定不需要适用本地救济程序。仲裁庭辨析了土耳其和土库曼斯坦双边投资条约中的实质性权利和程序性权利,并裁定“从文字本身以及结合上下文看,均体现双边投资条约第Ⅱ.2 条关于投资的最惠国的适用范围仅限于实质性权利”。(原文强调)参见 *Kilic Insaat Ithalat Ihracat Sanayi ve Ticaret Anonim Sirketi* 诉土库曼斯坦案,2013 年 7 月 2 日裁决,ICSID 案件号 ARB/10/1,第 7.3.1、7.4.1 段。

适用某一法律(某些仲裁庭更喜欢正确的规则),如相关的双边投资协定或其中的最惠国待遇条款,并适用了该法律,则无论适用正确与否,或是否扩大适用,所产生的裁决均不可废止。第二,特设委员会的决定并不会比仲裁庭的决定更为一致。考虑到上述情况,期望 ICSID 废止机制可以解决国际社会面临的困难是不现实的。

有人可能想知道,投资仲裁庭和特设委员会声称他们严格按照 VCLT 行使解释条约的职能,却作出相互矛盾的决定,他们是否正确理解了其职能。对此,应考虑纽黑文学派的方法。熟悉纽黑文学派的人们常问的一个问题是"你是谁?"这个问题非常重要,因为处于不同位置的人会从不同角度看待同一问题,实际上,即使是同一个人,也可能会因其所担任的职位变化而就同一问题产生不同思考。例如,代表当事方的律师与审理该案件的法官或仲裁员对于法律问题的处理会有不同。同样,学者与律师、法官或仲裁员的分析可能会大相径庭。那么,投资仲裁庭或特设委员会应如何履行职责?

赖斯曼教授曾帮助建立了纽黑文学派,并将其提升到一个新的高度,即对规则制定者和规则执行者在决策中的作用予以区分。对于他而言,一方面,诸如法官和仲裁员之类的规则执行者应该"通过多角度理解规则来解决摆在他们面前的问题",即一种基于规则文本的模式;另一方面,决策或政策的制定者应"通过多角度理解政策和背景来解决摆在面前的问题",即基于政策文本的模式。[10] 易言之,法官和仲裁员有义务遵守规则的规定或忠实地按照有关解释方法来解释这些规则。纽黑文学派认为,对于投资者与国家间的争端解决,仲裁员必须将其解释权限制在规则的范围内,并且不得侵入政策制定者专属的政策领域。

具体来说,基于规则的文本内容:"重点放在规则的起源和有效性上……对文本和其他语言沟通要求有权威性的解释原则是假定的信条。"在规则或文本不明确的地方,申请者不得"将文本突破政策范围"。他们所能做的最多的就是研究"形成文本的过程的记录"[11]。在以规则文本为基础时,申请人必须执行以下操作[12]:(1)在更大范围内探索事实情况,包括突发事件,并整理形成暂时的事实图景;(2)明确当事方提出的仲裁时效;(3)确定事实;(4)辨析与这些事实有关的时效;(5)形成决定的实质部分;(6)确定与前一阶段不同的决定的内容和公布方式;

---

〔10〕 参见 W. Michael Reisman, *The Quest for World Order and Human Dignity in the Twenty - First Century: Constitutive Process and Individual Commitment*, General Course on Public International Law, Hague Academy of International Law, Martinus Nijhoff Publishers (2012),第 6 章,第 145 ~ 165 页。

〔11〕 参见同上。

〔12〕 参见同上,第 151 ~ 152 页。

(7)执行决定;(8)审查该决定是否符合相关申请程序的程序性和实质性标准。

纽黑文学派认为,对于政策制定者,他们的决策应该遵循基于政策背景的模式,即在作出决策(采用何种法律或规则)时,要解决的问题是“社会要达到的目标价值是什么”,包括明确社会政策、目标价值,对达到目标价值的现有安排有效性的审查,“现有安排在多大程度上可在各种设想的未来中助力于政策的实现,并且如果政策的实现不太可能得到保障,则替代方法和方案更可能有助于政策的实现”[13]。因此,在作决策时,决策者需要明确社会价值,并研究要适用的法律或规则是否符合社会的利益。同样,决策者还必须经常检查现有法律是否仍然反映社会的价值目标,若不是,他们有义务对其进行修改。

将纽黑文学派的上述理论与投资仲裁庭的做法进行比较后不难发现,在每个存在矛盾的案件中,通常都有一个仲裁庭(有时是仲裁庭的大多数仲裁员)更多发挥着规则制定者而非规则适用者的作用。对于那些扩大解释条约规定的仲裁庭,情况也是如此。如此,仲裁庭通常会引用条约的序言,因为条约序言中的规定含糊不清,因此可以适用于各种解释。

为了赢得投资法适用者的信任,仲裁庭和特设委员会应在解释条约条款时采用纽黑文法学院倡导的“基于规则文本的模式”,以重新定义其作用。如此,可以更好地实现双边投资协定和自由贸易协定在保护外国投资和投资者方面的目的与目标。如前所述,国际法的保护并非没有条件和限制。除非实现当事方的真正意图,否则东道国可能必须通过谈判形成新条约或修改现有条约以采取对应措施,但这两种做法均不利于国际投资法的发展。

随着全球化在范围和深度上的不断发展,有关投资的新问题必将出现。因此,仲裁庭和特设委员会不可避免地涉及种种新的方面,而这些新的方面需要更复杂的知识和经验。例如,在 *Kilic* 诉土库曼斯坦案[14]中,其第一阶段涉及确定土耳其和土库曼斯坦之间多个版本的双边投资协定的真实性。根据双边投资协定经认证的英文版本,该协定是“于 1992 年 5 月 2 日在阿什哈巴特完成,一式两份,以俄文和英文两种正本副本”;而在经认证的俄文版本当中,双边投资协定是“于 5 月 2 日执行。1992 年,以土耳其文、土库曼文、英文和俄文各形成两份正本”[15]。英文版是基于俄文版翻译的。争议各方在应将哪些文本视为正式文本以及应如何翻译方

---

〔13〕 参见同上,第 147 页。

〔14〕 参见 *Kilic Insaat Ithalat Ihracat Sanayi ve Ticaret Anonim Sirketi* 诉土库曼斯坦,ICSID 案件号 ARB/10/1,关于土耳其和土库曼斯坦双边投资协定第Ⅶ.2 条的决定,2012 年 5 月 7 日。

〔15〕 参见同上,第 2.8 段和第 2.9 段(原文加注)。

面存在分歧。

毫无疑问,尽管俄语版本提到了经认证的土耳其语和土库曼语副本,但被告无法提供任何使用这些语言签名的副本。仲裁庭的结论是,除了英文和俄文外,没有已签字的其他语言的国际投资协定的副本。该案的另一个问题是俄文版《双边投资协定》第Ⅶ.2条英文译本的准确性,该条款规定,如果投资者在6个月内无法解决与东道国的争端,则可以将争端提交国际仲裁。“即若有关的投资者将争端提交了争端当事方的法院,且在一年之内没有作出最终裁决。”问题是案文中是否应有“如果”一词。因此,如果确实存在,则本地救济措施是强制性的,否则即是可选的。由于原告未寻求当地法院的程序,因此如何翻译对案件处理非常重要。完全以翻译人员的工作为准〔16〕,仲裁庭决定接受国际投资协定的文本的英文翻译,即从中删除“if”一词。〔17〕 因此,原告有义务在诉诸国际仲裁之前,将其纠纷提交当地法院。

令人惊讶的是,翻译人员在解释双边投资协定方面发挥了至关重要的作用。让人感到不妥的是,修订后的翻译在双边投资条约生效后作用很好。另外,由于该翻译仅被 *Kilic* 案仲裁庭接受,因此以后的仲裁庭无须接受该翻译作为正式版本。若他们采用不同的翻译版本,将会产生更多的问题。

另一个值得关注的最近的案件是 *Electrabel* 诉匈牙利案。〔18〕 该案中存在的问题是,如果在欧盟法律和ECT之间出现不一致的情况,应以谁为准。仲裁庭得出令人惊讶的结论,即“不管从何角度检视ECT与欧盟法律之间的关系,仲裁庭认为,在存在任何实质性不一致的情况下,欧盟法律将优先于ECT”〔19〕。这显然是仲裁庭的一个错误。基于这样的决定,仲裁庭将很难赢得争端各方和整个投资界的信任。

至少可以说,*Electrabel* 案仲裁庭确实如此轻率地犯了错误,这确实是非常不幸的。但这并非个例。尽管 *Sanum* 案仲裁庭做法有所不同,但也没有做得更好。

---

〔16〕 翻译者认为:“俄语文本的‘正确含义(或意义)是通过将(c)段第2行的‘if’移除后进行适当地翻译的’。这是因为俄文文本包含单词‘if’,而俄语创建了条件语句所需的正确语法的一部分,却未创建第二个或单独的条件语句,如原始翻译成的英文所显示的。”参见同上,第8.9段。

〔17〕 参见同上,第8.22段。

〔18〕 参见 *Electrabel S. A.* 诉匈牙利案,ICSID案件号ARB/07/19,,关于管辖权、适用法律和责任的裁决,2012年11月30日。

〔19〕 参见同上,第4.192段。

在*Sanum*案[20]中,原告是根据中国澳门特别行政区(以下简称“澳门特区”)法律注册成立的企业,且在作为被告的老挝共和国国内投资了博彩业务。涉及的问题之一是原告与被告之间的争端是否应适用中国和老挝间的双边投资条约。该案涉及对《中葡联合声明》和《澳门特别行政区基本法》相关条款的理解。如在《中葡联合声明》明确:“澳门特别行政区可以‘中国澳门’的名义单独同各国、各地区及有关国际组织保持和发展经济、文化关系,并签订有关协定。”《澳门特别行政区基本法》亦在第136条作出类似规定,及澳门特别行政区可在经济、贸易、金融、航运、通讯、旅游、文化、科技、体育等适当领域以“中国澳门”的名义,单独地同世界各国、各地区及有关国际组织保持和发展关系,签订和履行有关协议。此外,该法第138条规定:“中华人民共和国缔结的国际协议,中央人民政府可根据情况和澳门特别行政区的需要,在征询澳门特别行政区政府的意见后,决定是否适用于澳门特别行政区。中华人民共和国尚未参加但已适用于澳门的国际协议仍可继续适用。中央人民政府根据情况和需要授权或协助澳门特别行政区政府作出适当安排,使其他与其有关的国际协议适用于澳门特别行政区。”

*Sanum*案仲裁庭将其裁决解释为“《澳门特别行政区基本法》本身作为一项国内法,不能被视为在法律上有能力修改国际规则……众所周知,‘条约具有约束力由国际法决定,国际法在这一点上优先于国内法’”[21]。当然,任何国内或内部的法律都不能修改国际法。国内或内部的法律肯定可以确定国际法在其领土上的适用范围。*Sanum*案仲裁庭的所作所为似乎是决定不承认澳门特区的法律安排。尽管仲裁庭知道澳门特区和老挝之间存在双边投资协定以及中国中央人民政府和老挝之间存在双边投资协定这一情况,但其认为,由于没有正式程序通知老挝,即其与中国中央人民政府的双边投资协定不适用于澳门特区,且中国中央人民政府和老挝的双边投资协定本身并不排除对澳门特区的适用,因此,中国中央人民政府与老挝双边投资协定应适用于澳门特区。[22] 可以肯定的是,*Sanum*案仲裁庭已充分了解制定《澳门特别行政区基本法》的政治环境。但是,仲裁庭仍然作出这样的决定。*Sanum*案仲裁庭应了解的是,如果中国中央人民政府和老挝的双边投资条约同样适用于澳门特区,为什么还会存在澳门特区与老挝的双边投资条约。

在另一个问题上,即国家继承,仲裁庭考虑了中国中央人民政府和老挝的双边

---

[20] 参见 *Sanum Investments Limited* 诉老挝共和国案(以下简称“Sanum 案”),国际贸易法委员会仲裁,关于管辖权的裁决,2013年12月13日。

[21] 参见同上,第257段。

[22] 参见同上,第268~271段。

投资协定是否应按照习惯国际法适用于澳门特区,其认为:"众所周知,在 1999 年 12 月没有主权移交,因为这只是像在香港那样'恢复'对澳门行使主权。仲裁庭很肯定,其做法在适用国家继承规则时不会与中华人民共和国的立场相抵触。"[23]

Sanum 案仲裁庭随后立即引用了莫什卡先生关于中国香港特别行政区的看法以支持其立场。[24] 但是,其未能解释为什么其适用的国家继承规则与中国的官方立场并不矛盾。

显然,*Sanum* 案仲裁庭的解释显然与中国的法律安排、中国的意图以及中国和老挝双边投资协定背道而驰。这种错误不比 *Electrabel* 案中的少。两案表明了仲裁庭在何种程度上于作决定时行使其所谓的裁量权。除非他们回归其仲裁员的角色,否则此类决定对国际投资法的发展弊大于利。

除前述情况外,国际社会面临的另一个问题是,目前的废止机制一直存在扩大化使用的危险。当前,在通常情况下,败诉方将发起废止程序视为其责任,即一旦败诉,该当事方将根据《ICSID 公约》第 52 条第 1 款列出所有废止理由,以申请废止。废止程序数量的激增警示了投资界,因为在许多情况下,该程序显然已被用来延迟执行 ICSID 仲裁裁决。它还威胁到仲裁裁决的终局性。为应对这种情况,Schreuer 教授建议引入一种担保系统,即"担保,例如可以银行担保的形式,这不仅仅是根据《ICSID 仲裁规则》第 54 条以中止执行的条件。(特设委员会有时要求这种保证)。我的建议是,担保将作为废止程序的条件"[25]。根据此提议方案,当成功申请废止,将退还抵押物。若不成功,则将适用担保物来执行仲裁裁决。[26] Schreuer 认为,可以通过仅修改仲裁规则而不修改《ICSID 公约》来实施拟议的计划。[27] 当然,只需要行政管理委员会的同意,即可修改《ICSID 仲裁规则》,且与《ICSID 公约》的修订相比,这种修正获得通过相对容易。[28] 然而,由于拟议的修

---

〔23〕 参见同上,第 237 段。

〔24〕 *Sanum* 案仲裁庭援引莫什卡先生的话,即毫无疑问,1997 年 7 月 1 日,中国香港地区的转变很大程度上符合国家继承的定义,即一经济体在国际关系中的责任由另一个经济体代替。由此引发的问题涉及领土主权变更的法律后果,属于国际法的一个分支。参见罗达·莫什卡,Hong Kong and Succession of Treaties,国际与比较法(季刊),第 46 卷第 1 期 1997 年,第 181 ~ 201 页。

〔25〕 Christoph Schreuer, "Why Still ICSID", Transnational Dispute Management,第 9 卷,第 3 篇(2012 年 4 月),第 1 ~ 7 页,第 6 页。

〔26〕 参见同上,第 7 页。

〔27〕 参见同上。

〔28〕 根据《ICSID 公约》第 6 条,行政管理委员会在 2/3 的行政理事会成员同意的情况下,可修改仲裁规则。而根据《ICSID 公约》第 66 条第 1 款的规定,若对该公约进行修正,需所有缔约方批准才能通过。

正案涉及缔约方的权利,因此,可以预见会有很大的阻力。接下来的问题是,是否应将重点放在完善废止程序上。

与在 ICSID 框架下处理的仲裁案件总数相比,废止案件只占一小部分。此外,即使废止程序得到完善,其他机构处理的许多案件也无法受益。投资法中最重要和紧迫的问题是仲裁委员会和临时委员会的决定不一致,以及缺乏纠正仲裁庭决定中的错误的机制,包括本书所讨论的。考虑到具有不同文化和法律背景的仲裁庭和特设委员会成员的多样化,在可预见的将来,存在不同和相互矛盾的决定仍将是趋势。

解决此问题的方法之一是建立控制系统。以 WTO 为例,在 WTO 成立之前,GATT 各小组之间几乎没有一致性。有了上诉机构,多边贸易组织的判例一直在稳定和持续发展。结果,案件数量也在下降。为了解决投资仲裁决定不一致的问题,需要建立一个上诉机构,尽管国际社会要就此达成协议(如果有可能)可能需要很长时间。即使是需要很长时间,也应持续推进。WTO 上诉机构如此有效地运作并赢得了全世界的信任和尊重,为什么国际社会不应该考虑扩大 WTO 上诉机构的权力和职能,以包括投资上诉案件?

通过 WTO 上诉机构审理投资上诉案件具有特定优势。由于上诉机构的所有成员都是通过严格的程序选举产生的,因此与 ICSID 特设委员会相比,他们至少有更大的权威性。同时,加入 WTO 上诉机构将有助于纠正 ICSID 废止制度的缺点。[29] 目前,服务领域和投资领域相互重叠,并且越来越多的双边投资协定和自由贸易协定涉及了这两个主题而没有加以区分。因此,投资仲裁庭通常认为有必要参考 WTO 的裁决。通过委托上诉机构审理与投资有关的申诉,可有助于其对服务与投资的融合进行分析和推理,进而最终起到鼓励服务和投资的作用。

仲裁裁决的执行是另一个棘手的问题,亟待解决。如前所述,失败的东道国尽最大努力不执行不利于他们的裁决。尽管国际投资争端解决中心有自己承认和执行的系统,在很大程度上取决于东道国的意愿,但是,没有任何机制可以强制败诉国执行仲裁裁决。至于其他没有自身执行机制的仲裁机构的裁决,则可以通过 1958 年《纽约公约》来完成执行。实际上,如前面所讨论的,如果可能的话,针对一个败诉国的财产执行投资裁决将非常困难。说到底,获胜方必须依赖于失败的东

---

〔29〕 一些学者建议建立一个常设的投资争端机构。“这种机制将需要建立一个中央和常设或半永久性机构,负责作出初步裁定。这将不涉及《ICSID 公约》第 53 条。可以由国际投资争端解决中心的行政理事会或通过单独的条约建立初步裁决机制。不需要对《ICSID 公约》进行修正。”参见同上,第 8 页。

道国的善意。与 WTO 的报复机制相比(尽管也不能令人满意),与投资仲裁有关的执行机制需要大大改善。

如在其他部分所讨论的,国际社会应考虑建立一个制度,以更好地保护投资者和东道国的利益。[30] 例如,可以鼓励 WTO 成员制定其自由贸易协定和双边投资协定时,规定投资争端中的仲裁裁决可以上诉到 WTO 的上诉机构进行审查。上诉机构作出裁决后,该裁决可由东道国执行;否则,作为投资者母国的成员国有权代替投资者,并根据 WTO 程序要求进行报复,即贸易领域与投资领域之间的相互报复。

综上,无论某系统在表面上有多好,它的有效性仍然取决于运行该系统的人员的质量,就国际投资法而言,即是仲裁员和特设委员会成员。到目前为止,投资仲裁庭的仲裁员的道德标准方面还未遇到过严峻的挑战。因此,可以认为,仲裁庭存在的任何错误都与仲裁的其他方面有关,包括对标的的了解、仲裁技巧和经验以及对东道国文化、政治和法律制度的了解。然而,在仲裁庭或仲裁庭的大多数成员不具备上述任何要素的情况下,作出的裁决可能反映了这些缺陷,尽管并非所有缺陷都是严重的错误,即需要纠正。仲裁员缺乏所需的知识、经验和文化理解,需要仲裁员自身不断成长。因此,只有极少数的仲裁员具备进行仲裁所需的知识、经验和文化理解。为应对这种情况,有人提出,应由诸如 ICSID 之类的仲裁机构来组织开展教育,其形式可以是研讨会、讲习班甚至学位课程。目前,会议举行次数不少,但主要是为了促进业务,而经验交流则是次要的。任何其他形式的研讨会、工作坊或计划都应旨在教育参与者并与他们分享仲裁经验,特别是教训。通过不断对现有和未来的仲裁员进行教育,以及引入上述其他可能的替代方案,希望国际投资法能够实现其目标。

---

〔30〕 有关此问题的更多讨论,参见 Guiguo Wang, "Radiating Impact of WTO on Its Members' Legal System: The Chinese perspective", *Collected Courses of The Hague Academy of International Law*,第 349 卷,Martinus Nujhoff Publishers (2010),第 525 ~535 页。

图书在版编目(CIP)数据

国际投资法：中国视角 / 王贵国著；吴灏文译
. -- 北京：法律出版社，2022
书名原文：International Investment Law：A Chinese Perspective
ISBN 978-7-5197-6933-8

Ⅰ. ①国… Ⅱ. ①王… ②吴… Ⅲ. ①国际投资法学—研究 Ⅳ. ①D996.4

中国版本图书馆 CIP 数据核字(2022)第 132981 号

国际投资法:中国视角
GUOJI TOUZIFA:ZHONGGUO SHIJIAO

王贵国 著
吴灏文 译

责任编辑 章 雯 慕雪丹
装帧设计 汪奇峰

出版发行 法律出版社
编辑统筹 法商出版分社
责任校对 赵明霞
责任印制 胡晓雅
经　　销 新华书店

开本 710 毫米×1000 毫米 1/16
印张 31　**字数** 569 千
版本 2022 年 8 月第 1 版
印次 2022 年 8 月第 1 次印刷
印刷 唐山玺诚印务有限公司

地址:北京市丰台区莲花池西里 7 号(100073)
网址:www.lawpress.com.cn
投稿邮箱:info@lawpress.com.cn
举报盗版邮箱:jbwq@lawpress.com.cn

销售电话:010-83938349
客服电话:010-83938350
咨询电话:010-63939796

书号:ISBN 978-7-5197-6933-8
定价:128.00 元

凡购买本社图书,如有印装错误,我社负责退换。电话:010-83938349